"十二五"国家重点图书出版规划

◉ 王利明 著

侵权责任法研究

（第二版）

上 卷

中国当代法学家文库
王利明法学研究系列

Contemporary Chinese Jurists' Library

中国人民大学出版社
·北京·

图书在版编目（CIP）数据

侵权责任法研究．上卷／王利明著．—2 版．—北京：中国人民大学出版社，2016.02
ISBN 978-7-300-22328-5

Ⅰ．①侵… Ⅱ．①王… Ⅲ．①侵权行为-民法-研究-中国 Ⅳ．①D923.04

中国版本图书馆 CIP 数据核字（2015）第 309448 号

"十二五"国家重点图书出版规划

中国当代法学家文库·王利明法学研究系列

侵权责任法研究 （第二版）上卷

王利明 著

Qinquan Zerenfa Yanjiu

出版发行	中国人民大学出版社	
社　　址	北京中关村大街 31 号	**邮政编码**　100080
电　　话	010 - 62511242（总编室）	010 - 62511770（质管部）
	010 - 82501766（邮购部）	010 - 62514148（门市部）
	010 - 62515195（发行公司）	010 - 62515275（盗版举报）
网　　址	http://www.crup.com.cn	
	http://www.ttrnet.com（人大教研网）	
经　　销	新华书店	
印　　刷	涿州市星河印刷有限公司	**版　　次**　2010 年 7 月第 1 版
		2016 年 2 月第 2 版
规　　格	170 mm×228 mm　16 开本	
印　　张	48 插页 3	**印　　次**　2016 年 2 月第 1 次印刷
字　　数	720 000	**定　　价**　138.00 元

走向私权保护的新时代——代序

　　21世纪是一个信息爆炸、经济全球化、科学技术高度发达的时代。经济贸易的一体化，导致了资源在全球范围内的配置；高度发达的网络使得生活在地球上的人与人之间的距离越来越小；交通和通信技术特别是数字信息技术的发达，使得不同的文明的融合和碰撞日益频繁。在这样一个大背景下，人权、人本主义的精神与理念越来越得到不同文明与文化下的人们的认同。与此相适应的就是，对个人权利的尊重和保护成为一个人类社会文明发展的必然趋势。可以说，21世纪既是一个走向权利的世纪，也是一个权利更容易遭受侵害的世纪。以救济私权利特别是绝对权为出发点和归宿点的侵权责任法，在21世纪必然处于越来越重要的地位，发挥越来越重要的作用。

　　2009年12月26日第十一届全国人大常委会第十二次会议颁布了《侵权责任法》，这是我国政治生活中的大事，也是社会主义法治建设中的一个重要的里程碑。法治的核心就是规范公权力、保障私权利。我国法治建设的关键是要充分保障广大人民群众的私权利。在我国现实生活中，各种侵害私权的行为诸如野蛮拆迁、有害食品、环境污染、滥用公权等仍时有发生。这表明，在我国，私权的保护仍有待于进一步加强。而与日益严重的官本位思想相比，在社会上私权观念仍然是淡薄的，尤其是一些政府官员更是完全没有任何尊重私权利的基本观念。如

何在我国真正地建立尊重私权利的观念，真正形成对私权利完善的保护，是我国社会主义法治建设事业的核心问题。侵权责任法的颁布正是强化私权保护的重要措施，走向私权保护的时代就是走向法治的时代。侵权责任法作为私权保障法，是通过对受到侵害的民事权益提供救济的方法来保障私权的，也正是通过保障私权来奠定法治的基础。

侵权责任法开门见山地宣示了其宽泛的保护范围，这表明了立法者对私权利的高度重视。现代科学技术日新月异的发展和现代社会生活的复杂化，导致了风险来源的大量增加和多元化，因此，为受害人提供更为充分的救济就成为现代侵权法的首要功能。无论是从侵权责任法的基本原则，还是从各项具体制度上看，我国侵权责任法无不体现出了关爱受害人、为受害人提供救济的功能。首先，我国《侵权责任法》第2条第2款所列举的侵权责任法保护的"民事权益"的范围非常广阔，共计18项，几乎涵盖了目前的全部私权利。其次，我国侵权责任法所保护的不限于民事权利，更不限于绝对权，而是既包括民事权利，也包括尚未被规定为权利的各种利益。《侵权责任法》第2条第2款将侵权责任法保护的对象明确规定为"权益"，既包括人身权益，也包括财产权益。所谓权益就是既有权利也有利益。再次，我国《侵权责任法》第2条在明确权益保障范围的同时，采用了兜底条款的方式进行规定，从而使侵权责任法的保障权益的范围保持了高度的开放性，能够随着时代的发展而适应不同时期对私权保护的需求。

侵权责任法在对私权的具体保护中始终贯彻了以人为本的理念。侵权责任法是民法典的重要组成部分。民法典的价值理性，就是对人的终极关怀。[①] 我国侵权责任法充分体现了以人为本的精神，其基本的内容大都是适应"以被侵权人保护为中心"建立起来的。[②] 我国《侵权责任法》第1条开宗明义，规定："为保护民事主体的合法权益，明确侵权责任，预防并制裁侵权行为，促进社会和谐稳

---

① 参见〔美〕艾伦·沃森：《民法体系的演变及形成》，李静冰、姚新华译，269页，北京，中国法制出版社，2005。

② 参见全国人大常委会法制工作委员会民法室编：《中华人民共和国侵权责任法条文说明、立法理由及相关规定》，1页，北京，北京大学出版社，2010。

定，制定本法。"侵权责任法的立法目的是把保护民事主体的合法权益放在首位，这也符合现代侵权法从制裁走向补偿的大趋势。该法在第 2 条民事权益的列举次序上，把生命健康权置于各种权利之首来进行规定，体现了立法者把生命健康作为最重要的法益予以保护的以人为本的理念，体现了对人最大的关怀。在我看来，侵权责任法自始至终都贯彻体现了对于人的生命健康的终极关切。例如第 87 条规定："从建筑物中抛掷物品或者从建筑物上坠落的物品造成他人损害，难以确定具体侵权人的，除能够证明自己不是侵权人的外，由可能加害的建筑物使用人给予补偿。"为什么在高空抛物致人损害，找不到具体加害人时，要由可能的加害人负责？这主要是考虑到由于我国社会救助机制不健全，如果找不到具体加害人，就可能出现受害人遭受的重大人身伤亡无人负责、受害人得不到任何救济的现象。这显然不符合法律维护社会秩序、以人为本并增进社会福祉的基本功能。再如，《侵权责任法》第 53 条规定了道路交通事故社会救助基金垫付制度。机动车驾驶人发生交通事故后逃逸的，受害人难以及时请求侵权人承担责任，甚至在一些情况下，受害人无力支付抢救费用，或者死者家属无力支付丧葬费用。在此情况下，应当通过救助基金予以垫付①，国家设立社会救助基金的根本目的在于缓解道路交通事故受害人救治的燃眉之急，保证受害人的基本生命安全和维护基本人权，其主要用于支付受害人抢救费、丧葬费等必需的费用。从这个意义上讲，只要受害人一方存在抢救费、丧葬费等方面的急切需求而又暂时没有资金来源的，就可以申请道路交通事故救助基金垫付。此外，针对大规模侵权，就同一案件造成数人死亡的情况，第 17 条规定了同一标准的规则，解决了普遍关注的"同命不同价"问题。总之，对人的价值的尊重，在这部法律里体现得非常鲜明，这也是构建社会主义和谐社会的基础。

侵权责任法通过构建科学合理的多元归责原则体系，既对私权利形成了更加周密的保护，又为侵权责任法未来的发展留下了足够的空间。从大陆法系国家民

---

① 《侵权责任法》第 53 条规定：机动车驾驶人发生交通事故后逃逸，该机动车参加强制保险的，由保险公司在机动车强制保险责任限额范围内予以赔偿；机动车不明或者该机动车未参加强制保险，需要支付被侵权人身伤亡的抢救、丧葬等费用的，由道路交通事故社会救助基金垫付。

法来看，很多国家在民法典之中仅规定了单一的过错责任原则，而将严格责任都规定在特别法之中，德国、日本等国家采用此种模式。而我国侵权责任法明确地规定了过错责任、过错推定责任以及严格责任等多重归责原则，这与国外的立法完全不同。我国侵权责任法确立的多重归责原则体系，对于保护私权利具有重要的意义。侵权责任法在构建多元归责原则体系的基础上，规定了各种具体的侵权责任类型，并由此形成了相应的责任构成要件、免责事由等，从而确立了一个较为完备的私权保护体系。我国侵权责任法按照构建多元归责原则，通过 92 个条文构建了完整的侵权责任法体系，与分别制定于 19 世纪初的《法国民法典》侵权责任法部分（共 5 条）、20 世纪初的《德国民法典》侵权法部分（共 31 条）相比，内容大为充实，体系更为完整。可以说，这是在成文法体系下，构建了一个新型的现代侵权法体系。我们有理由预测，未来中国侵权责任法一定会成为比较法上侵权法立法和理论发展的新的关注亮点。

侵权责任法通过构建完整的责任形式，为私权利提供全方位的、充分的救济。就世界范围而言，大陆法系国家的民法典在侵权责任形式上主要只有损害赔偿一种责任形式。欧洲统一侵权法力图进行一些突破，在示范法里增加了恢复原状，但是这个修正还没有成为正式法律，仅仅是"示范法"①。但是我国《侵权责任法》第 15 条一共列举了 8 项，共计 8 种责任形式。我国侵权责任法之所以采取责任形式多元化的方式，主要是以受害人为中心，强化对受害人全面救济的理念，落实侵权法保护民事主体合法权益、预防并制裁侵权行为等目的。对于各种侵权责任方式，受害人有权进行选择。受害人基于利益的最大化选择对其最有利的方式来保护自身的权利，受害人可以选择一种，也可以多种并用，可以说，侵权责任法是一个为公民维权提供各种武器的"百宝箱"。

侵权责任法与时俱进地规定了许多现代社会中出现的新型的侵权责任类型，以及我国社会生活中人民群众普遍关注的侵权责任的问题，具有鲜明的时代特色。现代科学技术的发展导致了对人的权益的侵害方式和手段不断增加，如各种

---

① European Group on Tort Law，*Principles of European Tort Law*：*Text and Commentary*，Springer，2005，p. 30.

食品安全、医疗损害,以及因核电站、高速铁路、航空活动的出现而产生的新型的侵权类型。工业化和市场化发展在大力推动人类文明进程的同时,也给我们带来了生产事故、核辐射、环境污染和生态破坏等各种人为危害,这些危害有时又与各种自然灾难不期而遇,给人们的人身和财产安全带来始料不及的威胁与破坏。在侵权责任法中,对于这些侵权类型都有明确的规定。同时,侵权责任法还对人民群众非常关注的侵权责任作出了具体的规定,如对医疗损害责任、缺陷产品召回、医疗器械缺陷、高楼抛物致人损害的规定等。这些都表明侵权责任法适应了我国社会在新的历史时期的特殊需求,能够对实践中出现的新问题提供法律对策和解决方案。

侵权责任法通过多元化的救济机制,也为受害人提供了更加全面充分的补救体系。现代社会已经成为了风险社会,事故频发,风险无处不在。在这样的背景下,人身和财产损害的救济问题日益成为当今社会关注的焦点。因此,侵权责任法要在多元化的救济机制中发挥重要的功能,这也符合现代侵权责任法的发展趋势。[1] 近年来,随着我国科学技术的革新和社会经济的高速发展,交通事故、工伤事故等传统事故频繁发生,产品责任、矿难事故、环境污染等大规模侵权事故大量出现。这些事故的发生不但造成了财产损害,而且引起了人身伤害和生命威胁,因此,在法律上有必要通过多元的救济机制对受害人提供救济。侵权责任法规定,机动车发生交通事故损害的,首先要由保险公司在机动车道路交通事故强制责任保险限额内给予赔偿,不足部分,由侵权人承担责任。由此,确定了侵权责任与保险之间的关系。在发生交通事故后机动车驾驶人逃逸或者未参加强制责任保险的,必要时由道路交通事故社会救助基金垫付有关费用。这就使得侵权责任、责任保险与社会救助三种救济方式协调起来,构建了一个完整的救济体系。显然,随着社会的发展,对损害的多元化救济体系是未来的发展方向,可以预见,将来不仅是道路交通事故,而且在产品责任、医疗责任等许多侵权责任领域,都应当逐步建立这种综合的损害补救体系。

---

① 参见〔德〕马克西米利安·福克斯:《侵权行为法》,5版,齐晓琨译,5页,北京,法律出版社,2006。

"权利的存在和得到保护的程度，只有诉诸民法和刑法的一般规则才能得到保障。"① 侵权责任法为中国的法治建设奠定了坚实的基础。所谓法治社会就是人民的私权利得到严格保护的社会。只有保护私权，才可能建成一个和谐有序、充满活力、幸福安康的法治社会。因此，侵权责任法对私权的保护奠定了法治社会的基础。事实上，侵权责任法是保护民事主体权益不受他人侵害的法律，其也主要是在平等民事主体之间发挥私权保障功能的。与平等主体之间的私权侵犯相比，受公权力不当限制和损害的私权的保护需求更为迫切，因为，私权利在公私权利关系中处于相对弱势的地位。从这个意义上讲，要全方位地保障私权，就必须充分发挥侵权责任法的私权保障功能。

在近年来我国的法治建设过程中，民事立法的工作主要分为两个方面：一是对各种私权的确认，即通过颁布民法通则、物权法、合同法等法律来不断确认各种民事权益；二是通过颁行侵权责任法对已为法律所确认的民事权利给予充分的保护，提供相应的救济。无救济则无权利，所以对于权利的救济是使得人民的权利落到实处的重要措施。如果只规定权利而不规定具体的救济措施，那么在权利受到侵害之后，人们无法要求法律保障其权利，那么将使得对于权利的规定沦为一纸具文或者口号。我们相信，侵权责任法的颁布必将有力地推进中国法治建设的进程，并确保我国法治建设依循正确的轨道前进，即通过不断加强对私权的保护真正推进法治进程，这才是我国法治建设事业应当遵循的正确的路径。

我国侵权责任法对权利的充分保护，也是我国的一个重大特色，符合了我国社会的需要，体现了现代法治建设发展的需要。法为人而定，非人为法而生。每一个制度和体系安排，都要反映本国的历史文化传统，符合社会的实际需要。因此，我们说，保持侵权责任法的中国特色，就是要说明，这部法律契合了中国社会发展和现实国情的需要，为百姓权益保障提供了制度支持，为法治建设进一步奠定了坚实的基础，也为世界民事法律文化的发展作出了中国自己的贡献。

本人以教师身份为学生讲授过侵权法；以学者身份起草过专家建议稿；以专

---

① ［英］彼得·斯坦、约翰·香德：《西方社会的法律价值》，王献平译，41 页，北京，中国人民公安大学出版社，1989。

家身份全程参加过立法机关主持的各类立法研讨会；以全国人大代表的身份参加过《侵权责任法（草案）》的讨论和修订。回首来时路，深感立法不易，创新艰难。这部法律是立法机关开门立法、民主立法的产物，是广大法学工作者智慧的结晶，是诸多实务工作者长期司法实践经验的总结。侵权责任法的颁布不是尾声，而是新的起点。随着民事立法的日臻完善，中国法学必将迎来法律解释学的新时代。特别是侵权责任法这部特色鲜明的法律，由于采取了一般条款和具体列举相结合的方式，条文交叉关联，体系错综复杂，很多章节条款之间的关系需要在适用中继续研究。为此，在今后一个相当长的时间内，广大法律人还需要进一步配合立法、司法机关做好普及和解释该法的工作。

术语缩略表

1. 《民法通则》:《中华人民共和国民法通则》,1986 年 4 月 12 日;

2. 《侵权责任法》:《中华人民共和国侵权责任法》,2009 年 12 月 26 日;

3. 《道路交通安全法》:《中华人民共和国道路交通安全法》,2003 年 10 月 28 日颁布,2011 年 4 月 22 日最新修改;

4. 《消费者权益保护法》:《中华人民共和国消费者权益保护法》,1993 年 10 月 31 日颁布,2013 年 10 月 25 日最新修改;

5. 《民法通则意见》:《最高人民法院关于贯彻执行〈中华人民共和国民法通则〉若干问题的意见(试行)》,1988 年 1 月 26 日;

6. 《适用侵权责任法通知》:《最高人民法院关于适用〈中华人民共和国侵权责任法〉若干问题的通知》,2010 年 6 月 30 日;

7. 《精神损害赔偿司法解释》:《最高人民法院关于确定民事侵权精神损害赔偿责任若干问题的解释》,2001 年 3 月 8 日;

8. 《利用信息网络侵害人身权益司法解释》:《最高人民法院关于审理利用信息网络侵害人身权益民事纠纷案件适用法律若干问题的规定》,2014 年 8 月 21 日;

9. 《人身损害赔偿司法解释》:《最高人民法院关于审理人身损害赔偿案件适

用法律若干问题的解释》，2003 年 12 月 26 日；

10.《道路交通事故损害赔偿解释》：《最高人民法院关于审理道路交通事故损害赔偿案件适用法律若干问题的解释》，2012 年 11 月 27 日；

11.《铁路人身损害赔偿司法解释》：《最高人民法院关于审理铁路运输人身损害赔偿纠纷案件适用法律若干问题的解释》，2010 年 1 月 3 日；

12.《食品药品纠纷司法解释》：《最高人民法院关于审理食品药品纠纷案件适用法律若干问题的规定》，2013 年 12 月 23 日；

13.《证据规则》：《最高人民法院关于民事诉讼证据的若干规定》，2001 年12 月 21 日；

14.《工伤保险行政案件司法解释》：《最高人民法院关于审理工伤保险行政案件若干问题的规定》，2014 年 6 月 18 日；

15.《环境侵权责任司法解释》：《最高人民法院关于审理环境侵权责任纠纷案件适用法律若干问题的解释》，2015 年 6 月 1 日。

目 录

细　目

1

T

第二编　多数人侵权责任

法

第一编

一般理论

第一章

侵权责任概述

第一节　侵权行为概述

一、侵权行为的概念

"侵权行为"也称为侵害行为或过错行为，其本义是一种侵害他人权利或利益的行为。在英文中，"侵权行为"一词为"tort"，来源于拉丁文中的"tortus"，原意是指"扭曲"和"弯曲"，以后逐渐演化为过错（wrong）的意思。[①] 在法文中，"délit"来源于拉丁文"delictum"，其原意为"过错"、"罪过"。拉丁文名词"delictum"派生于动词"delinqere"（偏离正确的道路），意思是一个违法、一个失误或者一个错误。在欧洲大陆国家的语言中，侵权行为一词从产生之初就包含了过错的含义在内。尽管大陆法系各国用来指称侵权行为的词语并不相

---

① See Andre Tunc，*International Encyclopedia of Comparative Law*，Torts，Introduction，J. C. B. Mohr（Paul Siebeck，Tübingen），1974，p. 7.

同，但其含义大都包含过错的意思①，因此，侵权行为常常被称为有过错的行为。中文中的"侵权行为"一词"最早于清末编定《大清民律草案》时才开始应用"②，并一直沿袭至今。

从字面上看，侵权行为首先指的是一种行为，而不是一种客观的损害状态。这种行为有时用"过错行为"表示，有时用"不法行为"表示，但其本义是指侵害他人权利或利益的行为。一方面，侵权行为主要是指行为人自己实施的加害行为，但又不限于自己的加害行为，它还包括在法律上应当负责的"准侵权行为"，如雇员的加害行为、被监护人致人损害，以及物件致人损害的侵权行为等。另一方面，侵权行为指的是一种侵害他人权益的行为，其指向的是他人的民事权利和受到法律保护的利益。当然，不能仅从文义解释的角度理解"侵权行为"一词的内涵，还"必须对侵权行为作扩张解释：侵害的'权'不仅包括民事权利，而且包括受到法律保护的利益；'行为'不仅包括加害人的行为（作为或不作为），也包括'准行为'（他人之行为、动物致人损害等）"③。总之，从其固有的含义而言，"侵权行为"是指一种侵害他人权益的行为以及造成损害结果的状态。

我国《侵权责任法》第6条第1款规定："行为人因过错侵害他人民事权益，应当承担侵权责任。"第7条规定："行为人损害他人民事权益，不论行为人有无过错，法律规定应当承担侵权责任的，依照其规定。"据此可见，侵权责任法中的侵权行为是一个特定的概念，其主要包括两种形态：一是因过错侵害他人的民事权益并造成损害的行为。日常生活中，从殴打辱骂他人到毁坏他人财物，从盗版侵害他人版权到不法致人伤亡，从常规的平面媒体侵权到网络环境下的侵权行为等，一般都属于过错侵权行为。二是指在法律规定的一些特殊情况下，即便行为人没有过错，在损害他人民事权益后，也应当承担侵权责任的行为。在这些行为中，无论行为人有无过错，只要其造成损害，都应当依法承担责任。例如，从

---

① See Andre Tunc, *International Encyclopedia of Comparative Law*, Torts, Introduction, J. C. B. Mohr（Paul Siebeck, Tübingen），1974，p. 7.
② 陈涛、高在敏：《中国古代侵权行为法例论要》，载《法学研究》，1995（2）。
③ 张新宝：《侵权行为法的一般条款》，载《法学研究》，2001（4）。

水资源污染到生态大规模遭破坏，从高速列车出轨到核设施泄漏，从地铁施工事故到易燃易爆物质的爆炸等，由此引发的侵权事件都可能属于此类侵权。因此，侵权行为是指由于过错侵害他人的人身和财产而依法应承担侵权责任的行为，以及依法律的特别规定应当承担侵权责任的其他损害行为。

二、侵权行为的特征

侵权行为具有如下法律特征：

（一）侵权行为是侵害或者损害他人民事权益的行为[①]

法律上所指的行为是指人有意识的活动。依据是否具有意思表示的要素，可以将民法上的"行为"划分为事实行为与法律行为。侵权行为作为一种能够引起一定民事法律后果的行为，是使行为人承担侵权民事责任的根据。法律并不考虑行为人在实施侵权行为时主观上是否具有变动法律关系的意图及该意图的内容，只要某种行为符合法定的构成要件，就直接规定其发生一定的法律效果。因此，侵权行为不具有意思表示的要素，属于一种事实行为，它不同于合同等法律行为。

首先，从行为形态来看，侵权行为既包括行为人自己实施的行为，也包括自己需要负责的由他人实施的行为。自己实施的行为也称为自己的加害行为（personal wrongful act）。一方面，侵权行为包括作为和不作为。未实施加害行为，行为人即无须承担侵权责任。[②] 通常情况下，侵权人都直接针对受害人实施了某种积极的加害行为，违反了"勿害他人"（neminem laedere）的义务[③]，在某些

---

① 冯·巴尔认为，调整此类侵权责任的法律是"真正的侵权行为法"，参见［德］冯·巴尔：《欧洲比较侵权行为法》上，张新宝译，140 页，北京，法律出版社，2001。

② 这是《法国民法典》侵权责任制度的基础，也有德国学者认为德国侵权法的基础也在于"不得伤害他人"这一原则。See Reinhard Zimmermann, *The Law of Obligations*, Clarendon Press, 1996, pp. 1040-1041。

③ 详见荷兰最高法院 1919 年 1 月 31 日的判决，转引自［德］冯·巴尔：《欧洲比较侵权行为法》上，张新宝译，36 页，北京，法律出版社，2001。

情况下，不作为也是行为的一种。不作为侵权通常是依据法律规定，在特殊情况下所产生的。例如，我国《侵权责任法》确立了违反安全保障义务的责任、教育机构对第三人侵害学生权益的责任、地面施工未设置明显标志致他人损害的责任等，都属于不作为侵权的具体类型。[①] 由于侵权行为原则上是行为人自己实施的行为，行为人应对自己的行为负责，此即民法上所谓的"为自己行为负责"。另一方面，侵权行为不仅包括自己直接实施的加害行为，还包括对自己所控制的物件或者动物致人损害的行为，以及依据某种特殊的关系而应当对他人实施的加害行为承担责任的情况。一般侵权责任都是行为人对自己所实施行为承担的责任，但我国《侵权责任法》为了强化对受害人的保护，在例外情况下规定了转承责任，这主要表现在：监护人对被监护人行为的责任、用工者对被用工者的责任。[②] 这些责任类型是自己责任原则的发展，此类行为常被称为"准侵权行为"（quasi tort）[③]。因此，侵权行为既包括因自己的行为或物件致他人损害的侵权行为，也包括对他人的行为承担责任的准侵权行为。

其次，从侵害对象来看，侵权行为是侵害他人民事权益的行为，因此，侵权行为不仅包括侵害民事权利的行为，也包括侵害合法利益的行为。《侵权责任法》第2条确立了该法的保护对象，并且列举了侵权责任法保护的各项民事权益。从《侵权责任法》第2条规定来看，侵权行为所侵害的对象是非常宽泛的，其包括各种法律规定的权利，也包括各种没有上升为权利的利益。从该条的规定来看，侵权行为侵害的对象主要是人身权、物权等绝对性权利。这些民事权益通常都是指合同外的各种民事权利和利益，它们是侵权行为所可能侵害的对象。侵权行为是给他人合法权益造成损害的行为，但并非所有造成他人合法权益受损的行为都是侵权行为，换言之，并非所有的权益都受到侵权责任法的保护，侵权责任法保护的主要是绝对权。作为一种权利主体特定而义务主体不确定的权利，绝对权大都是公开、公示的权利，权利人之外的任何人都负有不得侵害该权利的义务，即

---

① 参见《侵权责任法》第37、40、91条。
② 参见《侵权责任法》第32、34、35条。
③ 张新宝：《侵权责任构成要件》，39页，北京，法律出版社，2007。

此义务为绝对义务。如果仅仅是发生在特定当事人之间的权利，即相对权，则一般受合同法的保护。当然，从侵害对象来看，侵权法上侵权行为的范围随着民事权益的不断发展，也会相应地扩张。

最后，从侵害结果来看，侵权行为客观上都侵害或者损害了他人的民事权益。无论是何种侵权行为，都必然造成了侵害后果。侵权法是救济法，无损害则无救济。根据我国《侵权责任法》第6条和第7条的规定，侵害他人民事权益，符合法律规定的要件，就要承担相应的侵权责任，但是，在确立侵权责任时，并不一定必然要求行为人的行为造成他人损害。①《侵权责任法》第6条和第7条对侵权责任归责原则的规定中，并没有确定损害结果的概念，也就是说，承担侵权责任不一定以损害结果的实际发生为前提。这主要是因为我国侵权责任法采取了多种责任形式，不仅以损害赔偿作为责任形式，而且以停止侵害、排除妨碍、消除危险等为责任形式，在承担后几种形式的责任时，并不必然伴随着损害。因此，"在一定条件下，一方当事人如果没有对对方的权利和利益予以必要的尊重，无论是故意的还是过失的，他将要承担责任"②。

（二）侵权行为主要是行为人因过错而侵害他人民事权益的行为

侵权行为形态多样，但主要是行为人因过错而侵害他人权益的行为。通过对侵权行为词源的考察，可以发现在欧洲大陆国家的语言中，用以指代"侵权行为"的单词具有惊人的相似性③，即"侵权行为"一词产生之初就包含了"过错"的含义。④ 因此，侵权行为常常被称为过错行为，绝大多数侵权行为都是过错行为，对行为的归责依据就是过错。"过错"一词隐含着道德的（或者至少是社会意义上的）判断，它意味着某人遭受的损害是由于另外一个人的不正当或不

---

① 我国侵权责任法二审稿和三审稿中都曾规定要造成他人损害，但侵权责任法的最终条文删除了这一表述。

② ［德］冯·巴尔：《欧洲比较侵权行为法》上，张新宝译，6页，北京，法律出版社，2001。

③ 冯·巴尔指出："tort 一词派生于拉丁词 tortus（twisted），在中世纪法语中的 tort 已经指违反法律了，如在使用'tortous act'时，指的就是违反法律的行为。这一术语带着这一含义最终——通过法国法律语言——古老的普通法法院的语言找到了其通往英语法律术语的道路。"［德］冯·巴尔：《欧洲比较侵权行为法》上，张新宝译，7页，北京，法律出版社，2001。

④ See Prosser and Wade, *Cases and Materials on Torts* 5th. ed., Mineola, N. Y. 1971, p. 80.

正常的行为造成的。侵权行为必定给他人、国家或社会造成一定的损害，但造成损害并不是侵权行为的本质属性。在过错责任制度下，只有在一个人具有过错的情况下才需对行为的后果承担责任，这是法律文明发展的产物，也是符合正义的要求的。过错在某种程度上起到了对责任承担进行限制的作用，以最大限度地维持人们的行为自由，避免动辄得咎。传统侵权法奉行的基本原则是：无过错即无责任。过错责任将责任的基础确定为过错，要求具有过错才承担责任，其正当性显而易见；对于没有过错的正常行为，其行为本身不具有致害的异常性，无可谴责性，因此，不应承担责任。①　过错责任常常具有道德的、社会层面的和逻辑层面的正当性②，从《民法通则》第 106 条第 2 款的规定到《侵权责任法》第 6 条的规定来看，我国民法并没有采纳某些大陆法系国家如德国的规定，将"不法"、"违法"作为侵权行为的要件，而是将过错作为侵权行为的必备要件。这就意味着，侵权行为主要是行为人基于过错而实施的行为，过错本身包含了法律对行为人所实施的行为的否定评价，体现了社会公共规范对行为或事件的价值评判。需要指出的是，侵权行为是行为人因为过错而实施的侵害他人合法权益的行为，这一论断仅仅是就一般侵权行为而言，它并不能概括严格责任及公平责任等情形。

（三）在特殊情况下，侵权行为是损害他人民事权益并依法承担责任的行为

在一般情况下，侵权行为都是因过错侵害他人民事权益的行为，但是在现代社会，许多的风险活动本身并不具有可谴责性，无可厚非，例如，核能发电、航空飞行、高速运输等活动，都给现代社会带来了一定的便利，但是，与此同时，不容否认的是，它们也给社会带来了极大的风险。因此，法律必须要对这些活动所带来的损害进行救济，并预防损害的发生。③　因此，《侵权责任法》第 7 条确立

---

①　See Andre Tunc, *International Encyclopedia of Comparative Law*, Torts, Introduction, J. C. B. Mohr（Paul Siebeck, Tübingen）, 1974, p. 71.

②　See Andre Tunc, *International Encyclopedia of Comparative Law*, Torts, Introduction, J. C. B. Mohr（Paul Siebeck, Tübingen）, 1974, pp. 71-75.

③　See Erdem Büyüksagis and Willem H. van Boom, "Strict Liability in Contemporary European Codification: Torn between Objects, Activities, and Their Risks", *Georgetown Journal of International Law*, 2013; Israel Gilead, "On the Justifications of Strict Liability", in Helmut Koziol and Barbara C. Steininger (eds), *European Tort Law*, 2004, Vienna/New York, 2005, p. 28.

了严格责任，要求在特殊情况下，行为人如果损害他人民事权益，即使不具有违法性和过错，其行为对社会是有益的，也应当依法承担责任。

我国《侵权责任法》第 6 条和第 7 条区分了"侵害"和"损害"两个概念。在第 6 条规定的过错责任中，采用了"侵害"民事权益的表达方式；而在第 7 条关于严格责任的条文中，使用了"损害"民事权益的概念。此种区分的标准是行为人对损害的发生是否具有过错。按照汉语的使用习惯，"侵害"一词主要是从行为人行为的角度来描述的，多带有对行为人负面评价的色彩，强调其主观上的"可非难性"，也就是具有作为归责基础的"过错"。而"损害"一词主要是从受害人财产状态角度来描述的，是一个客观事实的描述，反映的是受害人财产利益的减损，并不反映造成此种减损状态的行为人的状态。这主要是表明，在特殊情况下，依据法律的规定，责任的承担并不以行为的违法或过错为前提。

（四）侵权行为的法律效果是要依法承担侵权责任

《侵权责任法》第 2 条第 1 款规定，"侵害民事权益，应当依照本法承担侵权责任。"该条实际上明确了，侵权行为是依法应承担侵权责任的行为。需要指出的是，有损害并不必然引发责任。在日常活动中，每天都会发生大量的致害行为，例如，城市建设施工中的噪音或者扬尘，警车在夜间执行公务时的鸣笛等。这些行为虽然会在不同程度上给他人带来损害，影响其生活，但是，这些损害要么是因为程度轻微，社会成员有义务忍受，要么是因为造成损害的行为本身是合法的，是法律所允许的活动。对于这些损害行为，行为人都不会承担责任。侵权责任法所要救济的损害都是"依法可以救济的损害"[1]，侵权法不是保险法，不能对所有损害都提供救济，只能针对符合侵权法构成要件的损害行为，要求对受害人作出损害赔偿等救济。因此，在特殊情况下，损害他人民事权益，必须依据法律关于严格责任等规定，行为人才能承担责任。

侵权行为是引发侵权责任的前提和基础。我国《侵权责任法》之所以称为"侵权责任法"，表明其是以责任为核心的。法律上规定侵权行为的最终目的是确

---

[1] J. Limpens, *International Encyclopedia of Comparative Law*, Torts, Liability for One's Own Act, J. C. B. Mohr (Paul Siebeck, Tübingen), 1974, p. 6.

立责任。我国《侵权责任法》在总则部分规定了归责原则、抗辩事由等，而在分则部分列举了各种侵权行为，实际上也是为了确立各种侵权责任的构成要件和免责事由。因此，从表面上看，《侵权责任法》列举的是各种侵权行为，但实际上确立的是各种侵权行为的责任。因此，依据《侵权责任法》，各种侵权行为都应当是依法承担侵权责任的行为，当然，责任是否最终成立，必须符合法律规定的归责原则和构成要件。

第二节　侵权行为与相关行为

一、侵权行为与违约行为

自罗马法以来，就存在违约责任和侵权责任这两类不同性质的民事责任。尽管两大法系在合同诉讼与侵权诉讼中存在一些明显的区别，但在法律上都采纳了此种分类。按照德国学者冯·巴尔教授的观点，侵权行为采用 tort 或者 delict 均不甚妥当，准确的表述应当是"合同外致人损害的责任"（non contractual liability for damage caused to others）[1]，因为 tort 或者 delict 都表达出一种具有过错或者不法性的行为，而在当今社会，许多侵权行为都没有这两个因素，所以采用"合同外责任"这样的用法，就能够把几乎所有的侵权责任概括其中。[2] 法国侵权法把侵权责任称为"la responsabilité civile délictuelle"，其本义就是指合同外责任。[3] 从比较法上看，有一些国家设置统一的规则，来调整合同责任和合同外责任。[4]

---

[1]　Christian von Bar，*Principles of European Law—Non Contractual Liability Arising out of Damage Caused to Another*，Oxford University Press，2009，p. 243.

[2]　See Gert Brüggemeier，Aurelia Colombi Ciacchi，Patrick O'Callaghan，*Personality Rights in European Tort Law*，Cambridge University Press，2010，p. 5.

[3]　参见程啸：《侵权行为法总论》，44 页，北京，中国人民大学出版社，2008。

[4]　参见［奥］海尔穆特·库奇奥：《损害赔偿法的重新构建：欧洲经验与欧洲趋势》，载《法学家》，2009（3）。

在我国，由于民事经济案件主要是违约和侵权两大类，常常涉及违约和侵权的区分问题，因而，准确地区分违约和侵权责任对于充分保护当事人的合法权益、正确处理民事纠纷具有重要意义。

侵权行为和违约行为分别受侵权责任法和合同法调整，两类责任都属于民事责任的范畴，二者在构成要件、免责条件、责任形式等方面具有一定的相似性，因此，《民法通则》在"民事责任"一章中专设"一般规定"（第六章第一节）对两类责任的共性问题作出了规定。尤其应该看到，由于责任竞合的不断发展，侵权法和合同法已具有逐渐相互渗透和融合的趋势。① 但侵权责任法和合同法毕竟是民法中相互独立的两个法律部门，侵权责任和合同责任也是不同的责任，混淆二者的性质、模糊其界限，不仅将打乱民法内在的和谐体系，而且对司法实践中正确处理民事纠纷将产生极为不利的影响。具体而言，侵权行为和违约行为的区别有以下几点：

1. 违反义务的性质不同

从违反义务的性质来看，合同责任是指违反合同义务而产生的责任。现代合同法发展的趋势之一是合同义务来源的多元化，即合同义务不仅来源于约定，还包括法定的义务以及依据诚实信用原则产生的附随义务。适应此种趋势，《合同法》第60条第2款规定，"当事人应当遵循诚实信用原则，根据合同的性质、目的和交易习惯履行通知、协助、保密等义务。"尽管如此，从总体上说，根据合同自由原则，合同义务主要还是约定义务，法定的或依据诚信原则产生的义务通常是在合同约定不明确或存在漏洞的情况下产生，主要起到补充约定义务的作用。

侵权行为所违反的义务则主要是法定义务。侵权行为所违反的法定义务主要包括如下几类：一是侵权责任法所设定的任何人不得侵害他人财产和人身的普遍性义务，即所谓"勿害他人"（neminem laedere/not harming others）的义务。② 二是侵权责任法设定的具体的不作为义务。例如，根据《侵权责任法》第58条，医

---

① See B. S. Markesinis and S. F. Deakin, *Tort Law*, 4th. ed., Oxford University Press, 1999, p. 8.
② See Gert Brüggemeier, Aurelia Colombi Ciacchi, Patrick O'Callaghan, *Personality Rights in European Tort Law*, Cambridge University Press, 2010, p. 5.

疗机构不得隐匿、伪造、篡改或者销毁病历资料，否则要推定其有过错。三是侵权责任法之外的其他法律、法规（特别是所谓的保护性规范）所设定的作为和不作为义务。四是在特殊情况下，某些负有特定职责的人应当负有的作为义务（如警察所负有的维持社会治安的义务），违反这些义务，造成他人损害的，也可能构成侵权。

一般来说，违反约定义务属于违约的范畴，而违反法定的强行性义务则属于侵权的范畴，但在区分违约和侵权所违反的义务的性质时，还应当确定违反的义务是属于法定的针对一般人的注意义务，还是约定的针对特定人的注意义务。例如，某人在商店试衣服时将其脱下的衣服放在外面，商店售货员同意看管，该人出来时衣服已经被盗。严格地说，法律没有设定商店看管顾客衣服的义务，但如果当事人之间已经通过约定产生了看管的义务，这种义务并非针对所有的顾客承担的，只是针对购买衣服的特定顾客而产生的，因此，商店违反此种义务而产生的应是一个违约而非侵权的责任。

2. 侵害对象不同

从侵害对象的角度来看，违约行为侵害的是相对权，即合同债权，而侵权行为所侵害的对象范围非常宽泛，它包括了各种民事权益，其中主要是绝对权。在比较法上，《法国民法典》第 1382 条因其规定过于原则，可以适用于任何一人对他人造成损害的情形，也就是说，合同责任也可以被纳入该条的调整范围之内。[1] 因此，法官在实践操作中仍然可能扩大侵权与违约竞合的适用范围，从而可能在侵权中适用合同规范，在合同关系中适用侵权规范，导致规则选择、构成要件与法律后果的不确定性。[2] 为避免造成法律适用的混乱，我国《侵权责任法》第 2 条第 2 款中没有列举合同债权，这就表明，侵权行为的侵害对象原则上不包括合同债权。合同债权作为一种相对权，其效力只在特定的当事人之间发

---

① Konrad Zweigert, Hein Kötz, *An Introduction to Comparative Law*, Vol. Ⅱ, Oxford: North Holland Publishing Co. 1977, p. 283.

② See H. Koziol edited, *Unification of Tort Law: Wrongfullness*, Kluwer Law International, 1998, p. 25. 转引自［意］毛罗·布萨尼等主编：《欧洲法中的纯粹经济损失》，张小义等译，13 页，北京，法律出版社，2005。

生，合同关系以外的人因很难知道当事人之间的合同关系，因而不能对其课以侵权责任，但是，在绝对权（如物权、人身权、知识产权等）中，权利主体是特定的，义务主体是不特定的。换言之，任何义务主体都负有不得侵害权利主体权利的义务，而权利主体的权利可以排斥所有人的侵害。由于绝对权都是公开的权利，所以其能够成为侵权行为的对象。我国《侵权责任法》第2条所列举的各项权利都是绝对权。一般来说，侵害相对权构成违约，而侵害绝对权则构成侵权，正因如此，我们才说侵权责任法所保障的是绝对权，而合同法保障的是相对权。

需要注意的是，侵权法发展的一个重要趋势是，其保障的权益范围在逐渐地扩大，即侵权法不仅保护权利，而且保护一定范围内的利益，如为很多国家所承认的第三人侵害债权制度，其所侵害的虽然是作为相对权的债权，但其责任性质却属侵权责任。因为这一原因，侵权行为与违约行为的界限在某些时候就变得相对模糊了。

3. 事先是否存在合同关系不同

当事人之间是否预先存在合同关系是区分违约责任和侵权责任的一个重要标准。在一般情况下，侵权行为发生前，行为人与受害人之间不存在某种法律关系，而只是因为侵权行为的发生才使得双方发生侵权责任的关系。而违约行为的发生是以当事人之间存在合同权利义务为前提的，即当事人双方事先必然存在一种合同关系。因此，如果当事人之间预先存在合同关系，一般来说，违反合同义务构成违约责任。当然，在某些侵权责任中，当事人之间虽然存在合同关系，我国《侵权责任法》仍将其规定为侵权责任，如医疗及产品责任等，此时可构成责任竞合。在造成损害之后，当事人虽然可以选择违约责任，但侵权责任的救济更为充分（如受害人可以主张精神损害赔偿等），因此，原则上还是应依据侵权责任法来处理。

4. 侵害的后果不同

一般认为，由违约而造成的全部损失并非都能根据违约责任而获得赔偿，只有那些违约方在订约时能够合理预见到的损失才应由违约方赔偿，违约损害赔偿仅限于造成财产损害的情形。至于违约行为造成人身伤亡和精神损害的，依据我

国有关法律规定，不能根据违约责任而只能根据侵权责任提供补救。在一般情况下，违约损害赔偿所称的损害限于财产损害。对违约损害赔偿，主要应当赔偿财产损失，而不包括精神损害。至于因瑕疵履行造成人身伤害时，也仅赔偿因人身伤害所致的各种财产损失。[①] 而对于侵权损害赔偿来说，不仅应赔偿财产损失，而且在侵害人格权情形下，还应当赔偿非财产损失。受害人因侵权遭受的精神损害，只可通过侵权之诉获得救济。因此，侵权损害赔偿所称的"损害"，作为对权利或利益的侵害后果，包括财产损失和精神损害。只要是因为侵权所造成的各种损失，无论是直接损失还是间接损失，都应当依法由侵权人赔偿。因此，若存在人身伤亡和精神损害，就应当纳入侵权的范畴。

5. 责任形态不同

我国《侵权责任法》中的侵权责任形式是多元化的，除了损害赔偿之外，还包括消除危险等预防性的责任形式，而违约责任只有损害赔偿、违约金等责任形式，不可能存在消除危险、排除妨碍等形式。虽然当侵权行为和违约行为发生以后，都可以适用损害赔偿的责任形式，二者都要以损害赔偿责任实现补救受害人的根本目的，但是，在适用损害赔偿责任时，两者在归责原则、构成要件、赔偿范围等方面都存在明显的区别。这也决定了两种责任在责任方式上的差异，某些适用于合同责任的形式（如违约金）不能适用于侵权，同样，某些适用于侵权责任的形式（如恢复名誉、赔礼道歉）也不能适用于合同责任。

尽管存在上述区别，但违约责任和侵权责任也可能发生竞合。产生竞合的主要原因在于，合同当事人的违约行为同时违反了法律规定的强制性义务，并造成他人损害，或者在行为人实施侵权行为时，在行为人与受害人之间事先存在合同关系等，都可能导致违约责任和侵权责任的竞合。例如，甲将其电脑交由乙保管，乙未经甲同意将该电脑转卖，该行为人既违反了保管合同，也侵害了甲对电脑的所有权，因此发生侵权责任和违约责任的竞合。在违约责任与侵权责任发生竞合的情形下，《合同法》第 122 条规定："因当事人一方的违约行为，侵害对方

---

① 参见梁慧星：《民法》，420 页，成都，四川人民出版社，1989。

人身、财产权益的，受损害方有权选择依照本法要求其承担违约责任或者依照其他法律要求其承担侵权责任。"该条是关于合同责任和侵权责任竞合的规定，依据这一规定，在发生竞合的情况下，受害人可以请求行为人承担违约责任或者侵权责任，但受害人只能择一行使，而不能同时主张。受害人可以根据其请求的范围、举证能力等，妥当作出选择，从而最大限度实现自己的利益。允许当事人在两种请求权中作出选择，既是私法自治的体现，也是保护受害人利益的需要。

二、侵权行为与犯罪行为

在法律发展史上，刑法是在侵权法的基础上发展起来的。最原始的刑法乃是侵权法，刑法和侵权法并没有严格的界限①，刑法是从侵权法中分离出来的法律。② 在我国几千年的法制发展史上，由于刑民不分，以刑为主，刑法与民法的历史发展关系与大陆法的发展过程不同，侵权责任法是在刑法的基础上发展而来的。③ 大多数国家的法律都经历了一个从侵权责任和刑事责任合一到逐渐分离的过程。④ 例如，《法学总论》"侵权行为"编中就有规定："关于一切侵害，被害人可提起刑事诉讼，也可以提起民事诉讼。"⑤

侵权责任和刑事责任具有非常密切的联系，尤其是现代刑事附带民事诉讼制度的建立，将两种责任在形式上联系起来。在现代社会，许多国家的法律规定，某些违法行为（如因交通事故致人损害或死亡）既可以作为侵权行为，也可以作为刑事犯罪对待。在普通法国家，对于"非法侵害"（assault）、"殴打"（battery）、"侮辱"（libel）等行为，行为人可能仅被提起侵权之诉，也可能被作为犯罪而受

---

① See David J. Seipp, "The Distinction between Crime and Tort in the Early Common Law", 17 *Boston University Law Review*, 1996, p. 59.

② 梅因曾经指出："在法律学幼年时代，公民赖以保护使其不受强暴或欺诈的，不是'犯罪法'，而是'侵权行为法'。"参见［英］梅因：《古代法》，沈景一译，209 页，北京，商务印书馆，1959。

③ 参见张晋藩：《中国法律传统与近代转型》，2 版，427～428 页，北京，法律出版社，2005。

④ See Andre Tunc, *International Encyclopedia of Comparative Law*, Torts, Introduction, J. C. B. Mohr（Paul Siebeck，Tübingen），1974, p. 30.

⑤ ［古罗马］查士丁尼：《法学总论》，203 页，北京，商务印书馆，1989。

到刑事指控。[1] 对于严重侵犯财产权和人身权的案件，行为人除承担刑事责任以外，可能还要根据刑事附带民事诉讼程序而承担赔偿损失的责任。由于侵权法主要是对受害人进行救济的法律，因而，其在功能上已经与刑法形成了分工。正因如此，侵权责任法必须与刑法配合，才能有效地防止违法行为的发生，并实现对受害人的救济。正如有学者所指出的，权利的存在和得到保护的程度，只有诉诸民法和刑法的一般规则才能得到保障。[2] 法律责任就是立法者通过法律对特定行为及行为人主观心态的评价，就侵犯他人合法权益的行为而言，其既可能要面对来自侵权责任法的评价，也可能同时违反了侵权责任法和刑法，并分别导致民事责任和刑事责任的产生。在实践中，两种责任甚至可以作为可选择的方式来运用，如自诉案件。[3]

在我国，刑事责任和侵权责任都是保护公民、法人的财产和人身权利的法律形式。为减少和预防不法行为，维护社会政治和经济秩序，我国刑法贯彻了惩罚与教育相结合的原则，同样，我国侵权责任法也把教育和预防作为其重要职能。从实践来看，侵权行为和犯罪行为的联系经常表现为规范竞合的现象。所谓规范竞合，是指同一事实符合数个规范的要件，以致该数个规范都能够予以适用的法律现象。换言之，在杀人、伤害、盗窃、诈骗、故意毁损财物等案件中，一个行为可能既构成侵权行为，又构成犯罪行为。而在发生规范竞合时，侵权责任和刑事责任是可以同时并用的。《侵权责任法》第4条第1款规定："侵权人因同一行为应当承担行政责任或者刑事责任的，不影响依法承担侵权责任。"这就是说，行为人承担民事责任不影响其承担刑事责任，而承担刑事责任也不应影响其承担侵权责任。例如，在"方某甲等故意伤害案"中，法院认为，被告人方某甲、方某乙、方某丙因琐事纠纷故意伤害他人身体，致人轻伤，其行为构成故意伤害

---

① See Mauro Bussani, Anthony J. Sebok, *Comparative Tort Law：Global Perspectives*，Edward Elgar Publishing，2015，p. 94.

② 参见［英］彼得·斯坦、约翰·香德：《西方社会的法律价值》，王献平译，41 页，北京，中国人民公安大学出版社，1989。

③ See Andre Tunc，*International Encyclopedia of Comparative Law*，Torts，Introduction，J. C. B. Mohr（Paul Siebeck，Tübingen），1974，p. 30.

罪，属共同犯罪。就民事赔偿而言，因被告人方某甲、方某乙、方某丙共同故意伤害附带民事诉讼原告人颜某某身体健康权的行为，在性质上符合《侵权责任法》第8条的规定，应构成共同侵权，三被告人依法应对附带民事诉讼原告人颜某某承担连带赔偿责任。① 因此，在追究犯罪人的刑事责任的同时，也可以追究其侵权责任，即使承担了刑事责任，也不应当影响侵权责任的承担。这涉及刑事附带民事的赔偿问题。但是，侵权行为与犯罪行为相比，具有如下区别：

1. 法律依据不同。犯罪行为是依刑法的规定应受刑罚处罚的行为。刑法作为规定犯罪和刑罚的法律，主要调整罪刑关系。只有那些触犯刑律，具备了刑法规定的犯罪构成要件的行为，才能被认为是犯罪。而侵权行为作为承担民事责任的根据，是依据民法关于侵权行为的规定而确定的。侵权责任在性质上属于民事责任，是私法上的责任，确立的是平等主体之间的责任关系。而刑事责任属于公法上的责任，它是因行为人触犯刑律而依据刑法承担的责任，是犯罪人对国家所承担的责任，并非平等主体之间的责任关系。而对于尚未构成犯罪，仅造成对他人一般损害的不法行为，一般应受侵权责任法调整。

2. 侵害对象不同。从侵害的对象来看，侵权行为和犯罪行为可能都侵害了某一主体的财产权或人身权，但是，在许多情况下，犯罪行为并非直接侵犯特定人的特定权益，而是直接侵害了受我国法律保护的社会关系，如政治的、军事的、经济的、文化的以及婚姻家庭、行政管理等方面的社会关系。因此，犯罪行为侵害的客体范围更为广泛，而侵权行为侵害的对象是特定的民事主体所享有的民事权益。②

3. 社会危害程度不同。从社会危害程度来看，犯罪行为比侵权行为具有更大的社会危害性。因此，对于绝大多数犯罪行为来说，必须由司法机关依法追究责任，即提起公诉。而侵权行为侵害的是私权，因此应由受害人及其近亲属提起民事诉讼，以充分尊重当事人的处分权。

4. 责任构成要件不同。从责任的构成要件来看，犯罪行为，无论是既遂或未遂，都应承担刑事责任，因此，它一般不以实际损害的发生为要件。而侵权行

---

① 参见福建省云霄县人民法院（2013）云刑初字第198号刑事附带民事判决书。
② 参见《侵权责任法》第2条。

为必须在造成他人损害时才能承担民事责任。此外，绝大多数犯罪行为实行主观归责，其罪刑轻重受罪过的类型和主观恶性大小的影响很大；而侵权行为并非一律采取主观归责，且责任范围在绝大多数情况下，不受过错类型及程度的影响。

5. 主观恶性程度不同。根据刑法的规定，只有那些主观恶性较大的危害社会的行为才构成犯罪，并应受刑罚处罚，而主观恶性较小的危害社会的行为并不被认为是犯罪。因此，在我国《刑法》分则规定的各类犯罪中，绝大多数是故意犯罪，只有少数是过失犯罪。而在侵权责任法中，侵权行为多为过失行为。根据我国法律规定，行为人实施某些危害社会的行为，若为故意，则可能构成犯罪；若为过失，则仅构成侵权行为。例如，《刑法》第 275 条规定的故意毁坏公私财物罪，只能由故意构成，而过失毁损公私财物，只构成侵权行为。再如，故意实施损害他人人格尊严的行为，可能构成刑法上的侮辱罪、诽谤罪，而过失侵害他人人格尊严的行为，行为人只负侵权民事责任。

6. 责任的目的不同。从责任的目的来看，刑事责任具有明显的惩罚性，即通过课以行为人承担刑事责任，来制裁犯罪人，并教育和警戒犯罪行为人和社会上可能犯罪的人，以达到预防犯罪的目的。刑事责任主要通过刑罚手段的运用，要求犯罪人对国家承担责任，其具有报应或预防的功能，并非直接对受害人提供补救。刑法作为对违法行为最严厉的制裁措施，是对权益进行救济的最后防线。[①] 而且刑法规范体现了明显的强制性。除少数自诉案件以外，刑事责任不得由受害人自由免除，刑事责任的承担也不能由受害人的意志决定，对非自诉的犯罪，犯罪人不能因为受害人的放弃和宽恕而免除犯罪人的责任。[②] 刑事责任的强制性是由犯罪行为侵害了为法律所保护的国家利益和社会公共利益的本质所决定的。而侵权责任是对受害人的责任，与刑法的制裁性不同，侵权责任体现了浓厚的救济色彩，其主要目的是弥补受害人的损害，侵权责任形式的确定最终是为了

[①]　参见奚晓明主编：《〈中华人民共和国侵权责任法〉条文理解与适用》，38 页，北京，人民法院出版社，2010。

[②]　参见奚晓明主编：《〈中华人民共和国侵权责任法〉条文理解与适用》，34 页，北京，人民法院出版社，2010。

实现对受害人的救济。① 侵权责任除了体现强制性之外，还体现了任意性。即受害人有权决定是否要求行为人赔偿、有权与加害人协商赔偿的数额、可以要求行为人仅负部分赔偿责任。

7. 责任形式不同。侵权责任虽然采取了多种责任形式，但主要是损害赔偿。侵权责任法作为规定侵权行为及其民事责任的法律，主要调整侵权行为和因侵权行为产生的责任关系，这些关系均为民事关系。侵权责任法主要是救济法，侵权责任形式的确定最终是为了实现对受害人的救济。而刑事责任是制裁法，主要通过刑罚手段的运用，要求犯罪人对国家承担责任，其具有报应或预防的功能，并非直接对受害人提供补救。所以，要补偿受害人遭受的损失，常常需要借助刑事附带民事诉讼的方式，通过侵权责任来实现。

我国《侵权责任法》第4条第1款规定："侵权人因同一行为应当承担行政责任或者刑事责任的，不影响依法承担侵权责任。"侵犯公民和法人的合法权益的行为，只有在情节严重并构成犯罪的情况下，才应受到刑罚的制裁，侵权损害一般不属于刑法的调整领域，而主要受侵权责任法的调整，即当事人可主动行使由侵权责任法所确认的、基于侵权而产生的损害赔偿请求权。此外，是否行使侵权损害赔偿请求权是权利人的自由，无须国家权力的直接干涉，而刑事责任的承担则原则上不允许当事人自主决定。

第三节　侵权责任的一般原理

一、侵权责任的概念和特征

侵权责任，是指侵权人因实施侵害或损害他人民事权益的行为而依据侵权责任法所应当承担的法律后果，它是民事责任的一种类型。民事责任，是指当事人

---

① Geneviève Viney, *Introduction à la responsabilité*, 3rd ed. (Paris, LGDJ, 2008), p. 164.

违反民事义务时应承担的民法上的不利后果。先有民事义务，而后才能产生民事责任。义务是与权利相对应的一个概念，在性质上属于法之"当为"，具有法律上的拘束力，违反民事义务将会承担法律上的不利后果，即民事责任。① 如前所述，侵权行为是责任承担的前提和依据，凡是实施了侵权行为的行为人，都要承担相应的后果，法律列举侵权行为形态的目的就是要确定责任，但是，在某些情况下，行为人虽然实施了侵权行为，但不符合法律规定的责任构成要件，也不一定当然产生侵权责任。正是从这个意义上说，侵权责任和侵权行为是既有联系又有区别的概念，不能简单地将两者等同。从功能上看，侵权责任主要具有两方面的功能：一是保护受害人，弥补受害人的实际损失；二是预防并制裁侵权行为。这两个功能缺乏其一，均难言完整。而侵权责任与其他法律责任明显不同之处就在于其强调对受害人的保护，其基本制度是"以保护受害人为中心"建立起来的，所关注的主要是对受害人的补偿。②

侵权责任具有如下法律特征：

第一，侵权责任是以侵权行为为前提的。侵权行为是行为人承担侵权责任的前提，或者说侵权责任产生的法律基础是侵权行为。没有侵权行为便谈不上承担侵权责任，而侵权责任则是侵权人实施侵权行为所应承担的法律后果。法律规定侵权责任的目的在于制裁侵权行为，保护公民、法人的民事权利，恢复被侵权行为破坏了的财产关系和人身关系。③ 当然，有些侵权行为也会产生行政责任，甚至是刑事责任，但是行为人承担行政责任、刑事责任并不能够免除其侵权责任。

第二，侵权责任是依据侵权责任法的规定而应承担的责任。严格地说，法律是作用于个人和群体之间的一种模式，人们通过该模式获得对行为结果的预期。④ 社会一般人期待的内容既包括合法行为得到肯定评价的预期，也包括侵害

---

① 参见郑玉波：《民法总则》，74页，北京，中国政法大学出版社，2003。
② See European Group on Tort Law, *Principles of European Tort Law: Text and Commentary*, Springer, 2005, p.102.
③ 参见张新宝：《中国侵权行为法》，2版，36页，北京，中国社会科学出版社，1998。
④ 参见［美］R.M.昂格尔：《现代社会中的法律》，吴玉章、周汉华译，46页，南京，译林出版社，2001。

他人的非法行为受到否定评价的期待。民法对权利的规范主要可以分为确认权利和保护权利两类，而侵权责任法就是满足后一种期待的法律，其功能在于为如何否定评价他人不良行为提供标准和尺度，即针对不同行为确立民事侵权责任。《侵权责任法》第2条第1款规定，"侵害民事权益，应当依照本法承担侵权责任"。据此可见，侵权行为发生以后，都要依据侵权责任法的规定来承担责任。我国《侵权责任法》虽然只有92条，但是，其确立了一般侵权行为和特殊侵权行为的归责原则、构成要件、抗辩事由等，这就为各种侵权行为的责任承担提供了依据。尤其是《侵权责任法》第6条第1款采取了一般条款的方式，大量的、法律没有规定的新类型的侵权，只要不能适用法律的特殊规定的，都可以适用一般条款。此外，依据我国《侵权责任法》第5条的规定，侵权责任法之外的特别法也与侵权责任法构成一个整体，都可以成为确立侵权责任的依据。

第三，侵权责任主要是合同外的民事责任。侵权行为是承担侵权民事责任的根据。但侵权责任不能涵盖整个民事责任，侵权责任是与违反合同的民事责任相对应的一类民事责任[1]，这就是说，在侵权责任产生之时当事人并没有合同关系，而只是因为侵权行为的发生才产生法律责任。当事人之间是否存在合同关系，往往成为区分合同责任与侵权责任的重要标准。[2] 正是因为侵权责任是合同外的责任，所以，侵权责任通常发生于当事人之间没有合同关系的情形，原则上，责任的确立也不能以合同法为依据。

第四，侵权责任以损害赔偿为核心，但又不限于损害赔偿。侵权责任的主要功能在于对受害人提供补救，使受害人遭受的全部损失得到恢复。也正因如此，在德国法系民法中，将侵权民事责任规定为一种债的关系，即受害人与加害人之间以请求赔偿和给付赔偿为内容的权利义务关系。正如德国民法学者冯·巴尔教授所指出的，以损害赔偿为特性的"民事责任法是每一个欧洲国家法律制度的一部分。没有一套对在发生损害之前当事人之间没有任何关系之情形的损失予以赔

---

① See Christian Von Bar, *Principles of European Law——Non Contractual Liability Arising out of Damage Caused to Another*，Oxford University Press 2009，p. 243.

② 需要注意的是，随着基于交往和消费关系等引发的责任的增加，此种标准的区分作用日益减弱。

偿的规则，任何人都无法生存”①。在德国法系民法上，侵权行为被作为损害赔偿之债的发生原因之一，即在特定的当事人之间产生一方请求另一方为金钱给付的法律关系，但是，在我国《侵权责任法》第15条中列举了8种侵权责任形式，因而侵权责任的范围大于损害赔偿之债的范围，它不仅包括金钱损害赔偿责任，而且包括返还原物、恢复原状、赔礼道歉等。由于采用了多种责任形式，因而，不能说侵权责任都产生债的关系。因侵权行为而产生的损害赔偿之外的责任，大多不是债的关系，而是责任关系，只有因侵权行为而产生的损害赔偿，才既有债的属性，又有责任的性质。当然，应当看到，在侵权责任法中，损害赔偿是其主要的责任形式，因此，侵权责任法主要体现了救济功能。这就表明，侵权责任虽以损害赔偿为核心，但并不局限于损害赔偿。

第五，侵权责任是对受害人所承担的责任。法律责任都是以国家强制力保障其实现的责任，但是，侵权责任不同于刑事责任和行政责任之处就在于，侵权责任是通过损害赔偿等方式，实现对受害人的直接的救济。② 而刑事责任和行政责任则是行为人对国家所承担的责任，其虽然也可以间接地发挥保障受害人的作用，但是，毕竟无法直接对受害人提供救济。

第六，侵权责任具有明显的强制性特点。法律责任都具有强制性，它是国家权力运行的具体体现，是国家对责任者的财产或人身自由的强制限制或剥夺。③ 强制性是法律责任区别于道德、宗教等责任的重要特征。法律责任不是行为人自愿承担的，因此责任的承担必然有强制性。侵权责任的强制性主要表现在：一是责任成立的强制性，即只要符合法律规定的构成要件，行为人都应当承担责任，除非是存在法定的免责事由；即使就公平责任而言，其并非道义上的责任，而是具有强制性的法律责任。因为法律责令当事人承担补偿责任，也是给其强加的不利后果，并有利于督促其采取措施，尽到防范损害发生的义务。④ 二是责任范围

---

① ［德］冯·巴尔：《欧洲比较侵权行为法》上，张新宝译，1～2页，北京，法律出版社，2001。

② See Matthew Dyson, "Connecting Tort and Crime: Comparative Legal History in England and Spain since 1850" ［2009］, *Cambridge Yearbook of European Legal Studies* 247, pp.168-284.

③ 参见张文显：《法学基本范畴研究》，186页，北京，中国政法大学出版社，1998。

④ 参见彭俊良编著：《民事责任论——制度构建与理论前瞻》，5～6页，太原，希望出版社，2004。

的强制性。侵权责任法的补救功能要求，责任范围应当与受害人遭受的损失相适应，侵权责任法甚至对损害赔偿的计算方法都有明确规定。三是责任承担方式的强制性。基于有效实现救济受害人的目的，侵权责任法规定了多种责任承担方式，虽然受害人在部分情况下有选择的余地，但对责任人而言，一旦受害人按照法律允许的方式予以请求，其都可能按照此种方式承担责任。①

需要指出的是，尽管侵权责任具有强制性，但侵权责任不同于其他法律责任，如行政责任、刑事责任的地方在于，它还具有一定的任意性的特点。在侵权行为发生以后，不仅产生强制性的法律责任，也产生一种侵权损害赔偿之债。作为一种债的类型，损害赔偿之债仍然具有债的任意性特点。受害人可以请求，也可以不请求责任人承担民事责任，受害人还可以通过诉讼或与责任人协商的方式确定民事责任的承担。此外，《侵权责任法》第 25 条规定："损害发生后，当事人可以协商赔偿费用的支付方式。协商不一致的，赔偿费用应当一次性支付；一次性支付确有困难的，可以分期支付，但应当提供相应的担保。"这实际上是允许当事人就赔偿费用的支付方式进行协商，从而体现了私法自治原则的精神。

二、侵权责任与侵权损害赔偿之债

侵权行为不仅产生侵权责任，同时也是债的发生原因之一。传统德国法系的民法理论与民事立法认为，债是由合同之债、侵权损害赔偿之债、无因管理之债和不当得利之债构成的，因此，学说上通常认为，侵权行为作为一种法律事实，亦产生侵权之债。申言之，当侵害他人的财产权和人身权的不法行为发生以后，在不法行为人与受害人之间产生了一种债的法律关系，受害人作为债权人有权请求作为债务人的加害人赔偿损害，而加害人作为债务人有义务赔偿因其不法行为给受害人造成的损害。由于此种债的内容着重于损害赔偿，所以又可称为"侵权损害赔偿之债"。它与合同之债的主要区别在于，合同之债是因当事人的合意产

---

① See Kenneth W. Simons, "The Crime/Tort Distinction: Legal Doctrine and Normative Perspectives" (2007-2008), 17 *Widener LJ*, 719.

生的，权利和义务内容是合同规定的；而侵权行为之债事先通常并不存在合同关系，只是因侵权行为的发生，才使当事人之间产生了债的关系。由于大陆法系国家侵权责任的形式主要是损害赔偿，因而学说上通常认为，侵权行为之债就是损害赔偿之债。

　　我国《侵权责任法》采纳了侵权法和债法适当分离的学说，将侵权法从债法中分离出来，使其独立成编，而没有将侵权法作为债法的组成部分。尤其是我国侵权责任法采用了侵权责任的概念，而没有采用债的概念，这很容易产生一种误解，似乎我国侵权责任法就以"侵权责任"的概念完全取代了"侵权损害赔偿之债"的概念，侵权责任不适用债的规定。笔者认为，虽然我国《侵权责任法》采用了侵权责任的概念，但侵权行为既产生责任又产生损害赔偿之债，损害赔偿既是行为人对国家所负的责任，也是其对受害人所负的债务。

　　为了说明侵权行为既产生责任又产生债务的问题，首先必须解决债务和责任的区别问题。在罗马法中，债务和责任同为"法锁"（Juris Vinculum），都是指当事人之间的拘束状态，原则上并无区别。① 这种债务和责任同一的观点，至今仍为许多学者所主张，但是，从理论上看，在合同之债中，债务和责任的区别是非常明显的，合同债务是当事人事先约定的义务，而合同责任是不履行债务和侵害债权所导致的后果。虽然表面上，合同责任也可以由当事人事先约定，责任似乎也是债务的一部分，但事实上，如果债务并未到期则债务人虽负有债务却无责任，如果债权人要求债务人承担责任，债务人可以提出抗辩。此外，合同债务与合同责任可以在主体上相分离（如保证），且范围也不同（如债务人仅以部分财产承担责任，使责任范围与债务不一致），因此，在合同关系中，债务和责任的区别是明显存在的。

　　在侵权关系中，当事人之间一般并不存在事先约定的义务和责任，债务和责任没有先后次序，而是同时因侵权行为产生的。特别是在侵权行为发生以后，加害人对受害人作出的损害赔偿，既是其履行债务的行为，也是国家对加害人的制

---

① 参见林诚二：《论债之本质与责任》，载郑玉波主编：《民法债编论文选辑》上，26页，台北，五南图书出版公司，1984。

裁。这样一来，似乎侵权行为之债和侵权责任难以区分。尽管如此，笔者认为，损害赔偿等一些侵权责任属于债的关系，但并不是所有侵权责任都属于债的关系，这些责任与传统的债的区别主要表现在：

首先，损害赔偿之外的责任形式大多不是债务。如前所述，我国《侵权责任法》第15条规定了8种责任形式："承担侵权责任的方式主要有：（一）停止侵害；（二）排除妨碍；（三）消除危险；（四）返还财产；（五）恢复原状；（六）赔偿损失；（七）赔礼道歉；（八）消除影响、恢复名誉。"除损害赔偿、恢复原状等责任形式之外，其他的责任大多不产生债的关系。笔者认为，债本质上都是"给付"关系，而且主要是财产性给付，可以用金钱来进行评价。因此，债都是一种以交易为内容的给付关系，但是，从内容上看，停止侵害等责任形式并不是一种给付，而是法律责令行为人不得实施某种特定的行为（如停止侵害），或者责令其应当实施某种特定的行为，如赔礼道歉。在适用这些责任形式的时候，并不存在交易，而只是履行法律规定的强制性义务。尤其是赔礼道歉等具有强烈的人身属性，不是以财产给付为内容的，难以用金钱来评价。正是从这个意义上可以说，因侵权行为而产生的损害赔偿之外的责任，并非债的关系。

其次，责任都具有明显的强制性，与债所体现的任意性存在区别。责任是为确保债务履行而设置的措施，它以债务的存在为前提，以督促债务人履行债务并保障债权人的债权为宗旨。正是因为责任制度的存在，才使债权获得了一种"法律上之力"①。也就是说，责任制度的存在，使债权人在债务人不为给付时，可以凭借法律上之力，强制债务人履行债务或承担其他责任，以确保其权利的实现。正如王泽鉴教授所言："所谓债务（Schuld），系指应为一定给付义务，所谓责任（Haftung），则指强制实现此项义务之手段，亦即履行此项义务之担保。"②例如，前述停止侵害、赔礼道歉等，并非自愿的交易，法院一旦作出此种判决以后，被告就应当执行。如果被告拒绝执行，则法院可强制执行，此种责任不能转让和抛弃。另外，侵权责任的承担不是侵权人可以任意选择的，责任的方式、责

---

① 梁慧星：《民法学说判例与立法研究》，253页，北京，中国政法大学出版社，1993。
② 王泽鉴：《民法债编总论：基本理论·债之发生》，46页，台北，自版，1976。

任的范围等都是依法确定的，不能根据债务人的意愿来予以相应确定。甚至对于受害人来说，其虽然可以在一定范围内限制或免除侵权人的责任，但是，其权利也要受到法律的限制。因此，当事人不能通过免责条款，随意免除侵权人应承担的责任。与此不同，债的关系具有明显的任意性，依据私法自治原则，债可自由变更和转让。

再次，债的一般规则无法完全适用于侵权责任。严格地说，债的一般规则对于合同之债具有普遍的适用性，但是，对于侵权责任，它无法完全适用。从制度起源上看，债法的一般规则主要是从意思自治背景下的诸多合同关系中抽象出来的，其基础与侵权之债不同。因此，基于公共秩序和立法政策的考虑，侵权责任也被禁止适用债权总则的某些规则，例如，故意侵权致他人人身损害的，受害人因此享有的损害赔偿请求权不能抵销，否则将违反公序良俗。再如，根据我国《合同法》第53条，当事人之间不能通过免责条款来免除造成对方人身伤害的责任和因故意或重大过失造成对方财产损失的责任。

最后，就损害赔偿而言，已经不仅仅局限于财产损害赔偿。根据我国《侵权责任法》，损害赔偿还包括精神损害赔偿和惩罚性赔偿，这些赔偿无法完全用债的关系来解释。以惩罚性赔偿为例，如果仅仅将其作为债的关系来看，那么损害和赔偿之间大都应当具有对应性，但是，惩罚性赔偿事实上突破了这种对应性，受害人的财产或人身损害可能是轻微的，但可能获得巨额赔偿。尤其是惩罚性赔偿主要强调惩罚和制裁，这和传统债的原理是有区别的。惩罚性赔偿与传统大陆法系债法中的损害赔偿差异较大，很难完全适用债权总则的规定。再如，精神损害赔偿与财产损害赔偿不同，它很难完全适用债权总则的规定。有学者认为，大陆法系过度以财产为中心，忽视了对人的人身权利的保护。不仅如此，传统民法典对人的存在本身的处理也是"泛财产化"的，在"损害"的概念上长期坚持财产化的原则，拒绝承认精神损害的概念。[1] 此种观点不无道理。事实上，传统大陆法系民法中的损害赔偿，确实主要是针对财产损害的补救，并不包括对人格权

---

① 参见薛军：《人的保护：中国民法典编撰的价值基础》，载《中国社会科学》，2006（4）。

提供救济的精神损害赔偿。例如，完全赔偿原则就不能适用于精神损害赔偿。这都使得侵权责任法相对于债权总则而言，呈现出许多例外性特征。

因此，在我国侵权责任法中，不能认为侵权行为都产生债的关系，也不能笼统地说侵权行为产生侵权行为之债，而必须注意到侵权责任与债的区别。

虽然债与责任之间存在上述区别，但也不能将侵权责任法和债法割裂开来，认为两者之间是没有关联性的两种法律制度。尽管我国单独制定了侵权责任法，但这仅表明侵权责任法将从债法中独立，并不意味着侵权责任法与债法截然分离。无论是从制度史角度看，还是从现存制度之间的实质内容上看，二者之间的关联性都不可忽略。产生这种关联性主要原因在于：第一，因侵权行为所产生的损害赔偿责任是债的发生原因之一，从本质上讲，损害赔偿责任仍然是一方当事人请求另一方当事人为一定给付的行为，这就属于债的调整范围；如果否定侵权损害赔偿的债的属性，则会出现受害人的"损害赔偿请求权或者无处容身，或者不能与义务相对应而与责任连结起来"的严重后果。[1] 第二，债法的很多规则对侵权责任仍然是适用的，例如，共同侵权行为要适用债权总则之中连带之债的规定，侵权损害赔偿要适用债权总则之中损害赔偿之债的一般规则。因此，在债权总则中，可以考虑规定债的一般规则，如按份之债、连带之债的划分，这些规则可以直接适用于侵权的损害赔偿。再如，有关债的担保、代位权等制度也有必要在侵权损害赔偿中充分发挥其作用。第三，侵权请求权中的抗辩权也涉及债的关系，如债的履行中的抗辩（同时履行抗辩权等）以及债的关系已经消灭的抗辩（抵销、免除、混同等），诉讼时效已经届满的抗辩等，必须适用债权请求权。如果否定侵权行为之债，这些抗辩都将在侵权责任法中无法适用，这显然是与实践不相符的。总之，笔者认为，民法体系化的主要方法就是让各项制度通过特定的逻辑关系相联系，否定侵权行为之债概念将使因侵权行为而产生的损害赔偿关系，与民法中的诸多规范无法有机地统一在一起。

因此，笔者认为，区别侵权行为之债和侵权行为责任，有助于理解侵权行为

---

① 参见杨立新：《侵权特别法通论》，20 页，长春，吉林人民出版社，1989。

所涉及的不同关系，这对于明确受害人的权利、确定加害人的债务和责任以及正确适用法律，都具有极为重要的意义。

三、侵权责任的优先性

《侵权责任法》第4条第2款规定："因同一行为应当承担侵权责任和行政责任、刑事责任，侵权人的财产不足以支付的，先承担侵权责任。"该条确立了侵权责任优先性的规则。这就是说，在因同一行为而产生了侵权责任、行政责任和刑事责任时，侵权人的财产应当优先用于侵权责任的承担。学界有一种观点认为，应当明确侵权责任的优先性，即通过赋予侵权损害赔偿请求权人以优先权，而就侵权责任承担者的财产中优先于行政责任与民事责任而受清偿，以便保护受害人的权益。笔者认为，在我国《侵权责任法》《证券法》等法律已经明确了民事责任优先于行政责任与刑事责任的前提下，特别突出侵权责任的优先性，甚至赋予一种作为担保物权的优先权，必要性和实际意义不大。这是因为，我国《侵权责任法》第4条第2款规定的不是侵权赔偿请求权，而是由人民法院确定的侵权责任。所谓侵权责任的优先，也是民事责任较之于行政责任和刑事责任的优先。具体来说，主要是确立侵权损害赔偿责任与行政罚款、刑事罚金、没收财产等责任之间的优先顺序，而不是确立请求权的优先顺序。从这个意义上讲，将其称为民事责任的优先性更为妥当。此种优先性并不是通过比较侵权赔偿请求权与行政罚款、刑事罚金、没收财产等公法责任来体现的，而是通过比较侵权损害赔偿责任与其他性质的责任来体现的。事实上，请求权主要是一个私法上的概念，与行政罚款、刑事罚金、没收财产等公法责任不是一个层面上的概念，难以比较其优先效力，因为如果受害人对请求权有争议，请求权人必须通过法院确认来获得其效力，而"行政罚款、刑事罚金、没收财产"等公法上的责任不是"请求"责任人承担，而是"责令"责任人承担，具有强制力。

在法律上确立侵权责任优先性的规则，一方面是为了强化对受害人的救济。如前所述，刑事责任和行政责任是对国家的责任，而侵权责任是对受害人的责

任，从强化受害人保护的角度考虑，确立侵权责任优先性规则是必要的。如果行为人的财产有限，优先执行刑事或行政责任而导致民事责任不能履行，就可能使受害人的损害无法得到救济，甚至陷入困境，不能体现法律对受害人的关怀。[①]另一方面，考虑到我国保险和社会救助制度的不完善，在受害人遭受损害之后，特别是遭受人身损害之后，难以通过保险或社会救助等制度获得救济，该规则的确立可以理解为是在一定程度上对受害人的救助措施，体现了浓厚的人文关怀。因为国家利益与个人利益本质上是一致的，所以，如果对国家的责任和对个人的赔偿责任发生冲突，应优先满足个人的赔偿责任，这也最终可以实现国家对个人利益的关怀。该规定符合我国《侵权责任法》第1条所确立的"促进社会和谐稳定"的立法目的。该条规定实际上是我国长期以来立法经验的总结，并且在多个法律中都有明确规定。[②] 侵权责任法上确立了民事责任优先性的规则，目的是要优先对受害人提供救济，这也体现了私权优先的法治理念。[③] 还要看到，行政责任和刑事责任中的罚款、罚金等，其主要功能在于通过对行为人财产的减损，使其受到惩罚。当然，这通常是以责任人拥有这些财产为前提的。如果责任人的财产不足以同时支付侵权损害赔偿和行政责任或刑事责任中的罚款、罚金，就谈不上以其财产减少来惩罚违法行为人的问题，因为违法行为人已经没有可供执行的财产。在承担刑事责任和行政责任的情况下，其主要是对国家的责任，虽然对不法行为人具有制裁的作用，但是，如果其财产不足以承担所有的责任，就应当优先赔偿受害人的损失。

侵权责任优先性规则的适用，应当满足如下条件：

第一，存在侵权责任与行政责任或刑事责任的聚合。此处所说的责任的聚合，是指同一行为同时满足两种或两种以上责任的构成要件，行为人既要承担对

---

① 参见王胜明主编：《〈中华人民共和国侵权责任法〉解读》，48页，北京，中国法制出版社，2010。

② 参见《刑法》第36条第2款、《证券法》第232条、《公司法》第214条、《合伙企业法》第106条、《产品质量法》第64条。

③ 参见姜强：《侵权责任法的立法目的与立法技术》，载《人民司法（应用）》，2010（3）。

国家的责任，又要承担对受害人的责任。① 例如，侵权责任与刑事责任中罚金的聚合，或者侵权责任与行政责任中罚款的聚合。

需要指出的是，责任聚合的前提是人民法院已经确立了责任人需要承担的多种责任，仅有受害人的侵权请求权，并不一定引起此种优先性的比较，只有当受害人行使侵权请求权，并经法院确认转变为侵权责任之后，才涉及此种优先效力的比较。在法院没有确立侵权人责任的前提下，是无法比较责任优先性问题的。

第二，存在财产责任的冲突。侵权责任优先性规则并非适用于所有的责任聚合，而只限于以财产责任为内容的责任的聚合。也就是说，因为涉及财产责任，所以有可能发生行为人的财产不足以承担所有类型责任的情形，进而需要确定何种责任需要优先承担。只有在责任人的财产不足以同时满足三种责任需要的时候，才可能出现民事责任优先的问题。② 如果不存在财产责任的冲突，就不能适用侵权责任优先性规则。例如，责令行为人停业整顿，就不是财产责任，与侵权责任不发生冲突，没有必要适用侵权责任优先性规则。

如果侵权人承担的是停止侵害、排除妨碍、消除危险等责任，是否导致侵权责任优先性规则的适用？笔者认为，侵权责任的优先性规则，应当仅适用于损害赔偿，即侵权人以其财产来承担责任的情形。因为只有在此情形下，才涉及侵权人的责任财产不足的问题，也才有侵权责任优先性规则的适用可能。如果责任人承担的不是赔偿责任，而是其他责任，就不涉及责任财产不足以承担所有责任的问题，也就不能导致该规则的适用。

第三，责任主体应当是同一个主体，即无论是行为主体还是责任主体，在确定其责任时，都要考虑其财产是否足以承担所有的责任。如果责任人承担了其他的责任，不足以承担侵权责任，就应当先承担侵权责任。因此，如果各类责任的承担主体不同，就没有该规则适用的前提。例如，被用工者因实施犯罪行为而承担刑事责任，而民事责任由用工者替代承担，由于两种责任的责任主体不同，无

---

① 参见杨立新：《〈中华人民共和国侵权责任法〉条文释解与司法适用》，18 页，北京，人民法院出版社，2010。
② 参见王胜明主编：《〈中华人民共和国侵权责任法〉解读》，19 页，北京，中国法制出版社，2010。

法适用侵权责任优先性规则。

第四，主要适用于强制执行的情形。一般来说，在案件审理过程中，不能因为民事侵权案件的审理，而影响刑事案件和行政案件的审理，反之亦然。该规则的适用只是在正常的审理结束后，如果被告承担了多种性质的责任，在强制执行阶段，要优先执行其侵权案件的判决。此外，在破产程序中，该原则也有适用的余地。

应当看到的是，民事责任往往只有在法院判决生效后，责任人才会实际承担。但是，作为行政责任的罚款、没收违法所得则是由行政机关作出的。因此，责任人往往是先承担行政责任，其被罚没的财产已被收入国库。等到民事责任确定后，责任人可能已经没有财产可供赔偿。故此，如何从程序机制上确保民事责任优先原则的贯彻落实，需要进一步研究。

第四节　侵权责任的分类

侵权责任种类很多，依据不同的标准可以对其进行不同的分类。对侵权责任进行分类的意义在于：侵权责任的类型不同，其归责原则、构成要件以及举证责任等均存在一定区别。一般来说，侵权责任的分类直接受侵权行为立法模式的影响。在各国立法中，关于侵权行为的规定方式大致有三种：一是列举式，即具体列举各种侵权行为。英美法和德国法均采取此种体例。① 二是概括式，即只作概括规定，而不具体列举各种侵权行为。法国民法采取了此种体例。三是折中式，即仅列举一些侵权行为，同时对其他的侵权行为做一些概括规定。我国《民法通则》采取了此种方式。在列举式中，分类标准是由立法具体规定的，当然，立法

---

① 例如，英美法将侵权行为一般分为：对人身的故意侵害（殴打、威吓、非法监禁等），对不动产的故意侵害，对动产的故意侵害（侵占他人财物、非法扣留等），对人身和财产的非故意侵害（过失侵权行为、违反法定义务），对人身和财物侵害的严格责任，破坏名誉，破坏家庭关系，侵害合同关系或商务关系、滥用法律程序等。

模式并不影响学者从学理上对侵权行为进行分类。在概括式中，由于法律并没有具体列举侵权行为，分类标准主要是学理上的分类。而在折中式中，对侵权行为的分类是立法上的分类与学理上的分类的结合。从我国《侵权责任法》的规定来看，可以对侵权责任作如下类型的区分：

一、一般侵权责任和特殊侵权责任

关于一般侵权行为和特殊侵权行为的分类标准，在学理上存在不同观点：一是一般条款区分说。此种观点认为，一般侵权行为是指行为人因过错实施某种行为致人损害时，适用民法上的一般责任条款的侵权行为；而特殊侵权行为是指不适用侵权责任法一般条款的侵权行为。[①] 我国台湾地区学者王泽鉴对此做过详细阐述。[②] 二是为自己行为负责说。此种观点认为，一般侵权行为主要适用过错责任原则和对自己行为负责的原则，责任主体就是行为主体。一般侵权行为中，责任主体和行为主体是同一的。而在特殊侵权行为中，责任主体与行为主体有可能发生分离。例如，在雇佣关系、师徒关系、监护与被监护关系中，雇主对雇员、师傅对徒弟、监护人对被监护人致他人损害的行为应负责任。《法国民法典》采取了此种分类。[③] 三是责任构成要件区分说。此种观点认为，在责任构成要件上，一般侵权行为适用损害事实、过错、因果关系三个要件。而特殊侵权行为不适用上述构成要件。四是归责原则区分说。此种观点认为，从适用的归责原则来看，一般侵权行为适用过错责任原则，《德国民法典》主要是根据是否适用过错责任原则而区分一般侵权行为和特殊侵权行为。[④] 在我国民法中，过错责任原则是一般的归责原则，而特殊侵权行为要适用严格责任原则。[⑤]

---

① 所谓侵权行为一般条款，是指在成文法中居于核心地位的，成为一切侵权请求权基础的法律规范。参见张新宝：《侵权行为法的一般条款》，见中国民商法律网，www.civillaw.com.cn。
② 参见王泽鉴：《侵权行为》，342～344页，北京，北京大学出版社，2009。
③ 参见程啸：《侵权行为法总论》，44页，北京，中国人民大学出版社，2008。
④ 参见程啸：《侵权行为法总论》，45页，北京，中国人民大学出版社，2008。
⑤ 参见杨立新：《侵权法论》上，289页，长春，吉林人民出版社，2000。

笔者认为，上述观点都不无道理，但从我国《侵权责任法》的体系安排来看，一般侵权责任和特殊侵权责任的分类主要是依据归责原则区分的。① 《侵权责任法》规定了过错责任、过错推定责任、严格责任三种归责原则，《侵权责任法》也正是依据归责原则来区分一般侵权和特殊侵权，并在此基础上来构建整个体系的。按照这一分类方法，所谓一般侵权行为，是指行为人因过错侵害他人民事权益，并应当适用过错责任原则的侵权行为。所谓特殊侵权行为，是指行为人因侵害或者损害他人民事权益，依照法律规定采取过错推定方式，或者无论行为人是否有过错，依法应当承担侵权责任的行为。关于过错推定责任究竟属于一般侵权责任还是特殊侵权责任，存在争议，从其以过错为归责的基础来看，虽然可以将其归入一般侵权责任，但从《侵权责任法》的规定来看，其是将过错推定责任作为特殊侵权责任来规定的。因此，一般侵权责任和特殊侵权责任的区别主要表现在归责原则不同。在一般侵权责任中，要适用过错责任原则，而特殊侵权责任中，适用过错推定原则、严格责任原则等。具体而言，一般侵权责任和特殊侵权责任的区别有以下几点：

第一，是否以过错作为归责的基础。在一般侵权责任中，要依据过错来归责；而在特殊侵权责任中，其归责的依据主要不是过错，而是危险行为、危险物等因素。特殊侵权责任不一定以过错为要件。在严格责任中，无论行为人是否有过错，行为人都应当承担责任。当然，对过错推定责任而言，其仍以过错为归责基础，但在过错的证明方面采用了举证责任倒置的方法。

第二，责任构成要件不同。一般侵权责任以过错为其构成要件，各类过错责任构成的一般要件主要是损害事实、过错和因果关系。而在严格责任中，对责任构成要件大都在法律中具体作出了规定，责任构成要件可依据法律规定而具体确定，不同的特殊侵权行为责任具有不同的责任构成要件。即使是适用过错推定的情形，法律也可能需要对责任构成要件作特别的规定。例如，《侵权责任法》第91条规定："在公共场所或者道路上挖坑、修缮安装地下设施等，没有设置明显

---

① 当然，我国《侵权责任法》分则当中存在一些例外，例如网络侵权、违反安全保障义务的责任等，虽然规定为特殊侵权，但其归责原则仍然是过错责任原则。

标志和采取安全措施造成他人损害的，施工人应当承担侵权责任。"因此，责任构成要件就包括没有设置明显标志和采取安全措施造成他人损害。

第三，举证责任不同。一般侵权责任与特殊侵权责任的责任构成要件不同，二者的举证责任也存在一定的区别。对一般侵权责任而言，通常采取"谁主张、谁举证"的证明方式，而对过错推定责任而言，其采取举证责任倒置的方式，应当由行为人证明自己没有过错。

第四，免责事由和减轻责任的事由不同。一般侵权责任的免责事由比较宽泛，《侵权责任法》第三章所规定的免责事由和减轻责任的事由，都可以适用于一般侵权。而特殊侵权责任的免责事由是受到法律的严格限制的，而且受害人的一般过失原则上不能导致责任的减轻。在有些过错推定责任中，法律对于减轻或免除责任的事由作出了特殊规定，如机动车事故责任、物件致人损害责任等。

第五，法律依据不同。特殊侵权责任都是法律有特别规定的责任，而一般侵权责任不是法律特别规定的责任，而是适用过错责任一般条款的责任。此外，我国民法中的特殊侵权责任，除了《侵权责任法》的规定以外，还散见于一些特别法的规定中，如《食品安全法》《药品管理法》《环境保护法》等。

二、作为的侵权责任和不作为的侵权责任

所谓作为的侵权责任（liability for positive acts），是指违反对他人负有的不作为义务，通过实施积极的侵害行为造成他人损害而应当承担的责任。例如，损害公私财产、毁损他人名誉、假冒商标等。作为的侵权行为既可以是基于过错而实施的行为，也可以是没有过错而实施的行为。侵权人因为违反了不得侵害他人的义务，并造成损害后果，应当承担作为的侵权责任。

所谓不作为的侵权责任（liability for omissions），是指依据法律法规规定、合同约定、先前行为等对他人负有的某种作为义务，未尽到该作为义务致他人损害而应当承担的责任。我国侵权责任法中的不作为侵权责任主要包括：一是违反

安全保障义务的责任。[①]　二是地面施工未设置明显标志或采取安全措施。[②]　传统侵权法原则上只要求行为人负有"勿害他人"的义务，但并不一概要求行为人对他人负有积极的救助义务，但现代侵权法的发展不断强化了行为人的作为义务，这也是现代侵权法发展的重要内容。侵权人如果违反了应当作为的义务，并造成他人损害，即可能需要承担不作为的侵权责任。三是其他负有法定职责的主体未履行法定职责而造成他人损害。例如，在"尹某诉卢氏县公安局110报警不作为行政赔偿案"中，法院认为，被告卢氏县公安局在本案中，两次接到群众报警后，都没有按规定立即派出人员到现场对正在发生的盗窃犯罪进行查处，不履行应当履行的法律职责，造成了原告的损害，应当承担责任。[③]

两者的区别主要表现在：第一，作为侵权责任是侵权责任的典型形态，不作为侵权责任是侵权责任的例外形态，其通常需要法律作出特别规定。第二，负有作为和不作为义务的义务来源不同。自罗马法以来，将"勿害他人"奉为法律最高准则。[④]　因此任何人都负有不得损害他人的义务。就不作为的义务来说，社会一般人都负有此种义务，即尊重他人的民事权益。因此，不作为义务是普遍的行为准则。而作为的义务通常是由法律明确规定的，或者是由于先前行为所引发的注意义务。[⑤]　作为义务不是义务的常态内容，在无法律上根据或正当理由时，不能随意认定民事主体负有作为义务。从各国立法规定来看，不作为的行为构成违法，必须是行为人负有某种法定作为义务而未尽到此种义务，因此，行为人承担责任的前提是违反了法律所特别规定的义务，而不是违反了一般的道德义务。第三，在确定不作为的行为责任时，过错的标准与作为的侵权责任所适用的过错标准是不同的。在不作为侵权中，行为人没有尽到作为义务，通常也可能意味着其

---

①　参见《侵权责任法》第37、40条。

②　参见《侵权责任法》第91条。

③　参见《最高人民法院公报》，2003（2）。

④　参见［日］星野英一：《民法典中的侵权行为法体系》，渠涛译，载《中日民商法研究》，第8卷，148页，北京，法律出版社，2009。

⑤　See Christian Von Bar, *Principles of European Law—Non Contractual Liability Arising out of Damage Caused to Another*, Oxford University Press, 2009, p.246.

存在过错。第四，责任的主体不同。在不作为侵权的情况下，可能会发生行为主体和责任主体的分离问题，即责任的承担者可能并非行为的实施者。例如，违反安全保障义务的责任人可能因为第三人对受害人的侵害而承担责任。

三、自己责任和为他人行为负责的责任

所谓自己责任，是指因自己的行为致他人损害，行为人应对自己的行为负责。为自己行为负责，也包括对自己的物件致使他人损害负责，因为物件致人损害可以视为自己的行为致人损害。侵权责任法以自己责任为基本原则，要求任何人对自己的行为负责，这既有利于惩罚有过错的行为人，又能维护人们的行为自由。

所谓为他人行为负责的责任，是指虽然责任人没有直接实施某种行为，但应当依法对他人的过错行为承担责任。这种责任主要是替代或转承责任（vicarious liability），它是指在某些特殊情况下，因某人的行为致人损害以后，依法由行为人之外的人负担损害赔偿责任的行为。一般认为，所谓转承，并非根据合同移转责任，而是依据法律的规定，由责任主体为行为主体的行为负责。[1] 所谓"转承责任"，是指在雇佣关系中，雇主对为其工作者因完成委派事务的作为或者不作为承担的责任。如果雇主或者工作人员在履行工作职责过程中，导致他人损害的，雇主应当对此承担责任。实际上，两大法系都承认了"归责于上"的规则，雇主责任的适用范围不断扩张。雇主对雇员侵权承担责任的扩大化，促成了减轻雇员个人责任的新趋势（同时限制了雇主对雇员追偿的可能性）。[2] 在德国法中，为他人行为负责的责任主要是指基于某种监督关系而形成的责任，在这种责任中，过错是被推定的，一般需要行为人反证证明自己没有过错。[3] 我国《侵权责任法》中的转承责任主要包括两种：一是监护责任，即监护人对无民事行为能力

---

① See A. M. Honorè, *International Encyclopedia of Comparative Law*, Vol. 4, Torts, Chapter 7, Causation and Remoteness of Damage, J. C. B. Mohr (Paul Siebeck, Tübingen), 1975, p. 18.

② 参见［荷］施皮尔：《侵权法的统一：因果关系》，易继明等译，50 页，北京，法律出版社，2009。

③ See B. A. Koch, H. Koziol (Eds.), *Unification of Tort Law: Strict Liability*, Kluwer Law International, 2002, p. 152.

人或限制民事行为能力人的责任（《侵权责任法》第32条）。学界就监护责任究竟是为他人责任还是自己责任，存在不同的看法。有人认为，监护责任本质上仍然是自己责任，即监护人未尽监护之责导致被监护人给他人造成损害，对此种损害负责，是为自己的行为负责，故不属于为他人责任。笔者不赞同这种观点。监护责任中行为人是被监护人，而责任人是监护人，二者从主体上分离的。被监护人也能独立实施侵权行为①，依据自己责任原则，行为人要为且仅为自己的行为负责。因此，在被监护人自己有财产的时候，自己也要承担责任。但是，考虑到绝大多数情况下，被监护人都没有自己的财产，为了保护受害人，我国法上要求监护人为被监护人的行为承担严格责任。因此，监护人责任依然是监护人为他人即被监护人的行为承担的责任，而非自己责任。二是用工责任，即用人者对被用工者承担替代责任（《侵权责任法》第34、35条）。

两种责任的区别在于：

第一，对自己行为负责是一般的侵权责任形态，它符合自己责任原则，或者说是侵权责任最典型的形态。而对他人行为负责则是自己责任原则的突破，它可以说是侵权责任形态的例外。

第二，责任主体不同。对自己行为负责，其主体是所有的民事主体，责任主体也是单一的，即行为人。而对他人行为负责，其主体是特定的主体，如雇主、监护人等，责任主体是多元的。正是基于这一原因，《侵权责任法》将替代责任置于第四章"关于责任主体的特殊规定"之中。这表明，此种责任的承担主体具有特殊性。在为他人行为负责的责任中，责任主体与行为主体一般是分离的。

第三，侵权行为的形态不同。在自己责任中，都是行为人自己实施了某种行为，或者是行为人管领的物件致使他人损害。而在为他人行为负责的责任中，责任人并没有从事积极的行为，而大多数是处于消极的不作为状态。② 例如，安全

---

① 古罗马法学家乌尔比安、盖尤斯等人曾认为，精神病人和低于责任年龄的儿童的行为是没有意志的行为，不过是相当于动物的行为或仅仅是一个事件而已，因此其不能自己独立实施侵权行为。Ulpian Dig. 9. 2. 15. Gaius Inst. 3. 19. 10.

② 参见程啸：《侵权行为法总论》，39页，北京，中国人民大学出版社，2008。

保障义务的责任人主要是没有积极地维护管领场所的安全秩序，或没有尽到其他安全保障义务。从性质上说，转承责任并不违背"为自己行为之责任"的基本原则，而只不过是该原则的发展。因为在转承责任中，责任主体之所以要为他人的行为后果负责，归根结底在于责任主体未能对该他人履行某种正确选任、监督、管教或控制的义务，未能阻止该他人实施的致他人损害的行为，以致造成了损害结果的发生。

第四，归责原则不同。自己责任可能是严格责任，也可能是过错责任。对自己行为负责主要是对自己的过错行为负责，因此，其一般是过错责任，可以适用过错责任的一般条款。而为他人行为负责的责任大多都是严格责任。从比较法上来看，各国对于替代责任的归责原则存在不同的设计，有些规定为过错推定责任，有些规定为严格责任。就我国《侵权责任法》来看，替代责任一般是严格责任。

四、单独侵权责任与数人侵权责任

根据责任人的数量，侵权责任可以分为单独侵权责任和数人侵权责任。所谓单独侵权责任，是指一人单独实施的侵权行为，即加害人一人因自己的过错行为致他人损害而应当承担责任。单独侵权责任是侵权责任的常态，是最常见、最普通的侵权行为。所谓数人侵权责任，是指两个或两个以上的人由于共同的过错或者分别的过错而共同造成他人损害所应当承担的责任。数人侵权责任的加害人是两个或两个以上的行为人，其行为造成了同一损害结果。我国《侵权责任法》具体规定了以下几类数人侵权责任：一是共同侵权责任（《侵权责任法》第 8 条）；二是共同危险行为的责任（《侵权责任法》第 10 条）；三是无意思联络的数人侵权责任，其包括聚合的因果关系（《侵权责任法》第 11 条）和部分因果关系（《侵权责任法》第 12 条）。单独侵权责任和数人侵权责任的区别主要表现在：

第一，责任的成立不同。单独侵权责任的加害人只有一个人，所以过错和责任的认定相对简单。而对数人侵权责任而言，其责任成立的判断较为复杂，可能需要结合数人的行为、损害后果、因果关系等多方面进行综合考察。

第二，责任的承担不同。在单独侵权情形下，由单个的行为人承担责任，责任的承担规则较为简单。而在数人侵权责任的情形下，各行为人的责任承担规则较为复杂，不同类型的数人侵权责任，其责任承担规则也不相同，各个行为人究竟应当承担按份责任还是连带责任，应结合不同的侵权类型加以判断。

第三，是否存在行为人内部责任分担规则不同。对单独侵权责任而言，由于只存在一个责任人，因而不存在责任的内部分担规则。对数人侵权责任而言，则存在各个责任人的内部追偿关系，而且数人侵权的类型不同，当事人内部责任的追偿规则也存在差别。在有些国家，关于数人侵权责任的承担，实际上存在两种诉讼：一种是由受害人向一个或多个共同侵权人提起的诉讼，称为主诉；另一种是由向受害人支付了全部赔偿费用的一个或几个加害人，向其他共同侵权人提起的责任分担之诉，称为追偿之诉。

五、侵害物权的侵权责任、侵害知识产权的侵权责任、侵害人格权的侵权责任

根据侵权行为所侵害的对象不同，侵权责任可以分为侵害物权的侵权责任、侵害知识产权的侵权责任、侵害人格权的侵权责任。三种侵权责任的主要区别在于：

第一，侵权的对象不同。从《侵权责任法》第2条的规定来看，生命权、健康权被列于各项权利之首，反映了法律对生命权和健康权的尊重，体现了两者处于优越的地位。

第二，请求权基础不同。在侵害物权、知识产权和人格权的情形下，都可能发生绝对权保护请求权与侵权损害赔偿请求权并用的问题。但是，这三类权利分别有自己独特的绝对权请求权类型。例如，侵害物权，权利人既可以行使返还原物、排除妨碍等物权请求权，也可以行使侵权赔偿请求权。

第三，赔偿的标准不同。《侵权责任法》第18条第2款规定："被侵权人死亡的，支付被侵权人医疗费、丧葬费等合理费用的人有权请求侵权人赔偿费用，

但侵权人已支付该费用的除外。"第 19 条规定:"侵害他人财产的,财产损失按照损失发生时的市场价格或者其他方式计算。"由此可见,在侵害财产权的情况下,其赔偿的标准要按照该财产的市场价格计算。而在侵害人身权的情况下,因为人身权没有市场价格的问题,因而应按照法定的项目来赔偿其损害,如医疗费、丧葬费等。

第四,责任形式不同。就财产权和知识产权来说,其责任形式主要是损害赔偿,但也可以适用停止侵害、排除妨碍等责任形式。而在侵害人身权的情况下,其责任形式不仅包括损害赔偿、停止侵害等,还可以适用赔礼道歉、消除影响、恢复名誉。赔礼道歉、消除影响、恢复名誉只适用于对人格权的侵害,原则上不适用于对财产权和其他权利的侵害,它们是针对人格权侵害的特殊责任形式。此外,《侵权责任法》第 22 条规定:"侵害他人人身权益,造成他人严重精神损害的,被侵权人可以请求精神损害赔偿。"从该规定可以看出,精神损害赔偿原则上适用于侵害他人人身权益,既包括人身权,也包括人身利益;既包括人格权,也包括身份权。因此,侵害财产权、知识产权等原则上不适用精神损害赔偿。

第五,法律依据不同。对于侵害知识产权、侵害物权等侵权行为的责任,我国《著作权法》《专利法》《商标法》以及《物权法》等法律有专门的规定,因此,在法律适用上,应当先适用这些法律的规定,然后适用《侵权责任法》的相关规定。

六、单一侵权责任和大规模侵权责任

所谓单一侵权,是指传统上的加害人和受害人的数目有限的侵权,尤其是一个加害人对一个受害人的侵权是其中的典型形态。所谓大规模侵权(mass torts),是指基于一个同质性的侵权事实在大范围内引起了众多受害人遭受不同程度的侵害,尤其是人身侵害。我国《侵权责任法》第 17 条规定:"因同一侵权行为造成多人死亡的,可以以相同数额确定死亡赔偿金。"此处所说的"因同一侵权行为造成多人死亡"的侵权,主要是指大规模侵权。例如,有毒奶粉导致大

量婴幼儿患结石、矿难导致众多工人死亡。大规模侵权是现代社会中侵权法中的新问题。许多学者认为，针对大规模侵权行为应当采取责任加重的方式，如在因果关系认定上采取推定方式，由加害人承担更多的抗辩事由举证责任。① 我国《侵权责任法》第 17 条的规定体现了立法者对于"同一侵权行为造成多人死亡"的案件的高度关注，也反映了其适应社会发展的趋势。

与一般侵权责任相比较，大规模侵权责任主要具有如下五个特点：第一，受害人为数众多（numerosity）。与大规模侵权相对应的有两个概念：一个是大规模事故（mass accidents），即受害人人数虽然众多，但是可以确定的严重侵权事故。例如，载有大量乘客的飞机失事，大型宾馆失火造成众多旅客受害。另一个是有毒物质侵权（toxic torts），此种侵权往往涉及潜伏性疾病，受害人是否因该有毒物质而患有疾病，以及何时能够发现此种疾病，都不易确定，但是，因特定有害物质引发的侵权，其在致害的地理位置上通常不具有分散性。这也成为区别大规模事故和有毒物质侵权的特点。② 第二，受害者的群体具有地理分散性（geographic dispersion）。这就是说，大规模侵权案件中，受害人往往是分散在全国的不同地方，甚至是在世界的不同地方。第三，受害人遭受损害的时间的分散性（temporal dispersion）。不同受害人损害事实的发生时间可能存在先后差异，有的甚至相隔数年之久，很难在短时间内确定受害人的人数和损害大小。第四，诉讼结果的同一性（factual patterns in mass tort ligitation）。这就是说，如果一个受害人胜诉，意味着其他受害人也很可能获得胜诉判决。第五，损害后果的严重性。在大规模侵权的情况下，对不特定公众的权利造成威胁，甚至可能造成成千上万的受害人的损害。大规模侵权造成的人身损害所带来的后果将非常严重。③ 例如，导致有关人身损害赔偿的诉讼案件可能会激增，企业面临巨额赔偿而倒闭，因此，一些国家通过建立赔偿基金的方式来解决大规模侵权的赔偿问题。在

---

① 参见朱岩：《大规模侵权的实体法问题初探》，载《法律适用》，2006（10）。

② See Richard A. Nagareda, *Mass Torts In a World of Settlement*, University of Chicago Press, 2007, pp. 12-13.

③ See Peter N. Sheridan, "Rethinking Mass Tort Defense", *Litigation*, Vol. 9, Issue 4 (Summer 1983), pp. 29-54.

我国，当发生大规模侵权损害事件时，为了快速弥补受害人的损害，稳定社会秩序，也往往是由政府先行出资，垫付受害人的医疗费用以及安置费等。

此外，大规模侵权还涉及破产程序中债务清偿顺序的问题。例如，以《企业破产法》的破产债权优先受偿顺序为例，在《企业破产法》的制定和修改过程中，立法者所考虑的企业破产原因主要是经营不善和市场风险。在实践中，导致企业破产的情形远非仅限于此。例如，在三鹿奶粉事件中，企业因为产品大规模侵权而负担大量的损害赔偿责任，该责任的承担就足以导致企业的破产。如因大规模侵权而破产，让受害者的人身损害赔偿债权优先于企业的其他债权受偿具有充分的理由，因为众多受害者遭受了人身损害，需要从破产企业的财产中获得优先受偿，以维护个人的生存权利和社会的稳定。相对于合同当事人，侵权行为所产生的非自愿债权人（尤其是其中人格权利受到侵害的债权人）完全是无辜的受害者，是被迫成为公司的债权人，法律应当赋予他们更多的保护，才能体现法律所追求的公平价值观。① 但是，根据我国《企业破产法》所设定的破产财产分配顺序，人身损害赔偿债权并不具有优先性，即便受害者人数众多，也与其他普通债权属于同一受偿顺序。当然，有关这个问题现行立法尚无规定，有待于进一步探讨。

第五节　侵权责任的特殊形态

一、侵权责任形态概述

所谓侵权责任形态，是指依据《侵权责任法》在当事人之间分配侵权责任的具体形式。② 侵权责任形态是确定侵权责任的具体方式，也是侵权责任的具体体现。侵权责任形态和责任承担方式存在一定的联系，同一责任形态可能适用多种责任承担方式。但侵权责任形态不同于侵权责任承担方式，《侵权责任法》第15

---

① 参见孟强：《单船公司破产债权受偿顺序问题研究》，载《法学》，2008（2）。
② 参见杨立新：《侵权法论》，516页，北京，人民法院出版社，2005。

条规定了多种责任承担方式，包括停止侵害、排除妨碍、消除危险、赔偿损失等。侵权责任形态与侵权责任承担方式的区别主要体现在如下方面：

第一，责任形态主要是针对损害赔偿而设置的，旨在解决存在多个责任人的情况下，各个责任人应当如何承担损害赔偿责任的问题。责任形态的理论基础通常都与责任分配有关，其关注的是损害赔偿责任在当事人之间的合理配置。而侵权责任承担方式则是对受害人进行救济的具体方式，不仅包括损害赔偿，还包括返还财产、停止侵害、赔礼道歉、恢复名誉、消除影响等。由于责任形态主要解决侵权责任在当事人之间的分配问题，因而其主要是针对损害而言的。而责任承担方式是多样化的，某些责任方式（如消除危险、排除妨碍、停止侵害等）不需要损害的实际发生。

第二，责任形态主要涉及的是多个责任人对于损害赔偿的支付与分摊，具体分为按份责任、连带责任、不真正连带与补充责任等。只有存在多个责任人，才可能发生这些责任形态。如果仅仅是一个责任，需要考虑的只是责任的承担方式。而侵权责任的承担方式在出现单个责任人或多个责任人的时候都有可能发生。例如，承担赔礼道歉责任的人可以是单个的责任人，也可能使数个责任人都需要承担赔礼道歉的侵权责任。

第三，责任形态不存在并用的问题，换言之，责任人要么承担按份责任，要么承担连带责任，不可能既承担按份责任又承担连带责任。但是，侵权责任的承担方式则可以并用。例如，侵权人可能既要赔偿受害人的损害，还需要停止侵害、赔礼道歉等。因此，同一侵权行为可能存在多种责任承担方式，各种责任承担方式之间并不是互相排斥的。

在侵权责任法中，自己责任是主要的侵权责任形态，这也是贯彻责任自负思想的体现。所谓自己责任，是指任何人都只对自己的行为所引发的后果承担责任，而对非因自己的行为引发的后果不负责任。如果是因为他人行为造成的损害，行为人可以被免除责任。如果行为人没有实施侵权行为，则无须承担侵权责任。[1]

---

[1] 参见程啸：《侵权行为法总论》，172页，北京，中国人民大学出版社，2008。

从这个意义上说，责任自负原则与过错责任原则具有紧密的联系。① 同时，对自己责任而言，行为人承担侵权责任的原因主要是自己的过错行为，如果行为人不存在过错，则一般无须承担侵权责任。因此，责任自负原则也是发挥侵权法维护行为自由功能的重要保障。尤其应当指出，在自己责任原则中，随着社会发展，侵权关系日益复杂，为了充分救济受害人，出现了转承责任。这尤其表现在雇主责任和监护人责任方面。因而，转承责任也是一种特殊的责任形态，本书将在分则中具体讨论转承责任，故在此不再赘述。

在自己责任中，由于承担责任主体的复杂性，责任形态既有单独责任，又有多数人责任。在多数人责任中，又包括连带责任、不真正连带责任、补充责任、按份责任等。严格地讲，连带责任必须依据法律明文规定而定，因为连带责任强化了对受害人的保护，对责任人施加了过重的负担，将受害人求偿不能的风险转移到了责任人身上，其需要法律特别规定。而按份责任则体现了侵权法基于不同的过错程度和原因力来分配责任的思想，其应当属于一般的侵权责任形态。此外，作为特殊的多数人责任形态，不真正连带责任和补充责任往往基于法律的特殊规定产生。这些侵权责任形态都是我国侵权责任法特殊规定的，之所以要规定这些责任形态，不仅是因为其具有特殊性，而且它们在一定程度上也限制了受害人请求赔偿的范围，因此，必须要予以特别规定。

二、侵权责任的几种特殊形态

（一）按份责任

按份责任是指多数当事人按照法律的规定或者合同的约定，各自承担一定份额的责任。如果法律没有规定或者当事人没有明确约定份额时，应当推定责任人承担均等的责任份额。在侵权法领域，按份责任是指数个侵权行为人给他人造成同一损害时，各自承担相应的责任。被侵权人只能依据责任人承担的份额要求其

---

① 参见［日］近江幸治：《事务管理·不当得利·不法行为》，107页，东京，成文堂，2007。

相应的赔偿。一般来说，侵权法中确定各自责任的大小主要依据的就是各个责任人的过错程度、原因力大小等因素。但是，在无法确定责任大小的时候，应当平均承担责任。对此，《侵权责任法》第12条有明文加以规定："二人以上分别实施侵权行为造成同一损害，能够确定责任大小的，各自承担相应的责任；难以确定责任大小的，平均承担赔偿责任。"例如，在"何某等与刘某健康权纠纷上诉案"中，被告刘某在何某处维修自己的农用车，后因维修的质量不合格导致"淋水桶"爆炸，造成原告受伤。法院认为，被告所有的川38A××××号牌农用车制动系统储水桶系其私自加装，经鉴定，该农用车违规加装的制动器冷却压力淋水桶材料选择、制造质量、运行监控均不满足实际工作状态需要，何某不具有焊工专业资质，在被告的要求下擅自焊接，维修补焊诱发了原焊缝加速开裂，诱发淋水桶爆炸，导致原告受伤。根据本次事故发生的原因力和当事人的过错程度，一审确定何某承担60％、刘某承担40％的责任比例适当，本院予以确认。[①]

在侵权法中，自己责任是基本原则，因此按份责任也是最基本和最主要的责任形态，而连带责任、不真正连带责任以及补充责任等责任形态都必须是在法律有明文的情况下才能适用，属于例外情况。因此，在选择责任形态时，需要遵循从特殊到一般的原则，即先考虑是否属于连带责任、不真正连带责任或补充责任，否则就应当是按份责任。

（二）连带责任

连带责任是指当事人按照法律的规定或者合同的约定，连带地向权利人承担的责任。在此种责任中，权利人有权要求责任人中的任何一个人承担全部或者部分的责任，责任人也有义务承担部分或者全部的责任。与按份责任相比，连带责任对于责任人非常严厉，因为连带责任将某些责任人不能承担责任的风险转移给了连带责任人。但是，这种责任形态更有利于保护受害人，使赔偿请求权得以实现。《民法通则》第87条规定："负有连带义务的每个债务人，都负有清偿全部债务的义务，履行了义务的人，有权要求其他负有连带义务的人偿付他应当承担

---

① 参见四川省南充市中级人民法院（2013）南中法民终字第1333号民事判决书。

的份额。"据此，每个连带责任人都负有清偿全部债务的义务，任何一个债务人在全部债务清偿前都不能免除清偿的责任。也就是说，连带债务的各债务人的全部财产担保着债权人的债权，因此连带债务具有确保债权实现的目的和作用。根据债权人不同的请求，每一个债务人可以清偿全部或部分的债务。任何一个连带债务人对于债权人作出全部的清偿，都将导致责任消灭。在连带债务中，债权人有权要求任何一个债务人作出全部或者部分的履行。[①]

连带责任具有以下几个特点：

第一，多个责任人之间存在连带关系。连带关系是指依据法律规定或当事人约定，在多数当事人之间所形成的一种债权、债务的牵连关系，它是连带责任产生的基础。正是因为多个责任人之间存在连带关系，所以，在通常情况下，对多个责任人中一人或数人发生效力的事项通常也会对其他责任人发生效力。对连带责任，每个责任人都有清偿全部债务的义务，而且赔偿权利人的权利可能因一个责任人的履行行为而消灭。

第二，存在各个责任人之间份额的分摊和追偿问题。尽管连带责任在外部关系上是连带的，但从连带之债的内部关系上说，连带责任人之间又是按份的，也就是说，对于各个连带责任人的内部关系，应当按照当事人的约定或者法律规定来分配当事人的权利和义务。[②] 例如，就连带责任而言，在某一责任人承担全部责任之后，如果超出了自己的份额，则可以向其他连带责任人追偿。我国《侵权责任法》第14条规定："连带责任人根据各自责任大小确定相应的赔偿数额；难以确定责任大小的，平均承担赔偿责任。支付超出自己赔偿数额的连带责任人，有权向其他连带责任人追偿。"

第三，产生以法律规定和当事人的约定为限。[③] 由于连带之债加重了当事人履行债务的负担，因而，连带之债的成立原则上应当以当事人明确约定或者法律明确规定为限。例如，法律规定，连带债务可基于多数人共同从事不法行为而产

---

① Hans Brox，Allgemeines Schuldrecht，Muenchen，2009，S. 407.

② 参见孙森焱：《民法债编总论》，734页以下，北京，法律出版社，2006。

③ MünchKomm/Bydlinski，§421，Rn. 17.

生、共同保证等而产生。① 法律规定的连带之债，不允许当事人通过约定加以排除。在合同领域，除保证合同外，连带债务通常都是由当事人约定的。

（三）不真正连带责任

不真正连带责任，是指数个责任人基于不同的原因而依法对同一被侵权人承担全部的赔偿责任，某一责任人在承担责任之后，有权向终局责任人要求全部追偿。我国《侵权责任法》在多个条文中规定了不真正连带责任②，我国司法实践中也采用了不真正连带责任。例如，在"原告田某与被告商丘宝志汽车销售服务有限公司、北京现代汽车有限公司产品责任纠纷案"中，法院认为，原告在购买被告生产、销售的汽车后仅月余即由于汽车自身的原因而自燃烧毁，虽然被告举证证明汽车在销售时证件齐全，质量合格，但对于汽车的自燃，作为被告的生产者和销售者并未举证证明是属于汽车自身以外的原因造成的，因此，可以认定汽车本身存在缺陷，它们对造成的直接损失均应承担赔偿责任，其中任何一被告承担赔偿责任后，将导致另一被告与原告之间债务的消灭。这实际上是将两被告的责任认定为不真正连带责任。因此，不真正连带责任是我国《侵权责任法》中的重要责任形态。其特点在于：

第一，是数个责任人基于不同的原因而依法应承担的责任。在我国《侵权责任法》中，不真正连带责任都是基于不同的原因而产生的，例如，在第三人挑逗导致动物致害，依据《侵权责任法》第 83 条的规定，第三人和动物饲养人或管理人之间形成不真正连带责任。但是，严格地说，第三人和饲养人或管理人是基于不同的原因而承担责任，第三人是因其过错行为而承担责任，饲养人或管理人是因其饲养或管理动物而承担责任。尽管不真正连带责任是基于不同的原因而发生的，但是，责任人都是基于法律规定而承担责任。

第二，是数个责任人依法对同一被侵权人承担全部的赔偿责任。这就是说，责任人所承担的责任是全部的赔偿责任，即对全部的损害负责。在全部负责这一

---

① Hans Brox, Allgemeines Schuldrecht, Muenchen, 2009, S. 407.

② 如《侵权责任法》第 43 条关于产品的生产者和销售者之间的连带责任，第 59 条关于医疗领域产品责任的连带责任，第 68 条关于因第三人过错污染环境造成损害的责任，第 83 条关于第三人过错造成动物致害的责任。

点上，它与连带责任是相同的，每个不真正连带责任人都要承担全部的责任，从而强化了对受害人的保护。这也是其被称为"不真正连带"的原因，但是，各个责任都是独立的，并不是相互连带的。

第三，受害人享有选择权。在不真正连带责任的情况下，产生了数个责任人，每个责任人都负有全部赔偿的责任。受害人享有选择的权利，可以要求任何一个责任人承担责任。如果受害人实现了某一项请求权，就不应再向责任人提出请求。问题在于，在不真正连带责任的情况下，受害人如何选择，其究竟是在一个诉讼中同时请求数个人，还是在一个诉讼中请求权无法实现才能再行提起诉讼？从《侵权责任法》的相关规定来看，这一问题并不明确，但是，从避免诉讼的角度考虑，最好是在一个诉讼中请求。当然，如果受害人的权利没有实现，其也可以向其他责任人请求。

第四，某一责任人在承担责任之后，有权向终局责任人要求全部追偿。传统的不真正连带责任是指没有追偿权的责任，但是，在我国《侵权责任法》中，大多明确规定了追偿权。其原因在于，直接侵权人承担责任是基于其自己的行为，而其他责任人承担责任都是基于法政策考量而保护受害人的措施。要求直接侵权人以外的人承担责任，可能使其承担了过重的责任，此时，就需要通过追偿的办法，适当减轻其责任。因此，《侵权责任法》都明确规定了某些责任主体的追偿权，这也可以看作是《侵权责任法》中不真正连带责任的重要特点。

（四）补充责任

补充责任，是指在不能确定实际加害人或加害人不能够承担全部责任的情况下，由补充责任人在一定范围内对受害人直接承担赔偿责任的责任形态。换言之，如果实际加害人能够完全承担全部责任，就没有必要适用补充责任。《侵权责任法》在多个条款中都规定了补充责任[①]，我国司法实践也广泛运用了补充责

---

① 如《侵权责任法》第34条关于劳务派遣单位对被派遣者的致人损害的相应的补充责任的规定，第37条关于负有安全保障义务的管理人或者组织者未尽到安全保障义务的补充责任，以及第40条关于幼儿园、学校或者其他教育机构未尽到管理职责时对无民事行为能力人和限制民事行为能力人所承担的相应的补充责任的规定。

任。例如，在"吴某等五人诉官渡建行、五华保安公司人身损害赔偿纠纷案"①中，昆明市官渡区艳红精米厂个体经营业主吴某等三人携款到被告官渡建行办理存款和汇款手续。在吴某将部分现金交给柜台内的营业员时，某犯罪嫌疑人从吴某左侧伸手抢夺钱袋。吴某紧抓钱袋反抗，该人对吴某胸部连开两枪后逃离现场，后吴某死亡。法院认为："上诉人官渡建行虽然对吴某的死亡有一定过错，但其在事件发生前安装了符合规定要求的安全防范技术设施，事件发生后履行了追赶作案人、报警、急救等义务，因此若令其承担本案的全部赔偿责任，既不符合本案事实，也不符合公平正义的法律基本理念。官渡建行应当在其本应达到却由于自身原因未达到的安全防范标准范围内，对吴某的死亡承担补充赔偿责任。"补充责任的主要特点在于：

第一，具有次位性。在补充责任的情况下，行为主体和责任主体发生了分离，行为人承担责任的同时，还可能使行为人之外的人承担责任，责任主体不一定是直接的行为人。补充责任是第二顺序的责任，其责任因为补充责任对应的是实际加害人的直接责任。通常，直接责任人是实际加害人，其都是第一顺位的责任主体。而补充责任人则是第二顺位的责任主体，其责任在学说上也称为次要责任（secondary liability），而第一责任人承担的称为首要责任（primary liability）。②也就是说，只有在受害人无法从直接责任人那里获得救济的情况下，补充责任人才承担责任。如果直接责任人能够实际承担损害赔偿责任，那么补充责任人就没有必要承担补充责任。例如，在违反安全保障义务的情况下，如果行为人能够承担全部的赔偿责任，那么违反安全保障义务的人就没有必要承担赔偿责任。

补充责任的次位性是否使补充责任人享有一种类似于先诉抗辩权的权利呢？有学者认为，补充责任给予了补充责任人一定的先诉抗辩权，只有在真正行为人不能承担赔偿责任时，补充责任人才承担责任。笔者认为，尽管这种操作模式很类似于保证中的先诉抗辩权，但法律并没有赋予补充责任人这种权利。因为所谓先诉抗辩权，一般是指债权人请求强制执行债务人的财产无效果后才能对保证人

---

① 《最高人民法院公报》，2004（12）。

② 参见王竹：《侵权责任分担论》，184页，北京，中国人民大学出版社，2009。

主张保证责任。如果认定补充责任人具有类似的权利，无疑是肯定在受害人要求补充责任人承担赔偿责任时，补充责任人可以先要求受害人向实际加害人请求赔偿，从而将风险转移到受害人身上。这实际上是要求受害人去寻找加害人，但是在很多情况下，受害人是无法找到加害人的。如果受害人找不到加害人，最后不能获得赔偿，这就对受害人保护十分不利。当然，在能够找到实际加害人，且加害人有能力承担赔偿责任时，补充责任人可以要求受害人先行请求加害人承担责任。不过加害人是否能够查明，或者是否具有完全的赔偿能力，应由法院加以认定。在这一点上，补充责任人不享有先诉抗辩权。

第二，具有从属性。一方面，补充责任的从属性是指责任成立上的从属性，即补充责任从属于实际加害人的侵权损害赔偿责任。如果行为人实施了加害行为但没有构成侵权责任，补充责任就无法发生。如果直接加害人能够承担责任，也没有必要适用补充责任。例如，在营业场所，如果行为人实施的加害行为没有造成损害后果，不构成侵权责任，那么就不能认定经营者违反了安全保障义务。另一方面，补充责任在责任范围上也必须从属于实际加害人的侵权损害赔偿责任，补充责任的赔偿范围不可能超过实际加害人的侵权损害赔偿责任的赔偿范围，加害人实际承担的责任直接影响到补充责任人承担责任的范围。一般而言，实际加害人承担的责任越重，则补充责任人承担的责任越轻，反之亦然。

第三，可以分为两种损害赔偿责任：一种是完全的补充责任，即补充责任人对全部损害都要承担补充责任，换言之，无论加害人承担多少，剩下的都应当由补充责任人承担。另一种是相应的补充责任，即补充责任人仅仅在一定限度内对损害承担赔偿责任。所谓相应，通常是根据过错程度和原因力大小而定。从表面上看，相应的和补充的是矛盾的，因为相应的就不会是补充的，补充的就不会是相应的。而我国《侵权责任法》创造性地确立了相应的补充责任，即对补充责任作出了严格的限定，从根本上已经改变了补充责任的传统内涵。我国《侵权责任法》上的补充责任大多是相应的补充责任，它要求根据补充责任人的过错程度与原因力大小来确定，实际上是一种相应的赔偿责任，受害人只能在一定范围内请求其承担责任，不能要求其承担全部责任。尤其应当看到，正是因为补充责任人

是对自己的过错和原因力造成的损害负责，故本质上补充责任是一种自负责任，补充责任人在承担责任后不能再向实际加害人追偿。

（五）相应的责任

所谓相应的责任，是指根据补充责任人的过错程度和原因力大小承担的责任。我国《侵权责任法》在多个条款中，规定了"相应"的责任。① 这是我国《侵权责任法》在责任形态方面的重要创举。我国司法实践中也使用了相应的责任这一概念。例如，在"尹某诉卢氏县公安局 110 报警不作为行政赔偿案"中，卢氏县公安局没有及时依法履行查处犯罪活动的职责，使尹某有可能避免的财产损失没能得以避免，故应对盗窃犯罪造成的财产损失承担相应的赔偿责任。尹某的门市部发生盗窃犯罪时，尹某没有派人值班或照看，对财产由于无人照看而被盗所造成的损失，也应承担相应的责任，法院判定，被告应承担 50％的赔偿责任。②

关于相应的责任的性质，学界存在不同的看法。一种观点认为，相应的责任既是对内部的责任，也是对外部的责任，因此，其是按份责任。另一种观点认为，相应的责任只是对内部而言的，因此，其并非按份责任。笔者认为，侵权责任法规定的相应责任，一般是对外责任，即对受害人承担的责任，尽管内部责任的分担也规定了相应的责任，例如，《侵权责任法》第 14 条规定："连带责任人根据各自责任大小确定相应的赔偿数额；难以确定责任大小的，平均承担赔偿责任。"但此种责任不是我们所要讨论的相应责任。如果其是内部责任的分担，就不是责任形态的问题。因此，相应的责任不是按份责任。其特点主要在于：

第一，与全部责任相对应，其本质上是部分赔偿责任。法律上之所以要规定相应的责任，是因为可能存在多个责任主体，或者责任主体与行为主体之间相分离，在这种情况下，为了限制非实际加害人的责任，故在规定补充责任后，对其责任范围进行限制，使其承担一定份额的责任，而不能要求其承担全部责任。所以从这个意义上而言，相应的责任是和全部责任对应的。

---

① 例如，《侵权责任法》第 9、12、35 条。
② 参见《最高人民法院公报》，2003（2）。

第二，是一种对外责任。相应的责任确立的不是各行为人之间的内部责任分担规则，其本质上是各个行为人对受害人所负担的一种责任，因此，相应的责任在性质上是一种对外责任。

第三，确定了当事人之间的责任份额。相应的责任不仅是一种对外责任，而且确定了对外的责任份额。从我国《侵权责任法》来看，这种责任份额既可能是根据过错程度来承担相应的责任，也可能是根据原因力来承担相应的责任。例如，《侵权责任法》第49条规定机动车所有人对损害的发生有过错的，承担相应的赔偿责任，这些都是根据过错确定责任的份额。再如，《侵权责任法》第9条规定的无民事行为能力人、限制民事行为能力人的监护人未尽到监护责任的，应当承担相应的责任。这实际上是基于监护人的过错程度和原因力而由监护人承担的过错责任。

如前所述，《侵权责任法》规定了"相应的补充责任"，此种相应的责任是对补充责任的限定。如何理解"相应的补充责任"？对此有两种观点：一种观点认为，相应的补充责任是指对整个损害赔偿责任的相应比例；另一种观点认为，只是在特定的补充责任范围内的相应，也就是说，虽然相应的标准是通过比较此种责任人与最终责任人在致损方面的过错和原因力关系来确定，但是，"相应的补充责任"只是在最终责任人没有完全赔偿的那一部分基础上，按照前述标准予以计算，而不是对整个损害赔偿责任的计算。例如，某小旅馆中的两位顾客甲、乙因身体碰撞而发生争吵，甲挥拳将乙多个身体部位打伤，但小旅馆未能及时制止。后乙诉至法院，要求甲和某小旅馆一起就其医疗费和误工损失费等10万元承担连带赔偿责任。人民法院经各种证据认定，甲系乙遭受损害的直接原因，应对受害人损失承担全部赔偿责任。某小旅馆未能及时制止打斗，未尽必要安全保障义务，其主观过错对损害的发生占有30%的原因力，即应当赔偿3万元。在本案中，若确定相应的补充责任，首先，要确定补充责任的范围，如果甲有8万元的责任财产赔偿，那么，在未获赔的2万元之内，应当由小旅馆补充赔偿，但是，如果甲的责任财产只有5万元，那么，小旅馆的补充责任范围仍然不超过3万元，受害人只能请求其承担3万元的赔偿责任。因此，对于相应的补充份额，

应当先确定相应的份额（30％，即 3 万元）。其次，如果需补充范围超过相应份额的，以相应份额为准；如果需要补充范围小于相应份额的，以实际需要补充的份额为准。再次，需要确定在补充责任的范围内，应当承担多大的相应责任。

（六）补偿责任

所谓补偿责任，通常是指在侵权人没有过错的情况下，基于公平考虑依法由其向受害人承担的适当的补偿责任。例如，在"徐某与严某健康权纠纷上诉案"[1] 中，原告骑三轮车经过盐城市亭湖区大星北路 35 号时，从大星北路 35 号严某院内滚出来一只足球，原告不慎将三轮车前轮压到足球上，导致原告从三轮车上摔倒在地。法院认为，被告虽非本案中的侵权责任主体，但根据原告受伤的实际情况，结合其作为大星北路 35 号户主的事实，酌情判令被告承担 20％的补偿责任并无不当。我国《侵权责任法》在多个条款中规定了补偿责任。[2] 补偿责任的主要特点在于：

第一，主要是一种公平责任。这就是说，补偿责任与赔偿责任的区别就在于归责原则上的不同。赔偿责任一般是基于过错责任和严格责任适用的。补偿责任是在没有过错的情况下，依据法律的特别规定，根据公平原则由受益人或者加害人对受害者进行适当补偿。

第二，责任范围是有限制的。受益人或者加害人承担的补偿责任一般都是有限的，这就是说，在承担补偿责任的情况下，责任都是适当的责任。所谓适当，一方面是指这种责任不是一种完全的赔偿，而只是部分的赔偿，完全赔偿原则在这里并不能完全适用。因而凡是法律规定应当承担补偿责任的，受害人不能要求责任人承担全部损害赔偿责任。另一方面，适当主要是根据受益状况和经济状况来考虑，而不是根据过错来考虑。在这一点上，它与相应的责任是不同的。

第三，主要由法官根据具体情况确定。在补偿责任中，往往缺乏具体确定的

---

[1] 江苏省盐城市中级人民法院（2013）盐民终字第 1202 号民事判决书。

[2] 例如，《侵权责任法》第 23 条规定的受益人适当补偿责任，第 31 条规定的自然原因引起危险时紧急避险人承担的适当补偿责任，第 33 条完全民事行为能力人暂时丧失意思能力时致人损害的，根据行为人的经济状况对受害人适当补偿，第 87 条规定的高空抛物致人损害无法找到加害人时，由可能加害的建筑物使用人给予补偿。

标准，需要法官根据具体的案件进行一定的自由裁量，法官行使自由裁量权，需要考虑双方的经济状况、责任人的受益状况等多种因素。在补偿的情况下，法官可以斟酌各种情形确定适当的补偿标准。

（七）适当的责任

适当的责任是指在因正当防卫和紧急避险过当而造成他人损害的情况下，行为人所应当承担的必要的责任。[①] 例如，在"刘某与李某紧急避险损害责任纠纷上诉案"[②] 中，付某驾驶无号牌二轮摩托车载李某沿汪洋忠河鲁家湾至东风村通村公路自北往南行驶至鲁家湾处，遇刘某驾驶农用三轮车对向行驶，两车相撞，李某在两车相撞前跳车，致左股骨颈粉碎性骨折。法院认为，原告是在刘某驾驶的农用三轮车与付某驾驶的二轮摩托车即将发生相撞出现险情时采取跳车避险行为而受伤，被告和第三人是引起险情的人，应当承担责任，但原告在紧急避险时采取措施不当，应自担适当的责任。《侵权责任法》中"适当的责任"具有如下几个特点：第一，适用范围的特定性。它主要适用于防卫过当和避险过当的情形。因为这两种情形都并非行为人要实施某种侵害行为，而是为了保护自己或他人的权益而实施的过当行为。第二，责任范围的有限性。适当的责任意味着，责任人并非要承担完全赔偿的责任，而只是给予适当的赔偿。第三，法官自由裁量的可能性。法官在确定责任的"适当"时，要综合考虑防卫人和避险人在当时所处的环境、意志状态、行为的合理性、保护的利益和侵害的利益之间的比例性、损害的严重程度等来决定适当的赔偿范围。

"适当的责任"与"相应的责任"的区别在于，适当的责任并不以过错和原因力来确定责任，而主要是防卫人或避险人就其防卫过当或避险过当的部分造成的损害承担的责任。"适当的责任"与适当的补偿责任不同，前者仍然是过错责任，而后者是公平责任；前者在性质上是赔偿责任，后者是基于公平考虑而进行救济的责任。

---

① 参见《侵权责任法》第30、31条。
② 湖北省孝感市中级人民法院（2012）鄂孝感中民一终字第298号民事判决书。

第六节　侵权责任的主体和侵权请求权

一、侵权责任关系的主体

侵权责任关系的主体，包括侵权人和被侵权人。《侵权责任法》第 3 条规定："被侵权人有权请求侵权人承担侵权责任。"这就确定了侵权责任法调整的关系的主体，即侵权人和被侵权人。这就是说，侵权责任法调整抽象意义上的"人"的关系，它并不考察各个人的具体特点，如行业、户籍等。所有的侵权责任关系主体，都是以抽象的"受害人"（"被侵权人"）和"侵权人"的形式出现的。[①] 由于侵权请求权只能针对责任人行使，而不能针对不负有侵权责任的人行使，因而，侵权责任的主体都是特定的。另外，被侵权人的范围也是特定的，而并非不特定的社会一般人。即使是在排除妨碍、消除危险等情况下，也不意味着社会一般人都可以提出请求，而只是特定的民事主体可以请求。《侵权责任法》第 3 条的规定实际上就是表明，侵权请求权只能在特定的当事人之间产生。

侵权人与侵权行为人的内涵大体一致，但是，又不完全相同。因为在转承责任中，侵权人可能并不是行为人，我国《侵权责任法》第四章规定的"关于责任主体的特殊规定"，其中的侵权人就包括了未直接实施侵权行为的责任人。在过错责任中，侵权人可能也不是具体实施行为的人，但是也要对他人的行为负责。因此，侵权人的概念中实际上包括了行为人和责任人。行为人就是指直接实施了侵权行为的人。责任人是指没有实施侵权行为，但依据法律规定也应当承担侵权责任的人。例如，监护人要对被监护人的行为负责，此时，被监护人就是行为人，而监护人是责任人。侵权人既可能是因过错实施侵权行为的人，也可能是没有过错但造成了他人损害的人。侵权人既可能是实际实施了侵权行为的人，也可

---

① 参见张新宝：《侵权责任法立法：功能定位、利益平衡与制度构建》，载《中国人民大学学报》，2009（3）。

能是法律规定的"可能"的加害人。[①]

　　所谓被侵权人，是指受害人和其他请求权人。受害人是指因侵权行为而直接遭受损害的人。受害人可能是单个人，也可能是多个人；受害人可能是个人，也可能是单位，《侵权责任法》第18条中规定："被侵权人为单位，该单位分立、合并的，承继权利的单位有权请求侵权人承担侵权责任。"该条实际上是在单位作为被侵权人的情况下，当该单位发生分立、合并时，承受其权利的单位应当享有请求侵权人承担侵权责任的权利。此处所说的单位，既包括法人组织，也包括非法人团体，它们都可以作为诉讼主体，在法院提起诉讼、主张权利。具体来说，可以分为两种情形：第一，在单位分立的情况下，原则上分立后的各个单位都有权对侵权人享有请求权，即享有连带债权。第二，在单位合并的情况下，合并后的单位享有合并前各个单位享有的请求权。法律上之所以作出如此规定，主要是为了保障受害人的权益，避免因单位的分立、合并，而使受害人的请求权受到影响。无论单位分立还是合并，都不应当影响被侵权人所享有的请求权。换言之，侵权责任也不因被侵权人的分立、合并而消灭。

　　被侵权人可能是直接受害人，也可能是间接受害人。在直接受害人死亡的情况下，死者无法行使请求权，因此，应当赋予其近亲属等间接受害人以请求权。此种情况下，间接受害人主要包括两类：一是死者的近亲属。关于"近亲属"的概念，不同的法律部门的解释并不相同。1988年最高人民法院《民法通则意见》第12条规定："民法通则中规定的近亲属，包括配偶、父母、子女、兄弟姐妹、祖父母、外祖父母、孙子女，外孙子女。"[②]　二是其他间接受害人。《侵权责任法》第18条第2款规定："被侵权人死亡的，支付被侵权人医疗费、丧葬费等合理费用的人有权请求侵权人赔偿费用，但侵权人已支付该费用的除外。"这就是说，除了死者近亲属以外，被侵权人还包括"支付被侵权人医疗费、丧葬费等合

---

　　① 参见《侵权责任法》第87条。
　　② 《刑事诉讼法》第106条规定："本法下列用语的含意是……（六）'近亲属'是指夫、妻、父、母、子、女、同胞兄弟姊妹。"从体系解释上来看，《民法通则》因为涉及继承、死者人格利益保护以及死亡赔偿金的请求权主体等问题，为了保护死者利益以及死者的被扶养人等利益，所以其近亲属的范围较为广泛。

理费用的人"。他们可能是死者的近亲属，也可能是死者近亲属以外的人。

二、关于侵权责任能力问题

（一）侵权责任能力的概念和功能

所谓"侵权责任能力"（Deliktsfähigkeit，tortious capacity），也被称为"归责能力"（Zurechnungsfähigkeit）或"过错能力"（Verschuldenfähigkeit），是指行为人侵害他人民事权利时能够承担民事责任的资格，或者说是基于自己的过错行为能够承担责任的能力。[1] 根据这一制度，只有当行为人对其行为的违法性及其后果具有识别能力，也即"认识到其行为的不法以及随之的后果，并且以任何方式理解其行为的责任"时，行为人才有可能承担责任。[2]

在早期的罗马法中，侵权行为人对于其给受害人造成的任何损害负有责任，而不管他是否有过错，既然侵权行为人是否理解其行为的性质、认识其行为后果是无关紧要的，那么未成年人应对他们的侵权行为负责。但是古罗马法放弃了此种观点，而承认责任能力的概念。[3] 在大陆法国家，关于责任能力有两种不同的观点：

一是否定说。以法国法为代表的侵权法认为，过错是违反了客观的注意义务，其是对行为的客观评价，缺乏责任能力并不构成免责事由。因此，否定了责任能力制度。[4] 例如，马泽昂德等认为，过错是一个"纯粹的社会概念"，过错应当按照抽象的标准进行判断，即应当通过与一个细心和精神健全的人的行为相比较中发现是否有过错，因此，未成年人的行为应和其他人的一样对待。[5] 1968

---

[1] 参见 [德] 卡尔·拉伦茨：《德国民法通论》上册，王晓晔等译，156 页，北京，法律出版社，2003。

[2] MünchKomm-Mertens，1999，§ 828，Rn. 1.

[3] See J. Limpens, *International Encyclopedia of Comparative Law*, Torts, Liability for One's Own Act, J. C. B. Mohr (Paul Siebeck, Tübingen), 1974, p. 94.

[4] Geneviève Viney, Patrice Jourdain and Suzanne Carval, Les conditions de la responsabilité, in Jacques Ghestin (ed.), Traité de droit civil, 4th ed. Paris 2013, N 444.

[5] Mazeaud and Tunc, Traité théorique et pratique de la responsabilité civile Ⅰ (6e ed., Paris 1965) Ⅱ no. 461.

年 1 月 3 日，法国修改了民法典第 489 条，在该条第 2 款规定："某人在智力妨害下造成对他人的损害，仍应负赔偿责任。"一般认为，该条意味着已放弃了责任能力的概念。[①] 这就意味着，行为人过错的认定与主体的责任能力无关，其主要是依据客观的行为标准进行判断的。

二是肯定说。以《德国民法典》为代表的法律主要依据行为人的年龄、精神状况来判定行为人是否具有责任能力，如依据《德国民法典》第 828 条第 1 款的规定，不满 7 周岁的行为人为无责任能力人，因而对其造成的损害不承担责任，责任能力包括侵权责任能力、违约责任能力和其他责任能力。[②] 但由于责任能力主要适用于侵权责任，因而这些国家大多在侵权法中对其作出规定，而对于违约责任能力则通常规定可以准用侵权责任能力的规定。[③] 责任能力这一概念的核心是"认识其责任所必要的理解力"[④]。在瑞士、意大利等国家，一些学者也认为，过错是一个对行为人可归责性的主观评价。如果行为人不具备责任能力，则应当被免责。[⑤]

根据德国学者的观点，承认责任能力制度具有如下意义：一方面，有利于判断行为人是否具有过错。按照传统的大陆法系学说，每个人只对自己的过错行为承担责任，行为人承担损害责任的前提在于行为人必须具有"认识其责任所必需的理解力"，也即行为人具有责任能力。如果行为人不具备识别能力，则行为人在主观上就不可能具有过错。正是在这个意义上，责任能力也被称为"过错能力"。例如，在判断未成年人是否存在过失时，应当以未成年人的同龄人发育的一般状况为基准，该未成年人是否具有了可以确定他的过失的必要的成熟程度。[⑥] 另一方面，有利于保护未成年人。这就是说，未成年人因不具有责任能

---

① See J. Limpens, *International Encyclopedia of Comparative Law*，Torts，Liability for One's Own Act，J. C. B. Mohr（Paul Siebeck，Tübingen），1974，p. 97.

② 参见龙卫球：《民法总论》，266 页，北京，中国法制出版社，2001。

③ 参见《德国民法典》第 276 条，我国台湾地区"民法"第 221 条。

④ 《德国民法典》第 828 条。

⑤ Mauro Bussani，La colpa soggettiva. Modelli di valutazione della condotta nella responsabilità extra-contrattuale，Padova 1991.

⑥ BGHZ 39，281，283.

力，如果使其对其没有认识能力的情况下所造成的损害负责，就可能出现因为其未成年时期的错误行为导致其终身负担极为沉重的赔偿责任的后果，致使其"未来发展的权利（Recht auf eine Zukunft）"难以实现。[①] 因此，责任能力制度的重要功能就是保护未成年人。正如冯·巴尔教授所指出的那样，不考虑责任能力"剥夺要求儿童有辨别能力的这一保护性条件，是给他们在开始自己的生活之前就加上了沉重的义务"[②]。

　　20 世纪以来，随着经济社会的发展和风险社会的来临，为了更好地发挥侵权法的补偿功能，侵权法中的许多规则和制度也发生了变化，而这些变化必然会对责任能力制度产生冲击和影响。例如，过错概念的客观化、替代责任以及严格责任的发展等，都在很大程度上使人们质疑过错能力还是否有必要作为侵权法中的一般性制度加以规定。毕竟在过错责任占主导地位的时期，没有过错就没有责任，因此，责任能力制度确实非常重要。但是，在过错本身的判断已经不再过多考虑行为人的主观状态，且法律中有越来越多不要求过错的严格责任的规定的时候，自然人的责任能力的适用范围也相应萎缩。[③] 责任能力制度通过行为人的主观可谴责性导致行为人的责任承担，其在理论上不无根据，但并没有适应侵权法功能转变的需要。在由古典的工业社会逐渐转型到工业风险社会的过程中，侵权法的目标从主要维护行为自由，转变为对受害人进行救济，侵权法的任务就转变为如何对受害人提供充分的救济。此时，如果按照传统侵权法的思考，只有行为人的主观可谴责性才能导致行为人的责任承担，则行为人如果不具备主观可谴责性，则行为人不承担责任。依此推论，侵权法就无法实现其目标和任务的转变，无法适应工业风险社会的要求，主观可谴责性在判断责任承担中的重要性应大大降低。责任能力制度的实质就是判断行为人主观可谴责性的有无的依据之一，如果主观可谴责性不再是判断责任承担的重要依据，那么责任能力制度在社会生活

---

　　① 参见［德］布吕格迈耶尔、朱岩：《中国侵权责任法学者建议稿及其立法理由》，85 页，北京，北京大学出版社，2009。

　　② ［德］冯·巴尔：《欧洲比较侵权行为法》上，张新宝译，101、102 页，北京，法律出版社，2001。

　　③ 参见余延满、吴德桥：《自然人民事责任能力的若干问题》，载《法学研究》，2001 (6)。

中的作用也相应地大为减小。

责任能力制度在未成年人保护方面的功能也是有限的。这主要是因为,一方面,在侵权行为中,受害人也可能是未成年人,其与作为加害人的未成年人一样,都需要保护;另一方面,侵权责任主要是财产责任,这种责任可以由有财产的未成年人承担,也可以由其监护人承担。而在其监护人承担的情况下,并不会造成未成年人的负担。而在有财产的未成年人承担的情况下,也不会造成该未成年人的负担。在未成年人无财产的情况下,即使在不承认责任能力的国家(如法国),也并不会导致该未成年人在未来承担沉重的债务负担。[①] 笔者认为,对未成年人应予以特别保护,但不能基于责任能力制度,以使未成年人在实施侵权后,即使有责任也应被免责的方式来保护。

(二)我国《侵权责任法》上的侵权责任能力制度

如前所述,侵权责任能力对侵权责任的成立具有重要意义,但从我国《侵权责任法》的相关规定来看,责任能力对责任的产生几乎没有意义,至少它不是责任的构成要件。具体体现在如下三个方面:

第一,《侵权责任法》并未借鉴德国等国家和地区的经验[②],确立关于责任能力的一般规定。德国法上的责任能力制度,主要是考虑到其与私法自治原则存在密切关联。按照私法自治的要求,每个人都要依其意思作出行为,其反面要求就是每个人要对自己的行为负责。自主决定与自己负责正是自由意志的主要内容,其所对应的法律原则就是意思自治(或私法自治)原则与过失责任原则。[③] 侵权法的主要任务在于实现行为自由和法益保护之间的平衡,责任能力制度有助于行为自由的充分展开,也有助于在侵权法领域贯彻私法自治的理念。但在我国,侵权责任法主要是强行法,其重心并不是为了凸显民法的私法自治理念,而重在强调责任的成立与承担,并对受害人提供全面的救济,因此,其并没有必要

---

① Geneviève Viney, Patrice Jourdain, Les conditions de la responsabilité, LGDJ, 3e éd., 2006, p. 594.

② 如《德国民法典》第 828 条。

③ 参见〔德〕卡尔·拉伦茨:《法学方法论》,陈爱娥译,391 页,台北,五南图书出版公司,1996。

完全借鉴这一经验。

第二，对未成年人致人损害，并未以责任能力作为判断过错的前提。《侵权责任法》第 32 条规定："无民事行为能力人、限制民事行为能力人造成他人损害的，由监护人承担侵权责任。监护人尽到监护责任的，可以减轻其侵权责任。"该规定与采纳民事责任能力制度的国家有明显不同。立法者在此回避了被监护人的责任能力问题，也没有根据责任能力来判断被监护人是否有过错的问题。具体来说，一方面，责任能力不是决定过错的前提。在无民事行为能力人和限制民事行为能力人致人损害后，立法者并没有表明是否要判断其具有过错。因为承认其过错，就可能要使其独立承担责任，这与监护人责任制度不相符合。如果承认其没有过错，又可能在因为监护人无力承担责任时，导致无人负责的现象。而且，在被监护人没有过错而未成年人又具有财产的情况下，追究监护人的责任，从理论上也难以成立。正是因为这一原因，我国《侵权责任法》回避了无民事行为能力人和限制民事行为能力人的过错问题。因而，也就没有必要以责任能力作为判断过错的标准。另一方面，责任能力不是确立责任并认定责任主体的条件。因为无论被监护人是否具有责任能力，只要其造成损害，都要由监护人承担责任。被监护人是否具有责任能力，就不再是决定过错和责任的基本条件。按照立法者的解释，在法律制定中，有人建议根据行为人的年龄，增加行为人责任能力的规定，《侵权责任法》对此没有作出规定。[①]

第三，尤其应当看到，《侵权责任法》实行了归责原则的多样化，并在此基础上构建了一个独特、严谨而完整的侵权法体系。通观全篇，我国《侵权责任法》体系就是完整的按照归责原则建立起来的体系。侵权责任法在规定过错推定和严格责任归责原则的基础上，规定了各种特殊侵权责任。从大陆法系国家民法来看，一些国家在民法典之中仅规定了单一的过错责任原则，而将严格责任都规定在特别法之中，德国、日本等国家采用此种模式。而我国《侵权责任法》将严格责任纳入其中，并且还将过错推定责任独立出来作为一种归责原则，这是十分

---

① 参见全国人大常委会法制工作委员会民法室编：《中华人民共和国侵权责任法条文说明、立法理由及相关规定》，125 页，北京，北京大学出版社，2010。

独特的。由于《侵权责任法》在分则中大量规定了严格责任的形态，甚至在第69条规定了高度危险责任的一般条款，决定了在我国侵权责任法中，严格责任具有较为宽泛的适用范围，这在一定程度上限制了过错以及建立在过错基础上的责任能力的适用范围。

第四，监护人责任并未考虑被监护人的责任能力。《侵权责任法》第32条规定："监护人尽到监护责任的，可以减轻其侵权责任。"关于该条所规定的减轻责任的依据，有学者认为，监护人减轻责任的依据仍然是被监护人的责任能力。而且从审判实践来看，法院考虑监护人的责任减轻，主要是考虑被监护人的年龄大小。如果被监护人的年龄低于10周岁的，监护人责任减轻要比较谨慎，因为年龄较小的未成年人需要更重的监护责任。这似乎表明，减轻监护人的侵权责任的标准仍然是责任能力。笔者认为，尽管被监护人作为受害人时，责任能力对责任范围有一定影响，但其作为侵权人时，对于责任的成立并没有实质影响。因为减轻监护人的责任，其依据是监护人是否尽到监护职责，被监护人的年龄越小，其监护职责越重。因此，这里实质上所涉及的是监护职责的问题，而不是侵权责任能力的问题。

第五，教育机构责任中也没有完全考虑责任能力。《侵权责任法》第38条规定："无民事行为能力人在幼儿园、学校或者其他教育机构学习、生活期间受到人身损害的，幼儿园、学校或者其他教育机构应当承担责任，但能够证明尽到教育、管理职责的，不承担责任"。第39条规定："限制民事行为能力人在学校或者其他教育机构学习、生活期间受到人身损害，学校或者其他教育机构未尽到教育、管理职责的，应当承担责任。"有人认为，这两个条文区分了无民事行为能力人和限制民事行为能力人作为受害人时，教育机构所承担的不同责任，体现了立法者对责任能力的考虑。笔者认为，《侵权责任法》之所以对于限制民事行为能力人在教育机构遭受损害时，教育机构的责任采用的是过错责任原则，而对无民事行为能力人遭受损害时，教育机构适用的是过错推定责任，主要是考虑到对受害人的保护问题。具体来说，限制民事行为能力人已经具有一定的识别能力，具有一定的社会经验，能够对于事件的性质和原因作出判断和理解，换言之，其

具有一定的举证能力。他们应当能够理解自身行为的性质和后果，并对事情的原因进行判断，从而证明相关主体的责任。因此，在限制民事行为能力人遭受损害后，仍然应当由受害的限制民事行为能力人就教育机构的过错承担举证责任。如果限制民事行为能力人及其监护人不能证明教育机构的过错，则将免除教育机构的责任。然而，无民事行为能力人无论是自我保护能力，还是举证能力都远远弱于限制民事行为能力人。为了更好地保护无民事行为能力人，加强教育机构的责任心，法律上特别规定，教育机构就无民事行为能力人遭受的损害承担过错推定责任。例如，如果某个 5 岁的儿童在幼儿园学习期间擅自跑到门外，在门口被自行车撞伤，应当直接推定幼儿园具有过错，除非其能够证明是因第三人行为等造成的。但如果是已满 14 岁的中学生，其在上课时离开教室从校园中走出，在门口被自行车撞伤，学校原则上不应当承担责任，除非受害人能够证明学校确实具有过错。

从根本上说，我国《侵权责任法》未采纳责任能力制度，是从侵权法的救济功能出发而作出的选择。《侵权责任法》从受害人角度出发，主要关注如何为受害人提供救济；而责任能力则以行为人为出发点，所关注的重点是行为人是否具有意思能力。例如，某个精神病人将一个无辜的受害人打成重伤，那么传统法律和责任能力旨在维护行为自由，而根据责任能力制度，因其不具有意思能力，因此即使有财产也不应负责任。而我国侵权责任法所关注的是在此情况下如何对无辜受害人提供充分的救济。《侵权责任法》未采纳责任能力制度也是对我国长期以来立法和司法实践经验的系统总结。事实上，我国自《民法通则》颁布以来，就采取了此种做法，多年的司法实践也已经证明，法律上不规定责任能力，也能够妥善解决无民事行为能力人和限制民事行为能力人致人损害的问题，《侵权责任法》也从这一司法实践经验出发，没有规定侵权责任能力。可见，我国《侵权责任法》排斥将责任能力作为认定过错和确定责任的依据是对我国司法实践经验的总结。[①]

需要指出的是，《侵权责任法》第 33 条第 1 款规定："完全民事行为能力人

---

① 参见全国人大常委会法制工作委员会民法室编：《中华人民共和国侵权责任法条文说明、立法理由及相关规定》，125 页，北京，北京大学出版社，2010。

对自己的行为暂时没有意识或者失去控制造成他人损害有过错的，应当承担侵权责任；没有过错的，根据行为人的经济状况对受害人适当补偿。"从该条规定的文义来看，行为人对于自己的暂时没有意识是无过错的，他就不必承担过错责任，而只需承担公平责任。例如，行为人不知道自己是生理性醉酒，因过量饮酒突然导致行为失去控制，而打伤他人。此时，他就不必承担过错责任，而应承担公平责任。在该条中，区分了完全民事行为能力人和欠缺民事行为能力人，这似乎考虑了责任能力问题。在没有得到法院等有权机关认定的情况下，对这些已经成年的有一定精神疾病的人，法律上仍然应当推定其为"完全行为能力人"。暂时丧失意思能力人通常情况下具有意思能力，可以自行保护自己的人身和财产，而且，是否暂时无意思能力也具有偶然性和无法预见性，因此，法律上不需要也不可能为其设置监护人。因此，在暂时丧失意思能力的情况下致人损害的，亦不能属于监护人责任的范畴。如果由于暂时丧失意思能力的人达到设立监护的要求，且已经为其设置了监护人，那么，其致人损害的，可以适用相应的监护人责任规则。但在其还没有确认为无民事行为能力人或限制民事行为能力人时，即便其是在欠缺相应意思能力的情况下致人损害，也不应当属于监护人责任。由于暂时丧失意思能力人是在因一定事由而暂时丧失了意思能力的情况下致人损害的，如果不区分暂时丧失意思能力人的责任和无民事行为能力人或限制民事行为能力人的责任，也会导致法律适用的混乱。从这个意义上说，该条也没有完全采纳责任能力制度。

由此可见，我国《侵权责任法》并没有对侵权责任能力制度作出系统规定，相关具体制度虽然涉及责任能力，但在此类情形下，责任能力也并非决定过错和免责的依据，其主要功能主要在于辅助衡量过错程度的认定，并作为过错减轻的理由，其主要功能是为了支持过错责任制度，以更好地实现《侵权责任法》的救济功能，此种制度设计与比较法上的做法不同，具有鲜明的中国特色。从今后的发展趋势来看，责任能力制度必然会与免责事由、减轻责任的事由联系在一起，责任能力制度在我国不可能发挥其在德国法中那样重要的作用，但在相关制度中，其仍然可以作为减轻责任的因素，纳入司法裁量的视野。

三、侵权请求权

(一) 侵权请求权的概念和特征

所谓侵权请求权，是指被侵权人依法请求责任人承担侵权责任的权利。《侵权责任法》第 3 条规定："被侵权人有权请求侵权人承担侵权责任。"该条不仅明确了侵权关系的主体，同时也确定了侵权请求权。所谓请求权（Anspruch），是指请求他人为一定行为或不为一定行为的权利。请求权人自己不能直接取得作为该权利内容的利益，必须通过他人的特定行为间接取得。请求权包括债权请求权、物权请求权、继承法上的请求权、亲属法上的请求权等，侵权请求权是请求权的一种，它是指在侵权行为发生之后，被侵权人有权依法请求侵权人承担侵权责任。

在传统大陆法体系中，由于侵权法属于债法的范畴，因而侵权请求权属于债权请求权的范畴，但我国《侵权责任法》采取了侵权法与债法分离理论，《侵权责任法》第 3 条确立了侵权请求权的法律基础。侵权损害赔偿请求权性质上仍然是债权请求权，但除侵权损害赔偿请求权之外，还存在停止侵害、排除妨碍、消除危险等请求权。这些请求权并不完全能够为债权请求权所概括。因此，侵权请求权可以作为一项独立的请求权而存在。侵权请求权的特点在于：

第一，侵权请求权是因侵权行为而发生的请求权。侵权行为是此种请求权的基础和前提，这是侵权请求权与其他债的请求权相区别的一个特点。例如，违约请求权是因为违约行为引起的。[①] 在违约责任中，行为人只要实施了违约行为，且不具有有效的抗辩事由，就应当承担违约责任，但就侵权责任而言，损害事实是侵权损害赔偿责任成立的前提条件，无损害事实，便无侵权责任的产生。有关侵权责任的构成要件十分复杂，除了一般构成要件，特殊侵权行为还有其特殊的要件。再如，不当得利请求权是因为没有正当理由获得利益，并造成他人损害的

---

① 参见杨立新：《〈中华人民共和国侵权责任法〉条文释解与司法适用》，9 页，北京，人民法院出版社，2010。

请求权，在不当得利返还中，引起不当得利的行为不一定构成侵权。

第二，侵权请求权是发生在特定当事人之间的权利。侵权请求权人是被侵权人，请求权实际上是赋予受害人享有的一种权利。依据《侵权责任法》第3条，侵权请求权只能针对责任人行使，而不能针对不负有侵权责任的人行使。另外，被侵权人的范围也是特定的，而并非不特定的社会一般人。即使是在排除妨碍、消除危险等情况下，也不意味着权利人可以向社会一般人提出请求，而只是可以向特定的民事主体请求。

第三，侵权请求权的内容是请求侵权人承担侵权责任。在传统大陆法系侵权法中，因侵权行为而产生的都是损害赔偿之债，受害人作为债权人有权请求作为债务人的行为人赔偿损失。因而，侵权请求权的内容就是请求损害赔偿，但由于我国《侵权责任法》采取多元化的责任形式，因而，侵权责任不仅包括损害赔偿，还包括停止侵害、排除妨碍、消除危险、赔礼道歉等多种侵权责任承担方式。正因如此，《侵权责任法》第2条和第3条都规定的是侵权责任，而不是损害赔偿，由此表明，我国侵权请求权的内容包括了多种责任形式。

第四，侵权请求权的依据主要是《侵权责任法》。根据《侵权责任法》第2条和第5条的规定，除其他法律对侵权责任另有规定外，权利人请求行为人承担侵权责任，应当以《侵权责任法》为依据，行为人的行为是否构成侵权，行为人是否应当承担侵权责任等，也应当以《侵权责任法》的规定为判断标准。即便我国将来要制定民法典，侵权责任法也应当在民法典中独立成编，侵权请求权的依据仍然是民法典的侵权责任编。在现阶段，侵权请求权的基础是《侵权责任法》和其他法律的相关规定。

（二）侵权请求权与债的关系

按照传统大陆法系国家的理论，侵权请求权主要是指侵权损害赔偿请求权，其主要目的在于补偿受害人遭受的损失。"侵权责任法所论及的是有关一方由于他方非法的或危险的行为引起的损害、防止或赔偿问题。"[①] 侵权行为的受害人

---

① 上海社会科学院法学研究所编译：《民法》，224页，北京，知识出版社，1981。

之所以提起诉讼，乃是为了获得赔偿，因为"若被告遭受惩罚但原告并未获得任何赔偿金，那原告的报复目的是否能够满足？人们没有理由支持这种类型的侵权责任法体系。满足于看被告受到惩罚而不能对损害进行任何可能的补偿，获得这样一睹为快的机会与提起诉讼而耗费的时间及金钱相比，实在太不相称了"[①]。损害赔偿可以最大限度地保护受害人利益，并可以有效地遏制不法的或反社会的行为。[②] 在此前提下，侵权请求权属于债权请求权的范畴。

但我国《侵权责任法》第15条规定了多元化的侵权责任形式，在此背景下，侵权请求权与债的关系如何，侵权请求权是否仍然属于债权请求权，值得探讨。笔者认为，侵权责任形式的多样化虽然不会改变侵权法补偿法的性质，但会对民法请求权体系提出挑战，尽管侵权行为通常会在当事人之间产生侵权损害赔偿之债，但侵权损害赔偿以外的其他侵权责任形式在性质上并不属于债的关系，因此，并不能将侵权法完全纳入债法的范畴。有观点认为，恢复名誉、停止侵害、赔礼道歉等责任形式主要发生在特定的当事人之间，且仍然以请求为一定行为或不为一定行为为内容，因此本质上仍然是债的关系。但笔者认为，将恢复名誉、停止侵害、赔礼道歉等责任形式完全等同于债的关系是不妥的：一方面，法律关系发生在特定主体之间并不能作为认定其是债的关系的标准。特定人之间的请求关系，也不一定都是债的关系，如物权请求权就不能等同于债权。就恢复名誉、停止侵害、赔礼道歉等形式来说，尽管也是发生在特定人之间的请求关系，但并非完全是债的关系。因为债在本质上不仅是一种请求关系，而且是以财产给付为内容的请求关系。债权是反映交易的法律形式，它要以财产给付为内容，非财产给付的请求一般不应包括在债的范畴里。而恢复名誉、停止侵害、赔礼道歉等责任形式在本质上不是以财产给付为内容的，而是非财产责任，所以不应属于债的关系。另一方面，恢复名誉、停止侵害、赔礼道歉等责任形式在性质上并不是给付关系，而主要是一种法律强制的责任，因此，不能将这些责任形式都作为债的关系对待，被侵权人所享有的请求责任人承担责任的权利，也不是债权请求

---

① ［美］迈克尔·D·贝勒斯：《法律的原则》，256页，北京，中国大百科全书出版社，1996。
② 参见王家福主编：《民法债权》，414页，北京，法律出版社，1991。

权。在我国请求权体系中，侵权请求权并不完全属于债权请求权。

（三）侵权请求权与侵权责任的关系

侵权请求权与侵权责任的关系如何？笔者认为，二者既相互区别，但又存在实质性联系。二者的关联性体现为：一方面，二者是从不同的角度来描述因侵权行为发生的当事人之间的法律关系，侵权请求权是从受害人所享有的权利的角度来描述的，而侵权责任是从责任人所负担的义务的角度来描述的。另一方面，二者存在逻辑上的关联性。侵权请求权强调的是受害人为了获得救济而享有的权利，而侵权责任强调的是行为人因实施侵权行为而应承受的不良后果。二者之间逻辑上的因果关系是，只有在受害人主动行使侵权请求权之后，才可能引起行为人的侵权责任。如果受害人放弃了此种请求权，则行为人无须承担侵权责任。此外，二者都必须由法律予以明确规定。严格地说，只要法律规定了受害人的特定侵权请求权，就应当存在相对应的侵权责任。在没有法律规定的情况下，行为人就不能请求他人承担此种责任。

但侵权请求权与侵权责任之间也存在明显的区别，主要表现在：

第一，侵权请求权是被侵权人所享有的权利，它可以在一定程度上体现私法自治，权利人在法律规定的范围内享有一定的处分权。但侵权责任体现了一定的强制性，责任不仅体现了当事人之间的关系，而且体现了国家对行为人的一种否定性评价。因此，侵权责任是责任人所负担的强制性义务，责任人不能放弃责任。

第二，从逻辑上讲，二者存在发生时间上的先后顺序，侵权请求权的行使行为在先，而侵权责任的成立和承担在后。侵权请求权的行使是责任承担的前提，在符合法律规定的情况下，通常需要被侵权人行使其请求权，才能产生侵权责任。当然，法院不能当然将侵权请求权作为认定行为人侵权责任成立和范围的最终标准和依据。也就是说，权利人所提出的侵权请求权能否成立，行为人的最终责任范围等，需要法院依据法律规定和法定程序确定。例如，在数人侵权的情形下，被侵权人享有对数人的侵权请求权，但数人是否最终承担责任，以及其责任的具体范围，需要法官依法予以确定。

第三，侵权请求权和侵权责任在某些情况下也可能发生分离。侵权请求权和侵权责任在逻辑上虽然具有一定的关联性，但二者在一定情形下也可能发生分离。《侵权责任法》第 4 条第 2 款规定："因同一行为应当承担侵权责任和行政责任、刑事责任，侵权人的财产不足以支付的，先承担侵权责任。"该条确立了侵权责任优先性的规则。笔者认为，该条所确立的并非请求权的优先权，而是侵权责任的优先权。这是因为此处所说的"侵权责任"是指在法院已经确认了当事人的责任之后，才产生的优先顺位问题。受害人仅仅是享有请求权，但还没有实际行使，或者虽实际行使但法院还没有予以认可，就谈不上优先的问题。

第七节　侵权责任与其他救济制度

一、建立事故损害综合救济制度的必要性

侵权法是救济法，但是对受害人的救济措施不限于侵权责任，还包括社会保障、保险、赔偿基金等其他方式。现代社会已经成为风险社会，风险无处不在、事故频出不穷。工业化和市场化发展在大力推动人类文明进程的同时，也给我们带来了生产事故、核辐射、环境污染和生态破坏等各种人为危害，这些危害有时又与各种自然灾难相结合，给人们的人身和财产安全带来始料不及的威胁与破坏。在这样的背景下，人身和财产损害的救济问题日益成为当今社会关注的焦点。近年来，随着我国科学技术的革新和社会经济的高速发展，交通事故、工伤事故等传统事故频繁发生，产品责任、矿难事故、环境污染等大规侵权事故也大量出现。这些事故的发生，不但造成了财产损害，而且引起了人身伤害和生命威胁，因此，有必要构建一个多元的损害补救体系，从而更好地保护受害人，维护社会秩序。

关于在多元损害补救体系中，各个补救制度之间的关系问题，存在不同的模式选择。一是水平结构模式。此种模式的特点在于，侵权责任与保险责任等其他

救济形式并存，各自在不同领域发挥不同的作用，当然，在适用中也会出现一定程度的交叉。绝大多数国家采取这种模式。二是倒金字塔模式。此种模式的特点在于，侵权责任制度在该倒金字塔底部，责任保险在中间，社会救助则在倒金字塔的顶部，侵权责任制度主要承担对受害人的损害提供救济的功能。三是金字塔模式。此种模式的特点在于，侵权损害赔偿处于塔尖位置，责任保险在中间层次，由社会救助制度来承担绝大多数的损害分担，在这个模式下，侵权损害赔偿的适用范围已经非常有限，对事故损害来说，主要通过社会救助制度完成。新西兰就是采取了这种模式。[①]有学者认为，关于人身意外损害赔偿，各国依社会经济发展所创设形成的补偿体系有三个发展阶段，其今后的趋势应当是，从倒金字塔模式向正金字塔模式发展，侵权法处于塔尖位置，绝大多数的损害分担主要通过社会救助制度完成。[②] 此种分析是对侵权法发展趋势的预测，是否具有必然性，还有待实践的进一步检验。至少从目前绝大多数发达国家的经验来看，其主要还是采用了水平结构的模式。正如 Selmer 所指出的："仅仅通过侵权赔偿和商业保险，并不能完全解决人身伤亡的问题，此时就需要建立社会保险制度。所以，现在的受害人可以从三个渠道获得救济，即侵权责任、商业保险和社会保险。"[③] 因此，多元化的救济机制主要由侵权法、社会保险制度与社会救助制度三方面构成，由此形成了完整的损害填补体系。

　　笔者认为，从我国国情来看，采取水平结构模式是比较合理也是比较现实的做法。笔者也不赞成保险赔偿责任或者社会救助主导下的多元救助机制。一方面，我国责任保险制度还处于建立、完善阶段，与西方历经长时间发展起来的责任保险制度相比仍显得较为落后。在今后相当长的一段时期内，其还难以成为一种有效解决事故赔偿的主要渠道。此外，我们还需要注意，责任保险的适用范围是有限的，不可能完全代替侵权损害赔偿。例如，在精神损害赔偿方面，责任保险制度是不可能代替侵权损害赔偿制度的，而大量的事故损害中都伴随着严重的

---

　　①② 参见王泽鉴：《侵权行为法》，第 1 册，36 页，北京，中国政法大学出版社，2001。

　　③　Andre Tunc, *International Encyclopedia of Comparative Law* Vol. 4, Torts, Introduction, J. C. B. Mohr (Paul Siebeck, Tubingen), 1974, p. 42.

精神损害赔偿。即使将来我国的责任保险与社会保障制度逐步建立且得到广泛适用，也不可能完全替代侵权损害赔偿。另一方面，我国社会救助制度依然很不发达，还难以承担社会救助的主要功能。虽然我国已经是世界第二大经济体，但由于我国人口多、底子薄，就目前状况而言，还不可能由政府支付大量的社会保险资金或社会救助资金对于各类事故损害的受害人予以救助。由于社会保障制度依赖高税收来维持，过高的社会保险税往往使纳税人难以承受，而我国仍然是一个发展中国家，为了促进经济发展不可能采用高福利、高税收的政策。所以，希望以社会保险来替代侵权责任法，"显然带有浓厚的法律乌托邦色彩"①。无论责任保险和社会救助制度将来如何发展，都不可能代替侵权法对受害人的全面救济。相反，更可能的结果是两者相互补充、共同发展。

　　笔者认为，侵权赔偿责任与保险赔偿、社会救助平行模式具有较大的可取性。需要说明的是，此处所说的平行模式具有如下特点：第一，三种方式目的的共同性。无论是传统的侵权责任，还是新兴的保险责任和社会救助制度，它们的主要功能都是为事故中的受害人提供有效救济。不同的是，这些救济方式在具体理念和制度设计上存有差异，但这些差异并不能使三种方式形成对立关系，相反，应当充分发挥三种途径从不同角度提供救济的功能，协同实现救济损害、维护社会和谐的功能。当然，受害人救济机制是要最大限度地弥补受害人的损失，而并非使受害人获得额外的利益。第二，三种方式的可选择性。三种方式是随着社会的发展而逐步产生的，后产生者通常具有弥补前者功能不足的优点，从这个意义上讲，三种方式具有相互补充的作用，因此，对不同的受害人来说，可以根据具体情况，选择最有利于自己损害救济的方式。第三，三种方式功能的统筹协调性。虽然三种方式的目的具有共同性，但它们之间很可能缺乏良好的沟通和协调。因此，需要将这几种救济方式统筹协调，尤其是要安排好三种方式的救济顺序、赔偿额度、责任构成以及请求权的行使等问题，力求使受害人能够通过一个完善的救济体系来获得及时、有效的救济。正如有学者所指出的，随着现代社会

---

① 张新宝：《中国侵权行为法》，2 版，9 页，北京，中国社会科学出版社，1998。

的发展，很多损害的发生，通过保险、社会基金的救助，从而实现损失分担的社会化，减少了传统的个人责任的发生。[1]

二、各种救济机制的相互协调

在我国侵权责任法制定过程中，应当协调好保险和侵权责任的关系，两种制度应当"平行式"地发展；同时应当充分考虑责任保险制度与侵权责任制度的协调，并有必要在债权责任法中确立如下规则：

1. 确立优先支付责任保险金的规则。尽管我国当前强制责任保险的赔偿限额较低，保险费率也较低，但在存在责任保险的情况下，可以起到及时救济受害人的作用，机动车强制责任保险的实践已经充分说明了这一点。但要发挥强制责任保险的固有作用，必须明确优先支付责任保险金的规则，即首先应当由保险人在其赔付额度以内，根据受害人的实际损失进行理赔。当然，责任保险的理赔，也是以侵权责任的成立为前提的，因此，侵权损害赔偿请求权是保险请求权的基础。[2] 问题在于，如果不存在强制责任保险，而仅存在任意性的责任保险时，是否通用前述规则？笔者认为，即使在有任意性责任保险的情况下，也应当尽可能运用任意性责任保险的方式。因为即便是任意性的责任保险，它仍然具有责任保险及时、简便的特点，能够对受害人提供比较充分的保障；且保险人通常具有雄厚的资金与实力，能够保障受害人得到救济。通过任意性责任保险也可以实现损害的社会分担。当然，应当看到，毕竟责任保险和侵权责任的赔偿范围是不同的。例如，责任保险不能对精神损害予以赔偿，因此，即便保费很高，也很难覆盖所有的损害。再如，在责任保险中，赔偿的范围往往限于受害人所遭受的直接损失，对间接损失不予赔偿。而在侵权责任中，只要在因果关系的范围之内，受害人的间接损失也可以获得赔偿。这就决定了责任保险理赔之后，仍然有必要适

---

[1]　John Fleming, "Is there a Future for Tort?", 44 *La. L. Rev.* pp.1193, 1198.

[2]　参见［德］马克西米利安·福克斯：《侵权行为法》，齐晓琨译，5版，322页，北京，法律出版社，2006。

用侵权责任制度，从而对受害人提供全面的救济。

2. 明确强制责任保险中第三人的直接请求权。在侵权责任法中，有必要明文规定，在发生承保的责任事故之后，保险人应当支付保险金，受害人有权直接向保险人提出请求。受害人享有针对保险人的直接请求权，可以通过对其直接提出请求或者通过诉讼的方式予以实现。有人认为，在加害人投保责任保险的情况下，受害人并不享有保险金的直接请求权，否则违反合同相对性规则。笔者认为，受害人的直接请求权是基于特定法政策考量而对合同相对性的突破。只有赋予受害人此种请求权，受害人才有权针对保险人直接请求，保险人也有义务向其直接支付，从而使受害人获得更充分的保障。当然，在保险人支付了保险金以后，保险人也可以向侵权人追偿，这不仅是制裁真正侵权人的需要，也可以降低保险人的成本，间接地降低投保人的保险费负担。此时，侵权法上的责任认定，成为保险人追索的前提。正是在这个意义上，许多学者将侵权责任法称为"追索求偿前提条件的法"[1]。

3. 确立受害人获得救济的最高限额。对受害人提供全面补救的要求，意味着受害人不能获得超过其实际损害的救济，否则会与不当得利的法理相冲突。因而，在统筹考虑责任保险和侵权损害赔偿时，无论是强制责任保险，还是商业保险，进行了保险理赔以后，受害人只能就其尚未获得救济的部分向侵权人请求赔偿。对受害人遭受损失的完全补偿是赔偿的最高限额，如果保险人支付了保险金仍然没有达到该限额，行为人应当继续承担侵权责任。如果保险人已经赔付，受害人就不能再要求行为人承担全部赔偿责任，只能就未得到赔偿的部分请求行为人赔偿。当然，如果因受害人自己购买保险，因事故发生而获得理赔，由于是受害人的费用支出所获得的利益，不应计算在内。作出最高限额的限制是因为责任保险的赔付是基于行为人的投保，行为人为此支付了保险费，在责任保险理赔之后，在受害人获得完全赔偿的限额内应当酌情减轻行为人的责任。[2]据此，受害人获得的保险金以及损害赔偿金不能超出其实际损害，否则构成不当

---

① ［德］马克西米利安·福克斯：《侵权行为法》，齐晓琨译，5版，321页，北京，法律出版社，2006。
② 参见王泽鉴：《侵权行为法》，第1册，30页，北京，中国政法大学出版社，2001。

得利。

4. 明确各种赔偿机制相互之间的追偿权。例如，在工伤保险中，《社会保险法》第 42 条规定："由于第三人的原因造成工伤，第三人不支付工伤医疗费用或者无法确定第三人的，由工伤保险基金先行支付。工伤保险基金先行支付后，有权向第三人追偿。"该条只是规定了第三人不支付医疗费用的情况下，工伤保险赔偿基金的追偿权，但是针对其他损失的追偿权，需要加以完善。

在多样化的救济机制中，社会救助制度是辅助侵权责任制度发挥作用的。它既不能替代侵权责任，也不能优先得到适用。只有协调两者之间的关系，明确各自的适用范围和适用条件，才能既发挥侵权责任的基础性作用，又充分发挥社会救助制度的辅助性功能。

第二章

侵权责任法概述

第一节　侵权责任法的概念和特征

一、侵权责任法的概念

所谓侵权责任法（Deliktsrecht，Law of Delict，Tort law），是指规定侵权行为及其法律责任的法律规范的总称。我国《侵权责任法》第2条第1款明确规定："侵害民事权益，应当依照本法承担侵权责任。"该规定不仅确立了侵权责任法的调整对象，而且明确了侵权责任法的概念。从内容和体系上说，一方面，侵权责任法要规定各种侵害民事权益的行为，即侵权行为，在绝大多数情况下行为人可能具有过错，但在有些情况下，行为人可能没有过错，但法律规定其应当承担侵权责任的，也应当承担责任。另一方面，侵权责任法要规定侵权人在实施侵权行为之后的责任。为此，侵权责任法不仅要规定侵权责任的归责原则、构成要件，还要规定免责事由、责任形式、赔偿范围等。因此，侵权责任法是有关侵权行为的定义、种类以及对侵权行为如何制裁、对侵权损害后果如何补救的民事法

律规范的总称。

关于侵权法的名称，在《侵权责任法》的制定过程中一直存在争议。一种观点认为，应将侵权法称为侵权行为法，因为在两大法系，侵权法都被称为"侵权行为法"或"不法行为法"。侵权行为（英文是 delict，法文为 délit）都源于拉丁文 delictum，本义是"不法行为"，因此，侵权行为法也可以称为"不法行为法"。另一种观点认为，应当叫"损害赔偿法"，因为侵权行为主要引发的是损害赔偿责任，至于损害赔偿之外的其他责任形式，应当由其他法律加以调整。例如，返还财产、排除妨碍等请求权应当由物权法予以规定。我国侵权法没有采纳损害赔偿法的提法，该法规定了多种责任形式，而不限于损害赔偿。立法机关一改两大法系的做法，从名称上进行了创新，因此没有采纳侵权行为法的概念，而是使用了"侵权责任法"这一名称，这是一个重大创新。采纳这一概念的主要理由在于：

第一，在逻辑上更符合侵权法的内容。从内容上看，侵权法主要是围绕侵权责任构成要件和责任形态而展开的。侵权行为在性质上仅是侵权责任构成要件的组成部分，但侵权行为无法涵盖其他责任构成要件，也无法涵盖责任形态的内容。因此，如果将侵权法称为侵权行为法，则可能无法涵盖侵权行为之外的侵权法内容。侵权责任法的内容虽然包括侵权行为与侵权责任，但其重心应当是责任，其主要规定侵害民事权益所应当承担的民事责任。从《侵权责任法》第 2 条第 1 款关于"侵害民事权益，应当依照本法承担侵权责任"的规定来看，《侵权责任法》的核心即在于确定责任。

第二，我国《侵权责任法》没有将违法性作为侵权责任的构成要件。19 世纪的侵权法着重强调侵权行为的不法性，道德非难的色彩比较浓厚，因行为人实施了违法或过错行为而产生责任。现代侵权法上"侵权"（tort）一词最初是错误（wrong）和不法侵入（trespass）的同义词。[1] 但随着社会的发展，对大量的侵权行为而言，如环境污染、高度危险责任，行为人的行为本身并不具有可非难

---

[1]　See John C. P. Goldberg, Anthony J. Sebok, Benjamin C. Zipursky, *Tort Law: Responsibilities and Redress*, 2nd edition, Aspen Publishers, 2008, p. 3.

性，行为人的行为甚至是合法的。例如，在环境污染的情况下，即使排放是符合相关标准的，但造成了环境损害，也应当承担责任。因此，行为的不法性并不是所有侵权责任的基础①，也正是因为这一原因，侵权责任虽然仍然强调行为人行为的不法性，但各国大都规定因危险或风险亦可产生责任。② 根据我国《侵权责任法》第 7 条的规定，严格责任的成立并不考虑行为人行为的违法性。因此，用"责任法"的提法更为科学。

第三，《侵权责任法》突破了"责任自负"的传统观念，符合侵权法发展的新趋势。行为法强调每个人仅对自己行为的后果负责，但现代社会大量出现责任主体和行为主体分离的现象，即承担责任的主体不一定是行为主体，出现这种发展趋势的主要原因在于，人类社会从农业和手工业社会发展到工业社会，各种事故频发，许多新的侵权大量出现，侵权法基于非行为人对实际行为的控制力和所获利益等方面的考量，同时为了强化对受害人的救济，因此扩大了责任主体的范围，使一些非行为人也可能承担责任。③ 例如，在违反安全保障义务的责任中，责任主体虽然没有实施加害行为，但其也要承担责任。为适应此种发展趋势，我国《侵权责任法》专门规定了关于责任主体的特殊责任，体现了鲜明的中国特色。

第四，从逻辑体系来讲，采用侵权责任法的名称也能与合同责任形成逻辑上的对应关系，侵权责任和违约责任属于民事责任法的有机组成部分。例如，法国法上侵权责任法被称为"民事责任法"（responsabilité civile）；在欧洲另外一些国家，侵权法常常被称为"契约外责任法"（extra contractual liability）④（这些国家没有直接使用侵权责任法的提法）。我国采用侵权责任法的名称，也符合大

---

① See Erdem Büyüksagis and Willem H. van Boom, "Strict Liability in Contemporary European Codi-fication: Torn between Objects, Activities, and Their Risks", *Georgetown Journal of International Law*, 2013.

② 参见［奥］H. 考茨欧主编：《侵权法的统一·违法性》，张家勇译，170～171 页，北京，法律出版社，2009。

③ 参见［德］布吕格迈耶尔、朱岩：《中国侵权责任法学者建议稿及其立法理由》，15 页，北京，北京大学出版社，2009。

④ ［奥］海尔穆特·库奇奥：《损害赔偿法的重新构建：欧洲经验与欧洲趋势》，朱岩译，载《法学家》，2009（3）。

陆法系民事责任法的逻辑体系。

第五，我国《民法通则》使用的是"侵权的民事责任"的表述，这是《民法通则》的一个创举，而且多年的司法实践中已经形成了习惯，它并没有采用侵权行为法的概念，因此，责任法的表述，是我国立法经验的总结。

第六，责任法的表述使侵权法更具有包容性和开放性。现代社会是一个风险社会，各种风险无处不在，新类型的损害层出不穷。各种新型的责任形态产生之后，都可以适用侵权责任法，包括在责任法的框架体系之内。为了适应侵权责任不断发展的趋势，有必要采用"侵权责任法"的表述，以更好地涵盖各种新类型的侵权责任。

侵权责任法也不能以侵权损害赔偿法的概念来概括，我国《侵权责任法》采用了多种责任形式对受害人进行救济，损害赔偿只是侵权责任承担方式的一种，无法涵盖所有的侵权责任承担方式，而且一般认为，损害赔偿主要是指财产上的损害赔偿，而我国司法实践和学理中还存在精神损害赔偿和惩罚性赔偿，因此，侵权损害赔偿法的概念显然较为狭隘。

欧洲著名侵权法学者库奇奥也赞成责任法的表述，并主张其属于民法典的独立组成部分。[①] 当然，关于侵权责任法的名称，也有学者对此仍有异议，其认为，"侵权责任法"的名称可能影响民法体系的构建，其原因在于，只有侵权行为和合同行为才是债的发生原因，责任并不构成债的发生原因，因此，使用"侵权责任法"的提法可能会打乱传统债法的体系。笔者认为，在我国民法典体系中，侵权责任法采取独立成编的方式，并未将侵权法完全纳入债法之中，而且我国《侵权责任法》规定了多种责任承担方式，对于不具有财产内容的责任方式，如赔礼道歉等，并不属于债的范畴，因此，侵权责任法并不完全属于债法的范畴。总之，采用侵权责任法的名称是我国立法和司法实践的总结，也是我国立法的创新。

---

① 参见［奥］海尔穆特·库奇奥：《损害赔偿法的重新构建：欧洲经验与欧洲趋势》，朱岩译，载《法学家》，2009（3）。

二、侵权责任法的特征

侵权责任法是我国民法的重要组成部分，它具有以下几个特点：

第一，是保护民事权益的法。换言之，侵权责任法是保护私权的法。虽然不是所有的私权都受侵权责任法保护（例如，合同债权主要受合同法保护），但绝大多数私权都要受侵权法保护。由于现代法治的精神就是保障私权、规范公权，因而，侵权法作为保障私权的基本法，为现代法治的构建提供了基础和前提。彼得·斯坦指出，"权利的存在和得到保护的程度，只有诉诸民法和刑法的一般规则才能得到保障"[①]。这就概括了侵权法的基本功能。侵权法对私权的保护是通过对遭受侵害的权利进行救济的方式来完成的。这就是说，当民事权益遭受侵害以后，通过侵权责任为受害人提供全面、充分的救济。没有权利就不存在救济，合法权利是救济得以产生的前提。同样，"没有救济就没有权利"，一种无法诉诸法律保护的权利，实际上根本就不是法律权利。这两种因素合成一个整体，构成了法治社会价值的两个要素。法律不仅应宣示权利，同时应配置救济的手段。[②]侵权责任法是保护权利的法，因此，其主要功能不在于确认权利，而在于对受到侵害的权利予以救济。[③]民法分则各个部分的主要功能都在于确认权利，如人格权法确认人格权，物权法确认物权，知识产权法确认知识产权。当这些权利受到侵害的时候，就需要通过侵权责任法予以救济，所以侵权责任法主要是保护权利的法。

第二，是规范侵权责任的法。从调整的对象上看，侵权责任法是调整有关因侵害他人财产、人身的行为而产生的相关侵权责任关系的法律规范的总和。[④]从

[①]　［英］彼得·斯坦、约翰·香德：《西方社会的法律价值》，王献平译，41 页，北京，中国人民公安大学出版社，1989。

[②]　参见程燎原、王人博：《权利及其救济》，349 页以下，济南，山东人民出版社，1998。

[③]　Mauro Bussani, Anthony J. Sebok, Comparative Tort Law: Global Perspectives, Edward Elgar Publishing, 2015, p.12.

[④]　参见张新宝：《中国侵权行为法》，2 版，22 页，北京，中国社会科学出版社，1998。

基本内容上看，侵权责任法主要规定民事责任，围绕侵权行为及其责任而展开。在内容上主要规定侵权行为的含义和种类，侵权民事责任的构成要件、归责原则、免责条件、责任形式、赔偿的原则和范围等。[①] 这些规定的最终目的就是要确立责任。在这些责任中，既有单独责任，也有补充责任；既有单个人的责任，又有数人侵权责任；既有自己责任，也有替代责任；多人责任中既有按份责任，又有连带责任和不真正连带责任。侵权责任本质上是对受害人的责任，因此，它常常表现为对受害人的救济。侵权责任法通过制裁不法行为人，补偿受害人的损害，达到保护民事主体的合法权利，教育不法行为人，预防侵权行为的发生，及时补偿受害人的损失等目的。而这些目的的实现也正是侵权责任法的作用所在。[②]

第三，主要是救济法。从功能上看，侵权责任法的基本功能是对受害人的损害提供救济。[③] 侵权责任法作为私法的组成部分，主要是决定受害人在遭受侵害以后，是否有权获得赔偿以及如何赔偿。因此，侵权责任法是以损害赔偿为中心而对受害人进行救济的法律。侵权责任法所具有的损害赔偿功能使之与不当得利和无因管理等制度相区别。除责任形式外，我国侵权责任法关于受害人的救济方式表现为四种形式：一是行为人因过错致人损害后，通过过错责任的承担来为受害人提供救济。二是在侵权行为损害他人权益时，不考虑行为人有无过错，而依法责令行为人承担责任。三是依据公平原则，就损失在当事人之间进行合理分担。四是通过责任保险或者社会救助的方式对受害人提供救济。侵权责任法主要是救济法，其着眼点在于对受害人提供救济。法律责任的制裁功能主要应当通过行政法和刑法实现。因此，在侵权责任法中，其责任构成、过错和因果关系的认定方式、责任减免事由等，都应按救济理念来设计。救济是侵权责任法的基本理念，也是侵权责任法体现对人的关怀和保护的基本理念。[④] 除救济功能之外，侵权责任法还具有损害预防的功能。随着侵权法的发展，其预防功能也在不断增

---

① 参见房绍坤等：《民商法原理（三）》，382页，北京，中国人民大学出版社，1999。
② 参见王家福主编：《民法债权》，441～443页，北京，法律出版社，1991。
③ 参见［德］冯·巴尔：《欧洲比较侵权行为法》上，张新宝译，1页，北京，法律出版社，2001。
④ Peter Cane, *Atiyah's Accidents*, *Compensation and the Law*, 7th ed., Cambridge：Cambridge University Press，2006.

强。当然，尽管侵权法的预防功能非常重要，但与补偿功能相比，其仍然处于次要位置，只是一个辅助性功能。①

第四，主要是强行法。侵权责任法的规范对象是侵权行为及其责任，因此，侵权责任法首先要规定何种行为是侵权行为、何种行为不是侵权行为，并列举一般侵权行为和特殊的侵权行为，分清侵权行为与其他行为的界限，从而明确侵权责任法规范和调整的范围。侵权责任法的强行性是其区别于其他民事法律的一个重要特征。侵权责任法与保险等社会保障制度的区别就在于，侵权责任法应当同时满足威慑功能和社会救济功能。② 由于侵权责任法的主要功能并不在于对权利的确认，而是对权利的保护或对侵权行为的制裁，这种制裁与侵权人的意愿和目的是相反的，因而侵权责任法主要是强行性规范而非任意性规范。例如，关于责任的构成、特殊侵权行为中的举证责任等，都不允许侵权人排斥其适用，也不允许行为人将责任随意转让给他人承担。但应该看到，侵权行为也是损害赔偿之债的发生原因之一，侵权损害赔偿在性质上也是债的关系，侵权损害赔偿之债的履行中也有意思自治的适用范围，因此，一般情况下，法律并不禁止行为人和受害人之间通过协商，减轻和免除行为人的赔偿责任。

第五，主要是实体法。按照法律规定内容的不同，法律可分为实体法与程序法。实体法一般是指规定主要权利和义务（或职权和职责）的法律，程序法一般是指规定保证权利和义务得以实施的程序的法律。③ 一般认为，侵权责任法是实体法，侵权责任法中一般不需要规定程序性规范。

第六，主要是裁判法。侵权责任法虽然也涉及一些行为规范，甚至设置了一些宣示性和倡导性规范④，但该法主要是裁判性规范，即为司法裁判活动提供法律依据，为司法裁判提供一套基本的体系、框架、规范和术语，为司法过程提供一套明确、完整的规范，侵权责任法通过设置明确的责任认定和分担规则，可以

---

① 参见张新宝：《侵权责任立法：功能定位、利益平衡与制度构建》，载《中国人民大学学报》，2009（3）。
② 参见［德］格哈特·瓦格纳：《当代侵权法比较研究》，高圣平、熊丙万译，载《法学家》，2010（2）。
③ 参见沈宗灵主编：《法理学》，332页，北京，高等教育出版社，1994。
④ 例如，《侵权责任法》第64、84条等。

对法官的自由裁量权进行必要的限制。[①] 在我国《侵权责任法》颁布之前，近四十部法律从不同侧面和领域规定了侵权责任条款，还有许多行政法规也规定了有关侵权责任赔偿制度。由于侵权法规则十分分散，一些制度严重缺失，而且有些规定相互冲突，这也给法官准确适用法律带来了一定困难。《侵权责任法》的颁行为法官提供了统一和明确的裁判规则。在《侵权责任法》通过之后，有关侵权案件的裁判必须要依照《侵权责任法》来进行。需要指出的是，在《侵权责任法》的 92 个条文中，也有不少宣示性规范，其并不具有裁判规范的功能，不能直接被援引为裁判的依据。例如，《侵权责任法》第 64 条规定："医疗机构及其医务人员的合法权益受法律保护。干扰医疗秩序，妨害医务人员工作、生活的，应当依法承担法律责任。"由于干扰医疗秩序等行为主要违反的是行政管理法律规范，甚至刑事法律规范，在行为人造成医疗机构的财产损失或者医务人员的人身损害时，也只能依据《侵权责任法》第 6 条关于一般侵权的规定来裁判，而不能依据第 64 条来裁判，因此，该条主要是宣示性规范，而不是裁判性规范。

还需要指出，侵权责任法是民事基本法，其规范的是民事基本法律制度。一方面，从侵权责任法保护的民事权利的性质来看，其保护的是基本民事权利，是人权的重要组成部分。另一方面，从其适用范围来看，其几乎涉及所有的民事主体，具有非常普遍的适用性。还要看到，侵权责任法所涉及的社会关系很广泛，由于侵权行为不仅发生在财产关系和人身关系领域，也广泛发生在竞争关系、劳动关系、环境保护关系、自然资源管理关系、信息传播关系、教育管理关系等领域。侵权责任法的触角延伸到社会经济生活的每一个领域，小到一个普通产品的生产、邻里之间的琐事，大到国家社会稳定和经济秩序的维护，都离不开侵权责任法的调整。"侵权法的边界一直都在不断的扩张和变化之中，人们社会生活的形态有多么丰富，侵权法就有多么丰富。"[②] 侵权责任法通过对财产权的严格保

---

① 参见［德］布吕格迈耶尔、朱岩：《中国侵权责任法学者建议稿及其立法理由》，15 页，北京，北京大学出版社，2009。

② 李响：《美国侵权法原理及案例研究》，5 页，北京，中国政法大学出版社，2004。

护，对自由竞争秩序的维护，为市场经济的稳定与发展确立了基础和制度性支撑。随着社会生活的发展，侵权责任法调整的社会关系的范围将进一步扩大。

第二节　侵权责任法的调整对象

　　侵权责任法的调整对象是指因侵害民事权益而产生的平等主体之间的侵权责任关系，或者说，是因侵权行为而产生的责任关系。侵权责任法所调整的社会关系与其他民事法律调整的对象不同，其调整的并非正常的社会关系，而是调整被扭曲的、非常态的社会关系，是在正常的社会关系被破坏的情况下，对受侵害的社会关系进行调整。一般情况下，侵权责任法并不会过度介入社会生活关系，而是在财产关系、人身关系等受到侵害以后，对受害人予以救济，并对不法行为人予以制裁。《侵权责任法》第2条规定："侵害民事权益，应当依照本法承担侵权责任。"这一规定不仅确立了侵权责任法保障的权利范围和适用的法律依据，而且确立了侵权责任法的调整对象。具体而言，侵权责任法调整的社会关系的特点在于：

　　第一，它是发生在特定的平等主体之间的社会关系。一方面，侵权责任法与物权法等法律的区别在于，其调整的法律关系的特点不同。例如，物权法调整物权人与社会一般人之间关系的法律，其权利主体是特定的，而义务主体是不特定的。而侵权责任法是调整特定主体之间关系的法，或者说侵权责任法是调整受害人和责任人之间关系的法律。因侵权行为而主要产生损害赔偿的关系，所以，传统民法将其纳入债法的范畴，加害人是债务人，受害人是债权人，受害人有权请求加害人承担侵权责任。因侵权而产生的损害赔偿之债要适用债的相对性规则，并应当适用债法总则的规则，但由于我国的侵权责任形式具有多样性，当事人之间并不完全形成损害赔偿之债的关系。另一方面，侵权责任法调整平等主体之间的关系，因此，侵权责任法调整的社会关系仍然属于民事关系的范畴。由于侵权责任法保护的对象限于民事权益，其调整的都是因民事侵权而引发的社会关系。

侵权责任本质上是民事责任，而不是刑事责任或行政责任，它仍然属于民事关系的范畴，是平等主体之间的社会关系。虽然国家机关的侵权损害赔偿受特别法调整，但就国家机关承担侵权责任而言，其在性质上仍然属于平等主体之间的法律关系，属于侵权的范畴。

第二，它是因侵权行为产生的社会关系。这就是说，在没有发生侵权的情况下，侵权责任法并不介入社会生活关系。只有因侵权导致受害人损害时，才有通过侵权责任法予以救济的必要。因此，我国《侵权责任法》第2条规定："侵害民事权益，应当依照本法承担侵权责任。"这里所说的"因侵权而产生的社会关系"，是指侵害民事权益，既包括侵害权利，也包括侵害利益。从文义来看，"侵权"一词似乎表明了其等同于侵害权利，但事实并非如此，我国《侵权责任法》采用"侵害民事权益"的提法，就表明侵权的范围不限于权利，还包括合法的利益。在《侵权责任法》中，多次采用了"侵害他人民事权益"的提法①，有时候采用"损害他人民事权益"的提法。② 需要指出的是，"侵害"和损害之间存在区别。两者的区别主要在于，行为人实施行为时是否有过错，但无论是侵害，还是损害，都可能并没有造成实际损害结果，或者不会产生损害赔偿的后果，而只是导致危险或妨碍等情况。此时，不必适用损害赔偿，而可以采取其他的侵权责任形式。

第三，它是以侵权责任为内容的法律关系。顾名思义，侵权责任法就是规定侵权行为及其责任的法，其旨在解决何种情况下构成侵权行为，如何承担相应的责任问题。我国侵权责任法主要围绕侵权行为及其责任后果展开。其既要规定各种侵害民事权益的行为，也要规定侵权责任的归责原则、构成要件、抗辩事由、责任承担、责任形式、损害赔偿的具体方法等。但侵权责任法主要是以确立侵权责任为内容的法律规范。一方面，侵权责任法规定各种侵权行为，特别是各种特殊侵权行为，并不是简单地列举行为类型，而旨在确立责任的构成要件、免责事

---

① 参见《侵权责任法》第6条第1款。
② 参见《侵权责任法》第7条。需要指出的是，《侵权责任法》第7条之所以不使用"侵害"，而使用"损害"，立法者主要考虑到，侵害应当是非法侵害，而损害有可能是基于合法行为而产生的，例如，核设施事故造成的损害，就是基于合法行为而产生的。

由等，实际上也是要确立责任。另一方面，从侵权责任法的目标来看，该法第 2 条规定："依照本法承担侵权责任。"这就表明其主要目的是要确定侵权责任。因此，侵权责任法的制度功能就在于确定行为人对受害人的责任。关于侵权责任归责原则、构成要件和具体侵权类型中责任的承担等规定，都是为了认定责任和确定责任的范围。《侵权责任法》的重心在于确定责任的承担和责任的范围问题。[①] 正是因为侵权责任法以责任为重心，所以，侵权责任法具有强行法的特点，虽然其能适用私法自治，具有一定的任意性，但在总体上仍属强行法。

第四，它是以合同外的责任为内容的法律关系。简单地讲，侵权责任法是规定什么是侵权行为以及承担什么样的民事责任的法律。这里讲的侵权，主要是侵害财产权和人身权。一般来说，这些侵权责任都是在当事人之间没有合同关系的情况下发生的责任。如果有合同，大多就按合同来处理；没有合同，就都按侵权来处理。所以也有人把这些责任称为"合同外的责任"[②]。这就是说，侵权责任法调整的社会关系，通常不是因为约定而产生的，行为人实施侵权行为之时，当事人之间往往是"陌生人"，只是因为侵权才产生了相应的责任关系。而合同法调整的是"熟人"之间的关系，有学者将其称为"有特别结合关系的人之间的法律关系"。正是因为侵权责任法调整合同外的责任，所以其调整的对象具有不同于合同的特点。例如，侵权责任调整的并不是正常的交易关系，因此一般不会根据经济利益的大小确定责任的内容。它不以当事人的意思确定法律后果，也通常不以受害人是否获利来确定行为人的责任。正如有学者所概括的，侵权责任法是保护财富的法，而不是创造财富的法。因为它并不使允诺发生效力，而只是使社会关系恢复到正常状态，它更多地涉及社会公共利益。[③]

---

① 需要指出的是，前文说侵权责任法的主要功能是对受害人提供救济，这里说其主要目的在于确定责任，但是二者并不矛盾，而是表里关系。因为，确定侵权责任的根本目的就是让受害人获得赔偿，进而实现侵权责任法的救济功能。

② Christian von Bar, *Principles of European Law—Non Contractual Liability Arising out of Damage Caused to Another*, Oxford University Press, 2009, p. 243.

③ See Andre Tunc, *International Encyclopedia of Comparative Law*, Torts, Introduction, J. C. B. Mohr (Paul Siebeck, Tübingen), 1974, pp. 1, 2.

根据《侵权责任法》第 2 条的规定，其主要调整特定主体之间的、以侵权责任为内容的社会关系。我国侵权责任的规范大量散见于各种法律、法规，但侵权责任的承担仍然要适用《侵权责任法》，因此，该法第 2 条第 1 款规定："侵害民事权益，应当依照本法承担侵权责任。"如何理解该条所规定的"应当依照本法承担侵权责任"？从侵权责任法的立法过程来看，历次侵权责任法草案都没有提到"依照本法"，后来增加了这一表述，这就突出了侵权责任法的功能，即明确侵权责任。笔者认为，"依照本法"是指法官裁判案件，基本上可以依据该法来裁判案件，侵权责任法为所有的案件裁判提供了基本依据。因为一方面，《侵权责任法》第 5 条规定："其他法律对侵权责任另有特别规定的，依照其规定。"这对于侵权一般法和侵权特别法的关系作出了规定，侵权特别法都是侵权责任法的特别规定，它们与侵权责任法之间形成了完整的体系。如前所述，侵权责任规范散见于近四十部法律之中，它们都是侵权责任法的重要组成部分。另一方面，我国侵权责任法对特殊侵权责任，作出了比较全面的规定，同时保持了开放性，为各类侵权责任的发展提供了空间。例如，侵权责任法设立了高度危险责任的一般条款，这就可以有效地适应未来高度危险责任发展的需要。尤其应当看到，对于一般侵权来说，虽然其是不断发展的，但该法第 6 条第 1 款也规定了过错责任的一般条款。由于对一般侵权和特殊侵权都已经确立了一般条款，因而，未来可能出现的侵权行为都可以通过该法来规范。

第三节　侵权责任法保护的权益范围

一、确定侵权责任法保护的权益范围的必要性

所谓侵权责任法保护的权益范围，是指侵权责任法具体保护哪些权利和利益，换言之，哪些权利或利益受到侵害以后，受害人可以依据侵权责任法获得救济。侵权责任法是保护权利的法，其是对公民、法人等民事主体在民事权益遭受

损害之后提供救济的法律，即在权利受到侵害以后对受害人予以救济的法。换言之，侵权责任法作为调整在权利被侵害以后形成的社会关系的法律，其解决的核心问题是，哪些权利或利益应当受到其保护。①

侵权责任法保护的权益范围首先是由侵权责任法的宗旨和目的决定的。从比较法上来看，关于侵权法权益保障范围的规定主要有两种模式：一是抽象规定模式。法国法并未具体规定侵权法保护的权益范围，《法国民法典》第 1382 条只是确定了行为人所应承担的一般注意义务，违反此等义务将承担损害赔偿责任，但并没有明确划定侵权法保护的权益范围。② 二是具体规定模式。《德国民法典》具体列举了侵权法保护的权益范围，如该法典具体规定了对绝对权利的不法侵害（第 823 条第 1 款）、违反保护他人之法律（第 823 条第 2 款）、违背善良风俗加损害于他人（第 826 条）等侵权行为，从而根据不同的侵害对象，设定了相应的注意义务范围。③ 比较而言，在法典中具体列举侵权法所保护的权益范围更为合理。我国《侵权责任法》第 1 条规定："为保护民事主体的合法权益，明确侵权责任，预防并制裁侵权行为，促进社会和谐稳定，制定本法。"因此，我国《侵权责任法》第 2 条具体列举了侵权法所保护的权益范围。

保护民事主体的合法权益是侵权责任法的首要宗旨，因此，只有明确侵权责任法的保障范围，才能在实践中准确适用侵权责任法保障民事权益。原则上，侵权责任法是保护权利而不是创造权利的法。当然，侵权法也具有一定的权利创设功能，民事法律中的许多权利都是由于先受到了侵权责任法的保护，以后才被有关法律正式承认为一种民事权利的。

确定侵权责任法保护的权益范围在法律上具有重要意义。"一个法律制度可以通过两种方法规定其所保护的范围：其一，它可以禁止或者要求某一种行为；通过这种方式，人们可以推断出法律试图所保护的权益。其二，法律制度可以描

---

① 参见欧洲侵权法小组编著：《欧洲侵权法原则：文本与评注》，于敏、谢鸿飞译，52 页，北京，法律出版社，2009。

②③ Mauro Bussani, Anthony J. Sebok, *Comparative Tort Law：Global Perspectives*，Edward Elgar Publishing，2015，p. 204.

述其所试图保护的权利和利益，并且要求这些权益除了合理的例外情况下不能够被侵害。"① 只有明确了侵权责任法保障的权利范围，才能准确界定侵权责任法的调整对象。例如，第三人侵害债权多数情况下属于违约行为，应当由合同法来调整。如果将合同债权都纳入侵权责任法的保护范围，必然导致侵权责任法与合同法界限的模糊和调整范围的混乱。通过列举侵权法所保护的权利，可以实现权利法和侵权法的有效衔接，理顺救济性的侵权法与宣示性的权利法之间的关系，补充权利法在权利保护规则上的不足，并可以限制法官在立法者的预设范围之外自由创设新的权利类型。② 由法官确定侵权法的保护范围，可能会赋予法官过大的自由裁量权，影响法律秩序的稳定。例如，在《德国民法典》的起草过程中，立法者担心，如果只是把一般条款交给法官，判决就会具有不确定性（Un-sicherheiten）。③ 明确侵权责任法保护的权益范围，可以与侵权责任的构成要件和责任形式相互呼应，有利于构建侵权责任法的体系。例如，我国《侵权责任法》第15条采用多种责任形式，也是侵权责任法宽泛的保护对象的必然引申。因为侵权责任法对各种绝对权利都要加以保护，所以其责任形式不能仅仅限于损害赔偿。但公民的权利遭受侵害之后，其哪些权利可以通过侵权责任法来保护，就有必要在法律上明确侵权法的保护对象。因此，通过具体列举民事权益的方式，可以宣示公民享有何种权利，哪些权利受到侵害后可以获得侵权责任法的保护，也有利于法官准确地判断何种损害可以通过侵权责任法提供救济。④

二、我国《侵权责任法》的权益保护范围

侵权责任法的保护对象为权利或利益，但并非所有的权利或利益都应受到侵

① European Group on Tort Law, *Principles of European Tort Law: Text and Commentary*, Springer, 2005, p. 30.
② 参见姜强:《侵权责任法的立法目的与立法技术》，载《人民司法（应用）》，2010（3）。
③ Vgl Brox/Walker, Besonderes Schuldrecht, C. H. Beck, 2008, 33. Auflage, S. 490.
④ See J. Limpens, *International Encyclopedia of Comparative Law*, Torts, Liability for One's Own Act, J. C. B. Mohr (Paul Siebeck, Tübingen), 1974, pp. 8-9.

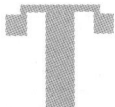

权责任法的保护。如前述，在各国民事立法中，就哪些权利和利益应受侵权责任法的保护问题，存在两种不同的立法例。

我国《侵权责任法》借鉴了以《德国民法典》为代表的国家采取的具体列举式的立法经验，对侵权责任法的保护对象采取了具体列举的方式。《侵权责任法》第2条第1款规定："侵害民事权益，应当依照本法承担侵权责任。"第2款规定："本法所称民事权益，包括生命权、健康权、姓名权、名誉权、荣誉权、肖像权、隐私权、婚姻自主权、监护权、所有权、用益物权、担保物权、著作权、专利权、商标专用权、发现权、股权、继承权等人身、财产权益。"笔者认为，该条确定的侵权责任法保护的权益范围主要具有如下特点：

第一，保护对象是民事权益。一般认为，侵权责任法所保护的权利仅限于私权，而不包括公法上的权利。①《侵权责任法》采纳此种观点。根据该法第2条的规定，侵权责任法应当以民事权益的保护为范围。因为侵权行为所侵害的权利或利益必须是特定的民事主体的权利或利益，而非社会公共利益或受公法保护的利益。例如，在著名的"齐玉苓诉陈晓琪冒名顶替到录取其的中专学校就读侵犯姓名权、受教育的权利损害赔偿案"② 中，终审法院认为被告侵害了原告的受教育权，最高人民法院于2001年6月28日专门作出了法释［2001］25号批复。该批复明确规定，以侵犯姓名权的手段，侵犯他人依据宪法规定享有的受教育的基本权利，并造成了具体的损害后果的，应当承担相应的民事责任。③ 笔者认为，我国宪法所规定的公民受教育权主要规定的是国家的义务，其在性质上并不是民事权益，因此，其不应当受到侵权责任法的保护。所谓受教育权受到侵害不能通过民法上的侵权责任来解决，而只能通过公法上的救济方式加以解决。④ 如果公法

① 参见王泽鉴：《民法学说与判例研究》(2)，218页以下，台北，自版，1996；王泽鉴：《侵权责任法：基本理论·一般侵权行为》，97页，台北，自版，1998；孙森焱：《民法债编总论》上，210页，台北，自版，1979。
② 最高人民法院中国应用法学研究所编：《人民法院案例选》(总第33辑)，97页，北京，人民法院出版社，2002。
③ 该司法解释已失效。
④ 参见张新宝：《人格权法的内部体系》，载《法学论坛》，2003 (6)。

上的权利遭受侵害，应当依据公法的相关程序获得救济。例如，行政法上的知情权受到侵害的，应当通过行政复议、行政诉讼等途径解决，而不能诉诸侵权责任法。

第二，主要是合同债权以外的绝对权。一方面，侵权责任法所保护的权利主要限于绝对权。所谓绝对权，是指无须通过义务人实施一定的行为即可以实现并能对抗不特定人的权利。[1] 绝对权主要包括物权、人身权、知识产权。侵权责任法保护的对象主要是民事权益中的绝对权，而相对权主要在特定的当事人之间发生，且缺乏公示性，因此一般不属于侵权责任法的保护范围。[2] 因为绝对权的权利人对抗的是除他以外的任何人，所以绝对权又称为对世权。从义务人的范围来看，绝对权是指义务人不确定，权利人无须经义务人实施一定行为即可实现利益的权利。"不论侵权、背俗或违法，要让行为人对其行为负起民事上的责任，都须以该行为涉及某种对世规范的违反为前提，其目的就在于建立此一制度最起码的期待可能性，以保留合理的行为空间。"[3] 对于绝对权以外的民事利益，由于其一般不具有公开性，他人对该利益也不具有可预见性。因而，对侵害利益的侵权行为应当施加一定的限制，从而避免干涉人们的行为自由。另一方面，合同债权在性质上不是绝对权，一般不应当受到侵权责任法的保护。合同债权受到侵害时，主要应当通过违约之诉解决。[4] 例如，河北省某法院曾将张某诉辛某一案中的合同纠纷定性为"侵害监护权"，依侵权案件管辖，并适用《民法通则》有关侵权的规定。对此，最高人民法院在（1991）民他字第53号函复中明确给予了否定因为债权属于相对权，不具有社会公开性，第三人又无从知悉，且同一债务人的债权人有时很多，如果适用侵权责任，加害人的责任将无限扩大，不符合社

---

[1] 参见洪逊欣：《中国民法总则》，61页，台北，自版，1992。

[2] 参见胡波：《中国民法典编纂体例之我见——以绝对权与相对权的二元结构为中心》，载《河北法学》，2007（4）。

[3] 苏永钦：《走入新世纪的私法自治》，306页，北京，中国政法大学出版社，2002。

[4] See Sayre, Francis Bowes, "Inducing Breach of Contract", *Harvard Law Review*, Vol. 36, Issue 6, pp. 663-703；朱晓喆：《债之相对性的突破——以第三人侵害债权为中心》，载《华东政法学院学报》，1995（3）。

会生活中损害合理分配的原则，同时也会妨碍自由的市场竞争。[①] 当然，虽然债权一般不受侵权法的保护，但在特殊情形下，因第三人故意违背善良风俗而侵害债权时，侵权责任法也可以提供救济。[②]

第三，既包括权利又包括利益。侵权责任法的保护范围既包括权利，也包括利益。随着现代社会的发展，侵权责任法的保护范围正在逐渐扩大，受其保护的对象除了财产权和人身权等绝对权利之外，还包括一些合法的人身利益和财产利益。因此，"必须通过对侵权行为做扩张解释：侵害的'权'不仅包括民事权利，而且包括受到法律保护的利益"[③]。例如，死者人格利益、某些纯经济损失、占有利益、虚拟财产利益等，都是现代侵权责任法在发展过程中逐步承认并提供保护的。应当看到，侵权法发展的重要趋势就是，其保障权益范围的不断扩张，主要表现就是，侵权法所保护的利益范围的扩张。[④]

我国《侵权责任法》第 2 条将侵权责任法的保护范围界定为民事权益，其不仅保护财产权益，而且保护人格权益和知识产权。《侵权责任法》通过多种责任承担方式对受害人进行救济，也有利于发挥侵权法的损害预防功能。例如，在侵害名誉权的情形下，侵权责任法突破了单一损害赔偿责任形式的限制，采取了停止侵害、恢复名誉、消除影响、赔礼道歉等多种责任形式对受害人进行救济。

三、我国侵权责任法规定权益保护范围的特点

我国《侵权责任法》保护的权益范围具有如下特点：

第一，权益保障范围的全面性。我国《侵权责任法》虽然采纳了具体列举的方式规定权益保护范围，但其又不同于德国法的规定：一方面，《德国民法典》

---

① 参见王泽鉴：《侵权责任法：基本理论·一般侵权行为》，198 页，台北，自版，1998。

② See Sayre, Francis Bowes, "Inducing Breach of Contract", *Harvard Law Review*, Vol. 36, Issue 6, pp. 663-703；朱晓喆：《债之相对性的突破——以第三人侵害债权为中心》，载《华东政法学院学报》，1995（3）。

③ 张新宝：《侵权行为法的一般条款》，载《法学研究》，2001（4）。

④ 参见曹险峰：《在权利与法益之间——对侵权行为客体的解读》，载《当代法学》，2005（5）。

第 823 条第 1 款只是列举了几种典型的民事权利，立法者希望借此防止过分扩大第三人的赔偿责任。[①] 而我国《侵权责任法》第 2 条列举了 18 项民事权利，可以说是对权利全面和充分的列举。这在民事立法史上也是罕见的。[②] 需要指出的是，侵权法保护的权益范围并不限于该条所列举的 18 种权利，该条采用"等人身、财产权益"的表述，表明侵权责任法所保护的权益范围具有开放性，并不限于其所列举的上述权利。另一方面，《德国民法典》第 823 条第 1 款只是规定了权利，而且将侵权限制在侵害权利上，虽然该法典第 826 条通过规定故意背俗侵权对此作出了补充，但法律上并没有对利益的保护作出宣示。《德国民法典》制定时，立法者充分相信，第 823 条列举之外的其他权益都可以通过"故意背俗"的规定予以调整，但后来仍然是根据大量判例来扩展第 823 条的保护范围。[③] 我国《侵权责任法》不仅保护权利，而且对利益的保护也作出了明确规定。

第二，突出了人身权益的优越地位，宣示了生命健康权是最重要的法益。《侵权责任法》第 2 条在列举各项民事权益时，将生命权、健康权列在首位。由此表明，我国《侵权责任法》体现了以人为本，体现了对生命健康的关爱。例如，在高楼抛物致人损害的情形下，为了不让无辜的人自担损失，对受害人进行充分救济，《侵权责任法》第 87 条规定了补偿规则。再如，在机动车交通事故中，《侵权责任法》第 53 条规定："机动车驾驶人发生交通事故后逃逸，该机动车参加强制保险的，由保险公司在机动车强制保险责任限额范围内予以赔偿；机动车不明或者该机动车未参加强制保险，需要支付被侵权人人身伤亡的抢救、丧葬等费用的，由道路交通事故社会救助基金垫付。道路交通事故社会救助基金垫付后，其管理机构有权向交通事故责任人追偿。"这也体现了对不幸受害人的充分救济。

第三，在列举权益的同时，也提供了请求权的基础。这就是说，在第 2 条所

---

① 参见［德］马克西米利安·福克斯：《侵权行为法》，5 版，齐晓琨译，4 页，北京，法律出版社，2006。

② 有人认为，这种列举过于烦琐，缺乏美感。笔者认为，这种全面列举有利于使公民全面了解自己的权利，并且明确其何种权利受到侵害以后，可以通过侵权责任法来保护自己的权利。

③ 参见［德］马克西米利安·福克斯：《侵权行为法》，5 版，齐晓琨译，4 页，北京，法律出版社，2006。

列举的权利遭受侵害之后，受害人都可以基于侵权主张救济。需要指出的是，在第 2 条中，侵权责任法列举了继承权、股权等权利。这些权利是否受到侵权责任法的保护，一直是立法过程中的争议焦点之一。反对说认为，继承法、公司法等已经给受害人提供了保护[①]，侵权责任法不必另行规定，否则可能会增加请求权的竞合。笔者认为，此种列举是必要的。因为一方面，《侵权责任法》对上述权利进行列举，等于是从民事基本法的角度对此种权利遭受侵害后的请求权基础予以确认，这可以为权利人主张权利提供法律基础。另一方面，《侵权责任法》对上述权利进行列举，非但不会导致法律规则之间的无谓竞合，反而会增进非法典化状态下各部分民事法律之间的联系，从而完善民事责任的法律体系。此外，在侵权责任法中列举权益保护范围，实际上赋予了受害人更多的选择权。例如，在继承法上，继承权的侵害可以借助继承回复请求权制度来保护，但在侵权责任法作出此种列举以后，受害人也可以通过侵权责任法来获得保护。

第四，保持了侵权责任法的开放性。侵权法的总体发展趋势是从"权利保护"向"利益保护"的扩张。利益的范围随着社会的发展而日益宽泛[②]，因此，侵权责任法在权益保护范围上必须保持一定的开放性。一方面，《侵权责任法》第 2 条规定的"民事权益"，其本身是一个不确定概念，对社会生活现象进行了高度的概括和抽象，从而使其具有较大的包容性。[③] 随着社会的发展，新的民事权益将不断涌现，这些民事权益都应当纳入侵权责任法保护的范围。另一方面，《侵权责任法》第 2 条第 2 款采用了"等人身、财产权益"的概念，这表明其对保障权益范围保持了足够的开放性。现代社会是风险社会，各种新的事故不断出现，这些都需要侵权责任法提供救济。在此背景下，《侵权责任法》也要适应社会的发展，为新型案件中的受害人提供救济。从解释学的角度来说，第 2 条第 2 款使用的"等人身、财产权益"的表述，实际是兜底条款。其所作的列举只是就

---

① 参见刘素萍：《继承法》，139 页，北京，中国人民大学出版社，1988。我国《继承法》虽然没有明确规定继承回复请求权，但在第 8 条规定了继承权受侵害后请求保护的时效，这也可适用于继承回复请求权。

② 参见曹险峰：《在权利与法益之间——对侵权行为客体的解读》，载《当代法学》，2005（5）。

③ 参见翁岳生：《行政法》上册，225 页，北京，中国法制出版社，2002。

典型的民事权利的列举，还有大量非典型的、随着社会发展而不断出现的权利和利益，都可以纳入侵权责任法之中加以保护。由于侵权责任法扩张了对利益的保护，因而在原有的权利保护功能之外，侵权责任法还可以产生权利生成功能，即通过对某些利益的保护，使之将来上升为一种权利。

在此需要讨论的是，《侵权责任法》第 2 条是否是侵权责任的一般条款？一些学者认为，《侵权责任法》第 2 条更为抽象、概括，可以将所有侵权行为囊括在一起，即便社会发展出新的侵权行为，也都可以概括其中，因此，应当将其作为侵权责任的一般条款。笔者认为，该条并不属于侵权责任的一般条款：首先，从文义解释来看，该条并没有确定责任构成要件和后果，不符合一般条款的固有属性。其次，从目的解释来看，一般条款主要的功能在于确定归责的基础，而《侵权责任法》第 2 条主要是宣示侵权法保护的客体范围，并非在于归责。最后，从功能上看，一般条款赋予法官处理新型侵权类型的功能，《侵权责任法》第 2 条虽然规定了"依照本法承担侵权责任"，但该规定过于笼统，法官很难根据《侵权责任法》第 2 条的规定解决大多数侵权案件，因此，该条不能作为侵权责任的一般条款。

《侵权责任法》第 2 条具体列举了各种权利，有些人认为，该条列举得过于详细，会妨害法官创设权利，从而不利于侵权法创设权利功能的发挥。笔者认为，第 2 条中规定的民事权利是现行法已经规定的权利，不需要创设。因此，不能认为这种列举会影响法官创设权利。

四、侵权责任法保障的具体民事权利

（一）人格权

1. 生命权、身体权、健康权

生命权是指自然人享有的以生命安全利益为客体的人格权，健康权是指公民以其身体的生理机能的完整性和保持持续、稳定、良好的心理状态为内容的权利。[1]

---

[1] 参见王利明主编：《人格权法新论》，288 页，长春，吉林人民出版社，1994。

如前所述，侵权责任法将生命权、健康权列在各项权利之首，这实际上是在法律上确立了生命健康权优位保护的原则，体现了对生命和健康价值的最充分的尊重。生命是主体资格的载体，这就决定了生命权在整个人格权甚至整个民事权利中的最高地位。一方面，生命权在民法中具有独特的地位，它甚至超越了一般民事权利的范畴。就人格权而言，生命权不仅是一项首要的人格权，而且是各项人格权的基础，无论是物质性人格权，还是精神性人格权，都以生命权的存在为前提。因此，当生命权与其他权利发生冲突时，法律应当优先保护生命权。① 另一方面，整个民法乃至于整个法律都要以保护生命权为首要任务。整个侵权责任法都贯彻了以人为本的人文主义精神，充分强化对生命健康权的保护。这具体表现在：一是在一些特殊侵权责任中，如违反安全保障义务的责任、教育机构对未成年人的责任等，很大程度上是为了强化对社会一般人和未成年人的人身的保护。《侵权责任法》之所以规定高楼抛掷物致害责任，对于可能加害的建筑物使用人课以责任，也是为了强化对受害人生命健康权的保护。二是在严格责任中，法律课以危险物的管理人、动物的饲养人或管理人等承担严格责任，也是为了督促其采取措施，防止危险的发生，以维护他人的生命健康权。三是生命健康权受到侵害时，《侵权责任法》在第16、17、18条就死亡赔偿金和残疾赔偿金等作出了规定。除此之外，在侵害生命健康权时，法律还规定可以适用精神损害赔偿，这些都体现了对生命健康权的保护。

2. 姓名权等精神性人格权

《侵权责任法》第2条具体列举了各项生命健康权之外的其他人格权。一是姓名权。所谓姓名权，是自然人对其姓名所享有的权利。姓名是指自然人的姓氏和名字，是自然人在社会中区别于他人的标志和代号。姓名权是自然人决定其姓名、使用其姓名、变更其姓名，并要求他人尊重自己姓名的一种权利。二是名誉权。名誉是良好的社会评价，它是名誉权的客体。所谓名誉权是指公民和法人对其名誉所享有的不受他人侵害的权利。《民法通则》第101条规定："公民、法人

---

① 参见孙大雄：《论生命权的宪法保障》，载《云南大学学报（法学版）》，2003（1）。

享有名誉权，公民的人格尊严受法律保护，禁止用侮辱、诽谤等方式损害公民、法人的名誉。"第 120 条对侵害名誉权的责任作出了细化规定。三是肖像权。肖像是指通过绘画、照相、雕塑等各种艺术形式而使公民的面部特征在物质载体上再现的视觉形象。肖像权是以肖像所体现的人格利益及财产利益为内容的民事权利，它直接关系到自然人的人格尊严以及其形象的社会评价，是自然人所享有的一项重要的具体人格权。四是隐私权。隐私是指自然人免于外界公开和干扰的私人秘密和私生活安宁的状态。隐私权是公民享有的私生活安宁与私人信息依法受到保护，不被他人非法侵扰、知悉、搜集、利用和公开等的一种人格权。[1] 简单地说，隐私权就是指个人对其私生活安宁、私生活秘密等享有的权利。需要指出的是，我国《民法通则》并没有明确规定隐私权，而有关法律之中大多只是规定了"隐私"，而没有规定"隐私权"[2]。最高人民法院《精神损害赔偿司法解释》虽然确认了"隐私"的概念，但其属于司法解释。《侵权责任法》第 2 条第 2 款规定隐私权，由于是在民事法律中第一次使用该概念，因而也是对我国人格权制度的重大完善。五是婚姻自主权。所谓婚姻自主权，是指自然人就其婚姻享有的自主决定权。他人非法干涉自然人的婚姻自主，造成损害的，都构成对婚姻自主权的侵害。《民法通则》首次在人格权中规定了婚姻自主权，这就为《侵权责任法》对其进行保护提供了基础。需要指出，《侵权责任法》第 2 条中对物权采取了概括性权利的列举（如用益物权和担保物权），而对于人格权采取具体的列举，这也反映了立法者对人格权的高度重视。在所列举的 18 项权利中，有 7 项属于人格权，这也反映了人格权的优越地位。

侵害精神性人格权具有如下特征：一是可能产生精神损害赔偿责任。《侵权责任法》第 22 条将精神损害赔偿限定在侵害人身权益方面，这就表明，只有在侵害人身权益时才能产生精神损害赔偿，而侵害财产权益原则上不能适用精神损害赔偿。侵害人身权主要给受害人造成非财产损害，即人格利益、精神利益的损

---

[1] 参见张新宝：《隐私权的法律保护》，21 页，北京，群众出版社，2004。
[2] 《妇女权益保障法》第 42 条第 1 款第一次使用"隐私权"的概念，该条规定："妇女的名誉权、荣誉权、隐私权、肖像权等人格权受法律保护。"

害，这些利益对于民事主体参与社会活动，满足自己的生活需要，有着极其重要的社会价值，但它又是无法以金钱来计算的。二是侵权责任承担方式的特殊性。因侵害精神性人格权也可能产生赔礼道歉、消除影响、恢复名誉等特殊的责任形式。三是可能产生财产损害赔偿责任。由于一些精神性人格权具有商业利用价值，因而侵害精神性人格权可能产生财产损害赔偿责任。《侵权责任法》第 20 条对侵害人身权益的财产损害赔偿责任作出了规定，其主要针对的是姓名权、肖像权等精神性人格权。同时，侵害精神性人格权的财产损害计算方式较为特殊，《侵权责任法》第 20 条规定了按照实际损失赔偿、获利赔偿、当事人协商以及法院酌定等多种财产损害数额计算方式。

虽然侵权责任法具体列举了多项人格权，但其并没有规定一般人格权，也没有规定部分典型的人格权，如身体权等。这主要是因为侵权责任法是保护权利的法，而不是具体确认权利的法，因此其不可能对人格权作完全列举。并且侵权责任法中多次提到人身权益，这表明其已经考虑到这一问题，各项具体的人格权类型，可以在将来制定的人格权法中予以规定。

（二）荣誉权、监护权等身份权

《侵权责任法》对身份权的规定采取了有限列举的方式，一般认为，人身权中的人格权和身份权都应当受到侵权责任法的保护，但笔者认为，侵权责任法所保护的人身权主要是人格权，因为绝大多数身份权已经受到其他法律制度的保护，如知识产权法，有的身份权主要发生在婚姻家庭领域，侵权责任法一般不宜介入其中，如在夫妻关系、父母子女关系中一方对另一方发生了虐待等行为，严重者构成犯罪，轻微者虽然也可能满足侵权的构成要件，但是要通过侵权损害赔偿的方式来获得解决是非常困难的，因为在这种情况下的损害赔偿主要是通过家庭财产来满足，在家庭内部实现这种赔偿方式，无异于用自己的财产赔偿自己。此外，身份权大多是相对权，是特定人针对特定人主张的权利，因此，身份权往往难以被第三人侵害。因此，《侵权责任法》对身份权的保护，没有像人格权那样做过多的列举，而主要规定了两种主要的身份权，即荣誉权和监护权。

所谓荣誉权，是指自然人对其荣誉利益所享有的身份权。荣誉权是公民和法

人对自己的荣誉依法享有的不受他人侵害的权利。例如,受害人所在单位随意撤销其荣誉称号等,将造成对荣誉权的侵害。《民法通则》第 102 条规定了荣誉权。但关于荣誉权究竟是人格权还是身份权,存在不同的看法,由此涉及对荣誉权性质的讨论。笔者认为,荣誉是社会、国家通过特定的机关或组织给予公民或法人的一种特殊的美名或称号。荣誉不是社会给予每个公民或法人的评价,而是授予在各项社会活动中成绩卓越、有特殊贡献的公民或法人的,因而荣誉权并非是每个公民或法人都享有的。尤其是荣誉权的取得有赖于主体实施一定的行为,作出一定的成绩,可见它不是公民出生和法人成立后就应依法享有的。因此,荣誉权不是人格权而是身份权。① 但无论荣誉权是人格权还是身份权,在受到侵害后,受害人都有权请求行为人承担侵权责任。

所谓监护权,是指监护人对被监护人所享有的监督和保护的权利。关于监护权是否应受侵权责任法的保护,存在两种观点。一是肯定说。此种观点认为,监护权作为一种重要的身份权,可以作为侵权行为的客体。二是否定说。此种观点认为,监护权在性质上不是一种权利,而是一种资格,因此,不宜将其作为侵权法的保护对象。笔者认为,有必要将监护权纳入侵权法的保护范畴,因为从实践来看,确实存在侵害监护权的行为,如偷盗婴儿等。因此,也有必要将监护权作为侵权责任法保护的对象。例如,拐卖儿童等行为不仅构成犯罪,而且构成对他人监护权的侵害。还有一些行为可能并没有构成犯罪,但有可能构成对监护权的侵害。例如,在某个案例中,父母离婚以后,法院判决孩子由母亲获得抚养权,父亲偷偷将孩子抱走,使母亲无法行使监护权,也构成对监护权的侵害。再如,因医院的疏忽,导致抱错婴儿,也属于对监护权的侵害。

需要指出的是,《侵权责任法》主要列举了荣誉权和监护权两种身份权,但身份权并不限于这两种,还包括配偶权等,在解释上可以将其纳入《侵权责任法》第 2 条第 2 款所规定的"等人身、财产权益"的范畴。同时,在侵害身份权的情况下,一般不会造成财产损失,而是造成精神损害,因此,在身份权受到侵

---

① 参见杨立新:《人身权法论》,880~881 页,北京,人民法院出版社,2006。

害的情形下，权利人有权依据《侵权责任法》第 22 条请求行为人承担精神损害赔偿责任。

（三）物权

物权是指权利人依法对特定的物享有直接支配和排他的权利。我国《物权法》第 2 条明确规定物权包括所有权、用益物权和担保物权。因此，我国《侵权责任法》第 2 条第 2 款列举了三种物权：一是所有权。所谓所有权，是指所有权人对自己的不动产或者动产，依法享有占有、使用、收益和处分的权利（《物权法》第 39 条）。二是用益物权。所谓用益物权，是指用益物权人对他人所有的不动产或者动产，依法享有占有、使用和收益的权利（《物权法》第 117 条）。三是担保物权。所谓担保物权，是指担保物权人在债务人不履行到期债务或者发生当事人约定的实现担保物权的情形，依法享有就担保财产优先受偿的权利（《物权法》第 170 条）。需要指出的是，用益物权和担保物权属于概括性概念，其并没有明确指明具体的民事权利，因此，其具体包括建设用地使用权、宅基地使用权、地役权等用益物权类型，也包括抵押权、质权和留置权等担保物权类型。例如，未经抵押权人同意，债务人擅自将抵押动产转让的，其不仅构成违约，也构成对抵押权的侵害。

侵害物权具有如下特征：第一，在侵害物权的情况下，其通常都造成财产损失的后果，而不适用精神损害赔偿。《侵权责任法》第 15 条中的赔偿损失，主要针对侵害物权和知识产权。但在财产损失的赔偿中，其计算标准比较复杂，因此，《侵权责任法》第 19 条对其专门作出了规定。第二，按照完全赔偿原则确定行为人的侵权责任。第三，在侵害物权的情况下，有可能没有造成财产损失的后果，但造成了妨碍或危险，此时，受害人有权请求排除妨碍、消除危险，《侵权责任法》第 21 条对此种责任形式的适用条件作出了规定。第四，在侵害物权的情形下，可能涉及侵权请求权与物权请求权的适用问题，此时，应当允许受害人选择对其最为有利的方式提出请求和提起诉讼。

（四）著作权、专利权、商标专用权、发现权等知识产权

知识产权，是指民事主体对其智力成果和工商业标志等享有的权利，它主要

包括著作权、专利权、商标权、发现权等。知识产权是民事主体依法对其在科学、技术和文化等知识领域内创造的智力成果享有的权利。民事权利按其内容主要可以分为两大类：财产权和人身权。知识产权同时具有这两类权利的属性，属于综合性权利。

我国《侵权责任法》第 2 条第 2 款明确列举了几种典型的知识产权，即著作权、专利权、商标权、发现权。一是著作权。著作权是以文学、艺术和科学作品即著作为客体的权利。受著作权保护的是作者独立创作的，以一定的客观形式表现出来的作品。[①] 二是专利权。专利权是专利权人在法定期间对其发明成果依法享有的权利。专利权属于知识产权的范畴，因而也具有财产性和人身性两方面的属性。[②] 三是商标专用权，是指商标所有人对其注册商标依法享有的占有、使用和处分，并排除他人干涉的权利。它既包括商标所有人对其注册商标享有的支配和使用权，也包括商标所有人禁止他人使用其注册商标的权利。《侵权责任法》采用"商标专用权"的概念，其与《商标法》中"商标权"概念的内涵是相同的。四是发现权。发现权是指发现人因重大科学发现，经评审而获得荣誉和物质奖励的权利。根据我国《自然科学奖励条例》，发现权主体可以是公民个人，也可以是集体、华侨、外国人等。发现权的客体是科学技术的发展中有重大意义的科学研究成果。[③] 需要指出的是，随着社会的发展，新的知识产权类型也不断出现，这也可以通过"等人身、财产权益"来概括。在侵害知识产权的情况下，主要产生财产损害，但知识产权也具有人身权益的特点，因此，在受害人遭受严重精神痛苦的情形下，也可以依据《侵权责任法》第 22 条请求行为人承担精神损害赔偿责任。

侵害知识产权具有如下特点：第一，侵害方式比较特殊。与侵害物权等不同，侵害知识产权的侵权行为通常体现为未经许可而通过复制、发行等方式侵害

---

① 参见全国人大常委会法制工作委员会民法室编：《中华人民共和国侵权责任法条文说明、立法理由及相关规定》，6 页，北京，北京大学出版社，2010。

② 参见郑成思：《知识产权法》，211 页以下，北京，法律出版社，2002。

③ 参见全国人大常委会法制工作委员会民法室编：《中华人民共和国侵权责任法条文说明、立法理由及相关规定》，71 页，北京，北京大学出版社，2010。

他人知识产权，该行为通常不会造成受害人有形的财产损害。[①] 在侵权责任法上，由于知识产权的客体本身具有非物质性等特点，因而，侵害知识产权的行为也具有其特殊性。例如，侵占知识产权并不表现为使权利人丧失对智力成果的占有，主要表现为行为人没有法律根据地占有和使用他人的智力成果。其侵害形式不是实际的侵占或毁损他人有形财产，而多为剽窃、假冒、篡改、擅自使用等侵害无形财产的行为。同时，因智力成果又可能具有相应物质载体，如油画等为不能完全复制的作品，所以有时会发生对智力成果的物质载体的侵害。正是因为侵害知识产权在行为形态、构成要件、责任后果等方面都具有特殊性，我国知识产权法对其作出了特殊规定。第二，侵害知识产权一般不适用精神损害赔偿。依据《侵权责任法》第 22 条的规定，只有人身权益遭受侵害时，才有可能产生精神损害赔偿责任，知识产权主要是财产权，因此，侵害知识产权主要产生财产损害赔偿责任，一般不适用精神损害赔偿责任。第三，侵害知识产权的财产损害赔偿数额通常难以确定。知识产权在性质上属于无形财产，与人格权类似，在遭受侵害后，受害人往往难以证明其财产损失的具体数额。因此，《专利法》第 65 条专门对侵害专利权的财产损害数额的计算规则作出了规定。[②] 第四，侵害知识产权可能适用法定损害赔偿责任。由于侵害知识产权所导致的财产损失数额难以计算，为发挥侵权责任的损害预防功能，同时为了减轻受害人的举证负担，《专利法》等法律专门规定了侵害知识产权的法定赔偿责任。[③]

在此需要讨论的是，在《侵权责任法》颁行之后，其与知识产权法之间是什么关系？笔者认为，两者的关系要依据《侵权责任法》第 5 条来处理：在侵害知

[①]　参见王岩云：《知识产权侵权损害赔偿原则探析》，载《河北师范大学学报（哲学社会科学版）》，2009（6）。

[②]　《专利法》第 65 条第 1 款规定："侵犯专利权的赔偿数额按照权利人因被侵权所受到的实际损失确定；实际损失难以确定的，可以按照侵权人因侵权所获得的利益确定。权利人的损失或者侵权人获得的利益难以确定的，参照该专利许可使用费的倍数合理确定。赔偿数额还应当包括权利人为制止侵权行为所支付的合理开支。"

[③]　例如，《专利法》第 65 条第 2 款规定："权利人的损失、侵权人获得的利益和专利许可使用费均难以确定的，人民法院可以根据专利权的类型、侵权行为的性质和情节等因素，确定给予一万元以上一百万元以下的赔偿。"

识产权的情况下，如果知识产权法有明文规定的，原则上优先适用知识产权法中关于知识产权侵害的特别规定；在知识产权法没有特别规定的情况下，则应当适用侵权责任法的规定。例如，行为人侵害他人知识产权造成财产损害的，如果知识产权法没有对此作出明确规定，则可以适用侵权责任法的相关规定（如第 19 条）。[1]

（五）股权、继承权

1. 股权。从广义上讲，股权是指股东可以向公司主张的各种权利；从狭义上讲，股权是指股东因出资而取得的，依法律或者公司章程的规定和程序参与公司事务并在公司享受财产利益并可以依法转让的权利。股权可以分为自益权和共益权。所谓自益权，是指股东从公司获取财产利益而享有的一系列权利，主要包括股票的请求权、股份转让过户的请求权、新股认购优先权、分配股息红利的请求权、分配公司剩余财产的请求权等。[2] 所谓共益权，是指股东参与公司决策、经营、管理、监督等而享有的一系列权利，主要包括：出席股东会的表决权、任免董事等公司管理人员的请求权、查阅公司章程和账簿的请求权、要求法院宣告股东会决议无效的请求权、新股停止发行请求权等。[3] 股权实际上是成员权或社员权的一种类型，股东享有的股权也有受侵权责任法保护的必要。例如，公司作出决议，对特定股东不予分红；或者公司高级管理人员剥夺他人参加会议或投票的权利。对此，我国《公司法》已经作出了相关的规定。侵权责任法将股权纳入其保护的范畴，为公司法等法律的规定提供了基础，这一规定也为受害人提供了更多的选择，即受害人可选择依据侵权责任法提出请求。

2. 继承权。继承权是指继承人依法取得被继承人遗产的权利。继承权可以在两种意义上理解，即继承期待权和继承既得权。前者是指继承开始前，继承人享有的依照法律的规定或者遗嘱而继承被继承人遗产的资格；后者是指继承开始后，继承人实际享有的可以依照法律的规定或者遗嘱而继承被继承人遗产的资

---

① 参见全国人大常委会法制工作委员会民法室编：《中华人民共和国侵权责任法条文说明、立法理由及相关规定》，71 页，北京，北京大学出版社，2010。

② 参见范健、王建文：《公司法》，287 页，北京，法律出版社，2008。

③ 参见范健、王建文：《公司法》，288 页，北京，法律出版社，2008。

格。继承权并不是财产权，也不是人身权，而是一种综合性的权利。关于继承权能否作为侵权责任法的保护对象，存在争议。① 有学者认为：在继承开始前，继承权是期待权，但在继承开始后，继承权才转化为既得权。尤其是考虑到《继承法》已经专门规定了相应的救济继承权的制度（即继承回复请求权制度），因此，不必再借助侵权责任法对其予以特别保护。但我国侵权责任法并没有采纳这一观点。继承权既然是私法上的权利，通过侵权责任法来予以保护，似无不可。《侵权责任法》之所以将继承权纳入保护范畴，主要原因在于：第一，《宪法》中是将私人财产权和继承权放在一起规定的，侵权责任法作为保护权利的法，依据宪法既然要保护私人财产权，那就要保护继承权。第二，继承权与财产权具有密切的关系，侵害继承权，也最终会侵害财产权。例如，非法剥夺继承人资格，也最终会侵害其财产权。第三，继承权是重要的民事权益，应当受到侵权责任法的保护。② 虽然在侵害继承权的情况下，一般适用继承法的规定，但在难以适用继承法时，也可以适用侵权责任法的一般规定。第四，侵权责任法上有特别法优先的规则。既然侵权责任法对此已有规定，那么就不会有法律适用的困惑。

不过，这里所说的继承权，应当是指继承既得权，而不包括继承期待权。继承权在被继承人死亡之前，是一种资格，对于继承人来说，财产权只是一种期待，不具有现实的可侵害性；在继承人死亡以后，继承权转化为财产权，此时所谓侵害继承权，应该认定为侵害了继承人共有的财产权，而不再是侵害了继承权。从表面上看，由于遗产也为一种特殊的财产，因而侵害继承权似乎与侵害财产的侵权行为在性质上是一样的，但两者实际上有所区别。在发生继承权纠纷后，首先，原告应要求人民法院确认其作为合法继承人的资格，人民法院也应查明原告是否享有合法继承权。其次，原告有权请求不法占有人返还遗产，人民法院只有在确认原告享有合法继承权以后才能责令不法占有人返还遗产。显然，确认继承权的资格问题不是侵权之诉所应包括的内容，继承权的回复请求权也不同

---

① 参见牟延林、吴安新：《继承权应属于侵权法的保护对象》，载《天津商学院学报》，2001（3）。
② 参见全国人大常委会法制工作委员会民法室编：《中华人民共和国侵权责任法条文说明、立法理由及相关规定》，125 页，北京，北京大学出版社，2010。

于侵权请求权。[①]

（六）其他权利

我国《侵权责任法》第2条第2款采用了"等人身、财产权益"兜底。据此，一方面，凡是法律上已经规定或者约定俗成应当成为一种绝对权的，都能够成为侵权责任法的保障对象。例如，该条中没有规定身体权，立法者似乎认为健康权就包括了身体权，身体权也应当是受侵权责任法保护的对象。因此，即便《侵权责任法》第2条没有明确列举，也未必就不受侵权责任法的保护。[②]另一方面，该条采用兜底规定的方法，有利于保持侵权责任法保护权利范围的开放性。比较法上也大多采用此种方式划定侵权法保护的权益范围，以保持侵权法保护权益范围的开放性。例如，《德国民法典》第823条在制定之初并不是开放的条款，因为立法者担心法官获得过大的自由裁量权，但后来司法判例逐渐发展了该条中的"其他权利"，日益赋予"其他权利"更为丰富的内容[③]，使该条具有事实上的兜底性条款的特征。

五、侵权责任法保障的合法利益

如前所述，我国《侵权责任法》所保护的权益范围具体包括权利和利益两个方面，当然，侵权责任法主要保护绝对权。《侵权责任法》第2条"保护民事利益"的规定，是对我国民事司法实践经验的总结。根据《民法通则》第106条的规定，侵权行为所侵害的对象是"财产"或"人身"，在这里，"财产"和"人身"并非仅限于财产权和人身权，还包括未上升为权利的财产利益和人身利益。《民法通则》（草案修订稿）第104条第2款曾规定："公民、法人由于过错侵害社会公共财产，侵害他人财产、人身权利的，应当承担民事责任。"但正式颁布

[①]　参见刘素萍：《继承法》，139页，北京，中国人民大学出版社，1988。

[②]　需要指出的是，身体权的性质和地位不应当是一般法益，而应当作为独立的民事权利受到保护，因为一般法益的保护可能在实际中存在恶意等条件的限制，而身体权是与生命权、健康权并列的一种人格权。

[③]　Brox/Walker, Besonderes Schuldrecht, C. H. Beck, 2008, 33. Auflage, S. 490.

的《民法通则》删去了"权利"二字。我国司法实践对侵害合法利益的侵权行为也予以制裁。例如，在《最高人民法院公报》1990年第3期公布的"莒县酒厂诉文登酿酒厂不正当竞争纠纷案"中，法院认为，被告文登酿酒厂违背诚信原则，以仿制瓶贴装潢及压价手段竞争，属不正当竞争行为，因此应停止侵害，赔偿损失。本案中，瓶贴装潢虽未形成权利，但原告的瓶贴装潢代表了原告的白酒信誉，并能给原告带来一定的经济利益，因此应受到侵权责任法的保护。我国《侵权责任法》明确规定保护利益，符合侵权法发展的重要趋势。①

笔者认为，侵权法保护的利益应当是私法上的、具有绝对性的合法利益。具体而言，其特点表现为：

第一，必须是私法上的利益。一般认为，侵权责任法所保护的利益仅限于私益，而不包括公法上的利益。② 易言之，侵权行为所侵害的权利或利益必须是特定的民事主体的利益，而非社会公共利益或受公法保护的利益。

第二，具有绝对性。所谓绝对性，是指任何第三人都必须对此种利益予以尊重，负有不得侵害的义务。绝对性主要是指这些利益具有社会公开性，而且具有对抗第三人的效力。所谓公开性，是指这种利益不限于特定当事人之间，而能够为第三人所知道和了解。因为只有通过公示的方法向社会公开，使第三人知道，这些利益才能具有对抗第三人的效力，使得利益主体之外的一切人负有不得侵害该利益的义务，从而起到行为规则的作用。所谓对抗第三人，就是说这种利益可以排除任何第三人的侵害，在其遭受侵害的时候，享有此种利益的民事主体可以针对任何第三人提出主张和提起诉讼。

第三，具有合法性。笔者认为，只能将此种"利益"限定为"合法利益"，也就是学理上所称的"法益"。如果各种利益都要受到保护，将使侵权责任法与

---

① 例如，《日本民法典》最初在第709条中，仅使用了"侵害权利"的表述。2004年修改民法典时，增加规定了"受法律保护的利益"。但是，在实践中，对权利和利益之间的界限，也存在不少争议。通常，哪些利益受到保护，是通过判例来解释的。

② 参见王泽鉴：《民法学说与判例研究》(2)，218页以下，台北，自版，1996；王泽鉴：《侵权责任法：基本理论·一般侵权行为》，97页，台北，自版，1998；孙森焱：《民法债编总论》上，210页，台北，自版，1979。

其他法律保护的利益难以区分，这将成为侵权责任法难以承受之重。因为许多利益是难以通过侵权责任法的规则来保护的，例如，因正当的竞争而导致的利益损害，显然不受侵权法的保护。

侵权责任法保护的是合法利益的损失，而不应当包括非法利益的损失。此处所说的非法利益是与非法行为密切相关的利益。例如，在某案件中，甲、乙两人都是高三学生，甲帮助乙作弊，导致甲自己的高考资格被取消，甲被迫复读一年，导致了相关的损失，如报名费、住宿费等。在该案中，甲所遭受的损失是与非法行为密切相关的利益，是不具有可救济性的损失。再如，我国法律禁止"黑出租"，如果"黑出租车"司机因交通肇事而受伤，则其因无法开"黑车"而遭受的利润损失，是不能获得救济的。因此，并不是所有的利益都受侵权责任法的保护，侵权责任法仅保护合法利益。因为法律体系之间必须保持统一性，如果侵权责任法对于非法利益给予补救，则会导致侵权责任法与其他法律的冲突。①

第四，必须具有侵权责任法上的可补救性，也就是说，对这些利益的侵害能够通过侵权责任给予救济。由于侵权责任法保障的权益范围正在不断扩大，在许多法律没有规定的利益遭受侵害以后，受害人也希望寻求侵权责任法的救济，从而使侵权责任法保障的权益范围变得难以界定。笔者认为，在确定侵权责任法保障的范围时，必须要明确侵权责任法所保护的利益是能够通过侵权责任形式提供救济的。

具体来说，侵权责任法保护的利益主要包括如下几种：

1. 人格利益

人格利益又可以分为如下几个方面：第一，一般人格利益，即由法律采取高度概括方式而赋予民事主体享有的具有集合性特点的人格利益。② 人格权是一个开放的、发展的体系，《民法通则》确认了各项具体的人格权，但这些具体人格权并不能概括各种新的人格利益，为了强化对公民人身利益的保护，侵权责任法

---

① See European Group on Tort Law, *Principles of European Tort Law*: *Text and Commentary*, Springer, 2005, p. 24.

② 参见王利明、杨立新、姚辉：《人格权法》，23 页以下，北京，法律出版社，1997。

需要扩大对一般人格利益的保护。在法律没有确认这些一般人格利益为人格权的情况下，它们都是属于法律保护的权利之外的利益。关于公民一般人格利益的内涵，笔者认为包括如下三项：一是人格平等。有学者主张将平等权作为具体人格权。笔者认为，平等更应当是整个人格权法乃至整个民法所贯彻的一种价值。人格权法保护的平等是指人格不受歧视的平等，它是一种精神利益和权利的平等，而不是财产上、物质上的平等。二是人格尊严。人格尊严是指公民基于自己所处的社会环境、地位、声望、工作环境、家庭关系等各种客观条件，而对自己和他人的人格价值与社会价值的认识和尊重。[①] 人格尊严很大程度上是名誉权等具体人格权不能保护的法益。三是人格自由。人格自由也是一般人格权的重要内容，人格自由的内涵十分宽泛，其既包括财产自由，也包括人身自由、经济自由、竞争自由等。

第二，死者人格利益。人格权作为一种民事权利只能由活着的人享有，死者的名誉、姓名、肖像等不再体现为一种权利，但民事权利以利益为内容，这种利益是社会利益和个人利益的结合，一个人死亡后，他不可能再享有实际权利中包含的个人利益，但由于权利中包含了社会利益的因素，因而，在公民死亡后，法律仍需要对这种利益进行保护。同时，侵害死者的人格利益还将导致死者的近亲属遭受财产与精神上的损害，因此，对死者人格利益的保护并非对死者的保护，而只是对某些社会利益或个人利益的保护。《精神损害赔偿司法解释》第3条正是基于这一考虑而明确规定，对死者的姓名、肖像、名誉、荣誉、隐私和其他相关的人格利益作出延伸性保护，允许死者的近亲属请求精神损害赔偿。

2. 财产利益

（1）占有

在现实生活中，许多占有的状态尽管还没有形成权利，但法律从维护社会秩序和人对物的关系出发，需要对这些占有状态进行保护。如拾得遗失物和漂流物，发现埋藏物后，依据法律规定，占有人应及时返还失主或上交国家，而不能

---

① 参见王利明、杨立新、姚辉：《人格权法》，35页，北京，法律出版社，1997。

据为己有，但这并不意味着占有不受法律的保护。《物权法》第 245 条第 1 款规定，"占有的不动产或者动产被侵占的，占有人有权请求返还原物；对妨害占有的行为，占有人有权请求排除妨害或者消除危险；因侵占或者妨害造成损害的，占有人有权请求损害赔偿。"由此可见，在我国法上，无论是有权占有还是无权占有都能获得法律的保护，占有人既享有占有保护请求权，也享有损害赔偿请求权。

关于无权占有被侵害后，占有人能否要求侵害人承担损害赔偿责任的问题，在学说上有很大的争议。例如，在德国，就有不同的观点。耶林认为，在占有制度之下，强盗与小偷也受到同等的保护，享有占有保护请求权，这有助于维护社会秩序。但是，不能据此就认为，强盗与小偷的占有被侵害时都可以获得损害赔偿请求权。[1] 而利益法学派的代表人物赫克认为，应当承认无权占有人的损害赔偿请求权。[2]

笔者认为，在我国，无权占有人也能享有损害赔偿请求权。因为《物权法》第 245 条第 1 款第 3 句并未区分有权占有还是无权占有，而就损害赔偿请求权作出不同的规定。在他人非法剥夺无权占有人的占有，使占有人受到侵害的，也应当受到侵权法的保护。例如，A 饭店租赁 B 公司的房屋到期后拒不返还，B 公司雇人采取侵占饭店包间不走等方式，导致 A 饭店连续三天无法正常营业。此时，虽然 A 饭店属于无权占有，其由此遭受的营业收入的损失依然有权要求 B 公司赔偿。显然，在这种情形下，保护无权占有人，不仅有利于维护占有人的合法权益，也有助避免私人以暴力方式解决纠纷，出现丛林法则的现象。假如对上述占有不予保护，任何人都可以凭借暴力从占有人手中侵夺其占有物，则社会经济秩序和财产秩序将遭到严重破坏，法律秩序也将荡然无存。为保护占有、维护秩序，需要扩大占有的概念，即使未形成权利的占有也能获得法律的保护。[3]

---

[1] 王泽鉴：《民法物权》，2 版，563 页，北京，北京大学出版社，2010。

[2] Heck, Sachenrecht, 1960, S. 12. 转引自王泽鉴：《民法物权》，2 版，562 页，北京，北京大学出版社，2010。

[3] 参见［德］冯·巴尔主编：《欧洲私法的原则、定义与示范规则》，王文胜等译，372 页，北京，法律出版社，2014。

（2）纯粹经济损失

所谓"纯粹经济损失"，在英文中称为"pure economic loss"或"pure pecu-niary loss"，在德文中称为纯粹经济损害（blosse Vermoegensschaden 或者 reine Vermoegensschaden），是指行为人的行为虽未直接侵害受害人的权利，但给受害人造成了人身伤害和有形财产损害之外的经济上损失。Robbey Bernstein 认为，"纯经济损失，就是指除了因对人身的损害和对财产的有形损害而造成的损失以外的其他经济上的损失"。该定义被认为是比较经典的定义。[①] 例如，某注册会计师事务所就公司的资产出具了虚假的验资报告，股民因相信该报告购买该公司的股票后，股票价值大幅下跌，此时该注册会计师事务所就造成了股民的纯经济损失。再如，某人因驾驶不当，与前车相撞，致使道路堵塞，后面的车主因为不能及时驾车出席演唱会，造成财产损失。由于纯经济损失常常表现为一种费用的损失，因而，纯经济损失也被认为是因对原告的人身和有形财产造成实质损害而产生的费用损失。[②]

在侵权法上，纯经济损失之所以是一个日益受到关注的新问题，主要是因为它具有如下特点：

第一，它不表现为对民法上绝对权利的侵害，而是绝对权利之外的财产法益损失。一方面，在行为人致他人纯经济损失时，他可能并没有实施直接针对受害人的行为，但却实际上造成了受害人的损害。在一般的侵权行为中，行为人致受害人损害时，行为人具有特定的指向，但在纯经济损失的情况下，大多没有特定的指向。例如，某人开车撞坏电线杆，导致大面积停电而引发的各种损失，行为人也没有针对受害人实施任何侵害行为。另一方面，纯经济损失不表现为对特定权利的直接侵害，而是财产法益损害，大多表现为费用损失。纯粹经济利益只是一种法益，一种可以以金钱计算的利益，但其本身并不是权利。例如，某人开车肇事，撞坏电线杆，导致大面积停电，致使工厂不能开工产生营业损失，以及购

---

① See Robby Bernstein, *Economic Loss*, FT Law & Tax, 2nd ed., 1998, p. 2.

② 参见 ［美］D. W. Robertson：《义务的新领域·纯粹经济损害》，刘慧译，载张新宝主编：《侵权法评论》，2003 年第 1 辑，北京，人民法院出版社，2003。

买各种代替电灯照明的设施而产生的费用损失。

第二，经常表现为一种间接损害。此处所说的间接性，是指纯经济损失通常是一种第三人损害。也就是说，遭受纯经济损失的受害人往往并不是直接的加害对象，但纯经济损失的这种间接性不同于我们通常所说的间接损失。间接损失是相对于直接损失的一个学理概念，是指受害人遭受直接的财产权利和人身权利损害后所引发的附随的损失，也称为"附随性损失"（relational loss）。也就是说，间接损失是依附于财产权和人身权损害的。但纯经济损失不同于间接损失：一方面，在纯经济损失的情况下，行为人并没有针对受害人实施侵害；另一方面，间接损失通常是针对受害人实施了行为并且使受害人遭受了损失，但是，在纯经济损失的情况下，行为人实施某种行为，引发了第三人的损害。在学理上探讨纯经济损失，主要是讨论对纯经济损失是否可以补救以及对损害赔偿如何予以限制的问题。

第三，是不依附于任何财产权利或人身权利侵害所造成的损失。在侵权责任中，一般的财产损失都是侵害财产权益和人身权益而产生的法律后果，但纯粹经济损失并不是因为财产权益和人身权益遭受侵害的后果。例如，会计师出具虚假的报告，股民因相信这一报告而遭受损失，在此情形下，会计师的行为虽然导致股民的损失，但此种损失并不是因股民的财产权益和人身权益遭受侵害的不利后果，而是一种纯粹的经济上的不利益；同时，此种经济上的不利益也可以根据被害人在加害原因发生前后的财产差额来予以计算，它体现为被害人总体财产之变动，而与具体的物或人身损害无关。①

第四，纯经济损失常常具有不确定性。纯经济损失常常被称为"一个重复发生的不可确定的损害类型"②。纯经济损失作为一个侵权法上的新问题，引起高度关注，就是因为它经常对于不确定的人造成了不确定的损害。一方面，造成了哪些人的损害是不确定的。另一方面，损害的范围可能是不确定的。比如，在停

---

① 参见韩世远：《违约损害赔偿研究》，22～24页，北京，法律出版社，1998。

② ［美］D. W. Robertson：《义务的新领域·纯粹经济损害》，刘慧译，182页，载张新宝主编：《侵权法评论》，2003年第1辑，北京，人民法院出版社，2003。

电之后，企业关门、机器受损、工人停工，由此引发各种损失。对纯经济损失而言，受害人的损失与行为人行为之间的因果关系较为遥远，对于损害的对象、损害的时间、损害赔偿的范围等都存在不确定性。此外，由于上述的不确定性使得损害的数额也难以计算。所以，对于纯经济损失而言，如果赔偿问题处理不善，将出现美国著名法官卡多佐所说的行为人"对不确定的人，于不确定期间，而负不确定数额的责任"的后果。[①]

纯经济损失是近几十年来侵权法发展的一个新问题，并被视为侵权法体系中真正的难点。[②] 传统侵权法主要是对财产权和人身权遭受的损害予以补救，而没有对其他损害的补救给予高度重视。尤其是对于各种利益的损害，没有给予应有的关注。即使产生了这些损害，也可能因为因果关系或过错等技术手段而加以限制或排除。所以，纯经济损失一直未能成为法律关注的课题。纯粹经济损失不仅包括特定人的损失，而且某种行为涉及众多的第三人的损失，但这些损失与行为人的行为在因果关系上较为遥远。[③] 尽管一些学者认为，纯粹经济损失所解决的问题实际上是因果关系解决的问题，可以由法官从因果关系的角度加以判断解决[④]，但从侵权责任法保护对象的角度来看，它也涉及侵权责任法的保护范围是否应当扩张到纯粹经济损失的问题。笔者认为，原则上，纯粹经济损失是不能获得补偿的，但在例外情况下，从保护受害人的需要出发有必要对纯粹经济损失予以保护，且因果关系具有相当性或可预见性时，则应当对纯粹经济损失提供救济。

（3）债权利益

《侵权责任法》第 2 条第 2 款在列举侵权法保护的权益范围时，并没有列举债权，主要原因在于，债权原则上并不受侵权法的保护，这也是侵权责任法与合

[①]　See Ultramares Corporation v. Touche，225 NY. 170，174 N. E. 441 (1931) .

[②]　See Efstatheios K. Banakas, *Civil Liability for Pure Economic Loss*, Kluwer Law International Ltd, 1996, p. 18.

[③]　Efstatheios K. Banakas, *Civil Liability for Pure Economic Loss*, Kluwer Law International Ltd, 1996, p. 2.

[④]　参见［美］D. W. Robertson：《义务的新领域：纯粹经济损害》，刘慧译，载张新宝主编：《侵权法评论》，2003 年第 1 辑，北京，人民法院出版社，2003。

同法的基本区别。当然，随着现代民事责任制度的演化，尤其是违约责任和侵权责任竞合现象的发展，侵权责任法在特殊情况下也保护合同债权。[①] 根据英美侵权责任法，第三人故意引诱他人违约，将构成经济侵权（economic harm），并应负侵权责任。[②] 就对外效力来说，债权与其他民事权利一样，都具有不可侵害性，当这种权利受到第三人侵害之后，债权人有权获得法律上的救济。尤其是债权也体现了债权人所享有的利益，尽管这种利益是预期的利益，但如果债务得以履行，这种利益是可以实现的。在现代社会，债权已经成为一种重要的财富，不应将其完全排除在侵权法的保护范畴之外。[③] 债权作为侵权责任法的保障对象的另一个重要根据在于：债权在遭受第三人侵害的情况下，如不受到侵权责任法的保护，则债权人可能难以获得有效的救济手段；同时，对于加害人来说，也难以受到法律的制裁，这也不利于发挥侵权法的损害预防功能。

需要指出的是，由于侵权法保护的权益都具有绝对性，债权仅在例外情况下受到侵权法的保护。所谓例外，一方面是指债权的保护原则上应当通过合同法等制度来实现，侵害债权制度应该仅作为一种辅助性的法律制度而存在。另一方面，债权受到侵权法的保护具有严格的条件限制。例如，侵害债权的行为人主观上具有故意。这就是说，侵权行为人不仅明知他人债权的存在，而且具有直接加害于他人债权的故意。对于债权人来说，他要向第三人主张侵害债权的赔偿，也必须证明第三人在实施某种行为时具有损害其债权的故意。如果他不能证明行为人具有侵害债权的故意，而仅能证明行为人具有侵害其他权利的故意（如侵害债权人的其他财产的故意），或者侵害债权的主观状态为过失，均不能成立侵权债权的侵权责任。将侵害债权的行为人主观上具有故意作为构成侵害债权的要件，

---

① See Sayre, Francis Bowes, "Inducing Breach of Contract", *Harvard Law Review*, Vol. 36, Issue 6, pp. 663-703.

② See Epstein, Gregorg & Kleven, *Cases and Materials on Torts*, Little Brown and Company, 1984, pp. 1336-1344.

③ 参见［德］冯·巴尔主编：《欧洲私法的原则、定义与示范规则》，王文胜等译，259 页，北京，法律出版社，2014。

从根本上说旨在限定侵害债权制度的适用范围。[1]

从实践上来看，某人实施一定的行为，可能会妨碍债务人履行债务，或者不同程度地影响债权人债权的实现，但由于债权并不具有社会公开性，行为人通常不知道他人债权的存在，如果将债权纳入侵权法的保护范畴，可能会不当妨碍人们的行为自由。同时，将大量的违约行为纳入侵权法的调整范围，也会严重混淆侵权责任和违约责任的区别。

我国《侵权责任法》虽未对第三人侵害合同债权的侵权责任作出明确规定，但从《侵权责任法》第2条所规定的"民事权益"这一概念的文义上看，可以认为其中也包括了债权利益。从《侵权责任法》的规定来看，其并没有绝对排斥侵害债权的责任，因为该法第2条对侵权法所保护的民事权益进行了开放式列举，债权在性质上属于民事利益，应当属于侵权责任法的保护对象。当然，法官在认定侵害债权的侵权责任时，应当根据《侵权责任法》第6条第1款，而不应当援引该法第2条的规定，因为第2条并非是完全法条，不包含构成要件和法律后果。从归责原则上说，侵害债权的责任仍然是过错责任，且从后果上说它仍然是侵害民事权益，只不过侵害的是特殊的利益，因此可以看作是《侵权责任法》第6条第1款所确立的过错责任适用的特殊情况。

（4）其他合法利益

由于侵权责任法难以对其所保护的权益进行一一列举，因而，《侵权责任法》第2条使用了"等人身、财产权益"这一开放式的表述，这表明侵权责任法保护的范围向各种合法利益开放，对利益的保护也提供了很大的空间，从而能够适应现代社会发展的需要。[2]例如，对信托权、成员权、网络虚拟财产权、商业秘密、网络域名等权益遭受侵害时的救济，实际上是通过对合法利益的保护来实现的。在实践中，盗用他人姓名、账号、密码、执照等进行交易，造成他人损害的，行为人应当承担民事责任；妨害他人的正常经营活动造成他人损害的，受害人有权请求行为人停止侵害、赔偿损失。在侵害利益的责任中，大多涉及纯粹经

---

① 参见孙森焱：《民法债编总论》上册，164页，北京，法律出版社，2007。

② 参见扈纪华、石宏：《侵权责任法立法情况介绍》，载《人民司法（应用）》，2010（3）。

济损失的补偿问题。[①] 但这些合法利益是不断发展、变动的，各种新的合法利益受到侵害之后，也可以受到侵权法的保护。

六、关于是否需要区分侵犯权利和利益侵权责任的构成要件

在《侵权责任法》制定过程中，关于权利和利益的侵害是否应当区分不同的构成要件，存在不同的观点：一种观点认为，权利和利益是存在区别的，其保护的方式和构成要件应当不同。对于权利的侵害，则不需要特殊的构成要件，只要满足一般的过错责任的构成要件即可。而对于利益的侵害，其需要特殊的构成要件，尤其是对过错程度的要求，一般应当要求行为人具有故意或重大过失。另一种观点认为：权利和利益虽然存在区别，但不必设定不同的构成要件，许多权利和利益本身也没有明确的界限，权利本身体现的就是利益，且权利和利益之间是相互转化的。[②] 随着社会的发展、纠纷的增多，一些利益也可能"权利化"[③]。我国《侵权责任法》回避了这一问题，没有对权利和利益的保护进行明确区分。笔者认为，应当区分对权利的保护和对利益的保护，主要原因在于：一方面，权利都是公开的、公示的，且权利是确定他人行为自由的重要标准，故在此情况下，应采用一般的侵权责任构成要件（严格责任的情形除外）。但利益不是由法律事先明确规定的，其往往都是由法官在新型纠纷发生后，根据个案总结提炼出来的利益种类，因此需要有不同的构成要件。另一方面，行为人在实施某种行为的时候，是否侵害了某种利益，行为人难以根据既有法律规则作出明确预判。因此，从维护行为自由的角度，需要对利益的保护加以适当限制，确立不同于权利侵害的构成要件，因为对利益的过度保护往往会妨碍人们的行为自由。

借鉴比较法上的做法，并结合我国司法实践经验，可以考虑从如下几个方面

---

① See Epstein, Gregorg & Kleven, *Cases and Materials on Torts*, Little Brown Company, 1984, pp. 1336-1344.

② 参见王胜明主编：《〈中华人民共和国侵权责任法〉解读》，10 页，北京，中国法制出版社，2010。

③ 扈纪华、石宏：《侵权责任法立法情况介绍》，载《人民司法（应用）》，2010（3）。

作出限制：一是考虑利益的位阶。一般来说，利益的位阶越高，侵权责任法提供保护的必要性越大；而利益的位阶越低，则受保护的必要性就相对较低。一般来说，人格利益要优越于财产利益，而生命健康等人格利益要优于其他人格利益，因此，位阶低的利益在保护上要受到更大的限制。[①] 二是考虑行为人的主观心态和行为方式。例如，最高人民法院《精神损害赔偿司法解释》明确规定，只有在行为人以违反社会公共利益和社会公德的方式侵害他人人格尊严利益时，受害人才可以要求精神损害赔偿，行为人才应当承担责任。这就是从主观要件和行为方式上限制了人格利益的保护范围。再如，关于性骚扰，究竟侵害了受害人什么权益，存在较大争议。一般认为，性骚扰侵害的是一种人格利益，对此种利益的侵害是否构成侵权，有必要从行为人主观要件上进行限制。也就是说，关于性骚扰，通常是在行为人故意实施的情况下才能构成。三是考虑行为自由的保护。《欧洲侵权法原则》第 2 条第 6 款规定："决定利益保护范围时，应考虑行为人的利益，尤其是该行为人行动与行使权利的自由，以及公共利益。"[②] 侵权法不仅要保护民事权益，而且要保护人们的一般行为自由。如果民事利益的受保护程度过高，就会使得人们动辄得咎，行为自由受到不当的限制。例如，在确定纯粹经济损失是否应当受到保护时，应当兼顾对他人行为自由的保护，以防止个人因为轻微过失而承担巨额的损害赔偿责任，甚至为此而倾家荡产。四是行为人与受害人的相互关系。在考虑受保护利益的范围时，应当考虑当事人之间的密切关系，以及他们之间的相互依赖性。[③] 这主要是考虑行为人对损害的发生是否具有预见性，如果行为人与受害人关系密切，其就可以预见到损害的发生，受害人就更有可能受到保护。一般来说，在侵害利益的情况下，表明行为人主观上对损害有认知和预见能力，其主观上一般来说是故意的。例如，行为人与被侵害人之间关系

---

① 参见欧洲侵权法小组编著：《欧洲侵权法原则：文本与评注》，于敏、谢鸿飞译，63 页，北京，法律出版社，2009。

② European Group on Tort Law, *Principles of European Tort Law: Text and Commentary*, Springer, 2005, p. 193.

③ 参见欧洲侵权法小组编著：《欧洲侵权法原则：文本与评注》，于敏、谢鸿飞译，62 页，北京，法律出版社，2009。

密切,对被侵害人的人身、财产状况有充分的了解,则其对行为造成的损害结果有可能预见。如果行为人与受害人相距遥远,就不能预见到损害的发生,受害人也就可能不受保护。

第四节 侵权责任法的渊源

一、宪法

宪法是国家的根本大法,并具有最高的法律效力。宪法中关于公民基本权利和义务的规定是侵权责任法立法和司法的依据。例如,我国《宪法》第37、38条规定:"中华人民共和国公民的人身自由不受侵犯。""中华人民共和国公民的人格尊严不受侵犯。"这是我国侵权责任法对人格权提供保护的宪法依据。随着我国民主、法治建设的发展和对人权保护的加强,侵权责任法的保障对象逐渐扩大。许多学者认为,侵权责任法也应当对宪法所确立的公民的各项基本权利提供救济,如受教育权、劳动权、选举权和被选举权等。笔者认为,宪法作为民事法律的渊源,主要是从立法意义上而言的。也就是说,从立法上说,宪法应当成为民事立法的依据,但在司法实践中,宪法一般不宜作为裁判的依据。原则上,法官应当以具体的民法规则或类推适用有关的规则来裁判案件,而不能直接援引宪法的规定来裁判案件。宪法规定的权利要获得民法的保护,需要先转化为民事权利,因此,一般情况下,宪法所规定的上述权利不应直接成为侵权责任法保护的对象。

二、法律

法律是由全国人大及其常委会制定和颁布的立法文件,它是我国侵权责任法的主要表现形式,作为侵权责任法渊源的法律渊源主要有:

（一）《侵权责任法》

《侵权责任法》是由第十一届全国人大常委会第十二次会议于 2009 年 12 月 26 日通过的，共 12 章、92 条。根据该法第 2 条的规定，侵害民事权益，应当依照侵权责任法来承担侵权责任，因此，《侵权责任法》是确立侵权责任的基本法律依据。

（二）《民法通则》

在《侵权责任法》颁布之前，《民法通则》是我国侵权法的主要渊源。但在《侵权责任法》颁行后，《民法通则》的绝大多数规定都被侵权责任法吸纳，有些规定被侵权责任法修改和完善，因此，凡是与《侵权责任法》发生冲突的，按照新法优于旧法的原则，应当适用《侵权责任法》的规定。

（三）单行民事法律中关于侵权责任的规定

我国许多单行的民事法律都有大量的关于侵权责任的规定。例如，《道路交通安全法》对因道路交通事故所产生的侵权责任作出了详细规定；《国家赔偿法》对国家机关及其工作人员的赔偿责任作出了规定；《产品质量法》对产品侵权的归责原则和赔偿责任等作出了相应的规定；《反不正当竞争法》对不正当竞争的侵权行为作出了规定；《环境保护法》对环境侵权、《消费者权益保护法》对产品致人损害、《未成年人保护法》对针对未成年人的侵权等都有详细规定。此外，其他一些单行法律中关于侵权责任的规定，也属于侵权责任法的渊源，如《中外合资经营企业法》第 5 条、《海上交通安全法》第 23 条和第 40 条、《森林法》第 37 条、《草原法》第 20 条、《矿产资源法》第 39 条等。依据《侵权责任法》第 5 条的规定，只要其不与侵权责任法发生冲突，属于"另有特别规定"，应当适用侵权特别法的规定。

三、国务院制定的行政法规

国务院是最高国家行政机关，它可以根据宪法、法律和全国人民代表大会常务委员会的授权，制定、批准和发布法规、决议、命令，其中有关侵权行为及其

责任部分的法规、决议和命令，是侵权责任法的重要表现形式，其效力仅次于宪法和民事法律。例如，国务院制定颁布的《医疗事故处理条例》等，也属于侵权责任法的渊源。需要指出的是，在《侵权责任法》颁布之后，相关行政法规的规定与《侵权责任法》相冲突的，原则上不能再适用。例如，《医疗事故处理条例》中关于"医疗事故"以及赔偿标准等的规定，因与《侵权责任法》冲突，原则上不能继续适用。

四、最高人民法院的司法解释和指导性案例

司法解释是指由最高人民法院发布的针对人民法院审判工作中具体应用法律、法令的问题所作的解释。从法理的角度来看，司法解释并不属于法律渊源，因为最高人民法院并不是享有立法权的机关。但在我国现阶段，由于立法的不完备，最高人民法院颁行了大量的司法解释。这些解释已远远不是被当做普通司法解释看待，在实践中均被作为法律渊源援用①，并成为我国各级审判机关在处理案件中的重要裁判规则，因此，司法解释事实上已经成为法律渊源。如《民法通则意见》中关于侵权行为民事责任的解释、《精神损害赔偿司法解释》、《人身损害赔偿司法解释》、《利用信息网络侵害人身权益司法解释》等，都是侵权责任法的重要渊源。除司法解释外，最高人民法院还颁布了相关的批复、决定、解答等。例如，1993 年 8 月 7 日《最高人民法院关于审理名誉案件若干问题的解答》《关于交通事故中的财产损失是否包括被损车辆停运损失问题的批复》《关于产品侵权案件的受害人能否以产品的商标所有人为被告提起民事诉讼的批复》等，这些规范性文件也可以成为侵权责任法的渊源。

此外，相关指导性案例也涉及侵权责任的相关问题。例如，"赵某等诉烟台市福山区汽车运输公司、卫某等机动车交通事故责任纠纷案"② 涉及机动车所有人或者管理人将机动车号牌出借他人套牌使用的责任，"荣某诉王某、永诚财产

---

① 参见龙卫球：《民法总论》，39 页，北京，中国法制出版社，2001。
② 最高人民法院指导案例第 19 号。

保险股份有限公司江阴支公司机动车交通事故责任纠纷案"① 涉及交通事故的受害人没有过错时的责任减轻。指导性案例虽然是针对个案作出的，但其效力是"各级人民法院在审判类似案件时应当参照"，因此应当成为侵权责任法的渊源。

五、国家认可的民事习惯

我国是幅员辽阔的多民族国家，在少数民族聚居的地区，生活习惯在侵权责任法渊源中也具有一定的意义。但习惯作为民法的渊源是受限制的，只有经国家认可的习惯才具有侵权责任法渊源的意义。从审判实践来看，有关交易习惯的规则在民事纠纷中适用较多，而有关损害赔偿的习惯则相对较少。但是，在我国的少数民族地区确实也有一些民事习惯，而这些习惯对于解决相应的损害赔偿纠纷具有重要的作用，故此国家认可的民事习惯可以作为侵权法的法律渊源。

第五节 侵权责任法的功能

所谓侵权责任法的功能，是指侵权责任法在社会生活中所发挥的具体作用。它是民法功能的具体体现，也是全部侵权责任法规范存在的目的。侵权责任法的基本内容如归责原则、责任构成要件、免责条件、举证责任等，都要受其功能的支配和影响。按照一些学者的说法，侵权法具有所谓"显性功能（manifest function）"和所谓"隐性功能（latent function）"。前者是指侵权法通过赔偿等手段，使受害人回复至受害前的状态；而后者是"隐藏的功能"，是指通过补偿功能的实现，可以起到预防、教育、制裁等功能。

应当看到，现代侵权法的功能是不断发展的，19 世纪的侵权法侧重在"自由的合法行为"与"应负责任的不法行为"之间划定一个界限，以维护广大行为

---

① 最高人民法院指导案例第 24 号。

人的行为自由。[①] 德国民法法典化之初，保护行为自由被视为"当务之急的法律政策"[②]，此种思想便是指导整个立法的基本逻辑。而随着社会的发展，人们在生活中遭受外来侵害的风险种类和风险程度日益增加。在《德国民法典》施行一百多年后的今天，侵权责任法的指导理念逐渐转变为满足"人们对社会生产、生活基本安全的需求"[③]。随着社会经济的发展，侵权责任法的功能也在不断扩张，同时，伴随着此种新型功能的不断衍生，相关新型法律制度也大量产生，侵权责任法也因此被称为最具活力、发展变动最快的民事法律[④]，其在社会生活中所发挥的作用越来越突出。为适应这种需要，我国《侵权责任法》第 1 条规定："为保护民事主体的合法权益，明确侵权责任，预防并制裁侵权行为，促进社会和谐稳定，制定本法。"此处采用了多重功能说。该条实际上是将侵权责任法的功能概括为：一是保护权益，即通常所说的救济功能。二是预防功能。三是制裁或惩罚功能。这三种功能基本上概括了侵权责任法所应当具有的规范功能。具体而言，侵权责任法具有救济、预防、制裁以及维护行为自由等功能。

一、救济功能

救济功能也称为补偿功能、填补损害的功能，它是指在受害人遭受侵害以后，要通过侵权责任的承担，使其尽可能恢复到如同侵害没有发生的状态。[⑤] 艾伦·沃森指出，民法典的价值理性就是对人的终极关怀。[⑥] 现代侵权法充分体现了人本主义精神，其基本的制度和规则都是适应"以保护受害人为中心"建立起来的，最大限度地体现了对人的终极关怀。我国《侵权责任法》第 1 条将保护合法权益作为侵权责任法的首要功能，实际上就是明确侵权责任法的首要功能是救

---

① ② 　s. Fuchs, Deliktsrecht, 7. Auflage, Springer, 2009, S. 3.

③ 　Hein Kötz/Gerhard Wagner, Deliktsrecht, Luchterhand, 2006, Rn. 48.

④ 　参见石佳友：《论侵权责任法的预防职能》，载《中州学刊》，2009（3）。

⑤ 　参见张新宝：《侵权责任法立法：功能定位、利益平衡与制度构建》，载《中国人民大学学报》，2009（3）。

⑥ 　参见［美］艾伦·沃森：《民法体系的演变及形成》，269 页，北京，中国法制出版社，2005。

济功能。《侵权责任法》在第 2 条民事权益的列举次序上，把生命健康权置于各种权利之首进行规定，体现了立法者把生命健康作为最重要的法益予以保护的以人为本的理念，体现了对人最大的关怀。从性质上讲，侵权责任法是私权保障法，它是在权利和法益受到侵害的情况下提供救济的法，即通过对私权遭受侵害以后提供救济的方法来保障私权。

　　侵权法以救济功能为主要功能，符合侵权法的本旨。如前所述，既然侵权法是通过救济来保护私权，那么它的本旨就在于救济。现代侵权法发展的普遍趋势是强化了救济功能，"法律所强调的重点已从承担过错转移到补偿损失"①。一方面，由于严格责任的兴起、保险制度的发展等原因，补偿受害人的损害成为侵权责任法的首要功能。在近代社会，侵权责任法坚持过错责任原则，强调对于行为人过错的追究和道德谴责。而随着工业社会的发展，过错责任原则的地位受到削弱，各国普遍强调二元制的归责原则，即过错责任和严格责任并存。而在严格责任制度中，行为人是否具有过错、是否应受道德谴责已经不再重要，法律更为关注对受害人的补偿。② 过错责任侧重于对不法行为的制裁，而危险责任则侧重于对不幸损害的适当分配。③ 另一方面，现代社会的复杂性日益增加，科学技术的发展日新月异，这也导致了风险来源的大量增加和多元化。西方一些侵权法学者提出了损失分担理论，认为现代社会出现了大量的、人为制造出来的不确定性，例如，对生态的破坏、工业危险等，因此，需要通过侵权责任制度来实现损失的分担，由最能够承受损失、分散损失或投保的人来承受损失。"意外的损失都要通过损失分担制度得以弥补，借此实现社会的公平正义。"④ 这种说法有一定的道理，现代社会是一个风险社会，在许多合法的生产和危险作业引起损害时，很难证实行为人具有过错或者致害行为具有不法性，也很难断定行为的可谴责性，

---

　　① ［德］马克西米利安·福克斯：《侵权行为法》，5 版，齐晓琨译，5 页，北京，法律出版社，2006。

　　② See European Group on Tort Law, *Principles of European Tort Law: Text and Commentary*, Springer, 2005, p. 102.

　　③ Esser, Grundlagen und Entwicklung der Gefaehrdungshaftung, 2. Aufl., 1969, S. 69f.

　　④ André Tunc, *International Encyclopedia of Comparative Law*, vol. 6, Torts, Introduction, J. C. B. Mohr (Paul Siebeck, Tübingen), 1974, p. 181.

因果关系的判断也越来越困难，但无辜的受害人如果得不到有效补救，将严重影响受害人的正常生活，也有违法律的基本价值和侵权责任法的立法目的。正因如此，严格责任的规定，以及借助于过错推定、客观过失、因果关系推定、违法推定过失等法律技术，都使得责任认定变得更为容易，同时在一定程度上也强化了对受害人的保护。[①]

尽管侵权责任法的功能是多样的，但其主要功能仍然是救济，其他的功能是辅助性的。救济功能发挥得越突出，侵权法在社会生活中的地位和作用就越能得到彰显。[②] 救济受害人是我国侵权责任法的主要功能，这也决定了其制度和规则都应当"以保护受害人为中心"，以最大限度地体现对人的终极关怀。正如王泽鉴先生所指出的，"侵权责任法的重要机能在于填补损害及预防损害"[③]。我国侵权责任法强化了救济功能，具体表现为：

第一，《侵权责任法》第4条确立了民事责任较之于行政、刑事财产责任优先的规则，目的就是对受害人进行充分的救济。[④]《侵权责任法》中关于转承责任、违反安全保障义务的责任在很大程度上也是着眼于对受害人的救济。如果将侵权责任法的主要功能定位为惩罚不法行为人，则在侵权责任制度设计方面应当侧重于规范行为人的主观过错和行为的不法性；而如果将侵权责任法定位于救济法，则侵权责任法规则的设计就应当坚持"有损害必有救济"，因此，在某些情况下，即使责任人不是行为主体，也可能依法承担责任。

第二，在过错责任之外规定了严格责任、过错推定责任和公平责任，在特定情形下缓解了过错责任对受害人保护的不足。侵权责任法不仅规定了过错推定责任和严格责任为归责原则，而且列举了各种适用这些归责原则的情形。这就适应了责任客观化的发展趋势，目的在于尽可能强化对受害人的救济。严格责任和过

---

①　参见王泽鉴：《侵权行为法》，第1册，4页，北京，中国政法大学出版社，2001。

②　Peter Cane, "Searching for United States Tort Law in the Antipodes", 38 *Pepp. L. Rev. Iss.* 2 (2011) 257, 262.

③　王泽鉴：《侵权行为法》，第1册，34页，北京，中国政法大学出版社，2001。

④　参见王胜明主编：《〈中华人民共和国侵权责任法〉解读》，18页，北京，中国法制出版社，2010。

错推定责任，在一定程度上减轻了受害人的举证负担①，同时，还限制了免责事由。这就大大增加了受害人获得救济的几率，使其获得强化的保护。公平责任体现的是损失分担的思想，很大程度上是对意外的损害进行合理的分配。② "意外的损失都要通过损失分担制度得以弥补，借此实现社会的公平正义。"③

第三，规定了多种责任承担方式，为全面救济受害人提供了法律依据。《侵权责任法》全面规定了财产损害赔偿的范围和计算标准，从而为全面救济受害人创造了条件。另外，该法在过错责任中规定了相应的责任、相应的补充责任等，也是要尽可能使受害人获得补救。该法不仅规定了过错推定责任和严格责任为归责原则，而且列举了各种适用这些归责原则的情形。例如，就监护人责任来说，大陆法系不少国家规定其为过错推定责任（如德国、日本），而我国《侵权责任法》第32条采用了严格责任和公平责任结合的方式，这就使监护人难以免责。

第四，为了进一步减轻受害人的举证负担，《侵权责任法》不仅采取过错推定，而且采取因果关系推定的做法。例如，《侵权责任法》第66条规定："因污染环境发生纠纷，污染者应当就法律规定的不承担责任或者减轻责任的情形及其行为与损害之间不存在因果关系承担举证责任。"在共同危险行为中，要求能够确定具体侵权人的，行为人才能免责④，行为人不因简单地证明自己的行为与结果之间没有因果关系而被免责。这就增加了行为人的举证负担，强化了对受害人的救济。此外，对累积的因果关系采用连带责任的规定。⑤ 这既是对传统大陆法规则的突破，也是为了救济受害人。

第五，规定了侵权责任法与强制责任保险、社会保障制度的衔接，从而努力对受害人提供充分的救济。例如，《侵权责任法》第53条规定：机动车驾驶人发

---

① See P. Widmer, *Unification of Tort Law: Fault*, Kluwer Law International, 2005, p. 90.
② See H. Stoll, *International Encyclopedia of Comparative Law*, Torts, Consequences of Liability: Remedies, J. C. B. Mohr (Paul Siebeck, Tübingen), 1974, p. 155.
③ André Tunc, *International Encyclopedia of Comparative Law*, vol. 6, Torts, Introduction, J. C. B. Mohr (Paul Siebeck, Tübingen), 1974, p. 181.
④ 参见《侵权责任法》第10条。
⑤ 参见《侵权责任法》第11条。

生交通事故后逃逸，该机动车参加强制保险的，由保险公司在机动车强制保险责任限额范围内予以赔偿；机动车不明或者该机动车未参加强制保险，需要支付被侵权人人身伤亡的抢救、丧葬等费用的，由道路交通事故社会救助基金垫付。道路交通事故社会救助基金垫付后，其管理机构有权向交通事故责任人追偿。通过这种方式，也使得侵权责任法与社会救助、保险等方式衔接，以确立多元化的救助机制来全面保护受害人。

第六，完善了多数人侵权责任制度，为在数人侵权的情形下如何救济受害人提供了明确规定。《侵权责任法》将自身基本定位为救济法，根本目的在于强化对受害人的保护，这就需要从维护受害人的利益考虑，尽可能地对受害人提供充分的补救。[1]

当然，虽然侵权责任法的主要功能是对受害人进行救济，但并不意味着要完全依赖侵权责任法来对所有的损害加以补救，侵权责任法在补偿损害方面也存在一些固有的缺陷，如成本高、效率低，受害人能否得到补偿取决于加害人是否具有赔偿能力等。如果完全依赖于侵权责任法，受害人很可能历经了长期的诉讼而仍然不能获得赔偿。因此，需要同时发挥其他补偿机制的功能。

二、预防功能

侵权责任法除了具有补偿、救济功能之外，其"重要机能在于填补损害及预防损害"[2]。所谓预防功能，是指侵权责任法通过规定侵权人应负的民事责任，来有效地教育不法行为人，引导人们正确行为，预防和遏制各种损害的发生，保持社会秩序的稳定和社会生活的和谐。按照一些学者的观点，要达到预防功能，需要在立法时就行为的危险性和责任的大小作比例调整，但立法者作出如此安排是比较困难的，侵权法主要是通过课以行为人承担责任的方式实现侵权法的损害

---

① 参见尹志强：《侵权行为法的社会功能》，载《政法论坛》，2007（5）。
② 王泽鉴：《侵权行为法》，第1册，34页，北京，中国政法大学出版社，2001。

预防功能。^① 预防的功能可以分为特殊预防（specific deterrence）和一般预防（general deterrence）。特殊预防是指侵权责任法对于实施了侵权行为的人可以起到预防的作用，避免其以后再次实施类似行为。而一般预防是指侵权责任法可以起到对于社会一般人的预防作用，发挥类似于"杀鸡儆猴"的功能。^②

我国侵权责任法之所以强化了预防功能，一方面，因为现代社会是一个风险社会，风险具有不确定性，一旦发生，就直接对他人的人身造成威胁，并将引起巨大的财产损害。仅仅通过事后救济，实际上并不能预防损害后果的发生。所以，为了更有效地保护受害人，最大限度地防止损害的发生，侵权责任法必须在发挥事后救济功能的同时，发挥事前预防功能。^③ 另一方面，侵权责任法要追求效率，而效率的追求是通过发挥预防的功能来实现的。当代侵权法的"首要动因是在乎对于将致他人之损害予以最小化的永恒追求，即对于致害事实的预防"，由此，要充分实现侵权责任法的"预防功能的最优化"^④。侵权责任法在分配责任时，就要考虑如何有效地预防风险的发生，从而提高防范效率。例如，在高楼抛掷物致人损害的情况下，无法找到行为人，依据《侵权责任法》第87条，由可能加害的建筑物使用人给予补偿。这在一定程度上就是督促其采取措施预防损害的发生。此外，侵权责任法的预防功能和教育功能是结合在一起的。通过对可归责的当事人课以责任、实施制裁、惩罚其过错和不法行为，对社会公众产生教育和威慑作用，从而可以预防侵权行为的发生，抑制侵权行为的泛滥。从效率角度看，发挥侵权责任法的预防功能，也有利于防止财产的毁损、灭失，并有利于增进社会财富。

严格地说，过错责任也能够起到损害预防的功能，因为过错责任要求行为人尽到合理的注意义务，行为人只要能够尽到谨慎义务，就能够有效避免损害

---

① 参见杨佳元：《侵权行为损害赔偿责任研究》，8页，台北，元照出版公司，2007。

② See Andre Tunc, *International Encyclopedia of Comparative Law*, vol. Ⅺ, Torts, Introduction, J. C. B. Mohr（Paul Siebeck, Tübingen）, 1974, pp. 161-162.

③ 参见石佳友：《论侵权责任法的预防职能》，载《中州学刊》，2009（3）。

④ G. Maitre, La responsabilité civile à l'épreuve de l'analyse économique du droit, LGDJ, collection Droit et Economie, 2005, Préface par H. Muir-Watt, n. 113.

的发生。①但仅依靠过错责任预防损害是不够的，我国《侵权责任法》适应侵权法功能发展的趋势，同时也从我国的现实需要出发，强化了其预防功能，这体现为如下几个方面：

第一，侵权责任法规定了停止侵害、排除妨碍、消除危险等责任形式，从而达到防患于未然的目的。例如，将停止侵害的方式引入侵权责任的形式之中，对于制止正在实施的侵权行为十分必要，这也可以理解为是为了预防继续性的侵权行为。因为在当代，某些损害一旦发生，即具有不可回复性，这就有必要通过停止侵害的方式制止侵权行为的实施。例如，通过网络披露他人的隐私，损害发生之后就不可逆转，因此，有必要通过停止侵害的形式对侵权行为予以制止。

第二，侵权责任法通过安全保障义务、监护人责任、教育机构的责任等制度，强化对直接侵权人的注意义务，督促潜在责任人积极采取安全保护措施，预防损害的发生。这些规定也有助于防范直接侵权人实施加害行为。例如，在规定教育机构的责任时，侵权责任法区分了无民事行为能力人和限制民事行为能力人遭受损害的情况，分别规定了过错责任和过错推定责任的归责原则，这就有利于督促教育机构针对不同的教育对象采取与其相适应的安全保障措施。

第三，在过错推定责任中，责任由物件的所有人、管理人、使用人等承担，以督促其采取措施避免损害的发生。《侵权责任法》第49条规定："因租赁、借用等情形机动车所有人与使用人不是同一人时，发生交通事故后属于该机动车一方责任的，由保险公司在机动车强制保险责任限额范围内予以赔偿。不足部分，由机动车使用人承担赔偿责任；机动车所有人对损害的发生有过错的，承担相应的赔偿责任。"第50条规定："当事人之间已经以买卖等方式转让并交付机动车但未办理所有权转移登记，发生交通事故后属于该机动车一方责任的，由保险公司在机动车强制保险责任限额范围内予以赔偿。不足部分，由受让人承担赔偿责任。"上述两条之所以由机动车使用人或受让人承担赔偿责任，主要是因为机动

① 参见［美］罗伯特·考特、托马斯·尤伦：《法和经济学》，494页，上海，上海三联书店，1995。

车在其控制之下，要求其承担责任，才能督促其尽到谨慎的义务，以避免损害的发生。如果所有人承担责任，就难以避免损害的发生，因为所有人很难对机动车进行实际的控制。由机动车使用人（如借用人或承租人）承担赔偿责任，就是要督促机动车的使用人尽到其注意义务，以最大限度地避免机动车事故的发生。

第四，在严格责任中，法律往往要求能够控制危险发生的人承担责任，以督促其控制相关的风险。[1] 严格责任的一个重要功能就是着眼于对风险的控制，预防损害的发生。[2]《侵权责任法》第72条规定："占有或者使用易燃、易爆、剧毒、放射性等高度危险物造成他人损害的，占有人或者使用人应当承担侵权责任，但能够证明损害是因受害人故意或者不可抗力造成的，不承担责任。被侵权人对损害的发生有重大过失的，可以减轻占有人或者使用人的责任。"该条规定了占有人或者使用人承担责任，而不是所有人承担责任，虽然所有人和占有人有可能重叠，但其主要思想仍然是风险控制人承担责任，这样就有利于预防损害的发生。侵权责任法要求企业在从事各种危险活动时，应当尽可能采取各种安全措施，保护人民群众的人身、财产安全，减少事故的发生。[3]

第五，在产品责任中，通过规定缺陷产品召回制度以及违反召回义务的责任，有助于预防损害。《侵权责任法》第46条规定："产品投入流通后发现存在缺陷的，生产者、销售者应当及时采取警示、召回等补救措施。未及时采取补救措施或者补救措施不力造成损害的，应当承担侵权责任。"通过采取补救措施，可以使得那些存在缺陷的产品在尚未实际造成损害的情形下，其缺陷就被消除，从而做到防患于未然。[4]

---

[1] See Israel Gilead, *"On the Justifications of Strict Liability"*, in Helmut Koziol and Barbara C. Steininger (eds), *European Tort Law 2004*, Vienna/New York, 2005, p.28.

[2] 参见［德］马克西米利安·福克斯：《侵权行为法》，5版，齐晓琨译，7页，北京，法律出版社，2006。

[3] 参见全国人大常委会法制工作委员会民法室编：《中华人民共和国侵权责任法条文说明、立法理由及相关规定》，2页，北京，北京大学出版社，2010。

[4] 参见程啸：《侵权责任法教程》，2版，18页，北京，中国人民大学出版社，2014。

三、制裁功能

所谓制裁功能，是指侵权责任法通过强加给民事主体以责任，来教育行为人，并维护良好的社会生产和生活秩序。我国《侵权责任法》之所以被称为"责任法"，是因为法律责任是行为人不愿意承担的，课以行为人承担侵权责任体现了对行为人的制裁。因此，侵权责任法在发挥对受害人进行补偿功能的同时，也在一定程度上具有制裁不法行为人的作用。尽管这种作用和补偿功能不可同日而语，但完全抹杀侵权责任法的制裁功能也是不妥当的。我国侵权责任法也体现了一定程度的制裁功能，此种制裁功能主要表现在：

第一，贯彻了过错责任。侵权责任法以过错责任为基本原则，过错本身也表明了可归责性，表明行为人的行为具有社会的可谴责性（socially blameworthy），体现了对行为人的谴责。詹姆斯（James）教授认为，过错的概念与自由意志是联系在一起的，过错表明，行为人拥有选择的自由，但其选择了对他人具有危险性的方式来行为。[1] 霍姆斯也强调了，过错是对行为选择的后果的错误。[2] 因此，过错责任以过错为归责的基础，其重要的功能就是对行为人的制裁和教育。我国侵权责任法将过错责任作为一般的归责原则，设计了一般条款，在这个意义上，它体现了该法的制裁功能。

第二，贯彻了自己责任原则。自己责任原则主要包括两方面的含义：一是行为人应当对自己的行为负责，在造成他人损害时，行为人应当承担侵权责任。二是行为人无须对他人的行为负责，即在他人造成受害人损害的情况下，行为人原则上无须对受害人承担责任。侵权责任法以行为人对自己的行为承担责任，体现了对行为人不法行为的负面评价，也体现了侵权责任法的制裁功能。

---

[1]　See Fleming James Jr. , "Accident Liability Reconsidered: The Impact of Liability Insurance", 57 *The Yale Law Journal*, 1948, pp. 549-570.

[2]　See André Tunc, *International Encyclopedia of Comparative Law*, Vol. 4, Torts, Chapter 1, Introduction, J. C. B. Mohr (Paul Siebeck, Tübingen), 1975, p. 75.

第三，区分了对绝对权和对利益的保护，并据此规定了不同的侵权责任构成要件。从《侵权责任法》第2条确立的保护范围来看，主要限于绝对权的保护。绝对权由法律予以类型化规定并对社会公众进行公示，由于每个人应当知道他人所享有的绝对权，因而不得实施侵害和妨害他人权利的行为，但在造成了侵害和妨害之后，就需要承担侵权责任。而对于相对权来说，因为其具有不公开性，行为人只有具有故意或重大过失时，才应当承担侵权责任。侵权责任法区分绝对权和利益，并规定不同的责任构成要件，也体现了对当事人主观心态的评价不同，在一定程度上体现了侵权责任法的制裁功能。

第四，部分侵权责任形式也体现了侵权责任法的制裁功能。侵权责任形式本身就具有强制性，通过强加责任，本身就体现了对行为人的制裁。《侵权责任法》规定的部分侵权责任形式体现了其制裁功能：一是精神损害赔偿责任。在精神损害赔偿中，要考虑行为人的主观过错，使得精神损害赔偿的适用具有一定程度的制裁功能。尽管精神损害赔偿首先是用于补偿受害人的精神痛苦，对受害人进行精神抚慰，但是，其也体现一定的制裁性，因此，在确定精神损害赔偿的范围时，应当考虑行为人的主观恶性、过错程度等，从而对行为人的行为进行制裁。二是惩罚性赔偿。《侵权责任法》第47条规定："明知产品存在缺陷仍然生产、销售，造成他人死亡或者健康严重损害的，被侵权人有权请求相应的惩罚性赔偿。"该条规定了惩罚性赔偿制度，对明知产品存在缺陷仍然生产、销售的行为适用惩罚性赔偿责任，使行为人的责任与其主观过错程度相适应，这也体现了侵权责任法的制裁功能。[①]此外，其他的责任形式也体现了此种功能。例如，赔礼道歉作为一种非财产责任，就表现了对于行为人的侵权行为的制裁。

发挥侵权责任法的制裁功能，有利于强化对行为人的教育作用。因为侵权行为是侵害他人财产和人身的行为，具有一定的社会危害性，因而应受到法律的制裁。制裁不法行为人是法律对漠视社会利益和他人利益、违背义务和公共行为准则的行为的谴责和惩戒，它意味着法律依据社会公认的价值准则和行为准则对某

---

① See Timothy J. Phillips, "The Punitive Damage Class Action: A Solution to the Problem of Multiple Punishment", 1984 *U. Ill. L. Rev.* 153.

种侵权行为所作的否定性评价，也是矫正不法行为的重要措施。[①]通过确定侵权责任，能够有效地教育不法行为人，引导人们正确行为，从而保持社会秩序的稳定和社会生活的和谐。当然，民事责任的制裁功能不同于行政责任与刑事责任，就民事责任而言，其制裁功能是通过补偿功能的发挥而反射性地体现出来的。例如，即便侵权人并没有因侵权行为获得利益，但通过要求其承担赔偿责任而使其财产利益减少，也可以起到一定的制裁作用。

应当指出，对侵权行为的制裁并不是为了对行为人进行报复性惩罚，而主要是为了保护民事主体的合法权利、矫正不法行为，并起到某种行为导向的作用。在对不法行为实行制裁的同时，法律也提出了正确行为的要求。例如，对侵权行为的制裁，包含着尊重他人权利的要求；对过失行为的制裁，包含着谨慎和勤勉的要求；对失职行为的制裁，包含着恪尽职守的要求。因此，制裁不法行为的目的就是要保证民法规范的遵守、保障民事权利的实现和民事义务的履行。[②]我国多年的司法实践经验也表明，只有坚持过错责任原则，才能更好地分清是非、明确责任，达到教育当事人遵纪守法的目的。但制裁并不意味着完全根据过错来确定赔偿范围。就一般损害赔偿而言，不能依据过错程度确定赔偿范围。因为如果加害人过错程度重，受害人得到的赔偿就多，则可能使受害人获得不当得利；反之，如果加害人过错程度轻，受害人得到的赔偿就少，则可能使受害人得不到足额的补偿。在财产损失赔偿方面，我国侵权责任法采取了完全赔偿原则。

四、维护行为自由的功能

在 19 世纪，侵权责任法曾以维护行为自由作为其主要功能，并因此产生了为自己行为负责的原则。该原则曾经成为近代民法的三大原则之一。正如有学者所指出的，侵权责任法的主要任务在于，如何构建法益保护与行为自由之间的矛

[①]　参见王家福主编：《民法债权》，441～443 页，北京，法律出版社，1991。

[②]　参见程啸：《试论侵权行为法之补偿功能与威慑功能》，载《法学杂志》，2009（3）。

盾关系。① 各国侵权法都强调，侵权法应当具有维护行为自由的功能。② 我国侵权责任法在强化对受害人救济的同时，也起着维护行为自由的功能。这主要表现在如下几个方面：

第一，侵权责任法贯彻了自己责任和过错责任的原则，其基本目的即在于维护行为自由。过错责任意味着任何人仅对因自己的过错造成的损害承担法律责任。《侵权责任法》第 6 条第 1 款规定："行为人因过错侵害他人民事权益，应当承担侵权责任。"据此，任何人原则上只对因自己过错行为造成的损害后果负责，对非因自己的过错而造成的损害不承担责任。因此，过错责任原则的基本理论也体现了对行为自由的维护。"在结果责任之下，若有损害即应赔偿，行为人动辄得咎，行为之际，瞻前顾后，畏缩不进，创造活动甚受限制；反之，依过失责任主义，行为人若已尽适当注意，即可不必负责，有助于促进社会经济活动。"③

第二，侵权责任法禁止人们从事有损于他人自由的行为。任何一个有意志自由、能够选择自己行为的人都只能在法律规定的范围内享有行为自由，在法律规定的范围之外，就没有这种行为的自由。我国《侵权责任法》虽然没有明确承认责任能力的概念，但在很多条款中又区分了不同主体的识别能力，从而设计相应的制度。例如，对于教育机构对未成年人的责任，区分了无民事行为能力人和限制民事行为能力人而分别设置了过错推定责任和过错责任。再如，《侵权责任法》第 33 条规定："完全民事行为能力人对自己的行为暂时没有意识或者失去控制造成他人损害有过错的，应当承担侵权责任；没有过错的，根据行为人的经济状况对受害人适当补偿。"从反面解释而言，行为人对于自己的暂时没有意识是无过错的，他就不必承担过错责任，而只需承担公平责任。例如，行为人不知道自己是生理性醉酒，因饮酒突然导致行为失去控制，而骑车撞伤他人。此时，他就不

---

① 参见［德］马克西米利安·福克斯：《侵权行为法》，5 版，齐晓琨译，4 页，北京，法律出版社，2006。

② 参见于飞：《权利与利益区分保护的侵权法体系之研究》，40～42 页，北京，法律出版社，2012。

③ 王泽鉴：《民法学说与判例研究》，第 1 册，151 页，北京，中国政法大学出版社，1998。

必承担过错责任，而只承担公平责任。

第三，从《侵权责任法》第 2 条确立的保护范围来看，其主要保护绝对权。绝对权由法律予以类型化规定并对社会公众进行公示，由于每个人应当知道他人所享有的绝对权，因而不得实施侵害和妨害他人权利的行为，在因过错造成他人损害或者妨害之后，即应当承担侵权责任。而对于相对权来说，因为其具有不公开性，即便行为人侵害了他人的相对权，只要其不具有故意或者重大过失，一般也不需要承担侵权责任，这就有利于维护个人的行为自由。

现代侵权责任法保障人们行为自由的功能不但没有削弱，反而越来越突出，这是因为随着市场经济的发展，人们越来越要求经济领域中的自由，要求竞争的自由，这种自由只有依靠侵权责任法才能得到保障。例如，侵权责任法在近几十年对侵害债权、妨害他人经营以及各种不正当竞争行为的规范，其实都是为了保障正当竞争的自由。不正当竞争行为，除了垄断行为以及地方保护以外，大多是侵权行为，因此，受害人不仅可以依据反不正当竞争法请求行为人承担责任，也可以依据侵权责任法要求其承担侵权责任。这些都表明了在市场经济社会，只有通过侵权责任法才能有效地保障人们行为的自由，行政责任和刑事责任不能够替代侵权责任，因为只有使受害人基于自身的利益去捍卫自己的权利，才能使行为自由（包括自由竞争）得以维持。

第六节 侵权责任法的一般条款

一、一般条款和类型化的结合是侵权法的发展趋势

所谓一般条款，是指在成文法中居于核心地位的，具有高度概括性和广泛适用性的条款。[①] 一般条款不仅可以成为许多侵权行为的基础，也可以成为大量侵

---

① 参见张新宝：《侵权责任法的一般条款》，载《法学研究》，2001（4）。

权案件中法官处理侵权案件的裁判规范。所谓类型化，是指侵权责任法在一般条款之外就具体的侵权行为作出规定。类型化是在一般条款之下的类型化，其与一般条款在某种程度上构成特别法与一般法的关系，简言之，就是对社会关系加以分门别类的规定，不同类型分别适用于不同种类的社会关系。受当时的立法技术和理论研究水平所限，古代法主要采取具体列举的方式规定侵权行为，并没有形成一般条款。例如，罗马法采取决疑的方式，对于侵权行为采取具体列举的方式，其包括了从盗窃到故意欺诈的各类不法行为。[①] 近代民法典受罗马法的影响，仍然主要采取了具体列举的方式。例如，1794 年《普鲁士普通邦法》关于各种具体民事关系的法律条文达万余条。自 1804 年《法国民法典》第 1382条采用侵权责任法一般条款以来，以后的大陆法系各国民法典大都效仿该模式，设置了以"过错责任"为主要归责原则的一般条款。德国学者耶林教授曾言："使人负担损害赔偿的，不是因为有损害，而是因为有过失，其道理就如同化学上之原则，使蜡烛燃烧的，不是光，而是氧，一般的浅显明白。"[②] 作为19 世纪三大民法原则之一的过错责任原则，在法典中被确认是民法长期发展的结果，也是人类法律文明的产物。但现代侵权法出现了一般条款和类型化相结合的模式。

侵权法之所以出现"一般条款＋类型化"的发展趋势，主要原因在于：第一，主要依赖一般条款处理侵权纠纷将给法官过大的自由裁量权。一般条款的存在虽具有其科学性和合理性，但试图采用一般条款来解决现代社会中的所有侵权纠纷是不现实的，也是完全不可能的。维内教授认为：一般条款的优势和弱点恰恰都是它的普遍性。法官可以根据一般条款来自由解释过错和因果关系以及可以补救的损害范围，这就给了法官极大的自由裁量权，在任何一种类型的损害发生后，法官都可以自由解释是否可以、如何通过侵权责任来进行救济。这显然威胁

[①] 参见［德］格哈特·瓦格纳：《当代侵权法比较研究》，高圣平、熊丙万译，载《法学家》，2010（2）。

[②] 转引自王泽鉴：《民法学说与判例研究》，第 2 册，144～145 页，北京，中国政法大学出版社，1998。

了法的确定性。① 第二，主要依赖一般条款处理侵权纠纷的方法不符合现代社会侵权类型复杂性的要求。现代社会日趋复杂，单一的过错责任已不能解决各种类型的侵权行为与损害事故的责任问题，过分依赖于一般条款将导致侵权责任法越来越僵化，很难适应社会生活发展的需要，甚至无法处理某些新型的侵权纠纷。现代社会已成为风险社会，无形的、不可预测的风险无处不在，随时可能造成严重灾害。② 现代社会越来越注重对人的保护，不仅是对人的财产权的保护，而且是对人格权的保护。可以说，现代社会生活的需求扩张了侵权责任法的内容和范围，使其正在成为一个社会正常运转所须臾不可或缺的法律体系。总之，社会的发展造成了侵权行为的复杂化、多样化，从而要求采用一般条款加具体列举的模式。比较法上也有较为成熟的范例。第三，主要依赖一般条款处理侵权纠纷的方法将导致法官大量立法的现象，不符合成文法的特点。从立法实践来看，《法国民法典》第1382条采取了十分抽象的过错责任一般条款立法模式③，但事实上，这种过于抽象和宽泛的立法模式也给司法实践带来了很大困难，"由于过错概念的扩大，法院即刻获得了某种权力：是法院而不是立法者在其每次的判决中决定哪种行为是侵权的"④。因此，法院只有不断发展过错的概念内容，并限制可赔偿的具体范围，才使侵权法得以妥当适用。⑤ 而德国法给我们提供了另一个极端的立法例。由于立法者担心，如果只是把一般条款交给法官，判决就会具有不确定性（Unsicherheiten），因而《德国民法典》没有追随其他法律体系的模式，在侵权法中采取一般条款（eine Generalklausel），而是在第823条以下规定了侵权

---

① 参见［法］热内维耶芙·维内：《一般条款和具体列举条款》，载全国人大法工委：《"侵权法改革"国际论坛论文集》，4页，2008。

② 参见［日］北川善太郎：《关于最近之未来的法律模型》，载梁慧星主编：《民商法论丛》，第6卷，306页，北京，法律出版社，1997。

③ 《法国民法典》第1382条所确立的一般条款以及随后的多个条款也是对早已存在的法国习惯法的总结。这种习惯法主要是源于受到罗马法重大影响的法国南部习惯法。Henri and Léon Mazeaud and André Tunc, Traité theorique et pratique de la responsabilité civile（vol. I, 6th ed., 1965）, no. 36.

④ ［德］冯·巴尔：《欧洲比较侵权责任法》上卷，张新宝译，20页，北京，法律出版社，2001。

⑤ See Gerhard Wagner, "Comparative Law", in Reinhard Zimmermann/Mathias Reimann（eds.）, Oxford Handbook of Comparative Law, Oxford University Press, 2007, pp. 1015-1016.

法保护的具体权利范围及侵权行为的构成要件（Deliktstatbestaende）。[1] 而德国法官面临着不同侧面的问题，即需要不断扩张法定的受保护权利的范围，要通过创造"营业权"等新型权利、负保护第三人利益合同等途径来为受害人提供有效救济。[2] 德国、法国所提供的比较法立法教训告诉我们，简单地采用一般条款，或者单纯地采用类型化列举都是不可取的，任何一种方法的单独采用将会使立法的实际规范效果大打折扣，且给司法实践带来重重困惑。因此，有德国学者认为，如果采用完全开放的一般条款，那就等于把一切任务都交给了法院，这是不可取的。更合适的方案是规定"中等外延"的权利保护范围，将非财产损害纳入损害赔偿法的保护范围。[3] 可以说，我国侵权责任法充分考虑了法、德民事立法的经验，针对一般条款和类型化列举采用了一种新型的立法模式。

总之，在现代社会，一般条款不能代替各种具体侵权行为的规定。既然一般条款的模式不能构建整个侵权责任法，而且必须大量列举各种具体的侵权行为类型，而侵权责任法的内容又是非常丰富复杂的，那么最合理的做法是采用一般条款和类型化相结合的方式。

二、我国侵权责任法采取了"一般条款＋类型化"的模式

我国《侵权责任法》是根据一般条款＋类型化的模式来构建其体系的，这也是该法的一大亮点。首先，《侵权责任法》第6条第1款规定："行为人因过错侵害他人民事权益，应当承担侵权责任。"这就在法律上确立了过错责任的一般条款。如果将第6条第1款和该条第2款和第7条比较，就可以发现，在关于过错推定责任和严格责任中，出现了"法律规定"四个字，而在过错责任的规定中没

---

[1]　Brox/Walker, Besonderes Schuldrecht, C. H. Beck, 2008, 33. Auflage, S. 490.

[2]　See Gerhard Wagner, "Comparative Law", in Reinhard Zimmermann/Mathias Reimann（eds.）, Oxford Handbook of Comparative Law, Oxford University Press, 2007, p. 1018.

[3]　此处所说的"中等外延"的权利保护范围，实际上是指一般条款和类型化的结合。Gerhard Wagner, Neu Perspektiven im Schadensersatzrecht—Kommerzialisierung, Strafschadensersatz, Kollektivschaden, Verlag C. H. Beck München, 2006, S. 133.

有出现这四个字。从立法目的考量，立法者的立法意图在于，过错推定责任的规定和严格责任的规定都适用于法律有特别规定的情形，而过错责任可以适用于法律没有规定的情形。这就表明，过错责任是普遍适用于法律规定和没有规定的各种情形的一般条款。在我国侵权责任法中，一般条款的主要功能表现在如下几个方面：

第一，它表达了侵权责任法上最核心的价值判断结论，表明了一个国家和地区在平衡受害人救济和社会一般行为自由方面最重要的价值判断结论，即它确立了归责的最重要的依据，也就是根据过错确立归责的依据。过错责任是逻辑力量（logical strength）、道德价值（moral value）和自负其责（responsibility）的体现。①

第二，在法律没有作出特别规定的情况下，都要依据一般条款来判断侵权责任的构成。如果法律对过错责任的侵权有特别规定，可以适用这些特别规定。即便法律没有特别规定，只要不能适用严格责任、过错推定责任和公平责任的规则，都要适用过错责任的一般规定。从这个意义上说，过错责任具有广泛的适用性，法官在具体裁判案件中，如果对每天重复发生的各种侵权责任，不能从法律关于特殊侵权的规定中找到适用依据，则应当适用过错责任的一般条款，这就可以为大量的新型侵权提供裁判依据。从《侵权责任法》第 36 条中关于网络侵权的责任规定、第 37 条关于违反安全保障义务的责任规定来看，都是过错责任的特别规定，此时要适用该特别规定。例如，我国关于违反安全保障义务的责任，限于场所责任和组织者的责任，但并没有规定因先前行为而引发的责任问题。例如，两个人喝酒以后，一人没有将另一人送到家里，导致其在冬天被冻死。这属于因先前行为引发的违反安全保障义务的责任，但不能适用《侵权责任法》第 37 条。对这个案例，应当适用过错责任的一般条款。

第三，从裁判依据来看，《侵权责任法》第 6 条第 1 款可以作为独立的请求权基础，也就是说，法官可以单独依据该条款对具体案件作出判决，而不需要援引其他的条款与之相配合。但《侵权责任法》第 6 条第 2 款关于过错推定的规定

---

① See Andre Tunc, *International Encyclopedia of Comparative Law*, vol. 4, Torts, Introduction, J. C. B. Mohr (Paul Siebeck, Tübingen), 1974, pp. 64-65.

不能独立地扮演请求权基础的角色，其需要结合侵权责任法关于特殊侵权适用"过错推定"的具体规定，组合起来构成请求权基础。

我国《侵权责任法》除了设置过错责任的一般条款之外，还在高度危险责任中单独设立了危险责任的一般条款。《侵权责任法》第69条规定："从事高度危险作业造成他人损害的，应当承担侵权责任。"这使危险责任保持了开放性，不仅使我国侵权责任法可以应对将来发生的新类型侵权案件，而且为法官准确地裁判提供了依据。

然而，仅依靠一般条款也难以有效发挥侵权责任法的作用。《法国民法典》试图主要通过侵权责任的一般条款来发挥其规范作用，其结果只能是导致大量的侵权案件出现以后，法官难以找到裁判依据，因而侵权法变成了判例法。而在我国，从现实需要来看，一般条款过于抽象和概括，也无法满足侵权案件的现实需要。对于适用过错责任之外的案件，更应当明确其归责原则、构成要件和免责事由，如此才能保证裁判的统一性和公正性，实现法的安定性价值。基于这一原因，我国侵权责任法在规定了过错推定责任和严格责任之后，采用类型化的方式，对适用过错推定责任、严格责任和公平责任的特殊情形都作了类型化的规定，从而实现了过错责任一般条款与特殊侵权责任的类型化规定的结合，并在此基础上构建了整个侵权责任法的体系。

采用一般条款和类型化结合的模式，是我国侵权责任法的特色所在，也是我国侵权责任法对世界民事立法的重大贡献。此种模式的意义在于，它不仅满足了立法的简洁性和高度概括性，而且具有极强的针对性。《侵权责任法》第2条规定，应当依照本法承担侵权责任。一些人认为，《侵权责任法》仅仅只有92条，如何能够解决每天重复发生的大量侵权纠纷，为这些侵权纠纷提供裁判依据呢？这正是因为有过错责任一般条款的存在，就可以为实践中成千上万的各种过错侵权责任提供裁判依据。尤其应当看到，在大陆法系国家，迄今为止没有在法律上设立危险责任的一般条款，而我国正是考虑到风险社会中危险活动不断增加，为了使法律能够应对未来不断发生的新的现象，才专门在高度危险责任一章中，在第69条设置了危险责任的一般条款。

第七节　我国侵权责任法的体系

一、侵权责任法的体系概述

所谓侵权责任法的体系，是指将侵权责任法中的各项规则、制度加以有机结合时所依据的科学、合理的逻辑结构。就体例和结构而言，各国侵权责任法体系并不完全相同。例如，《德国民法典》关于侵权责任体系主要是从一般侵权行为和特殊侵权行为的划分来构建的，一般侵权行为主要是适用过错责任的侵权形态，此种形态要具体分为：侵害绝对权的行为（《德国民法典》第 823 条第 1款）、侵害利益的行为（《德国民法典》第 826 条）、违反保护他人法律的行为（《德国民法典》第 823 条第 2 款）。而特殊的侵权形态主要是指采用过错推定等形态的侵权行为，如雇主责任、动物占有人责任等。[1]

应当看到，任何国家侵权法体系的构建，都应当立足于本国的国情，符合本国的实际需要。法为人而定，非人为法而生。迄今为止，并不存在放之四海而皆准的普适的体系，任何体系都必须符合特定社会的现实需要，尤其是对侵权责任法来说，其关系国计民生和人们的基本权利保障，因此，我国侵权责任法体系的构建应当从中国的实际出发，在总结立法和司法经验、借鉴外国经验的基础上，形成自身的科学合理体系，而不能照搬外国的模式。我国侵权责任法的体系正是体现了这一特点。我国侵权责任法独立成编、单独制定，使得内容十分复杂的、现实中重要的侵权责任制度能够自成一体，形成体系化的规则。从我国现实需要来看，如果不制定独立的侵权责任法，而将其置于大量的特别法之中，其主要的弊端在于，无法体系化，给法官的操作带来极大的困难。从民法典体系构建来看，在传统的大陆法，侵权责任法置于债法之中，但侵权责任法的规范是强行性

---

① 参见程啸：《侵权行为法总论》，45 页，北京，中国人民大学出版社，2008。

规范，而合同法的规范是任意性规范，将侵权责任法完全规定在债法中，可能打乱债法的体系，使整个债法体系处于散乱的状态，这也会阻碍侵权责任法自身体系的构建。我国单独制定侵权责任法并使其在未来民法典中独立成编，是追求侵权责任法自身体系的完善、内容的充实，这本身就是对民法典体系的重大突破和创新。因此，构建侵权责任法的立法体系，对于完善和正确适用侵权责任法有非常重要的意义。

在侵权责任法制定过程中，我国学术界关于侵权责任法的体系，存在三种不同观点：

一是三分法说。此种观点认为应将侵权责任法体系分为一般规定、特殊侵权行为责任和替代责任。2002 年 12 月全国人大法工委提交全国人大常委会审议的民法典草案（第一稿）中的"侵权责任法"编采纳这一观点。

二是四分法。此种观点将侵权责任法分为四部分即一般规则、一般侵权行为、特殊侵权行为、损害赔偿。国内侵权法教科书大都采用这种模式。中国人民大学民商事法律科学研究中心提交的侵权责任法草案建议稿分为四部分：总则、侵权行为的种类及责任、侵权的类型、损害赔偿。实际上该建议稿也采纳了这一体系。①

三是五分法说。此种观点认为应将侵权责任法体系分为一般规定、自己责任、对他人责任、无过错责任、侵权的民事责任。其中，自己责任包括对人身权的侵害，对财产权和财产利益、精神利益的侵害，专家责任；对他人侵权之责任包括监护人责任、法人及其他社会组织的责任、替代责任、国家赔偿责任；无过错责任包括物造成的损害、污染环境与危险作业等致人损害、机动车和高速交通工具致人损害等；侵权的民事责任包括损害赔偿等民事责任方式的适用。中国社会科学院法学研究所提交给全国人大的专家建议稿实际上采纳这一观点。②

从形式上看，上述各种体系构建都不无道理。应当承认，侵权责任法的体系构建确实是一个复杂问题，学者可以依据既有的知识体系和学术观点进行构建，

---

① 参见王利明主编：《民法典·侵权责任法研究》，12～57 页，北京，人民法院出版社，2003。
② 参见梁慧星主编：《中国民法典草案建议稿》，北京，法律出版社，2003。

很难统一其看法。最后通过的我国《侵权责任法》从形式上看，共分为12章，实际上可以分为三部分：一是侵权责任法的一般规定，即第一章的内容。二是侵权责任的一般规则，具体来说是关于归责原则、构成要件、责任形式、不承担责任和减轻责任的情形（《侵权责任法》第二、三章）。三是特殊侵权责任的规定（《侵权责任法》第四章至第十一章）。我国侵权责任法所构建的体系，不仅具有创新性，而且符合侵权责任法的自身特点，把握了侵权责任法的发展趋势，是我国长期立法和司法经验的总结。

二、我国侵权责任法体系的特点

我国侵权责任法体系的最大特点首先表现在其本土性上。它完全是从中国的实际、现实需要出发，总结中国的立法和司法经验，体现了鲜明的中国特色。从立法技术上来看，侵权责任法的体系构建也具有科学性和合理性。具体表现在：

第一，基于归责原则来构建体系。我国《侵权责任法》中主要采纳了三元的归责原则体系，即过错责任、过错推定责任和严格责任。正是根据这样一种归责原则体系的设计，我国《侵权责任法》的体系得以构建。这就是说，有关过错责任的一般归责适用总则部分的内容，而侵权责任法的分则基本上是按照特殊归责原则构建的。过错责任适用于一般情况，过错推定适用于机动车交通事故责任、医疗损害责任和物件损害责任，而严格责任适用于用工责任、监护人责任、产品责任、高度危险责任、环境污染责任、饲养动物损害责任。此外，教育机构对无民事行为能力人的责任适用过错推定责任原则。为了追求体系的完整性，在《侵权责任法》中关于特殊侵权的类型规定中，即使某一项具体规则与其类型并不完全吻合，但出于归责原则的考虑，还是将其放入某种具体侵权的类型之中。例如，《侵权责任法》第91条关于公共场所以及路面、施工侵权责任的规定，被置于第十一章"物件损害责任"之中。尽管施工侵权责任与物件损害责任在性质上是具有区别的，但是考虑到施工侵权责任也是适用过错推定原则，且在施工中也要使用大量的物件，所以与物件致人损害也具有一定的关系，该条即被置于此章

之中。基于多元的归责原则来构建体系，是对传统大陆法体系大多采纳的一元归责模式的创新，也适应了现代社会，危险状态多元化和新型侵权案件不断涌现的需要。我国《侵权责任法》的规定，既具有较强的现实性和针对性，又具有开放性和逻辑性。因此适用过错责任的都是一般侵权，属于总则内容；凡是适用过错原则之外的特殊归责原则的，如严格责任、过错推定责任等，都是分则的内容。

需要指出的是，《侵权责任法》之所以单独规定第四章"关于责任主体的特殊规定"，将用工责任、网络侵权、违反安全保障义务的责任、监护人责任、教育机构的责任等集中规定，就是考虑到在这些侵权类型之下，出现了责任主体与行为主体相互分离的情况，有必要对特殊的责任主体作出集中规定。还有一个重要的原因，即在这些特殊侵权责任之中往往适用了多重归责原则，很难将其归入适用某一种归责原则的特殊侵权行为类型之中。例如，无民事行为能力人致人损害，监护人的责任是严格责任与公平责任的结合；再如，教育机构的责任采用了过错责任和过错推定责任的结合，情况较为复杂，难以将其归入某种特殊责任类型之中。

第二，采用一般条款与类型化相结合的方式。如前所述，我国《侵权责任法》第6条第1款创设了过错责任的一般条款，它普遍适用于各类一般侵权形态。我国的一般条款还不是德国式的三层列举——分为权利之侵害、违反保护性的法律、恶意违背公序良俗侵害法益，而是更类似于法国式的高度抽象概括的一般条款。但我国的侵权责任法体系也不同于法国法，法国法上的侵权责任一般条款仅规定了过错责任的三要件，我国侵权责任法还规定了过错推定和严格责任。其中一般条款的适用范围极其广泛，从毁损财物到侵害人身，从侵害权利到侵害利益，每天重复发生的成千上万的侵权纠纷都可以适用这个一般条款。对于成千上万的侵权案件而言，法官在寻求裁判依据时，凡是找不到法律的特别规定的，都可以适用过错责任的一般条款。但是，一般条款绝不能代替具体列举，因为一般侵权责任之外的特殊侵权责任，既然需要适用特殊的归责原则，就必然具有其自身特殊的构成要件和抗辩事由，因此，在举证的方式上，也与过错责任存在较

大差异。我国侵权责任法规定了大量的特殊侵权，从而为法官提供了准确的裁判依据。

现代社会是风险社会，风险无处不在，危险事故频繁发生。大量的、各种新的危险活动不断出现。正是针对高度危险活动频发的情况，我国《侵权责任法》在第九章"高度危险责任"中，不仅详细列举了各种典型的高度危险责任，规定了它们不同的责任构成要件、减轻或免除责任的事由，而且为了使高度危险责任保持开放性，以应对未来新的发展，在第 69 条设立了高度危险责任的一般条款。正是这个一般条款和类型化的结合，保持了高度危险责任体系的开放性。

第三，一般责任形式与具体损害赔偿规则的结合。责任形式是侵权责任的具体实现方式，侵权责任法的重要内容是对责任方式的规定。《侵权责任法》在全面规定侵权责任方式的同时，又对具体的赔偿规则作了比较详细的规定。例如，《侵权责任法》第 15 条规定了损害赔偿，在第 16～19 条又规定了具体的损害赔偿规则。这实际上也采取了一般规定与具体规定结合的方式，既具有高度概括性，又能够有效解决实践中出现的具体问题。

第四，有效地衔接了侵权一般法和侵权特别法的关系。《侵权责任法》第 5 条规定："其他法律对侵权责任另有特别规定的，依照其规定。"所谓侵权一般法，是与侵权特别法相应而生的概念，是指对诸种具体侵权责任作出抽象的一般性规定的法律。它规定侵权责任的一般问题，包括归责原则、构成要件、免责事由等。所谓侵权特别法，是指规定特殊侵权责任的特别规定的法律。[1] 它规定特殊侵权责任的构成要件、免责事由等。侵权一般法和侵权特别法的关系，就是一般与特殊、抽象与具体的关系。[2] 我国《侵权责任法》在体系构建上的重要特点就是，其兼顾了我国目前散见于近四十部法律中关于侵权责任的规定，通过上述第 5 条的规定，将其与侵权责任法的规定有效衔接起来，从而形成完整的侵权责任法的规范体系。

---

[1] 参见杨立新：《侵权特别法通论》，11～14 页，长春，吉林人民出版社，1989。
[2] 参见杨立新主编：《类型侵权行为法研究》，7 页，北京，人民法院出版社，2006。

三、我国侵权责任法的体系

（一）侵权责任法的体系构成

我国侵权责任法是按照总分结构所构建的体系。所谓总分结构（lex generalis/lex specialis），就是指按照提取公因式的方法（von die Klammer ziehen 或 von die Klammer setzen），区分共通性规则与特殊规则，将共通性规则集中起来作为总则或一般规定，将特殊规则集中起来编为分则或作为特别规则加以规定。具体来说，侵权责任法的内容包括如下部分：

1. 总则。《侵权责任法》的总则是普遍适用于各种侵权责任的共通性规则。虽然我国侵权责任法没有明确以"总则"称谓的部分，但从其内容来看，侵权责任法的总则包括：侵权责任法的立法目的、特别法优先于普通法的规则、侵权责任法的生效、侵权责任优先性、过错责任的一般条款、共同侵权、因果关系的特殊规则、侵权责任形式、侵权损害赔偿、免责事由。从《侵权责任法》的条文来看，主要包括第一章"一般规定"、第二章"责任构成和责任方式"、第三章"不承担责任和减轻责任的情形"、第十二章"附则"。在总则中，侵权责任法的核心内容是关于过错责任的规定，因为第二章和第三章的内容大多是围绕过错责任来展开的，尤其是对于第三章而言，其归责原则主要是过错责任原则。

关于数人侵权的规定究竟属于总则还是属于分则，学理上存在争议。笔者认为，数人侵权仍然属于总则的内容，因为《侵权责任法》规定的几种形态，如狭义的共同侵权、共同危险、累积因果关系、部分因果关系，它们既可以适用于过错责任，也可以适用于过错推定责任和严格责任，因此，其适用范围具有普遍性。

2. 分则。关于特殊侵权责任的规定，属于分则的内容。我国《侵权责任法》关于特殊侵权的规定，主要是根据归责原则确定的。侵权责任法规定了过错责任、过错推定和严格责任三项归责原则。可以说，特殊侵权就是在过错责任之外适用过错推定责任和严格责任的特殊情形。这就是说，过错责任是一般的侵权责任，也可以说，其是总则的内容。而侵权责任法的分则实际上是根据特殊的归责

原则来构建的，其所规定的特殊侵权责任基本上采特殊的归责原则。具体来说，第五章"产品责任"适用严格责任、第六章"机动车交通事故责任"适用过错推定责任、第七章"医疗损害责任"适用过错责任和过错推定责任、第八章"环境污染责任"适用严格责任、第九章"高度危险责任"适用严格责任、第十章"饲养动物损害责任"适用严格责任、第十一章"物件损害责任"适用过错推定责任，在第四章关于责任主体的特殊规定中，有关监护人的责任、用工责任适用严格责任。正是在这个基础上构建了我国整个侵权责任法的体系。我国侵权责任法以归责原则为主线构建整个体系，以多元的归责原则统领一般侵权和特殊侵权的不同类型，具有鲜明的中国特色。

如前所述，我国侵权责任法主要是救济法，因此，侵权责任法应当以损害赔偿作为其主要的责任形式。《侵权责任法》中的损害赔偿制度主要包括四部分内容：一是损害赔偿的一般规则，包括过失相抵规则等。二是人身伤亡的赔偿，也称为人身伤害的赔偿，严格来说，人身伤亡的赔偿可以进一步区分为财产损害赔偿部分和精神损害赔偿部分[①]，前者如医疗费、误工损失、扶养丧失的赔偿、丧葬费赔偿、死亡赔偿金、残疾赔偿金等，《侵权责任法》第16至18条对此作出了规定。有关精神损害赔偿就是《侵权责任法》第22条的规定。三是财产损害赔偿。财产损害赔偿要贯彻完全赔偿原则，以实现对受害人的充分救济，确切而言，就是要通过完全赔偿，使得受害人恢复到没有遭受侵害的状态。损害赔偿的目的就是要使受害人恢复到如同损害没有发生时的状态。原则上受害人不能超出其损害而请求赔偿，否则就会使受害人获得不当得利。《侵权责任法》第19条和第20条规定了财产损害赔偿的计算方法。四是精神损害赔偿。我国《侵权责任法》中的精神损害赔偿，不仅适用于人身伤亡的情形，而且适用于其他人身权益受到侵害的情形。值得讨论的是，关于损害赔偿的规则究竟属于总则还是分则。笔者认为，关于损害赔偿的形式和一般规则，属于总则的内容，但损害赔偿的计算方法应当属于分则的范畴。主要原因在于，就各种具体侵权类型而言，损害赔

---

① 参见张新宝：《侵权责任法原理》，479 页，北京，中国人民大学出版社，2005。

偿的具体内容和标准可能存在比较大的差异，计算方法也因此有所不同，难以形成一个共通的计算规则，故应属于分则的内容。从这个意义上讲，所有损害赔偿规则本身也可以形成一个完整的体系，由总则和分则组成，总则是一般规则，分则包括分散于各种具体侵权的损害赔偿计算方式。

（二）侵权一般法与侵权特别法

侵权责任法可以从广义和狭义两个层面上理解。狭义上的侵权责任法仅指《侵权责任法》，广义上的侵权责任法还包括《侵权责任法》之外的其他法律、法规和司法解释，尤其是包括了特别法中有关侵权责任的规定。可以说，我国侵权责任法的体系是由侵权一般法与侵权特别法组成的。笔者认为，一般法本身是一个相对的概念，毫无疑问，我国《侵权责任法》中总则部分的规定，相对于分则，都属于侵权一般法，但其分则部分相对于侵权特别法的规定，也可能是一般法。因此，根据抽象程度不同，可以分为针对所有类型侵权责任的法律和针对特殊类型侵权责任的法律。因此，侵权责任法的大多数规定相对于其他单行法律的规定，可能都是一般法，而其他法律中关于侵权责任的规定都属于侵权特别法。据统计，我国有近四十部法律都规定了侵权责任，如《消费者权益保护法》《环境保护法》等。我国侵权责任法制定的重要目的，就是要统合侵权责任法的规范体系，从而形成统一的侵权责任法体系。

在此需要探讨的是，《侵权责任法》颁行后，如何处理特别法与侵权责任法之间的关系？对此，《侵权责任法》第5条规定："其他法律对侵权责任另有特别规定的，依照其规定。"这里需要讨论的是"另有特别规定"的含义如何？笔者认为，其主要包含两方面的含义：

第一，其他法律对侵权责任另有特别规定的，依照其规定。如何理解"另有特别规定"？这就是说，其他法律与《侵权责任法》之间存在不冲突的特别规定。判断另有特别规定，要考虑两个因素：一是考虑规定的事项是否相同。如果规定的是同一事项，而规定不同，原则上应当适用《侵权责任法》。另有特别规定，是指特别法是就不同事项所作的规定。二是考虑适用的对象是否相同。例如，《侵权责任法》第48条规定："机动车发生交通事故造成损害的，

依照道路交通安全法的有关规定承担赔偿责任。"因此，有关机动车事故责任，应当依照《道路交通安全法》的规定来确定其归责原则。从法律渊源的角度来说，我国《侵权责任法》是由侵权一般法（即《侵权责任法》）和侵权特别法（如《道路交通安全法》）构成的具有内在体系的法律部门。它们之间相互配合，共同为侵权责任的解决提供有效的裁判依据。再如，《药品管理法》第 92 条规定："药品的生产企业、经营企业、医疗机构违反本法规定，给药品使用者造成损害的，依法承担赔偿责任。"这一规定仅适用于特定事项，因而属于侵权特别法。

第二，如果没有特别规定，应当适用《侵权责任法》。也就是说，如果其他法律规范与《侵权责任法》的规范事项相同，但规范的内容不同时，其与《侵权责任法》的规范之间就存在一定的冲突，此时应当以《侵权责任法》为准。这里不适用特别法优先于普通法的规则，而要适用新法优先于旧法的规则。从国外的民法体系来看，有关产品责任、医疗损害责任、机动车事故责任等都是特别法上的侵权行为，原则上适用特别法的规定。① 但我国《侵权责任法》已经对产品责任、医疗损害责任、机动车事故责任等作出了规定，此时，如果特别法的规定与《侵权责任法》的规定存在冲突，则应当适用《侵权责任法》的规定。因此，一般而言，如果特别法的规定与《侵权责任法》没有冲突和矛盾，这些规定都可以适用，但如果这些规定与侵权责任法的规定不一致，则必须要适用侵权责任法的规则。

我国侵权责任法的体系由侵权一般法和侵权特别法共同构成。《侵权责任法》第 2 条规定："侵害民事权益，应当依照本法承担侵权责任。"此处所说的"依照本法"不仅包括侵权责任法本身，还当然包括《侵权责任法》第 5 条所引致的侵权特别法。因为根据《侵权责任法》第 5 条的规定，侵权一般法和侵权特别法已经形成了一个完整的体系，必须将两者结合起来，才能理解第 2 条中"依照本法"的含义，因此，理解侵权责任法不能仅仅从形式意义上理解，还应当从实质

---

① 参见［日］近江幸治：《事务管理·不当得利·不法行为》，107 页，东京，成文堂，2007。

意义上理解。《侵权责任法》自身只是形式意义上的侵权责任法。侵权责任法律规范，并不局限于《侵权责任法》所设计的法律规范，还包括分散于其他法律之中同样发挥侵权责任法律功能的相关规范。例如，《道路交通安全法》第76条对道路交通事故中侵权责任的规定，也属于侵权责任法规范。

第八节　侵权责任法与其他法律的关系

一、侵权责任法与国家赔偿法

国家赔偿法是指规范国家工作人员违法行使公权力而产生的责任的法律。[①]《民法通则》第121条规定："国家机关或者国家机关工作人员在执行职务中，侵犯公民、法人的合法权益造成损害的，应当承担民事责任。"由于《民法通则》已经确立了国家赔偿责任，因而民法学界大多认为，尽管在执行职务的过程中，国家和公民之间是管理与被管理的关系，是一种不平等的关系，但在发生侵权行为之后，就损害赔偿而言，双方的关系已经成为平等主体之间的关系。因此，国家赔偿在本质上仍然是侵权赔偿责任。国家赔偿法在性质上应当被视为侵权责任法的特别法。[②]

然而，在我国侵权责任法制定过程中，对于是否应当将《民法通则》的上述规定纳入侵权责任法之中，发生了争议。赞成者认为，《民法通则》的规定协调了民法和国家赔偿法的关系，而且成为我国的立法经验，在没有充足理由的情况下，应当保留。反对者认为，虽然《民法通则》对此已经作出了规定，但并非意味着国家赔偿法就是民法的组成部分。我国在1994年就专门制定了国家赔偿法，这表明其已经从民法中分离。尤其是考虑到，国家赔偿与民事赔偿存在重大差异，因此，有关国家赔偿问题，应当单独适用《国家赔偿法》，不宜将《民法通

---

① 参见周友军、麻锦亮：《国家赔偿法教程》，4页，北京，中国人民大学出版社，2008。
② 参见扈纪华、石宏：《侵权责任法立法情况介绍》，载《人民司法（应用）》，2010（3）。

则》的上述规定纳入侵权责任法之中。①《侵权责任法》在立法过程中回避了这一问题。关于侵权责任法是否可以适用于国家赔偿，解释上仍存在不同看法。

笔者认为，应当承认，国家赔偿和民事赔偿存在一定的区别，主要表现在：第一，责任主体不同。在国家赔偿中，责任主体是国家；而在民事赔偿中，责任主体是国家以外的私法主体。第二，是否涉及公权力的行使不同。国家赔偿是因公权力的违法行使而承担的责任，而民事赔偿与公权力的行使无关。② 第三，赔偿程序不同。在国家赔偿制度中，法律设计了不同于民事赔偿的程序，如违法确认程序等。而民事赔偿并无特殊的程序性规定，也不适用这些程序。第四，赔偿标准不同。就赔偿标准而言，国家赔偿法确立了不同于民事赔偿的规则，如不赔偿精神损害、不赔偿间接损失等。而就民事赔偿而言，其采用完全赔偿原则，要对受害人的间接损失、精神损害都予以救济。依据《国家赔偿法》，国家赔偿只是一种有限制的赔偿。一般来说，在涉及国家赔偿时，通常都适用《国家赔偿法》，而不适用《民法通则》第121条的规定。③

《侵权责任法》颁行后，关于如何处理其与《国家赔偿法》的关系，笔者认为，原则上，可以将《国家赔偿法》理解为《侵权责任法》的特别法。尽管国家赔偿法的赔偿主体是公权力一方，而且是因为公权力的行使而产生的，但国家机关工作人员行使公权力造成损害以后，其责任的承担就是平等主体之间的关系。在赔偿关系中，不存在命令和服从的关系，而是平等主体之间的关系。从这个意义上来说，国家赔偿制度也应当是侵权责任制度的一部分。④ 尤其应当看到，将国家赔偿法理解为侵权责任法的特别法，有利于法律的适用。这就是说，如果国家赔偿法有特别规定时，就适用国家赔偿法；如果国家赔偿法没有特别规定，就适用侵权责任法。具体来说：第一，就国家机关工作人员行使公权力中造成损害的事项，如果出现了特殊的情况，无法适用国家赔偿法，则可以适用侵权责任法中的用

---

① 参见王胜明主编：《〈中华人民共和国侵权责任法〉解读》，12页，北京，中国法制出版社，2010。
② 参见周友军、麻锦亮：《国家赔偿法教程》，4页，北京，中国人民大学出版社，2008。
③ 参见杨立新主编：《侵权行为法案例教程》，114页，北京，知识产权出版社，2003。
④ 参见周友军、麻锦亮：《国家赔偿法教程》，47页，北京，中国人民大学出版社，2008。

工责任。第二，关于公共设施致害的责任，现行国家赔偿法对其没有规定，可以适用物件致人损害责任的相关规定。第三，关于饲养的动物致人损害的责任，如果有关法律、法规中没有特别规定，就应当适用《侵权责任法》中动物致人损害的责任。因此，在法律适用方面，将国家赔偿法与侵权责任法割裂开来，是不妥当的。

二、侵权责任法与保险法

保险法是调整保险关系的所有法律规范的总和。换言之，凡是调整保险中的权利义务关系和保险企业组织的法律都是保险法的组成部分。保险法和侵权责任法有许多共同的特点：它们都要求对事故造成的损失作出经济补偿，使已经造成的损失得以恢复。在当前西方国家，由于保险业特别是责任保险业的发展，绝大多数侵权事故发生以后，侵权人可以将赔偿责任通过责任保险转嫁给保险人，保险在补偿受害人的损失方面的作用已明显超过了侵权责任的作用。[①] 责任保险成为侵权损害赔偿之外的一种重要的受害人救济途径。表现在：一方面，责任保险已经广泛适用于各类事故责任领域，它使得非故意事故中的受害人可以获得足额的赔偿。在多元化的解决机制中，责任保险在事故领域可以替代绝大多数侵权赔偿，甚至几乎涵盖了大量事故领域，使通过侵权损害赔偿方式解决的案件的数量急剧下降。[②] 早在1970年，美国的机动车责任保险的保费收入就已经达到100亿美元，法国高达90亿法郎，可以涵盖绝大多数交通事故责任。[③] 欧洲许多国家几乎可以以此解决交通事故等赔偿责任问题，从而极大地减缓了侵权法在事故责任领域所遇到的压力，为受害人提供了充分的救济。另一方面，责任保险的险种在不断地增多，适用范围不断扩展，各种新型的侵权都有可能由责任保险为受害人提供救

---

① 在美国，据1960年的统计，在补偿受害人的损失方面，侵权责任赔偿占7.9%，个人责任保险提供的赔偿占36.5%，社会保险提供的赔偿占18.1%。据1967年的统计，在交通事故赔偿方面，侵权责任赔偿占32%，私人保险赔偿占39%，社会保险赔偿占29%。See Andre Tunc, *International Encyclopedia of Comparative Law*, Vol. 4, Torts, Introduction, J. C. B. Mohr (Paul Siebeck, Tübingen), 1974, p. 2.

②③ See Andre Tunc, *International Encyclopedia of Comparative Law*, Vol. 4, Torts, Introduction, J. C. B. Mohr (Paul Siebeck, Tübingen), 1974, p. 51.

济。这些情况不仅改变了侵权法的发展趋势，而且有利于维护社会的稳定。责任保险作为对受害人救济的一种方式，其最大的特点在于程序简单，实现赔偿方便、快捷，大量的责任保险的赔付都是由保险公司直接支付给受害人，免除了受害人烦琐的诉讼程序负担。责任保险有助于及时化解纠纷、广泛地分散损失，使个人所受到的灾祸损害减到最低程度。① 通过责任保险来提供救济，能够弥补责任人清偿能力的不足，并实现责任的社会化分担。例如，英国在 1897 年制定了《工伤赔偿法》，首先在工伤领域实行严格责任，并逐步推行责任保险。1946 年制定了《全民保险（工伤）法》。② 因为这些原因，责任保险已经成为多元救济机制中的重要组成部分，尤其是在非故意的事故损害中，发挥了主要的救济功能，责任保险越发达，其解决的事故范围就越大，侵权赔偿责任的适用范围也就会相应缩小。

在我国，保险分为商业保险和社会保险。商业保险中包括了责任保险。责任保险在我国起步较晚，但迄今为止，其发展速度较快，任意的责任保险适用范围广泛，几乎可以适用于所有的非故意的侵权责任，形成了较为齐全的险种体系。③ 但就强制责任保险而言，因其设定必须通过法律和行政法规的强制性规定，法律对其设定的条件也有严格的限制，因此，目前，其适用范围仍然十分有限。据统计，目前我国规定强制保险的法律和行政法规各有六部。④ 其中，对侵权责任影响最大、社会影响也最大的是机动车第三者责任强制保险。2006 年 3 月，国务院颁布了《机动车交通事故责任强制保险条例》，在全国范围内推行机动车的强制责任保险。依据《道路交通安全法》第 76 条，在发生责任事故后，

---

① See John Fleming, "Is there a future for tort?" 44 *La. L. Rev.* 1193，1198.

② See Andre Tunc, *International Encyclopedia of Comparative Law*，Vol. 4，Torts，Introduction，J. C. B. Mohr（Paul Siebeck，Tübingen），1974，p. 45.

③ 参见樊启荣编著：《责任保险与索赔理赔》，53 页，北京，人民法院出版社，2002。

④ 现行法律中规定的强制保险包括：《海洋环境保护法》第 66 条规定的油污染责任强制保险、《煤炭法》第 44 条规定的井下职工意外伤害强制保险、《建筑法》第 48 条规定的危险作业职工意外伤害强制保险、《道路交通安全法》第 17 条规定的机动车第三者责任强制保险、《突发事件应对法》第 27 条规定的专业应急救援人员人身意外伤害强制保险、《企业破产法》第 24 条规定的自然人破产管理人执业责任强制保险。现行行政法规中规定的强制保险包括：船舶污染损害责任和沉船打捞责任强制保险、旅客旅游意外强制保险、污染损害责任强制保险、机动车第三者责任强制保险、承运人责任强制保险、对外承包工程中的境外人身意外伤害强制保险。

首先由保险人在强制保险赔付额度范围内对受害人进行赔付。因此，大量交通事故的损害赔偿，很大程度就是借助于责任保险。在侵权责任法中，对机动车强制责任保险进一步作出了明确规定：在机动车发生交通事故造成损害的，首先应当由保险公司在第三者强制责任保险的赔偿限额内赔偿，不足部分由机动车一方来承担侵权责任。实践证明，这一责任险在大多数情况下基本上弥补了受害人所遭受的损失，且赔付相较于侵权损害诉讼也较为简便、及时。即使一些保险赔付需要经过诉讼途径来解决，但相较于直接针对加害人的侵权诉讼，在诉讼周期、责任分担、赔偿能力等方面，责任保险赔付还是具有极大的便利性。这一保险机制对于补偿受害人、化解社会矛盾、保持社会和谐等均起到了重要的作用。① 由此可以看出，侵权法和保险法的关系十分密切。

然而，侵权法和保险法在性质、职能、内容等方面是截然不同的。侵权法的职能在于保护民事主体的财产和人身权利，担负着制裁不法行为人、维护社会秩序的重要任务。而保险法主要涉及的是依据法律或保险合同的规定进行补偿的问题，通常涉及的是对意外事故所致损害的赔偿②，而且是过失责任赔偿，一般不涉及对侵害名誉、姓名等人格权的补救问题，更不具有制裁不法行为的作用。因此，在侵权法中，加害人承担侵权责任体现的是国家对不法侵犯他人权利的行为的制裁；而保险人的赔偿只是其向被保险人履行合同义务的行为。在侵权责任中，侵害人的故意行为有可能加重其赔偿责任，而在保险合同关系中，保险人通常对被保险人的故意行为和违法行为不负赔偿责任。③ 还要看到，侵权法通过制裁有过错的行为和确定过错的标准，可以起到确定行为标准、教育不法行为人的作用，这种作用显然是保险法所不具备的。

需要指出，侵权责任法中的损害赔偿和保险法中的损害赔偿存在本质区别：

---

① See Mauro Bussani, Anthony J. Sebok, *Comparative Tort Law：Global Perspectives*, Edward Elgar Publishing, 2015, p. 150.

② See Mauro Bussani, Anthony J. Sebok, *Comparative Tort Law：Global Perspectives*, Edward Elgar Publishing, 2015, p. 144.

③ See Mauro Bussani, Anthony J. Sebok, *Comparative Tort Law：Global Perspectives*, Edward Elgar Publishing, 2015, p. 146.

首先，侵权损害赔偿是因违反法律义务致他人损害的后果，而保险人的赔偿责任并不是违反法律义务的后果。保险人承担赔偿损失的责任正是在履行保险合同所确定的义务。其次，侵权事故发生以后，只是在加害人与受害人之间产生侵权损害赔偿关系，而受害人和保险人之间并不存在侵权损害赔偿关系，受害人不得直接向保险人请求赔偿。由于保险合同只存在于保险人和投保人之间，所以在损害事故发生以后，受害人首先要向加害人提出赔偿请求，而加害人作为被保险人应向保险人提出赔偿的通知和请求，保险人只有在得到该通知和请求以后才代替被保险人对受害人承担赔偿责任。最后，侵权责任法中的赔偿额是不能预先确定的（Unliquidated Damages），一般没有最高限额；而在保险法中，保险人的赔偿责任受保险金额的限制。保险金额为保险人在保险期内所负赔偿责任的最高限度，超过的部分应由被保险人自行负担。

应指出的是，在当代西方国家，由于保险业特别是责任保险业的发展，强烈地影响着侵权法作用的发挥，侵权法的制裁、教育、预防等传统职能正日益减弱，同时责任保险也促使归责原则发生变化，传统的过错责任原则正在衰落，而严格责任的作用正在增强。但是在我国，由于目前保险业的发展尚未形成对侵权法适用的严重影响，因而，在当前加强侵权立法和保险立法的工作中应当正确区分两部法律不同的作用范围，努力避免两部法律在适用中可能出现的冲突和矛盾，以充分发挥二者的独特作用。

三、侵权责任法和社会保障法

社会保障关系是指以保证或者提高公民的基本生活水平，或在公民生活困难时给予特别经济扶助而形成的社会关系。其应用的典型领域有各种社会保险、社会福利和社会救助。社会保障法就是调整这些关系的法律规范。[1][2]　现代社会是

---

① 参见程啸：《侵权行为法总论》，23 页，北京，中国人民大学出版社，2008。

② Mauro Bussani, Anthony J. Sebok, *Comparative Tort Law：Global Perspectives*, Edward Elgar Publishing, 2015, p. 148.

充满风险的社会，随着现代工业化的发展，各种具有瑕疵的产品危及人们的健康；人们的流动自由的增加，人类活动范围的扩大，使得各种事故发生的几率增大；现代科技的发展，以及交通工具的便捷在给人们带来极大的方便的同时，也给人们带来许多未知的危险。正如苏永钦所说，"新世纪的人们栖栖皇皇，念兹在兹的，不是财富的取得，而是灾难的趋避"①。现代社会的这些特点给传统侵权法带来了极大的压力和严峻的挑战。在侵权责任法救济功能得以强化的同时，社会保障制度也应运而生，旨在为受害人救助开辟新的渠道。随着社会化国家与福利国家的发展，"从摇篮到坟墓"的福利国家理论的影响，促使社会救助制度不断发展，其也很大程度上弥补了侵权责任法在填补损害方面的不足。在西方国家，社会救助的主要形式是社会保险，其主要包括养老保险、疾病保险、工伤保险、失业保险、生育保险等。② 社会保险最初产生于工伤事故保险。德国最早在这一领域进行了探索，其于1884年率先颁布《职业伤害保险法》，成为世界上首个实行职业伤害保险的国家。此后，其他国家也相继效仿。迄今为止，在西方国家，工伤保险已经纳入社会保险的范畴。因此，工伤事故赔偿已经不再属于侵权损害赔偿的范畴，而属于工伤保险、社会救济制度的范围。各国关于职业伤害的赔偿几乎都纳入了工伤保险制度中，成为社会保险的主要内容。③ 除工伤事故实行社会保险以外，在事故领域也推行社会保险，以适当替代侵权责任。④ 最著名的是1972年新西兰颁布的《事故补偿法》，该法规定，任何谋生者因意外灾害遭受身体伤害，不论其发生地点、时间及原因，及在新西兰因机动车祸受伤者，均可以依法定程序向"意外伤害事故补救委员会"请求支付一定的金额。而此种费用来源于政府征收的各种补偿基金。⑤ 其特点主要表现在：政府通过各种途径建

---

① 苏永钦：《民事财产法在新世纪面临的挑战》上，载《人大法律评论》，2001（1）。
② 参见林嘉：《社会保险对侵权救济的影响及其发展》，载《中国法学》，2005（3）。
③ See Earl F. Cheit, *Injury and Recovery in the Course of Employment*, New York：Wiley, 1961, p. 2.
④ 例如，在美国，据1967年的统计，在交通事故赔偿方面，侵权责任赔偿占32%，私人保险赔偿占39%，社会保险赔偿占29%。在有的国家，试图借助社会救济方式对各类事故损害给予完全的救济。
⑤ See Craig Brown, "Deterrence in Tort and No-Fault：The New Zealand Experience", 73 *Cal. L. Rev.* pp. 976-1002 (1985).

立起损害补偿基金，从而对交通事故等各类事故受害人直接进行赔付，这就相应地也免除了非故意的行为人的责任。迄今为止，这是世界各国唯一广泛采用社会救助的方法来解决事故损害赔偿的国家。除新西兰以外，其他国家虽然社会救助的适用范围越来越大，但其适用范围还是有限的，主要局限于工伤事故等有限领域。例如，澳大利亚曾提出《联邦补偿法案》，对事故损害实行完全的社会救助，但并没有获得通过。

正是因为社会保障和责任保险制度对侵权责任法产生了一定的冲击，所以，许多西方学者纷纷惊呼"侵权行为法正处于危机状态"，也有学者将其称为"责任危机（liability crisis）"[1]。在英国，帕特里克·阿蒂亚（Patrick Atiyah）呼吁在人身伤害领域完全废除侵权法，代之以保险解决方案，不考虑每个受害人在损害中的原因力大小和过错程度，均予赔偿。[2] 笔者认为，在看到社会保障与责任保险制度作为对受害人提供补救的有效手段的同时，不能过于夸大其功能，这两种制度的出现不仅没有给侵权法带来危机，反而为侵权法的发展提供了新的机遇。这两种制度为受害人提供了有效的补救，分配了社会上不可避免的风险，是侵权责任法有效的补充机制，但是，绝对不能过于夸大它们的功能。因为责任保险与社会保障制度的发展而断言侵权法陷入危机或者走向穷途末路，未免过于武断。事实上，在我国，社会保障尚未对侵权法构成威胁，也绝对不可能替代侵权责任法。其主要原因在于：

第一，从国外的经验来看，社会救助都是为经济比较发达的国家所采用，但是，即便在这些国家，人们也对这些方式提出了批评。因为社会保障制度是以高税收来维持的，过高的社会保障税往往使纳税人难以承受，某些西方国家不得不进行福利改革缩小原有的社会保障规模，建立社会保障金。1992 年新西兰颁布了《事故赔偿与赔偿保险金》，对 1972 年的《事故补偿法》作了显著修改，给那

---

① Victor E. Schwartz, Kathryn Kelly, David F. Partlett, Prosser, *Wade and Schwartz's Torts: Cases and Materials*, Fundation Press, 1994, p. 1.

② See Peter Cane, Atiyah's Accidents, *Compensation and the Law (Law in Context)*, 8th ed. Cambridge University Press, 2013, 603 ff.

些试图效仿新西兰模式的国家敲响了警钟。① 在我国的多元化救助机制中，社会救助只能起到辅助性的作用：一方面，社会救助的力度毕竟有限，社会救助的风险分担功能也十分有限，其只能保证最低生活，通常难以满足恢复原状的需要，通过社会保障的方式来救济受害人，实际上是通过税收、财政等途径来集中社会资源对受害人进行救助。此种方式的推行，必然以高税收为基础。在我国现阶段，尚不具备推行此种方式的社会经济条件。尤其是在西部欠发达地区，通过财政来提供保障，条件还远远没有具备。另一方面，在多元化的救济机制中，以社会救助为主导，也不利于发挥对不法行为人的制裁、遏制以及教育功能。

第二，社会保障制度不能实现对受害人的充分救济。无论社会保障制度将来如何发展，其都不可能完全代替侵权法对受害人的救济功能。相反，两者应当是相互补充、共同发展的关系。完全以社会保障取代私法上的侵权责任给予受害人以救济，是以社会生产力的高度发展为基础的，但我国社会保障制度尚未得到充分发展，因此，在今后相当长的时间内，无法完全通过社会保障制度对受害人进行救济，仍然需要充分发挥侵权责任制度的作用。例如，在高楼抛物致人损害而找不到行为人的情况下，如果能够通过社会救助的方式对受害人予以救助是最有效的方式，但是，在我国当前社会救助不能对其提供救济的情况下，就必须通过侵权责任法对不幸的受害人予以救助。

第三，社会保障制度不能取代侵权责任制度的功能。社会保障制度虽然能够快捷地补偿受害者，但其无法完全取代侵权赔偿制度。如果对故意侵权行为的受害人也采取社会救济的话，既有失公平（要求全社会为个别不法行为人的损害后果负责），而且易于引发道德风险。如果完全用责任保险与社会保障取代侵权法，那么一旦发生损害后，无论加害人与受害人是否具有过错都要对受害人进行补救，必然导致人们的责任心降低，反而会致使损害事故不断发生②，甚至出现许多暴力事件，这将给社会稳定带来更大的威胁。

第四，社会保障仅涉及特定人身伤害，对侵权行为所致财产损失无法适用，

---

① 参见刘士国：《现代侵权损害赔偿研究》，29 页，北京，法律出版社，1998。
② 参见［德］格哈特·瓦格纳：《当代侵权法比较研究》，高圣平、熊丙万译，载《法学家》，2010（2）。

且适用范围极为有限。① 相对于侵权责任，社会保障适用范围主要限于工伤、交通事故等特定人身伤害领域，其救济方式也以补偿为主；而侵权责任的适用不限于损害赔偿责任，它还包括赔礼道歉、停止侵害等多种责任形式，即便就损害赔偿而言，侵权责任也不限于人身伤害赔偿，它还包括财产损害赔偿和精神损害赔偿，这些都是社会保障和责任保险所不能取代的。

总之，我国应当逐步建立健全对损害的综合补偿机制，即通过侵权损害赔偿责任、社会保障机制等方式对无辜的受害人提供充分的救济。例如，在工伤事故方面，我国已经颁布了《社会保险法》《工伤保险条例》，因此，当发生工伤事故时，受害人不仅可以通过侵权赔偿获得救济，而且可以获得工伤保险赔偿。这种方式应当扩大适用于其他责任领域，这也是现代法治人本主义、人道主义精神的具体体现。在讨论侵权责任法与社会保障制度之间的关系时，尤其需要探讨工伤事故中侵权责任和工伤保险之间的关系。换言之，在工伤事故发生以后，受害人获得工伤保险赔付之后，是否还可以主张侵权损害赔偿？对此，学界存在择一说、兼得说、减去说三种观点。笔者认为，考虑到工伤保险的赔付难以弥补受害人的全部损害，如果不允许其再主张侵权损害赔偿，将难以使其获得完全的救济。因此，如果工伤保险不足以填补受害人损害的，受害人仍有权请求行为人承担侵权责任，这也是"以人为本"精神的体现。当然，允许受害人同时请求责任保险赔偿和责任人赔偿，主要是为了使其充分受偿，两次请求后的获赔总额一般不能超出实际损失。除工伤保险外，当侵权和商业保险并存时，也应当适用该规则，且我国司法实践也采用了此种做法。在2009年北京市丰台区人民法院和北京市第二中级人民法院审理的一桩案件中，一审判决支持交通事故受害人（学生）同时获得事故责任险赔偿和侵权人的全额赔偿，二审判决改变了一审判决，只允许受害人在保险赔偿之外就未获赔偿的部分请求侵权人赔偿。②

---

① 参见刘士国：《现代侵权损害赔偿研究》，29～30页，北京，法律出版社，1998。

② 参见北京市第二中级人民法院（2009）二中少民终字第11980号民事判决书，北京市丰台区人民法院（2009）丰民初字第4521号民事判决书。

四、侵权责任法与人格权法

从许多国家人格权制度发展的历史来看，人格权法与侵权法具有密切的联系，主要表现在：一方面，在独立的人格权制度产生之前，对人格权的保护和救济主要是通过侵权法来实现的。例如《德国民法典》在其总则部分仅对姓名权作出了一条规定，而在侵权行为法中对生命权、身体权、健康权、自由权、信用权、贞操权都进行了保护（第 823～825 条）。英美法系国家也没有独立的人格权制度，对这类权利，也是通过侵权法来保护的。另一方面，对人格权的侵害在性质上都是一种侵权行为，受害人应主要通过侵权行为法获得补救。人格权制度发展对侵权法也产生了重大影响，其不仅扩大了侵权法的保护范围，也促进了精神损害赔偿制度的发展，丰富了侵权法律制度的内容。[①] 我国《侵权责任法》第 2 条在划定侵权责任法保护的权益范围时，明确列举了 18 项权利，其中近半数是人格权，并且将人格权置于财产权之前，也彰显了对人格权保护的高度重视，具有价值宣示的功能。而且该法第 15 条规定的 8 种救济方式以及第 22 条的精神损害赔偿都可以适用于人格权的侵害。显然，《侵权责任法》通过扩张权利范围以及采用形式多样的责任形式，强化了对人格权的保护，基于此，有无必要制定人格权法，并使其在未来民法典中成为独立一编，就引发了学界的讨论。

由于人格权法与侵权法关联密切，有观点认为，只要制定规则完善的侵权责任法，就没有必要再单独制定人格权法。事实上，侵权法和人格权法之间仍然存在明显的区别，不能通过侵权法完全替代人格权法，两者的主要区别在于：

第一，规范对象不同。侵权法主要是规定侵权行为及其责任，从而对民事主体的人身或财产利益进行保护；而人格权法主要调整人格关系，以确认权利主体的人格权为首要立法目标。侵权责任法主要解决所有合法权益受到侵害时的法律

---

① See Gert Brüggemeier, Aurelia Colombi Ciacchi, Patrick O'Callaghan, *Personality Rights in European Tort Law*, Cambridge University Press, 2010, pp. 3-4.

救济问题，除人格权之外，侵权责任法还保护物权、知识产权等绝对权，这些权利也同样可以借助于侵权法对受害人予以救济。

第二，是否具有确权功能不同。侵权法主要是救济法，它主要对已经遭受的侵害进行救济，因此其主要功能不是确认权利，而是保护权利。而人格权法是权利法，其与物权法等法律一样，具有确权功能。只有通过人格权法规定各类人格权及其内容、效力等，才能为侵权法的救济提供基础。例如，侵权责任法虽然可以通过侵权责任保护隐私权，但无法从正面确认隐私权，也无法规定隐私权的具体内容。隐私权的内容可以进一步类型化为独处的权利、个人生活秘密的权利、通信自由、私人生活安宁、住宅隐私等。就私人生活秘密而言，又可以进一步分类为身体隐私、家庭隐私、个人信息隐私、健康隐私、基因隐私等。不同的隐私因为类型上的差异，在权利的内容以及侵权的构成要件上，都可能有所差异。对于如此纷繁复杂的权利类型，侵权责任法作为救济法的特点决定了其不能涉及，也无法涉及。

第三，是否可以具体确认每一项具体人格权的权能不同。我国《侵权责任法》第2条虽然宣示要保护8项人格权，但没有也不可能进一步规范各种人格权的具体权能。每一种权利都具有其自身的作用或功能，这些权能不是单一的，各种权能的结合构成了其内容。例如，肖像权具有形象再现权、肖像使用权、转让等权能。公民和法人的人格权不管是一般人格权还是各项具体人格权，都具有较为丰富和复杂的权利内容。例如，名誉权的内容不同于肖像权的内容，而公民的姓名权与法人的名称权的内容也不完全相同（因为法人的名称权可以转让，而公民的姓名权不能转让）。公民、法人所享有的各项人格权内容是不能通过侵权责任法加以确认的，而必须在人格权法中具体规定。正是在这个意义上，只有制定人格权法，才能更充分地体现私权行使和保护的需求，侵权责任法显然不具备上述功能。

第四，能否规定人格权的利用、行使等规则不同。法律不仅要列举与表彰各种权能，也要具体规定各种权能的行使与表现效果。尽管人格权原则上不能转让，但权利人可以许可他人对其人格权进行利用。例如，肖像权的使用权能可以

转让，法人的名称权可以转让。尤其是如果未来人格权法中规定个人信息权，也必须规定该权利的利用规则。还应当看到，公民的大多数人格权是与生俱来的，如生命健康权等，但还有一些人格权需要通过实施一定的行为才能取得，如名誉权等。法律也应当规定人格权的具体行使、利用规则，这些规则显然非侵权责任法所能包括。

第五，侵权责任法无法规定权利的冲突及其解决规则。人格权在行使过程中常常会与其他权利发生冲突。如实践中常见的人格权与财产权、隐私与新闻自由、名誉权与舆论监督等权利的冲突。人格权在行使过程中，也可能与公权力的行使发生冲突。[①] 还应看到，各项具体人格权之间也可能发生交叉和冲突，从而需要在人格权法中确立解决冲突的规则。例如，当生命权与财产权发生冲突时，应当优先保护生命权；当肖像权与肖像作品著作权发生冲突时，应优先保护肖像权。而侵权责任法不能解决权利行使和权利冲突的问题。此外，为了维护公共利益、社会秩序等，在法律上有必要对于人格权作出一定的限制，这些限制规则不能在侵权责任法中规定，而只能由人格权法加以规定。例如，对公众人物人格权的限制、人格权权利不得滥用、人格权与言论自由的关系等。从这个意义上说，人格权法的独立成编，也可以起到和侵权责任法相互配合的作用。

从根本上说，侵权责任法的性质和功能决定了其不可能替代人格权法，我国《侵权责任法》的颁行虽然强化了对人格权的保护，但这丝毫不应影响人格权法的制定和颁行。相反，为了配合《侵权责任法》共同实现对人格权的确认和保护，应当制定独立成编的人格权法。应当看到，《侵权责任法》采取的多种责任形式，大多可以适用于人格权的保护。尤其是侵权责任法所规定的赔礼道歉、消除影响、恢复名誉等责任形式，这些责任形式并不都需要在侵权责任法中作出细致规定，由于这些责任形式主要适用于对人格权的侵害，因而可以考虑在人格权法中对上述责任形式作出细化规定。

---

① Richard C. Turkington, Anita L. Allen, *Privacy Law：Cases and Materials*，2nd edition，West Group，1999，p. 2.

五、侵权责任法与合同法

侵权责任法与合同法都属于民法的范畴，但二者属于民法内部的不同法律制度。早在古罗马法时期，两法的分离就已经出现并为盖尤斯的《法学阶梯》所明确肯定。在现代各国的民事立法中，英美法国家将合同法与侵权法截然分开，使其各自具有独立的体系和内容，而大陆法系国家大多将合同和侵权行为合并规定在民法典债权篇中。在英美法中，侵权责任法在相对独立的同时，也与财产法、合同法等发生密切联系。例如，Hepple 指出：英美侵权责任法已经被作为"决定权利（determining rights）的工具"①。尤其是涉及财产权的设定问题，侵权法和财产法已经发生了许多交叉，但这丝毫不否定二者的独立存在。我国《民法通则》未采取大陆法的立法体例，而是单设"民事责任"一章，对合同责任和侵权责任作出规定。

诚然，侵权责任法和合同法作为民法的组成部分，具有许多相同之处：从职能上说，两法都承担了保护公民和法人的合法权益、补偿受害人的损失、恢复被损害的权利人的民事权利等任务。如我国台湾地区学者苏永钦指出："在以私法自治为基本原则建构的现代社会，侵权行为和契约制度一样，都承担了维护自由意志和社会秩序的功能。"② 从内容上看，合同行为和侵权行为同为债的发生根据，均要适用民法关于债的一般规定。在责任方面，合同责任和侵权责任均为民事责任，二者在构成要件、免责条件、责任形式等方面具有民事责任的共同特点。因而《民法通则》在"民事责任"一章中专设"一般规定"（第六章第一节）对两类责任的共性问题作出了规定。尤其应当看到，由于责任竞合的不断发展，侵权法和合同法已具有逐渐相互渗透和融合的趋势。③

---

① Bob Hepple, *Helple and Matthews' Tort Law*：*Cases and Materials*，Butterworths，1991，p. 1.
② 苏永钦：《再论一般侵权行为的类型》，载张新宝主编：《侵权法评论》，2003 年第 2 辑，北京，人民法院出版社，2003。
③ See B. S. Markesimis, S. F. Deakin, *Tort Law*，4th ed.，Oxford University Press，1999，p. 8.

但是，侵权责任法和合同法毕竟是民法中相互独立的两个法律部门，侵权责任和合同责任也是不同的责任。混淆二者的性质、模糊其界限，不仅会打乱民法内在的和谐体系，而且会对司法实践中正确处理民事纠纷产生极为不利的影响。笔者认为，侵权责任法和合同法的区别主要体现在以下方面：

1. 法律规范的性质不同。合同作为交易的法律形式，是法律所鼓励的合法行为①，只有当合法的交易行为得到充分发展时，市场经济才能得到繁荣和发展。因此，合同法要借助大量的任意性规范，充分尊重当事人的意志，鼓励当事人在法律规定的范围内行为。② 只要当事人所缔结的合同不违反法律的强制性规定，不损害他人的合法权益，法律就承认其效力。而侵权行为是侵害他人财产和人身的行为，是法律所禁止的行为。侵权行为虽可产生债，但此种债务与合同当事人自愿设立的合同之债的关系是完全不同的。在侵权行为产生以后，行为人负有对受害人作出赔偿的义务，损害赔偿也是行为人对国家所负的责任，行为人是否愿意承担责任和在多大范围内承担此种责任，不以行为人的意志为转移，从这个意义上说，侵权责任法体现了强行法的特点。

2. 保护的权益范围不同。两法所具体保护的权益范围是不同的。合同法保护的是订约当事人依据合同所产生的权利，即合同债权，这是一种在特定的当事人之间所发生的相对权；而侵权责任法所保护的是民事主体的物权、人身权以及知识产权，这是一种对抗一切不特定人的绝对权。由于侵权责任法和合同法所保护的权益范围不同，因而它们在民法中所担负的任务和职能也是不同的。

3. 规范的内容不同。由于侵权责任法调整的是因侵权行为产生的债务和责任关系，而合同法调整的是交易关系，因而它们在责任的归责原则、构成要件、责任主体、举证责任、责任方式、诉讼时效、免责条件等方面的规定上是不同的。③ 因此，当某一种民事违法行为产生以后，权利人请求相对人承担违约责

①　参见王家福等：《合同法》，14页，北京，中国社会科学出版社，1986。

②　因此，合同法以鼓励交易为其目标。参见王利明：《合同法的目标与鼓励交易》，载《法学研究》，1996（3）。

③　关于违约行为与侵权行为的差异，参见本书第一编第一章第二节的相关内容。

任，或请求行为人承担侵权责任，二者在举证责任、责任后果等方面是不同的。

4. 责任形式不同。侵权责任法和合同法都要以损害赔偿为其责任形式，也就是说，当侵权行为和违约行为发生以后，都可以适用损害赔偿的责任形式，二者都要以损害赔偿责任实现补救受害人的根本目的，但在运用损害赔偿责任时，两者在归责原则、构成要件、赔偿范围等方面都存在明显的区别。另外，适用于合同责任的形式（如违约金）不能适用于侵权责任，而适用于侵权责任的形式（如恢复名誉、赔礼道歉）不能适用于合同责任。与合同责任相比较，侵权责任的强制性程度更高，一般不允许当事人约定排除。就合同责任而言，合同行为是人们对未来生活的一种安排，无论是权利义务的安排，还是对未来可能产生的责任的预测，大都在合同当事人的预期范围之内。与此不同，侵权责任往往具有不可预期性，且常常发生在互不相识的当事人之间。

5. 规范功能不同。在民事法律体系中，侵权责任法与合同法作为民法的两大基本法律，担负着不同的功能。一个是维护交易程序的法律，一个是保护绝对权的法律。在民事主体享有特定民事权益之后，权利人需要从事两项活动：一是安全地持有此种权益，如占有物、维护人格完整等，使民事权益处于一种安全地状态；二是利用此种权益从事交易活动，换取其他民事权益，并通过交易创造财富、实现财富的价值。侵权责任法和合同法就是分别用于调整前述两个不同方向的民事活动的。第一种活动是由侵权责任法来调整的，即在权益的持有状态被侵害之后，侵权责任法通过责令他人承担责任，以恢复既有的权益持有状态。第二种活动是由合同法来调整的。据此，法国学者 Tony Weir 指出：侵权之债的规则主要起到保护财富的作用，合同之债的规则应具有创造财富的功能。[1] 丹克指出："侵权责任法的目的是使公民有义务赔偿因其不法行为给其他公民造成的合同关系之外的损害。"[2] 此种看法不无道理。

---

[1] See Andre Tunc, *International Encyclopedia of Comparative Law*, Torts, Introduction, J. C. B. Mohr (Paul Siebeck, Tübingen), 1974, pp. 1, 2.

[2] Andre Tunc, *International Encyclopedia of Comparative Law*, Torts, Introduction, J. C. B. Mohr (Paul Siebeck, Tübingen), 1974, p. 19.

六、侵权责任法和物权法

在我国，物权法和侵权责任法都是民法的重要组成部分，在未来民法典中都将独立成编。两者在制度的构建上相互配合，在功能上也具有一致性，因为物权法以确认和保护物权为目的，而侵权责任法也具有保护物权的功能。《侵权责任法》第 2 条规定物权属于侵权责任法的保护对象。我国《物权法》第 34 至 36 条规定了物权请求权，而《侵权责任法》第 15 条也确认了在物权遭受侵害的情况下，受害人可以主张停止侵害、排除妨碍、消除危险、返还财产。无论是物权法还是侵权责任法，都规定了以损害赔偿的方式对受害人提供救济。因此，在物权遭受侵害的情况下，受害人既可以根据物权法主张物权请求权，也可以根据侵权责任法主张侵权请求权，此时将形成请求权竞合的关系。《侵权责任法》关于保护物权的各种方式的规定，进一步强化了对物权的保护。

但应当看到，物权法和侵权责任法具有明显的区别，主要表现在：第一，调整对象不同。物权法调整的是平等主体之间因物的归属和利用而产生的财产关系，主要包括物的归属关系、物的利用关系和占有关系。而侵权责任法调整的是因民事权益遭受侵害而形成的侵权责任法律关系。因此，在某种财产没有遭受侵害之前，原则上只受到物权法的调整，而不受侵权责任法的调整。第二，功能不同。物权法是权利法，即主要功能是要确认物权，只有在确认物权归属和内容的基础上，才能保护物权。而侵权责任法是救济法，它是在受害人的权利遭受侵害的情况下，对遭受侵害的受害人提供救济。侵权责任法不仅保护物权，它也要保护除物权以外的其他绝对权和合法利益。第三，保护方法不同。物权请求权不考虑行为人的过错，且不适用诉讼时效。而侵权请求权原则上要考虑过错，而且要适用诉讼时效。[①] 第四，物权法具有固有法性质，它常常反映了一个国家的基本经济制度和基本财产关系，对于维护社会的经济秩序和经济制度具有重要作用，

---

① 参见王轶：《略论侵权请求权与诉讼时效制度的适用》，载《中州学刊》，2009 (4)。

因此，其往往具有更强的本土性。但侵权责任法是确认如何对受害人进行救济的规则，其虽然要反映一个国家的社会风俗、民族特点等，但其往往具有更强的国际化色彩，包含一些具有普适性的规则。

第九节　侵权责任法的适用

一、侵权责任法的适用范围

（一）侵权责任法在时间上的适用范围

侵权责任法在时间上的适用范围，是指侵权责任法在时间上所具有的法律效力。《侵权责任法》第 92 条规定："本法自 2010 年 7 月 1 日起施行"。《侵权责任法》并非自其颁布之日起施行，是考虑到该法的实施较为复杂，需要为法律的施行预留一段准备期。

《侵权责任法》实施之后，对其生效之前的事件或行为是否适用，即法律是否溯及既往？按照一般的原则，法律是不溯及既往的。法律不溯及既往的根据在于：在法律尚未公布之前，人们只能按照旧的法律实施行为，而依据旧的法律所作出的任何行为都是合法的。如果在新的法律颁布之后，新的法律产生推翻人们依据旧的法律所实施的行为的效力，就会打破人们对依据法律而行为的后果的预期，不利于法律的安定性和稳定性。当然，法律不溯及既往并非绝对，在法律上也可以作例外的规定，这涉及一些跨越侵权责任法施行的时间的侵权行为，最高人民法院通过司法解释对此已作出规定。①

（二）侵权责任法在空间上的适用范围

所谓侵权责任法在空间上的适用范围，是指侵权责任法在地域上所具有的效力。原则上说，侵权责任法在本国领域内发生效力。这里所说的本国领域，是指

---

① 2010 年 6 月 30 日，最高人民法院颁发《适用侵权责任法通知》。

我国的领土、领水和领空，以及根据国际法、国际惯例应当视为我国领域的一切领域。例如，我国驻外使领馆、我国航行或停泊于境外的船舶、航空器等。当然，在特殊情况下，为了保护我国公民和法人的利益，我国侵权法也可能产生域外效力。例如，《海洋环境保护法》第2条第3款规定："在中华人民共和国管辖海域以外，造成中华人民共和国管辖海域污染的，也适用本法。"

（三）侵权责任法对人的适用范围

侵权责任法对人的适用范围，是指侵权责任法适用于哪些民事主体。我国侵权责任法原则上适用于居住于我国境内的中国公民或设立于我国境内的法人，以及居留在我国境内的外国人、无国籍人和经我国政府准许设立在中国境内的外国法人。对于居住在外国的我国公民，依照我国法律的特别规定或我国缔结参加的国际条约、双边协定以及我国认可的国际惯例，仍然适用我国侵权责任法的，也应当适用。

二、侵权责任法的适用原则

（一）侵权特别法优先于侵权普通法

在法理上，根据法律的适用范围有无限制，法律可以分为普通法和特别法。普通法是指适用于全国领域、规定一般事项、无适用的时间限制的法律。特别法是指适用于特定区域、规定特定的事项、在适用的时间上有限制的法律。根据此种分类标准，侵权责任法可分为侵权普通法和侵权特别法。按照法律适用的一般规则，侵权特别法优先于侵权普通法。

侵权普通法和侵权特别法是一般和特殊的关系，它们之间的区别体现为：

1. 适用范围的区别。侵权责任法关于侵权责任的归责原则、构成要件等规定，就其适用的地域范围来说，是适用于全国范围的，属于侵权普通法。而在大量的单行法律和法规中有关侵权行为的规定，仅适用于特定区域和特定事项。例如，《内河交通安全管理条例》《公路管理条例》中关于侵权行为的规定仅适用于特定区域。

2. 对人的效力的区别。侵权责任法并没有对人的适用范围作出限定，属于侵权普通法。有些法律仅适用于特定侵权人，属于侵权特别法，如《邮政法》专门规定了邮政侵权损害赔偿责任，这些规定仅适用于在邮政企业范围内发生的邮政企业或邮政工作人员因进行邮政业务而致受害人损害的情况，因而属于侵权特别法。

3. 具体内容的区别。《侵权责任法》第 69 条规定了危险责任的一般条款，该规定属于侵权普通法，而在一般条款之下所列举的各类高度危险责任则属于具体侵权行为，因此，可以理解为侵权特别法。可见，侵权普通法和侵权特别法的区别主要体现在具体内容上，而不在表现形式上。侵权责任法关于侵权行为民事责任的规定，有的是对一般侵权行为所作的规定，有的是对特殊侵权行为所作的规定，应该对此作出区别。同时，一些单行的民事法律和法规中就侵权民事责任所作的规定，有的只不过是侵权责任规则的具体化，有的是补充侵权责任法关于特殊侵权行为的规定。因此，不能认为在侵权责任法中的规定都属于侵权普通法，而在单行法律和法规中的规定都属于侵权特别法。

4. 适用的顺序不同。根据特别法优先于普通法适用的规则，在适用侵权责任法时，同一效力等级的侵权特别法应优先于侵权普通法而适用；在没有或不能适用侵权特别法时，才应适用侵权普通法。特别法中关于侵权责任的特殊规定，应当优先于侵权责任法的一般规定。当然，此种规则以侵权特别法规范符合侵权普通法确立的基本原则和制度为前提，反之，如果特别法与普通法抵触的，则不能适用。《侵权责任法》的相关规则也体现了这一理念。例如，《侵权责任法》第 48 条规定："机动车发生交通事故造成损害的，依照道路交通安全法的有关规定承担赔偿责任。"因此，有关机动车事故责任，应当依照道路交通安全法的规定来确定其归责原则。

还要看到，普通法和特别法只是相对的概念。某一法律或法律规范相对于此一法律、规范是普通法，相对于另一法律、规范则可能是特别法。例如，《民法通则》第 124 条关于环境污染的民事责任的规定，相对于一般侵权行为的规定是特别法，而相对于《海洋环境保护法》中关于海洋环境污染民事责任的规定则是

普通法。另外，还要考虑侵权责任法是否存在修改已有法律规定的意图，如果立法者通过侵权责任法的制定，就是要修改已有的法律规则，那么，就应当适用侵权责任法的规则。

不过，侵权特别法优先于侵权普通法只是一般的原则，在例外的情况下，如果特别法为前法，而普通法为后法，就有可能适用侵权普通法，这是新法优先于旧法规则适用的结果。

（二）新法优先于旧法

所谓新法优先于旧法，是指在同一位阶的法律之间，新颁布的法律优先于此前颁布的法律。这一法律适用规则的依据在于，立法者实际上通过新颁布的法律修改了原有的法律。即便旧法没有被明确地废止，也无法再适用，但该规则适用的前提是，二者是同一位阶的法律。如果是不同位阶的法律，则要受到上位法优先于下位法规则的影响。在侵权责任法制定之前，我国已经颁布了大量的法律，对侵权责任作出了规定，尤其是我国《民法通则》中集中规定了大量的侵权责任规范。按照新法优先于旧法的规则，侵权责任法颁布之后，凡是旧的法律与新法不一致的，都应当适用新法。例如，关于监护人责任，《民法通则》规定：有财产的被监护人侵权，先从其财产中支付；不足部分，监护人承担适当的赔偿责任。而《侵权责任法》第32条规定：不足部分，监护人承担全部赔偿的责任。因此，监护人责任就应当适用侵权责任法的规定。再如，因第三人的行为而导致动物致害的，依据《民法通则》第127条的规定应当由第三人负责，但《侵权责任法》第83条规定，受害人既可以请求第三人负责，也可以请求动物饲养人或管理人负责，这显然修改了《民法通则》的相关规定。

（三）法律优先于司法解释

在法律适用中，存在上位法优先于下位法的规则。按照这一规则，法律应当优先于司法解释。应当看到，在我国《侵权责任法》颁行之前，在侵权责任方面存在大量的司法解释，如《精神损害赔偿司法解释》、《人身损害赔偿司法解释》等。这些司法解释对于提供可操作性的规则、统一司法裁判依据等都发挥了重要作用。

但在《侵权责任法》颁布以后，如果该法中的相关规则与司法解释不同，则应当优先适用侵权责任法。只有在侵权责任法中没有规定，或者司法解释中的规定与该法中的规定不相冲突时，才能适用司法解释。例如，《人身损害赔偿司法解释》中规定，雇员在雇佣活动中受到损害的，雇主要承担赔偿责任。这里雇主承担的责任不以其具有过错为要件。而《侵权责任法》第35条中规定，提供劳务者因劳务受到损害的，按照双方的过错分担损失。该条实际上已经修改了司法解释中的规则，因此，应当适用《侵权责任法》的规定。

三、侵权责任法适用中的特殊问题

1. 法律适用原则之间是否有先后顺序

我国《立法法》第92条规定："同一机关制定的法律、行政法规、地方性法规、自治条例和单行条例、规章，特别规定与一般规定不一致的，适用特别规定；新的规定与旧的规定不一致的，适用新的规定。"该条确立了两个重要的法律适用原则，即特别法优于一般法、新法优于旧法。但是这两个原则在适用中可能会发生冲突。例如，甲在钓鱼时，不慎将渔钩钩到了鱼塘上方的乙电力公司的高压电线上，结果当场触电死亡。甲的家属请求乙公司承担侵权责任。乙公司提出，《电力法》第60条第2款规定："电力运行事故由下列原因之一造成的，电力企业不承担赔偿责任：（一）不可抗力；（二）用户自身的过错。"甲的死亡是由于其在高压线下钓鱼的过错所致，故此不承担赔偿责任。但是，依据《侵权责任法》第73条，高压电致人损害时，只有在受害人故意或不可抗力时责任人才能被免责。受害人仅仅具有过失的，不能免责，只能减轻责任。如此一来，在法律适用原则上就产生了冲突。依据特别法优于一般法的规则，《电力法》关于电力致害责任的规定显然是特别法，而《侵权责任法》第73条是一般法。然而，《侵权责任法》属于新法，《电力法》属于旧法。按照新法优于旧法的规则，就应当适用《侵权责任法》，而非《电力法》。对此，笔者认为，在这两项原则发生冲突的情况下，首先应当依据《立法法》第94条第1款的规定处理，即"法律之

间对同一事项的新的一般规定与旧的特别规定不一致，不能确定如何适用时，由全国人民代表大会常务委员会裁决。"但是，在全国人大常委会裁决之前，审判实践中应当优先适用的是"新法优于旧法"的原则。这主要是因为，新法更符合立法的本意。因为之所以出现新法不同于旧法的地方，是因为立法者要修改原来的规定。所以，优先适用新法优于旧法的规则更有利于贯彻实现立法目的。

2. 司法解释与新法不一致时如何处理

在我国，司法解释是一个非常重要的侵权法的法律渊源。司法解释是审判机关或检察机关针对法律适用中的问题作出的。例如，最高人民法院的《人身损害赔偿司法解释》、《精神损害赔偿司法解释》等就是针对《民法通则》中的相关法律规定在适用中存在的问题而作出的。然而，在《侵权责任法》颁布之后，一方面，《侵权责任法》本身就修改了《民法通则》等以前的法律的相关规定，例如，《侵权责任法》关于饲养动物致害责任的规定就修改了《民法通则》第127条的规定，将归责原则从以往单一的严格责任变为严格责任、过错推定责任并存的情形。另一方面，《侵权责任法》也会将一些以往的法律规定变得更加具体细致，例如《侵权责任法》第8至12条对多数人侵权责任的规定就比《民法通则》第130条的规定更加细致准确。这样一来，就势必发生解释旧法的司法解释与新法究竟如何适用的问题。

笔者认为，首先，当司法解释与新法规定不一致时，应当以新法为准。例如，《精神损害赔偿司法解释》第4条规定："具有人格象征意义的特定纪念物品，因侵权行为而永久性灭失或者毁损，物品所有人以侵权为由，向人民法院起诉请求赔偿精神损害的，人民法院应当依法予以受理。"该条就与《侵权责任法》第22条不一致。依据《侵权责任法》第22条，侵害他人人身权益，造成他人严重精神损害的，被侵权人可以请求精神损害赔偿。也就是说，只有在侵害人身权益时，才可能发生精神损害赔偿。而如果只是侵害财产权益，就不应产生精神损害赔偿责任。故此，司法实践中，不应再适用《精神损害赔偿司法解释》第4条。

其次，如果司法解释的规定是填补法律漏洞性质的，或者是新法未作出规定的情形，此时司法解释与新法不发生冲突，当然可以继续适用司法解释的规定。

例如，尽管《侵权责任法》第 2 条第 2 款将监护权规定为侵权法保护的权益范围，但是对侵害监护权的精神损害赔偿责任没有具体的规定。而《精神损害赔偿司法解释》第 2 条则明确规定："非法使被监护人脱离监护，导致亲子关系或者近亲属间的亲属关系遭受严重损害，监护人向人民法院起诉请求赔偿精神损害的，人民法院应当依法予以受理。"故此，该条司法解释的规定可以继续适用。

最后，如果对《侵权责任法》和相关司法解释的适用已经作出明确规定的，应当遵循该规定。例如，最高人民法院《适用侵权责任法通知》指出："人民法院适用侵权责任法审理民事纠纷案件，如受害人有被抚养人的，应当依据《最高人民法院关于审理人身损害赔偿案件适用法律若干问题的解释》第二十八条的规定，将被抚养人生活费计入残疾赔偿金或死亡赔偿金。"因此，有关被抚养人生活费，如受害人有被抚养人的，则仍然应当适用《人身损害赔偿司法解释》。

第十节　侵权责任法的解释

一、侵权责任法的解释的必要性

所谓侵权责任法的解释，是指在法律适用中，法官和其他法律适用者对侵权责任法规范所作的理解和说明的活动。法谚有云："法律不重诵读，而重解释。"侵权责任法之所以需要解释，主要原因在于：

第一，侵权责任法规范具有一定程度的抽象性，需要借助于解释才能适用于具体案件。法谚有云，"法律非经解释不得适用"，"抽象的条文并不能对具体案件进行裁判"[1]，法律必须经过解释，才能与具体的案件相互联结，完成法律对事实的适用。[2]《侵权责任法》同样如此，其虽然具有很强的可操作性，但其毕竟是针对一类案件或者是对成千上万的案件的抽象和概括，需要借助于解释活动

---

① Oliver Wendell Holmes, *The Common Law*, Little Brown and Company, 1881, p. 5.

② 参见［日］星野英一：《民法的另一种学习方法》，冷罗生等译，75 页，北京，法律出版社，2008。

将其与具体的案件事实联系起来。例如，《侵权责任法》第6条第1款关于过错责任的规定，就具有高度的抽象性，它可以普遍适用于各种类型的过错侵权案件，但究竟如何适用，适用于哪些案件，还需要通过解释以实现法条与案件的连接。

第二，侵权责任法的准确适用需要借助于法律解释方法和规则。一方面，解释是保障侵权责任法得以正确实施的方法和途径。在侵权责任法的适用中，法官针对法律文本的思维模式差异很大，对同一文本的理解相去甚远，可能出现同案不同判现象，甚至个别法官"操两可之说"随意进行裁判。这些现象显然都有损于法律的可预期性和法制的统一。另一方面，通过解释有利于克服《侵权责任法》规定的不足。从比较法的经验来看，法律解释具有节约立法成本、提高立法效用、保障法制安定等优势。可以说，成文法的生命力在相当程度上取决于法律解释活动。从这个意义上来看，法律解释活动越发达，科学性越强，成文法的生命力就越长久，其在社会生活中的规范效果就越明显。法律解释活动还可以有效地克服成文法的漏洞，弥补其不足，成为克服成文法刚性和僵化缺点的"润滑剂"。因此，《侵权责任法》颁行之后，难免存在一些漏洞和不足，只有通过解释才能使其不断完善。此外，侵权责任法的法律渊源具有多样化的特点，虽然《侵权责任法》的起草力图实现资讯集中，但大量特别法的存在以及其他法律中侵权法律规范的存在，使得其法律渊源仍然具有多样化的特点，这些法律规定之间的关系如何，如何选择妥当的适用规范，是侵权责任法适用中的重要问题。

第三，侵权责任法的发展也必须借助于法律解释活动。《侵权责任法》是对我国既有立法、司法和理论研究成果的总结，但是，成文法的特点决定了，其制定之后，仍然需要适应社会的变迁而不断发展。可以说，法律的不完善性、滞后性是永远伴随着成文法的特征，这就要求借助于法律解释来不断发展法律，使法律能够有效调整新型的社会关系。例如，《侵权责任法》第6条第1款规定了过错责任的一般条款，第69条规定了危险责任的一般条款，法官若要从这些条文中解释出其构成要件和法律后果，并将其适用于新型的案件，就需要借助于法律解释。再如，《侵权责任法》针对第三人的过错行为导致动物致害的责任承担作

出了规定，但对于第三人的动物导致被告的动物致害的情况，并没有作出规定，这可以借助于类推适用相关法律规则的方法对其进行调整。

正是基于法律解释技术和方法在法律适用和法律发展完善中举足轻重的意义，有学者认为，"解释是维持法律生命力的心脏"[1]。法律解释是沟通立法者意思和人们对法律的理解的媒介，是法律从纸面走向生活的工具。因此，在《侵权责任法》颁布之后，重要的任务就是要进一步配合立法和司法机关，做好法律的解释工作，以保障《侵权责任法》的正确适用。

二、侵权责任法解释的具体方法

（一）文义解释

文义解释是指对法律文本的字面含义所进行的解释[2]，或者说，是根据制定法的字面含义进行的一种具体化的解释。文义解释是法律解释的首要方法，也是其他方法适用的前提。文义解释在侵权责任法解释中的适用主要表现为，对法律的概念、术语和法条的含义进行准确的解释。当然，在运用文义解释方法时，有时需要结合其他法律解释方法确定法律规则的内涵。例如，《侵权责任法》第5条规定："其他法律对侵权责任另有特别规定的，依照其规定。"此处所说的"另有特别规定"就需要进行解释。从文义解释看，似乎只要其他法律对侵权责任另有规定，都应当适用其他法律，但这显然有违《侵权责任法》的立法目的。因此，按照目的解释，"另有"的含义并不是说凡是其他法律中与侵权责任法规定不同的，都应适用其他法律的规定。"另有"的含义是指事项的不同，即只有其他法律所规定的事项与《侵权责任法》规定的事项不同时，才能适用其他法律的规定；如果其他法律所规定的事项与侵权责任法相同，则应当适用侵权责任法，而不是其他法律。文义解释通常应当遵循平义解释的规定，即按照通常的理解进

---

[1] Patrick Nerhot, Dordrecht etc，*Law*，*Interpretation and Reality*，Essays in Epistemology，Hermeneutics and Jurisprudence，Kluwer Academic Publishers，1990，p. 194.

[2] 参见王泽鉴：《民法总则》，51 页，北京，中国政法大学出版社，2001。

行解释，但对特殊的用语应当作特别的解释。

（二）体系解释

体系解释也称为体系与逻辑解释、系统解释、整体解释和结构解释，它是指以法律条文在法律体系中的地位（即依其编章节条款项的前后关联位置）或相关法条的法意，阐明法律条文含义的解释方法。例如，《侵权责任法》第 8 条规定："二人以上共同实施侵权行为，造成他人损害的，应当承担连带责任。"此处规定的"共同"如何理解？究竟是指主观的共同，还是客观的共同？对此，该条中并没有明确的规定。这就需要借助于体系解释，结合该法第 12 条的规定来解释。第 12 条规定："二人以上分别实施侵权行为造成同一损害，能够确定责任大小的，各自承担相应的责任；难以确定责任大小的，平均承担赔偿责任。"此处规定了在无意思联络的数人侵权的情况下，数人之间无主观的共同但存在客观的共同的情况（即造成同一损害），因此，通过体系解释的方法可以发现，《侵权责任法》第 8 条规定的共同侵权行为与第 12 条规定的无意思联络的数人侵权的区别就在于，第 8 条规定的是主观的共同。体系解释就是要借助于整体来理解部分，借助于整个制度和规范之间的相互联系，从整体上进行解释，从而理解某一个法条的准确含义。

（三）当然解释

当然解释就是指法律虽无明文规定，但根据法律规定的目的来考虑，如果其事实较之于法律所规定的情况，有更适用的理由，就可以直接适用该法律规定。① 当然解释包括："举重以明轻"（argumento a maiori ad minus）和"举轻以明重"（arguments a minori ad mains），它实际上是运用形式逻辑得出的结论。例如，《侵权责任法》第 73 条规定："从事高空、高压、地下挖掘活动或者使用高速轨道运输工具造成他人损害的，经营者应当承担侵权责任，但能够证明损害是因受害人故意或者不可抗力造成的，不承担责任。被侵权人对损害的发生有过失的，可以减轻经营者的责任。"这里所说的过失是指一般过失，既然一般过失

---

① 参见梁慧星：《民法解释学》，25 页，北京，中国政法大学出版社，1995。

都可以导致责任的减轻，按照举轻以明重的规则，受害人具有重大过失时，更应当减轻责任。

（四）反面解释

所谓反面解释，就是指依照法律文本规定的正面意思类推出相反的结果，据此阐明法律条款的真实含义。① 换言之，是要从法律条文规定的内容，推论出反面的结果。例如，《侵权责任法》第78条规定："饲养的动物造成他人损害的，动物饲养人或者管理人应当承担侵权责任，但能够证明损害是因被侵权人故意或者重大过失造成的，可以不承担或者减轻责任。"按照反面解释，如果受害人具有一般过失，就不能减轻饲养人或管理人的责任。反面解释只是在法律作了正面的规定，且能够从反面解释出不同含义的情况下才能适用，而且，法条的适用范围必须是封闭的。②

（五）目的解释

目的解释是指通过探求制定法律文本的目的以及特定法律条文等的立法目的，来阐释法律的含义。目的解释就是从法律文本出发，探究法律文本本身的目的，以及制定法条的目的。古罗马法谚有云："认识法律并非固守它们的文辞，而要掌握它们的效力和意向。"我国《侵权责任法》第1条就规定了侵权责任法制定的目的，这是目的解释中所应当遵循的法律的目的。例如，《侵权责任法》第80条规定："禁止饲养的烈性犬等危险动物造成他人损害的，动物饲养人或者管理人应当承担侵权责任。"从该条的目的来看，就是要强化对受害人的保护，引导人们尽可能不饲养危险动物，因此，即使受害人具有重大过失，也不应当导致饲养人或管理人责任的免除。

（六）限缩和扩张解释

限缩解释也称为缩小解释，它是指与立法目的和立法意图相比较，法律规定的文义过于宽泛，应当将其所适用的范围加以限制，缩小其适用的范围。限缩解释的依据主要是立法目的、立法意图的考量。限缩解释不能损及其核心文义。例

① 参见杨仁寿：《法学方法论》，139页，台北，三民书局，1986。
② 参见梁慧星：《裁判的方法》，170页，北京，法律出版社，2003。

如,《侵权责任法》第 4 条第 1 款规定:"侵权人因同一行为应当承担行政责任或者刑事责任的,不影响依法承担侵权责任。"从文义解释的角度来看,这里所说的"行政责任或者刑事责任"范围非常广泛,包括行政拘留、有期徒刑等责任形式,但从该制度的目的出发,其并不应当包括财产责任以外的责任,而应仅限于罚款、罚金等财产责任。

扩张解释是指与立法目的和立法意图相比较,法条的字面含义过于狭窄,通过解释使法条的字面含义扩张,以符合立法目的和立法意图。扩张解释和限缩解释一样,都属于狭义解释方法,因此,法条含义的扩张,也应当受到一定的限制,即在文义的射程范围之内(或称文义的可能范围之内)。例如,《侵权责任法》第 26 条规定:"被侵权人对损害的发生也有过错的,可以减轻侵权人的责任。"这里所说的"发生"应当通过比较法的借鉴进行扩张解释,即包括发生和扩大。该条虽然仅使用了"发生"而没有使用"发生或扩大"的表述,但是,从该制度的目的来看,其应当适用于损害发生的整个过程,因此,将"发生"作扩张解释,使其包括损害的扩大,更符合其立法目的。

(七)历史解释

历史解释又称"法意解释"或"沿革解释",它是指通过对立法过程的考察,探求立法目的和意旨,从而阐明法律文本的含义。在进行历史解释时,主要应当参考立法过程中的记录、文件、立法理由书等因素,以及颁布法律时的法律环境、社会环境、立法动机、立法者所追求的目的、先例、草案等。① 例如,《侵权责任法》第 86 条第 1 款中规定,"……有其他责任人的,有权向其他责任人追偿",而第 2 款又规定,"因其他责任人的原因,建筑物、构筑物或者其他设施倒塌造成他人损害的,由其他责任人承担侵权责任"。这一表面上的矛盾可以通过历史解释得以澄清。该条第 1 款适用于因建筑或施工阶段的原因导致工作物倒塌的情形,这里所说的其他责任人是指设计人、监理人等。而第 2 款适用于建筑或

① See Robert, Kiel and Ralf Dreier Gottingen, *Statutory Interpretation in the Federal Republic of Germany*, *Interpreting Statutes*, *A Comparative Study*, Aldershot/Brookfield/Hongkong/Singapore/Sydney, 1991, p. 87.

施工结束以后因业主等的原因导致建筑物倒塌的情形（如建筑物年久失修、业主擅自打掉承重墙等）。[①]

（八）社会学解释

社会学解释是指在法律文本出现复数解释的情况下，将社会效果等因素的考量引入法律解释中，据此解释文本在当前社会生活中应具有的含义，从而阐释法律文本的意义。社会学解释方法的产生，实际上是通过引入社会学的方法，衡量法律的社会效果，从而使得法律与当下的社会直接发生作用，实现法律与社会的互动。社会学解释方法主要从法的妥当性出发，确切地说，就是强调法律在当前社会的妥当性，通过预测和考虑法律规范适用后的社会效果来解释法律。例如，《侵权责任法》第 87 条规定："从建筑物中抛掷物品或者从建筑物上坠落的物品造成他人损害，难以确定具体侵权人的，除能够证明自己不是侵权人的外，由可能加害的建筑物使用人给予补偿。"该条规定在一定程度上是基于社会效果考量而作出的规定，这是因为我国社会救助制度不发达，对于高楼抛物、坠物致人损害中，受害人遭受的人身损害，不能及时提供救济。在此情况下，又不能使无辜的受害人蒙受损失，因此，通过由可能的责任人承担损失，体现了以人为本，对生命和健康的最大关爱。

（九）不确定概念和一般条款的类型化

不确定概念是作为与确定概念相对应的术语被提出来的，它是指在内涵和外延上都具有广泛不确定性的概念，例如，过错、损害、民事权益等都是不确定概念。一般条款（clausula generalis）是指在成文法中居于核心地位的，具有高度概括性和普遍适用性的条款。[②] 例如，《侵权责任法》第 6 条第 1 款规定了过错责任的一般条款，第 69 条规定了危险责任的一般条款。在现代侵权责任法中，一般条款和不确定概念被广泛地使用，而且是保持法律的开放性、适应性的重要立法技术。我国《侵权责任法》也使用了一些不确定概念和一般条款。它们既赋予了法官一定的自由裁量权，可以使法官通过司法活动保证法律适应社会生活的发

---

① 参见王胜明主编：《〈中华人民共和国侵权责任法〉解读》，423 页，北京，中国法制出版社，2010。
② 参见张新宝：《侵权责任法的一般条款》，载《法学研究》，2001（4）。

展，又可能会导致法官的自由裁量权过大，甚至存在被滥用的可能，从而使法律存在很大的不确定性。因此，有必要对这些不确定概念和一般条款进行类型化，以寻求妥当的裁判结论。所谓类型化，是指通过对某一类事物进行抽象、归类，从而对不确定概念和一般条款进行具体化。一般来说，类型化是以事物的根本特征为标准对研究对象的类属划分。① 例如，在对《侵权责任法》第 6 条第 1 款进行解释时，可以通过类型化的方法，使其包括第三人侵害债权、恶意诉讼等多种过错侵权的类型。再如，对于民事权益的概念，就有必要将其类型化为权利和利益，权利之中区分为人格权、身份权、物权、知识产权、股权、继承权等；在利益之中，又可以类型化为人身利益、财产利益和其他利益。

（十）漏洞填补的方法

法律漏洞的填补又称法律补充或法律续造，它是指在存在法律漏洞的情况下，由法官根据一定标准和程序，针对特定的待决案件，寻找妥当的法律规则，并据此进行相关的案件裁判。"任何法律秩序都有漏洞"②，在出现法律漏洞的情况下，需要法官通过一定标准和方法，在既有法律规范之外，努力寻求可适用于具体个案的裁判规则，以解决个案争议。漏洞填补只是为了解决个案中的争议，而确定司法三段论中的大前提。漏洞填补中确立的规则并不具有普遍的拘束力。在法律解释中，漏洞填补的方法主要包括如下几种：

1. 类推适用。所谓类推适用，是指在对特定的案件缺乏法律规定时，法官比照援引与该案件类似的法律规定，将法律的明文规定适用于法律没有规定、但与明文规定类似的情形。③ 简单地说，类推适用是指"对于法律无直接规定之事项，而择其关于类似事项之规定，以为适用"④。例如，《侵权责任法》第 76 条规定："未经许可进入高度危险活动区域或者高度危险物存放区域受到损害，管理人已经采取安全措施并尽到警示义务的，可以减轻或者不承担责任。"该条是关

---

① 参见李可：《类型思维及其法学方法论意义——以传统抽象思维作为参照》，载《金陵法律评论》，2003（2）。

② ［德］魏德士：《法理学》，吴越等译，348 页，北京，法律出版社，2005。

③ 参见黄茂荣：《法学方法与现代民法》，5 版，492 页，北京，法律出版社，2007。

④ 郑玉波：《民法总则》，21 页，台北，三民书局，1984。

于高度危险责任中的自甘冒险的规定，但可以在符合类推适用条件的情况下，将其类推适用于其他侵权责任中的自甘冒险情形。

2. 目的性扩张和目的性限缩。所谓目的性扩张，是指为了贯彻立法目的，对法律条文作出超过其文义的解释，使其包括原本没有包括的案型。[①] 例如，《侵权责任法》第26条规定："被侵权人对损害的发生也有过错的，可以减轻侵权人的责任。"从该条规定的目的来看，其是要求受害人对因其自身领域的原因而造成的损害负责。因此，受害人在请求行为人承担侵权责任时，如果受害人的雇员对于损害的发生有过错的，也应当减轻侵权人的责任。这就是目的性扩张的运用。所谓目的性限缩，是指法官在适用法律时，发现有关法律规范适用于某个特定案件，不符合法律调整目的的要求，则可以将该案件排除在法律规定的适用范围之外，从而追求法律适用的目的。例如，《侵权责任法》第6条第1款规定："行为人因过错侵害他人民事权益，应当承担侵权责任。"从该条的法律目的出发，其中所说的"民事权益"可以分为权利和利益，由于债权不具有典型的社会公开性，如果权利之中包含债权，就可能使社会一般人的行为自由受到过分的限制，因而应当采用目的性限缩的方式，将债权排除在该条所规定的权利的范畴之外。

3. 基于习惯法的漏洞填补。所谓基于习惯法的漏洞填补，是指将经过反复实践并受到认可的行为规则作为法律的渊源来填补漏洞。所谓习惯，是指在某区域范围内，基于长期的生产、生活实践而为社会公众所知悉并普遍遵守的生活和交易习惯。习惯作为社会生活的规则，它是人们长期以来生产、生活经验的总结，确立了人与人正常交往关系的规范，是社会公共道德和善良风俗的反映。在我国，习惯可以作为法律的渊源。例如，我国《侵权责任法》第37条规定了安全保障义务，对安全保障义务的确定，可以考虑行业习惯，如确定银行、宾馆等不同的经营机构是否违反了安全保障义务，就可以考虑其是否尽到了该行业习惯通常要求的注意。虽然习惯可以作为法律渊源，但并不意味着，所有的习惯都可

---

① 参见黄茂荣：《法学方法与现代民法》，5版，499页，北京，法律出版社，2007。

以直接作为法律规则来填补漏洞。在法律解释学中，并非任何习惯都可以作为填补漏洞的依据，只有上升为习惯法以后才能用于漏洞填补。

4. 基于比较法的漏洞填补。比较法的方法是指通过借鉴域外立法和判例，并结合我国法治背景和社会实际，确定裁判依据以填补漏洞的方法。我国司法实践已经开始运用这一方法。例如，在"杨某诉广州某报名誉侵权纠纷案"中，广州市中级人民法院借鉴美国法中公众人物人格权应受限制的规则，认定原告为"自愿型公众人物"，其名誉权应受限制。①

5. 基于法律原则的漏洞填补。基于法律原则的漏洞填补，是指在存在法律漏洞时，法官根据法律原则进行创造性的司法活动，确定司法三段论中的大前提。填补漏洞的前提是具体规则的缺失，法官的找法活动仍然需要寻找某个具体的规则，并将这个规则与具体的案件事实相连接。例如，我国《侵权责任法》中没有规定损益相抵规则，实践中若出现了受害人同时获得利益的情形，可以根据民法的公平原则来进行漏洞填补，从而确认损益相抵规则。

---

① 参见《杨某名誉权案败诉　被称自愿型公众人物》，载《华商报》，2009-09-23。

第三章

侵权责任法的历史发展

第一节　西方侵权责任法的历史发展及现状

一、古代侵权法

作为保障社会成员的财产和人身的法律，侵权行为法曾经是"法律程序的原始形态"[①]。原始的侵权法主要是野蛮的同态复仇规则。当一个氏族成员被杀害以后，被害人的全体氏族成员必须实行血族复仇，甚至不仅是氏族，而且胞族也有血族复仇的义务。根据日耳曼习惯法，复仇（rache）是基于侵害而产生的被害人及其男性血族的权利，而加害人的亲属只要不主动将他逐出，就要对其承担防卫和保护的义务。在复仇时，许多社会的习惯是并不仅限于以仇人为对象的，对他族中的任何人加以报复也是复仇。[②] 但有些古代社会的习惯法对复仇作出了

---

① Robert Redfield, "Maine's Acient Law in the Light of Primitive Societies", *The Wester Political Quarterly*, Vol. 3, No. 4, 1950, pp. 574-589.

② 参见瞿同祖：《中国法律与中国社会》，66 页，北京，中华书局，1981。

限制，如复仇必须公开进行，必须经被害人氏族集体议决，不允许个人擅自寻仇等。[1] 血亲复仇规则有助于维系氏族内部的团结，但这种残酷的报复方法并不利于社会的安定和经济的发展。

当国家和法律产生以后，"在一个相当长的时期内法律还是允许私人复仇的"[2]。经过长时期的进化，同态复仇为法律所禁止，私力救济为公力救济所取代。最初的公力救济主要体现在损害赔偿、罚金等形式上。正如恩格斯所说，"依照塔西佗的报道，自由的日耳曼人只有僧侣才在极少的情况下有权殴打他们，他们只有在背叛自己的部落时才被处死，在其他的场合，任何过失，甚至杀人也可以用罚金（Wergeld）来赎罪"[3]。早期古代法中的损害赔偿不过是强制性的赎罪金，若加害人不愿赔偿，受害人有权实行复仇。而且损害赔偿采取了结果责任，即无论加害人有无故意或过失，都应负赔偿责任。

随着人类社会的发展和文明的演进，赔偿制度也日益受到重视。在大约公元前20世纪的《苏美尔法典》中就有关于"殴打自由民之女，致堕其身内之物者，应赔偿银十舍克勒"的规定。公元前18世纪的《汉谟拉比法典》第20条规定："倘自由民在争执中殴打自由民而使之受伤，则此自由民应发誓云：'吾非故意致之'，并赔偿医药费。"第207条规定："倘此人因被殴而死，则彼应宣誓，如（死者）为自由民之子，则应赔偿二分之一明那。"由此可见，古代的侵权成文法都明确建立了侵权损害赔偿制度，但该制度具有几个重要特点：第一，保留了氏族社会同态复仇的习惯。如《汉谟拉比法典》第196条规定："倘自由民损毁任何自由民之子眼，则应毁其眼。"第二，实行结果责任，不管行为人有无故意和过失，只要造成损害，就应使行为人负赔偿责任。第三，在赔偿数额上实行法定主义。例如，《汉谟拉比法典》规定了因疏忽而致他人田地被水淹没、践踏他人庄稼、偷砍他人树木各应赔偿多少粮食或银子。从当时的立法来看，法定的赔偿数额常常超出实际损失。

---

[1] 参见何孝元：《损害赔偿之研究》，2~3页，北京，商务印书馆，1989。

[2] 瞿同祖：《中国法律与中国社会》，66页，北京，中华书局，1981。

[3] 《马克思恩格斯全集》，中文1版，第19卷，500页，北京，人民出版社，1963。

为适应简单商品经济发展的需要，罗马法确立了私权本位主义和较完备的私权体系，并相应规定了各类侵权行为责任。尤其是罗马法创立了过失责任原则，实现了理性主义和权利本位主义的和谐结合。在《阿奎利亚法》中，"因偶然事故杀害者，不适用亚奎里法（指《阿奎利亚法》——作者注），但以加害者自身并无任何过错者为限，因为亚奎里法不但处罚故意，同时也处罚过错"①，从而形成了"对偶然事件谁也不负责"的规则。罗马法正是在《阿奎利亚法》的基础上，通过法学家的解释和裁判官的判例，加以补充、注释，从而形成了较为系统和完备的主观归责体系，并对后世的法律产生了重大影响。罗马法关于侵权责任的规定体现了民刑不分的特点，即常常用刑事制裁方式来解决侵权纠纷。当时，侵权行为或不法行为和犯罪的界限是不明确的。《法学总论》第四卷中规定："关于一切侵害，被害人可提起刑事诉讼，也可以提起民事诉讼。"② 在罗马法中，广泛运用罚金的形式。罗马法中的罚金的性质应被看成是被害人放弃复仇的替代，具有经济惩罚性质，与现代刑法上的罚金有本质区别。在一般情况下，因侵权行为提起诉讼的结果都是对加害人施以罚金。③ 在罗马法上，关于私犯的损害赔偿并不限于赔偿实际损失，赔偿数额可以是损失额的 1 至 4 倍。虽然罗马法已建立了过错责任制度，但由于罗马法采取所谓"程式诉讼制度"，即采取具体案件适用具体诉讼的程序，因而过失责任原则尚未成为抽象的一般原则。

公元 5 世纪初，蛮族人的入侵导致罗马帝国的灭亡。在欧洲大陆为数众多的蛮族王国中，罗马法为日耳曼习惯法所取代。"事实制裁个人"的加害原则取代了罗马法的过失责任原则。公元 5 世纪至 6 世纪的《萨利克法典》是日耳曼人的习惯记载。这部蛮族法典，详细规定了各种损害的赔偿标准，杀人的赔偿称为偿命金，其他的损害赔偿称为补偿金。赔偿的金额不仅因损害的性质和程度而变

---

① ［古罗马］查士丁尼：《法学总论》，197～198 页，北京，商务印书馆，1989。

② ［古罗马］查士丁尼：《法学总论》，203 页，北京，商务印书馆，1989。

③ See Seipp, David J., "Distinction between Crime and Tort in the Early Common Law", *The BUL Rev.* 76, 1996，59.

化，而且因受害者的社会地位而变化。如杀害一个奴隶罚 25 索里达，杀害一个官员罚 1 300 索里达。赔偿费不仅由凶犯家属缴纳，而且同氏族的成员也要负担。赔偿费部分给国王，部分给受害者及其家属。如果加害人不愿赔偿，受害人仍然要实行复仇。因此，受害人可以在赔偿（compensation）和复仇（vengeance）之间作出选择。① 《萨利克法典》贯彻了野蛮和粗陋的结果责任。这部法典虽已使用"蓄意""意图""企图"等概念，但只是对宗教、伦理的善意和恶意的引申，尚未完全将故意、过失及偶然行为（意外事件）区别开来。

12 世纪时寺院法开始涉及归责的过错问题。波伦那修道士格拉蒂安在重述圣·奥古斯汀一案中的判决中提出了"无犯意即无罪行"的格言，和罗马法相比，他更清晰地区分了民事责任和刑事责任中的故意和过失问题。至 13 世纪，罗马法的复兴运动在法国兴起。罗马法完备的债法制度，尤其是过失责任原则对法国的侵权行为法产生了重大影响。至 17 世纪，法官多玛（Domat）根据罗马法精神，在《民法的自然秩序》一书中提出了应把过失作为赔偿责任的标准。他指出："如果某些损害由一种正当行为的不可预见的结果所致，而无法归咎于行为人，则行为人不应对此种损害负责。"② 同时多玛也提出纯粹过失也应负赔偿责任。他指出："一切损失和损害可能因任何人的不谨慎、不注意、不顾及理应知道的情况或其他类似的过失行为所引起，此种过失尽管轻微，行为人仍应恢复不谨慎和其他过失所致的损害。"③ 多玛的观点对《法国民法典》第 1382、1383 条的制定起了重大的推动作用。

二、近代侵权法

近代侵权法主要是指经过 17、18 世纪的发展，于 19 世纪欧洲各国编纂民法

---

① See Mauro Bussani, Anthony J. Sebok, *Comparative Tort Law：Global Perspectives*，Edward Elgar Publishing，2015，p. 94.

②③ Andre Tunc，*International Encyclopedia of Comparative Law*，Torts，Introduction，J. C. B. Mohr（Paul Siebeck，Tübingen），1974，pp. 71-72.

典时而定型化的一整套侵权行为法的概念、原则、制度、理论和思想的体系。普通法系的侵权法也是从近代演化而来的，因此有必要在此进行讨论。

（一）大陆法系

近代大陆法系的侵权法以 1804 年《法国民法典》为开端。该法典深受罗马法的影响，把侵权行为作为"非合意而生之债"列入第三卷"取得财产的各种方法"中，并用"侵权行为"和"准侵权行为"代替了罗马法中的"私犯"和"准私犯"的概念。《法国民法典》第 1382 条规定："任何行为使他人受损害时，因自己的过失而致行为发生之人，对该他人负赔偿责任。"这一规定形成了侵权损害赔偿的一般条款，该条款可以广泛适用于各种侵权行为，并对后世的侵权行为立法产生了重大影响。正如民法典起草人塔里伯在解释民法时所指出的："这一条款广泛包括了所有类型的损害，并要求对损害作出赔偿。"①"损害如果产生要求赔偿的权利，那么此种损害定是过错和不谨慎的结果"②，但单一的过错责任不能涵括各种类型的侵权损害，所以《法国民法典》的起草者不得不在规定过错责任的同时，也规定了过错推定。为适应经济生活发展的需要，法国又逐渐制定了一系列单行的法规对工业、交通等事故的赔偿作出了专门规定。

罗马法的复兴也对德国法产生了重大影响。1794 年的普鲁士普通邦法关于侵权行为的规定和罗马法基本相同。1900 年的《德国民法典》也采纳了过失责任原则，该法第 823 条第 1 款规定："因故意或过失不法侵害他人的生命、身体、健康、自由、所有权或其他权利者，负向他人赔偿因此所生损害的义务。"这一规定将"过错"和"违法性"作为两个不同的概念区别开来，并对其他国家的侵权法产生了影响。③《德国民法典》并没有仿照《法国民法典》采取单一的过错责任原则，而采取了有限多重原则。这主要是受到历史法学派观点的影响，自然法在此时的影响实际上已经日渐削弱。同时，立法者认为，一般概括条款隐藏了

① Jean Limpens, *International Encyclopedia of Comparative Law*, Vol. 4, Torts, Chapter 2, Liability for One's Own Act, J. C. B. Mohr (Paul Siebeck, Tübingen), 1974, p. 14.

② Andre Tunc, *International Encyclopedia of Comparative Law*, Torts, Introduction, J. C. B. Mohr (Paul Siebeck, Tübingen), 1974, pp. 71-72.

③ 详见程啸：《侵权行为法中"违法性"的概念的产生原因》，载《法律科学》，2004（1）。

法律解释适用的困难，广泛授予法官自由裁量，不符合当时德国人对司法功能的认知。[①] 该法典除规定了对绝对权利的不法侵害责任（第 823 条第 1 款）以外，还规定了违反保护他人的法律的责任（第 823 条第 2 款）、故意违背善良风俗加损害于他人的责任（第 826 条），以补充过失责任的不足。

近代民法确立了两项基本的原则：一是过错责任原则。《法国民法典》第 1382 条的规定是对罗马法债法中的过失原则的重大发展，由此确立了过失责任原则，该原则先后为大陆法系各国的民法典所沿袭。个人对自己过失造成的损害应当承担责任，既是符合逻辑的，也是一种正义的要求。从社会价值而言，"个人若已尽其注意，即得免负侵权责任，则自由不受束缚，聪明才智可予发挥。人人尽其注意，一般损害亦可避免，社会安全亦足维护也"[②]。过错责任强调和尊重个人的行为自由，使得人们在从事各种工业活动时，不必对其在任何情况下造成的损害都负责，而只是对因其过错造成的损害负责，从而保护了自由竞争，促进了资本主义经济的发展。它不仅具有道德的价值，而且具有教育、惩戒和预防损害发生的功能。[③] 二是自己责任原则。也就是说，每个人原则上都只对自己的行为负责。任何人因自己的行为及物件致他人损害，都必须承担责任，但对他人行为造成的损害不负担责任。自己责任原则是建立在个人自由主义的基础之上的，它主要确定了个人的自由空间。每个人对自己的行为具有预见性，从而也使得每个人对责任的后果具有预见性。从侵权法理念的发展来看，自己责任原则是建立在个人主义、自由主义的基础之上的，其宗旨主要在于保障个人自由。[④] 根据自己责任的原则，在判断行为人是否应当对自己的行为负责时，必须要确定行为人是否具有过错以及其行为和结果之间是否具有因果关系。因此，在损害发生后，要认定某人对损害负责，必须要认定过错和因果关系两个要件。这两个要件是自己责任演绎的结果，从而构建了侵权行为法的一般模式，这个模式是理性化

---

① 参见［德］冯·巴尔：《欧洲比较侵权行为法》上，张新宝译，20 页，北京，法律出版社，2001。

② 王泽鉴：《民法学说与判例研究》，第 1 册，145 页，北京，中国政法大学出版社，1998。

③ See André Tunc, *International Encyclopedia of Comparative Law*, Vol. 4, Torts, Chapter 1, Introduction, J. C. B. Mohr (Paul Siebeck, Tübingen), 1975, p. 61.

④ 参见［日］近江幸治：《事务管理·不当得利·不法行为》，107 页，东京，成文堂，2007。

的产物。

（二）普通法系

英国的侵权法采取了所谓的"鸽洞模式"（pigeonhole system），即具体列举的方式。在 13 世纪，英国采取令状制度，但已出现了一种"直接侵害（The action of traspass)"的诉讼形式，此种诉讼最初用于保护国王的安全，针对的是以暴力侵犯国王安全的行为（vi et armis contra pacem regis)。① 后来，随着诉讼案件的增多，这种诉讼形式不能适用于众多案件，因而在 13 世纪末期，产生了一种间接侵害诉讼（trespass on the cass)，这是一种对非暴力的、间接的侵权的诉讼形式。它要求具体案件依具体情况而定，如果直接侵害诉讼的条件不具备，但某一案件的具体情况与直接侵害诉讼的条件比较相差不远，当事人可获得一种"间接侵害诉讼"的令状。当事人根据这种令状在法院提起诉讼，如果法官确认这种令状表达了一个良好的诉因，就形成了一种新的侵权行为。② 在长达几个世纪的历史中，正是间接侵害之诉为一般过失责任的发展提供了基础。直到 20 世纪初，珀西·H·温菲尔德（Perce H. Winfield）才敢宣称：过失责任不再是"构成侵权的一种方式；其就是侵权行为"③。在 1932 年的多诺霍诉史蒂文森（Donoghue v. Stevenson）一案后，普通法中的过失不仅成了一种特殊的侵权行为，而且正式形成了过失的概念，这就是法官阿特金勋爵（Lord Atkin）在该案的判决中所宣称的："过失是一种被告违反其对原告所应给予注意的义务。"④

1852 年《普通法诉讼程序条例》颁布后，废除了侵害诉讼形式，但是在直接和间接的侵害诉讼的基础上，产生了一系列新的侵权行为诉讼，如强暴、殴

① See John G. Fleming, *The Law of Torts* (9th ed., 1998), 21; for more details cf David Ibbetson, A Historical Introduction to the Law of Obligations (1999), 39ff.

② See André Tunc, *International Encyclopedia of Comparative Law*, Vol. 4, Torts, Chapter 1, Introduction, J. C. B. Mohr (Paul Siebeck, Tübingen), 1975, p. 38.

③ Percy Henry Winfield, "The History of Negligence in the Law of Torts", (1926) 166*LQR*, 184ff, 196.

④ André Tunc, *International Encyclopedia of Comparative Law*, Vol. 4, Torts, Chapter 1, Introduction, J. C. B. Mohr (Paul Siebeck, Tübingen), 1975, p. 38.

打、侵占、妨害、欺诈、诽谤、不正当竞争、干涉合同自由等，都是以保护财产为目的。在直接侵害诉讼中，过失不能作为负责的要素，这种诉讼仅仅涉及行为；在间接侵权诉讼中，已经出现了一种欠缺注意的过失的含义，但没有一个明确的概念。[①]

按照普通法学者的一般看法，英美侵权法早期广泛采用严格责任，之后出现过错责任。[②] 现在普通法中严格责任有逐渐扩大的趋势，《美国侵权法重述（第2次）》第三编专门规定了严格责任。根据许多学者的观点，普通法中的侵权行为可以分为如下几类：（1）对人身或财产的故意侵害；（2）对人身和财产的非故意侵害；（3）直接侵害动产；（4）非法强占；（5）破坏名誉、对个人隐私的侵害；（6）破坏家庭关系；（7）侵害合同关系或商务关系；（8）滥用法律程序。[③] 由于分类的复杂化，这也给司法审判工作和法学家的研究工作造成了一定的困难。

第二节　当代侵权法的发展趋势

瓦格纳教授指出，在近几十年的比较法研究当中，侵权法无疑是最为热门的课题之一，这不但是因为人们每时每刻都面临着各种遭受损害的风险，还源于侵权法因为风险和损害类型的发展而发生的变化。[④] 20 世纪以来，大工业和现代科学技术的发展，在给人类文明带来巨大的推动力的同时也产生了一系列严重的问题，如核辐射、环境污染、生态破坏、产品责任、交通事故以及其他各种自

---

① See Andre Tunc, *International Encyclopedia of Comparative Law*, Torts, Introduction, J. C. B. Mohr (Paul Siebeck, Tübingen), 1974, pp. 37-39.

② See Mauro Bussani, Anthony J. Sebok, *Comparative Tort Law*：*Global Perspectives*, Edward Elgar Publishing, 2015, p. 175.

③ See Jean Limpens, *International Encyclopedia of Comparative Law*, Torts, Vol. XI Chapter 2, Liability for One's Act, International Association of Legal Science (1983), pp. 50-61.

④ 参见［德］格哈特·瓦格纳：《当代侵权法比较研究》，高圣平、熊丙万译，载《法学家》，2010 (2)。

然灾难和人为灾害，都严重威胁着成千上万人的财产和人身安全，使西方社会动荡不安。为保障社会成员的安全、维护社会的秩序，西方国家的侵权行为法也相应发生了"急剧的变化"（abrupt change）。这些变化主要体现在如下几个方面：

一、保护范围的扩大化

侵权法保护范围的扩大化表现在：

第一，侵权法从主要保护物权向保护人格权、知识产权等绝对权扩张。传统的侵权法主要以物权为保护对象，损失赔偿这一侵权责任的首要形式是对财产的侵害提供补救的最公平的方式。随着民事权利的不断丰富和发展，侵权法也逐渐从主要保护物权向保护知识产权、人格权等其他绝对权扩张，还扩大到对债权等相对权的保护。以《德国民法典》为例，其第823条第1款规定，因故意或过失不法侵害他人的生命、身体、健康、自由、所有权或其他权利，构成侵权责任。对于第823条第1款来说，立法者明确将该条所保护的权利限定于生命、身体、健康、自由、所有权或其他权利。因为该款使用"其他权利"一词，属于兜底性规定，于是为法官不断扩张侵权法的保护范围留下余地。基于对该款的解释，既产生了人格权等新型的权利，也产生了侵害债权制度。从德国许多侵害债权的案例来看，如双重买卖、引诱违约、不正当雇佣等，都是根据该款来处理的。不过，德国法虽然承认侵害债权可根据第826条及第823条第2款获得救济，但并未真正形成侵害债权制度。[①] 正是因为现代侵权法保障的权利范围非常宽泛，因而许多学者认为，现代侵权法不限于对绝对权的保护，而且包括了各种私权，即不仅包括绝对权，还包括相对权。[②] 此种观点虽然在学理上仍然值得探讨，但确实反映了现代侵权法发展的趋势。需要指出的是，在权利保护的价值取向上，侵权法不仅注重对财产权的保护，也注重对人

---

① 参见朱柏松：《论不法侵害他人债权之效力》上，载《法学丛刊》，（145）。
② 参见王泽鉴：《侵权行为法》，第1册，97页，北京，中国政法大学出版社，2001。

格权的保护。在财产权和人格权发生冲突的情况下，当代侵权法也向人格权保护倾斜。

第二，侵权法从保护权利向保护利益发展。侵权法的保护对象不仅限于财产权和人身权，而且包括法律尚未规定但应当由公民享有的权利（如隐私权等）以及一些尚未被确认为权利的利益。例如，因他人的不正当竞争行为所遭受的损失、因他人滥用权利而遭受的损失、合同成立之前要约人因他人的不正当行为所遭受的损害等，这些都可以依侵权法的规定而使加害人负赔偿责任。由于加强了对合法利益的保护，一些新的侵权行为责任，如商业欺诈、滥用权利、侵害债权、妨害邻居等概念和制度也相应地产生。由于保护利益的范围的扩张，在许多国家，违法性的判断标准因而也发生了变化，即不要求受害人就何种权利遭受侵害进行举证，而只要能够证明其遭受了损害即可。不过，由于侵权法不仅仅担负对受害人遭受损害的权利和利益予以补救的任务，而且要保障人们的行为自由，因而，为防止人们动辄得咎，法律上对侵害利益的责任要件有着更为严格的要求。这主要是从主观要件上加以限制的。例如，《德国民法典》第 826 条规定，以违反善良风俗的方式故意对他人施加损害的人才承担损害赔偿责任。①

二、侵权法功能的扩展

当代侵权法主要是救济法，其主要功能是为受害人遭受的损害提供救济，尤其是侵权损害赔偿原则上坚持完全赔偿原则，即要使受害人恢复到如同损害没有发生的状态，但侵权法在发挥其救济功能的同时，也发挥着预防侵权行为的功能。现代侵权责任法不再是"向后"、回溯既往地补偿过去的损害，而且要向前积极地预防未来的损害。侵权法除了要填补损害之外，还应当主动和提前介入我们这个"风险社会"的一切"风险源"之中。② 如前所述，侵权责任法的损害预

---

① Gert Brüggemeier, Aurelia Colombi Ciacchi, Patrick O'Callaghan, *Personality Rights in European Tort Law*, Cambridge University Press, 2010, pp. 3-4.
② 参见石佳友：《论侵权责任法的预防职能》，载《中州学刊》，2009 (3)。

防功能主要有两种：一是一般预防，即通过侵权责任制度的设计和侵权案件的判决，对社会一般人产生阻吓的作用，避免其实施侵权行为；二是特殊预防，即通过侵权人的责任承担，使其不再实施侵权行为。[1] 事实上，侵权法的重要功能之一是要实现预防侵权行为的目的，达到"防患于未然"的效果。另外，侵权法的预防功能，还体现在侵权责任形式方面。传统上，侵权责任的形式限于损害赔偿，而当代侵权法还采用了其他责任形式，如停止侵害、消除危险等，这些责任形式的确立主要是为了发挥侵权法的预防功能。由此可以看出，侵权责任法的功能出现了扩张，其并不限于对受害人的救济。

三、侵权行为类型的多样化

随着侵权法保障的权益范围的扩张，侵权行为的类型也在逐步地增多。不仅一般侵权行为的类型不断扩张到侵害各种人身、财产权益的类型，而且特殊的侵权行为也大量涌现。由于现代工业与高科技的发展，人类社会生活中的危险事故也频频发生，因而，各种高度危险责任、核事故、化学产品的泄漏以及交通事故、医疗事故等，也成为现实生活中的一些严重问题。现代市场经济的发展使得生产者与消费者之间存在信息不对称的情形，许多产品因缺陷而致人损害，消费者常常处于难于举证的境地，这也促进了产品责任的发展。信息网络技术的发展导致各种利用网络从事的侵权行为也频繁发生，对个人的隐私、名誉都构成了越来越大的威胁。因此，网络侵权也在侵权责任中占据越来越重要的位置。现代社会中专业化的分工越来越细密，一大批某个领域的专家，如会计师、律师、医师等因其提供专业服务的缺陷而致人损害的事件也屡见不鲜，而且专家责任也涉及消费者利益的保护问题，于是，专家责任作为新型的侵权责任也产生并发展起来了。各种特殊的侵权行为，既是现代社会所面临的严峻的社会问题，也是当代侵权法调整与规范的重点。特殊侵权行为的大量出现也对传统侵权行为法理论提出了很大的挑战，

---

[1] See Andre Tunc, *International Encyclopedia of Comparative Law*, Torts, Introduction, J. C. B. Mohr (Paul Siebeck, Tübingen), 1974, p. 84.

导致侵权法中诸多理论不断改变,如因果关系理论、过错理论、损害赔偿责任等。侵权行为的类型化也促使侵权法的内容不断丰富,侵权法的边界一直在扩张,侵权法的理论也在不断发展,侵权法在法律体系中占据越来越重要的位置。有学者认为,侵权法是现代社会最富有生命力的法律。[①] 这种看法也是不无道理的。

四、归责原则的多元化

自罗马法确立了过错责任原则后,过错责任替代了结果责任。在 19 世纪,该原则不仅成为侵权行为法中唯一的归责原则,更成为整个民法的三大基本原则之一。但随着 20 世纪以来社会经济生活的变化,归责原则发生了重要变化。这主要表现在侵权法的归责原则从单一的归责原则向多元的归责原则转化,归责原则也出现多样化发展趋势。具体表现在:第一,严格责任的产生和发展。现代社会危险事故与危险责任大量发生,强化对受害人补救的需求日益高涨,从而导致在两大法系中,严格责任的适用范围都出现了不断扩张的发展趋势。"现代社会权益损害现象之重心,业已由传统个人间之主观侵害,移转到危险活动之损害事故,其间亦确有许多传统之归责原理,未能加以合理说明,而且非诉诸足以配合新社会事实之法理,既不克发挥侵权法填空损害之社会功能,亦根本无从达成其所欲实现之正义观念者。"[②] 例如,《德国民法典》虽然仅规定了过错责任原则,但是该法典颁行之后,判例与特别法又逐渐发展出了危险责任。尤其是近几十年德国法中又产生了交易安全义务的概念,更是为危险责任的扩张奠定了坚实的法律基础。严格责任不仅在产品责任中具有广泛的适用空间,而且在物件致人损害、高度危险责任、环境污染等许多领域都可以适用,其适用范围在不断扩大。[③] 严格责任的目的即在于使有承担能力的人承担损害,当然,通常需要实行

---

① 参见李响:《美国侵权法原理及案例研究》,6 页,北京,中国政法大学出版社,2004。

② 邱聪智:《庞德民事归责理论之评介》,载《台大法学论丛》,第 11 卷第 2 期。

③ See Mauro Bussani, Anthony J. Sebok, *Comparative Tort Law: Global Perspectives*, Edward Elgar Publishing, 2015, p. 209.

最高赔偿额之限制，以避免可能导致的责任过重情形。[①] 第二，过错推定原则。为了减轻受害人的举证负担，使受害人的损害得到补救，采取了举证责任倒置的方式，强化对受害人的救济。从现代社会危险活动急剧增加、事故损害大量增长的现实出发，各国法律均采取了过错推定和类似于过错推定的措施，过错推定原则适用于日益增加的侵权责任类型，如工作物致害责任、雇主责任等。第三，公平责任的产生和发展。出于维护实质正义以及公正地分担损失的需要，许多国家的判例学说中，广泛产生了一种根据当事人的分担能力来分配损失的做法，法官根据当事人的经济能力而使有财产但不一定有过错的行为人承担责任，从而对不幸的受害人提供救济。这也有利于解决因社会贫富差异而造成的问题，在此基础上导致了公平责任的产生和发展。

五、补救手段的多元化

传统大陆法系国家债法基本上以损害赔偿为中心构建补救体系，在补救的方式上都是单一的，即主要是通过支付金钱的方式来对受害人进行补救。随着侵权法保护范围的扩张，单一的损害赔偿方式已不足以对各种权益的损害进行全面的补救。例如，就名誉权的侵害而言，仅仅通过金钱赔偿并不能够对受害人的损害进行全面的补救，还必须采取停止侵害、恢复名誉、赔礼道歉、消除影响等责任方式。因为只有采取恢复名誉的方式才能消除损害的影响，而如果损害正在继续且损害结果还将不断扩大，采取停止侵害的方式则对受害人的保护而言至关重要；例如，法国法在侵害隐私权的案例中采用了停止侵害的救济方式。[②] 行为人赔礼道歉也是维护受害人人格尊严的一种重要方式。尽管有时上述责任方式可能需要通过支付金钱的方式加以实现，如要求侵害人支付金钱登报道歉，但是这些

---

① 参见谢哲胜：《民法基础理论体系与立法——评大陆（中华人民共和国）民法草案》，载王利明、郭明瑞、潘维大主编：《中国民法典基本理论问题研究》，59 页以下，北京，人民法院出版社，2004。

② See Gert Brüggemeier, Aurelia Colombi Ciacchi, Patrick O'Callaghan, *Personality Rights in European Tort Law*, Cambridge University Press, 2010, p. 14.

责任方式并不等同于金钱赔偿，因为要求加害人支付一定金钱的目的并非是通过这些钱来补救受害人的损害，而是作为现代文明社会法院强制执行判决的方法。[①] 在侵害名誉权的情况下，受害人所遭受的直接损害实际上是名誉受到毁损，社会评价降低。要消除损害的根源，真正对受害人提供救济，就必须采取恢复名誉的方式，而不是损害赔偿。如果行为人是通过互联网等方式侵害他人的名誉权，考虑到网络传播迅速和广泛等特点，采用停止侵害、恢复名誉、赔礼道歉等责任形式是从名誉权的本质方面消除损害后果的最有效方式，至少其作用是损害赔偿方式所不可替代的。只有采取多种补救方式才能对受害人进行周密的、全方位的保护，也才能更有效地遏制不法行为的发生。

六、精神损害赔偿的强化

传统上，基于对人格商品化的担心和对法官滥用自由裁量权的担心，精神损害赔偿受到较多的限制。最初，各国将精神损害赔偿限于法律特别规定的情形，而且通常是在侵害某些人格权的情况下才能产生。例如，《德国民法典》第253条规定："损害为非物质上的损害时，仅在法律有规定的情况下，始得要求以金钱赔偿损害。"这实际上是对精神损害赔偿采取了严格限制的态度。德国法认为，由于人格权为非财产权，因而应将排除妨害作为对人格权的民法保护方法。然而，排除妨害的方法一般只适用于正在进行的侵害，对于已经造成的损害难以提供足够的补救。因此，自20世纪以来，西方国家的民事立法和实践均以金钱抚慰或赔偿的方式作为保护人格权的主要方法。精神损害赔偿制度的强化，是当代侵权法发展的一个重要趋势。其首先表现为，精神损害赔偿的适用范围扩大，最初限于法律特别规定的情形，如今基本上已经扩大到所有的人格权，甚至是身份法益。[②]

---

① 有的学者正是基于此点认为，赔礼道歉本质上仍是一种赔偿责任。参见王涌：《私权救济的一般理论》，载《人大法律评论》，2000（1）。

② 参见［德］U. 马格努斯：《侵权法的统一：损害与损害赔偿》，18页，北京，法律出版社，2009。

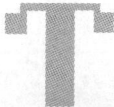

七、过失概念的客观化

所谓过失概念的客观化，是指在对侵权人是否具有过错进行判断和认定时，采取一个客观的外在的行为标准来进行衡量与判断。如果行为人符合该标准就认定其没有过错，否则就认定其具有过错。在 19 世纪，过失被认为是主观的概念，那时的法官与学者认为，过失是指行为人个人主观心理状态的欠缺，也就是说，在其内心本应当注意而未注意。[①] 此种过失也被称为"人格过失"或"道德过失"[②]。19 世纪的主观过错理论虽然具有其合理性，但与强化保护受害人的需要是不相符合的。因此，在现代侵权法中，过错责任虽然仍是一项重要的归责原则，但是过错的概念发生了重大变化。

在普通法中，不仅经常采用"合理人"标准判断过失，而且各种新的判断过失的理论，如汉德公式等效率理论也广泛运用，注意义务正成为判断过错的一般标准。法官也大量适用"事实本身证明"（Res ipsa loquitur）法则。在大陆法系国家中，即使是在民法典上仍然坚持单一的过错责任的法国，也十分注重采用"善良家父"的标准认定过错，而且大量采用过错推定的方式。过错推定既有效地保护了受害人的利益，同时也维护了以过错责任为主要归责原则的制度体系的内在和谐。而在德国法中，则出现了"违法推定过失"等理论。所谓违法推定过失，是指当行为人实施了某种违法行为而致他人损害时，直接从此种违法行为中推定行为人具有过失。依照《德国民法典》第 823 条的逻辑，行为人的行为违反了交往义务（即违反某种行为标准，具有违法性），则证明行为人违背了外在注意义务，违背外在注意义务则推定违背内在注意义务，因此推定具有过失。此种过失判断标准是一种主客观相结合的标准，其虽然是以客观的注意义务为基准，但并不排斥对行为人本身可归责性的检验，即在确定过失成立时还需要考虑当事人的年龄，

---

① See David Ibbetson, *A Historical Introduction to the Law of Obligations*, OUP Oxford, 1999, p. 197.

② 邱聪智：《庞德民事归责理论之评介》，载邱聪智：《民法研究（一）》（增订版），102 页，台北，五南图书出版公司，2000。

具体精神状态，以及其他的具体能力。因此，即便法院认定当事人违反了注意义务，当事人还可以其行为时的具体能力反驳这种推定，以证明其没有过失。[①] 所以从整体上来看，德国法中采用的是违法推定过失的逻辑。其主要采用客观的过失标准，但并不完全排斥主观过失标准的适用。[②] 邱聪智教授认为："如从现代过失责任原理之动态发展观之，过失责任似有由过失客观化迈向违法视为过失的趋势。"[③] 尤其是德国法中，"交易安全注意义务"（Verkehrspflichten）的出现，为确立客观过失提供了理论依据。此种义务通常是由法官在判例中确立的，如何解释此种义务具有很大的弹性，只要违反了此种义务，就可以认定行为人具有过失。客观过失的产生极大地减轻了受害人的负担，且便于法官审理侵权案件，更好地发挥了侵权法规范人们行为的作用。这些变化不仅使过错归责理论的内容发生变异，使客观过错理论逐渐取代了主观过错理论，而且强化了对受害人的救济。

八、因果关系理论的发展

传统侵权法中侵权行为都相对简单明确，行为人常常是单一的，而损害结果也是单一的，此种一因一果的侵权行为中因果关系的判断都相对简单，因此，从"条件说"到"原因说"再到"相当因果关系说"的因果关系理论基本上可以解决绝大多数侵权案件中因果关系的判断问题。但是，在现代社会中，侵权行为的形态多种多样，不仅有一因一果，还有一因多果、多因一果，甚至多因多果的侵权形态，受害人的损害常常是掺杂了多人的行为甚至介入了各种

---

① Vgl. BGHZ 39，281（283）= NJW 1963，1609f.；Deutsch, Allgemeine Haftungsrecht, Köln, 1996，Rn. 407；Esser/Schmidt, Schuldrecht AT/2, Heildelberg, 2000，§ 26 II，S. 88 f.；Wagner, in: MünchKomm BGB，§ 823 Rn. 34 f.

② Vgl. U. Huber, Zivilrechtliche Fahrlässigkeit, FS E. R. Huber, 1973，S. 253，270 ff.；Deutsch JZ 1988，993（995 f.）；Wagner, in: MünchKomm BGB，§ 823 Rn. 38.

③ 邱聪智：《法国无生物责任法则之发展》，载邱聪智：《民法研究（一）》（增订版），205 页，台北，五南图书出版公司，2000。

外来因素而造成的，尤其是大工业的发展造成了各种危险事故中因果关系的判断越来越复杂，危险活动急剧增加，从而导致对过错的认定和因果关系的认定的困难。因为受害人往往距离损害发生的原因比较遥远，或者因为技术上的障碍、信息不对称、经济实力等原因而造成举证的困难，受害人往往难以确定损害究竟是如何发生的。因此，侵权法中因果关系理论得到了迅速的发展，主要表现在：一是判断因果关系的理论呈现多样化。尽管大陆法系国家仍主要采取相当因果关系说，但其也通过其他因果关系理论加以弥补；在因果关系的判断过程中，越来越强调价值判断，这实际上给予了法官在因果关系的判断方面更大的自由裁量权。① 二是因果关系推定的出现。在美国法中，为适应市场经济发展的需要，以及强化对消费者保护的需要，在因果关系的推定方面采取了四项原则：选择责任原则（alternative liability）、企业责任原则（enterprise liability）、一致行动原则（concerted action）和市场份额原则（market share）。② 为了调和加害人和被害人就因果关系举证责任的不平等，故而将举证责任课予较容易取得相关资信的一方，或举证较容易的一方，不要求受害人举证证明加害行为和损害之间有因果关系。推定因果关系主要适用于产品责任、环境污染责任等领域中。③

九、多元化社会救济机制的形成和发展

在现代社会，多元化的社会救济机制在某些领域已经形成，如事故损害赔偿

---

① 参见［荷］施皮尔：《侵权法的统一：因果关系》，易继明等译，127 页，北京，法律出版社，2009。

② 参见李响：《美国侵权法原理及案例研究》，317 页，北京，中国政法大学出版社，2004。所谓选择责任原则，是指在共同危险行为中，由行为人自己证明因果关系是否存在，否则推定因果关系存在。所谓企业责任原则，是要求某个特定行业中有联合操纵控制风险能力的生产商共同为产品的责任承担赔偿责任。所谓一致行动原则，是指如果所有的被告以公开的或沉默的方式达成了一致的意见，并按该意见实施且造成了损害后果，则推定其行为和结果之间具有因果关系。所谓市场份额理论，是指生产同一产品的各个企业，根据其市场份额确定其应当分担的责任。

③ 参见谢哲胜：《民法基础理论体系与立法——评大陆（中华人民共和国）民法草案》，载王利明、郭明瑞、潘维大主编：《中国民法典基本理论问题研究》，北京，人民法院出版社，2004。

领域。多元化社会救济机制的形成首先是以侵权法功能的转变为先导，在此基础上逐渐形成了侵权损害赔偿、责任保险、社会救助三种救济机制并存的多元化受害人救济机制。

首先，侵权法的救济功能不断加强，已经逐渐成为当代侵权法的主要功能。侵权法主要是救济法。①

其次，责任保险成为侵权损害赔偿之外的一种重要的受害人救济途径。近几十年来，责任保险的适用范围越来越宽泛，产品责任保险、环境责任保险、事故赔偿责任保险等得到广泛发展，多数国家对航空器责任、核能事故、汽车意外事故等规定了强制责任保险制度，医疗事故以及其他专家责任也实行了责任保险。如今，除了过失侵权之外，责任保险的适用范围十分宽泛，在发达国家已经渗透到社会生活的许多领域。② 当然，责任保险制度也在一定程度上对过错责任的功能产生影响，过错责任的惩罚和教育功能相对弱化，这也使人们对于责任保险制度可能引起的道德风险产生担心。③

最后，社会救助制度在救助受害人方面发挥着日益重要的作用。在责任保险制度发展的同时，随着社会化国家与福利国家的发展，受"从摇篮到坟墓"的福利国家理论的影响，社会救助制度也在不断发展，其在很大程度上弥补了侵权责任法在填补损害方面的不足。④ 在西方国家，社会救助的主要形式是社会保险，其主要包括养老保险、疾病保险、工伤保险、失业保险、生育保险等。⑤ 因此，工伤事故赔偿已经不再属于侵权损害的范畴，而属于工伤保险、社会救济制度的范围。各国关于职业伤害的赔偿几乎都纳入了工伤保险制度中，成为社会保险的

---

① See "Peter Cane Searching for United States Tort Law in the Antipodes", 38 *Pepp. L. Rev.* Iss. 2 (2011) 257, 262.

② See Andre Tunc, *International Encyclopedia of Comparative Law*, Vol. 4, Torts, Introduction, J. C. B. Mohr (Paul Siebeck, Tübingen), 1974, p. 51.

③ See Mauro Bussani, Anthony J. Sebok, *Comparative Tort Law: Global Perspectives*, Edward Elgar Publishing, 2015, pp. 147-148.

④ See Earl F. Cheit, *Injury and Recovery in the Course of Employment*, New York: Wiley, 1961, p. 2.

⑤ 参见林嘉：《社会保险对侵权救济的影响及其发展》，载《中国法学》，2005 (3)。

主要内容。① 当然，由于社会、经济、文化等状况不同，各国多元化的社会救济机制也各不相同。

十、两大法系的融合

随着社会的发展，两大法系的侵权法规则也出现一定的融合。大陆法系国家一方面通过判例不断充实发展侵权行为法，另一方面开始吸收、借鉴英美侵权法中的优秀经验。与大陆法系侵权法的发展情形相反的是，英美侵权法一开始的发展就是独立开放的，因此，历经几百年的发展，其体系、内容越来越丰富、庞大，急需通过成文法的方式加以整理，进行系统化、体系化的梳理。例如，美国法学会组织起草的两次美国侵权法重述，以及目前正在进行的第三次侵权法重述的起草工作，就表明了这一趋势。从这一点来看，两大法系侵权法正在不断融和。还需要指出的是，欧盟自成立以来，逐渐倡导制定统一的欧洲民法典，并且侵权法的统一已经纳入议事日程，相关的草案也已制定出来并在不断地完善修改。② 例如，冯·巴尔教授主持的欧洲私法模范法中的《合同外责任》，库齐奥教授主持的《欧洲侵权法原则》，以及法国司法部 2005 年委托巴黎第二大学 Pierre Catala 教授主持起草的《债法和时效制度改革草案》中的"侵权法"部分，都大量借鉴了英美侵权法的经验。不少学者预言，如果统一的欧洲合同法能够出台，那么，未来也可能形成统一的欧洲侵权法。③

---

① 参见林嘉：《社会保险对侵权救济的影响及其发展》，载《中国法学》，2005（3）。

② 1974 年欧洲部分法学家在丹麦首都哥本哈根讨论制定一部在共同体内适用的关于合同和非合同之债的准据法的公约。1976 年在佛罗伦萨的欧洲大学研究院召开了主题为"欧洲共同法前景"的研讨会。在这次会议上，丹麦教授奥·兰度（Ole Lando）极力主张建立一个新的欧洲"共同法"。1989 年 5 月 26 日欧盟议会通过了一项决议，呼吁成员国进行私法方面的相互趋同工作。1994 年 5 月 6 日，欧盟议会又通过了一项决议，重申了 1989 年的要求，呼吁就私法的某些部门在欧盟范围内进行协调化，制定一部欧洲私法典。目前，欧洲采取了私法协调化的方式，以共同参考框架（DCFR）的形式来推进这一进程。

③ 参见 ［德］格哈特·瓦格纳：《当代侵权法比较研究》，高圣平、熊丙万译，载《法学家》，2010（2）。

第三节 我国侵权责任法的历史发展

一、中国古代的侵权责任法

在中国古代，民事法律尤其是侵权法并不发达，造成此种现象的原因是多方面的。我国长期以来实行的是一种自给自足的自然经济，统治阶级一直在经济上贯彻"重农抑商"的政策，政治上实行封建专制主义，社会上实行宗法等级制度，这些原因都造成了我国民事关系未能得到发展。在这样一种社会经济条件下，中国古代民众的权利意识淡薄，这也导致以维护权利为目的的侵权法并不发达。占统治地位的中国传统法律意识从来都认为，法律只是一种维护统治阶级利益、镇压敌对阶级反抗、保持社会秩序稳定的工具，而不认为法律是调整平等主体之间人身和财产关系的社会规范，因此仅有的调整民事关系的法律规范混杂于公法之中，并且对民事违法行为主要采取刑事制裁，而忽视受害人的利益之补偿。① 对于我国古代固有法中是否存在侵权法，学者间存在各种不同的见解。不少学者认为，我国古代固有法之中并不存在财产法，因此也不存在完备的侵权行为法，甚至在清末以前根本就没有真正的民法。② 笔者认为，这种观点是值得商榷的。尽管我国古代并没有较为完善的侵权法，但仍然存在侵权法方面的不少规则。据史料记载，远在奴隶社会，就有侵权损害赔偿案件的记录，尽管《周礼》没有"侵权行为"一词，但"以礼防禁"、"以罚禁暴"所指的行为显然包含有民事上的侵权行为。西周就已有损害赔偿这种民事制裁方法，在《曶鼎》的铭文中，就记载了奴隶主匡季因抢去奴隶主曶禾十秭而进行赔偿的情况，其制裁带有惩罚性质，不仅仅限于损失赔偿，不单是赔偿，但包括了赔偿。③ 对于该案，东

---

① 参见张新宝：《中国侵权行为法》，2 版，8~9 页，北京，中国社会科学出版社，1998。
② 参见王伯琦：《近代法律思潮与中国固有文化》，24 页，台北，法务通讯社，1985。
③ 参见李志敏：《中国古代民法史》，187 页，北京，法律出版社，1988。

宫廼曰："偿刍禾十秭，遗十秭，为廿秭。□（如）来岁弗赏，则付册秭。廼或即刍用田二，又臣□□（一夫），凡用即刍田七田，人五夫。刍抑匚卅秭。"[1] 我国历代法律制度中，也存在大量关于损害赔偿的规定。当然，中国古代侵权法和现代侵权法在归责原则、基本理念上存在本质差别。

中国古代侵权法具有如下几个特点：

第一，诸法合一，民刑不分。自李悝编《法经》开始，至《大清律》，中华法系传统是诸法合一，以刑为主。其中涉及民事关系的，也以刑事方法制裁民事违法行为。故意与过失的差异也没有在刑事领域与民事领域得到体现。例如，晋张斐《律注》曰："其知而犯之，谓之故意。""不意误犯，谓之过失。"简称"故"、"误"。在《唐律》中，凡是涉及侵害他人财产的行为，如果行为人主观上有故意的，即作为犯罪处罚。只有在不存在故意的情况下，才有可能作损害赔偿处理。例如，《唐律·厩库律》规定，"故杀官私马牛"，要处以刑罚，"其误杀伤者，不坐，但偿其减价"。《唐律·斗讼律》中"过失伤人"条注："谓耳目所不及，思虑所不到，共举重物，力所不制；若乘高履危足跌及因击禽兽，以致杀伤之属，皆是。"因此，古代民刑不分，很大程度上表现在，对于民事侵权责任和刑事责任常常没有进行严格的区分，究其实质，实际上是以刑为本，主要通过刑事责任调整民事关系。

第二，从法律渊源来看，中国古代民法的主要渊源是"礼"。礼的主要典籍有三部：《周礼》、《仪礼》和《礼记》。所谓"分争辨讼，非礼不决"（《礼记·曲礼上》）。在礼法分开以后，礼在律之外，对民事关系的调节还起着重要的作用。[2] 礼侧重于预防犯罪和违法，所谓"导民向善"、"禁于已然之前"。大量民事关系仍然依靠"礼"的规范调整。私人之间的财产纠纷被视为"细故"，常常依据礼的规范或者习俗进行调处。如果发生争执，则寄希望于纲常的德化作用和族长邻右的调处功能，很少诉讼于官府。[3] 同时，家族宗法对民事侵权也有调节作用。

---

① 郭沫若：《奴隶制时代》，75 页，北京，中国人民大学出版社，2005。

② 参见叶孝信主编：《中国民法史》，33 页，上海，上海人民出版社，1993。

③ 参见张晋藩：《中国法律的传统与近代化的开端》，载《政法论坛》，1996（5）。

虽然国家的法律较少涉及民事关系，但在一族之内，族长常常依据习惯的家族宗法对损害赔偿纠纷进行裁决。而在不同的家族成员之间偶尔产生损害纠纷时，也多是由公认的德高望重的长辈进行调解或仲裁。①

　　第三，侵权损害赔偿的性质以补偿损失为主，但也强调惩罚作用。在整个中国封建社会侵权法当中，已经禁绝了同态复仇等单纯报复主义，但由于中国古代民刑不分，因而对于民事侵权行为也常常采用刑罚的制裁方式。例如，《宋刑统·厩库》规定："诸故杀官、私马牛者，徒一年半。赃重及杀余畜产若伤者，计减价准盗论，各偿所减价，价不减者笞三十。其误杀伤者不坐，但偿其减价。"由此可以看出，对于毁损财物的行为，我国古代法律通常给予行为人刑事处罚，可见，古代法律都注重制裁和惩罚。至于侵害人身的行为，通常都作为犯罪处理，而极少作为民事侵权行为处理。② 就损害赔偿而言，古代法中甚至有加倍赔偿等惩罚性措施，这都体现了古代法的制裁性和惩罚性。

　　第四，根据侵害对象的不同确定相应的责任。在中国古代，侵害人身的行为应当受到刑事制裁，而不承担民事责任。在侵害财产的情况下，还区分侵害的是官物还是私物而区别对待。③ 对官物的侵害，一般要承担刑事责任。例如，《笺释》规定："夫遗失、误毁在私物则只赔偿，在官物则仍坐罪。以过失所当原，而官物不可误也。"

　　第五，侵权责任的形式种类繁多。在古代法中，侵权责任的形式本质上不过是刑事责任的承担方式，有些财产制裁，本身就是刑事制裁的组成方式；而有的虽是民事制裁，如赔偿、恢复原状等，也是以辅助制裁刑事犯罪行为为目的的。当然，古代法中的侵权责任形态的种类是很多的，仅以赔偿为例，就有所谓备偿（全部赔偿）、偿所减价（仅就财产中受到损害的部分赔偿）、偿减价之半（只赔偿实际损失的一半）、倍赔（加倍赔偿）、追埋葬银、保辜、复旧（恢复原状）、修立等17种之多。不过，对于损害赔偿，大多限于直接赔偿，一般不包括间接

---

① 参见张新宝：《中国侵权行为法》，2版，8～9页，北京，中国社会科学出版社，1998。
② 参见叶孝信主编：《中国民法史》，287页，上海，上海人民出版社，1993。
③ 参见李志敏：《中国古代民法史》，187页，北京，法律出版社，1988。

损失的赔偿。例如,《唐律疏议·杂律》规定,"偿所减价,畜主备所毁"。疏议对此举例解释:"假有一牛,直上绢五匹,毁食人物,平直上两匹,其物主登时伤杀,死牛出卖直绢三匹,计减二匹。牛主偿所损食绢二匹,物主酬所减牛价绢亦二匹之类。"尽管对赔偿标准有严格的解释,但从中可以看出,这些规定都仅限于赔偿受害人的直接损失。此外根据一些学者的考证,我国古代侵权行为法从唐律到清律基本上都区分了侵害身体的损害赔偿和侵害财产的损害赔偿,对这两种行为适用不同的责任。[①]

近代社会以后,侵权行为法和整个民法一样都有所发展。鸦片战争的爆发刺激了中国救亡图存运动的兴起。清政府为形势所迫,于 20 世纪初实行法制变革。1902 年 4 月 6 日,光绪皇帝下诏,"参酌各国法律,改订律例",并指派沈家本、伍廷芳为修律大臣。次年,设立修订法律馆,专门从事法规编纂工作。1907 年,光绪皇帝指定沈家本等主持民、刑等法典的编纂。1911 年 8 月,即宣统三年,完成了第一次民律草案。在该草案的第二编"债权"中,专门规定了侵权行为,为债权编的最后一章。从第 945 条到第 977 条,共 33 个条文。该章规定了一般侵权行为、过错责任原则、特殊侵权行为、损害赔偿、共同侵权、消灭时效等侵权法的基本规则。在侵权行为部分,首先规定了过错责任原则,即:"因故意或过失侵害他人之权利而不法者,于因侵害而生损害负赔偿之义务。"在第 946 条和第 947 条规定,因故意或者过失违背保护他人之法律和违背善良风俗故意加损害于他人的,均应负损害赔偿的责任。这些规定显然是采纳了德国法的经验。

辛亥革命以后,国民政府的修订法律馆在北京开始了民律草案的起草工作。1925 年,草案完成,史称第二次民律草案。该草案基本上是按照第一次草案修订而成,对总则、物权两编修改较少,债权编则改为债编。该草案吸取了瑞士债务法的有关经验,在第二编"债编"中,专门规定了侵权行为。侵权法共 27 个条文,其基本内容与大清民律草案相同。由于北洋政府内部矛盾深重,国会解散,该草案未能作为正式法律通过,仅由北洋政府司法部于 1926 年 11 月通令各

[①] 参见戴东雄教授六秩华诞祝寿论文集编辑委员会编:《固有法制与当代民事法学:戴东雄教授六秩华诞祝寿论文集》,100 页,台北,三民书局,1997。

级法院，在司法中作为法理加以引用。

南京国民政府成立以后，于 1927 年设立法制局，着手各项法典的编纂工作。1929 年 11 月 22 日颁布民法债编，并于 1930 年 5 月 5 日施行。债编共分为两章，即 "通则" 和 "各种之债"，共 604 条。侵权法置于债编第一章 "通则" 第一节 "债之发生" 中的第 5 款，与契约、代理权的授予、无因管理、不当得利等并列为债的发生根据。该法完整地规定了侵权制度，从第 184 条到第 198 条共 15 个条文，另有有关损害赔偿之债的条文。从总体上看，其侵权行为法从内容到结构基本上仍旧是继受德国模式，即将侵权行为的形态分为一般侵权行为和特殊侵权行为。一般侵权行为又区分为因故意或过失侵害他人权利、以违背善良风俗的方法加损害于他人、违反保护他人的法律（第 184 条第 1 款、第 2 款）。特殊侵权行为中具体列举了共同侵权行为、公务员侵权行为责任、订购人责任、法定代理人责任、雇佣人责任等。不过，在特殊侵权行为中，对于危险责任并没有作出过多的规定。《中华民国民法典》在 1949 年以前曾在国民党统治区施行 20 年，1949 年 2 月中国共产党中央委员会宣布废除国民党六法全书。1949 年新中国成立以后，"中华民国民法" 仅在我国台湾地区适用。

二、新中国侵权法的发展

新中国成立以后，由于计划经济体制的建立及 "一大二公" 的流行，在改革开放前，私人权利没有得到充分的尊重和保护，包括侵权责任法在内的私法并不发达。新中国成立以后，立法机关曾几次推动民法典的制定，以实现我国民事立法的系统化。1954 年，全国人大常委会组成专门的班子开始民法典起草工作，于 1956 年 12 月，完成民法草案，该草案主要借鉴了苏联的民事立法经验，分为总则、所有权、债、继承四编，共 525 条。债编中规定了侵权责任。[①] 1957 年起草《民法典债编》第二稿，在 "通则" 第三节中规定了 "因造成他人损害所生之

---

① 参见何勤华等编：《新中国民法草案总览》上卷，175～183 页，北京，法律出版社，2002。

债"（第 11 条～第 23 条）①。同年又起草了《民法典草案》，专门规定了"损害赔偿"（共 15 条）。"损害赔偿"的另一备选名称为"因侵权行为产生的债"②。但在该草案完成后，由于 1957 年的反右斗争和 1958 年的"大跃进"等政治运动，民法的起草工作被迫中断。1979 年 11 月，全国人大常委会法制委员会民法起草小组开始第三次民法典的起草工作。经过 3 年努力，于 1982 年 5 月先后草拟了四个民法草案，其中第四个草案也就是现在通常所说的"民法典第四稿"，共分为八编，465 条。1982 年完成的"民法草案第四稿"，在第七编中规定了民事责任。该编详细规定了侵权责任。这些内容大都纳入后来的《民法通则》"民事责任"部分。③

　　我国侵权责任法是在《民法通则》的基础上制定的。1986 年的《民法通则》是我国第一部调整民事关系的基本法律，它是我国民事立法发展史上的一个里程碑。《侵权责任法》的颁布实施是完善我国市场经济法制、建立正常的社会经济秩序的重大步骤。《民法通则》为《侵权责任法》的制定奠定了基础，这主要表现在：《民法通则》第一次以基本法的形式确立了民事责任制度，包括比较完备的违约责任制度和侵权民事责任制度，其中关于侵权民事责任的规定大多为《侵权责任法》所吸纳。《民法通则》一改传统大陆法系的立法体制，未将侵权责任规定在债法之中，而是单设民事责任一章。这就为《侵权责任法》的制定以及在未来民法典中侵权责任法独立成编奠定了法律依据。因此，回顾《侵权责任法》的制定过程，必须要明确《侵权责任法》与《民法通则》的一脉相承关系。

　　作为未来民法典一编的侵权责任法的正式制定始于我国民法典起草工作的启动。1998 年 1 月 13 日全国人大常务委员会副委员长王汉斌邀请民法学者王家福、江平、王胜明、王保树、梁慧星和笔者等一起座谈民法典起草事宜，大家一致认为起草民法典的条件已经成就。王汉斌副委员长遂决定立即恢复民法典编纂，并

---

① 何勤华等编：《新中国民法草案总览》上卷，201～203 页，北京，法律出版社，2002。
② 何勤华等编：《新中国民法草案总览》上卷，243～245 页，北京，法律出版社，2002。
③ 参见何勤华等编：《新中国民法草案总览》下卷，615～620 页，北京，法律出版社，2002。

委托王家福等九人组成民法起草研究工作小组，负责研究编纂民法典草案。① 在此之后，全国人大法工委分别委托有关专家学者牵头起草民法典的专家建议稿。在侵权责任法方面，全国人大常委会法工委委托笔者牵头起草《侵权责任编》，同时委托最高人民法院起草《民事责任编》。同年，由笔者牵头起草的《中国民法典·侵权行为法编》草案完稿。② 该草案完成后正式提交给全国人大法工委，作为立法的参考。

2002 年 12 月 23 日，第九届全国人大常委会第三十一次会议开始审议《中华人民共和国民法草案》，其中第八编就是"侵权责任法"。该草案由全国人大法工委完成，在民法典草案中单独设立"侵权责任法"编，其位置在物权法、债权法以及人格权法、亲属法、继承法之后，实际上是放在财产法和人法之后，作为最后的权利保障法予以规定。该草案广泛借鉴了我国民事立法和司法审判经验，对侵权责任法作出了更为详细的规定。侵权责任法编共分为 10 章，分别是：一般规定、损害赔偿、抗辩事由、机动车肇事责任、环境污染责任、产品责任、高度危险作业责任、动物致人损害责任、物件致人损害责任、有关侵权责任主体的特殊规定。2008 年 12 月 23 日，全国人大常委会会议上审议了《侵权责任法（二次审议稿）》。该草案共有 12 章 88 条。二次审议稿较之于 2002 年的民法典草案已经有很大的改进。2009 年 10 月底全国人大常委会又对侵权责任法草案进行了第三次审议。侵权责任法草案三审稿分为 12 章 91 条，三审稿虽然在章节上没有对二审稿作较大改动，但在二审稿的基础上，对医疗损害赔偿、机动车交通事故责任、劳务活动侵权等事关民生的热点问题作出了进一步规定，备受社会关注。2009 年 12 月 26 日，第十一届全国人大常委会第十二次会议表决通过了《侵权责任法》，该法已于 2010 年 7 月 1 日起施行。《侵权责任法》是我国民事法律体系

---

① 研究小组成员包括：王家福、江平、魏振瀛、王保树、梁慧星、王利明、费宗祎、肖峋、魏耀荣。
② 参见王利明主编：《民法典·侵权责任法研究》，12～57 页，北京，人民法院出版社，2003。需要指出的是，除由全国人大法工委委托起草的专家建议稿之外，我国一些学者也先后起草了一些民法典或者侵权责任法草案，积极推动侵权责任法的立法进程。其中有代表性的有：杨立新教授组织编写的《侵权责任法草案专家建议稿》，德国布吕格迈耶教授和朱岩教授编写的《中国侵权责任法学者建议稿及其立法理由》，等等。

中的基本法，也是社会主义法律体系中支架性的法律。该部法律的颁行对于完善社会主义市场经济法律体系具有重要意义，也是我国民法典创制的重要步骤。其不仅完善了侵权责任法的基本内容和体系，而且完善了基本的民事法律制度。

三、侵权责任法在未来民法典中的地位

（一）侵权责任法在民法典中将独立成编

从大陆法系的传统来看，一直将侵权责任法作为债法的一部分而将其规定在债法之中。此种模式的合理性极少受到学者的怀疑并一直被赋予高度评价。王泽鉴教授在评价债法体系时，认为"在大陆法系，尤其是在注重体系化及抽象化之德国法，历经长期的发展，终于获致此项私法上之基本概念，实为法学之高度成就"[①]。但笔者认为，现代社会发展及民主法制建设的需要，已使侵权责任法所保障的权益范围不断拓展；其在传统债法体系中所负载的功能显然已不足以适应时代的需求。因此，侵权责任法应当从债法体系中分离出来而成为民法体系中独立的一支。侵权责任法的独立成编是完善我国民法体系的重要步骤，也是侵权责任法得以不断完善发展的重要条件。只有将侵权责任法独立成编，才能形成侵权责任法的有机体系，分别形成侵权责任法总则与分则、一般规定与特殊规定、一般法与特别法。如果侵权责任不能独立成编，侵权责任法不可能在债编中再形成自己的总则与分则，也难以形成内在的完备体系，从而不能充分发挥侵权责任法在民法中的应有功能。侵权责任法在民法典中应独立成编的主要理由在于：

第一，大陆法的债法体系忽略了各种债的关系的个性。尽管传统的大陆法债法体系，将侵权之债、合同之债等都纳入其中，然而，债的发生原因是纷繁复杂的，产生债的法律事实，既可以是事件，也可以是事实行为和法律行为。各种债的关系几乎囊括了绝大多数民事关系，这就导致了"民法债编所涉事项既然繁多、类型亦杂，则不同事项、类型之间，难免常有同异互呈之情形"[②]。在这样

① 王泽鉴：《民法学说与判例研究》，第4册，87页，北京，中国政法大学出版社，1998。
② 邱聪智：《债各之构成及定位》，载《辅仁法学》，第11期，105页。

的体系中，"侵权责任法都未被视为一个独立的法学领域，而几乎总是被作为债权法论著或课程的一部分，这一点颇让普通法律师感到惊奇"①。因此，债法表面上富有体系性，但实际上该体系存在明显的缺陷，主要表现在：大陆法的债法体系虽然注重了各种债的关系的共性，但忽略了各种债的关系的个性。各种债或基于法定或基于约定产生，或基于违法行为或基于合法行为产生，在很多方面表现出来的个性往往大于其共性。就侵权损害赔偿之债与合同之债相比较，两者存在明显的区别：合同行为是商品交易的法律形式，是法律所鼓励的合法行为，只有促进合法的交易行为充分发展，才能促进市场经济的繁荣和社会财富的增长。由此决定了合同法的目的在于保障交易关系、鼓励交易行为、保护交易当事人的合法权益。尤其是合同法应当充分贯彻合同自由原则，赋予交易当事人在合同的订立、履行、变更、转让、补救方式的选择等方面的广泛的行为自由，从而充分尊重当事人的意志，只要合同内容不违反法律的禁止性规定及所谓"公序良俗"，法律便应承认合同的效力。② 而侵权行为则是侵害他人财产、人身的行为，是法律所禁止的行为，侵权行为虽可产生债的关系，但此种债务与合同当事人自愿设立的合同之债是完全不同的。在侵权行为发生之后，行为人负有对受害人作出赔偿的义务。但损害赔偿也是行为人对国家所负有的责任，行为人是否愿意承担责任和在多大范围内承担此种责任，不以行为人的意志为转移，因此，侵权责任法体现了强行性的特点。尤其应当看到，侵权责任由侵权责任法调整，而合同法调整的乃是交易关系，从而决定了两法在责任的归责方式、构成要件、责任主体、举证责任、责任方式、诉讼时效、免责条件等方面的规定是各不相同的。因此，当某一种民事违法行为发生以后，行为人依据合同法承担违约责任，或依据侵权责任法承担侵权责任，在责任后果上是不同的。由于大陆法的债法体系没有充分体现侵权责任和违约责任各自的特殊性，因而，侵权责任法在民法典中有必要独立成编。

第二，侵权责任法规则的集中规定有利于构建完整的侵权责任法体系。如前

① ［德］罗伯特·霍恩等：《德国民商法导论》，楚建译，161 页，北京，中国大百科全书出版社，1997。
② 参见王家福等：《合同法》，14 页，北京，中国社会科学出版社，1986。

所述，在现代社会中，侵权责任法日益发达，其代表了未来法律发展的趋势，也是民法之中发展最为活跃的部分。侵权法规则越来越复杂，需要在法律上明确规定，而只有独立成编才能将这些规则吸纳其中，并能形成总分结合的模式，构建侵权责任法的体系。总体上看，与合同责任等其他民事责任形态相比，侵权责任在责任要件、责任基础、因果关系、责任形式、损害赔偿规则、免责事由等方面，存在明显的独特性，其与其他民事责任的差异明显大于共性，将侵权责任与其他责任硬性捏合在一起，笼统加以规定，也不利于构建完整的侵权责任法体系。还要看到，集中规定侵权法规则有助于使侵权责任法成为一个开放的体系，侵权责任法不仅具有对权利受侵害后的补救功能，还具有权利生成功能。社会生活的发展，导致一些利益首先应受到侵权责任法的保护，而后逐渐上升为具体的民事权利。例如，许多民事权利（如隐私权等）的发展是先获得了侵权责任法的保护，然后才逐步上升为民事权利。这一过程的实现需要侵权责任法保持一个开放的、完整的体系。因此，侵权责任法只有独立成编才能为侵权责任法在未来的发展提供足够的空间。

第三，侵权责任法独立成编有利于法官准确适用法律。在侵权责任法制定之前，我国有关侵权责任的规则极为分散，涉及侵权责任的法律有四十多部，最高人民法院还颁布了一系列有关侵权责任的司法解释。这些规定存在未能体系化的不足，并给法官适用法律带来了极大的困难。[①] 我国侵权责任法独立成编的一项重要意义就是总结既有的侵权责任法律规则，在此基础上予以完善，并将其体系化。此外，侵权责任法独立成编也有利于提高立法质量。因为将权利的救济集中规定，就可以把大量的具有共性的规则通过采用一般的规定整合起来，有利于条文简洁，节省立法成本。如果在各个权利制度中分别规定侵权的责任，将导致规范大量的重复，不符合民事立法应当尽可能简约的要求。例如，关于损害赔偿的规则，在侵害财产权、人格权方面都会产生损害赔偿的问题，如果每一编都规定大量技术性的规则，必将造成严重的重复现象。在比较法上，德国民法中侵权责

---

① 参见扈纪华、石宏：《侵权责任法立法情况介绍》，载《人民司法（应用）》，2010（3），9页。

任法大多是通过判例得以发展的，德国"希冀侵权责任法逻辑体系之严密，乃至具体适用上妥当之达成，然其结果，则几乎恰属相反，不仅失之芜杂，而且于实际适用之后，法典本身之体系，亦常相当冲突及修正"①。这反而不利于法律的适用。因此，对侵权责任法进行集中规定，有助于法官比较快捷地查找和适用法律。

第四，侵权责任法独立成编有利于为受害人提供统一的救济手段或方式。应当承认，各种侵权责任虽然在归责原则、责任构成要件上具有特殊性，但其也适用一些共同的规则。各种侵权责任在免责事由、损害赔偿以及责任形式等方面具有共同性。例如，侵害人格权的行为在性质上属于一般侵权行为，其适用侵权责任法的一般规则，如果在侵权责任法中规定了侵权行为的一般规则以后，就没有必要在人格权法中再次对其作出规定。因此，制定独立成编的侵权责任法，可以为受害人的救济提供统一的救济手段和规则。当然，侵权责任法所规定的救济方式也可以与其他法律所规定的方式并存，从而为受害人的权利救济提供更多的选择。例如，在行为人侵害他人物权的情形下，如果侵害行为正在进行，则权利人既可以基于物权请求权提出请求，也可以请求行为人承担停止侵害、排除妨害等侵权责任。

第五，侵权责任法独立成编是救济方式多样化的必然要求。如前所述，为了强化对受害人的保护，总体上各国在侵权责任法方面都出现了从单一的损害赔偿向多元化救济方式发展的趋势。侵权责任方式的多样化，虽不改变侵权法主要为补偿法的性质，但对民法体系也提出了挑战，换言之，尽管侵权行为常常产生侵权损害赔偿之债，但也可产生多种责任形式，而损害赔偿之外的责任形式并不是债的关系，债法并不能涵盖这些责任形式，因此债法对侵权责任法的调整便受到了限制。有人认为，恢复名誉、停止侵害、赔礼道歉等责任形式主要发生在特定的当事人之间，且仍然以请求为一定行为或不为一定行为为内容，因此本质上仍然是债的关系。笔者认为，将恢复名誉、停止侵害、赔礼道歉等责任形式完全等

---

① 邱聪智：《民法侵权行为修正草案基本问题之探讨》，载（台湾）《法学丛刊》，第118期，79页。

同于债的关系是不妥当的。这些责任形式在本质上不是以财产给付为内容的，不应属于债的关系。这就有必要通过独立成编的侵权责任制度来规定各种责任形式，而不应当将其完全纳入债法的体系当中。同时，通过独立成编的侵权责任法对各种责任形式集中明确地规定，也对法官正确适用法律、保障司法的统一性发挥重要的作用。从这种意义上说，侵权责任形式的多样性是侵权责任法独立成编的重要根据。

第六，侵权责任法独立成编符合我国民事立法体系化的要求。一方面，从立法层面看，我国大量的单行法律或者行政法规都对侵权责任的具体规则作出了规定，但这只能是权宜之计。尤其是其中有一些特别法经过多年的适用，已经形成了比较成熟的经验，有必要将之上升为民法典侵权责任编中的规定；而一些限制赔偿等带有明显部门、行业保护性质的规范，理应废止。另一方面，我国颁布了大量关于侵权法的司法解释，如最高人民法院《精神损害赔偿司法解释》、《人身损害赔偿司法解释》、《关于审理涉外海上人身伤亡案件损害赔偿的具体规定（试行）》等，但这些司法解释的制定由于没有经过体系化的全盘考虑，难免存在相互矛盾和冲突的现象，这也有必要通过一部统一的侵权责任法消除这些矛盾。

我国《侵权责任法》得以单独制定，预示着其将在我国未来民法典中占据独立的编章，侵权责任法在民法典中独立成编的构想将变成现实。尤其是，我国《侵权责任法》在独立成编的基础上，按照民法典的总分结构，通过92个条文构建了完整的侵权责任法体系，与19世纪初的法国民法典侵权责任法部分（共5条）、20世纪初的德国民法典侵权法部分（共31条）相比，内容大为充实，体系更为完整。可以说，这是在成文法体系下，构建的一个新型的现代侵权法体系。我们有理由预测，在未来，中国侵权责任法一定会成为比较法上侵权法立法和理论发展的新的关注亮点。

（二）侵权责任法在民法典分则中的位置

我国民法典所应当确立的权利体系包括：人格权、亲属权、继承权、物权、债权、知识产权，这些权利已经为各国的立法、判例和学说所普遍承认，也为我国民事立法和实践所认同。根据民法典的总分结构，侵权责任法属于对权利的救

济，应当置于民法典的末编。侵权责任法之所以要独立成编并置于民法典的最后一部分，主要原因在于：一方面，由于侵权责任是侵害各种民事权益的结果，所以侵权责任法应当置于各种权利之后。在民法典分则中先列举各类民事权利，然后规定对民事权利的保护措施，即侵权责任制度，这是符合逻辑顺序的。另一方面，从未来的发展趋势来看，侵权法保护的权益范围越来越宽泛，随着侵权责任法对利益保障的扩张，侵权法可以延伸到亲属、继承等领域，从而实现对民事权利体系的周密维护。按照传统观点，侵权责任法主要是救济法，而在婚姻家庭领域，家庭成员之间通常共有家庭财产且存在扶养义务，因此没有损害赔偿的必要，但现代社会也要求对家庭内部的侵权提供救济，包括因家庭暴力等产生的损害赔偿、停止侵害、赔礼道歉等。侵权法的调整范围正向婚姻家庭领域不断扩张。例如，婚姻家庭领域的新利益，如果确实需要保护，也应当救济。再如，某证券公司研究开发出一套有关证券交易的信息资料，若这些信息资料受到侵害，也可以作为财产利益而受到侵权法的保护。因此，在民法典规定了各种人身权和财产权之后，有必要针对这些权利遭受侵害的救济制定侵权责任法编，该法在体系上也应当置于民法典的最后一编。

在侵权责任法独立成编之后，侵权责任法将与合同法、物权法并列成为民法典分则中的重要编章，但这并不意味着侵权责任法与债法毫无联系。一方面，因侵权行为所产生的损害赔偿责任是债的发生原因之一，从本质上讲，侵权损害赔偿责任仍然是一方当事人请求另一方当事人为一定给付的行为，其应当属于债的调整范围。另一方面，债法的很多规则对侵权责任仍然是适用的。例如，共同侵权行为要适用债权总则中关于连带之债的规定，侵权损害赔偿要适用债权总则中关于损害赔偿之债的一般规则。因此，在债权总则中，可以考虑规定债的一般规则，如按份之债、连带之债的划分，这些规则可以直接适用于侵权的损害赔偿。这就有必要考虑在构建债权总则的时候，针对那些适用于侵权责任而又不宜在合同法或侵权责任法之中作详细规定的规则，将其纳入债权总则。正是从这个意义上，侵权责任法与债法的分离是相对的分离，而不是绝对的分离。

第四章

归责原则

第一节 归责原则概述

一、归责原则的概念和特征

归责原则，顾名思义，是关于侵权责任"归责"的基本规则。"归责"（Im-putatio，Imputation，Zurechnung），在德国学者拉伦茨看来，是指"负担行为之结果，对受害人言，即填补其所受之损害"①。多伊彻（Deutsch）则认为归责是指，"决定何人，对于某种法律现象，在法律价值判断上应负担其责任而言"②。我国台湾地区学者邱聪智认为："在法律规范原理上，使遭受损害之权益，与促使损害发出之原因者（Ursache）结合，将损害因而转嫁由原因者承担

---

① 王泽鉴：《民法学说与判例研究》（5），272 页，台北，自版，1987。
② Deutsch, Zurechnung und Haftung im Zivil Recht, S. 33.

之法律价值判断因素，即为'归责'意义之核心。"① 总之，归责的含义，是指在行为人因其行为或者物件致他人损害的事实发生以后，应依何种根据使之负责，此种根据体现了法律的价值判断，即法律应以行为人的过错还是应以已发生的损害结果，抑或以公平等作为价值判断标准，而使行为人承担侵权责任。归责原则是侵权责任法的精髓。归责原则的意义体现在以下几个方面：

第一，归责原则的实质是要强调行为人承担责任的依据与基础。在侵权责任法中，要使行为人承担责任，仅有损害是不够的，损害仅仅是表象，不能揭示出责任的基础。在古代法中，采结果责任就是以损害作为归责的基础。中世纪法学家曾经认为，如果原告遭受了损害，而那种损害意味着其一般财产（partrimoni-um）的减少，他就可以要求赔偿。② 这种观点是法律文明不发达的结果。随着19世纪以来文明程度的提升和对行为自由的追求，通过过错责任的确立，而揭示出归责的原因或者说隐藏在损害背后的原因。侵权责任法的归责原则实际上就是归责的规则，它是确定行为人的侵权民事责任的根据和标准，作为确定责任的依据，不同的归责原则阐释了不同责任承担的依据。例如，过错责任原则所阐释的是责任自负的理念，因为行为人对于损害的发生具有过错，因此其必须为自己有过错的行为所导致的后果负责。而严格责任的归责依据主要是危险，其强调的是对现代社会中不幸损害的合理分担以及对受害人的保护。

第二，归责原则确定了不同的责任构成要件。归责原则并非确定具体的责任以及如何承担的构成要件，从这个意义上说它不能替代具体的责任构成要件。责任的成立与否取决于行为人的行为及其后果是否符合责任构成要件，而归责只是为责任成立与否寻求根据，并不以责任的成立为最终目的。在各种归责原则之下，损害和因果关系是基本的构成要件，所以也可称为侵权行为的核心要件，但在不同的归责原则之下，过错的作用并不相同：在过错责任中，过错不仅是构成要件，而且是归责的最终要件；在严格责任中，不考虑行为人主观上是否有过

---

① 邱聪智：《庞德民事归责理论之评介》，载《台大法学论丛》，第11卷第2期。

② 参见［美］詹姆斯·戈德雷：《私法的基础：财产、侵权、合同和不当得利》，张家勇译，435页，北京，法律出版社，2007。

错，只要行为人造成了损害后果，依法应当承担责任的，就应当承担责任。

第三，归责原则确定了不同的免责事由。既然归责原则确立了责任的成立要件，其当然也决定了各种责任的减免事由。例如，在过错责任之下，行为人只要证明自己主观上没有过错就可以免除责任，由于其表明自己没有过错的抗辩事由较多，因而侵权人极易被免除责任。在严格责任之下，免责事由由法律直接限定，侵权人必须具有法定的具体免责事由方可免责，而不能仅抽象地证明自己主观上无过错即可免责。而在过错推定责任之下，侵权人如果能够证明损害是由受害人的原因所致，第三人的行为或者因为已经尽到了法律法规所确立的以及合理谨慎的标准所要求的注意义务，也可以被免除责任。

第四，归责原则是构建侵权责任法的内容和体系的支柱，它在侵权责任法中居于重要地位。由于整个侵权责任法就是要解决侵权责任的承担问题，因而，侵权责任法规范基本上围绕着责任而确定，而归责原则又是责任的核心问题，因此，侵权责任法的全部规范都奠基于归责原则之上。我国《侵权责任法》在内容体系上最大的特色就是以归责原则为主线设计侵权责任法的体系。申言之，在我国侵权责任法中，过错责任是一般的侵权责任，其构成了总则的内容。而侵权责任法的分则实际上是根据特殊的归责原则来构建的，其所规定的特殊侵权责任主要都采特殊的归责原则。

归责原则不同于损害赔偿原则。损害赔偿原则是指在处理侵权损害赔偿纠纷，确定赔偿范围时所依据的准则。二者的区别体现在：首先，归责原则是解决最终的责任依据问题，也就是解决法律价值判断上的"最后界点"（Endpunkt）或责任的根本要素问题，因此，归责原则不应从损害事实出发，而应从过错等因素出发；而损害赔偿原则解决的是在责任确定以后的损害赔偿的依据问题。虽然损害赔偿原则要受归责原则的制约，但损害赔偿原则的着眼点在于损害事实，它往往要从客观事实出发来确定责任范围。其次，由于侵权行为责任不限于损害赔偿，因而归责的确定不仅能够导致损害赔偿责任的成立，而且会形成其他责任形式。而损害赔偿原则纯粹是指导、确定赔偿范围的准则。最后，归责原则要解决责任的承担问题，而损害赔偿原则要解决损害赔偿的范围问题。

归责原则是法官处理侵权纠纷所应遵循的基本准则。民事案件纷繁复杂，侵权纠纷千差万别，大量的案件很难援引现行的具体规定来处理，而借助于归责原则，司法人员就可以正确地处理民事纠纷。例如，对于大量的新型侵权，可以通过适用《侵权责任法》第 6 条第 1 款来处理。还要看到，由于归责原则是侵权责任法的价值功能的集中表现，因而，法官准确掌握了归责原则，也就理解和掌握了整个侵权责任法规范的功能和归责的目的，从而能够准确适用《侵权责任法》，以充分保障受害人的合法权益。

二、侵权责任归责原则的历史发展

（一）过错责任的发展

一般认为，过失责任原则为罗马法所首创。早在公元前 5 世纪的《十二表法》中，就规定了"烧毁房屋或堆放在房屋附近的谷物堆的，如属故意，则捆绑而鞭打之，然后将其烧死；如为过失，则责令赔偿损失，如无力赔偿，则从轻处罚"（第八表第 10 条）。可见，在罗马法上，故意和过失程度可以作为减轻责任的依据。罗马法确立了对偶然事件不负责任的规则。"因偶然事故杀害者，不适用亚奎里法（指《阿奎利亚法》），但以加害人自身并无任何过错者为限，因为亚奎里法不但处罚故意，同时也处罚过失。"[1] 在罗马法中，《阿奎利亚法》（lex Aquilia）允许原告就被告因故意或过失所致损害要求赔偿。但自罗马帝国在公元 5 世纪末灭亡以后，欧洲进入中世纪，罗马法的过错责任也随之消失。[2] 在欧洲大陆为数众多的蛮族王国中，罗马法为日耳曼习惯法所取代。"事实裁判个人"的加害原则代替了罗马法的过失责任原则。

至 13 世纪，罗马法的复兴运动在法国兴起。罗马法完备的债法制度，尤其是过失责任原则，对法国的侵权行为法产生了重大影响。在法国，中世纪的教会

---

① ［古罗马］查士丁尼：《法学总论》，197～198 页，北京，商务印书馆，1989。

② 参见［美］詹姆斯·戈德雷：《私法的基础：财产、侵权、合同和不当得利》，张家勇译，435 页，北京，法律出版社，2007。

法认为，如果某人的行为违反了道德准则，且造成了对他人的损害，就应当受到惩罚，此种观点也深刻地影响了《法国民法典》的制定。[①] 在 17 世纪和 18 世纪，自然法学派提出的法律原则之一是"对过错活动所引起的损害应当予以赔偿"[②]。《法国民法典》第 1382 条规定："任何行为使他人受损害时，因自己的过失而致行为发生之人对该他人负赔偿责任。"这一规定便形成了损害赔偿的一般原则，正如民法典起草人塔里伯在解释民法中所说："这一条款广泛包括了所有类型的损害，并要求对损害作出赔偿。"[③] "损害如果产生要求赔偿的权利，那么此种损害是过错和不谨慎的结果。"[④] 这一简短的条文是对罗马法债法中的过失责任原则的重大发展，以后的大陆法系各国的民法典大都相继沿袭了这一规定。但是，法国法并未具体区分不同类型的损害，只是确定了行为人所应承担的一般注意义务，违反此等义务将承担损害赔偿责任。[⑤]

在《德国民法典》制定之前，通行于德国大部分地区的有关侵权行为的普通法，是以罗马法中的《阿奎利亚法》为基础，并坚持过错责任原则。[⑥] 1900 年的德国民法在编纂时期，有关归责原则问题曾在学者间引起激烈的争议，但法典起草人最后采纳了过失责任原则。最初，立法者试图通过设置一条具有高度概括性的过错责任一般条款。《民法典》第一草案第 704 条第 1 款规定："因故意或过失的违法的行为或不作为给他人造成损失的，应当承担赔偿损失的责任。"[⑦] 不过，民法典起草人为了避免给法官过于广泛的自由裁量权[⑧]，在过错责任原则之下，又确立了多重责任限制规则，这主要表现为明确过错责任适用的对象，即对绝对

---

① 参见王军：《侵权法上严格责任的原理和实践》，39 页，北京，法律出版社，2006。

② 张民安：《现代法国侵权责任制度研究》，2～3 页，北京，法律出版社，2003。

③ Jean Limpens, *International Encyclopedia of Comparative Law*, Vol. 4, Torts, Chapter 2, Liability for One's Own Act, J. C. B. Mohr (Paul Siebeck, Tübingen), 1974, p. 45.

④ Andre Tunc, *International Encyclopedia of Comparative Law*, Torts, Introduction, J. C. B. Mohr (Paul Siebeck, Tübingen), 1974, pp. 71-72.

⑤ See Mauro Bussani, Anthony J. Sebok, *Comparative Tort Law: Global Perspectives*, Edward Elgar Publishing, 2015, p. 204.

⑥ 参见王军：《侵权法上严格责任的原理和实践》，41 页，北京，法律出版社，2006。

⑦ ［德］马克西米利安·福克斯：《侵权行为法》，5 版，齐晓琨译，3 页，北京，法律出版社，2006。

⑧ Vgl. Brox/Walker, Besonderes Schuldrecht, C. H. Beck, 2008, 33. Auflage, S. 490.

权利的不法侵害（第832条第1款）、违反保护他人之法律（第823条第2款）、违背善良风俗加损害于他人（第826条）等规定，从而具体限定了过错责任的适用范围。按照马克西尼司（Markesinis）的看法，这种分类实际上是建立在侵害的法益的不同类型基础上的。第823条第1款是对权利的侵害，但该权利不包括相对权。行为人是否要承担责任，取决于其是否具备如下构成要件：一是侵害了各种被列举的具体权利，即生命、身体、健康、自由、财产，或者任何其他权利；二是行为具有违法性；三是行为人必须具有过错；四是行为和损害之间具有因果关系。① 而关于利益的侵害主要适用第823条第2款和第826条，它们是对第823条第1款和第824条的补充，是对法律没有明文规定的法益所进行的保护。② 正是在此意义上，瓦格纳教授将第823条第1款、第2款和第826条共同称为"三个短小的一般条款"③。

　　普通法中没有与大陆法中过错相类似的表述④，与大陆法系国家相比较，英美法中的过错责任形成较晚。⑤ 20世纪初，过失责任在性质上并不是构成侵权的方式，而属于独立的侵权行为。⑥ 在1932年的多诺霍诉史蒂文森（Donoghue v. Stevenson）一案后，普通法中的过失不仅成了一种特殊的侵权行为，而且正式形成了过失的概念，即过失是一种被告违反其对原告所应给予注意的义务。⑦ 尤其需要指出的是，美国近几十年来采取"比较过失"（comparative negligence）理论代替了原有的僵化的"共同过失"（contributory negligence）理论，此种理

---

　　① See B. S. Markesinis, *A Comparative Introduction to the German Law of Torts*, third edition, Clarendon Press, Oxford, 1994, p. 35.

　　② Palandt and Thamas, Kommentar zum Bürgerkiches Gesetzbuch, Verlag C. H. Beck, 2003, S. 1265.

　　③ ［德］格哈特·瓦格纳：《当代侵权法比较研究》，高圣平、熊丙万译，载《法学家》，2010（2）。

　　④ See Christian von Bar, *Principles of European Law-Non Contractual Liability Aring out of Damage Caused to Another*, Oxford University Press, 2009, p. 254.

　　⑤ 详细请参见 Richard A. Posner, "A Theory of Negligence", 1 *Journal of Legal Studies*, 29 (1972)。

　　⑥ See Winfield, Percy H, "History of Negligence in the Law of Torts", *The. LQ Rev.* 42 (1926): 196.

　　⑦ See Donoghue v. Stevenson [1932] UKHL 100; David Ibbetson, *A Historical Introduction to the Law of Obligations*, OUP Oxford, 1999, p. 189.

论进一步完善了过失概念。①

过错责任的历史发展表明，从结果责任向过错责任的演化过程，也是法律文明的演进过程。过错责任最终取代结果责任是法律文明的标志。在现代社会，虽然各国在社会制度、历史习惯、经济发展状况等方面存在重大差别，但各国侵权法皆以过错责任为原则，足以表明过错责任在社会生活中的极端重要性。

（二）从过错责任向多元化归责原则的发展

进入 19 世纪末期以后，由于大工业的发展，工业事故和交通事故大幅度地增加，并成为西方社会所普遍面临的严峻社会问题。② 许多国家开始对传统的过错原则进行探讨，试图以严格责任解决事故赔偿问题。

1. 过错推定原则的产生

在罗马法中并不存在过错推定制度。罗马法中的"拟诉弃权（cessio in jut)"主要是指所有权移转的方式，而不涉及过错推定问题。不过，罗马法中有一些规定极类似于特殊过错推定。例如，《十二表法》第八表中规定："让自己的牲畜在他人田地里吃食的，应负赔偿责任，但如他人的果实落在自己的田地里而被牲畜吃掉的，则不需负责。"查士丁尼《法学总论》中也提到："拙劣无能也同样算做有过错。"③ 有一些学者认为，罗马法中的一些案例表明行为人应负过错推定责任，例如，从某个住宅中掷出的物品或泻出的液体使路人遭受伤害，或在小酒店中顾客的物品被店员或其他顾客窃走，这时，住宅的主人或店主应负责任。实际上这些责任仍然是过错责任。因为行为人"没有按照应当做的方式管理好住宅，或没有对其店员进行适当的挑选等"④。

---

① See Martin J. Rooney, Colleen M. Rooney, Ross D. Eatman, "Comparative Negligence in New Hampshire: Its Effect on Contributory Negligence and Tort Law", *Suffolk University Law Review*, Vol. 22, Issue 1, Spring 1988, pp. 1-42.

② See Miquel Martín-Casals, edit, *The Development of Liability in Relation to Technological Change*, Cambridge University Press, 2014.

③ ［古罗马］查士丁尼：《法学总论》，198 页，北京，商务印书馆，1989。

④ ［英］彼得·斯坦、约翰·香德：《西方社会的法律价值》，王献平译，153 页，北京，中国人民公安大学出版社，1989。

一般认为，过错推定理论是由 17 世纪的法国法官多玛（Domat）创立的。[①]
多玛曾在其《自然秩序中的民法》一书中，详细论述了代理人的责任、动物和建筑
物致人损害所致的责任，他提出在这些责任中，过错应采取推定的方式确立。多玛
的理论对《法国民法典》中关于侵权行为的规定产生了重大影响。《法国民法典》
第 1384 条关于行为人对其负责的他人的行为或在其管理之下的物件所致的损害的责
任的规定，第 1385 条对动物所有人因动物造成的损害的责任的规定，第 1386 条建筑
物所有人因建筑物的保管或建筑不善而造成的损害的责任的规定，都是根据过错推定
原则所确立的，因而与《法国民法典》第 1382 条关于过失责任原则的一般规定并不
矛盾。

进入 19 世纪末期以后，许多国家开始对传统的过错原则进行探讨，试图以
严格责任解决事故赔偿问题。而在法国，实行了维护过失责任的一元化归责体
系；同时又适应归责的客观化、严格化的要求，法院通过一系列判例而进一步发
展了过失推定理论，以弥补因严格责任缺失所产生的缺陷。这特别体现在法院对
《法国民法典》第 1384 条第 1 款关于行为人对由其负责的他人的行为或在其管理
之下的物件所致的损害的责任的规定[②]，作了扩大的解释。后来，法院又进一步
确定了雇主和交通事故的加害人的严格责任。尤其值得注意的是：在 1925 年的
一个案件的判决中[③]，法国最高法院确认：照管物件的当事人不得主张缺乏过错

---

① See Andre Tunc, *International Encyclopedia of Comparative Law*，Torts，Introduction，
J. C. B. Mohr（Paul Siebeck）Tübingen，1974，p. 35.

② 在 1896 年 6 月 16 日的 Teffaine 案中，一个名叫 Teffaine 的人因为拖船的爆炸遭受致命的伤害，
爆炸是由发动机制造过程中焊接管道的毛病引起的。法国最高法院认为，根据《民法典》第 1384 条，被
告必须证明事故的发生是由于外来原因和不可抗力造成的，但因为发动机爆炸的原因是机器构造的缺陷，
故可推定被告有过错。法院的判决指出：根据第 1384 条第 1 款，当事人应"对处于其照管下的物所造成
的损害承担责任"；这一解释实际上已经超出了民法典起草者们的意图。Guillaume Etier，Du risque à la
faute，Evolution de la responsabilité civile pour le risque du droit romain au droit commun，Bruylant，Schul-
thess，2006，p. 16.

③ 本案的案情是：1925 年 4 月 22 日，卡勒里·拜尔福戴斯公司的货车发生颠覆，致使正在穿越马路
的女孩小丽丝·让德尔受重伤。事后，其母让德尔太太以监护人身份对卡勒里公司提起诉讼，请求赔偿 20 万
法郎。法国最高法院认为："根据《民法典》第 1384 条第 1 款，鉴于该条款确立的责任推定，凡对引起他人
伤害的无生命物应予以注意者，除非证明意外事件或不可抗力，或不可归咎于他的外因之存在，不得免除责
任。"

而免责，由此，法院以责任推定来代替过错推定制度，以应对大量的大机器所造成的人身伤害事故，在这些事故当中，通常很难证明被告方过错的存在。[①] 此种推定不同于以前的过错推定。在过错推定中，被告表明他没有过错的抗辩事由是较多的，即被告只要能证明事故是无法预见的，事故的结果是无法避免的，事故是由外来原因而不是他所控制的物件造成的，就可以被免除责任。而在责任推定中，被告"只有通过证明偶然事件、不可抗力或某种不能归责被告的外来原因才能对推定原则提出抗辩"[②]。事实上，责任的推定较之于在此之前的过错推定理论，在对被告的免责条件的限定上更为严格。

德国法也采纳了过错推定制度。《德国民法典》的起草人深受《学说汇纂》中关于损害赔偿的责任基于过错发生的理论的影响，认为无过失责任应在法典之外作为特殊的、例外的情况加以规定，因而拒绝了上述主张。但是，《德国民法典》的相关规定在解释中仍然被解释为过错推定责任。例如，关于雇主责任（第831条）、监护人责任（第832条）、动物保有人的责任（第833和834条）、工作物占有人的责任（第836条）、建筑物占有人的责任（第837条）等，都被认为是采用了过错推定的原则[③]；法官在实践中并经常采用举证责任倒置的办法，尤其是在产品责任和医疗侵权责任中，通过此种方式来对受害人提供保护；而这种做法也常常被理解为是一种过错推定。[④] 例如，在著名的鸡瘟案中，在工业产品按其正常用途予以使用的情况下，若因产品制造上的缺陷而致人或物遭受损失，则制造商必须证明他对该产品缺陷没有过错。若该制造商不能提出证明，则他必须根据有关侵权行为的规定承担责任。[⑤] 1909年的《汽车法》，也明确规定了过错

---

①　Guillaume Etier，Du risque à la faute，Evolution de la responsabilité civile pour le risque du droit romain au droit commun，Bruylant，Schulthess，2006，p. 17.

②　K. W. Ryan，*An Introduction to the Civil Law*，Brisbane，Law Book Co. of Australasia，1962，pp. 121-126.

③　参见［德］马克西米利安·福克斯：《侵权行为法》，5版，齐晓琨译，171～190页，北京，法律出版社，2006。

④　参见［德］马克西米利安·福克斯：《侵权行为法》，5版，齐晓琨译，171页，北京，法律出版社，2006。

⑤　BGHZ51，91-Hühnerpest.

推定，依《汽车法》规定，如果某人因汽车的使用而遭受死亡、伤害和财产损失，汽车"占有人"应对受害人的损害负赔偿责任，但事故由不可抗力、无法避免的事件、受害人的行为、第三人的行为造成的，"占有人"不负责任。这个法律的"主要意义在于它转换了过错举证的责任"，并对汽车驾驶员强加了一种严格责任。[①]

在其他大陆法国家，通过法律规定和判例建立了过失推定制度。例如，日本法院在产品责任、医疗事故、交通事故等案件中，亦广泛采取了过错推定。在著名的日本米糠油案件中，初审法院的法官在判决中认定：因摄取含有瑕疵的食品，致使他人身体和健康遭受损害，可以根据该事实推定从事该食品的制造、贩卖的从业者具有过失。各该从业者若不能举证说明，关于上述瑕疵的发生与存在，即使已经尽到高度而且严格的注意义务，仍无法预见，则不能推翻上述的推定。[②]

英美法中采取了"事实本身证明"（Res ipsa loquitur）的原则，以避免原告举证的困难。[③] 依据这一原则，若损害事实的发生是由于被告所致，而事情经过只有被告能够得知，原告无从知晓，原告仅能证明事实之发生，而不能证明发生的原因，则认为事实本身已推定被告有过失的可能，该案无须由法官审核，可以交由陪审员裁决，但是，如果被告能够对此提出疑问，则原告对于被告的过失仍不能被免除举证之责。例如，在 1863 年的伯恩诉博德尔（Byrne v. Boadle）一案中，原告从被告的货栈前走过，被一个从楼上滚下来的面粉桶砸伤。法院认为，如果没有某种过失，则面粉桶不会从楼上坠出，事实本身证明被告是有过失的。[④] 在劳伸诉圣佛兰西施旅馆（Larson v. St. Francis Hotel）一案中，原告沿着邻近某个旅馆的人行道行走时，被从旅馆的一个窗户中扔出的椅子砸伤，法院认为若适用事实本身证明的规则，原告必须证明：（1）存在事故；（2）造成事故

---

① See K. W. Ryan, *An Introduction to the Civil Law*, Brisbane, Law Book Co. of Australasia, 1962, p. 128.

② 参见［日］圆谷峻：《判例形成的日本新侵权行为法》，赵莉译，31 页，北京，法律出版社，2008。

③ 有人认为，罗马法学家的著述中曾有"事实自证"的思想。因为盖尤斯把客观存在的现实称为本质，并认为它是法律规则的实质，对此不应有其他合乎逻辑的解释。

④ See Byrne v. Boadle. 2 Hurl. & C. 722.

的物件和工具置于被告的控制之下；（3）被告若尽到管理的注意，损害将不会发生。法院认为，由于旅馆并不能排他地控制着每个房间的家具，旅店客人至少部分地控制着家具，所以本案不适用"事实本身证明"规则。① 按照英美法学者的看法，事实本身证明是原告负过失举证责任的例外。② 事实本身证明的运用也可以达到过错推定的结果，但此种推定责任，并不是严格责任。普通法中的严格责任具有其特殊的含义，由于严格责任的免责事由仍然包括了不可抗力、受害人过错和第三人的过错，从这个意义上说，严格责任和法国法中的"不可推倒"的过错推定是相同的。

总之，从现代社会危险活动急剧增加、事故损害大量增长的现实出发，各国法律均采取了过错推定和类似于过错推定的措施，"应用过错推定，是现代工业社会各种事故与日俱增的形势下出现的法律对策"③。过错推定既有效地保护了受害人的利益，同时也维护了以过错责任为主要归责原则的侵权责任制度的内在体系的和谐。

2. 严格责任的产生和发展

在现代社会，危险活动急剧增加、事故损害大量增长，但造成这些事故发生的活动往往是合法的，而且是社会发展所必需的活动，而且事故的发生多为高度工业技术缺陷的结果，难以防范，加害人是否具有过错，被害人难以证明。④ 因此，在 19 世纪末 20 世纪初，严格责任开始出现，各国严格责任具有不同的发展路径，《法国民法典》虽然没有明确规定严格责任，但其司法实践通过判决来扩大解释第 1385 条中的对物的责任，从而发展出了"无生命物的责任（responsabilité resultant de la chose inanimée）"，使该条几乎成为严格责任的一般条款。在今天，严格责任在法国的适用范围已经非常广泛，它在人身损害赔偿领域内适用的范围甚至已经超过了过失责任。

---

① See Larson v. St. Francis Hotel, 83 Cal. App. 210, 188 P. 2d. 513 (1948).

② See Epstein, *Cases and Materials on Torts*, 4ed, Little, Brown and Company, p. 239.

③ 王卫国：《过错责任原则：第三次勃兴》，44 页，杭州，浙江人民出版社，1987。

④ 参见王泽鉴：《民法学说与判例研究》，第 2 册，153 页，北京，中国政法大学出版社，1998。

在德国法上,《德国民法典》并没有明确规定严格责任,其严格责任的发展是借助特别法的方式,即通过各个特别法具体列举的方式,逐渐形成了体系化的严格责任制度。德国学者普遍主张保持侵权法内部的二重划分:过错责任和危险责任。① 20世纪40年代,一些德国学者曾提出损害赔偿法的修正案,大力阐扬"危险责任一般条款"的思想,主张通过危险责任的一般条款来扩张其适用范围。后来,欧洲许多学者提出要为严格责任设置一般条款,在这个条款里,允许法官根据具体情形判断是否适用严格责任,不过,在适用过程中应当考虑一些具体因素,如法律适用的稳定性、不同危险来源者的平等对待和法律应当优先考虑的利益等②,但由于许多学者的反对,该草案并未通过,德国民法采取的还是以过错责任为一般原则,危险责任的类型由法律明确规定。过错责任和危险责任都是建立在正义原则上,但后者更多地建立在分配正义的原则基础上。③

英美法具有采用严格责任的传统。④ 英国法上较早的一个案件就确认了在行为人构成对他人的侵占(trepass)的情况下,被告行为的合法性及其缺乏故意和过失都不是有效的抗辩理由。⑤ 20世纪以来大工业的发展产生了许多附带的风险(residual risk),即使行为人尽到合理的注意义务,也无法彻底消除此类风险,受害人也难以证明行为人对损害的发生具有过错;而且这些活动对人类社会是有益的,因此,法律应当允许此种风险存在,当此种附带的风险造成他人损害的,就不能再适用过错责任对受害人进行救济了,在这些领域,过错责任也无法发挥其遏制功能。因此,在一些领域,英美法开始广泛采用严格责任制度。例如,在产品责任中,由于生产者将产品投入市场销售,消费者很难举证证明产品的瑕疵,尤其随着科技的进步和发展,产品的构造越来越复杂,所以要求受害人举证

---

① 参见〔德〕格哈特·瓦格纳:《当代侵权法比较研究》,高圣平、熊丙万译,载《法学家》,2010 (2);Jansen, Auf dem Weg zu einem europaeischen Haftungsrecht, S. 54 ff.

② See Koch, Bernhard A & Koc, Bernhard A & Koziol, Helmut, *Unification of Tort Law: Strict Liability*, Kluwer Law International, 2002.

③ Esser, Grundlagen und Entwicklung der Gefaehrdungshaftung, 1969, S. 69 ff.

④ See Charles Gregory, Trespass Negligence Absolute Liability, 37 *Va. L. R. ev.* 1975, pp. 361-370.

⑤ See David Ibbetson, *A Historical Introduction to the Law of Obligations*, OUP Oxford, 1999, p. 184.

产品的瑕疵是很困难的。特别是产品往往经过了多个环节才到达消费者手中，消费者很难知晓具体是哪个环节造成了产品瑕疵，所以对产品制造者要课以严格责任。[1] 自 20 世纪中期以来，严格责任已经完全替代了担保责任理论，成为产品责任的主流观点。[2] 除产品责任之外，在其他诸如高度危险致人损害、环境污染等领域都已广泛运用严格责任制度。《美国侵权法重述（第 2 次）》专门规定了严格责任，并将其作为与故意侵权和过失侵权相对应的一类侵权责任。

目前，从两大法系来看，严格责任主要适用于危险活动和危险物致人损害[3]，主要还是适用于法定的特殊情形。[4] 但从总的发展趋势来看，严格责任的适用范围在不断扩张，不仅仅限于法律规定的情形，从救济受害人考虑，法官也在不断扩大严格责任的适用范围。[5]

3. 公平责任的产生和发展

公平责任是近代的产物。古代法律在确定责任时虽然考虑一定的公平因素，但古代法中并未产生作为独立归责原则的公平责任。公平责任的产生最初是受自然法的影响。17 至 18 世纪的古典自然法从平等的观念出发，认为任何人致他人损害均应赔偿，但赔偿须以过失为前提；但任何人不仅不得损害他人，而且必须利于他人。这种观点对公平归责原则产生了一定的影响。普通法学者布莱克斯通曾把公平一词看做"一种付之努力的，相关联的制度。它由业已确立的规则来调整，并由与之不可分割的先例来制约"[6]。

---

① See Erdem Büyüksagis and Willem H. van Boom, "Strict Liability in Contemporary European Codification: Torn between Objects, Activities, and Their Risks", *Georgetown Journal of International Law*, 2013.

② 参见刘文琦：《产品责任法律制度比较研究》，35 页，北京，法律出版社，1997。

③ See Bernhard A. Koch, *Strict Liability*, *in Principles of European Tort Law: Text and Commentary*, 101, 103-04 (European Group on Tort Law ed., 2005).

④ See Erdem Büyüksagis and Willem H. van Boom, "Strict Liability in Contemporary European Codification: Torn between Objects, Activities, and Their Risks", *Georgetown Journal of International Law*, 2013.

⑤ See Gert Brüggemeier, *Modernizing Civil Liability Law in Europe*, *China*, *Brazil and Russia: Texts and Commentaries*, Cambridge University Press, 2014, p. 96.

⑥ ［英］布莱克斯通：《英国法律评论》，572 页。转引自［美］金勇义：《中国与西方的法律观念》，79 页，沈阳，辽宁人民出版社，1989。

现代公平责任最初产生于关于未成年人和精神病人的赔偿案件。在这些案件中，古代有些法律要求未成年人对其所致的损害完全负责。然而，19世纪以来，由于过错责任的发展，特别是理性哲学对过错理论的影响，许多国家认为未成年人不具备意思能力，不能被确定有过错，因此对其造成的损害不负责任。于是，对于未成年人和精神病人损害的案件，各国法律往往陷入完全免责和完全负责的两种极端之中，但这两种做法显然都不合理。因此，产生了第三种做法，即公平责任。例如，依据《普鲁士普通邦法》第41条至第44条的规定，法官根据公平和衡平的特别考虑，可以要求未成年人和精神病人承担一定的责任。[①]

公平责任作为一般原则最初是由1912年的《瑞士债务法》加以确认的，根据该法第43条第1款的规定，在确定赔偿的性质和范围时，法官必须考虑案件的情节以及加害人过错的严重程度；该法第44条第2款规定，执行赔偿将给责任方造成经济上的窘迫时，法院可以适当减少其赔偿金额，但行为人由于故意或重大过失或者不谨慎造成损害的除外。《德国民法典》放弃了公平责任原则的规定，仅在未成年人致人损害案件中规定了公平责任。依照该法第829条的规定，未成年致人损害，"受害人如不能由有监督义务的第三人取得其损害赔偿，依据情况特别是依据当事人间的关系，依公平原则要求作某种赔偿时，在赔偿不妨害加害人保持与自己地位相当的生计并履行法律上扶养义务所需资金限度内，加害人仍应负损害赔偿的义务"。近来，许多德国学者主张，法律仍应当对公平责任作出一般规定。

公平责任原则从根本上说是现代文明的产物，也是以人为本的现代法治观念的具体体现。由于现代社会中各种社会关系内容日益复杂化，无论是过失责任还是严格责任，都不足以完全适应社会发展对归责原则所提出的需要。一方面，19世纪建立和发展的过失责任原则虽然在一定程度上体现了"公平正义"，但它只着眼于行为人的过失而不考虑当事人的经济状况，而社会的发展要求解决有能力赔偿者不赔偿与贫困的受害人自己负担不幸之间的矛盾，以缓解西方社会尖锐对

---

① See Hans Stoll, *International Encyclopedia of Comparative Law*, Vol. 4, Torts, Chapter 8, Consequences of Liability: Remedies, J. C. B. Mohr (Paul Siebeck, Tübingen), 1972, pp. 146-147.

立的社会矛盾和利益冲突。另一方面，从19世纪末期以来，在工业事故等领域中发展起来的严格责任原则，也是弥补西方国家民法的过失责任原则的一项归责原则，它对缓和社会矛盾起到了一定的作用。然而，严格责任是不能取代公平责任的，因为在实践中，当事人均无过错却又无法适用严格责任的案件屡见不鲜。例如，无民事行为能力人致人损害，依严格责任原则由无民事行为能力人承担全部损失的赔偿责任，显然是不妥的。而且，严格责任仅适用于法律规定的特殊的侵权行为责任，不能适用法律没有规定且根据过失责任容易使案件的处理显失公平的案件。因此，在损害发生以后，只有使法官根据双方当事人的财产状况及实际需要和可能，依据公平观念，责令加害人给受害人提供适当的补偿，才能有利于人们生活的安定和社会秩序的稳定。可见，公平责任的产生具有其必然性，其归根到底取决于社会经济文化发展的现实需要。

三、我国侵权责任法归责原则体系的特点

我国侵权责任法所确立的归责原则体系具有如下特点：

1. 构建了多元归责原则体系。从大陆法系国家民法来看，一些国家在民法典之中仅规定了单一的过错责任原则，而将严格责任规定在特别法之中，德国、日本等国家采用此种模式。[①] 而我国《侵权责任法》将严格责任纳入其中，并且还将过错推定责任独立出来作为一种归责原则，这就构建了多元归责原则体系，这也使得我国的侵权责任法具有鲜明的中国特色。

2. 归责原则之间具有层次性和逻辑性。侵权责任法并不是简单地列举几项归责原则，而根据各项归责原则在侵权责任法中的不同地位进行了具有层次和逻辑性的规定。由于过错责任是一般归责原则，因而，《侵权责任法》首先在第6条第1款中确立了该原则，并依次在第6条第2款和第7条中分别规定了过错推定责任和严格责任。鉴于过错推定仍以过错为归责依据，因此与过错责任在同一

---

① P. Widmer (Ed.), *Unification of Tort Law: Fault*, Kluwer Law International, 2005, pp. 102-103.

条规定。又鉴于公平责任只是一项发挥辅助性功能的损失分担规则，地位不能与三种归责原则相提并论，因此侵权责任法没有设立关于公平责任的一般规定来确立公平责任，而只是在相关特殊侵权类型中加以规定。尤其是第 6 条第 2 款和第 7 条都强调"法律规定"，这就表明，只有法律明确规定时，才适用过错推定责任原则和严格责任原则。从《侵权责任法》的条文表述来看，也明确了过错责任原则所具有的基础性地位，是一般的归责原则，而过错推定责任原则和严格责任原则是特殊的归责原则。至于公平责任原则，则仅仅是辅助性的归责原则。

3. 注重归责原则的综合运用。在我国《侵权责任法》分则中，每一类侵权责任的规则都是以归责原则为主线进行设计的，这就使得各种归责原则相互补充，而且在一些具体制度中也能够形成多重的归责原则。例如，在《道路交通安全法》中，就采用了多重归责体系，道路交通事故责任的归责原则不能一概适用过错责任原则。根据该法第 76 条的规定，对于机动车之间的交通事故责任适用过错责任，而机动车与非机动车、行人之间的交通事故适用过错推定责任，而机动车一方无过错，也要承担不超过 10％ 的赔偿责任，此种责任属于严格责任。因此，在同一种制度中存在不同的归责原则。再如，医疗事故损害责任，根据《侵权责任法》第 54 条的规定，其原则上采过错责任原则，但第 58 条规定了医疗损害中的过错推定原则，第 59 条又对药品、消毒药剂、医疗器械的缺陷，或者输入不合格的血液造成患者损害的责任采用严格责任。

4. 采用一般规定与类型化相结合的方式。我国《侵权责任法》首先在第 6 条和第 7 条列举了过错责任等的一般条款，然后又规定了特殊侵权的责任，主要是对严格责任和过错推定责任的规定。在规定归责原则的同时，又具体列举各种特殊侵权责任。《侵权责任法》在关于高度危险责任的规定中，于第 69 条规定了高度危险责任的一般条款，同时，又列举了各种高度危险责任的典型情形。通过一般条款和类型化的结合，构建了侵权责任法的体系，这使侵权责任法既具有全面概括性，又具有开放性。所谓全面概括性，就是指其几乎涵盖了所有的侵权行为；同时，针对今后的发展，侵权责任法又通过一般条款来予以规范，从而使其具有开放性。

四、我国侵权责任法中各项归责原则的地位

在多种归责原则体系中，各项归责原则的地位并不相同。只有准确理解各归责原则的不同地位，才能妥当处理侵权纠纷。虽然各项归责原则具有普遍适用性，即归责原则体系可以统率全部的侵权责任法规范，指导各类侵权案件的处理，但就某一归责原则来说，其适用范围应具有明确的限定性，这就决定了各项归责原则在整个侵权责任法中的不同地位。我国侵权责任法之所以构成完整、和谐的体系，正是因为它们各自的地位不同、担负的职责不同、发挥的作用不同。

（一）过错责任原则是一般归责原则

过错责任是普遍适用于各种侵权行为的一般原则，凡是法律、法规没有规定适用过错推定责任、严格责任、公平责任的情况，原则上都应当适用过错责任。过错责任中不仅要依据过错确定责任范围，即便在严格责任中也要依据过错确定责任范围。除了一般的侵权行为之外，对于法定的特殊侵权行为，如果受害人选择过错责任的，法院也应当允许。在归责原则体系中，过错责任普遍适用于各种情形，而其他的归责原则只是为补充过错责任的不足而存在的，因而只能适用于法律规定的特殊情形。

（二）过错推定责任原则和严格责任原则是特殊的归责原则

与过错责任原则相比，过错推定责任原则和严格责任原则并非侵权责任的一般原则，其只是在过错责任难以发挥作用的情形下才能适用。从这个意义上说，严格责任也是辅助过错责任发挥作用的制度，两者之间存在相辅相成的辩证关系。[①] 从我国《侵权责任法》的规定来看，该法第 6 条第 2 款和第 7 条关于过错推定和严格责任的规定，都使用了"法律规定"几个字，从文义解释来看，所谓法律规定，主要是指侵权责任法和特别法的规定，也就是说，侵权责任法有特别规定的，才适用这一归责原则。在法律没有特别规定的情况下，不能适用这一归

[①] 参见欧洲侵权法小组编著：《欧洲侵权法原则：文本与评注》，于敏、谢鸿飞译，112 页，北京，法律出版社，2009。

责原则。另一方面，从体系解释的角度来看，《侵权责任法》第6条第1款中没有使用"法律规定"字样，而另外两个条款却使用了"法律规定"的表述，这就是说，凡是法律没有规定采用过错推定责任和严格责任的情形，都应当适用过错责任原则。由此表明，过错责任原则具有普遍适用性的特点和一般归责原则的地位。此外，关于《侵权责任法》第6条第2款规定的过错推定，第7条规定的严格责任，原则上并不能单独适用，而必须结合法律关于特殊侵权的规定来适用。由于两条都强调"法律规定"，因而必须有法律的明确规定。过错推定责任和严格责任，都必须在法律有明确规定时才能适用。如果单独适用该条规定，就可能不适当地扩大其适用范围。

除上述法律规定的原因之外，过错推定责任原则和严格责任原则作为特殊的归责原则的原因还在于：一方面，从适用范围上来说，这两种归责原则体系是封闭的，而过错责任归责体系是开放的；另一方面，侵权行为中的一般归责原则仍然是过错责任原则，而这两种归责原则只有在特殊的情况下才能使用。因此，二者在地位上与过错责任原则存在差别。过错责任、过错推定和严格责任，它们对行为人所强加的责任是有区别的，对受害人的保护也不同。就行为人来说，严格责任最重，过错推定次之，过错责任最轻。对受害人的保护也存在一定的差别。因此，在责任的选择上，应当从受害人的角度考虑，选择对其最为有利的责任归责原则。例如，某公司地下施工，大量抽取地下水，地层下陷，导致某居民小区楼房出现裂缝，严重影响居住安全。在该案中，受害人主张权利就可能涉及两个条款：一是《侵权责任法》第73条所规定的地下挖掘活动，二是《侵权责任法》第91条规定的地下施工没有采取安全措施。笔者认为，如果能够适用第73条，应当首先选择第73条的规定，因为它确立的是严格责任，而第91条确立的是过错推定责任。比较而言，严格责任对受害人的保护更为有利。

（三）公平责任原则是辅助性的原则

公平责任原则是辅助性的原则，在一些情况下，依据过错责任难以处理一些特殊的侵权案件，而按照过错推定、严格责任又没有法律依据，此时有必要赋予法官一定的公平裁量权，在当事人之间合理地分担损害。此外，在确定责任的范

围时,公平责任也具有补充过错责任、过错推定责任、严格责任不足的作用。因此,公平责任原则是辅助性的原则。它是辅助过错责任、过错推定责任、严格责任的原则,公平责任仅适用于法律明确规定的特殊情形。

从我国民事立法和司法实践出发,笔者认为,我国民事侵权归责体系是由过错责任原则、过错推定责任原则、严格责任原则所组成的。过错责任原则是适用一般侵权行为的一般原则,过错推定责任原则、严格责任原则是适用于各种特殊侵权行为的原则,而公平责任原则是为弥补过错责任的不足、补救当事人的损害而存在。因此,其仅具有辅助性功能,鉴于其仅适用于例外情况,因此大多数学者认为其并不是一项归责原则。① 《侵权责任法》所规定的各项归责原则所组成的体系应当是相互补充的,而不能自相矛盾、相互抵触。归责原则所体现的规范功能是多元的,它既要使受害人所受的损害得到及时补救,又要使补偿体现公平合理性;既要保护受害人的利益,又不应给无辜的当事人强加责任;既要对行为人予以制裁和教育,又要对事故损害予以预防。而各项规范功能可能是矛盾的、相互冲突的,因此归责原则体系应协调各项功能之间的冲突,全面体现规范功能,以充分发挥侵权责任法在社会生活中的作用。

第二节 过错责任原则

一、过错责任原则的概念

过错(fault,Schuld)是侵权责任法的核心问题。英文的"侵权行为"(Tort)一词来源于拉丁文"tortus",含有"扭曲"(twisted)和"弯曲"(wrung)的意思,表示一种错误的行为。在法国法中,过错的概念常与侵权行为的概念是等同的。罗马法中"不法行为"(injuria)一词,"有时与过错同义,希腊文为 ἀδίϰημα,

---

① 参见程啸:《侵权责任法教程》,2 版,80 页,北京,中国人民大学出版社,2014。

阿奎利亚法中所谈到的出于 injuria 造成的损害，即指此，有时又具有不公正和冤屈的含义，希腊人称 aδ¡Hía"[1]。从 19 世纪以来，过错责任成为侵权责任法的基本归责原则，因此，有关过错的理论也相应得到了发展。从两大法系来看，虽然归责原则出现了多样化的发展趋势，但过错的概念仍然是侵权法上最基础、最核心的概念，也是归责的基础。过错责任仍然是各国普遍承认的侵权法的一般归责原则，无过错则不应承担责任。[2] 过错责任常常具有道德的、社会层面的和逻辑层面的正当性[3]，过错在整个侵权法体系的构建中都具有核心的意义。正是在这个意义上，美国学者莫里斯认为，如果简单地概括侵权行为，可以将其界定为私法上的过错。[4] 尽管在大陆法系国家，严格责任得到了广泛发展，但过错仍然是归责的基本要件，甚至被称为核心的要件。[5]

我国侵权法历来注重过错在归责中的作用。1986 年的《民法通则》第 106 条第 2 款规定："公民、法人由于过错侵害国家的、集体的财产，侵害他人财产、人身的，应当承担民事责任。"这就在法律上首先确认了过错责任是一般的归责原则。我国立法和司法实践一直都坚持过错责任原则作为侵权责任法的一般归责原则，这是一贯的立法和司法理念。《侵权责任法》第 6 条第 1 款规定："行为人因过错侵害他人民事权益，应当承担侵权责任。"这既是我国长期以来立法、司法实践的总结，也是我国侵权责任制度的重要发展。

《侵权责任法》区分了作为责任类型的过错责任和作为归责原则的过错责任原则，过错责任原则是关于过错归责的原则，它是指以过错为归责的依据，并以过错作为确立责任和责任范围的基础；而过错责任是指行为人因过错侵害他人民事权益应当承担的侵权责任。过错责任原则包括如下几个要素：

---

① ［古罗马］查士丁尼：《法学总论》，201 页，北京，商务印书馆，1989。

② See Andre Tunc, *International Encyclopedia of Comparative Law*, Torts, Introduction, J. C. B. Mohr (Paul Siebeck, Tübingen), 1974, p. 71.

③ See Andre Tunc, *International Encyclopedia of Comparative Law*, Torts, Introduction, J. C. B. Mohr (Paul Siebeck, Tübingen), 1974, pp. 71-75.

④ See Morris, *On Torts*, Brooklyn, 1953, p. 1.

⑤ Muriel Fabre-Magnan, Droit des obligations, 2 Responsabilité civile et quasicontrats, PUF, Thémis, 2007, p. 159.

第一，以过错为责任的要件。这就是说，根据《侵权责任法》第 6 条的规定，确定行为人的责任不仅要考察行为人的行为与损害结果之间的因果关系，更要考察行为人主观上的过错。若行为人没有过错（如具有阻却行为违法的事由），虽有因果关系，行为人也不负民事责任。在考虑行为人是否具有过错时，过错责任原则也要求考虑受害人对损害发生的过错问题。若损害完全是由于受害人本身的过错造成的，即受害人对损害的发生具有故意或重大过失，则可能表明行为人没有过错，因而可能被免除责任。在各种责任构成要件中，过错的要件极为重要，损害事实、因果关系作为归责要件，不可与过错置于同等位置。一方面，行为人的行为与损害结果之间虽无直接因果关系，但行为人有过错，亦不排除负责任的可能性。例如，行为人因自己的过错使第三人实施侵权行为，行为人应对第三人的行为后果负责。另一方面，在法律有特别规定的情况下，依法应承担严格责任的当事人，如果能证明损害完全是由受害人或第三人的过错所致，也可能被免除民事责任。

第二，以过错为归责的基础。过错责任原则宣告过错为归责的最终要件，这有利于贯彻"无过错即无责任"（no liability without fault）的精神。将过错作为归责的最终要件意味着只有通过对过错的判断，才能最终确定责任主体。因此，学者据此将过错的判断称为"最后界点"，或称为损害赔偿法之根本要素（das wesentliche Moment des Haftungsrechts），这种看法是不无道理的。① 在过错责任中，归责的基础是过错。这就是说，除了法律特别规定之外，仅以过错作为归责的基础。所谓过错，实际上是指行为人在实施加害行为时的某种应受非难的主观状态，此种状态是通过行为人所实施的不正当的、违法的行为所表现出来的。过错也体现了法律对行为人所实施的违背法律和道德、侵害社会利益和他人利益的行为的否定评价和非难。过错是行为人在法律上应负责任的重要根据。《侵权

---

① 关于以过错为中心的侵权法的讨论，参见 Daniel Jutras，"Louis and the Mechanical Beast or Josserand's Contribution to Objective Liability in France"，in *Tort Theory*，317（Ken Cooper-Stephenson & Elaine Gibson eds.，1993）；Miquel Martín-Casals，edit，*The Development of Liability in Relation to Technological Change*，Cambridge University Press，2014.

责任法》之所以将过错推定责任与过错责任规定在一起，是因为二者的核心都是过错，二者都是以过错为归责基础。同时，它也宣示了一种理念，即除非法律另有规定，任何人都要对自己的过错负责。正是因为要以过错为归责的基础，所以，《侵权责任法》第三章规定了不承担责任和减轻责任的事由，这些事由大多表明行为人没有过错。

第三，以过错作为区分共同侵权和无意思联络的数人侵权的标准。《侵权责任法》第8条规定："二人以上共同实施侵权行为，造成他人损害的，应当承担连带责任。"该条是对狭义的共同侵权行为的规定。此处所说的共同，指的是主观上的共同过错，包括共同故意、共同过失两种。《侵权责任法》第11条和第12条规定了无意思联络的数人侵权，即"二人以上分别实施侵权行为造成同一损害"的情况。这些行为与狭义的共同侵权的区别就在于，行为是分别实施的，客观结果是共同的，但主观上没有共同性。通过体系解释可以看出，《侵权责任法》第8条关于狭义的共同侵权的规定，突出了主观共同。由此表明，共同侵权承担连带责任的基础仍然是主观的过错，即以过错为归责原则。

第四，以过错作为确定责任范围的依据。首先，在受害人对损害的发生也有过错的情况下，应当对受害人和加害人的行为作出比较，从而决定加害人应当承担责任的范围和受害人所应当承担的损失。《侵权责任法》第26条规定："被侵权人对损害的发生也有过错的，可以减轻侵权人的责任。"其次，在某些情况下，行为人可以因为故意和重大过失而导致责任的加重，也可以因为没有过错或过错轻微而导致责任的减轻。例如，《侵权责任法》多次提到了"相应的责任"，或"相应的补充责任"。所谓相应的责任，主要是指根据原因力和过错程度来确定责任的数额。《侵权责任法》还使用了"责任的大小"这一概念，其也是依据过错程度和原因力来确定的。

过错责任原则上由被侵权人就行为是否具有过错来举证。法谚云，"举证之所在，败诉之所在"。要求被侵权人来举证，这在一定程度上，可以避免侵权诉讼的滥用，从而保障社会一般人的行为自由。我国《侵权责任法》严格区分了过错责任和过错推定责任。但应当看到，过错责任要求受害人必须就加害人的过错

举证，这在某些情形下可能加重受害人的举证负担，不利于救济受害人。另外，在现代社会，侵权损害赔偿责任与商业保险、责任保险、社会保障等其他补偿机制共同结合，从而分散损害。行为人虽然因为过错造成他人的损害，但是直接通过保险制度支付之后，过错责任的教育功能和惩戒功能已经减弱。

二、我国侵权责任法中过错责任的特点

我国侵权责任法中规定的过错责任原则具有如下特点：

第一，广泛适用性。过错责任广泛适用于一般的侵权责任形态，在我国侵权责任法中，过错责任是以一般条款的形式确立的。各种责任形式都可以适用过错责任的一般条款。《侵权责任法》第6条第1款规定"侵害民事权益"，而没有使用"损害"的概念。这就是说，只要侵害民事权益，就可能要承担侵权责任。因此，行为人造成受害人不利后果的，都可以承担过错责任。此种不利后果既包括行为人实际给受害人造成的现实损害，也包括给受害人造成损害的潜在危险，即未来可能发生的损害。[①] 这里所说的侵权责任并不限于损害赔偿，还包括停止侵害、排除妨碍、消除危险。因为在这三种责任的适用中，并不以实际的损害为要件。因此，第6条第1款也没有强调必须有损害。许多学者认为，该条实际上是借鉴了《法国民法典》第1382条的模式。[②] 其实，该条与《法国民法典》的规定是有区别的，法国模式规定的是抽象的损害概念，第1382条是从损害出发来界定过错责任原则的，而《侵权责任法》第6条第1款是从侵害民事权益出发来规定的。该条所采用的表述是"侵害他人民事权益"，重点还在保护的对象上，而并非将重心放在"损害"上，因此，我国《侵权责任法》关于过错责任的规定与法国法并不完全相同。

---

① 参见全国人大常委会法制工作委员会民法室编：《中华人民共和国侵权责任法条文说明、立法理由及相关规定》，22页，北京，北京大学出版社，2010。

② 《法国民法典》第1382条规定："人的任何行为给他人造成损害时，因其过错致该行为发生之人应当赔偿损害。"

第二，高度抽象和概括性。虽然我国《侵权责任法》在关于特殊侵权的章节中的部分情形下也具体规定了过错责任，但这毕竟是少数，且主要是为了维护相关类型特殊侵权责任判断规则的完整性。与这些具体规定的过错责任类型相反，大量的过错侵权都未能得到侵权责任法的——具体规定，而是由一般条款加以概括调整的。所谓一般条款（clausula generalis），是指在成文法中居于重要地位的，具有高度概括性和普遍指导意义的条款。① 一般条款具有统率性和基础性的作用。一方面，现代的社会关系通常都十分广泛复杂，法律规范也十分复杂。另一方面，某些情况下，立法者也难以通过具体的法律规范对各种类型的社会关系都进行调整。在这一背景下，一般条款既要发挥统领现有具体规范的作用，也要在欠缺具体规范时提供指引的作用，从而使法律保持较高的适应性，并且具有开放性，能够适应未来社会发展的需要。如前所述，《侵权责任法》第6条第1款关于过错责任的规定中，并没有"法律规定"几个字，这说明其是具有基础性作用的条款，并非仅仅适用于法律规定的特殊情况，而是具有普遍适用性的条款。这就突显了其作为一般条款的地位。

《侵权责任法》第6条第1款将过错责任作为一般条款表明，过错责任是一般的原则，是普遍适用的原则。如果法律没有特别规定，侵权案件都应当适用该条款的规定。过错责任既是一般条款，也是兜底条款，凡是法律没有明确规定适用严格责任、公平责任的，都要适用过错责任，因此，就每天重复发生的侵权案件，法官在寻找法律依据时，如果不能够适用有关过错推定、严格责任、公平责任的特殊规定，都可以援引《侵权责任法》第6条第1款的规定进行裁判。

第三，具有开放性。一般条款的功能就是具有开放性。《侵权责任法》第6条第1款突出"民事权益"几个字，主要是强调了过错责任保护的各种权益具有开放性，不仅包括财产权益，而且包括人身权益，不仅包括现行法已规定的各种民事权益，而且包括未来的各种新型权利与利益。也就是说，无论今后如何发

---

① 参见张新宝：《侵权责任法的一般条款》，载《法学研究》，2001（4）。

展，新的财产、新的利益都可以获得保护。本来一般条款就具有开放性，而通过强调"民事权益"的概念，就使得该条更能够不断适应社会发展的需要。

由此表明，我国《侵权责任法》已把过错责任原则以法律形式固定下来，确认了它的法律地位。在《侵权责任法》中，过错责任不仅指以过错作为归责的构成要件，而且是指以过错作为归责的最终要件，同时，也以过错作为确定行为人责任范围的重要依据。

三、我国侵权责任法中过错责任原则的功能

过错责任原则深刻阐释了行为人得以承担责任的原因，集中体现了法律的教育、制裁和预防功能。耶林曾言："使人负损害赔偿的，不是因为有损害，而是因为有过失，其道理就如同化学上之原则，使蜡烛燃烧的，不是光而是氧，一般的浅显明白。"[①] 耶林的观点深刻地揭示了过错归责的根本原因，阐明了责任领域中法律价值判断的基础。

人作为社会关系的总和，生活在特定的共同体和社会之中，彼此间总会形成损害或妨害。单个人的行为自由经常要和社会利益、他人利益之间发生各种摩擦，此种摩擦常表现为对共同体、对他人利益的损害和妨害。然而，损害乃是一种事实现象，并不体现法律上的准确的价值判断。罗马法以前的古代侵权行为法都采取结果责任主义，实行"事实裁判个人"的规则，这是因为人类并不知道在事实的表象后面还存在更深层的归责因素。结果责任是人类文明不发达的表现。过错责任原则在 19 世纪的建立和发展，是侵权行为法长期发展的结果，也是人类文明发展到一定阶段的产物。[②] 过错责任原则对自由资本主义经济的发展曾起到十分重要的作用。过错责任的基本价值在于：

第一，维护行为自由。19 世纪的西方民法理论强调和尊重个人意志和行为

---

① 王泽鉴：《民法学说与判例研究（2）》，150 页，台北，自版，1979。

② See André Tunc, *International Encyclopedia of Comparative Law*, Vol. 4, Torts, Chapter 1, Introduction, J. C. B. Mohr (Paul Siebeck, Tübingen), 1975, p. 61.

自由，为了保障个人（主要是有产者）的行为自由，保护自由竞争，就要确认过错责任原则。因为个人在从事各种工业活动时经常会给他人带来损害，若使每个人都对其在任何情况下所致的损害负责，就必然使个人动辄得咎，行为自由受到限制，自由竞争受到妨碍。[①] 而按照过错责任原则，一个人只有在有过失的情况下才对其造成的损害负责；如果个人已尽其注意，即使造成对他人的损害，也可以被免除责任，从而可以维护行为自由。[②] 正如曾隆兴先生所说："若对所有损害皆应负责，则有碍于人类活动及经济之发展，例如，商业上竞争活动，无法避免损害同业竞争，但不能谓应对同业竞争活动失败受损失之人给予赔偿。又如医疗事故，亦不能谓病人因病而死亡，医师即应负赔偿责任。"[③] 这样，个人自由并未受束缚。如果人人尽其注意，则大多数损害可以避免，社会安全可以得到维护。于是，过错责任原则成为 19 世纪西方国家民法的三大原则之一。

我国《侵权责任法》确认过错责任原则的重要目的也在于保护人们的行为自由。侵权责任法既要对受害人遭受的损害给予救济，同时又要兼顾行为自由。如果一旦有损害就要使行为人赔偿，就将使大量合法行为的自由受到抑制，社会经济受到妨碍，各种技术创新、科技发展也会受到严重阻碍。[④] 因此，侵权责任法需要合理地协调当事人有关利益的纠纷和摩擦，以维护社会的公平和正义，维护人们的行为自由。根据《侵权责任法》第 7 条，"行为人损害他人民事权益，不论行为人有无过错，法律规定应当承担侵权责任的，依照其规定"。因此，只有在法律有规定的情形，才不考虑行为人是否有过错，都要求其承担责任。除此之外，都应依据过错来追究责任，这对于保障人们的行为自由是十分必要的。

第二，确定行为标准。过错责任要求行为人尽到对他人的谨慎和注意义务，

---

① See Mauro Bussani, Anthony J. Sebok, *Comparative Tort Law：Global Perspectives*, Edward Elgar Publishing，2015，p. 204.

② 参见［德］马克西米利安·福克斯：《侵权行为法》，5 版，齐晓琨译，4 页，北京，法律出版社，2006。

③ 曾隆兴：《详解损害赔偿法》，4 页，北京，中国政法大学出版社，2004。

④ 参见王泽鉴：《侵权行为》，13 页，北京，北京大学出版社，2009。

努力避免损害结果，也要求每个人充分尊重他人的权益，尽到正当行为和不行为的义务。[①] 在社会生活中，义务体现了与人们正当的行为自由相统一的社会责任，体现了在社会中必须保证的组织性和秩序性，促使人们履行义务，才能把人们的行为引向正常的轨道，权利人的权利和利益才能实现，社会生活才能正常进行。过错责任确定了人们自由行为的范围。在社会生活中，社会主体如果丧失在社会交往中的一定自由，就会缺乏生机勃勃的创造性和积极精神，社会就很难进步和发展，自由竞争和商业交易难以正常进行。过错责任通过对行为标准的确定，为人们的一定的行为自由提供了明确的范围，人们只对有过错的行为负责，在不受法律和道德非难的范围内享有广泛的行为自由。[②] 因此，过错责任原则对于保障人们正当行为的自由具有重要价值。

还要看到，确立过错责任原则也有利于提高全民族的法律意识。几千年来封建制度和自然经济的影响，人们的法律意识普遍薄弱、法律上是非观念不强。普及法律教育的重要任务在于增强人们的法律意识和权利义务观念。由于过错责任原则树立了合法与非法、正当与不正当行为的标准，体现了鲜明的是非观念，因而，适用过错责任原则督促人们的合理行为，自觉履行对他人的法律义务，也能有效地增强人们的法制观念和法律意识。

第三，淳化道德风尚。道德标准是由一定社会的经济条件所决定的、评价人们的思想和行为的善与恶的尺度。侵权责任法的过错责任原则体现了强烈的道德价值。法律乃道德的产物，一个人对自己的过失行为招致的损害应负赔偿责任，是因为过失行为是道德所谴责的，反之，若行为非出于过失，行为人已尽其最大注意，则在道德上无可非难。[③] 因此，过错责任原则具有充分的道德基础。[④] 英国学者彼得·斯坦提出："侵权责任的基础是过失，这种理论起源于这样一种观

① See Mauro Bussani, Anthony J. Sebok, *Comparative Tort Law: Global Perspectives*, Edward Elgar Publishing, 2015, p. 204.

②③ See R. L. Rabin, "The Historical Development of the Fault Principle: A Reinterpretation", 15 *Ga. L. Rev.* 925 (1981).

④ See André Tunc, *International Encyclopedia of Comparative Law*, Vol. 4, Torts, Chapter 1, Introduction, J. C. B. Mohr (Paul Siebeck, Tübingen), 1975, p. 71.

念：侵权，顾名思义就是做错事。因此，侵权诉讼中被告应当支付的损害赔偿，是一种对做了某种错事而进行的惩罚。同理，假如他无法避免这样做，那么就不应该对他进行惩罚。一句话，侵权责任是以道义责任为前提的。"① 过错要以道德为评价标准，对过错的确定必然包含了道德上的非难。因而，对过错行为予以制裁，使过错责任原则成为维护社会主义道德的工具。在实践中，许多违背道德致人损害的行为，诸如违背公序良俗致人损害、滥用权利、损人利己、损公肥私、欺诈勒索等行为，均可以构成侵权行为。而在行为人的过错行为造成他人损害以后，使行为人承担责任实际上就是要弘扬诚实守信、爱护公德、尊重他人和公共利益等社会主义道德风尚。在大量的致人损害的行为发生以后，我国司法机关应以法律和道德为标准，分清是非曲直，对各方当事人的行为是否具有过错作出肯定或否定的评价。分清是非的过程其实也是适用道德标准的过程。因此，贯彻过错责任原则对于淳化道德风尚、建设社会主义精神文明至关重要。

第四，协调利益冲突。在协调各种利益方面，过错责任具有独特功能。一方面，过错责任协调了公民的基本民事权利和一般行为自由的关系，是对两种难分上下的重要价值的利益权衡。② 另一方面，过错责任也较好地协调了加害人和受害人之间的利益冲突。加害人只是对其过错造成的损害进行赔偿，而对于非因其过错造成的损害不予赔偿，既可以在一定程度上补偿受害人的损失，又可将加害人的不利益限制在合理的范围内。例如，在医疗损害中，既要保护患者的合法权益，又要鼓励医院及时抢救病人、大胆进行医疗技术的创新，实现双方利益的平衡。尤其应当看到，过错责任可以确定行为标准、减少损失的发生，确保了社会安全和社会秩序，从而在社会生活中发挥重要作用。

第五，救济受害人和预防损害。一方面，过错责任也具有对受害人提供救济的功能，只不过从获得救济的难易程度上讲，其比严格责任更困难。另一方面，过错责任也具有遏制违法行为发生的功能，"如果没有侵权法，人们就会为追逐

① ［英］彼得·斯坦、约翰·香德：《西方社会的法律价值》，王献平译，154页，北京，中国人民公安大学出版社，1989。

② 参见张新宝：《侵权责任法立法的利益衡量》，载《中国法学》，2009（4）。

私人利益而将个人的愿望置于他人安全之前，导致人们（及其财产）遭受不合理的损害。相反，因为侵权法对造成损害的人强调法律责任，并可以迫使行为人考虑他人的利益"[1]，如果人人尽其注意，不仅可以避免一般的损害，而且可以维护社会安全。[2] 过错责任在预防损害方面的特点在于通过惩戒有过错行为的人，指导人正确行为，以预防侵权行为的发生，而严格责任和公平责任则只能对于已经发生的损害提供补救，很难发挥教育和制裁作用。法国学者丹克指出，法律不能防止人们不出任何偏差，但能够阻止有偏差活动的继续，最轻微的责任也能够给侵权人某种有用的警告，使其意识到自己活动的危险性。[3] 但并不是任何归责原则都具有此种价值，只有过错责任才能达到这样的目的。对过错行为的制裁，意味着法律要求行为人应当尽到合理的注意，应当像一个谨慎的、勤勉的、细心的人那样，努力采取各种措施防止损害，努力避免可能发生的损害。过错责任要求把过错程度作为确定责任范围的依据，从而要求人们尽可能地控制自己的行为，选择更合理的行为，以避免不利的后果。因此，过错责任有利于预防损害的发生。

当然，过错责任也具有自身的缺陷，这主要表现在：传统的过错责任原则坚持"无过失则无责任"的规则，要求受害人必须举证证明加害人具有过错，才能获得补偿。此种措施常常使无辜的受害人难以寻求补偿，因而显得对受害人极不公平。为弥补这种缺陷，在法律上产生了过错推定责任、严格责任和公平责任，以更好地救济受害人。

四、过错责任原则的适用范围

（一）依据过错确立责任

过错责任原则是侵权责任的一般归责原则，只要法律没有特别规定适用其他

---

①　Robert L. Rabin, *Perspectives on Tort Law*, Little, Brown and Company, Boston New York Toronto London, 1995, p. 144.

②　参见王泽鉴：《侵权行为》，13页，北京，北京大学出版社，2009。

③　André Tunc, *International Encyclopedia of Comparative Law*, Vol. 4, Torts, Chapter 1, Introduction, J. C. B. Mohr (Paul Siebeck, Tübingen), 1975, p. 85.

归责原则的,都应当适用过错责任原则。尽管我国《侵权责任法》规定了多种归责原则,但过错责任原则仍具有广泛的适用范围。事实上,我国《侵权责任法》所规定的各项归责原则的地位并不平等,严格责任原则、过错推定原则和公平原则的适用应当以法律明确规定为限。

依据过错确立责任,就是指"有过错,即有责任",任何人都要对因自己过错所造成的损害负责。从反面来说,无过错则无责任。如果行为人对损害的发生或者扩大没有过错,则应当让损害停留在它发生的地方,行为人不应当对此负责。如果因数人行为致他人损害,则各个行为人都应当对自己的过错行为负责。如果行为人主观上具有共同过错,无论是共同故意,还是共同过失,则各个行为人应当对受害人承担连带赔偿责任。

依据过错确立责任,意味着受害人要对因自己的过错而给自己造成的损失负责。就责任承担而言,如果受害人对损害的发生具有故意,则有可能导致行为人被免责。另外,还应看到,过错责任还体现在行为人的过错对于决定其承担何种责任形式也具有一定的意义。这主要体现在侵犯人身权的场合。从我国司法实践来看,在行为人侵犯他人人身权的情况下,在决定是否适用精神损害赔偿时应考虑行为人的过错程度。

特殊侵权责任都是依据特殊归责原则所确立的责任,在特殊侵权责任中,受害人是否可以依据过错责任一般条款来请求?比如,在产品责任案件中,受害人是否可以针对生产者、销售者、运输者等,依据《侵权责任法》第6条第1款请求其承担责任?换言之,法律关于特殊侵权责任的规定是否排斥了过错责任的适用?笔者认为,法律关于特殊侵权责任的规定并没有排斥过错责任的适用。理由在于:一方面,这符合侵权责任法强化受害人保护的立法目的。法律关于特殊侵权责任的规定是为了强化对受害人的保护。如果受害人既可以主张特殊侵权责任,又可以主张过错侵权责任,对受害人就更为有利。在特殊侵权责任中,法律规定了最高赔偿限额的情况下,更是如此。另一方面,这符合过错责任原则的基础性地位。过错责任原则是基础性的归责原则,只要法律没有排斥此种责任的适用,受害人就可以依据过错责任一般条款来主张责任的承担。只不过,此时,受

害人必须证明过错的存在，而不能再援引关于特殊侵权责任的规定。

（二）根据过错程度确定责任范围

过错责任作为一项归责原则，不仅适用于责任的确立，而且适用于责任范围的确定。也就是说，责任范围的确立，需要考虑行为人的过错因素，行为人的过错程度越重，其对损害后果发生的原因力就可能越大，则责任也可能越大。

根据过错程度确立责任范围的做法曾经历了一个发展阶段。罗马法曾将过错区分为故意（dolus）、重大过失（culpa lata）和轻过失（culpa levls），从而最早提出了关于区分过错程度的思想。但罗马法中区分过错程度主要是为了确定加害人是否应当承担责任，即确定行为人是否应当在法律上负责，而并没有关于过错程度与责任相一致的思想。① 据考证，在古代伊斯兰法中，过错程度的区分对人身伤害的赔偿有一定的意义。② 古代日耳曼法采取结果主义，因此，过错本身对责任并没有什么影响。

过错程度与责任相一致的思想，实际上起源于 16 至 17 世纪的古典自然法思想。古典自然法的代表人格劳秀斯认为，自然法是"一种正当理性的命令，它指示任何与合乎理性的本性相一致的行为就是道义上必要的行为；反之，就是道义上罪恶的行为"③。自然法的原则之一是：赔偿因自己的过错给他人造成的损失，给应受惩罚的人以惩罚。④ 从自然法的公平正义的观点出发，古典自然法学派认为过失应与赔偿成比例。这种思想对现代侵权法也产生了一定影响。1794 年的《普鲁士普通邦法》最早确认了此种思想。《普鲁士普通邦法》把各种可能出现的过错区分为故意、重大过失、一般过失和轻过失，并适用于不同的责任。如为轻过失，责任范围仅限于直接损失；如为一般过失，则可以赔偿间接损失；如为重

---

① 参见刘甲一：《私法上的契约自由的发展及其限制》，载郑玉波：《民法债编论文选辑》上，台北，五南图书出版公司，1984。

② See André Tunc, *International Encyclopedia of Comparative Law*, Vol. 4, Torts, Chapter 1, Introduction, J. C. B. Mohr（Paul Siebeck, Tübingen），1975, p. 38.

③ ［美］博登海默：《法理学——法哲学及其方法》，邓正来译，39 页，北京，中国政法大学出版社，1999。

④ 参见［美］博登海默：《法理学——法哲学及其方法》，邓正来译，40 页，北京，中国政法大学出版社，1999。

大过失，则应赔偿不加损害便应得到的利益金额；如为故意，则应负最重的责任。这种制度又称为"确定的阶段主义"（System der festen Stufen）。以后的《奥地利民法典》、《伯尔尼（Bern）法典》以及 1966 年以前的《葡萄牙民法典》均采纳了此种制度，但略有修改。

　　19 世纪以来，民法学者对"过失与损害赔偿保持平衡"的思想进行了广泛讨论，德国学者耶林、奥地利学者波法福等都肯定了此种思想的合理性。1855年瑞士学者普兰茨希利在《苏黎世州民法典》的评论中强调加害人的过错越大，其损害赔偿的责任也就越大，并论证了这一理论的依据。但是在肯定这种思想的合理性的同时，一些学者注意到普鲁士的"确定的阶段主义"过于僵化，使法官在确定损害赔偿额时不能灵活运用。于是 1881 年的《瑞士债务法》抛弃了"确定的阶段主义"，而采取了"衡平主义"[1]。该法第 43 条第 1 款规定："法官应当依据具体事实情况及行为人的过错程度确定赔偿的性质和赔偿的数额。"这就给予法官一定的自由裁量权，使其能够根据具体情况，考虑加害人的过错轻重决定损害赔偿的范围。《荷兰民法典》要求在处理非法死亡和人身伤害案件时，法官估计损害赔偿应考虑当事人的社会和经济状况以及其他情况（第 1406 条、第 1407 条第 2 款）。此外，过错程度与责任相一致的原则，在海商法上也有所体现。海商法上承认：船主对于因船舶碰撞引起的财产损害所承担的责任，应与其过错程度成比例，但有关人身伤害或死亡的责任不适用这一规则。[2] 德国在编纂民法典时，起草人对"过失与赔偿成比例"的观点完全持否定态度。其认为，按照完全赔偿原则，加害人应当对其造成的损害给予完全赔偿，而不考虑其过错程度。但《德国民法典》第 254 条承认了受害人的过错可以减免加害人的责任。欧洲其他大陆法国家，始终承认受害人过错对责任范围的影响[3]，而对于加害人的过错是否会影响责任的范围，极少有国家在法律上明确作出规定。

---

　　① Hans Stoll, *International Encyclopedia of Comparative Law*，Vol. 4，Torts，Chapter 8，Consequences of Liability：Remedies，J. C. B. Mohr（Paul Siebeck，Tübingen），1972，pp. 146-147.

　　② 参见 1910 年 9 月 23 日《关于船舶碰撞统一规则·布鲁塞尔公约》。另参见我国《海商法》第 169 条。

　　③ 参见［奥］海尔穆特·库奇奥：《损害赔偿法的重新构建：欧洲经验与欧洲趋势》，载《法学家》，2009（3）。

在一般过错责任中，过错程度也会在一定程度上影响到责任的范围。应当看到，侵权责任不同于刑事责任，刑事责任要根据犯罪人的主观心理状态来决定其刑事责任的轻重，而侵权责任着眼于受害人的救济，许多国家都规定，加害人的过错不成为影响责任范围的因素，但在现代社会，随着侵权责任制度的发展，在责任范围方面完全不考虑加害人的过错程度，也存在一定的问题：第一，在传统上，侵权责任是财产责任，是针对财产损害的补救。而现代侵权法越来越重视对人身损害的救济，依过错程度归责是由侵权行为的复杂性、损害的多样性决定的。侵权行为不仅包括对财产的损害，而且包括对人身权的侵害，所以侵权责任形式并不限于损害赔偿。在人身权侵害领域，常常并不具有实际的财产损失，此时，行为人的过错对于确定行为人的责任范围就具有一定的意义。第二，侵权责任法规定的相应的责任，是根据受害人的过错程度确定其应当承担的责任，这就是说，即使在财产损害赔偿领域，在例外情况下，确定行为人的责任范围也需要考虑行为人的主观过错。更何况在精神损害赔偿、惩罚性赔偿中，很大程度上就是要考虑行为人的过错程度来确定其应当承担的相应的责任。第三，根据过错程度考虑责任范围也授予法官以一定的自由裁量权，允许法官根据侵权责任的复杂性公平合理地确定责任。奥地利学者维尔伯格（Walter Wilburg）在比较法的基础上提出了动态系统论的思想，其基本观点是：调整特定领域法律关系的法律规范包含诸多构成要素，但具体到不同的法律关系中，相应规范所需要素的数量和要素的强度有所不同，也就是说，调整各个具体关系的规范要素是一个动态的系统。[1] 立法虽然是一个系统，但它不可能考虑到各种特殊的情形，所以要给法官一定的自由裁量权，从而使法律系统更加富有弹性。利益平衡过程中，对于过错程度的考虑是一个重要的因素。[2] 社会生活是复杂的，侵权案件也是不断变化和发展的。只有充分发挥法官的司法创造性和一定的自主性，使法官能够依据具体

---

① 参见［日］山本敬三：《民法中的动态系统论——有关法评价及方法的绪论性考察》，解亘译，载梁慧星主编：《民商法论丛》，第23卷，177页，北京，法律出版社，2002。

② 参见［奥］海尔穆特·库奇奥：《损害赔偿法的重新构建：欧洲经验与欧洲趋势》，载《法学家》，2009（3）。

情况处理纠纷、确定责任，才能使过错责任原则得到准确的适用。

依过错程度归责，是过错责任成熟化的标志，它表明过错责任在适用中更为严谨、科学。从当代侵权法的发展趋势来看，一方面，客观归责的发展已成为一个趋势；另一方面，"比较过失"、"过失相抵"的作用也日益突出。可见，依过错程度确定责任范围，也是当代侵权法发展的标志之一。

即使是在严格责任的情况下，也并非不考虑过错的程度。严格责任主要是就责任的承担而言，它具有严格性。在严格责任的情况下，因为免责事由具有严格限制，所以，行为人很难被免除责任，但这并不意味着在责任的范围上完全不考虑过错。事实上，在严格责任中，责任范围可以根据受害人的过错承担有所调整。这主要是因为，即使在严格责任中，也要体现责任自负的规则，如果受害人的过错对损害的发生或者扩大有重大影响，则应当相应地减轻行为人的责任。

具体来说，过错程度对归责的意义主要表现在如下几个方面：

第一，有利于确定行为人的责任范围。我国《侵权责任法》多次提到了"相应的责任"，或"相应的补充责任"。所谓相应的责任，主要是指根据原因力和过错程度来确定责任的数额。在作为责任减轻的事由上，受害人的故意和过失的区分也至关重要。[1] 在行为人没有过错的情况下，受害人的故意可以直接导致行为人责任的免除，受害人无权请求行为人承担任何责任。而在行为人也具有过错时，尤其是因故意或者重大过失致他人损害的情形，受害人的故意只能成为行为人责任减轻的事由，而不能成为免除的事由。同时，《侵权责任法》在第三章关于"不承担责任和减轻责任的情形"中，又规定了被侵权人的过错可以作为减轻或者免除责任的事由，据此可以认为，过错不仅是责任承担的依据，而且是免责的事由。因此，如果受害人对损害的发生有故意或过失，则可以依据具体情况免除加害人的责任。

第二，有利于区分民事责任和刑事责任。民事侵权和刑事犯罪常常是密切地联系在一起的。根据我国法律规定和司法实践，在许多情况下，行为人的故意或

---

[1]　参见《葡萄牙民法典》第494条。

过失是确定其构成刑事犯罪还是民事侵权的重要依据。例如，故意毁损公私财物情节严重的，构成刑事犯罪；而过失损害公私财物，后果并不严重，一般只追究行为人的民事责任。因此，故意和过失的区分对于正确分清罪与非罪的界限也具有重要意义。

第三，有利于责任的分担。在某些情况下，需要根据当事人之间各自不同的过错程度，分别确定责任。例如，我国《侵权责任法》第35条规定："个人之间形成劳务关系，提供劳务一方因劳务造成他人损害的，由接受劳务一方承担侵权责任。提供劳务一方因劳务自己受到损害的，根据双方各自的过错承担相应的责任。"

第四，有利于确定数人侵权中的责任分担。在共同侵权的情况下，共同侵权人要承担连带责任，但是考虑内部责任时，要考虑过错因素。连带责任人应当根据各自的过错程度来承担责任。在无意思联络的数人侵权中，《侵权责任法》第14条规定："连带责任人根据各自责任大小确定相应的赔偿数额；难以确定责任大小的，平均承担赔偿责任。"此处所说的责任大小，就是指原因力和过错程度。不分过错程度、平摊责任的解决办法显然是不妥当的，也不利于教育加害人。

第五，有利于确定精神损害赔偿的数额。最高人民法院《精神损害赔偿司法解释》第10条明确规定，精神损害的赔偿数额应根据侵权人的过错程度等因素来确定，该解释将过错程度作为确定精神损害数额的首要因素，表明侵权人的过错程度对精神损害赔偿的确定具有重要意义。这是因为精神损害赔偿的首要功能在于惩罚加害人，所以应当考虑加害人的过错程度。

第六，有利于惩罚性赔偿规则的适用。惩罚性损害赔偿（punitive damages）也称为示范性的赔偿（exemplary damages）或报复性的赔偿（vindictive damages），它是指由法庭所作出的赔偿数额超出实际损害数额的赔偿[1]，它具有补偿

---

① See "Exemplary Damages in the Law of Torts", 70 *Harv. L. Rev.* 1957, p. 517; Huckle v. Money, 95 Eng. Rep. 768 (K. B. 1763). 在美国，"punitive"、"vindictive"或"exemplary"的损害赔偿都是指惩罚性赔偿。

受害人遭受的损失、惩罚和遏制不法行为等多重功能。我国《侵权责任法》第47条规定："明知产品存在缺陷仍然生产、销售，造成他人死亡或者健康严重损害的，被侵权人有权请求相应的惩罚性赔偿。"此处所说的"明知"就是指故意，所谓"相应的"，就是要根据侵权人具体的过错程度、造成损害后果的轻重等情况，确定侵权人应当承担的惩罚性赔偿的责任。

第三节 过错推定责任

一、过错推定责任的概念和特征

所谓过错推定（英文 presumption of fault，法文 présomption de faute），也称过失推定，是指行为人因过错侵害他人民事权益，依据法律的规定，推定行为人具有过错，如行为人不能证明自己没有过错的，应当承担侵权责任。推定，是指根据已知的事实，对未知的事实进行推断和确定。过错推定就是要从已知的基础事实出发，依据法律规定对行为人有无过错进行推定。

在现代侵权责任法中，法国法最早规定了过错责任，也称为"推定的责任"[①]。法国学者认为，《法国民法典》第1382、1383条是关于过错责任的规定，而第1384、1385和1386条是过错推定的条文[②]；受害人在援引有关过错推定条文的时候无须证明加害人具有过错。[③]《德国民法典》中也规定了过错推定责任，如雇主责任、监管义务人责任、工作物致害责任。[④] 在德国法中，在基于某种监

---

① P. Widmer (Ed.), *Unification of Tort Law：Fault*, Kluwer Law International, 2005, p. 89.

② 由此，这些学者认为，法国法上的全部侵权责任的基础仍然是过错：在《法国民法典》第1382和第1383条的情况下，过错是被证实的（faute prouvée）；而在第1384～1386条的情况下，过错是被推定的（faute présumée）。Jacques Flour, Jean-Luc Aubert, Eric Savaux, Droit civil, Les obligations, 2 Le fait juridique, 10e éd., Armand Collin, 2003, p. 65.

③ See Jacques Flour, Jean-Luc Aubert, Eric Savaux, ibid, p. 65.

④ 参见［德］马克西米利安·福克斯：《侵权行为法》，5版，齐晓琨译，171页以下，北京，法律出版社，2006。

督关系而形成的责任中，过错是被推定的，要由侵权人反证证明其没有过错。[①]我国《侵权责任法》第 6 条第 2 款规定："根据法律规定推定行为人有过错，行为人不能证明自己没有过错的，应当承担侵权责任。"《侵权责任法》在特殊侵权编章中也大量采用了过错推定规则。例如，物件致人损害责任、机动车交通事故责任、医疗侵权的部分情形等，大都推定物件所有人或管理人、机动车驾驶人、医务人员以及医院在特定事实发生后具有过错。过错推定作为一种责任形态是指在出现了法定的基础事实之后，应采取举证责任倒置的方式，由行为人反证自己没有过错，否则应当承担责任。例如，在"蒋某诉江某身体权纠纷案"[②] 中，原、被告是邻居关系，某日，原告被被告斜靠放置在公共楼道内的大理石板砸伤右脚。法院认为，堆放物倒塌造成他人损害，堆放人不能证明自己没有过错的，应当承担侵权责任。被告将大理石板长期放置在公共楼道内，并将大理石板斜靠放置，存在安全隐患，现原告被该大理石板砸伤，被告应当对原告所受损害承担赔偿责任。

过错推定责任具有如下特点：

第一，过错推定是根据法定的基础事实，推定侵权人有过错。所谓法定的基础事实，是指有明确的法律规定能够表明侵权人有过错的事实。在法国法中，常常被称为"表面证据（prima facie）"[③]，在通常情况下，基础事实的发生就伴随着侵权人的过错。在实行过错推定的情况下，只有出现特定的事实之后，才能推定行为人主观上具有过错。例如，《侵权责任法》第 58 条规定："患者有损害，因下列情形之一的，推定医疗机构有过错：（一）违反法律、行政法规、规章以及其他有关诊疗规范的规定；（二）隐匿或者拒绝提供与纠纷有关的病历资料；（三）伪造、篡改或者销毁病历资料。"据此，只要出现了该条列举的三项事实之一，就直接推定侵权人具有过错。作为推定过失基础的事实，一般应当由受害人

[①] See B. A. Koch/H. Koziol（Eds.），*Unification of Tort Law：Strict Liability*，Kluwer Law International，2002，p. 152.

[②] 上海市徐汇区人民法院（2013）徐民一（民）初字第 2584 号民事判决书。

[③] P. Widmer（Ed.），*Unification of Tort Law：Fault*，Kluwer Law International，2005，p. 89.

加以证明，例如，《侵权责任法》第 58 条第 3 项规定，"伪造、篡改或者销毁病历资料"，推定医疗机构有过错。此时，患者是否不需要负担举证责任呢？笔者认为，即便在过错推定的情况下，患者还是要对作为推定前提的基础事实负有证明义务。例如，其要证明自己受到了损害，医疗机构存在伪造或者销毁医疗文书及有关资料的行为等。因此，受害人负有初步证明的义务。当然，人民法院也可以根据具体案情查证相应的事实，尤其是在受害人难以提供证明相关事实的材料时，人民法院的主动调查对于发现事实具有重要意义。值得注意的是，过错推定所依据的基础事实必须是由法律明确规定的事实。强调过错推定适用范围的法定性有利于限制法官的自由裁量权，如果不将过错推定的适用范围限于法律明确规定的情形，法官就可能在法律适用中随意认定成立过错推定的事实，任意扩大过错推定的适用范围。

第二，过错推定需要采取举证责任倒置的证明方式。正如有学者指出的，过错推定，就是将原本应当由受害人负担的举证责任，转由加害人负担，从而实现举证责任倒置。[①] 这就是说，受害人在遭受损害以后，其不必证明加害人具有过错。就行为人是否有过错的问题，受害人不负举证责任，而将此证明负担倒置给行为人。[②] 严格说来，法律关于举证责任倒置的规定，主要具有程序法上的意义，但其与实体法上责任的承担也具有密切的联系，因为行为人过错的有无对于判断其责任是否成立具有重要意义。因此，在过错推定的情况下，举证责任倒置的问题要由实体法加以规定。例如，在医疗损害责任的情况下，由于患者经常难以证明医疗机构的过错，也不利于案件事实的查明。因而有必要通过过错推定的方式来确定案件的事实，进而减轻受害人的证明负担。

第三，被推定的过错是可以反驳的。过错推定并不等于过错认定。所谓认定，是指行为人的致害行为一旦符合法律所规定的情形，即当然认定其负有责任；在认定的情况下，行为人不得举出其他证据来推翻其责任。例如，在网络侵

---

① 参见［日］星野英一：《民法典中的侵权行为法体系》，渠涛译，载《中日民商法研究》，第 8 卷，157 页，北京，法律出版社，2009。

② 参见程啸：《侵权行为法总论》，367 页，北京，中国人民大学出版社，2008。

权中，如受害人要求网络服务提供者删除侵权信息，而后者并未在合理期限内删除，则可以直接认定其具有责任，但是过错推定并不是说一旦推定就当然认定行为人具有过错。一方面，《侵权责任法》第 6 条规定，根据法律规定推定行为人有过错，行为人不能证明自己没有过错的，应当承担侵权责任。因此，凡是法律规定了特定的能够表明其没有过错的事由，行为人能够证明这些特定的事由的存在，就可以推翻对其过错的认定。例如，《侵权责任法》第 91 条规定："在公共场所或者道路上挖坑、修缮安装地下设施等，没有设置明显标志和采取了安全措施造成他人损害的，施工人应当承担侵权责任。"因此，施工人如果能够证明已经设置了明显标志和采取了安全措施，就表明其没有过错。如果法律没有规定特定的能够表明行为人没有过错的事由，只要行为人能够证明自己的行为符合法律、法规的规定和合理的、谨慎的行为标准，就可以证明自己没有过错，并推翻对其责任的确立。另一方面，从诉讼程序的角度看，在过错推定责任中，首先由人民法院根据特定的事实基础推定行为人有过错，然后给予行为人证明自己没有过错的机会，如果行为人能够有效证明没有过错，则前述推定被推翻；反之，如果其未能有效证明其没有过错，则人民法院最终得以认定其具有过错，并以此确立侵权责任。一般来说，行为人要反证推翻自己的责任，其证明必须要达到特定的标准，这就要结合民事诉讼法的相关规定，确定其证明标准也达到相应的要求。

第四，过错推定仍然是以过错为归责依据的责任。在实行过错推定的情况下，只是因为受害人对过错的举证遇到了障碍，因此，有必要通过举证责任倒置的方式认定加害人的过错。它只是在认定过错方面采取了特殊的举证规则，并没有实质性地改变归责的基础。因此，过错推定责任仍然是以侵权人的过错为核心来认定责任，是以过错为基础的责任。过错推定正是因为仍然是以过错为归责基础，因此，从广义上也属于过错责任的范畴。

第五，过错推定原则上是法定的特殊侵权责任。在侵权责任法上，过错责任是一般的责任类型，凡是法律没有特殊规定的侵权责任，都要归入一般的过错责任。在过错责任中，实行"谁主张、谁举证"的规则，受害人要主张侵权责任，

必须就加害人的过错负担举证责任。而过错推定是法律基于各种特殊的考虑，尤其是从法政策上的考虑所明确规定的特殊责任。一般认为，过错推定原则上必须基于法律的明确规定①，而不能由法官自由裁量，否则将给法官过大的自由裁量权。

我国《侵权责任法》第 6 条第 2 款关于过错推定的归责原则的规定，是确立过错推定责任的基本规则，并因此在我国侵权责任法中形成了一项独特的归责原则。

二、过错推定责任与相关概念

（一）过错推定责任与过错责任

过错推定实际上是过错责任原则的发展。因为过错推定仍然是以过错为归责的依据和责任的基础，保持了传统的过错责任原则具有的制裁、教育、预防、确定行为标准等价值和功能，所以，有人认为："过错推定没有脱离过错责任原则的轨道，而只是适用过错责任原则的一种方法。"② 这是不无道理的。过错推定并没有改变责任认定中的核心要件即"过错"，只不过，在判断过错的方式、方法上出现了改变。正是因为这一原因，它与过错责任具有很多的相似性，我国侵权责任法将其与过错责任的一般条款在同一条（即第 6 条）中规定。由于这一原因，很多学者认为，过错推定不是独立的归责原则，而只不过是过错责任的特殊形态，我国侵权责任法仅采二元的归责原则，即过错责任和严格责任。笔者认为，过错推定虽然是过错责任的发展，但毕竟与传统的过错责任是有区别的。两者的区别表现在：

第一，过错推定责任是一种独立的特殊责任形态，具有独立的适用范围。在我国侵权责任法中，过错推定是作为特殊的侵权形态来规定的，它与一般过错责

---

① Muriel Fabre Magnan, Droit des obligations, 2 Responsabilité civile et quasi contrats, PUF, Thémis, 2007, p. 161.

② 王卫国：《过错责任原则：第三次勃兴》，180 页，杭州，浙江人民出版社，1987。

任在举证责任、免责事由、构成要件等方面，都存在区别。而且我国《侵权责任法》分则中规定了大量的过错推定责任，如道路交通事故责任、物件致人损害责任等。就此而言，我国侵权责任法与法国法具有相当的类似性。过错推定责任不能被视为过错责任的一个种类或者组成部分，它是独立和自成体系的特殊侵权责任形态；过错责任与过错推定责任不是包含与被包含关系，二者之间在逻辑上是并立关系。从侵权责任法的规定来看，之所以将其作为独立的归责原则，是因为其具有特定的适用范围，而且它不仅适用于某一类侵权，而且适用于多种类型的侵权。从今后的发展趋势来看，其适用范围也会不断扩大。因此，从适用范围的宽泛性角度看，其有必要成为独立的归责原则。

第二，过错推定一般不需要区分过错程度。过错责任将过错区分为不同程度，以确定行为人的责任，它严格区分了加害人的过错与混合过错的情况，要求在混合过错中适用比较过失规则。但就过错推定而言，对作为推定出过错的基础事实本身，是否有必要对其进行程度划分以确定行为人的过错程度？笔者认为，这是没有必要的，而且是很难操作的。因为一方面，就过错推定而言，其本质上就是过失的推定，而且过失是被推定出来的，因而难以确定其过失程度。[1] 在实践中，很难也没有必要对行为人的过失程度进行区分。[2] 例如，根据我国《侵权责任法》第 85 条，建筑物、构筑物或者其他设施及其搁置物、悬挂物发生脱落、坠落造成他人损害，应当推定所有人、管理人或者使用人的过错时，无法确定其过错程度。另一方面，由于基础事实的法定性，基础事实本身被严格限定和明确规范，因而，对这些法定事实本身在客观上也很难进行更为细化的区分，否则就会引发随意扩大过错推定责任的适用范围，但在过错责任中则需要区分过错程度，这一区分对于责任的认定、责任的范围等都具有重要意义。

第三，传统的过错责任原则采取"谁主张、谁举证"的原则，受害人要提出

---

[1]　See Pierre Catala and John Antony Weir, "Deliet And Torts: A Study in Parallel", *Tolane Law Rev June*, 1963, p. 301.

[2]　Muriel Fabre Magnan, Droit des obligations, 2 Responsabilité civile et quasi contrats, PUF, Thémis, 2007, p. 173.

损害赔偿的请求，需就行为人具有过错提出证明。关于举证责任倒置的适用，中外学者曾提出了多种根据，诸如损害的原因出自加害人所能控制的危险范围内，而受害人不能控制损害的原因，故处于无证据状态；损害事件的确定性已足以表明行为人是有过错的；由行为人举证更有利于督促行为人预防损害的发生等。①在我国《侵权责任法》中，一般侵权行为适用过错责任原则，因此受害人应承担过错的举证责任。而在过错推定责任中，采取了举证责任倒置的方式，行为人若不能提出合理的抗辩事由的存在以证明其没有过错，则将被推定有过错。可见，过错推定与诉讼法上的举证责任倒置关联紧密。

第四，从责任的严格性上来看，两者是不同的。一方面，从功能上说，过错推定的发展使过错责任的职能从教育、预防的作用向赔偿作用倾斜，但过错推定责任仍然是基于过错的责任，因此仍保留了过错责任的教育和预防的职能。另一方面，由于过错推定是从保护受害人利益考虑而产生的，在很大程度上对加害人强加了更为严格的责任，在过错推定中，举证责任倒置、反证事由的限制等，都在相当程度上增加了行为人免除责任的难度，进一步强化了对受害人的保护。就过错责任来说，相对而言，受害人负有较重的举证负担，行为人也能更为容易地被免除责任，因而其责任不如过错推定严格。

在具体适用中，过错责任和过错推定责任可能具有交叉性，也就是说，在同一类侵权中，既可能适用过错推定责任，也可能适用过错责任。例如，在医疗侵权中，其原则上实行过错责任，但在特殊情形下也存在过错推定责任。

（二）过错推定与因果关系推定

所谓因果关系推定，是指法律基于一定的基础事实推定行为与损害之间存在因果关系，而将不存在因果关系的举证责任转移给行为人，如果行为人不能推翻这一推定，就可能承担侵权责任。在我国《侵权责任法》颁布之前，2001 最高人民法院《证据规则》就环境污染、共同危险等行为采取了因果关系推定的方式。《侵权责任法》第 66 条规定："因污染环境发生纠纷，污染者应当就法律规

---

① See B. A. Koch, H. Koziol（Eds.），*Unification of Tort Law：Strict Liability*，Kluwer Law International，2002，p. 149.

定的不承担责任或者减轻责任的情形及其行为与损害之间不存在因果关系承担举证责任。"据此，如果污染者不能反证证明其行为与损害之间不存在因果关系，其行为与结果直接的因果联系就被推定存在。可见，我国《侵权责任法》也采用了因果关系推定技术，尤其是在共同危险行为中，一般认为，其因果关系也是被推定的。

过错推定与因果关系推定具有相似性，表现在：第一，两种推定都具有法定性，即二者都适用于法律明确规定的情形。而且无论是过错推定还是因果关系推定，都应当以损害的发生为前提，这也是源自"无损害则无救济"的侵权法基本原理。[1] 第二，它们都采取了举证责任倒置的方法，无论在过错推定还是在因果关系推定中，举证责任都被分配给了被告，而不是实行谁主张、谁举证的规则。第三，在推定过程中，若被告通过反证证明损害的发生与其行为无关，这既是对因果关系存在的否定，也可能是对过错存在的否定。在某些情况下，因果关系推定和过错的推定可能需要结合在一起运用。例如，在共同危险行为中，数人共同实施危险行为，受害人确知损害为数人中的一人所为，但不知损害究竟由何人所致，在此情况下，各国法律大都采取因果关系推定办法，即推定数人的行为与损害结果之间有因果关系。[2] 有时候，因果关系推定以后，无须进一步确定过错问题，这可能是因为原告能够并已就被告的过错问题作出了举证，但原告不能就被告的行为与损害结果之间具有直接的因果关系问题举证。例如，第三人行为致原告损害，原告能够证明被告应对第三人的行为负责（如证明被告与第三人之间具有某种特殊关系等），此时，若能够证明被告对第三人致人损害的行为具有过错，则在推定被告的行为与损害结果之间具有因果关系以后就无须再单独确定过错问题。第四，这两种推定方法都是确定责任的方式，无论是推定因果关系，还是推定过错，最终都是为了满足责任的构成要件。从其功能和效果上看，二者都在一

---

[1] See A. M. Honorè, *International Encyclopedia of Comparative Law*, Vol. 4, Torts, Chapter 7, Causation and Remoteness of Damage, J. C. B. Mohr（Paul Siebeck, Tübingen），1975，p. 18.

[2] 有的学者认为，共同危险行为中只存在对因果关系的推定。参见程啸：《共同危险行为》，载王利明主编：《人身损害赔偿疑难问题：最高人民法院人身损害赔偿司法解释之评论与展望》，224 页，北京，中国社会科学出版社，2004。

定程度上减轻了受害人的举证负担。

但是，应当看到，过错推定与因果关系推定之间存在明显的区别，主要表现在：

第一，在侵权法中的地位不同。过错推定是归责原则，而因果关系推定仅是就因果关系进行举证的技术性规则，或者说，是在受害人因因果关系的举证遇到障碍的情况下而采取的一种措施。就在侵权责任法中的地位和作用来说，因果关系推定是无法与过错推定相提并论的。而且就各种归责原则来说，其都可能实行因果关系推定。

第二，推定的对象不同。在过错推定中，其所推定的对象是行为人的过错。而在因果关系推定中，其所推定的对象是因果关系，即行为与损害之间的因果关系。即使在因果关系十分确定的情况下，被告亦可通过反证证明他没有过错。一般而言，因果关系的确定是过错推定的基础：一方面，过错本身是确定责任的最终基础，而因果关系是确定责任的第一步和先决条件，没有一定的因果关系存在，不能确定加害人或被告，则过错的推定也就失去了基础[①]；另一方面，因果关系的确定性表明损害的发生没有外来因素的介入，这也基本可以确定行为人对受害人损害的发生具有过错。当然，行为人此时仍然可以举证证明自己没有过错，从而无须承担侵权责任。

第三，推定的基础事实和反证的内容不同。在过错推定的情况下，法律规定的基础事实都表明其与过错有关系，反证的内容一般就是指其能够证明自己没有过错。也就是说，行为人只要证明自己尽到了注意义务，就可以表明其没有过错，从而被免除责任。但在因果关系推定的情况下，其基础事实都是与因果关系有联系的，反证的内容也主要表明不存在因果关系。例如，推定损害是由被告的物件所致，但被告仍可以举证证明被告的物件致原告的损害是由不可抗力因素引起的，其物件与损害无因果关系。

第四，适用的先后顺序不同。因果关系推定与过错推定分别属于两个不同的

---

① Pierre Catala, John Antony Weir, "Deliet And Torts: A Study in Parallel", *Tolane Law Rev June*, 1963, p. 300.

侵权责任构成要件，两种推定的结论分别指向不同性质的结果。在适用因果关系推定的案件中，只有在前一种推定发生之后，才可能进入后一种推定环节，在许多情况下，要基于初步的基础事实来推定行为和结果之间的因果关系存在，然后，再推定过错的存在。① 如果因果关系没有被证明，则就没有必要讨论"过错"问题了，也就无须运用过错推定的方法。

三、过错推定的程序和要件

过错推定以法律特别规定为适用的前提，只有在法律明确规定适用过错推定的情况下，才能适用。在过错推定责任适用过程中，其适用程序较为复杂，且该程序中每个环节的推进都必须满足特定的要件。只有严格遵循推定程序，按照不同环节的要件进行，才能够保证过错推定最终结论的妥当性。具体来说，过错推定的条件和程序主要表现为如下几个方面：

1. 因果关系的存在

适用过错推定的前提是损害与行为之间的因果关系已经确定，如果仅有损害而尚未确定其与行为之间的因果关系，就没有进入过错推定大环节的必要。事实上，在过错推定责任中，责任的最终构成需要具备"损害"、"侵权行为（作为或者不作为）"、"损害与侵权行为之间的因果关系"、"过错"等构成要件。② 为此，受害人应先就因果关系举证证明，这是受害人应当承担的初步证明的责任。有一种观点认为，在过错推定责任中，受害人没有任何举证负担，即只要受害人向人民法院提出了损害赔偿的请求，其他问题均由被告反证。此种看法值得商榷。事实上，在进入过错推定环节之前，"损害事实"、"侵权行为（作为或者不作为）"、"损害与侵权行为之间的因果关系"等三项要件的证明是必须完成的，否则就无法确定准确的被告，当然就无法推定过错并认定责任。具体来说，受害人必须要证明

---

① See A. M. Honorè, *International Encyclopedia of Comparative Law*，Vol. 4，Torts，Chapter 7，Causation and Remoteness of Damage，J. C. B. Mohr（Paul Siebeck，Tübingen），1975，p. 18.

② 参见王利明主编：《民法典·侵权责任法研究》，371 页，北京，人民法院出版社，2003。

损害事实。例如，在机动车交通事故责任中，必须先证明如下两个事实：一是原告遭受了实际人身损害；二是该损害是由机动车一方的驾驶行为造成的。再如，在建筑物等坠落致人损害责任中，受害人要证明其遭受了损害，而且此损害是由坠落物造成的，然后才能进入推定坠落物所有人或者管理人具有过错的环节。若只有损害事实，但不能确定何人的行为或其物件造成了损害，则不能适用过错推定。

2. 存在推定过错的基础事实

原则上，过错推定必须以法定的基础事实的发生为前提，也就是说，关于基础事实的内容、类型都必须由法律规定，无论是受害人证明的内容，还是法院依职权推定的事实，都必须符合法律的规定。例如，根据《侵权责任法》第 91 条规定："在公共场所或者道路上挖坑、修缮安装地下设施等，没有设置明显标志和采取安全措施造成他人损害的，施工人应当承担侵权责任。"符合启动过错推定的基础事实应当包括如下几项：一是施工人在公共场所或者道路上从事了挖坑、修缮安装地下设施的活动；二是施工人没有设置明显标志和采取安全措施；三是上述施工活动造成他人损害。这三项事实所涵盖的内容已经超出了因果关系，基于这些事实进行的推定，就是过错推定。

法定的基础事实又可以分为两类：一类是损害、行为及其因果关系。在该类情形，只要受害人证明了前述基本事实，就可以进入"过错推定"程序，而无须再证明其他事实。例如，《侵权责任法》第 85 条规定："建筑物、构筑物或者其他设施及其搁置物、悬挂物发生脱落、坠落造成他人损害，所有人、管理人或者使用人不能证明自己没有过错的，应当承担侵权责任。所有人、管理人或者使用人赔偿后，有其他责任人的，有权向其他责任人追偿。"另一类是其他法定事实。例如，在医疗损害责任中，受害人除了要证明损害、诊疗行为、损害与诊疗行为之间的因果关系之外，还需要证明存在《侵权责任法》第 58 条规定事实之一时，才能进入过错推定程序。在多数情况下，这两类基础事实都需要受害人举证证明，但也并非绝对。例如，《侵权责任法》第 58 条规定的"伪造、篡改"事实，可以由法院委托鉴定人来进行鉴定。因此，该事实既可以由受害人举证证明，也可以由法院主动查明或者释明。

3. 推定行为人有过错

在完成前述两类基础事实的证明之后，进行"过错推定"的条件就已经具备，法官就可以据此启动"过错推定"程序，直接从已经证明的基础事实出发来推定行为人有过错。该环节的关键在于受害人能否证明存在推定行为人具有过错的基础事实。如果受害人的举证没有达到有效证明的程度，就不能开始"过错推定"环节。在基础事实被证明之后，由于受害人的证明行为已经符合了法定的要件，行为人就被推定为有过错。法官在这一阶段的主要作用在于，确定受害人是否完成了对基础事实的证明。

4. 行为人就其"没有过错"予以反证

过错推定不同于过错认定，因为此种推定的结论不具有终局性。通过推定得出的结论还需要经得起行为人的辩驳。被告可以提出反证，证明自己没有过错，以推翻前一过程得出的推定结论。需要指出的是，关于反证的内容如何界定，也必须符合法律的规定。由于过错推定是一种特殊的侵权责任，法律就过错推定的反证事由也作了规定。行为人的反证方式又可以分为两种：一种是必须证明特定的法定事由存在才能证明其没有过错。例如，《侵权责任法》第91条规定："在公共场所或者道路上挖坑、修缮安装地下设施等，没有设置明显标志和采取安全措施造成他人损害的，施工人应当承担侵权责任。"因此，行为人需要通过证明其已经"设置明显标志和采取安全措施"这一法定事由来证明其没有过错，而不能仅仅证明自己尽到了注意义务。另一种情况下，法律并未规定行为人证明其没有过错的内容，则行为人需要证明其行为符合法律法规的规定和合理的、谨慎的行为标准，或者证明损害是由受害人或第三人行为所致才能表明其没有过错。例如，《侵权责任法》第85条规定："建筑物、构筑物或者其他设施及其搁置物、悬挂物发生脱落、坠落造成他人损害，所有人、管理人或者使用人不能证明自己没有过错的，应当承担侵权责任。"该条就没有规定行为人反证的具体内容，行为人只要证明损害是由第三人行为所致，就表明其没有过错。

5. 确定反证是否有效并确定责任

在行为人被推定为有过错以后，行为人要免于承担责任，就必须反证其没有

过错。"推定"允许行为人举证推翻，此时，行为人负有举证责任，即通过各种证据证明其不具有过错。法官要从行为人的举证中来判断，其是否推翻了对行为人具有过错的推定。例如，受害人提出医疗机构违反了诊疗规范，医疗机构可以提出，其诊疗行为完全符合法律法规的规定，因此并没有过错。因为行为人负有举证责任，所以，其证明必须达到诉讼法上要求的证明标准，否则不能推翻对其过错的推定。

四、过错推定的适用范围

过错推定是较一般过错责任更重的责任。法律之所以规定过错推定责任，就是因为在特定案件情形中，如果对过错仍然采用"谁主张、谁举证"这一基本证明原则，则不利于对受害人的保护。但过错推定责任也在一定程度上加重了行为人的责任。因此，为妥当平衡双方当事人的利益，应当将过错推定责任的适用范围限于法律明确规定的情形。依据《侵权责任法》第 6 条第 2 款，只有在法律有明确规定的情况下，才能适用过错推定。而对于法律没有明文规定适用过错推定的事实类型，只能适用过错责任。[1] 例如，《侵权责任法》明确规定，机动车交通事故责任、物件损害责任适用过错推定责任。

需要指出的是，过错推定虽然需要法律规定，但在我国司法实践中，也没有绝对禁止法官超出法律规定的范围来适用举证责任倒置规则。根据《证据规则》第 7 条的规定，"在法律没有具体规定，依本规定及其他司法解释无法确定举证责任承担时，人民法院可以根据公平原则和诚实信用原则，综合当事人举证能力等因素确定举证责任的承担"。这就是说，举证责任倒置并不一定限于法律明确规定的情形，根据具体案情的需要，法官可以根据公平原则和诚实信用原则，综合当事人举证能力等因素确定举证责任的承担。许多学者认为，虽然过错推定原则上应当由法律规定，但也应当给予法官一定的自由裁量权力，这有利于法官弥

---

[1] 参见扈纪华、石宏：《侵权责任法立法情况介绍》，载《人民司法（应用）》，2010（3）。

补立法对需采过错推定情形预测和规定的不足。但笔者认为，过错推定原则上应当严格适用于法律规定的范围，主要理由在于：

第一，如前所述，过错推定本质上是一种加重责任，只能适用于法律规定的情形，而不能由法官根据自由裁量权的行使来确定。否则，就可能导致法官自由裁量权过大，并使得侵权人承担过重的责任。实行推定的基础和理由是，已知的事实和未知的事实之间存在高度的因果关系或逻辑关系，证明未知事实很困难，而证明已知事实较容易，从而根据已知事实推断出未知事实的存否或真伪，这样可以减轻当事人的举证负担和便于法官认定事实。但是，如果允许法官可以自由采用过错推定的方式，就可能将待证未知事实的范围无限扩大，行为人将面临巨大的赔偿风险，行为自由可能遭受严格限制，不符合侵权责任法的基本功能。

第二，我国侵权责任法具体列举过错推定的各种情形，目的在于对过错推定作严格限定。即便是在严格责任项下，也有关于危险责任的一般条款，但过错推定责任项下并没有此种一般条款，这一比较可说明，过错推定责任的适用范围较之于严格责任受到更为严格的限制。

第三，《证据规则》第7条所确立的司法"推定"主要适用于对因果关系的举证责任倒置，而不能理解为对过错的一种倒置的规定。更何况，在限制《侵权责任法》确立了过错推定的严格法定模式之后，《证据规则》也不能突破此种限制。

第四节　严格责任原则

一、严格责任的概念

所谓严格责任（strict liability），是指行为人的行为造成他人的损害，不论该行为人是否具有过错，如不存在法定的免责事由，都应当承担侵权责任。[1] 确

---

[1] 参见李仁玉：《比较侵权法》，152～153页，北京，北京大学出版社，1996。

定严格责任的归责依据的原则就是严格责任原则。严格责任最早起源于罗马法中的动物致人损害责任，如今是在英美法中广泛适用的概念，并逐渐被大陆法的判例和学说所采纳。但关于过错责任之外的严格责任，历来有几种不同的提法：

1. 无过错责任说。在欧洲不少学者认为，应当将严格责任表述为绝对责任（absolute liability）或者无过错责任（no fault liability）①，我国台湾地区学者王泽鉴教授认为，严格责任等于大陆法中的无过失责任，"行为人对特定损害之发生纵无过失，亦应负损害赔偿责任，虽已逐渐建立完整之体系，惟关于其名称尚未统一。在台湾地区向称之为无过失责任；在德国通称为 Gefahrdungshaftung（危险责任）；在英美法则多称为 strict liability（严格责任）"②。在我国，很多学者都认为，严格责任就是无过失责任。③

2. 危险责任说。在大陆法系国家与此相对应的概念是危险责任（responsabilidade pelo risco）、客观责任（objeckivt ansva）等。④ 在德国，严格责任主要是指危险责任，"如果一项法律允许一个人——或者是为了经济上的需要，或者是为了他自己的利益——使用物件、雇佣职员或者开办企业等具有潜在危险的情形，他不仅应当享受由此带来的利益，而且应当承担由此危险对他人造成任何损害的赔偿责任：获得利益者承担损失。"⑤

3. 过错推定说。此种观点认为，严格责任实际上就是一种法定的过错推定责任，或称为特殊的过错推定。在 19 世纪末期，法国学者一般认为这是一种法定的过错推定责任（présomption légale de faute）。如 Josserand 等人认为，应当将《法国民法典》第 1384 条第 1 款关于行为人对由其负责的他人的行为或在其管理之下的物件所致的损害承担责任的规定，作扩大解释，将过错推定的责任规定为一般原则。以后法国最高法院采纳了这一观点，采取了类似于严格责任的过

---

① See European Group on Tort Law, *Principles of European Tort Law*: *Text and Commentary*, Springer, 2005, p. 102.

② 王泽鉴：《民法学说与判例研究》，第 1 册，8 页，北京，中国政法大学出版社，1998。

③ 参见王卫国：《过错责任原则：第三次勃兴》，286 页，杭州，浙江人民出版社，1987。

④ 参见［德］冯·巴尔：《欧洲比较侵权行为法》上，张新宝译，10 页，北京，法律出版社，2001。

⑤ ［德］冯·巴尔：《欧洲比较侵权行为法》上，张新宝译，10 页，北京，法律出版社，2001。

错推定制度。因此，不少学者认为，在法国法中，所谓过错推定责任就是严格责任。[①]

4. 过错推定和无过错责任结合说。此种观点认为，严格责任既不同于过错推定，也不同于无过错责任，其实际上是过错推定和无过错责任结合的产物。如有学者认为："严格责任作为英美侵权责任法的一种责任原则，实际上包含了大陆法系过错责任的一部分（过错推定部分）和无过错责任的大部分（不包括所谓的绝对责任）。"[②] 这种观点实际上是一种折中的观点。

从我国《侵权责任法》的规定来看，我国立法明显区分了过错推定责任和严格责任，该法第 7 条规定："行为人损害他人民事权益，不论行为人有无过错，法律规定应当承担侵权责任的，依照其规定。"对于该条究竟应当采用何种提法，也有两种不同的观点：一是无过错责任说。此种观点认为，《侵权责任法》第 7 条明确规定，"不论行为人有无过错"都要负责，这就表明其采纳"无过错责任"的概念，因此，第 7 条规定的是无过错责任。二是严格责任说。此种观点认为，虽然上述规定中提到了"不论行为人有无过错"，但并非完全不考虑其过错。事实上，我国侵权责任法规定的严格责任都有免责事由，唯一的例外就是侵权责任法中关于违反管理规定饲养动物和禁止饲养的危险动物造成他人损害，法律没有规定免责事由。[③] 此种情况才属于真正的无过错责任。除此之外的，都是具有免责事由的严格责任。笔者认为，无过错责任是完全不考虑过错的责任，这并不符合第 7 条规定的情形。我国《侵权责任法》第 7 条的规定应当理解为严格责任更为确切。主要理由在于：严格责任已经成为两大法系普遍接受的约定俗称的概念。尽管严格责任作为一种制度，主要是从英美法中发展起来的，但是，其仍然被大陆法所接受和采纳。《欧洲侵权法原则》工作小组通过比较两大法系关于严格责任的不同表述，认为严格责任的提法更为确切。[④] 这一经验是值得我们借鉴

---

① 参见张民安：《现代法国侵权责任制度研究》，131 页，北京，中国政法大学出版社，2002。

② 张新宝：《中国侵权行为法》，2 版，序言，北京，中国社会科学出版社，1998。

③ 参见《侵权责任法》第 79 条、第 80 条。

④ See European Group on Tort Law, *Principles of European Tort Law: Text and Commentary*, Springer, 2005, p. 102.

的。在我国，采纳"严格责任"的概念在法律上的理由还在于，严格责任已经成为民事责任领域一个特定的术语，尤其是在合同责任中，学者一致认为，合同责任的归责原则就是严格责任。① 既然严格责任已经在合同法中得到了广泛的运用，而侵权责任法中的严格责任与合同法中的严格责任又具有很多的共性，在侵权责任法中使用严格责任的概念并无不可。因此，笔者认为，鉴于严格责任是两大法系普遍接受的概念，采用严格责任的提法是比较科学的。

最后需要指出的是，严格责任概念也是危险责任概念所不能替代的。尽管严格责任的归责基础主要是危险，但一般来说，高度危险责任中的"危险"仅指特别的危险，即主要是高度危险作业和危险物致人损害的责任，不包括普通的物件致人损害的责任，而采用严格责任的概念，则可以将其包括在内。另外，如产品责任等一些责任，不存在此种意义上的"危险"，但这些责任较之于一般的责任却是严格的。在一些特殊主体实施的侵权行为，如监护人责任的情况中，更是无法以危险责任来涵盖。总之，完全以危险责任来代替严格责任是不妥当的。

二、严格责任的特点

我国《侵权责任法》第 7 条规定："行为人损害他人民事权益，不论行为人有无过错，法律规定应当承担侵权责任的，依照其规定。"该条对严格责任作出了规定，例如，在"陆某诉永达公司环境污染损害赔偿纠纷案"中，法院认为，被告永达公司开启的涉案路灯灯光，已对原告的正常居住环境和健康生活造成了损害，构成环境污染。永达公司不能举证证明该侵害行为具有合理的免责事由，故应承担排除危害的法律责任。该案就体现了严格责任的特点。根据该规定，严格责任的特点主要在于：

第一，严格责任不考虑行为人的过错。从《侵权责任法》第 7 条的规定来看，在行为人侵害他人民事权益的情形下，不论行为人是否有过错，只要法律规

---

① See B. A. Koch/H. Koziol（Eds.），*Unification of Tort Law：Strict Liability*，Kluwer Law International，2002，p. 151.

定行为人应当承担责任，行为人都应当承担侵权责任，"不论行为人有无过错"表明不考虑行为人有无过错，即使存在过错，也不考虑。因此，此种责任的成立并不考虑行为人是否具有过错。① 当然，严格责任并非完全不考虑过错：一方面，严格责任的成立需要考虑受害人的过错。凡是适用严格责任的情形，基本上都要考虑受害人的过错。② 当然，考虑受害人的过错不是要考虑受害人的一般过错，而是依法考虑受害人的故意或重大过失。在这一点上，严格责任概念与无过错责任相比是有区别的，《侵权责任法》第79、80条中关于违反管理规定饲养动物和禁止饲养的危险动物造成他人损害，就是所谓绝对的无过错责任，在这两种情况下，即使受害人有故意也不能免责。而除此之外的情形，都应当可以考虑受害人的过错而减轻或免除责任。另一方面，受害人过错可以成为减轻行为人责任的事由。对严格责任而言，在受害人具有过错的情形下，也可能导致行为人责任的减轻。例如，《侵权责任法》第76条规定："未经许可进入高度危险活动区域或者高度危险物存放区域受到损害，管理人已经采取安全措施并尽到警示义务的，可以减轻或者不承担责任。"

第二，免责事由受到严格限制。在严格责任的情况下，为了强化对受害人的救济，免责事由是受到严格限制的。我国《侵权责任法》在规定每一种严格责任时，都对其免责事由作出了严格限制，只有存在法定的免责事由时，行为人才能主张免责。例如，《侵权责任法》第70条规定："民用核设施发生核事故造成他人损害的，民用核设施的经营者应当承担侵权责任，但能够证明损害是因战争等情形或者受害人故意造成的，不承担责任。"从该条规定来看，民用核设施发生核事故造成他人损害的情形，行为人的免责事由只有战争原因和受害人故意两

① 在国外，有学者认为，过错责任常常适用于那些不欲从事的行为（undesirable conducts），而严格责任则适用于那些可欲的行为（desirable conducts）。See Israel Gilead, "On the Justifications of Strict Liability", in Helmut Koziol and Barbara C. Steininger（eds），*European Tort Law* 2004，Vienna/New York，2005，p. 29.

② 英国著名学者 Rogers 指出，在英美法中，不存在没有免责事由的绝对责任，因此，他怀疑严格责任的提法是否准确。See B. A. Koch, H. Koziol（Eds.），*Unification of Tort Law：Strict Liability*，Kluwer Law International，2002，p. 102.

种，不可抗力并不能成为此种责任的免责事由。需要指出的是，在严格责任中，针对危险活动和危险责任免责事由，通常是根据活动本身的危险程度来予以不同规定的，风险越高其免责就会越困难。例如，民用航空器的危险程度比一般的高度危险活动的危险程度要高，因此，其免责事由更严格，即便是不可抗力，也不能免责；但环境污染致人损害的，不可抗力是可以成为免责事由的。再如，受害人的过错作为免责事由时，在不同的情况下，其对行为人的免责效力也是不一样的。例如，高度危险作业，受害人必须要有故意才能使行为人免责；但在饲养动物致人损害时，受害人的重大过失可以成为免责事由。

在侵权责任法中，严格责任"虽然严格，但非绝对。在严格责任下，并非表示加害人就其行为所生之损害，在任何情况下均应承担责任，各国立法例多承认加害人得提出特定抗辩或免责事由"①。在适用严格责任的情况下，改变了"谁主张、谁举证"的规则，过错的举证责任由责任人负担。这就是说，就受害人具有故意或重大过失等的举证，必须由责任人承担，如果责任人不能证明，就无法减轻或免除其责任。因此，严格责任也存在减轻事由。例如，在产品责任中，产品虽然有一定的缺陷，但受害人也严重地操作不当，此时，就应当适当减轻生产者的责任。再如，在高压电线周围已经设置了警示牌和防护网，但受害人仍然在高压电线周围钓鱼，导致垂钓者死亡。在此情况下，虽然不能完全免除行为人的责任，但可以减轻其责任。

在此需要讨论的是，严格责任的减轻责任事由是否也需要法律作出明确规定？在法律没有对严格责任的减轻责任事由进行明确列举时，是否可以适用第三章"不承担责任和减轻责任的情形"中的规定？对此，也有两种不同的观点：一种观点认为，在严格责任中，不仅责任的承担需要法定化，责任的减轻也要法定化，只有法律规定了减轻事由才能减轻。另一种观点认为，对于减轻责任的规定是例示性规定，因此，即使法律没有规定，也可以减轻责任。例如，《侵权责任法》第80条规定："禁止饲养的烈性犬等危险动物造成他人损害的，动物饲养人

---

① 王泽鉴：《民法学说与判例研究》，第2册，161~162页，北京，中国政法大学出版社，1998。

或者管理人应当承担侵权责任。"此时，饲养人或者管理人虽然不能免除责任，但是，可以减轻其责任。笔者认为，严格责任强调责任承担是严格的，其只是加重了侵权人的责任，使其不能轻易被免责，但并非不能减轻责任。在减轻责任方面，要考虑侵权人和受害人的过错。在严格责任的情况下，也可以适用过失相抵的规则。因此，这与绝对的无过错责任是有区别的。

第三，严格责任的适用以法律有明确规定为前提。严格责任作为特殊的归责原则，必须适用于法律特别规定的情形。具体来说：一是严格责任必须适用于法律规定的情形。由于责任是严格的，严格责任作为过错责任的例外，必须由法律明确规定，而不能由法官自由裁量。[①] 与过错责任相反，严格责任无法直接根据《侵权责任法》第 7 条的规定来认定，此种责任的确立必须要有第 7 条规定之外的其他具体法律规定。在这一点上，其与《侵权责任法》第 6 条第 2 款确立的过错责任项下的过错推定责任具有很多的相似性。需要指出的是，虽然严格责任的适用范围不断扩大，但其总体上无法与过错责任的地位相比较。二是严格责任的构成要件和免责事由必须符合法律规定。严格责任的构成要件和免责事由，都是由法律严格限定的，因此，要认定责任或免除责任，都必须适用法律特别规定的事由，而不能简单地根据《侵权责任法》第三章所规定的减轻或免责事由来减轻或免除行为人的责任。三是减轻责任的事由也必须符合法律的规定。就减轻责任的事由来说，过错责任中减轻责任的事由较为广泛，例如，受害人的一般过失都可以导致行为人的责任减轻，而在严格责任中，其减轻责任的事由应当受到较多的限制，有时受害人的重大过失也不能导致其责任的减轻。

第四，严格责任归责的基础主要是危险。[②] 按照大陆法系现代的一般理论，侵权责任的责任基础为两大支柱：过错（法文为 faute）和风险（法文为 risque）。在过错责任的情况下，责任基础是过错；而在严格责任的情况下，责任基础是风

---

① Franz Werro, "Tort Law at the Beginning of the New Millennium: A Tribute to John G. Fleming's Legacy", *American Journal of Comparative Law*, 2001, pp. 147, 157.

② 参见欧洲侵权法小组编著：《欧洲侵权法原则：文本与评注》，于敏、谢鸿飞译，110 页，北京，法律出版社，2009。

险，即创造风险者负担由此产生的责任。① 大量的社会活动本身的确给人类带来了很多的便利，但与此同时也制造了大量的新风险。严格责任是伴随着工业化生产而形成的新型责任，之所以要行为人承担较过错责任更为严格的责任，是因为致损原因具有特殊性，即要么是致害行为本身的固有危险性，要么是致害物质潜在的危险性，如此等等。这种危险性不以行为人的主观心态为转移，活动或者物质的危险性越高，责任的严格性应当越强。② 正如美国著名法学者霍姆斯在其经典名著《普通法》中所言："我们法律的一般原则是，意外事件之损害，应停留在它发生的地方。"③ 尤其是，从危险活动受益的人就应当对危险活动造成的损害负责，即"利之所在，损之所归"（cuius commoda，eius incommoda）④。我国《侵权责任法》第九章规定了"高度危险责任"，严格责任适用于众多的危险责任，如产品缺陷致人损害也属于广义的危险活动，产品生产过程始终存在出现瑕疵产品的可能，出现瑕疵产品对社会构成了危险；环境污染主要来源于企业的生产经营活动，这些污染对人类的生存环境构成了危险性；饲养的动物始终存在攻击他人的危险性，这就有危害他人人身、财产的可能性，此外，动物始终具有传播疾病的危险。正是这些危险活动和危险物的存在，形成了严格责任归责的正当性基础。

不过，"以法律有明确规定"这一原则也存有例外，因为立法不可能对诸多适用严格责任的具体情形作全面准确的预测并加以规定。鉴于高度危险责任的特殊性，我国侵权责任法采取了较为灵活的立法技术，在一些具体章节设置了所谓"小一般条款"，用以规范此种行为。例如，《侵权责任法》第 69 条关于高度危险责任的规定就属此种情形。不过，在没有具体规定时，此种"小一般条款"的适

---

① Jacques Flour，Jean-Luc Aubert，Eric Savaux，Droit civil，Les obligations，2 Le fait juridique，10e éd.，Armand Collin，2003，p. 65. Jacques Flour，Jean-Luc Aubert，Eric Savaux，ibid，pp. 67-70.

② Büyüksagis E，Van Boom W H，"Strict Liability in Contemporary European Codification：Torn between Objects，Activities，and Their Risks"，*Georgetown Journal of International Law*，Vol. 44，No. 2，2013.

③ Oliver Wendell Holmes，*The Common Law*，Boston，Little Brown and Company，1881，p. 94.

④ Israel Gilead，"On the Justifications of Strict Liability"，in *Tort and Insurance law yearbook：European Tort law 2004*，at 28（Helmut Koziol & Barbara C. Steininger eds.，2005）.

用必须要严格限制，不得违背严格责任的归责基础和功能。

三、严格责任的归责依据和功能

(一)严格责任的归责依据

我国《侵权责任法》对于严格责任的规定，主要适用于监护人责任、用工者的责任、动物致人损害的责任、环境污染责任、产品责任等责任类型。根据侵权责任法的相关规定，严格责任的归责依据不是过错，而主要是危（风）险，其中包括：危险活动和危险物。

美国学者庞德认为，侵权责任法的归责原则主要为过错（故意、过失）和危险。[1] 危险活动和危险物都包含了致害的风险，发生致害的概率也比较高；其中很多的活动一旦发生损害其后果十分严重。因此，风险本身成为与过错相并列的责任基础。[2] 具体来说，严格责任的归责理论大体有如下几种：一是损失分担说。此种观点认为，严格责任的基础不在于对不法行为的制裁，而在于对不幸的损害的合理分配。[3] 由于企业具有较强的分担能力，常常被称为深口袋（deep pocket），其可以通过保险机制和价格机制来转嫁风险，因而应由其承担严格责任。二是损益一致说。此种观点认为，从风险中获益者应对风险的后果负责。"严格责任这种责任形式——至少在其被称为危险责任时——的核心要素是风险或危险，其基础或正当理由是收益与风险的赔偿理念——'利之所在，损之所归'（cuius commode，eius incommoda），或者用稍微不同的话说，这种责任是产生（或维持）极大风险状态之特权的衍生物。"[4] 这也符合对自己行为负责的

---

① See R. Pound, *An Introduction to the Philosophy of Law*, New Haven: Yale University Press, 1922, p. 177.

② See Büyüksagis E, Van Boom W H, "Strict Liability in Contemporary European Codification: Torn between Objects, Activities, and Their Risks", *Georgetown Journal of International Law*, Vol. 44, No. 2, 2013.

③ 参见王泽鉴：《侵权行为》，15 页，北京，北京大学出版社，2009。

④ 欧洲侵权法小组编著：《欧洲侵权法原则：文本与评注》，于敏、谢鸿飞译，109～110 页，北京，法律出版社，2009。

基本原理，因为对自己行为负责的法理不仅要求对自己的行为负责，还体现在对自己所从事的活动负责，这有利于督促危险物的所有人或者占有人采取措施，控制损害的发生。三是长臂理论。根据所谓的"长臂"（lengthened arm）理论，即企业通过使用辅助人或机器来扩张其影响和危险的范围，相应地，企业应当对其扩张的危险负责。[①] 四是危险控制理论。此种观点认为，从事危险活动或者占有、使用危险物品的人对于这些活动或者物品的性质具有更为真切的认识，也最具有能力控制危险的现实化。[②] 形成危险者应当对其危险所致的后果负责，且形成危险者从危险活动中获利，危险物的所有人或者占有人能够控制这些危险。[③] 五是维护社会安全理论。庞德认为，民事归责的哲学基础不在于意志自由哲学，而在于"一般社会上之安全利益"（the social interest in the general security）[④]。为实现社会的一般安全利益，庞德认为，应将侵权责任法的归责原则区分为故意、过失和危险归责三种，而侵权行为的类型分为故意侵害、过失行为、持有危险物或从事危险事业而未能阻止损害发生所致的损害。[⑤] 此种观点也深刻地揭示了严格责任的归责基础。

严格责任的类型还包括替代责任。从侵权责任法的发展趋势来看，罗马法的"归责于上"的规则已经被两大法系普遍认可，在未成年人致人损害、被雇佣人致人损害的情况下，都将责任归责于监护人与雇主等人身上，而监护人大都承担严格责任，因为监护人、雇主对未成年人和被雇佣人具有一定的控制力，而且课以雇主和监护人承担严格责任，也有利于对受害人进行救济。尤其应当看到，对雇主责任而言，在现代社会，企业成为现代社会中重要的主体，而第三人一般无法从外界了解企业的组织结构，并且企业可以通过保险和价格机制分散风险，因

---

① 参见欧洲侵权法小组编著：《欧洲侵权法原则：文本与评注》，于敏、谢鸿飞译，137页，北京，法律出版社，2009。

② 参见程啸：《侵权行为法总论》，123页，北京，中国人民大学出版社，2008。

③ 参见王泽鉴：《侵权行为》，15页，北京，北京大学出版社，2009。

④ ［美］伯纳德·施瓦茨：《美国法律史》，王军等译，207页，北京，中国政法大学出版社，1990。

⑤ See R. Pound, *An Introduction to the Philosophy of Law*, New Haven：Yale University Press, 1922, p. 177.

此，在存在雇佣关系的情况下，令企业承担替代责任也符合侵权责任法的基本归责理由。"在比较法上，雇主责任呈现出逐步脱离个人化的过错责任，向组织化的责任发展的轨迹。"① 例如，《德国民法典》第 831 条采取了过错推定，其主要立法理由还是要求归责时能够证明雇主本人具有指示、监督等方面的过失，而在现实生活中，受害人无从了解真正的加害来源。将监护人责任和用工责任作为严格责任加以规定，既符合侵权责任法的发展趋势，从归责的原理上，又符合"归责于上（Respondent Superior）"的基本论证。② 但违反安全保障义务对受害人的责任、网络服务商的责任、教育机构对未成年学生的责任都不是转承责任，因为在上述情形下，行为人都是对自己的过错承担责任。责任人与直接加害人并没有法律上的利用、指示以及监督的义务关系，因此，不能认定他们之间存在责任关系，因而不适用严格责任，而采取过错责任和过错推定形式。

我国《侵权责任法》对具有一定的危险活动和较大的危险性的物适用严格责任，此种做法符合严格责任归责的一般原理，既有利于保护受害人，也有利于督促责任人采取措施预防损害。在我国《侵权责任法》中，一般的物件虽然具有一定的危险性，但与核设施，易燃、易爆等危险物品相比较，具有本质区别，后者对社会一般人的危险性危害更大，危害后果也较为严重，因此，对其采取严格责任，而对物件致人损害的责任采取过错推定。应当指出的是，机动车虽然具有现实的危险性，而且从我国司法实践来看，机动车事故已成为人身损害赔偿案件的主要来源，但鉴于机动车已经成为日常代步工具，而且日益普及，《侵权责任法》第 73 条于是将机动车致人损害从高度危险活动责任中排除，只是将其规定为过错推定责任，但由于高速轨道运输工具有高度的危险性，因而，《侵权责任法》在第九章"高度危险责任"中对高速轨道运输工具采用严格责任。③

---

① ［德］布吕格迈耶尔、朱岩：《中国侵权责任法学者建议稿及其立法理由》，37 页，北京，北京大学出版社，2009。

② See David Ibbetson, *A Historical Introduction to the Law of Obligations*, OUP Oxford, 1999, p. 182.

③ 参见《侵权责任法》第 73 条。

（二）严格责任的功能

严格责任并没有教育和制裁的功能，因为自 20 世纪以来，大工业的发展形成了许多附带的风险（residual risk），即使行为人尽到合理的注意义务，也无法彻底消除此种风险。因为许多风险是社会不可避免的，是人类活动所必不可少的。例如，食物、药品、化学品、机器设备、机动车等，都存在不可避免的内在风险，有可能引发事故。因为这些活动对人类社会是有益的，所以，法律应当允许此种风险存在，当此种附带的风险造成他人损害的，就不能再适用过错责任对受害人进行救济，因为过错责任的遏制功能无法发挥作用，而且受害人也难以证明行为人对损害的发生具有过错。① 对于此类风险，法律有必要采取适当的容忍态度，如果避免风险所需付出的成本过高，那么过错责任所具有的损害遏制功能也就很难发挥作用。此时，就应以严格责任作为责任分配的基本规则，即只要形成了风险，行为人就应当对此种风险负责②，在严格责任的情形下，行为人的行为大多是合法行为，即法律允许当事人从事危险活动或保有危险物，但为了实现对受害人的救济，法律规定行为人应当承担严格责任，此种责任并非是对行为人进行教育和制裁，而主要是为了救济受害人和预防损害的发生。因此，严格责任的功能体现为三个方面：

1. 救济受害人。在手工业时代，过错责任原则具有很大的正当性。但如前述，随着工业社会进程的日益加深，大工业生产也引发了日益严重的社会风险，在某些合法的危险活动领域，随着损害事故发生的频率和规模不断加剧，这些活动已演变为威胁人们生产生活的惯常风险。即便行为人已经尽到了客观上所能尽到的注意义务，但由于这些活动的高风险性，一些损害事故仍然在所难免。③ 以

---

① See Erdem Büyüksagis and Willem H. van Boom, "Strict Liability in Contemporary European Codification: Torn between Objects, Activities, and Their Risks", *Georgetown Journal of International Law*, 2013.

② See Israel Gilead, "On the Justifications of Strict Liability", in Helmut Koziol and Barbara C. Steininger (eds), *European Tort Law*, 2004, Vienna/New York, 2005, p. 28.

③ See Gert Brüggemeier, *Modernising Civil Liability Law in Europe, China, Brazil and Russia*, Cambridge, 2011, p. 10 ff.

过错归责为基础的传统侵权法难以为受害人提供及时有效的救济，因为受害人难以证明行为人具有过错，而且若行为人也可能通过证明自己没有过错而免于承担责任，这就可能导致无辜的受害人自己承受损失。正如有学者指出的，过错责任是对不法行为承担的责任，而严格责任是对不幸损害的适当分担。[①] 另一方面，在严格责任中，从事危险活动者开启了危险源，给受害人带来了危险，虽然行为人的行为是合法的、对社会有益的，但也必须对受害人给予保护。因此，无论行为人是否有过错，依据法律规定应当承担责任的，也应当负责。[②] 尤其是在 20 世纪之后，高度危险责任、核事故、化学产品的泄漏等形成的事故损害进一步加剧，大规模侵权现象也开始出现，在这些亟待救济的各种损害面前，按照"损益同归"的原则要求实施危险活动的人承担责任，就可以有效地对受害人进行救济。因此，在严格责任制度中，行为人是否具有过错、是否应受道德谴责已经不再重要，法律关注的是对受害人的补偿。[③]

2. 预防损害的发生。预防损害的功能主要是通过公平合理地分配责任，尤其是让形成危险或最接近危险的人来承担责任等，从而有效地预防损害。Calabresi 认为，风险分配有三种不同的含义：一是对损失在对象与时间方面进行最宽泛的分配；二是将损失分配于最有支付能力的特定人或活动之上；三是将损失分配于引起这些损失的特定活动之上。而严格责任正是体现了最佳的风险分担模式，因此，它是有效率的。[④]

严格责任主要通过以下方式实现对损害的预防：一是由形成危险或风险的人承担责任，由于这些人最接近损害发生的来源，因而，由他们来承担责任最有利于预防损害。特别是因为企业、物品或装置的所有人或持有人制造了危险来源，

[①] Esser, Grundlagen und Entwicklung der Gefaedungshaftung, 2Aufl. , 1969, S. 69f.

[②] See Mauro Bussani, Anthony J. Sebok, *Comparative Tort Law: Global Perspectives*, Edward Elgar Publishing, 2015, p. 207.

[③] See European Group on Tort Law, *Principles of European Tort Law: Text and Commentary*, Springer, 2005, p. 102.

[④] See Robert L. Rabin, *Perspectives on Tort Law*, Little Brown and Company, Boston New York Toronto London, 1995, p. 190.

因而应承担责任。[①] 二是由控制了风险的人承担责任。尽管危险活动或危险物品具有一定的危险性，但活动人或持有人并非完全不可以采取措施控制危险，所以由危险行为人和危险物品持有人承担责任，也有利于督促其控制危险。[②]

3. 合理控制风险、促进创新。严格责任的一个基本经济学原理就是：为完全避免潜在的损害（例如 100 元），侵权人需要付出成本去避免损害，如果这种注意成本超出了潜在的损害（例如 200 元），那么这种注意义务的要求就显得过度了，超出了一个正常的比例要求，不符合经济的原则，因为从整体角度来说，这会给社会增加无谓的损耗。但是反过来，如果不强行要求侵权人去完全避免损害，而是要求其对受害人的损害作出完全救济（100 元），那么，一方面，受害人本身没有损害，因为他的损害已经得到了完全填补；另一方面，行为人的成本也降低了，从原来的 200 元的注意成本变成了 100 元的赔偿成本。这样一来，社会的整体成本就降低了，不至于扼杀那些具有潜在社会经济价值的生产和研发活动。[③]

换句话说，严格责任其实就是将潜在的损害和避免损害的成本交由行为人自己去衡量和判断，如果避免损害的成本低于潜在的损害，那么行为人通常会选择付出成本去避免损害，而不是去赔偿损害；反过来也一样，如果避免损害的成本高于潜在的损害，那么行为人通常会选择承担损害而不是去承担避免损害的成本。[④] 这是一个经济理性的表现。我们通常不能因此就在道德层面对行为人作出否定性的评价，即便行为人明明预测到会导致一定的损害但因为这种损害最终能够得到完全赔偿，且行为的总体效果是正面的。[⑤] 这就在防患风险和促进创新之

---

① 参见王泽鉴：《民法学说与判例研究》，第 4 册，330 页，北京，中国政法大学出版社，1998。

② 参见程啸：《侵权行为法总论》，1234 页，北京，中国人民大学出版社，2008。

③ See Mauro Bussani, Anthony J. Sebok, e. d., *Comparative Tort Law: Blobal Perspectives*, Edward Elgar Publishing, 2015, p. 211；相关评论可参见 Mauro Bussani, Anthony J. Sebok, e. d., *Comparative Tort Law: Blobal Perspectives*, Edward Elgar Publishing, 2015, p. 211；Steven Shavell, *Foundations of Economic Analysis of Law*, Harvard University Press, 2004, pp. 177-206。

④ See Steven Shavell, *Foundations of Economic Analysis of Law*, Harvard University Press, 2004, pp. 179-180.

⑤ 参见熊丙万：《国家立法中的道德观念与社会福利》，载《法制日报》，2014 - 01 - 01，第 3 版。

间寻求到一个最佳的平衡点。

此外，实行严格责任还有一个证据上的正当性，因为对于现代工业和科技生产而言，如果适用过错责任，则需要法官去判断行为人实际的注意水平和应当注意的水平，但对制药、高铁等这样一些复杂的现代科技而言，这些过错的事后判断是很难的。但采用严格责任之后，法官只需要判断实际的损害即可，其中注意义务的实际投入和水平交由行为人自己去判断。[1]

从我国《侵权责任法》关于严格责任的规定来看，其明显强化了损害预防功能，而且一些规定也具有特色。例如，《侵权责任法》第72条规定："占有或者使用易燃、易爆、剧毒、放射性等高度危险物造成他人损害的，占有人或者使用人应当承担侵权责任，但能够证明损害是因受害人故意或者不可抗力造成的，不承担责任。"该条对易燃、易爆、剧毒、放射性等高度危险物造成他人损害，规定由占有人和使用人承担责任，而不是由所有人承担责任，主要原因就是危险物是在占有人或者使用人的控制之下，由其承担责任能够促使占有人或使用人采取必要的防范措施，以防止损害的发生。再如，《侵权责任法》第73条规定："从事高空、高压、地下挖掘活动或者使用高速轨道运输工具造成他人损害的，经营者应当承担侵权责任，但能够证明损害是因受害人故意或者不可抗力造成的，不承担责任。"此处规定由经营者负责而非由所有者负责，也是为了督促实际的经营者采取措施预防损害的发生。《侵权责任法》第79、80条规定，违反管理规定或饲养禁止饲养的危险动物，将采取更严格的措施避免损害的发生，但在动物园饲养的动物方面，采取过错推定，主要是考虑到动物园都采取了各种防范措施，相对而言，其安全措施比较齐全，因此，采用过错推定责任比较合适。

四、严格责任与过错推定责任

严格责任与过错推定往往具有近似性。一方面，两者具有相同的目的。与普

---

[1] See Steven Shavell, *Foundations of Economic Analysis of Law*, Harvard University Press, 2004, pp. 224-229.

通的过错责任不同，过错推定责任是通过举证责任的配置，从而强化对受害人的保护。而严格责任因免除了对行为人过错要件的要求，从而起到强化对受害人救济的功能。另一方面，在一些情况下，两者的适用后果几乎相同。在过错推定责任中，如果反证事由过于严格，达到了基本不可能推翻所推定的过错的程度，其在相当程度上已经具有严格责任的特点。例如，在法国法上，存在"可推翻的过错（faute réfragable）"和"不可推翻的过错（irréfragable）"；后者其实就已经很接近严格责任了。[①] 在法国法中，过错推定和严格责任也缺乏严格界限，如果免责事由的限制过于严格，则可能成为严格责任。[②] 而且在有些国家，这两种责任并没有严格的界限。例如，在英美法中，严格责任的概念也包括了大陆法上过错推定的情形；按照 Horton Rogers 的观点，在英国法上，一般情况下举证责任由原告负担，但如果将其分配到被告头上，责任就由此变得"严格"了。因此，此处的严格责任也包含了举证责任倒置的情形。[③]

我国《侵权责任法》中规定了道路交通事故责任适用过错推定，但从实践来看，它与严格责任的界限并不十分清楚。例如，一些公安交通部门在制作道路交通事故责任认定书的过程中，对于发生了人身伤害的事故，大多会认定驾车人"危及交通安全"，从而或多或少地都会让其承担一定的责任。由此，在很多人看来，对于道路交通事故人身伤害，实质上已经变成了某种程度的严格责任。当然，在理论上，驾驶人还是具有推翻推定过错的可能性的，只是此种可能性非常小。这就导致很多人认为，这两种责任是没有严格区分的。

笔者认为，虽然过错推定和严格责任存在联系性，而且二者都属于特殊侵权责任，但二者的个性大于共性，其最根本的区别在于理念上的不同：过错推定责任是以侵权人具有过错为基础的，是否考虑行为人的过错是两种责任的最大区别。我国《侵权责任法》第6条采用"推定行为人有过错"，就表明过错推定说

[①] See P. Widmer (Ed.), *Unification of Tort Law: Fault*, Kluwer Law International, 2005, p. 90.

[②] See P. Widmer (Ed.), *Unification of Tort Law: Fault*, Kluwer Law International, 2005, pp. 90-91.

[③] See B. A. Koch, H. Koziol (Eds.), *Unification of Tort Law: Strict Liability*, Kluwer Law International, 2002, p. 103.

最终还是以过错作为归责的依据。虽然在法律上采取了举证责任倒置的方式，但其仍然以过错作为认定责任的基础。举证责任倒置只不过是一种方式，通过此种方式最终要认定过错的存在。正是因为这一原因，对过错推定责任而言，允许行为人通过证明自己没有过错推翻这一推定。但对严格责任而言，《侵权责任法》第 7 条采用"不论行为人有无过错"的表述，这就表明，即便行为人证明自己没有过错，也仍然要承担责任。因此，从归责的基础而言，在过错推定的情况下，追究行为人责任的原因是过错；而在严格责任的情况下，行为人承担责任的原因不是过错，而主要是危险活动或危险物。因为归责的基础不同，所以，相对而言，严格责任比过错推定责任在责任的成立、责任的减轻或免除等方面都更为严格，具体表现为：

第一，在责任的成立方面，严格责任更加严格，这种严格性首先表现在对行为人反证证明的事由是否要进行严格的限制。在过错推定的情况下，侵权人的过错是被推定的，《侵权责任法》第 6 条采用"推定行为人有过错"，就表明其允许行为人证明自己没有过错，如果行为人能够反证证明其已经尽到了法律法规规定的义务和一个合理、谨慎的人应当尽到的注意义务，或者通过证明损害是因受害人行为、第三人行为所致，就可以推翻这一推定。但是，在严格责任的情况下，侵权人的免责事由是被严格限制的，其不能通过证明自己没有过错而被免责。一般来说，只有在行为人证明损害是由于受害人的故意、不可抗力等造成的损害时才能被免除责任。甚至在一些特殊的严格责任中，不可抗力都不能免责，如《侵权责任法》关于核设施和民用航空器造成损害的责任规定，即使是在不可抗力的情况下，经营者也要承担责任。① 而对于违反管理规定，未对动物采取安全措施致人损害，或饲养禁止饲养的危险动物致人损害，即使受害人具有故意，也不能免责。② 但显然，在过错推定责任中，行为人能够证明自己没有过错的免责事由是比较多的。例如，因第三人的行为导致损害的，完全可以免除责任。③ 甚至行

---

① 参见《侵权责任法》第 70、71 条。
② 参见《侵权责任法》第 79、80 条。
③ 参见《侵权责任法》第 85、86 条。

为人只要证明自己尽到了注意义务，就可以免责。例如，《侵权责任法》第 88 条规定："堆放物倒塌造成他人损害，堆放人不能证明自己没有过错的，应当承担侵权责任。"因此，只要堆放人证明其已经尽到了注意义务，就可以免除责任。

如前所述，就机动车致行人损害的责任而言，究竟是严格责任还是过错推定责任，一直存在争议。笔者认为，机动车交通事故责任主要是过错推定责任。一方面，行为人如果能够证明损害是因第三人的原因造成的，行为人可以免责。例如，因为第三人的交通违法行为，导致行为人因避让撞伤了受害人，这时就应当由引起险情发生的人承担责任。另一方面，根据《道路交通安全法》第 76 条的规定，"机动车一方没有过错的，承担不超过百分之十的赔偿责任"。如果机动车一方没有过错，可以减轻至少 90％的责任。据此，如果完全因为受害人的故意碰撞所致，机动车一方可以完全免责。从上述规定来看，其与严格责任存在明显区别，其主要采纳的是过错推定责任。

第二，是否采用举证责任倒置不同。过错推定责任采用举证责任倒置，实行举证责任倒置的根本原因在于，受害人遇到了举证的困难。正是因为实现了举证责任倒置，且对倒置的事由在法律上有严格的限制，因而责任才具有一定的严格性，但过错推定责任的根本目的在于，通过倒置确定过错。正是因为这一原因，《欧洲侵权法原则》将举证责任倒置置于过错责任之中。[①] 由于举证责任倒置，最终使责任体现了一定的严格性。可见，举证责任倒置关系到实体权利义务的享有和实现，因此，举证责任倒置不完全是一个证据法上的问题，更是一个实体法上的问题。但在严格责任中不一定采用举证责任倒置的办法，只要受害人能够证明危险活动或危险物对其造成了损害，就可以要求被告承担侵权责任。从这一点上说，严格责任的认定更为简单，因为其不要求过错的要件，更不需要借助于举证责任倒置。

第三，关于责任的减轻或免除。相对于过错推定责任而言，严格责任的减轻或免除责任事由更为严格。在比较法上，虽然许多国家对产品责任适用"严格责

[①] 参见欧洲侵权法小组编著：《欧洲侵权法原则：文本与评注》，于敏、谢鸿飞译，135 页，北京，法律出版社，2009。

任"，在理论上具有相似性。但严格责任是一个程度性概念，需要通过司法实践来具体确立对规则的把握和运用。各法域对严格责任的具体把握是存在差异的，特别是在"严格"的程度上存在差异，如受害人到底要承担多高的证明责任以及减责和免责事由如何确定等。[①] 在减轻和免除责任的事由方面，过错推定责任没有限制，因为其本质上仍然属于过错责任，因此，可以适用《侵权行为法》第三章所规定的各种减轻或免除责任事由，如正当防卫、紧急避险、第三人行为、不可抗力、受害人过错等。而在严格责任中，其减轻或免除责任的事由是受到严格限制的，不能适用第三章规定的不承担责任或减轻责任的事由。仅就受害人过错而言，在过错推定的情况下，受害人故意或过失（包括一般过失）等都可能导致侵权人责任的减轻。而在严格责任中，受害人的故意或过失是否导致侵权人责任的减轻，要考虑具体情形。尤其是我国《侵权责任法》对于采严格责任的特殊侵权的减轻事由作出了区别处理，有时规定受害人故意才能减轻责任，有时规定受害人故意或重大过失才能减轻责任。[②] 受害人的一般过失往往不能成为减轻责任的事由。

正是因为过错推定和严格责任的个性大于共性，所以，我国《侵权责任法》将两者在两个条款中分别规定（即第 6 条第 2 款和第 7 条），这表明两者存在明显的区别。

五、严格责任的适用

严格责任在适用中需要具有特定的范围和条件。具体来说主要包括如下几种：

第一，必须严格依据法律的规定。严格责任主要是法律规定的责任，必须有法律明确规定时才能适用。此处所谓的法律主要是指侵权责任法，除此之外还包

---

① Hein Kötz, Ist die Produkthaftung eine vom Verschulden unabhängige Haftung?, in Hein Kötz, Undogmatisches (2005) 192.

② 我国《侵权责任法》只是在例外情况下规定一般过失可以导致严格责任的减轻。参见《侵权责任法》第 73 条。

括特别法的规定，如环境保护法、产品质量法等。需要指出的是，我国《侵权责任法》第 69 条规定了高度危险责任的一般条款，但这并不意味着法官可以在适用中依据一般条款扩大严格责任的范围，而应当在适用中予以限制。如果任意扩大，将会造成法官向一般条款逃逸的现象。

第二，必须考虑是否是法律规定的危险活动造成了损害。一方面，由于严格责任产生的基础在于危险，严格责任的归责依据在于危险活动或危险物，所以法官在适用严格责任时通常要考虑某种活动或物的危险性，以确定是否应当适用严格责任。[①] 当然，这种危险活动造成的损害必须是法律规定的情形。另一方面，在适用严格责任时，要考虑危险活动或危险物是否实际造成了损害。

《侵权责任法》第 7 条规定："行为人损害他人民事权益，不论行为人有无过错，法律规定应当承担侵权责任的，依照其规定。"因此，适用严格责任的前提还是行为人损害他人的民事权益。一方面，损害的含义意味着必须造成损害权益的结果，虽然从文义上解释此处损害作动词使用，但也具有侵害结果的含义；只有在造成损害权益结果的情况下才能产生责任归属的问题。但需要指出的是，此处所谓的损害权益既包括形成实际损害后果，也包括没有造成损害后果仅造成危险即未来的损害的情况，此时也可能承担严格责任。另一方面，严格责任一般不考虑行为的违法性要件。《侵权责任法》第 7 条规定的"行为人损害他人民事权益"，实际上是与"侵害"相区分的。立法者使用"侵害"就暗含了违法性的意思，而使用"损害"则表明不考虑行为的违法性。这是因为现代社会中大量具有"合法性"的事故损害给传统侵权法带来了极大的压力和严峻的挑战。事故损害大多是过失造成的，甚至可能是特定生产经营活动所固有的。尤其对高度危险活动而言，虽然可以尽量防范和最大限度地降低损害事故发生的几率，但事故是无法完全消除的。只要主体从事此类经营活动，便不可避免地面对此类风险。面对大量涌现的事故，"尽管责任的确定在名义上仍然是根据传统的过失概念，然而越来越多地涉及的是，被告本身并无真正的过失。特别是，火车和汽车驾驶员承

---

① See Mauro Bussani, Anthony J. Sebok, *Comparative Tort Law：Global Perspectives*, Edward Elgar Publishing, 2015, pp. 212-214.

担责任并不是因为他们在行车过程中有特定的过失，而是他们的活动所固有的危险性质，会产生不可避免的后果"①。此外，许多危险活动是经依法许可的，且活动本身对社会有益，故就经营活动本身而言，很难认为行为人具有过失或道德上的可谴责性。《侵权责任法》第7条规定采用"损害"而不是"侵害"的概念，实际上否定了行为违法性的要件。

第三，不考虑行为人的过错。如何理解"不论行为人有无过错"？所谓"不论行为人有无过错"，一方面，是指严格责任归责的基础不是过错，因此，不能以行为人的过错作为确定严格责任的依据。"不论"的含义并不是说不存在过错，事实上，在严格责任中，很多情况下行为人也可能具有过错。例如，在产品责任中，生产者明知存在缺陷而生产，这就表明，生产者具有过错，甚至具有恶意，但在确定责任时，并不以行为人的过错为归责的基础。一般认为，严格责任的依据主要在于危险活动或者危险物。危险活动者或者危险物的所有人、管理人即便没有过错，也要对受害人的损害承担侵权责任。另一方面，在严格责任中虽然存在免责事由，但这些免责事由是受到严格限制的。这些免责事由大多是指受害人的故意和不可抗力，这些情况本身不是行为人的过错的内容。虽然这些事由的存在可以证明行为人没有过错，但考虑这些因素本身不是考虑行为人的过错。正是从这个意义上说，《侵权责任法》第7条不要求考虑行为人的过错。因此，虽然受害人的过错可以导致责任的减轻或免除，但是，行为人的过错不应成为责任认定的基础。例如，《侵权责任法》第78条规定："饲养的动物造成他人损害的，动物饲养人或者管理人应当承担侵权责任，但能够证明损害是因被侵权人故意或者重大过失造成的，可以不承担或者减轻责任。"这里强调受害人的故意或者重大过失可以导致责任的减轻或免除，但饲养人或管理人是否具有过错，不影响责任的承担。这就是说，在严格责任中，不考虑行为人是否具有过错，只要法律有规定，其都要承担侵权责任。

第四，必须考虑是否存在法定的免责事由。在通常情况下，严格责任一般是

---

① ［美］伯纳德·施瓦茨：《美国法律史》，王军等译，218页，北京，中国政法大学出版社，1990。

加重责任，很难被免责，但是如果存在法律规定的免责事由，则可能依法减轻或免除责任。所以法官在适用严格责任时，不能简单地根据《侵权责任法》第三章的规定免除行为人责任。需要指出的是，考虑法定事由通常需要根据法律关于特定案件事实类型的具体规定来确认，不同事实类型的严格责任可能存在不同程度的免责事由，但这并不是说，在严格责任事实类型中没有法定免责事由就不能免责。因为是否可以免责，以及在何种情况下免责，还要根据法律规定的具体情形来决定。例如，《侵权责任法》第82条规定："遗弃、逃逸的动物在遗弃、逃逸期间造成他人损害的，由原动物饲养人或者管理人承担侵权责任。"该条虽然没有规定免责事由，仍然可以适用《侵权责任法》第78条所规定的免责事由，但第79条和第80条关于违反管理规定的未对动物采取安全措施造成他人损害的规定，和禁止饲养的烈性犬等危险动物造成他人损害的规定，其中没有规定免责事由，从立法目的的考量，应当认为没有免责事由，属于绝对无过错责任。

第五节　公平责任原则

一、公平责任的概念和特征

公平责任又称衡平责任，是指在法律规定的情形下，根据当事人双方的财产状况等因素，由双方公平合理地分担损失。《侵权责任法》第24条规定："受害人和行为人对损害的发生都没有过错的，可以根据实际情况，由双方分担损失。"《侵权责任法》在关于无民事行为能力人或限制民事行为能力人致人损害、完全行为能力人暂时丧失意识或失去控制时致人损害、紧急避险致人损害、高楼抛物致人损害不能确定侵权人等情况下，规定了公平责任。我国司法实践中也适用了公平责任原则。例如，在"张某诉张某华、杨某人身损害赔偿纠纷案"[①] 中，法

---

① 河南省洛阳市涧西区人民法院（2009）涧民三初字第659号民事判决书。

院认为，"在本案中，被告所居住的一楼房屋突然起火，致使租住二楼的原告在逃生到一楼时被火烧伤，在起火原因不明，双方均没有过错的情况下，可以根据公平原则由当事人双方分担损失"。

关于公平责任是否是法律责任，存在争议。笔者认为，公平责任在性质上属于法律责任，因为：一方面，公平责任虽然是以道德责任为基础的，但其只是以公平观念作为价值判断标准，本质上仍是一种法律责任。而且公平责任适用的前提是法律的明确规定，而道德责任的适用无须法律的明确规定。另一方面，公平责任是受害人可以请求被告承担的责任，而且可以诉请法院强制执行。从这个意义上说，公平责任在性质上属于法律责任，而且公平责任的目的不是对不法行为人的过错实施制裁，而是在当事人双方对造成损害均无过错的情况下，由当事人适当分担意外损害。尤其应当看到，道德责任是任意的，不具有法律的强制力，它以当事人的自愿为基础，法院不得强迫当事人承担这种责任。而公平责任是法律明确规定的责任，所以在当事人不能在自愿协商的基础上达成协议时，法院可以基于当事人的请求依法强令当事人承担公平责任。公平责任是借助于国家的强制力来保证实施的；而道德责任不能借助国家的强制力来保证实施，因此在法律上不能强制执行。

公平责任是指在当事人双方对造成损害均无过错，但是按照法律的规定又不能适用严格责任的情况下，由人民法院根据公平的观念，在考虑受害人的损害、双方当事人的财产状况及其他相关情况的基础上，判令加害人对受害人的财产损失予以适当补偿。公平责任是民法中的公平原则在侵权责任法中的具体运用。其特点表现在如下几个方面：

1. 公平责任归责的基础是对损失的公平分担。首先，公平责任并不以过错为归责基础，因此，其主要适用于当事人没有过错的情况。原则上，公平责任适用于既不能适用过错责任，又不能适用过错推定和严格责任的情形。公平责任主要是为了对损害进行公平分担，而不是根据过错来考虑。如果损害的发生归因于加害人或第三人的过错时，则应由加害人或第三人承担民事责任。如果损害的发生归因于受害人自己的过错时，则应由其自己负责。若各方均有过错，则应依据

他们的过错程度和原因力分配责任。而公平责任的适用前提，就是在当事人没有过错，甚至不能根据过错来考虑时确定的责任。例如，根据《侵权责任法》第87条的规定，在高楼抛物致人损害不能确定具体侵权人的，由可能加害的建筑物使用人给予补偿。在确定补偿时，根本就不能考虑过错的因素，否则将给无辜的人强加了过错责任。

其次，公平责任的主要目的在于对受害人进行适当的补救。在社会生活中，大量的损害发生不能归结为行为人的过错，甚至不能确定行为人，但不能完全由受害人自行承担不幸的损害后果[1]，尤其是在受害人遭受重大人身伤亡时，鉴于我国的社会保险、社会救助制度不发达，社会保障体系不健全，在此情况下，完全让受害人自行承受损失，未免对受害人极不公平。更何况，在某些情况下，行为人虽没有过错，但是其有财产，由其承担责任也不会对其生计造成较大影响。因此，公平责任中所谓的"责任"具有较强的补偿性质，其更多地体现了一种分配正义而非矫正正义，其目的主要在于平衡当事人双方的利益，对受害人提供适当的补救。之所以说其仍然是一种法律责任，是因为该责任具有法律上的强制性，并且行为人的行为与损害后果之间具有事实上的因果关系，所以仍然应将其性质视为一种责任。

2. 公平责任主要考虑财产状况。公平责任也被称为因财产而产生的责任，或者说，它是因分担能力而产生的责任。例如，《侵权责任法》第32、33条明确规定，有财产的责任主体应当承担公平责任。有学者将此种责任解释为"因拥有财产而产生的责任"，是不无道理的。[2] 但需要指出的是，"拥有财产"只是承担责任的形式原因，不能说公平责任是"拥有财产惹的祸"，其实质是通过考虑分担能力，而使责任承担成为公平分担损失的方式。由此表明，公平责任很大程度上是依据财产状况进行的责任分担，这体现了公平责任所具有的社会法特点。而且公平责任可以弥补过错责任和严格责任的不足。例如，在"李某、龚某诉五月

---

① 参见郭明瑞等：《民事责任论》，122页以下，北京，中国社会科学出版社，1991。

② See J. Limpens, *International Encyclopedia of Comparative Law*, Torts, Liability for One's Own Act, J. C. B. Mohr (Paul Siebeck, Tübingen), 1974, p. 98.

花公司人身伤害赔偿纠纷案"[①] 中，原告李某、龚某夫妇二人带着 8 岁的儿子龚某皓，与朋友到被告五月花公司经营的五月花餐厅就餐，因餐厅服务员为顾客开启"五粮液酒"盒盖时发生爆炸，夫妻二人受伤，其儿子死亡。制造爆炸物的犯罪嫌疑人已被抓获。法院认为，五月花餐厅接受顾客自带酒水到餐厅就餐，是行业习惯使然。对顾客带进餐厅的酒类产品，根据我国目前的社会环境，还没有必要、也没有条件要求经营者采取像乘坐飞机一样严格的安全检查措施。由于这个爆炸物的外包装酷似真酒，一般人凭肉眼难以识别，因而不能认定被告具有过错。根据《民法通则意见》第 157 条（《侵权责任法》规定在第 24 条）关于公平责任的规定，考虑李某、龚某一家的经济状况，为平衡双方当事人的受损结果，酌情由五月花公司给李某、龚某补偿一部分经济损失，是适当的。

3. 公平责任是基于公平的观念进行补偿。这就是说，一方面，公平责任的承担方式是"补偿"，而不是赔偿。我国《侵权责任法》在多个条款中使用了"补偿"的表述，而没有采用"赔偿"，这就是关于公平责任的规定。公平责任主要以当事人的财产状况来确定责任，因此，当事人的分担能力越强、财产越多，其承担的责任就可能越大。而在赔偿的情况下，当事人的财产状况并不影响其责任承担。公平责任主要是为了补偿受害人遭受的损失，实现损失的合理分配，也就是说，在公平责任的情况下，并不考虑过错等因素，而主要是为了使损失在当事人之间进行公平合理的分担。从这个意义上说，公平责任体现了分配正义的理念。另一方面，公平责任在确定责任时应当以公平观念作为价值判断标准。

公平责任实际上是公平原则在侵权责任法领域的体现。公平是一种道德观念，在不同的社会政治、经济以及文化制度下，公平观念的具体内涵并不相同。在我国，依公平观念确定责任意味着法官要本着公平正义的观念，以诚实守信、互助友爱、扶贫济困等精神，合理地在当事人之间分配损失，促进人与人之间形成平等、团结、互助、友爱的社会主义新型关系。但适用公平责任不能仅依据道德观念，而应当遵循法律关于公平责任适用的特殊情况的规定。公平责任的确定

---

① 《最高人民法院公报》，2002（2）。

是否真正体现了公平，要看案件的处理是否真正做到公平合理。此处所说的公平，绝不是指平均，而是要依据法律的规定，综合考虑当事人的经济状况等具体情况，在当事人之间合情合理地分担民事责任。由此可见，公平责任是一项弹性较大的责任，其赋予了法官一定的自由裁量权，使他们能够针对案件的具体情况，公平合理地作出判决，这也充分体现了我国司法中所贯彻的原则性与灵活性相结合的原则。由于民事案件错综复杂，任何法律都不可能包罗万象，给予法官一定的自由裁量权，对于正确适用法律和处理民事纠纷是必要的。

4. 公平责任适用于法律规定的特殊情况。从《侵权责任法》第 24 条的规定来看，似乎让人误以为公平责任可以广泛适用于各种情形，不限于法律明确规定的情形。但笔者认为，公平责任只能适用于法律特别规定的情形，我国法律只对特定情况作了规定。在这些情形以外，不能适用公平责任，否则就会不当冲击过错责任原则。应当将第 24 条理解为对公平责任适用条件的规定，而不能理解为是普遍适用于一般情况的公平责任规则。

二、我国侵权责任法中公平责任原则的地位

公平责任原则是指确立公平责任的规则。我国《侵权责任法》没有明确使用"公平责任"这一表述，因此，关于我国《侵权责任法》中是否存在公平责任原则，存在争议。多数学者认为，由于我国《侵权责任法》第 6 条和第 7 条中没有规定公平责任原则，因而，公平责任原则并不是归责原则，而只是特殊的补偿规则。[①] 显然，由于《侵权责任法》在归责原则中没有明确规定公平责任原则，其地位不能与过错责任原则、过错推定责任和严格责任相比，但公平责任原则仍然应当成为《侵权责任法》中的一项辅助原则。具体理由如下：

第一，从归责原则体系来看，应当承认公平责任原则为一项辅助原则。侵权责任法中多个条款都规定了公平责任，这些责任无法归入过错责任、过错推定责

---

① 参见刘新熙：《公平责任原则探讨》，载《法学研究》，1983（2）；徐爱国：《重新解释侵权行为法的公平责任原则》，载《政治与法律》，2003（6）。

任和严格责任之中。从我国《侵权责任法》的责任内容和体系来看，其是按照归责原则来构建的。除了公平责任之外的其他情形都可以归入既有的体系，公平责任无法归入其他责任中，因此，应当通过公平责任原则来统合所有公平责任的规定。这些特殊的责任形态，无法为其他归责原则所概括和统辖，必须借助公平责任来归纳。

第二，从归责的基础来看，公平责任具有其独特的归责基础，即根据分担能力来分配责任。如前所述，法律责任可以分为惩罚过错和恢复权利两类责任。依公平责任补偿受害人的损失，是由民法所担负的保护公民和法人的合法权利的任务所决定的。在受害人遭受损害之后，行为人没有过错，又不能从其他法律中找到依据，如果没有公平责任作为补偿依据，可能使受害人难以获得救济。在当事人均没有过错的情形下，有必要通过公平责任在当事人之间合理分配损失，以平衡各方当事人的利益。我国民法适应市场经济发展的内在要求，把公平原则作为一项基本原则，也必然要求在责任领域按照公平尺度衡平当事人之间的经济利益，使民事责任符合公平正义要求。因此，侵权责任法中的公平责任原则是我国民法中公平原则的必然引申。

第三，从功能上来看，公平责任原则不仅是确定损失如何分配的归责原则，而且是确定责任成立的归责原则。例如，《侵权责任法》第87条规定："从建筑物中抛掷物品或者从建筑物上坠落的物品造成他人损害，难以确定具体侵权人的，除能够证明自己不是侵权人的外，由可能加害的建筑物使用人给予补偿。"该条是典型的适用公平责任的情形，但它不仅确立了责任的范围，而且规定了如何承担责任。公平责任并不是简单地对损害进行分担，其在责任确立方面也具有重要作用。因此，公平责任有独立存在的必要性。在相当长的时间内，由于我国社会保险和社会保障等制度不健全，损失分担将继续发挥重要作用，公平责任仍具有其存在的社会基础。

公平责任体现了分配正义。从理论上说，公平责任是要实现分配正义。这和过错责任要实现矫正正义是不同的，因而具有独立存在的价值。公平责任赋予了法官自由裁量权。公平责任作为一项原则，也是淳化道德风尚、建设社会主义精

神文明的需要。① 公平确定赔偿数额，是与社会主义道德准则的要求相一致的，同时也符合中华民族传统的善良风俗。我国民法的公平责任旨在倡导诚实守信、互助友爱、扶贫济困、公平正义的精神，建立和发展社会主义平等、团结、友爱、互助、合作的社会主义新型关系。因此，公平责任是将社会主义道德规范中的公平内容上升为法律规范的结果。可见，公平责任作为一项归责原则，对发扬社会主义道德风尚是必要的。同时，公平分配损失，在许多情况下也有利于民事纠纷的合理解决，防止矛盾的激化，维护社会的安定团结。② 在我国司法实践中，素来把考虑当事人的经济状况作为确定损害赔偿的一项重要原则。我国司法实践历来贯彻了原则性和灵活性相结合的司法原则，这些原则都在一定程度上体现了公平责任的内容，因此，公平责任作为一项归责原则，也是我国司法实践经验的总结。

　　但是，公平责任原则并非是与过错责任原则等并列的原则，而只是辅助性的原则。它应当是在过错责任原则等难以适用的时候才能适用的归责原则。具体来说，一是不能适用过错责任。这就是说，公平责任只能适用于当事人没有过错，也不能推定当事人有过错的情况。认定"没有过错"是适用公平责任的前提，这就需要法院首先审慎地认定当事人的行为，准确地得出"没有过错"的结论，而不能用十分宽松的过错标准来衡量行为人有无过错的问题，从而把有过错的案件作为"没有过错"的案件处理③，或者把所有依过错难以处理的案件不适当地按公平责任处理，否则可能严重威胁过错责任作为一般原则的地位，导致民事归责原则体系的瓦解。二是不能适用过错推定责任和严格责任。因为公平责任毕竟只是辅助其他归责原则而适用的，过错推定和严格责任都是法律特别规定的责任，

---

　　①　参见蓝承烈：《论公平责任原则》，载《学习与探索》，1987（3）。
　　②　参见刘保玉：《公平责任之我见》，载《研究生法学》，1986（6）。
　　③　例如，老年妇女苏某在院内公用铁丝上晒被褥，邻居马某认为遮挡了自己房间的光线，两人发生争吵。苏某有严重心脏病，在马某的谩骂声中犯病栽倒，经抢救无效死亡。有人认为，本案中，马某骂人只违背道德，对苏某的死亡结果并没有过错，因此应依公平责任处理。参见宋章：《谈谈〈民法通则〉中侵权损害三个责任原则的规定》，载《北京律师》，1987（1）。这种认为马某没有过错，应适用公平责任的观点，显然是不妥当的。

凡是能够适用这些归责原则的，都不能适用公平责任。

三、公平责任的适用范围

（一）公平责任的适用条件

《侵权责任法》第 24 条规定："受害人和行为人对损害的发生都没有过错的，可以根据实际情况，由双方分担损失。"一般认为，该条是对公平责任的规定。但该条的规定并非一般条款，也不是关于归责原则的一般规定，主要原因在于：第一，在过错责任作为一般条款之后，法律上不可能也没必要再设立公平责任的一般条款。否则，第 6 条第 1 款和第 24 条就会相互冲突，从而形成碰撞式法律漏洞。这样必然会瓦解过错责任一般条款的适用，使其无法发挥作用。第二，从体系解释的角度来看，它没有和第 6 条和第 7 条并列规定，这就表明立法者没有将其等同处理。第 6 条和第 7 条是确立责任的规则，而第 24 条是确立责任之后，如何分担损失的规定。第三，从《民法通则》的规定来看，该条可以理解为是立法者借鉴了《民法通则》第 132 条规定的结果。而《民法通则》第 132 条的规定本身就是为法官在确定责任时提供指引，其是作为公平确定责任的规则出现的。第四，从比较法的角度来看，虽然国外一些学者主张，公平责任可以成为归责原则，但公平责任在国外的适用范围也是有限的。第二次世界大战以来，国外学者曾就公平责任的适用范围展开过热烈的讨论。挪威学者尤申认为，公平责任主要应适用于两类情况：第一类情况是由于赔偿的附带来源（如保险）的存在使损害赔偿的目的成为次要考虑的问题；第二类情况是指，旨在保护损害赔偿的债务人，使其摆脱过重的经济负担的一种法律恩惠形式。[1] 荷兰学者波西奥顿则认为，不宜对公平责任的适用情况作出具体分类，他认为法官在作出判决时，考虑到受害人在全部赔偿的补救中的利益、损害的可预见性和程度、双方当事人的经济情况、加害人在损害行为中的经济利益以及在损害发生时的法律关系，应适用

---

[1] See Hans Stoll, *International Encyclopedia of Comparative Law*, Vol. 4, Torts, Chapter 8, Consequences of Liability: Remedies, J. C. B. Mohr (Paul Siebeck, Tübingen), 1972, pp. 146-147.

公平责任时，则可以适用。[①] 德国学者海尔曼、奥地利学者温格认为，如果加害人只具有一般过失，则法官可以依据公平考虑而减轻其应负的损害赔偿责任。迄今为止，各国关于公平责任的规定大多限于无民事行为能力人和限制民事行为能力人致人损害的情况。

依据《侵权责任法》第24条的规定，公平责任的适用条件包括如下几项：

1. 必须发生了实际的损害

公平分担的前提是存在损害，而且是现实的损害。一般来说，由于公平分担的损失主要是财产损失，公平责任主要适用于侵害人身、财产而造成了财产损失的案件。公平责任的目的是衡平当事人之间的财产状况和财产损失，并对不幸的损失在当事人之间进行合理分配，努力恢复被破坏的财产利益的平衡。可见，公平责任作为衡平财产利益的方式，其适用应以侵害他人人身、财产而造成财产损失为限。即便是在对人身权的侵犯案件中，公平责任也仅限于造成财产损失的情况，如人身伤害和死亡所支付的花费（医疗费、误工损失、补助费、丧葬费等）。由此也决定了公平责任主要适用于财产损害，而不适用于精神损害。在侵犯人身权的情况下，也可以产生精神损害赔偿问题，但公平责任并不适用于精神损害赔偿。因为精神损害赔偿的目的主要在于制裁不法行为人并抚慰受害人，因此应适用惩罚过错的过错责任。同时，由于精神损害本身具有难以确定的特点，这就需要根据过错程度来确定加害人的责任，而不宜适用弹性较大的公平责任。

2. 受害人和行为人对损害的发生都没有过错

如何理解《侵权责任法》第24条中关于"受害人和行为人对损害的发生都没有过错的"的含义？所谓"没有过错"包括加害人与受害人均没有任何过错。例如，被告蔡某为给孩子看病，到第三人朱某家借用由朱某驾驶属原告张某个人所有的"桑塔纳"汽车一辆，亲自驾驶开往某职工医院，后将汽车停放在父亲家中（距医院二华里）。当晚十一时许，时逢特大森林火灾致该汽车烧毁。事后蔡某与朱某、张某自行协商赔偿问题未果，张某起诉到法院，后法院以公平责任作

---

① See Hans Stoll, *International Encyclopedia of Comparative Law*, Vol. 4, Torts, Chapter 8, Consequences of Liability: Remedies, J. C. B. Mohr (Paul Siebeck, Tübingen), 1972, pp. 146-147.

出了裁判。在本案中，原、被告双方对损害的发生均无过错。没有过错是公平责任适用的重要前提条件，具体而言：

一是不能确定行为人有过错。换言之，受害人既难以证明行为人有过错，也不能够通过过错推定的办法来确定行为人有过错。在实践中，经常发生此种情况，即由于各方面的原因，使原告难以就被告的过错问题进行举证，但被告也不能通过反证证明其没有过错，对此种情况，即应适用公平责任。例如，《侵权责任法》第87条关于高楼抛物致人损害的责任，就不应考虑可能的加害人是否具有过错。

二是不能找到有过错的当事人。例如，一辆满载乘客的公共汽车在正常行驶途中，对面驶来一辆满载硫酸的卡车，两车交会时，卡车因道路不平而剧烈地颠簸了一下，致所装的硫酸溅至公共汽车内，驾驶员与十多名乘客在不同程度上被灼伤或衣服被烧。事发后，虽经多方追查，未能找到肇事的卡车司机。为此，负伤的乘客以公交公司为被告向法院提起诉讼。在本案中，事故的发生是由有过错的第三人所引起的，但却不能找到有过错的当事人，被告虽无过错，但其行为与受害人的损害之间却有一定的事实上的联系，故适当分担损失是合理的。

三是确定当事人一方或双方的过错显失公平。在日常生活以及民事活动中，经常发生此种情况，即损害的发生不能确定双方或一方的过错，而且认定或推定过错也显失公平。例如，在"上诉人胡某因与被上诉人贾某人身损害赔偿纠纷案"中，双方当事人的电动车在某交叉路口路段相撞，法院认为，交警部门并未对交通事故责任作出认定，双方当事人也没有提供有关事故责任的证据，应当依法适用公平原则，依据《侵权责任法》的规定，由双方分担损失。①

3. 根据实际情况确定损失的分担

根据《侵权责任法》第24条，可以根据实际情况由双方分担损失。这实际上赋予了法官一定的自由裁量权，允许其根据具体的案情来考虑公平责任的范围。但如何理解此处所说的"实际情况"？笔者认为，所谓"实际情况"，并非指行为人的主观状态、意识能力等，而主要是指经济负担能力和受害人所遭受的损

---

① 参见河南省信阳市中级人民法院（2013）信中法民终字第1099号民事判决书。

失情况。经济状况具体包括：当事人的实际经济收入、必要的经济支出与应对家庭和社会承担的经济负担等。尤其是此处所说的经济情况是当事人双方的实际情况，而不仅指一方的经济情况。① 因为公平责任实际上就是主要考虑财产状况的责任，其具有社会法的特点，所以，它主要根据当事人双方的分担能力来确定具体的责任。所谓受害人遭受的实际损失，主要是指受害人因财产、人身遭受侵害，所实际遭受的损失。受害人遭受的损失越大，则公平责任就越重。因此，法官要考虑的实际情况主要是指当事人的分担能力。

（二）公平责任适用的具体情形

1. 有财产的无民事行为能力人或限制民事行为能力人致人损害的责任

公平责任主要是从有财产的未成年人致人损害中发展出来的责任。根据大多数国家的法律规定，法官依法享有一定的自由裁量权，基于对当事人的经济状况、经济收入和造成损害的实际情况的考虑，而决定由当事人公平分担损失。② 因为未成年人没有意识能力，因而其没有过错。从过错责任的角度来看，其是可以免责的，但在其具有财产的情况下，加害人完全被免除责任也不合理。我国《侵权责任法》第 32 条第 2 款规定："有财产的无民事行为能力人、限制民事行为能力人造成他人损害的，从本人财产中支付赔偿费用。不足部分，由监护人赔偿。"这就对有财产的无民事行为能力人或限制民事行为能力人的公平责任作出了规定，有利于减轻监护人的责任。在父母以外的人担任监护人的情况下，这一规定有利于避免当事人相互推诿，而使受害人得不到补偿。例如，某个精神病人拥有大量财产，在其实施了侵害行为之后，应当由其承担一定的责任，从而使监护人相应地减轻责任。

2. 暂时没有意识或者失去控制的完全民事行为能力人致人损害的责任

通常情况下，暂时没有意识的行为人造成他人损害的，应当被免责。例如，

---

① 参见奚晓明主编：《〈中华人民共和国侵权责任法〉条文理解与适用》，185 页；北京，人民法院出版社，2010。

② See Hans Stoll, *International Encyclopedia of Comparative Law*, Vol. 4, Torts, Chapter 8, Consequences of Liability: Remedies, J. C. B. Mohr (Paul Siebeck, Tübingen), 1972, p. 148.

某人在开车过程中突发心脏病，导致出现交通事故，与他人汽车相撞。因为其暂时没有意识，所以也没有过错，但完全免除其责任，对受害人是不公平的，毕竟损害是因其行为引起的。因此，《侵权责任法》第 33 条规定："完全民事行为能力人对自己的行为暂时没有意识或者失去控制造成他人损害有过错的，应当承担侵权责任；没有过错的，根据行为人的经济状况对受害人适当补偿。"

3. 紧急避险人的适当责任

从过错责任的角度来看，与正当防卫相比，紧急避险行为人"容于思考的时间往往较长些，危险也稍轻"[①]，但紧急避险人是为了使公共利益、本人或他人的人身或其他合法权利免受正在发生的危险，不得已而采取的一种损害行为，其主观方面并不存在过错。如果依过错责任使紧急避险人完全免责，而危险是由自然原因引起的或找不到引起险情发生的人，且无辜的受害人得不到任何补偿，又显失公平。《侵权责任法》第 31 条规定："因紧急避险造成损害的，由引起险情发生的人承担责任。如果危险是由自然原因引起的，紧急避险人不承担责任或者给予适当补偿。紧急避险采取措施不当或者超过必要的限度，造成不应有的损害的，紧急避险人应当承担适当的责任。"因此，在危险是由自然原因引起的情况下，如果任何人都无须依过错责任原则向受害人负责，为了维护受害人利益，法院可从案件的实际情况出发，考虑受害人所受损失的程度、当事人的经济状况、所保全的财产和所造成的损害在价值上的比较等因素，责令紧急避险人从公平责任角度承担适当的民事责任或免除其责任。

4. 高楼抛物致人损害的责任

高楼抛掷物件致人损害是指从高层建筑物中抛掷物品，致他人损害，而又不能证明谁是真正的行为人的损害事件。在高楼抛物致人损害的情形下，如果能够找到直接行为人，则此种侵权不过是普通的侵权而已，按照一般侵权责任就可解决。但在高楼抛物致人损害的情形下，受害人在遭受损害的刹那间很难发现抛掷物来自于哪一个具体的位置，更不可能确定具体的行为人并就此举证，而且高楼

---

① Jean Limpens, *International Encyclopedia of Comparative Law*，Torts，Vol. XI Chapter 2，Liability for One's Act，International Association of Legal Science，1983，p. 92.

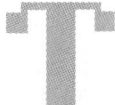

抛物所造成的损害后果可能十分严重。为了强化对受害人的生命、健康等人身权益的保护，我国《侵权责任法》第87条规定："从建筑物中抛掷物品或者从建筑物上坠落的物品造成他人损害，难以确定具体侵权人的，除能够证明自己不是侵权人的外，由可能加害的建筑物使用人给予补偿。"此种责任在性质上也属于公平责任，其主要功能在于对损害进行分担，并对受害人进行救济。

5. 在责任分担中的公平责任适用

如前所述，公平责任作为侵权责任法的归责原则，其功能首先在于对责任的确定，即根据公平责任原则确定行为人是否应当承担责任。同时，在现代社会，责任分担的制度较之于责任的成立越来越突出，因此，侵权责任法上公平责任也具有广泛的适用价值。公平责任的作用还在于对损害的分担，即由各当事人分担损害后果。因此，在适用公平责任的情形下，法官可以从实际需要考虑，根据《侵权责任法》第24条的规定，对损失的分担进行公平合理的确定。

四、公平责任与受益人的补偿义务

（一）受益人补偿义务的概念和性质

受益人的补偿义务不同于公平责任，但又是一个与公平责任有着密切联系的概念。《侵权责任法》第23条规定："因防止、制止他人民事权益被侵害而使自己受到损害的，由侵权人承担责任。侵权人逃逸或者无力承担责任，被侵权人请求补偿的，受益人应当给予适当补偿。"该条规定是对我国立法和司法经验的总结。在实践中，此种"因防止、制止他人民事权益被侵害而使自己受到损害的"行为，大多为见义勇为的行为。例如，某个小偷闯入某家行窃，被该家庭聘请的保姆发现，该保姆与犯罪行为人搏斗遭受损害，其用工者应当对该保姆遭受的损害负补偿义务。因此，通过规定补偿义务，有利于鼓励人们实施见义勇为的行为，客观上有助于弘扬正气、淳化道德风尚，也有助于发扬中华民族扶危济困的良好道德风尚。

关于受益人补偿义务的性质，学术界存在不同的观点：（1）公平责任说。此

种观点认为，从侵权损害赔偿的角度看，因见义勇为遭受人身损害的受害人与受益人应当是利益共同体。他们共同面对危险、面对侵害，而见义勇为者以自己慷慨赴险的壮举，使受益人转危为安。对受害人的救助，从长远来看应当是社会的责任。在缺乏相应机制的条件下，作为利益共同体的受益人，适当分担损害，给受害人以补偿，是符合公平原则的。(2)无因管理说。此种观点认为，见义勇为者为维护国家、集体财产或他人的财产和人身利益而实施的见义勇为行为属于无因管理。因此，受益人（被管理人）应当赔偿见义勇为者所遭受的损失。(3)特定条件下的损失分担说。此种观点认为，该规定属于补偿义务的规定，但必须符合该条规定的条件，才能使受益人产生补偿义务。

上述各种观点都不无道理，但笔者认为，受益人的补偿义务不同于无因管理中本人的赔偿义务。无因管理是在没有法定或约定的义务的情况下，管理他人事务而支付了必要费用、遭受了损失，故需要予以赔偿有关费用，该制度调整的是本人和管理人的关系。尽管受益人的补偿义务和无因管理中本人的赔偿义务有类似之处，即二者都是在没有法定和约定的义务的情况下，一方为另一方管理了一定的事务，从本质上说，它们都是因实施了一定的对他人、对社会有益的行为，在法律上都应当予以鼓励。从补偿义务人的角度来看，他们都是受益人，都因为权利人的行为而获得了一定的利益，但两者存在一定的区别，主要表现在：第一，受益人补偿义务的产生是以侵权人逃逸或者无力承担责任为前提的；而在无因管理中，本人的赔偿义务是一种法定义务，不以是否有侵权人、侵权人是否可以确定以及侵权人是否具有足够的赔偿能力为前提。第二，在无因管理的情况下，管理人不论遭受了多少损害都应当予以赔偿，管理人支付的必要费用本人应当予以返还；而在特定受益人补偿义务的情况下，受益人只要是在受益的范围内就应予以适当补偿。所谓适当补偿，是指受益人不一定要全部补偿。比较而言，受益人的补偿义务比无因管理中被管理人的义务范围要小。

应当看到，受益人的补偿义务是一项与公平责任有密切联系的制度。与公平责任一样，受益人对特定受害人的补偿具有补偿性质。受益人的补偿不是对全部的实际损失进行赔偿，而是在双方都没有过错的情况下所产生的一种补偿义务。

因此，其与公平责任十分相似，但该项制度与公平责任是存在区别的，具体表现为：第一，公平责任主要是行为人对自己行为造成的损害承担责任，但在受益人补偿义务的情形，补偿义务人并没有实施侵害他人的行为。第二，公平责任主要依当事人的经济状况等情况决定。例如，在紧急避险的情况下，为了维护受害人利益，考虑受害人所受损失的程度、当事人的经济状况等因素，责令紧急避险人从公平责任角度承担适当的民事责任或免除其责任。而在见义勇为的情况下，特定补偿义务则主要是指，依受益人的受益程度与受害人所受损害的情况酌情给予补偿，法律并没有要求依据当事人的经济状况确定补偿义务的范围。第三，公平责任设立的目的主要是出于公平考虑而对无辜的受害人给予适当补偿，而受益人的补偿义务制度是法律为了鼓励见义勇为的行为而特别设立的一项补偿制度。见义勇为者在实施见义勇为行为后遭受损害，如果他既不能从社会中获得充足的补偿，又不能从行为人和受益人那里获得补偿，那么必然要由其自身承担损失，这对受害人来说是极不公平的，也不利于国家和社会鼓励人民从事见义勇为的行为。因此，在见义勇为者不能从侵权人那里获得足够的赔偿的情况下，因其行为而受益的人应当对其进行适当的补偿，这是符合公平正义的。据此，受益人的补偿义务在性质上也不是公平责任。

笔者赞成第三种观点，即受益人的补偿义务在性质上属于特定条件下的损失分担。严格地说，见义勇为情形下受益人的补偿义务在性质上并不是法律意义上的责任，因为法律意义上的责任都是违反义务的后果，即使是在公平责任的情况下，行为人没有过错，但毕竟损害和其行为之间有一定的关系，所以，受益人要承担一定的责任。此外，受益人并非侵权人，其承担补偿责任并不是因为其有过错，而是基于对损害的分担。在受益人负补偿义务的情况下，受益人仅仅只是受益而并没有违反任何义务，因此，不能使受益人承担法律责任，而只能使其承担补偿义务。因此，见义勇为的行为人在因保护国家、集体和他人的合法权益而遭受损害的情况下，如果不能从侵权人那里获得赔偿或者获得足够的赔偿，则见义勇为者可以请求受益人给予适当的补偿，从而分担适当的损失。

（二）受益人补偿义务的构成要件和法律后果

受害人请求受益人给予适当补偿必须具备如下几个条件：

第一，被侵权人必须实施了防止、制止他人民事权益被侵害的行为。根据《侵权责任法》第 23 条的规定，受益人的补偿义务履行的前提是，被侵权人实施了防止、制止他人民事权益被侵害的行为，此种行为大多是"见义勇为"的行为。这就是说，被侵权人本来没有义务实施此项行为，但为了避免他人的民事权益遭受侵害，而从事了此种行为。此处所说的他人，不仅指自然人，也包括法人，不仅指个人，还包括国家、集体。任何人从事的维护国家、集体或者他人的合法权益的行为，都是法律上应当鼓励的见义勇为行为。此处所说的"被侵害"，应当从广义上理解，即不仅包括行为人实际遭受的损害，而且包括侵权人可能给他人造成的损害。① 例如，某人挖掘地洞，有可能导致邻居的墙壁倒塌，被侵权人前去制止而遭受了侵害，但此处所说的防止、制止他人民事权益被侵害而实施的行为必须在客观上有利于他人，如果行为人实施某种行为时，主观上并没有为他人谋利的意思，但客观上有利于他人，也可以适用该规定。例如，在某人侵害他人财产时，行为人误将他人财产作为自己的财产进行保护，在此过程中遭受侵害，并有利于他人，在此情况下，受害人有权请求受益人予以补偿。

第二，被侵权人必须是因为从事防止、制止他人民事权益被侵害的行为而使自己遭受了损害。这就是说，一方面，受害人必须实施了防止、制止他人民事权益被侵害的行为。另一方面，受害人必须因此种行为而使自己遭受了损害，实施见义勇为行为和受害人遭受损害之间应当具有因果联系。受害人虽然实施了见义勇为行为，但如果损害并非因为此种见义勇为的行为所致，而是因其他原因造成的，或者完全是因自身的过错造成的，也不能请求受益人予以补偿。

第三，侵权人逃逸或者无力承担责任。《侵权责任法》第 23 条规定："因防止、制止他人民事权益被侵害而使自己受到损害的，由侵权人承担责任。侵权人逃逸或者无力承担责任，被侵权人请求补偿的，受益人应当给予适当补偿。"这就是说，在行为人实施了此种行为以后，因实施此种行为造成损害，首先应当由侵害人承担赔偿责任，毕竟侵害人是直接侵权人，因此，从责任承担的顺序来

---

① 参见奚晓明主编：《〈中华人民共和国侵权责任法〉条文理解与适用》，175 页，北京，人民法院出版社，2010。

看，受害人应当首先向侵权人请求赔偿。只有在不能向侵权人请求赔偿时，才能要求受益人给予适当补偿。在侵权责任法上，之所以要设定受益人的补偿义务，其主要原因在于，受害人在遭受损害后不能从侵权人那里获得充足的赔偿，故才有必要由受益人来予以补偿。所谓不能从侵权人那里获得充足的赔偿包括两种情况：一是侵权人逃逸。所谓逃逸，是指侵权人为躲避责任而逃离，不知去向。[1]当然，在某些情况下，也可能是不能确定侵权人。例如，为制止犯罪遭受伤害，未能查获犯罪行为人。二是侵权人无力承担责任。这就是说，侵权人虽然能够找到，但其没有足够的赔偿能力或者完全没有能力赔偿。在此情形下，受害人有权请求受益人在受益范围内对受害人的损害予以适当补偿。侵权人逃逸或者无力承担责任的举证责任，应当由被侵权人负担。

第四，被侵权人向受益人请求补偿。受益人承担补偿责任的前提是，被侵权人向其提出了请求。由于在发生补偿责任的情况下，受益人是第二位的责任人，被侵权人遭受了损害以后，其首先应当向侵权人请求损害赔偿，只有在侵权人逃逸或者无力赔偿时，才能请求受益人补偿。如果可以找到侵权人或者获得了赔偿，被侵权人就不应当再请求受益人补偿。当然，在被侵权人没有向受益人请求补偿的前提下，如果受益人自愿给予补偿，法律也并不禁止。

补偿义务人必须是受益人。这就是说，补偿义务人因为受害人实施的见义勇为的行为而获得利益。对于受益可以从两个方面来理解：从积极的方面理解，是指因为见义勇为行为的实施使得其财产利益得以增加；从消极方面来讲，见义勇为行为的实施使得其人身利益或财产利益得以维护或没有遭受损失。为了鼓励见义勇为行为，笔者认为，对于"受益"也应当作宽松的解释。例如，甲见乙在殴打丙，而见义勇为，以至于被打成重伤，但丙未能因此幸免。本案中，虽然丙遭受了损害，但如果没有甲的行为，丙可能遭受更大损害，因此，甲的行为依然应当看作是使丙受益的行为。

根据《侵权责任法》第 24 条的规定，受益人应当给予适当补偿。这就是说，

---

[1] 参见奚晓明主编：《〈中华人民共和国侵权责任法〉条文理解与适用》，178 页，北京，人民法院出版社，2010。

法律赋予了法官一定的自由裁量权，允许其根据具体案情来确定补偿的数额。补偿多少是"适当"，要根据个案来判断。一般来说，针对是否适当，主要考虑如下因素：一是被侵权人遭受的损失。既然补偿是公平责任，其实际上是对损失的分担，因此，原则上要考虑此种侵权使被侵权人遭受损失的大小。被侵权人的损失越重，就越应当增加补偿的数额。特殊情况下，即使受益人受益不多，但是受害人遭受的损害很大，也应当在受益的范围内适当增加补偿数额。二是当事人双方的经济状况。作为一种公平责任，其仍然应当考虑双方的经济状况，尤其是受益人的经济状况。三是受益人的受益范围。一般来说，受益人获得的利益越多，其给予的补偿也就相应增加。问题在于，受益人补偿的范围是否限于其受益的范围？《人身损害赔偿司法解释》第15条规定："赔偿权利人请求受益人在受益范围内予以适当补偿的，人民法院应予支持。"可见，该司法解释明确限定了补偿的范围，即必须在受益范围之内。人民法院在确定受益人补偿的范围时，应当将整个补偿的数额限定在受益的范围内。笔者认为，仅考虑受益范围是不够的，虽然在某些情况下，受益人所获利益较少，但被侵权人遭受的损害较大，如果受益人具有较强的经济能力，则其补偿范围应当可以超出其受益范围。

五、适用公平责任应考量的因素

公平责任原则作为辅助性的归责原则，其适用范围不仅要予以明确的规定，而且对于适用公平责任原则时法官所考虑的因素也要予以明确。因为一方面，公平的观念本身是一个道德的观念，过于抽象笼统。根据公平责任给予司法人员一定的自由裁量权，使其能够凭借公平观念确定责任和责任范围，这并不是说法官可以不顾任何客观因素，仅凭自己的公平观念，就可以自由决定公平责任的范围，否则难免会出现主观上认为是公平的而客观上又是不公平的现象，甚至导致法官滥用自由裁量权的现象。另一方面，在所有的法律责任的确定中，法官都要考虑公平、正义的理念与精神，而公平责任作为一项独立的归责原则，与确定其他种类责任时法官所考虑的公平理念的不同之处在于，在公平责任的运用中，法

官要考虑的因素是明确具体的。如果不对这些法官所应考虑的因素予以明确，则无法正确地区分公平责任与公平观念。因而，许多国家的法律规定，法官在适用公平责任时，必须考虑一些客观因素，这种规定实际上是对法官自由裁量权的限制。

在适用公平责任时，不论是确定公平责任的成立，还是公平责任的承担，法官都应当考虑一些因素。由于公平责任是在不考虑当事人的过错和过错程度的情况下，基于当事人的经济状况和受害人所受损害的程度的公平考虑而决定的责任[①]，因而，在适用公平责任时，法官所要考虑的因素不是当事人的行为，而是当事人的损害程度和负担能力。具体来说，包括两个方面：

（一）损害程度

损害程度直接决定当事人分担的必要性和分担方式。损害既可以是一方遭受的损害，也可能是双方均遭受损害，无论是何种损害，都仅限于财产损失，而且只应限于直接的经济损失，不包括利润损失、未来利益损失等间接损失。应当指出的是，适用公平责任的损害必须是较严重的，如果只是轻微的损失，则完全可以由受害人自己承担或由加害人一方承担，而不必采取公平分担责任的办法。因为在基于公平责任分担损失的情况下，双方当事人对损害的发生均无过错，而一方遭受的损失是较严重的，那么全由受害人自己承担损失就是不公平的。因此，公平责任的适用应限制在"损失重大"的案件。

在考虑损失程度以决定公平分担损失时，应注意几个问题：第一，损失程度应与负担能力结合考虑。损失程度是一个相对的概念，一般人对损失大小的概念，并不一定与特定的加害人和受害人的观念相同。这就要考虑当事人的实际负担能力和损失承受能力。第二，损害程度与受益状况应结合考虑。许多国家的法律规定，"在涉及某人作出某种对受害人有益事情的情况下，允许法官公平地减轻他的赔偿责任"[②]。例如，在免费乘车的情况下，受害人免费乘车的事实也是

---

① See Hans Stoll, *International Encyclopedia of Comparative Law*, Vol. 4, Torts, Chapter 8, Consequences of Liability: Remedies, J. C. B. Mohr (Paul Siebeck, Tübingen), 1972, p. 147.

② Hans Stoll, *International Encyclopedia of Comparative Law*, Vol. 4, Torts, Chapter 8, Consequences of Liability: Remedies, J. C. B. Mohr (Paul Siebeck, Tübingen), 1972, p. 146.

决定其应分担损失的因素。① 我国司法实践中，也常常把一方受益的事实作为适用公平责任的条件。例如，在某个案件中，受害人应被告邀请，为被告之子准备婚宴，当晚，受害人因坚持不到被告屋中睡觉而自愿睡在厨房里，结果因煤气中毒死亡。一审法院认为，被告对受害人的死亡虽无过错，但死者是因帮被告办事而死的，因而被告应承担因受害人死亡所遭受的损失，故法院判决被告应支付死者的部分丧葬费。在公平责任中考虑受益情况是必要的，但受益的事实应和损害程度结合考虑。当然，这并不是说，在公平责任中，应实行"损益相抵"的规则，而不顾及经济状况。只是说，受益的程度是决定当事人是否应当承担损失或承担多大范围的损失的重要因素之一。第三，损害程度与受害人的情况应结合考虑。受害人的情况并非指受害人的过错，而是指受害人财产的易受损害性、被损害的财产的价值和受害人应承担的风险。

（二）当事人的经济状况

由于公平责任的重要功能在于在当事人之间公平地分配损害，因而，当事人的经济状况是确定公平责任要考虑的基本因素。奥地利学者温格（Unger）曾将公平责任概括为"经济负担能力相当之责任"，并将公平责任所产生的债务称为"财富产生债务"②。此种看法虽未免绝对，但公平责任确以考虑当事人经济状况为基本要素。公平责任为什么要以考虑经济状况为内容，学者对此有不同的解释。有人认为，让某个穷人承受由某个有万贯家财的人对其造成的严重损害，显然是不公平的。③ 例如，Atiyah 指出，"仅仅因为一点小小的过失就剥夺一个人全部的财产甚至其赖以生存的最基本物质条件，这样的做法很难说是公正的和符合社会利益的"④。另一些学者认为，侵权行为的责任是由于当事人之间的相对

---

① 例如，瑞士《联邦公路交通管理法》第 59 条第 3 款规定：在受害人或死者是被免费运送或者汽车驾驶人不收取报酬的情况下，法官可以减轻或者在特殊情况下免除赔偿责任。

② 刘甲一：《私法上交易自由的发展及其限制》，载郑玉波主编：《民法债编论文选辑》上，130 页，台北，五南图书出版公司，1984。

③ See Hans Stoll, *International Encyclopedia of Comparative Law*, Vol. 4, Torts, Chapter 8, Consequences of Liability: Remedies, J. C. B. Mohr（Paul Siebeck, Tübingen），1972，p. 141.

④ 转引自胡雪梅：《"过错"的死亡》，91 页，北京，中国政法大学出版社，2004。

利益遭到破坏引起的，损害赔偿只是一种提供援助的义务[1]，所以应考虑经济状况。考虑当事人的经济状况，也是由公平责任乃是在当事人之间公平分担损失的性质所决定的。正如有的学者所指出的："强者对弱者的扶持、富有者对贫困者的救济，乃是致害人虽无过错，但受害人因之造成损失的特定条件下社会公平的要求，惟其如此，才能充分体现衡平责任成为法律规则的巨大社会意义。"[2]

当事人的经济状况包括当事人的经济收入、必要的经济支出和应对家庭和社会所承担的经济负担。根据许多国家的法律规定，考虑当事人的经济状况，主要是加害人的经济状况。对此，国外立法有不同的法律规定：有的规定，如果有财产，基于公平的考虑应承担全部损失或承担更多的损失。这就是温格所说的"财富产生债务"的情况。有的规定，如果损害赔偿将严重影响加害人的生计，基于公平的考虑，应酌情减轻加害人的赔偿责任。[3] 此种规定与西方国家民事诉讼法禁止对生活必需品进行扣押的规定是一致的。前一种情况是指依公平考虑，确定加害人应负责任和承担多大范围的责任；后一种情况是指基于公平考虑，减轻害人所应负的赔偿责任。这两种做法从表面上看是不同的，但效果是相同的。

需要指出，考虑经济状况时应考虑当事人双方的经济状况，这就是说，不仅考虑加害人而且要考虑受害人的经济状况。一方面，加害人的经济情况只有和特定的受害人的经济情况相比较，而不是和一般人相比较，才能确定出公平分担责任的根据。如果加害人的经济情况优越于一般人但不如受害人，或者当事人财产状况大体相当，受害人又无特殊困难，则加害人无须承担责任或承担较少的责任；反之，如果加害人作出赔偿将妨碍其生计，但受害人相较于他人经济更为困难，如果令受害人自己承担损失将会使受害人陷入更严重的困境，则应考虑由加害人适当分担责任。另一方面，受害人的经济状况与其损害程度是联系在一起的。如果损害较轻，受害人则可能有能力承担而不必由当事人双方分担。总之，

---

[1] Hans Stoll, *International Encyclopedia of Comparative Law*, Vol. 4, Torts, Chapter 8, Consequences of Liability: Remedies, J. C. B. Mohr (Paul Siebeck, Tübingen), 1972, p. 147.

[2] 陈慧谷：《衡平责任原则探究》，载《未定稿》，1989（7）。

[3] 参见《德国民法典》第 829 条。

笔者认为，应当综合考虑当事人双方的经济状况，只有对当事人的经济状况进行全面了解，才能恰当地处理由当事人公平地分担责任的问题。

在公平责任的适用中，是否应当考虑被告参加责任保险的事实，在国外有不同的看法。挪威最高法院认为，确定被告的侵权行为责任，不应考虑被告的保险措施的存在。而德国法院曾认为，责任的确立不取决于保险的存在，但保险可以影响责任的范围。诚然，保险的存在是确定严格责任的重要根据，但由于保险是间接补偿的来源，它与当事人的经济状况是密切联系在一起的，因而在公平责任中，考虑当事人的保险问题也是合理的。瑞典 1972 年的《侵权行为法》规定：决定公平责任，法官要考虑"第三者涉及损害的责任保险的存在"和"最大限度的经济因素"。1961 年《荷兰民法典》规定：在加害人有义务加入责任保险而没有这样做时，法官无权减轻损害赔偿。因此，在公平责任的范围确定方面，应当考虑加害人是否有责任保险，如果加害人已经有责任保险，将会为公平责任的承担提供良好的物质基础。

第五章

侵权责任构成要件

第一节　侵权责任构成要件概述

一、侵权责任构成要件的概念

所谓侵权责任的构成要件，是指加害人或者对损害负有赔偿义务的人承担责任的必要条件。换言之，它是判断行为人是否应负侵权责任的标准。因为仅有损害事实并不足以对行为人归责，责任的确定必须依据一定的标准加以判断。一方面，有致损行为不一定就要承担责任。例如，在过错责任中，如果行为与损害后果之间的因果关系链条过长，或者行为人基于某种正当理由实施了侵权行为，或者行为人尽到了合理注意义务而没有过错，或者受害人具有故意或重大过失，等等，行为人可能并不需要承担侵权责任。另一方面，没有实施加害行为并不意味着无须承担侵权责任。在有些情况下，即使被告并未直接实施某种侵害行为致他人损害，但由于被告系致害物件的管理人，或者与实际行为人之间存在用工关系等特别关系，则其可能依法对该损害承担赔偿责任。因此，判断某人是否承担侵

权责任，需要综合考虑多项具体因素，这些被考虑的核心因素就是侵权责任构成要件。

侵权责任法通过对这些必要的条件进行抽象、概括，形成了系统完整的构成要件理论。这一理论在两大法系，尤其是大陆法系侵权法中得到了充分的体现。例如，《法国民法典》第 1382、1383 条对自己加害行为的具体要件进行了抽象。《德国民法典》第 823 条第 1 款对侵害五种绝对权的构成要件进行了概括，实际上侵害这五种绝对权的侵权行为构成了德国侵权行为的绝大部分。英美法在相关判例中对每一个具体侵权行为的要件也作出特殊规定。

侵权责任构成要件与归责原则具有密切联系。归责原则属于更为基础的范畴，它解决的是加害人或其他赔偿义务人承担责任的依据问题，一般来说，归责原则是确立责任构成要件的基础和前提，也就是说，归责原则可能直接决定侵权责任的构成要件。例如，对严格责任而言，其构成要件中就不包括过错。当然，归责原则只是认定责任的一般原则，在认定某一行为是否成立侵权责任时，应当在归责原则的指导下，对行为人实施侵权行为做全面综合的评价。在运用构成要件进行考察时，首先应当看法律中对此种行为的构成要件是否有特殊的规定，如果没有，才能运用法律规定的一般构成要件进行考察。可以说，归责原则是责任构成要件的基础和前提，而责任构成要件则是归责原则的具体体现，其目的在于实现归责原则的功能和价值。

二、侵权责任构成要件的分类

侵权责任的类型不同，其责任构成要件也不同，区分各种侵权责任构成要件的意义在于：一方面，司法审判人员在处理侵权纠纷时要根据不同的案件，区分不同侵权构成要件的适用范围，在法律有特别规定的时候，不能简单地以一般构成要件替代特殊构成要件；另一方面，法官在处理大致类似的案件时，应当适用同一构成要件，从而有助于保障法律的安定性。

关于侵权责任的构成要件，首先可以分为共同构成要件和个别构成要件。所

谓共同构成要件，也称为核心构成要件，是指所有侵权责任都必须具备的构成要件。有学者认为，侵权责任的共同构成要件包括侵权行为、因果关系和损害事实三个要件。[①] 笔者认为，以行为作为共同构成要件并不妥当。因为行为在一般侵权行为中作为构成要件，既没有必要，也没有讨论的价值。而且在物件致人损害的情况下，并无行为的问题。因此，共同构成要件包括两项：一是损害，只有在存在损害或侵害他人民事权益的情况下，法律上才产生救济责任。即使是在特殊侵权行为中，受害人也必须证明存在损害他人民事权益的行为，损害是侵权行为法的"核心部分"[②]。二是因果关系，只有在行为与结果之间具有因果关系的情况下，行为人才对损害结果负责。这是侵权法中为自己行为负责原则的体现，也是现代法治反对株连的要求。即使在严格责任的情况下，也必须确定因果关系，才能找到适格的被告。

　　侵权责任构成要件也可以分为一般构成要件和特殊构成要件。在我国侵权责任法中，归责原则不仅确立了侵权责任的类型（如过错责任、严格责任），而且确认了不同侵权责任类型的构成要件。所谓一般构成要件，是指在一般侵权行为中，适用过错责任原则时，认定责任的成立所应当满足的必要条件。侵权行为的一般构成要件是就一般侵权行为而言的，凡是适用过错责任原则的案件，都要满足一般责任构成要件。所谓特殊构成要件，就是指在特殊的侵权形态中，适用于过错推定责任、严格责任和公平责任案件中的责任构成要件。各类特殊侵权行为的构成要件多由法律加以特别规定。例如，关于环境污染责任与道路交通事故责任，在侵权责任法的相关规定中确定了不同的构成要件。

三、侵权责任的一般构成要件

关于责任一般构成要件，我国学者主要有两种不同的观点：

1. 三要件说。持此种观点的学者认为，侵权责任一般构成要件包括：过失、

---

①　参见刘士国：《现代侵权损害赔偿研究》，59 页，北京，法律出版社，1998。
②　[德] 冯·巴尔：《欧洲比较侵权行为法》上，张新宝译，1 页，北京，法律出版社，2001。

损害事实、行为与损害事实之间的因果关系。这些学者认为，违法行为不足以作为侵权责任的构成要件，其主要根据在于：一是《民法通则》第 106 条第 2 款规定过错责任原则的条文中，并未规定"不法"的字样；二是不法行为就是侵权行为的别称或同义语；三是违法性包含于过错之中；四是将不法与过错区分开来的初衷在于运用不法概念便于确定人们的行为准则，实无必要，实益不大。①

2. 四要件说。持此种观点的学者认为，在过错责任中，侵权责任的构成要件有四个，即行为的违法性（侵害行为）、损害事实、违法行为与损害结果之间的因果关系以及行为人的过错。在无过错责任中，侵权责任的构成要件有三个，即侵害行为、损害事实以及二者之间的因果关系。② 因此，侵权责任的一般构成要件包括：违法行为、损害事实、因果关系和主观过错四个因素。③

这两种学说的主要差异在于，是否以违法性作为独立的责任构成要件。笔者赞成三要件说，认为不应当以违法性作为侵权责任的构成要件，主要理由在于：一方面，即便某种行为并没有违反法律的明确规定，但由于行为人具有过错，也可能要承担侵权责任。另一方面，在过错责任中，即便许多侵权行为是违法的，但是，违法性要件通常可以被过错要件所包括，因为违法本身表明行为人主观上具有故意或者至少有过失的过错。尤其应当看到，增加违法性要件，将增加受害人的举证困难，对受害人救济增加了更多的障碍。据此，笔者认为，一般责任构成要件应由损害、过错、因果关系三个要件构成。

一般侵权责任的构成要件并没有太大的变化，只不过各种构成要件的认定理论有变化。例如，过失的客观化、因果关系推定等，都导致不同构成要件的认定发生了变化，但为适应归责原则的发展，特殊侵权责任的构成要件发生了较大的变化。具体表现在如下方面：一是适用过错责任的特殊侵权行为，其过错的内涵发生了一定的变化，构成要件具有一定的特殊性，必须要特别考虑，而不是简单地适用三要件。例如，违反安全保障义务的责任，其关于过错的认定不是简单地

① 参见孔祥俊：《侵权责任要件研究》，载《政法论坛》，1993（1）。
② 参见张新宝：《中国侵权行为法》，20～21 页，北京，中国社会科学出版社，1995。
③ 参见杨立新：《侵权法论》上，176 页，长春，吉林人民出版社，1998。

采用主观过错的标准，而要按照责任人是否尽到安全保障义务来认定。再如，教育机构的责任要按照其是否尽到教育管理职责来认定其责任。二是各类特殊侵权责任的情形不断发展，与此相应，其责任构成要件也不断多样化。随着归责原则多样化的发展，构成要件也相应变化。一般构成要件主要适用于过错责任形态，特殊侵权责任常常要根据法律的特别规定来确定其责任构成要件。正是因为适用不同的归责原则，所以对不同的侵权行为产生不同的影响。三是对一般侵权行为而言，在满足了一般构成要件的情况下，适用到具体案件中，常常还要考虑特殊的要求。例如，从过错来看，一般的侵权大多是过失行为，但对于侵害合法利益的行为仍需要有故意的要求。再如，就侵权行为的样态而言，一般侵权行为只需要行为人的行为和结果之间具有一定因果联系，但在具体运用时因果联系表现得非常复杂，如在某些情况下会出现因果关系的推定。四是随着我国侵权责任法中责任形式的发展，消除危险、排除妨碍、停止侵害等侵权责任形式并不一定要以损害的实际发生为要件。因此，讨论一般的责任构成要件必须结合具体的侵权情形考察，而不能以一般的构成要件替代具体的构成要件。

第二节　损害

一、损害的概念和意义

损害（Damage）一词来源于拉丁文"Damnum"。在法语中，"tort"一词常常被表述为"faire tort"或"faire de tort"，它是指因侵害行为所造成的损害。[①]在汉语中，"损"和"害"具有不同的含义。"害"具有侵犯、杀害的含义。《国语·楚语上》曰："子实不睿圣，于倚相何害"，韦昭注："害，伤也"。《说文解字》也解释为："害，伤也。"而在汉语中，"损"指财产减损的行为和结果，据

---

① See Andre Tunc, *International Encyclopedia of Comparative Law*, Torts, Introduction, J. C. B. Mohr (Paul Siebeck, Tübingen), 1974, p. 7.

《说文解字》记载,"损,减也"。可见,"损害"一词包含了人身伤害和财产损失的后果。"损害"一词包括了多种含义,意味着任何形式的不利影响。它包括损失(loss)和伤害(injury)两个概念。

损害是所有侵权损害赔偿的必备要件,没有损害则没有赔偿。从广义上理解,损害是指行为人的行为对受害人造成的不利益状态,损害既包括财产损失,又包括非财产损失,此种意义上的损害是从损害赔偿上所说的损害。[①] 正如王泽鉴先生所指出的,损害"系指权利或利益受侵害时所生之不利益。易言之,损害发生前之状态,与损害发生后之情形,而相比较,被害人所受之不利益,即为损害之所在"[②]。从狭义上理解,损害专指财产损失。在比较法上,许多国家认为这两个词具有相同含义。[③] 有的国家规定的损害限于财产损害。例如,在瑞士法中,"损害(Schaden)"专指财产损害,适用于损害赔偿(Schadensersatz)责任,而"非财产损害(Nichtvermoegensschaden)"则采取抚慰金(Schmerzens-geld)的补救方式。德国学者 Hans Stoll 认为,损害是指个人和团体因不正当的事件而遭受的任何价值的减少。在侵权责任法领域,损害包括了因为违法行为给他人造成的、并且必须要给予赔偿的损失。[④] 我国台湾地区学者通常采财产或利益差额说,即以侵害行为前后的被害人财产状况加以比较,如被害人的财产或利益有积极减少或应得财产而未能获得,则构成损害。[⑤]

《德国民法典》第823条第1款区分了侵害权利本身和因侵害权利所产生的损害(the damage arising therefrom),因此,损害来源于对权利的侵害,但侵害权利本身并不当然造成损害。而法国法则采用了宽泛的损害概念,任何对人的财

---

① 在比较法上,各国立法基本上都没有对损害下定义,损害的概念是由学者总结出来的。但是,《奥地利民法典》第1293条明确规定:"损害是给某人财产、权利或人身造成的不利益。"这是比较准确的立法定义。参见[德]U. 马格努斯:《侵权法的统一:损害与损害赔偿》,16页,北京,法律出版社,2009。

② 王泽鉴:《不当得利》,34页,北京,中国政法大学出版社,2002。

③ 参见欧洲侵权法小组编著:《欧洲侵权法原则:文本与评注》,于敏、谢鸿飞译,57页,北京,法律出版社,2009。

④ 转引自曾世雄:《损害赔偿法原理》,11~12页,北京,中国政法大学出版社,2001。

⑤ 参见邱聪智:《民法债编通则》,113页,台北,自版,1997。

产和人身非财产利益的侵害，都构成损害，包括对健康的损害、身体完整性的损害等。① 我国《侵权责任法》中的损害概念包含如下几种情况：

第一，狭义的损害概念。《侵权责任法》第 15 条中关于责任形式的规定，其中所说的赔偿损失，实际上就是从狭义上理解的损害，即财产损失。此种损害所引发的后果是赔偿损失。

第二，广义的损害概念。《侵权责任法》第 26 至 31 条所规定的"损害"就是广义上的损害，其既包括财产损失，也包括精神损害。该损害概念实际上是从损害赔偿的角度所说的损害，此种损害引发的后果是损害赔偿。本章所讨论的损害，主要是从此种意义上展开讨论的。在这个意义上理解的损害，是指行为人的行为对受害人造成了不利后果，但此种不利后果主要包括行为人实际给受害人造成的现实损害，但不限于财产损害。②

第三，侵害他人民事权益。《侵权责任法》第 6 条规定的"行为人因过错侵害他人民事权益"所特指的就是此种情形。此种意义上的损害是指因侵害或损害他人民事权益而给他人造成的各种不利益状态，它既包括了实际造成的损害后果，也包括了各种危险和妨碍；既包括了现实的损害，也包括了将来可能发生的损害；既包括了对各种权利和利益的侵害所造成的后果，也包括了对各种权利和利益的行使而形成的妨害。可以说，损害是指受害人因他人的加害行为或者物的内在危险的实现而遭受的人身或财产方面的各种不利后果。③ 此种损害的概念，既可能作为损害赔偿的构成要件，也可能只是产生了侵害他人民事权益的不利状态，从而导致停止侵害、排除妨碍、消除危险等责任的产生，因此，可以说是最广义的损害概念。

《侵权责任法》中的损害在不同的情形下有不同的含义，但此处所说的损害主要是从损害赔偿的层面而言的。本书所探讨的损害是一般侵权责任的构成要

① 参见［德］冯. 巴尔主编：《欧洲私法的原则、定义与示范规则》，王文胜等译，236～237 页，北京，法律出版社，2014。

② 参见全国人大常委会法制工作委员会民法室编：《中华人民共和国侵权责任法条文说明、立法理由及相关规定》，22 页，北京，北京大学出版社，2010。

③ 参见张新宝：《中国侵权行为法》，20～21 页，北京，中国社会科学出版社，1995。

件，其中所包含的"损害"就是指广义的、适用损害赔偿责任方式的损害。我国《侵权责任法》采取了广义的损害概念，既包括受害人的财产损害，也包括受害人的精神损害。采纳广义的损害概念的必要性在于对受害人遭受的损害进行全面的救济。例如，若损害的概念不包括精神损害，对这部分损害就不产生损害赔偿的责任后果，则必将限制损害赔偿责任的适用范围。对精神损害不予补救既不利于保护受害人的利益，也不利于对加害人实施制裁。区分损害和损失两个概念的意义在于：一方面，对于损失来说，应当按照完全赔偿原则，采取全面赔偿的办法，且应当根据我国《侵权责任法》第19条的规定按照市场价格等来计算，但财产损失以外的其他损害，因为很难确定实际的损失，无法按照市场价格等客观地计算。另一方面，对于精神损害来说，往往是主观地对其进行认定，无法客观地认定。此外，在赔偿标准上，精神损害无法按照市场标准处理，而应当按照精神损害赔偿的标准确定。

二、损害在侵权责任法中的意义

现代侵权法本质上主要是救济法，着眼于对不幸的受害人提供补救而不是注重制裁加害人，侵权法因此必须详细规定损害的类型及其范围，为救济提供前提。应当看到，从侵权法的发展来看，为了强化对受害人的救济和适应新类型侵权的需要，总体上，损害的概念出现了若干新的发展趋势，主要表现为：第一，生态损害（dommage écologique）。所谓生态损害，是指对于自然环境所造成的损害，譬如对于水资源、大气、植被或者动物生态系统等的破坏。[①] 例如，法国在2008年1月就著名的埃里卡（Erika）油轮污染案作出了判决。[②] 第二，集体损害。这里是指对于某一群体的集体利益所造成的损害（atteinte aux intérêts collectifs），这一群体可能是某一行业的全体从业人员、某一社区的成员、某一

---

① Geneviève Viney, Patrice Jourdain, Les conditiions de la responsabilité, 3e éd., LGDJ, 2006, p. 68.
② 参见石佳友：《论侵权责任法的预防职能》，载《中州学刊》，2009（3）。

种群、某一产品或者服务的消费者、某一运动或者艺术的爱好者，等等。① 例如，环境污染可能造成的是集体损害。第三，纯粹经济损失。这些概念的出现使损害的范围不断扩大，也对侵权法提出了新的挑战。与此同时，损害概念的重要性和地位也不断提升，不少学者认为，它是侵权责任构成要件中第一位的核心构成要件。

侵权责任法就是对受害人遭受侵害以后提供全面救济的法律，因此，损害既是侵权责任的重要构成要件，也是其产生的基本前提。"无损害无救济"，在遭受损害以后，无论适用何种归责原则，都必须以损害事实的发生为前提，无损害则无责任。正是因为损害概念的重要性，所以，《法国民法典》第1382条确立了关于损害的一般概念。该法典把损害概念的解释交给法官，法官将损害区分为物质损害、精神损害等各种类型，这实际上是通过"损害"的概念来确定侵权法的保护范围。② 1942年的《意大利民法典》第2043条将侵权损害规定为赔偿请求的先决条件。《欧洲侵权法原则》在一般条款中也通过对"损害"的概念确定侵权法的保护对象，这一点与法国侵权法一致。但与法国侵权法不同的是，该原则在第二章中就损害的具体类型做了更为详细的规定，这实际上对损害的类型进行了进一步的类型化划分，弥补了"损害"概念过于抽象的缺陷。《欧洲侵权法原则》采取"三阶段"的方法来认定责任，其中，第一步就是要判断受害人所遭受的损害是否为法律保护的利益。③ 此种损害，通常是能够确定的、可补救的、应当为法律所保护的损害。在学理上，法规目的说认为某种损害是否在法律所保护的范围之内，成为判断该损害是否应当救济的标准。④ 因此，确定了保护范围在一定程度上也有利于损害的界定。明确损害的范围，也就明确了法益的范围。⑤

---

① Geneviève Viney, Patrice Jourdain, Les conditiions de la responsabilité, 3e éd., LGDJ, 2006, p. 118.

② Yvonne Lambert-Faivre, L'éthique de la responsabilité, in RTD civ., 1998, p. 1. 转引自石佳友：《论侵权责任法的预防职能》，载《中州学刊》，2009（3）。

③ See European Group on Tort Law, *Principles of European Tort Law：Text and Commentary*, Springer, 2005, p. 24.

④ 参见刘勇：《侵权法上之损害》，载《南京大学法律评论》，2005年春季号，106页。

⑤ See European Group on Tort Law, *Principles of European Tort Law：Text and Commentary*, Springer, 2005, p. 24.

虽然我国《侵权责任法》没有专门对损害作定义，但综合侵权责任法关于损害的诸多规定来看，尤其是从关于损害的责任承担方式来看，侵权法中所说的损害都是从损害赔偿的角度来说的损害，其中包括财产损失和非财产损失（包括精神损害）。明确损害的概念，一方面，有利于确定侵权法的保护范围。即使在民法内部，损害事实也是区分侵权行为和不当得利、无因管理等法定之债的重要标准。[1] 另一方面，有利于将侵权责任制度与相关法律制度区分开来。在现代社会，对损害采取了多元救济机制。对损害的救济，不仅可以通过侵权责任制度来进行，还可以通过社会保险、社会救助等方式来进行，但各种制度的救济范围是不同的。确定损害概念的意义在于，它是确定侵权责任的基础，为侵权责任的完全赔偿原则奠定了逻辑前提。因此，确定损害的概念也有助于将侵权法与保险法、社会保障法等同样具有救济功能的法律区别开来。[2] 应当看到，我国《侵权责任法》所救济的损害范围是比较宽泛的，在受害人遭受人身伤亡的情况下，不仅过错难以确定，甚至因果关系都难以确定时，基于保护人身的考虑，侵权责任法对该损害也提供救济，而不是由受害人自身承受损失。《侵权责任法》第 87 条规定的高楼抛物致人损害的责任，就是从此种人本主义精神出发来确定的责任。正是因为这一原因，在我国侵权责任法中，损害是各类侵权责任归责的普遍基础。

三、损害的特点

一般而言，侵权损害赔偿中的损害具有如下特点：

第一，此种损害是受害人实际遭受的损害，损害导致受害人的民事权益受损，并由此引发了受害人不利益的后果。侵权法上的损害应当是侵害他人合法民事权益而使受害人现实地遭受不利益，只有在损害是行为人的行为造成的情况

---

① 参见［德］冯·巴尔：《欧洲比较侵权行为法》上，张新宝译，2 页，北京，法律出版社，2001。

② 参见［美］约翰·G·弗莱米：《关于侵权行为法发展的思考：侵权行为法有未来吗?》，吕琳等译，载吴汉东主编：《私法研究》，第 3 卷，142～144 页，北京，中国政法大学出版社，2003。

下，受害人才能要求行为人承担损失。此种损害，既包括自己行为造成的损害，也包括自己所控制的物件和其他人的行为造成的损害。同时，损害事实与侵权行为之间应具有因果联系。造成他人损害的侵权行为既包括作为，也包括不作为。

第二，作为损害赔偿责任构成要件的损害，必须是一种可救济性损害。损害都是可救济性损害，即遭受侵害的权益都是法律予以保护的①，将损害作为首要的构成要件，是因为侵权法主要是救济法，有损害才有救济。侵权责任的"重要机能在于填补损害及预防损害"②。但并不是所有的损害都可以受到侵权法的救济，只有那些侵害了《侵权责任法》第2条所确立的"法益"，并在法律上具有可补救性的损害，才能获得赔偿。侵权责任法并不对所有的损害提供救济，一方面，侵权责任法仅仅对合法权益的损害提供救济，一般来说，受害人因从事违法活动而遭受的损害，不得要求加害人赔偿③，例如，受害人无照驾驶黑车从事运营，因加害人违章驾驶造成受害人的车辆毁损，从而无法再从事运营活动，受害人不得就这种违法运营所得请求赔偿；另一方面，在侵权法上不能救济的损害是难以受到保护的，如许多纯经济损失是无法依据《侵权责任法》获得保护的。

第三，损害是客观存在的，具有一定的确定性，即可以通过一定方式计算或量化，如通过差额说来予以计算。④

损害应当由受害人举证证明，但是在特殊情况下，也可以依照法律规定进行确定。例如，我国《侵权责任法》第20条规定："侵害他人人身权益造成财产损失的，按照被侵权人因此受到的损失赔偿；被侵权人的损失难以确定，侵权人因此获得利益的，按照其获得的利益赔偿；侵权人因此获得的利益难以确定，被侵权人和侵权人就赔偿数额协商不一致，向人民法院提起诉讼的，由人民法院根据

---

① 参见欧洲侵权法小组编著：《欧洲侵权法原则：文本与评注》，于敏、谢鸿飞译，56页，北京，法律出版社，2009。

② 王泽鉴：《侵权行为法》，第1册，34页，北京，中国政法大学出版社，2001。

③ 参见《欧洲侵权法原则》第2：103条。

④ 参见欧洲侵权法小组编著：《欧洲侵权法原则：文本与评注》，于敏、谢鸿飞译，281页，北京，法律出版社，2009。

实际情况确定赔偿数额。"《商标法》等法律还规定了在损失和获利均难以计算的情况下，法院可以在一定限额下确定行为人的赔偿数额。[1]

四、损害的本质

关于损害的本质，历来存在两种学说：

1. 差额说。此种观点认为，损害是指财产或法益所遭受的不利益状态。这种观点最早由德国学者麦蒙森（Mommsen）1855 年在其《利益说》（Lehre von dem Interesse）一书中提出。他认为，损害是指被害人对该特定损害事实的利害关系，也就是说，因为某项特定损害事实的发生使其丧失了一定的利益，事实发生后的利益状态与发生前的利益状态的差额，即受害人所遭受的损害。[2] 在麦蒙森提出差额说之前，德国普通法一般认为，在计算损害赔偿时应当考虑行为人的主观过错，考虑行为人行为的可归责性。[3] 麦蒙森的差额说提出后，其学说一直为德国学说和判例所采纳，并对大陆法损害赔偿理论产生了重大影响。它不仅在财产损害赔偿中被广泛采用，而且在非财产损害赔偿中也被认可。[4]

差额说的主要特点在于：一方面，其将损害等同于利益关系，即损害等于不利益，这实际上就意味着将损害转化为可计算的利益。另一方面，差额说认为，衡量损害时，应当以受害人的财产状况为准确定其差额。也就是说，将损害发生后的情况和假使没有发生损害的状况进行对比，从而考察其具体差额。[5] 假如两种财产状况相比较没有差额则意味着不存在损害。同时，这种方式强调以总财产的变动来判定损害是否存在，并确定损害的大小，至于损害所造成的物的外形的破坏，不能作为计算标准。差额说认为，侵权人的赔偿义务，应当与因其行为所

---

① 参见《商标法》第 63 条。

② 参见曾世雄：《非财产上之损害赔偿》，7 页，台北，元照出版公司，2005。

③ 参见王泽鉴：《损害概念及损害分类》，载《月旦法学杂志》，2005（9）。

④ 参见［德］U. 马格努斯：《侵权法的统一：损害与损害赔偿》，281 页，北京，法律出版社，2009。

⑤ 参见欧洲侵权法小组编著：《欧洲侵权法原则：文本与评注》，于敏、谢鸿飞译，57 页，北京，法律出版社，2009。

造成的损害是同等的。如果没有侵权行为的发生，受害人所能够获得的全部利益，都应当由侵权人承担。[①] 差额说是德国民法中损害赔偿的权威学说，德国民法之所以采纳差额说，其原因在于，《德国民法典》以完全赔偿作为损害赔偿的基本原则，因此，凡是加害人行为带来的不利益都应当予以赔偿，这就满足了完全赔偿原则的要求。[②] 另外，《德国民法典》制定时，原则上并不承认精神损害，因此，差额说几乎没有显露出缺陷。[③] 需要指出的是，在麦蒙森提出差额说之前，法国民法中已经存在类似的观点，依据《法国民法典》第1149条的规定，损害"一般应包括债权人所受现实损失与所失可得的利益"。这种规定实际上与差额说十分类似。

差额说的另外一种表现是由一些德国学者所提出的等价因果关系说。根据此种学说，赔偿义务人应当承担的损害赔偿的范围是因其行为所造成的一切后果，对赔偿范围的确定应当符合因果关系的要求。[④] 这实际上是根据因果关系来衡量损害。

2. 组织说。此种观点认为，损害包括受害人财产上的积极损失和可得利益的损失，它是行为人的行为给受害人造成的一种不利益状态，要根据受害人受到法律所保护的利益遭受侵害以后，客观上遭受的损失予以确定。组织说由德国学者奥特曼（Oertmann）在其1901年所出版的《请求损害赔偿时之损益相抵》一书中提出。他认为，损害乃法律主体因其财产的构成成分被剥夺或毁损或其身体受伤害所受的不利益，也就是说，损害的发生常伴同着物之被剥夺、毁损或身体之被伤害等现象。[⑤] 动态系统论的创立者，奥地利学者维尔博格（Wilburg）认为，损害是法律直接保护的物体所遭受的侵害，法律的目的如在于保护其物体不受侵害，则违反该法律而侵害被保护之物体所造成的不利益，才是首要须予填补的损害。对于此种损害必须以客观的标准来确定，即使根据利益衡量确定其差

① 参见曾世雄：《损害赔偿法原理》，11页，北京，中国政法大学出版社，2001。
② Lange, Schiemann, Schadenersatz, 3Aufl. Tuebingen：J. C. B. Mohr. et al, 2003.
③ 参见［日］平井宜雄：《债权总论》，67页，东京，弘文堂，1985。
④ 参见［德］迪特尔·梅迪库斯：《德国债法总论》，杜景林、卢谌译，438页，北京，法律出版社，2004。
⑤ 转引自曾世雄：《损害赔偿法原理》，124页，北京，中国政法大学出版社，2001。

额，但如果差额大于客观的损害，赔偿权利人也可以请求赔偿超过部分的损害。[①] 组织说在一定程度上更进一步强调了对损害的完全赔偿原则和法官享有一定的自由裁量权力。

上述两种观点都从不同的角度揭示了损害的本质。在这两种观点中，影响最大的是差额说。因为差额说是从利益差别角度来确定损害，因此具有较强的可操作性和实用性。尽管差额说有一定的合理性，但这种方法维护的只是受害人的所谓价值和财产利益，而对于不具有财产价值的法益的侵害，则没有考虑在内。[②] 差额说确定了损害赔偿的标准，它要求比较损害发生前和发生后的利益状态的差额，以确定利益的损害程度。比较上述两种学说，笔者认为，在认定侵权责任时，原则上应当采用差额说，即通过对受害人遭受损害之后与其没有遭受损害所应有的状况进行比较，从而确定其所遭受的损害。应当看到，该学说仍然存在一定的缺陷：一是该学说只注重根据市场价格计算的损失，但是许多损失并不能以金钱来衡量，如精神损害赔偿。正如日本学者北川善太郎所说，对于非财产损害、因原状恢复的赔偿等难以确定的情形，损害只能依推定暧昧地进行。[③] 二是根据该学说，受害人在遭受损害以后，因为社会捐助使其获得外来的利益（如赠与等），应当排除在损害赔偿计算范围之外。这对受害人也未必有利。三是在一些特殊因果关系的情形下难以适用。例如，由于差额说需要对比损害发生前后受害人的整体财产状况，一旦因果关系发生中断，差额说就很难发挥作用。

五、损害的认定

在法律上，并非所有的损害都会获得救济。在人们的社会生活中，每天都会发生摩擦或者纠纷。例如，乘坐公交车就可能发生碰撞，城市建设中的噪音也会

---

① Wilburg, Die Elemente des Schadensrechts, N. G. Elwertsche Verlagsbuchhandlung, G. Braun, 1941.

② 参见［德］迪特尔·梅迪库斯：《德国债法总论》，杜景林、卢谌译，432 页，北京，法律出版社，2004。

③ 参见［日］北川善太郎：《损害赔偿论序说》，载《法学论丛》，73 卷 1 号，9 页。

给生活带来影响。但并非所有的损害都有必要获得法律的救济。尤其应当看到，在有纯经济损失的情况下，某个行为可能会引发连锁的反应，造成众多的损害。例如，因挖断电缆导致停电，会造成成千上万的人的损害，这些损害并非都能获得救济。如果轻微的损害都必须通过侵权责任法获得救济，不仅将使诉讼变成汪洋大海，而且将使人们的行为自由受到不必要的限制。因此，损害在法律上也应有一定的条件限制。具体而言，能够得到侵权责任法救济的损害应当具有可补救性和确定性，而且应当是侵害合法权益的后果。

（一）损害的可补救性

所谓损害的可补救性，是指侵权责任法所说的损害都是受害人遭受的、依法可以提供补救的不利益。按照德国学者冯·巴尔教授的观点，应当采用"法律上有关的损害"（legally relevant damage）一词，该词的含义是指损害应当具有可补救性。[1]《意大利民法典》第 2043 条采用的是 danno ingiusto（不法损害）这样的提法，主要是强调损害的可补救性。[2] 任何人身或财产上的不利益，只有在法律上被认为具有补救的可能性和必要性时，才能产生民事责任。损害的可补救性包括如下内容：第一，从量上来看，损害虽已发生，但必须达到一定程度，在法律上才是可补救的。这是因为，人们在社会中生活，损害总是在所难免的。但为了维持社会生活的安定，法律上常常要求人们容忍来自于他人行为的轻微损害，或使行为人对造成他人的轻微损害的后果不承担法律责任。例如，根据《德国民法典》第 906 条的规定，土地所有人必须适当容忍来自他人土地上侵入的烟气、焦味、气味、震动等。可见，损害必须在量上达到一定程度，才能被视为可以补救的损害。第二，损害在本质上是侵害权利和利益所产生的后果，而该权利和利益是侵权责任法保护的对象。例如，某人开设了一家饭店，生意很好，但有人在其旁边另外开设了一家饭店，竞争激烈导致其营业额下降。因为是合法竞争造成的损失，故其不能够要求法律保护。第三，从因果关系的角度来看，损害必须和

---

[1] See Christian von Bar, *Principles of European Law—Non Contractual Liability Arising out of Damage Caused to Another*, Oxford University Press, 2009, p. 244.

[2] 参见《意大利民法典》第 2043、2048 条。

赔偿义务人的行为之间具有法律上的因果联系，具有一种可补救性。例如，纯经济损失因为与行为人的行为之间的因果联系过于遥远，所以大多是不能赔偿的。

损害的可补救性不等于能够以金钱计量。既然损害是指对权利和利益的侵害，那么，应予补救的损害就不限于能够计量的损害。同时，由于民法上的补救措施不限于损害赔偿，还包括停止侵害、恢复原状等多种责任承担方式，因而，可以补救的损害也并不仅仅指能够产生损害赔偿责任的损害。需要指出的是，从比较法来看，普遍承认了"微小损坏不必救济"的规则。这是因为，在社会生活中，人们之间共同生活，难免会出现相互摩擦，如在公交车上不小心踩到别人的脚，夜晚经过马路的汽车喇叭声响影响路边居民的休息，在宾馆入住时将他人房间误以为是自己的房间而闯入，等等。古老的法谚有"法官不理琐事（de minimis non curat iudex）"之说。所以，比较法上普遍认为微小损害不构成赔偿请求权的基础。① 因此，损害必须是值得救济的。

（二）损害的确定性

损害的确定性意味着损害事实是一个确定的事实，而不是臆想的、虚构的、尚未发生的现象。从归责上看，损害事实必须确定，才能对因果关系和过错问题作出判断，进而确定行为人的责任。损害的确定性包括如下内容：第一，损害是已经发生的事实。损害未来的利益或尚未发生的损害就不具有确定性，但行为人的行为对他人权利的行使构成妨碍，则虽未形成实际的财产损失，亦可能构成损害，例如，误工损失、预期收入损失。第二，损害是真实存在的，而不是当事人纯主观上的感觉或臆想的损害。例如，仅怀疑他人披露了自己的隐私而感到精神痛苦，并要求赔偿，此种损害就不具有确定性。第三，损害是侵害权利和利益的事实，此种事实能够依据社会一般观念和公平意识予以认定。例如，某商店遭受火灾，被烧毁的房屋和其他财物是一个确定的事实，但某人因为商店被烧，不能正常地购买食品和其他生活必需品，影响其正常生活，其所受的损害，就是一个难以确定的事实。从归责意义上说，损害的确定性，是指损害事实在客观上能够

---

① 参见［德］冯·巴尔主编：《欧洲私法的原则、定义与示范规则：欧洲示范民法典草案》，王文胜等译，729页，北京，法律出版社，2014。

认定，至于损害是否可以以货币计算，损害以何种方法计算，则是在确定损害赔偿责任时所要考虑的问题。从实践来看，损害的确定问题是对损害赔偿数额的合理限制，也是归责的重要依据。因此，损害是否具有确定性，应当严格认定。

（三）损害是侵害合法权益的结果

受害人所受的损害之所以能够获得法律上的补救，根据在于其合法利益受到不法侵害。因此，法律要对不法行为人施加制裁，并对受害人提供法律保护。根据许多国家的法律规定，只有在合法利益受到侵害的情况下，才可视为有损害的发生。例如，根据法国法，原告必须证明其合法利益受到侵害。《德国民法典》第 823 条规定："（1）因故意或过失不法侵害他人的生命、身体、健康、自由、所有权或其他权利者，对被害人负损害赔偿的义务。（2）违反以保护他人为目的，负相同的义务。"根据德国学说和判例，《德国民法典》第 823 条第 2 款的规定是指侵害权利之外的合法利益的侵权行为，损害是对合法利益的侵害，表明法律对一切合法利益均予以保护，不论合法利益是否构成法定权利，任何人均负有不得侵害的义务。虽然我国《侵权责任法》对权益的保护范围极为广泛，但并没有将非法利益纳入其保护范围。《民法通则》第 5 条中也确定了"公民、法人的合法的民事权益受法律保护"的原则，据此，侵权责任法保护的对象须为合法的民事权益。对非法利益的侵害或剥夺，受害人原则上不能寻求侵权法的救济。

六、损害的分类

损害是侵权行为的结果，行为人所侵害的对象不同，受害人所遭受的损害也不相同，依据不同标准，可以对损害进行不同的分类。

（一）财产损害和非财产损害（pecuniary harm and non pecuniary harm）

财产损害和非财产损害是损害的基本分类，并为各国法律所普遍采纳。[1] 所谓财产损害，是指因侵害权利人的财产或人身权利而造成受害人经济上的损失。

---

[1] See Harvey McGregor, *McGregor on Damages*, 16th. ed. , Sweet & Maxwell，1997，p. 25；另参见曾隆兴：《现代损害赔偿法论》，72 页，台北，自版，1996。

凡是权利人遭受的一切具有财产价值的损失，均可称为财产损害。财产损害一般可用金钱确定。财产损害不仅包括积极损失，即财产价值的直接减少，也包括消极损失，即财产价值应当增加而没有增加。① 财产损害包括侵害他人财物所造成的财产减少、致受害人伤害和死亡所造成的财产损害等。财产损害可以用货币单位来计算，一般容易计量。

所谓非财产损害，是指赔偿权利人所遭受的财产损害以外的损害。② "所谓非财产损害，是指没有造成他人资产（asset）、财富（wealth）或者收入（income）上的损害，并且因此不能够依照一个客观的市场价格进行量化。其不仅包括身体上的损害、精神健康的损害（但并不包括因为身体和精神上的损害导致的收入损失以及造成的其他花费），而且包括焦虑、精神上的痛苦和被法律认为是妨害他人声誉和自由后果的'象征性'损失。"③ 它主要是指精神损害，即因侵害公民的姓名权、肖像权、名誉权、荣誉权、隐私权等，使受害人在精神上产生恐惧、悲伤、怨愤、绝望、羞辱等痛苦。精神损害具有无形性，不能以金钱来计算和衡量。在我国民法理论界，非财产损害也被称为精神损害。但有学者认为"精神损害"的提法并不确切，相比之下，"非财产损害"的提法更为科学，非财产损害的范围要大于精神损害，如行为人恶意导致他人时间的浪费，可能造成他人非财产损害，但不一定造成他人精神损害。我国台湾地区学者邱聪智先生指出："非财产损害赔偿制度之不完全，依现代社会之法律感情衡量，也已达于不能容忍其欠缺继续存在之情景。非财产损害赔偿之制度功能，并非仅止于被害人精神痛苦之满足，更为重要者，毋宁为非财产层面受害之填满。"④ 这一观点有一定的道理，基于保护受害人权益的需要，应当扩大非财产损害赔偿的概念，使其成为不仅是对精神痛苦的慰抚金，而且适用于对其他类型的无法归入财产损害的各种不利益（如边际类型的损害、侵害法人人格权的赔偿等）的赔偿。财产损害和非财

① 参见曾世雄：《损害赔偿法原理》，132 页，北京，中国政法大学出版社，2001。
② 参见曾隆兴：《现代损害赔偿法论》，72 页，台北，自版，1996。
③ W. V. Horton Rogers（ed），*Damages for Non-Pecuniary Loss in a Comparative Perspective*，Rijksuniversiteit Groningen，2001，p. 246.
④ 邱聪智：《民法研究（一）》（增订版），283 页，北京，中国人民大学出版社，2002。

产损害的区别主要表现在：

第一，是否可以金钱进行衡量。财产损害可以金钱衡量，而非财产损害不能以金钱衡量。也正是由于这一原因，遂产生了非财产损害能否以金钱赔偿进行补救的争论。非财产损害的主要特点就在于，其不能以客观的市场价格为标准进行评价，而往往必须用主观的方法进行评价。[1] 非财产损害不仅包括肉体的痛苦，而且包括其他对个人精神利益的侵害，如情感上的悲痛、生活上舒适的丧失、荣誉的伤害或个人声誉的降低等。非财产损害是不能以金钱来衡量的。[2] 在我国，死亡赔偿金问题曾经引发了同命同价的争议，但严格地说，此种提法是不确切的，因为人的生命、身体等是不能以金钱衡量的。侵害生命的赔偿并非赔偿生命的价格，而是赔偿因侵害生命权所引发的财产损害和精神损害。

第二，赔偿是否需要有严格的法律依据。一般来说，财产损害都应当予以赔偿。由于侵权责任法贯彻了全面赔偿的原则，所以对受害人遭受的财产损失，除了纯粹经济损失以外，加害人都应当予以赔偿。但对于非财产损害而言，许多国家的法律规定，只有当法律明确规定给予赔偿时方能加以赔偿。例如，《德国民法典》第253条规定："对于财产损害以外的损害，只限于法律有规定的情形，始得请求以金钱赔偿。"在意大利，只有当损害是对健康的损害和纯粹实质损失或纯粹物质损失时才能够请求。当损害超过这一限制时，一般来说仅仅存在犯罪时才可能得到赔偿。在英格兰，人身伤害一般都能够得到赔偿，至于对人格权（personality right）和自由的损害，只有存在财产损害的情况下才能够得到赔偿。[3] 此外，《葡萄牙民法典》第496条也作出了类似的规定。我国《侵权责任法》第22条也规定了精神损害赔偿，同时，第16条、第17条等规定了死亡赔偿金，但精神损害赔偿原则上都限于侵害人身权的情形。

第三，法人通常只能有财产损害，而不存在非财产损害。精神是指人的意

---

① 参见 ［德］U. 马格努斯：《侵权法的统一：损害与损害赔偿》，277 页，北京，法律出版社，2009。

② See Hans Stoll, *International Encyclopedia of Comparative Law*, Vol. 4, Torts, Chapter 8, Consequences of Liability：Remedies, J. C. B. Mohr（Paul Siebeck, Tübingen），1972, p. 18.

③ See W. V. Horton Rogers（ed），*Damages for Non-Pecuniary Loss in a Comparative Perspective*, Rijksuniversiteit Groningen, 2001, p. 246.

识、思维活动和一般心理状态。精神损害是指因侵害他人的人格权而造成受害人在意识、思维活动和正常心理状态方面的损害。因此，只有自然人才有可能出现精神痛苦，通说认为，"法人不知痛苦"，法人作为没有生命的社会组织，不可能存在精神损害。侵害法人人格权，法人无权请求行为人承担精神损害赔偿责任。在法律上，侵害法人人格权的，可以通过其他方式对其进行救济。例如，采取不正当竞争方式侵害法人人格权的，可责令不法行为人承担罚款等行政责任；在民事责任方面，也可以责令不法行为人承担恢复名誉、赔偿损失等多种责任形式。就损害赔偿责任来说，主要应赔偿因侵害法人人格权所造成的法人的有形的和无形的财产损害。因为对法人人格权的侵害，结果集中表现为财产利益损失，如法人的字号不仅可以用来区别不同的生产者和经营者，而且是法人信誉的标志，字号可以作为财产进行转让，假冒他人字号直接侵害的是他人的无形财产。因此，在侵害法人的人身权的情况下，受害人要获得赔偿，必须证明其遭受了有形的或无形的财产损失。

第四，对财产损害的赔偿旨在恢复财产关系的原状，而对非财产损害的赔偿则主要是对受害人的人身伤害、精神损害等予以慰抚，同时也是对加害人予以制裁。人身损害虽不能以金钱衡量和支付，但人身损害事实是可以确定的，抚慰受害人的精神痛苦的物质条件是可以以金钱衡量和支付的。

需要指出的是，虽然财产损害和非财产损害的分类基本上可以概括各种损害类型，但无法将各种损害包揽无余。在某些情况下，可能在财产损害和非财产损害之外，还存在一种特殊的损害类型，有学者将其称为中间类型。例如，对一个妇女的婚姻前景的影响、对一个人的信誉或商业声誉的损害等。这些损害既有经济性的一面，也有非经济性的一面。① 也有学者认为，此种损害属于边际损害或中间类型损害，不无道理。

（二）所受损害和所失利益

这种分类实际上是对财产损害的再分类。它起源于罗马法上的 dammum

---

① See Hans Stoll, *International Encyclopedia of Comparative Law*, Vol. 4, Torts, Chapter 8, Consequences of Liability: Remedies, J. C. B. Mohr (Paul Siebeck, Tübingen), 1972, p. 19.

emergens 和 lucrum cessans 之区分。[1] 所受损害也称为积极的损害，它是指现有财产的直接减少。具体来说主要包括如下几种：一是因为财产权遭受侵害所支付的费用。例如，汽车被撞毁后所支付的修理费。二是物品遭受的毁损。例如，汽车被撞毁后不能修理，由此导致的汽车价值的降低。三是侵害生命权、健康权所遭受的积极财产损害。例如，因就医治疗支出的费用，如医疗费、护理费、住宿费、住院伙食补助费、必要的营养费、康复费、后续治疗费、交通费；因增加生活上需要所支出的费用，如残疾辅助器具费。四是财产权益丧失或财产权益受到限制。例如，故意使他人的抵押权不能登记，致使抵押权不能取得；或篡改登记，使抵押权丧失。五是附随的损失。例如，开车将他人汽车撞坏，尽管行为人对该车进行了修补，并支付了修理费用，但该车的市场价值受到极大贬损，而损害赔偿一般只能赔偿修理费用。对于价值贬损的费用，可以认为是一种附随的损失。

所失利益即消极的损害，它是指本来应当获得的利益而未能获得，在学理上也称为"逸失利益"。所失利益主要包括如下几种类型：一是因为侵害财产权而造成的利益损失。例如，因侵害财产而遭受的利润损失。二是侵害生命健康权所造成的各种消极损害。其主要是指因全部或部分丧失劳动能力导致收入丧失或减少，或者因死亡而导致的收入损失和误工损失等，如误工费、残疾赔偿金、死亡赔偿金、被扶养人生活费。三是各种机会的损失。所谓机会损失，是指因为侵权行为而导致受害人丧失某种机会。例如，甲因业绩突出，准备升迁，在提职公示以后，乙出于忌妒捏造事实诽谤甲有不轨行为，致甲失去升迁机会，甲起诉要求赔偿机会损失。再如，诉讼代理人因过失迟误上诉期间等，而致使当事人丧失了胜诉的机会。

机会损失的特点在于：首先，它不是对现有财产的损害，也不体现为实际的财产利益的损失。尽管机会的丧失也可能给受害人造成一定的损害，甚至这种损害会非常巨大，但毕竟机会本身不是财产。[2] 机会损失赔偿所遇到的最大障碍是

---

① 参见叶金强：《论侵权损害赔偿范围的确定》，载《中外法学》，2012（1）。

② See Fischer David A, "Tort Recovery for Loss of a Chance", *Wake Forest L. Rev.*, 2001, 36. pp. 617-618.

如何以金钱的方式对其进行计算和确定，甚至在绝大多数情况下，难以找到一个市场价格来计算各种机会的损失。其次，机会损失是一种未来利益的损害。因为在侵权行为发生时，机会尚未实现，它仍然是未来利益的损害；也就是说，机会在将来能否实现，尤其是在实现以后能否为受害人带来一定的经济利益，难以确定。再次，机会利益具有不确定性，受害人要主张机会损失的赔偿，应当证明机会的实现具有确定性，尤其是要证明这种机会的实现会给其带来一定的经济利益。侵权责任法上的财产损害赔偿责任适用的前提是必须有财产的损害，如果机会损失不能转化为财产损失，是不能获得赔偿的。如果机会在正常情况下是根本不可能实现的，那么受害人提出赔偿的请求是不应当得到支持的。在确定机会利益时，通常要考虑一般的社会生活情况等主客观因素，从而确定机会实现的可能性大小。[1]

各国判例学说大多认为，机会损失不应当获得赔偿，但对此并非没有例外。法国最高法院曾经提出了著名的"机会损失理论"（perte dune chance）。此种理论主要适用于获取某种利益的可能性的剥夺（privation），某种机会的丧失等。1989 年，法国判例确认了丧失获得某种程序保障机会的人对他人提出的机会丧失的赔偿请求。进入 20 世纪 90 年代以后，机会损失理论又被法国司法判例适用到职业晋升（promotion professinnelle）机会丧失领域。判例认为，如果受害人因为死亡或受伤而丧失了职业晋升的机会，即便此种晋升机会相对而言不确定，受害人亦有权要求侵害人对自己的机会丧失承担损害赔偿责任。[2] 在英国，律师延误期限责任也可能适用"机会丧失理论"[3]。德国法中，判例学说承认了对"正在运营的商业利益"的享有，如果某人从事了某种不正当的竞争或者其他侵权行为，使其丧失了某种机会，受害人也可以请求赔偿。[4]

笔者认为，在绝大多数情况下，难以确定机会损失与行为人的行为之间具有

---

①　参见张民安：《法国现代侵权责任制度研究》，95~96 页，北京，中国政法大学出版社，2004。

②　参见张民安：《法国现代侵权责任制度研究》，96 页，北京，中国政法大学出版社，2004。

③　曾世雄：《损害赔偿法原理》，53 页，北京，中国政法大学出版社，2001。

④　See B. S. Markesinis, *The German Law of Torts: A Comparative Introduction*, 3rd ed., Oxford Press, 1994, p. 61.

相当因果关系。一方面，机会实现的可能性究竟有多大，常常是很难证明的。另一方面，机会损失给受害人带来的经济上的损失究竟有多大，也是很难证明的。例如，在前述案例中，尽管在提职公示以后，甲提职升迁的机会是很大的，但是要确定该机会给甲带来的利益是很难的。如果对机会损失予以救济，可能会赋予法官过大的自由裁量权。因此，笔者认为，除非法律另有规定，对于机会丧失原则上不应当予以赔偿。当然，在特殊情况下，如果机会确实具有较大的确定性，而不赔偿机会损失不利于为受害人提供全面的救济，此时也可以适当补偿机会损失。

对所失利益的确定，可以有多种方法。一是根据一般人在正常情况下所能够预期获得的利益来进行计算。采取此种方法需要"于加害行为时存在，而依吾人之智识经验可得而知及为债务人所知之通常或特别情事为基础，依其自然发展，一般可得预期之利益，其利益于原因事实，视为有相当因果关系"①。二是根据受害人的特殊情况，来计算所失利益的损失。这特别表现在，在丧失劳动能力的情况下，要根据受害人丧失劳动能力的程度或者伤残等级来确定残疾赔偿金。

区分"所受损害"和"所失利益"的意义在于：第一，所受损害应当完全赔偿。因为所受损害是固有利益的丧失，对于此种损害应当完全予以赔偿。而所失利益是一种可期待利益的丧失，此种损害的赔偿一般要考虑其与行为人的行为之间是否具有"相当因果关系"，从而确定赔偿范围。尤其是对机会损失，通常需要满足因果关系相当性的要求。第二，法律上对所受损害，一般没有特别的限制，但对于所失利益，法律上有可能在计算的方法、最高数额等方面进行限制。例如，《侵权责任法》第17条规定："因同一侵权行为造成多人死亡的，可以以相同数额确定死亡赔偿金。"这实际上确立了在多人死亡情况下死亡赔偿金的法定赔偿标准。第三，从证明标准上来看，两者也存在区别。所受损害是已经实际发生的损害，其证明标准相对较低；而所失利益是未来发生的损害，其是否存在可能存在争议，因此，受害人应负有更重的证明责任，证明标准应当更高。②

① 史尚宽：《债法总论》，301页，北京，中国政法大学出版社，2000。
② 参见［德］U. 马格努斯：《侵权法的统一：损害与损害赔偿》，279页，北京，法律出版社，2009。

（三）一般财产损失和纯粹经济损失

所谓一般财产损失，是指行为人的行为造成他人的直接或者间接损害。例如，直接侵害他人财产，导致他人财产的损毁，属于直接损失，而该财产损害在通常情况下可能给所有人带来的间接损害，属于间接损失。例如，砸毁他人的出租车给出租车司机带来的营运收益损失。我国《侵权责任法》第2条所称的"人身、财产损失"主要指的是一般财产损失。所谓"纯粹经济损失"（又称"纯经济损失"或"纯经济上的损失"），是指行为人的行为虽未直接侵害受害人的权利，但给受害人造成了人身伤害和有形财产损害之外的经济上损失。[①] 例如，某注册会计师就公司的资产出具了虚假的验资报告，股民因相信该报告购买该公司的股票后，股票价值大幅下跌，股民因此所受到的损失就是纯经济损失。再如，某人因驾驶不当，与前车相撞，致使道路堵塞，后面的车主因为不能及时驾车出席演唱会，造成财产损失，此种损失也是纯经济损失。由于纯经济损失常常表现为一种费用的损失，因而，纯经济损失也被认为是因对原告的人身和有形财产造成的实质损害而产生的费用损失。[②]

从广义上讲，纯粹经济损失也属于财产损失的范畴，因为其具体表现为受害人财产利益的减损，但纯粹经济损失具有不同于一般财产损失的特点，主要表现在：

第一，侵害对象和范围不同。一般财产损失是侵害财产权利的结果。但纯经济损失不表现为对民法上绝对权利的侵害，而是绝对权利之外的财产利益损失。在一般的侵权行为中，行为人致受害人损害时，行为人具有特定的指向，但在纯经济损失的情况下，大多没有特定的指向。例如前例中，某人因驾驶不当，与前车相撞，致使道路堵塞，使后面的车主遭受损害，行为人并没有对后面的车主实施任何侵害行为。再如，某人开车撞坏电线杆，导致大面积停电而引发的各种损

---

① Robbey Bernstein认为，"纯经济损失，就是指除了因对人身的损害和对财产的有形损害而造成的损失以外的其他经济上的损失"。该定义被认为是比较经典的定义。See Robbey Bernstein, *Economic Loss*, Sweet & Maxwell Limited, 2ed, 1998, p. 2.

② 参见［美］D. W. Robertson：《义务的新领域·纯粹经济损害》，刘慧译，载张新宝主编：《侵权法评论》，2003年第1辑，北京，人民法院出版社，2003。

失，行为人也没有针对受害人实施任何侵害行为。① 尤其需要指出，纯经济损失既不表现为对特定权利的直接侵害，也不是某种特定权利遭受侵害后所引发的损害。纯粹经济损失只是一种法益，一种可以以金钱计算的利益，但其本身并不是权利。例如，上述事例中，除电线杆被损外，其他损失无法归入具体的财产权利，也不能与人身权及所有权同等对待②，但受害人确实又遭受了某种经济利益的减损。正是因为这一原因，德国债法委员会曾使用"法律上的利益"来解释"纯粹的经济利益"。

第二，侵害行为的方式不同。在一般财产损失中，行为人都是直接实施某种行为侵害了他人权益而造成了损害，如砸毁他人车辆、摔坏他人古董等，导致他人财产遭受直接损失。但纯经济损失经常表现为一种间接性的损害。在绝大多数情况下，它是对某对象直接实施某些加害行为后，从而引发了对第三人的损害。由于这种损失大多表现为行为人对第三人的损害，因而在学理上也称为对第三人的损害。③ 也就是说，遭受纯经济损失的受害人往往并不是直接的加害对象，但纯经济损失的这种间接性不同于通常所说的间接损失。间接损失是相对于直接损失的一个学理概念，是指受害人遭受直接的财产权利和人身权利损害后所引发的附随损失，间接损失是依附于财产权和人身权损害的。纯经济损失不同于间接损失，表现在：一是在间接损失的情况下，行为人针对受害人实施了行为，从而引发了一些附随性损害，而在纯经济损失的情况下，行为人并没有针对受害人实施侵害行为。二是间接损失通常是针对受害人实施了行为并且使受害人遭受了损失，但在纯经济损失的情况下，行为人实施某种行为，引发了第三人的损害，第三人可能是某个人，也可能是多个人。例如，开车撞坏电线杆，导致大面积停电，可能会引发多个工厂的损失。由于此种原因，纯经济损失一旦可以赔偿，将

---

① 值得注意的是，关于挖断电缆案所引发的纯粹经济损失问题，比较法上的做法存在很大的差异，法国法支持因断电受损企业的损害赔偿请求权，而德国法和英国法与此相反，并不支持此种请求。

② 参见王泽鉴：《侵权行为法》，第 1 册，98 页，北京，中国政法大学出版社，2001。

③ 参见潘维大：《中美侵权行为法中不实表示民事侵权责任比较研究》，173 页，台北，瑞兴图书公司，1995。

可能引发众多的赔偿，所有间接遭受损害的第三人都有可能向被告求偿。[①] 据此，在学理上探讨纯经济损失，就是要讨论对纯经济损失是否可以补救以及若对其进行补救，如何予以限制的问题。

第三，损失的表现形式不同。一般财产损失通常都表现为直接的财产损失或者经济利益的损失。例如，砸坏他人车辆的损失，以及运营收入的损失等，都是财产损失的表现形态，但在纯粹经济损失的形态下，表现形态比较复杂。一方面，纯粹经济损失通常不会引发直接的物质性财产损害。例如，因为大规模停电，通常是导致停工停业，所引发的主要是因停工停业带来的收入丧失或者因无法履行对他人的义务而承担的赔偿责任。纯经济损失不同于有形财产损失，因为有形财产的损失是侵害所有权或其他物权的后果，而纯经济损失并不附随于这些权利侵害。另一方面，纯经济损失主要是费用上的损失，可以用金钱来计算。这就意味着，在纯经济损失发生时，受害人并没有遭受人身的伤害，也没有遭受绝对权的侵害，而只是遭受了一种经济上的不利益。如果受害人遭受的是财产权损害、人身伤害、死亡以及侵害其他人格权所引发的精神损害，则可以归入一般侵权的后果之中，不必通过纯经济损失制度来获得赔偿。例如，甲致乙重伤，乙在住院期间，乙的亲属丙对其进行护理，由此支付的各种费用也应当作为一般侵权的后果加以处理。就纯经济损失而言，它也不同于履行利益的损失，或者因违约造成的利润损失。后者本来属于合同法的范畴[②]，是侵害合同权利的后果，应当由合同法予以保护。因此在有些国家，对纯粹经济损失主要是通过合同法的特别制度来调整的。纯经济损失是一种经济上的不利益，这种经济上的不利益是可以以金钱来计算的。当然，关于纯粹经济损失的具体数额，尽管其具有一定的抽象性，但也可以根据被害人在加害原因发生前后的财产差额予以计算，它体现为被害人总体财产之变动，而与具体的物或人身损害无关。[③]

第四，损失是否确定不同。一般财产损失通常都是可以确定的，即受害人的

---

① 参见［德］格哈特·瓦格纳：《当代侵权法比较研究》，高圣平、熊丙万译，载《法学家》，2010（2）。

② See Hedley Byrne & Co Ltd. v. Heller & Partners Ltd. ［1964］AC465，528ff（Lord Devlin）.

③ 参见韩世远：《违约损害赔偿研究》，22～24页，北京，法律出版社，1998。

具体范围、受害人所遭受损害的类型及大小基本上是可以确定的，且行为人通常对此也有比较明确的预期。而纯经济损失大多不具有确定性，甚至被称为"一个重复发生的不可确定的损害类型"①。纯粹经济损失之所以成为比较法上非合同责任领域的最热门话题之一，也就在于其具体范围的高度不确定性。一方面，造成了哪些人的损害是不确定的。例如，某人开车撞坏电线杆，导致大面积停电，究竟在停电之后会有多少企业和个人遭受损失，可能是很难确定的。另一方面，损害的范围可能是不确定的。例如，在停电之后，企业关门、机器受损、工人停工，由此引发各种损失；还可能因为停电使某些住户冰箱里的食物变质，甚至在黑暗中摔倒在楼梯上，或者在黑暗中撞在墙壁上，由此引发各种损失。在纯经济损失形成过程中，原因与结果之间的因果链条过长，对于损害的对象、损害的时间、损害赔偿的范围等都不确定，这也使得损害的数额难以计算。

在现代社会，损害发生后可能产生一种连环的效应，一个部门、一个企业的损害会导致其他部门或其他企业的损失。而大工业的发展、污染活动的增加以及职业行为的发展，都使得很多损害会波及合同之外的第三人。"在现代社会，由于社会生活紧密联系，对一个人的损害可能会产生连锁反应。经济关系之间是如此紧密地相互交织在一起，以至于其中一个破裂可能将产生影响深远的结果。此外，经济损害的连锁反应在没有其他力量介入的情况下从一个人流向另一个人。"② 在这些损害发生以后，又很难通过合同法提供补救。还要看到，随着社会的发展，出现了许多新的侵权类型，这主要表现在现代商业活动中，某一个商业交往行为，可能会给予其有联系的其他商业经营者带来一系列损失。如果该行为造成了其他经营者的损失，则此种损失是否需要保护，也成为侵权法的重点议题。从比较法上看，这主要表现在如下两个领域：一是不正当竞争领域。根据我国《反不正当竞争法》的规定，因从事不正当竞争行为造成损害的，不正当竞争行为人需要对其他法定损害承担赔偿责任，但其责任基础之一，就在于行为人造

①② ［美］D. W. Robertson：《美国法之展望》，载张新宝主编：《侵权法评论》，2003 年第 1 辑，北京，人民法院出版社，2003。

成了纯粹经济损失。二是专家责任领域。在现代商业交往中，一些交往活动通常依据特定主体出具的关于商品或者交易机会的评价信息，来选择自己是否参与该活动。但如果这些信息严重违背真实情况，给有合理理由相信此种信息者造成损害的，也涉及此种损害的赔偿问题。例如，会计师事务所的错误评估导致从事证券交易的第三人信赖利益的损失，就属于纯粹经济损失的范畴。对这些损失，如果采用传统的侵权法对损害进行救济，又遇到侵权责任法所保护的权利范围的限制，以及因果关系、举证上的障碍。为此，大陆法系和英美法系的判例和学说都提出了纯经济损失的概念，试图从侵权法角度提出解决纯经济损失赔偿问题的方法和出路。① 纯经济损失被认为是侵权法一个新的和重要的领域，并被视为侵权法体系中的真正难点。②

(四) 法定损害与边际类型损害

所谓法定损害，是指依据法律规定可以赔偿的财产损害和非财产损害。法定损害所需解决的问题不仅包括哪些损害具有可赔偿性，而且包括在权利遭受侵害以后，究竟应当赔偿哪些损失以及赔偿数额的限制等。例如，在受害人因伤致残的情况下，《人身损害赔偿司法解释》采纳劳动能力丧失说，考虑受害人收入丧失与否的情况，作为残疾赔偿数额的决定因素。③ 该解释第 25 条规定："残疾赔偿金根据受害人丧失劳动能力程度或者伤残等级，按照受诉法院所在地上一年度城镇居民人均可支配收入或者农村居民人均纯收入标准，自定残之日起按二十年计算。但六十周岁以上的，年龄每增加一岁减少一年；七十五周岁以上的，按五年计算。"这就在法律上对损害计算的方法作了明确的界定，这也使得赔偿金的确定具有更强的可操作性。

---

① See Efstatheios K. Banakas, *Civil Liability for Pure Economic Loss*, Kluwer Law International Ltd, 1996, p. 2.

② See Efstatheios K. Banakas, *Civil Liability for Pure Economic Loss*, Kluwer Law International Ltd, 1996, p. 188.

③ 参见黄松有主编：《最高人民法院人身损害赔偿司法解释的理解与适用》，254 页，北京，人民法院出版社，2004；王利明主编：《人身损害赔偿疑难问题：最高人民法院人身损害赔偿司法解释之评论与展望》，560 页以下，北京，中国社会科学出版社，2004。

所谓边际类型损害，是指这种损害界于财产损害与非财产损害之间，不能明确认定其类型归属的损害。法定的损害类型通常分为财产损害与非财产损害，但某些损害既不属于财产损害，也不属于非财产损害，此种损害在学理上就称为边际类型损害。① 最为典型的边际类型损害是物的使用利益的损害。例如，某人汽车因交通肇事被撞毁损，该汽车的修理费用作为财产损害当然能够得到赔偿，但在汽车被撞到修理完毕的这段时间，所有人不能有效地利用该车，这种不能使用而蒙受的不利益，无法作为财产上的损害。因为受害人在汽车维修期间不能使用该车的不利后果，仅表现为权利人主观上的不方便，而无法计入整体财产状态上客观的变动，因此无法作为财产损害请求赔偿，而这种使用上的不方便，也不能作为精神损害要求赔偿。② 据此，就物的使用利益丧失也主张非财产损害赔偿缺乏法律依据。关于使用利益的损失，德国有不少案例，如自用汽车使用利益损害③，机车使用利益损害④，建筑物使用利益损害，甚至狩猎租用权一年不能使用的损害。⑤ 这些损害都属于边际类型损害。关于边际类型损害在法律上如何救济，理论上争议很大。有主张财产损害说的，也有主张非财产损害说的，还有主张双重性质说的。原则上说，在法定损害赔偿制度之下，只有符合法律规定的损害类型的损害，才能获得赔偿。法律上之所以对各种损害的类型进行分类，其主要目的就在于限制赔偿的范围。对于不符合法律规定的损害类型，只有在特殊情况下，才能比照法律规定的类型予以赔偿。笔者认为，边际类型损害本身作为损害的特殊类型，应当受到法律救济，但并非所有的边际类型损害都应当获得法律救济。在赔偿数额的确定方面，应当结合具体案件事实予以考察，为此首先要确定边际损害是否应当赔偿，具体需要考虑如下因素：一是如果不对边际类型损害

---

① 参见曾世雄：《损害赔偿法原理》，295 页，北京，中国政法大学出版社，2001。

② 由于德国法上的非财产损害采取法定主义的方式，因而在德国法中，权利人请求精神损害赔偿必须有法律上的依据，如《德国民法典》第 253 条规定："对于非为财产损害的损害，只有在法律规定的情形，才可以请求以金钱赔偿。"

③ BGHZ 60，214；BGH NJW 1973，747；BGH VersR 1973，441.

④ LC Bremen VersR 1968，907.

⑤ 以上德国案例转引自曾世雄：《损害赔偿法原理》，298 页，北京，中国政法大学出版社，2001。

予以救济，是否可以全面保护受害人的利益，或是否符合公平正义的观念。二是考虑损害和行为人的行为之间是否具有因果联系。例如，汽车被撞毁损后，受害人步行上班给其生活带来不便，这本身属于受害人应当承受的生活风险，不能认为与行为人的行为之间具有因果联系。

如果确实需要对边际类型损害予以赔偿，可以尽可能地比照法定损害的类型予以赔偿。如果边际类型的损害实际上已转化为财产损害，则应适用财产损害赔偿的方式对受害人予以救济。例如，汽车被撞毁损后，在修理期间，受害人无法继续享有该车的使用利益，因而租用他人汽车使用，则该租车费用的支出应当作为财产损害赔偿。[①] 如果受害人没有租车，而是乘坐公共汽车上下班，也可以仅赔偿乘坐公交车的费用。至于受害人因为乘坐公交车而给其带来的不舒适，由于其难以就实际损害举证，且又不属于精神损害，因而不能获得赔偿。

对于不能转化为财产损害的边际类型损害，是否可以适用非财产损害赔偿，也应当具体分析。曾世雄先生认为："此时所侵害者与财产上利益之得失无关，逻辑上认为其为非财产上损害，比较妥适。"[②] 笔者认为，由于对精神损害的赔偿通常必须要有法律的明确规定，且必须是侵害人格权的后果，因而，不能当然地将边际类型损害转化为精神损害。例如，汽车被撞毁损后，受害人乘坐公共汽车上下班而给其带来的不舒适，由于汽车被撞只是财产权被侵害所造成的损失，由此引发的精神上的不愉快不符合精神损害赔偿的条件。但如果因为侵害人格权导致了权利人精神上的沮丧、愤怒、困扰、焦虑等心理痛苦，形成边际类型的损害，也可以比照精神损害赔偿的规定，通过精神损害赔偿获得救济。在一般情况下，边际类型损害与当事人的精神痛苦无关，只是表现为某种生活上的不便，如一定期间内无法享有被毁损物使用利益等。因此，在对受害人的边际类型损害进行救济时，应当严格限制精神损害赔偿方法的适用。

---

　① Karl Larenz, Zur Abgrenzung des Vermoegensschadens vom ideellen Schaden, VersR 1963, 312. 转引自曾世雄：《损害赔偿法原理》，299 页，北京，中国政法大学出版社，2001。

　② 曾世雄：《损害赔偿法原理》，299 页，北京，中国政法大学出版社，2001。

第三节 过错

一、过错的概念和特征

如前所述，从概念上看，侵权行为和过错的概念常常是等同的，由此也表明了过错在侵权责任法中的重要性。[①] 过错是侵权责任构成中的重要因素，我国《侵权责任法》将过错责任原则作为一般归责原则，也将过错确立为一般侵权责任的归责基础，是一般侵权责任不可或缺的构成要件。在特殊侵权责任中，过错推定虽然属于特殊的归责原则，但仍以过错作为其归责的基础，过错推定时责任承担的最终依据仍然是过错。而在适用严格责任和公平责任中，虽然不以过错为基础，但过错对于责任的减轻和免除仍然具有重要意义。关于过错的内涵，历来存在两种不同观点：

1. 主观过错说。所谓主观过错说，是指过错是行为人主观上应受非难的一种心理状态。持主观过错说的学者认为，过错和刑事罪过的概念相类似。故意是行为人追求或者放任某种对他人损害结果发生的意图；而过失是指行为人主观心理状态的欠缺，也就是说，在其内心中本应当注意而不注意，以至于在伦理上，甚至是道德上具有可非难性，因此过失也被称为"人格过失"或"道德过失"[②]。主观过错说认为，故意和过失是行为人的基本的过错方式，在行为人实施侵权行为时，不同的行为人的内在心理过程对其行为及后果所持的态度各不一样，这就决定了过错程度是有区别的。主观过错说是19世纪侵权法的主导理论，《法国民法典》是采取该学说的主要代表。

---

① 过错，也常被称为"过失"，这两个词常常表达了相同的含义。但严格地说，过错包括故意和过失这两种主观状态，应为过失的上位概念。

② 邱聪智：《庞德民事归责理论之评介》，载邱聪智：《民法研究（一）》（增订版），102页，北京，中国人民大学出版社，2002。

主观过错说的哲学基础最早可以追溯到古希腊斯多葛派的学说。按斯多葛派的学说，人类不同于其他动物的特性，就在于他们具有善恶、是非、正义的判断和辨认能力，所有理性的人都应当具有判断力。西塞罗指出："由于人共同具有一种智力，这种智力使人知晓许多事情，并且铭记在心。例如，我们将正直的行为认作是善；将不正直的行为认作是恶。"① 对人类来说，判断力是主要的力量，是真理和道德的共同源泉，因为只有在判断力上，人才是整个的依赖于他自己的，判断力乃是自由、自主、自足的。② 从这种理性和判断力出发，古希腊哲学家认为："各个人之行为既系于其理性之发动，其结果自应归责于行为人。而所谓归责（imputabilite）系属两方面的：一方面为褒赏；另一方面为贬罚。"③ 因此，归责应以责任人具有判断力和自由意志为前提。在 19 世纪，主观过错说产生的原因主要是受 19 世纪盛行的理性哲学，尤其是以康德为代表的"自由意志理论"的影响。这种理论认为，每个具有意志能力和责任能力的人都有意志自由，而人的行为就是在此种自由的意志的支配下所产生的。人们因为故意或过失造成他人损害，由于其滥用了意志自由，因而具有道德上、伦理上的可非难性，并要承担责任。过错以自由意志为前提，而每个自由意志的人应对其过错行为负责，一切责任都是意志责任。正如黑格尔所说："行动只有作为意志的过错才能归责于我。"④ 过错就是指行为人在心理上本应注意而不注意，以至于在伦理上道德上具有可受非难性。

2. 客观过错说。客观过错说是与主观过错说相对应的一种理论，该理论的主要内容包括：第一，过错并非人们内心可非难的一种心理状态，而是指行为人违反了某种行为标准，此种标准可能是法律上确定的行为人应当作为或不作为的义务，也可能是指一个合理的人或者善良管理人应当尽到的义务或注意程度等。违反了该行为标准就表明行为人具有过错，无须探究其内心状态。第二，过错并

① ［美］博登海默：《法理学——法哲学及其方法》，邓正来译，13、15 页，北京，中国政法大学出版社，1999。

② 参见［德］恩斯特·卡西尔：《人论》，11 页，上海，上海译文出版社，1985。

③ 何孝元：《诚实信用与衡平法》，24 页，台北，三民书局，1968。

④ ［德］黑格尔：《法哲学原理》，119 页，北京，商务印书馆，1964。

非在于行为人的主观心理态度是否具备应受非难性，而在于其行为本身是否具有应受非难性。行为人的行为若不符合某种行为标准即为过错，因此，"过错是一个社会的概念"①。应当采用合理人或者善良家父的标准，来对行为人的行为进行评价，以确定其是否具有过错。第三，在用客观标准对行为人的行为进行评价时，应当依赖一个谨慎的人在特定的环境下应当从事的行为标准加以确定，而不是依赖于一个人自身的主观能力而确定。正如美国学者 Holmes 所指出的："人们生活在社会中，某种平均的行为标准的要求，需要个人放弃某种超过一般标准的个人特质，这对于公共福利是必须要的。"②

与主观过错说一样，客观过错说也以一定的哲学理论为基础。从 19 世纪后半叶开始，实证主义哲学在西方极为流行。实证主义哲学认为，先验的推测是不合理的，超出感觉现象以外而理解自然"本质"是不可能的。实证主义哲学假定一切事物（包括人的行为）都有其规律性、必然性和因果制约性，因此，违法行为的发生与其说是由行为者的自由意志决定的，毋宁说是由客观条件决定的。对行为人的道德评价是毫无意义的，也是不可能的。英国哲学家罗素曾言："因果性属于对存在着的世界的描述，而我们已经看到，从存在的东西中，是不能推导出什么是善的推论的。"同时，行为的善恶意义也"完全独立于自由意志之外"。一种正当的或善的行为，往往是在某种既定的环境下所有可能的行为中最具善的结果的行为。③ 该哲学理论逐渐渗透到包括法律科学在内的社会科学的各个领域，也深刻地影响了侵权法的过错理论。客观过错说认为，应当以客观的行为标准来判断过错，一定程度上是受到此种哲学思想的影响。

笔者认为，上述两种过错的理论都具有其合理性，但也都有一定的缺陷。从比较法上来看，过失概念的客观化代表了 20 世纪以来侵权法的发展趋向，即从保护受害人的需要出发，减轻受害人的举证负担，使法官对过错的判断更为简

---

① Andre Tunc, *International Encyclopedia of Comparative Law*, Vol. 4, Torts, Introduction, J. C. B. Mohr (Paul Siebeck, Tübingen), 1974, p. 63.
② Oliver Wendell Holmes, *The Common Law*, Boston, Little Brown and Company, 1881, pp. 77-80.
③ 转引自甘雨沛：《外国刑法学》，120 页，北京，北京大学出版社，1984。

便，从而使过错的判断更好地服务于归责的需要。正是在这个意义上，笔者认为，这些学说都具有其合理性，体现了现代侵权法中过错客观化、责任严格化的发展趋势。客观过错行为作为法定概念，"纯粹是一个社会概念"①，而不是一种道德上、伦理上的评价。由此可见，客观过错理论的发展及其在法律上被普遍采纳，标志着"社会责任的概念取代了个人过错的思想。过失本身也由于过失责任的客观化而发生了变化。这意味着从日益扩大的侵权行为法领域中消除了道德因素"②。

过失判断标准的客观化实际上已吸收了两种过错学说的观点。笔者认为，过错概念的界定应当采取折中的观点。从性质上看，过错是主观要素和客观要素相结合的概念，它是指支配行为人从事在法律上、道德上应受非难的行为的故意和过失状态。换言之，它是指行为人通过违背法律和道德的行为表现出来的主观状态，但对于过错行为，通常要采用客观标准来评价。具体来说：

第一，过错是一种主观状态。对于自然人来说，过错体现为故意和过失的心理状态，因此，任何有过错的自然人必须具有认识、判断事物及其性质的意识因素和决定、控制自己行为的意志因素，缺少这些心理内容，就谈不上有过错。③即使就过失行为而言，其归责性也在于行为人心理状态的不正当性或者不良性。④无民事行为能力人因其不具备正常人的意思能力和判断能力，也就不存在过错。对于作为社会组织体的法人来说，过错并不是心理状态而是主观意志状态的过错，也就是指法人团体意志的过错。不考虑行为人的主观状态，仅根据行为人的外部行为并不能解释过错的内容和本质，而且极易导致责任的不当扩大。例如，因意外事件致人损害或不可抗力致人损害，这些情况对当事人来说是很难预见的，因此不能认为行为人具有主观过错。还要看到，如果不考察行为人的主观状态，即责令行为人承担法律责任，很难实现法律对行为人的惩罚和教育作用。

---

① Andre Tunc, *International Encyclopedia of Comparative Law*, Vol. 4, Torts, Introduction, J. C. B. Mohr (Paul Siebeck, Tübingen), 1974, p. 71.

② ［美］伯纳德·施瓦茨：《美国法律史》，王军等译，206 页，北京，中国政法大学出版社，1990。

③ 参见杨立新：《侵权法论》，184 页，北京，人民法院出版社，2004。

④ 参见张新宝：《中国侵权行为法》，2 版，133 页，北京，中国社会科学出版社，1998。

此外，行为人的主观状态也是确定过错程度的重要依据。区分民事过错程度的意义虽不如刑法上区分刑事罪过程度的意义重大，但民事过错程度对于确定行为人承担何种法律责任以及该责任的范围等，均有重要影响。

第二，过错是受行为人主观意志支配的外在行为。法律绝不调整与规范人们的思想，而只能规范人的行为，因此只有当行为人的意志外化为行为时，才可能进入法律的调整领域，具有法律上的意义。也只有当行为人的主观状态表现为危害社会的行为时，主观状态才构成过错行为。[①] 既然过错是通过行为人的行为表现出来的，那么对过错的评价应当采取客观标准，也就是说，要根据某种行为标准来衡量行为人的行为是否合法、正当。如果行为人的行为不具有法律上和道德上的应受非难性，则不能认定行为人具有过错。还要看到，既然过错是受行为人主观意志支配的外在行为，则过错是行为人的主观意志状态和违法行为的统一，因此，对行为的违法性和过错的评价是同一的、不可分割的。

第三，过错是法律、道德和其他行为准则对行为人行为的否定评价。判定一个人有无过错总是和一定的行为联系在一起。没有行为，不管人们具备何种心理状态，都谈不上过错问题。过错的概念本身体现了一种社会评价和法律价值判断，因为过错体现了"个人人格之非难可能性"[②]。由于行为人在实施某种行为时体现了对社会利益和他人利益的轻视，以及对义务和公共行为准则的漠视，因而，其是有过错的并应承担责任。可见，过错具有非正当性和非道德性，确定某人有过错，表明法律和道德准则对某人的行为作出了否定的评价。

在过错的判断中，违法行为大多可直接表明行为人是有过错的。例如，违反交通规则造成他人伤亡、违反环境保护法规造成环境污染、违反商标保护法规而假冒他人商标，都足以表明行为人主观上是有过错的。但过错的行为不仅在于它违背了法律，而且在于它违反了道德准则，违背法律和道德常常是统一的，因为许多道德规范的内容也要求个人对社会、对他人应履行一定的义务，虽然这种义务不与权利相对应，但它常常是保证法定的权利实现的前提。因此，为促使一些

---

① 参见朱虎：《过错侵权责任的发生基础》，载《法学家》，2011 (1)。

② 邱聪智：《民法研究（一）》（增订版），59 页，北京，中国人民大学出版社，2002。

道德准则（如诚实、守信、公平）为社会全体成员所遵守，法律已将其上升为法律规范。违反这些道德准则也就违背了民事法律的要求。法国学者安德列·蒂克指出："过错是指任何与善良公民行为相偏离的不道德行为。"① 行为人实施的行为具有违法性，毫无疑问表明其具有过错，但即使其行为不具有违法性，也并不意味着其就不具有过错，因为过错是一个比违法性更为宽泛的概念，违反正当行为的标准也构成过错。行为人未尽到对他人应有的注意和谨慎义务，未履行法律法规确定和先前行为引发的保护他人的义务，表明行为人是有过错的。此种过错表明，行为人的行为不一定违法，但其具有道德上的可非难性。需要指出的是，作为归责基础的过错，其主要功能在于确定法律责任，因此，当道德的非难与法律的非难不一致时，应当以法律的非难为准。例如，见死不救的行为在道德上虽然具有可非难性，但并不具有法律上的可非难性，因此即便行为人见死不救，也不能认定其具有过错。

第四，过错的形式不同，其判断标准也不相同。过错的基本形式是故意和过失。在现代社会，侵权责任大多数是过失侵权，对过失的判断应当采取客观标准，因为过失的外在表现主要是指行为人违反了一定的行为标准。出于正确归责的需要，采取客观标准判断行为人的过失更为合理，这也是现代各国侵权责任法通行的做法。但对于故意的判断，则仍应坚持主观标准，因为故意的主观恶性与可非难性更大，行为人所承担的责任较重，所以，行为人在实施加害行为时主观上是否出于故意，应当严格认定。

总之，民事过错是一个主客观因素相结合的概念。某人之所以被认为是有过错的，在法律上和道德上应受到非难，是因为其行为与法律、道德以及其他行为准则（如诊疗规范等）的要求不相符，是因为这种心理状态发展为一定的违反法律、道德和其他行为准则的行为，并造成了致他人损害的后果。但如果仅仅把过错视为客观行为，就不能揭示行为人实施在法律上和道德上应受非难的行为的主观状态，解释行为产生的原因以及其应负责任的根据。从主客观角度定义过错的

① ［法］安德列·蒂克：《过错在现代侵权行为法中的地位》，载《法学译丛》，1991（4）。

概念，就能够正确地确定责任构成要件、行为标准和认定过错的标准，从而合理、正确地认定责任。

二、过错的形式

所谓过错的形式，是指行为人在其行为中表现出来的特定主观状态，即故意和过失状态。侵权责任法和刑法不同，故意和过失的区分在侵权责任法中不具有非常重要的意义，尤其是在损害赔偿领域，就财产损失赔偿而言，采取的是完全赔偿原则，造成多少损失就给予多少赔偿，而不应当根据过错程度确定赔偿范围。在现代社会，侵权责任主要是过失责任，因此不少人认为，侵权法主要应当关注过失，而不应过多地考虑故意。[①] 我国《侵权责任法》虽然没有列专章区分故意和过失，并对这两种形态进行严格的界定和分类，但也重视区分故意和过失。《侵权责任法》第 6 条明确采纳了过错的概念，并在相关条款中将其分为故意和过失两种[②]，同时在有关具体条文中将过失区分为一般过失和重大过失。[③]在我国《侵权责任法》中，过错的类型不仅决定了责任的成立与否，而且在很大程度上确定了责任的范围以及责任的减轻或免除问题。例如，在混合过错、共同过错等侵权行为中，行为人的过错和受害人的过错对于确定损害的分担等，具有较为重要的意义。

（一）故意

故意是指行为人预见自己行为的结果，仍然希望或放任结果的发生。故意为典型的一类过错，也是过错中最重的一种。我国《侵权责任法》在多个条文中采用了故意的概念，包括明文规定的"故意"，也包括不少条文采用的"明知"情形（如《侵权责任法》第 47 条）。故意指行为人对其行为所致的损害后果所持的

---

① See David Howarth, "Is there a Future for the International Torts?", in Peter Birks (ed), *The Classification of Obligations*, Clarendon Press, 1997, 233ff.

② 参见《侵权责任法》第 73 条。

③ 参见《侵权责任法》第 72 条。

一种态度，但何种态度构成故意内容，则看法不一。主要有两种学说：一是"意思主义（Willenstheorie）"。此种观点认为，故意是指行为人"希望"或"意欲"造成某种损害后果。例如，捷克学者凯纳普（Knapp）认为，行为人希望造成对他人的损害，或者知道其行为将有可能侵害他人的合法权利，构成故意。① 法国学者利格尔（Legal）指出，故意是指行为人"希望造成某种损害，或者希望看到某种结果的发生"②。二是"观念主义"（Vorstellungstheorie）。此种观点认为，行为人认识或预见到行为的后果即为故意。按照这种观点，只要行为人已认识或预见行为的后果，就构成故意，至于行为人主观上是否希望或放任此种结果的发生，可不予考虑。根据史尚宽先生的意见，两种观点的主要区别在于："依意思主义，行为人不独知其行为之结果，而只需有欲为之意，依观念主义，则以有行为结果之预见为已足。"③ 例如，知道违章开车有撞伤前方行人之可能，而疾驶汽车，因而伤人，如采取观念说，则为故意，如采意思说，则并非故意。④

上述两种观点虽各有道理，但笔者认为，二者均存在一定的缺陷。"观念主义"的缺陷表现在：首先，这种观点虽然说明了行为人具有认识或预见到行为后果的意志，但并没有表明行为人对行为后果持何种态度，从而并没有解释出故意概念的内容。其次，这种观点不能准确地区别故意和过失的概念。在现实中，大量的过失行为表明行为人对其行为后果并非完全没有预见，只是行为人对其行为后果的预见程度较低，或者其意志活动不是希望或放任的态度。如果将预见行为后果作为故意的内容，则很难区别故意和过失。再次，观念主义说不适当地扩大了故意范围，将许多属于过失的过错归入故意的过错之中，不仅将严重妨碍民事归责，而且极易将民事侵权变成刑事犯罪，混淆罪与非罪的界限。

意思主义说虽表明了行为人对其行为后果所持的态度，即希望、放任的心

---

① See Jean Limpens, *International Encyclopedia of Comparative Law*, Vol. 4, Torts, Chapter 2, Liability for One's Own Act, J. C. B. Mohr（Paul Siebeck, Tübingen），1974，p. 31.

② Jean Limpens, *International Encyclopedia of Comparative Law*, Vol. 4, Torts, Chapter 2, Liability for One's Own Act, J. C. B. Mohr（Paul Siebeck, Tübingen），1974，p. 30.

③ 史尚宽：《债法总论》，112 页，北京，中国政法大学出版社，2000。

④ 参见史尚宽：《债法总论》，111 页，北京，中国政法大学出版社，2000。

态，却并没有说明行为人对其行为后果的认识程度。换言之，在故意的情况下，行为人是否准确地认识到了危害后果、行为与后果之间的直接因果联系，"意思主义"并未作出准确说明。例如，行为人砸毁他人财产时，并不知该财产的价值，甚至不知被砸毁的财产是什么。如果故意的内容要求行为人必须对行为后果有准确认识，则上述行为中行为人的行为并不构成故意。在笔者看来，行为人预见到其行为将发生侵害他人权利的后果而仍然为之，即为故意，至于行为人是否明确其行为的具体后果并不妨碍行为人故意的构成。例如，行为人以写"纪实小说"为名，以他人的真名真姓为小说主人公的姓名，肆意贬低他人人格，行为人已构成侵害他人人格权的故意。至于行为人在写"纪实小说"时，是否意识到其贬低他人人格的行为会造成对受害人的何种损害，并不妨碍行为人故意的成立。

综上所述，笔者认为，故意是指行为人预见自己行为的结果，仍然希望或放任结果的发生。故意包括两种主观状态：一是明知损害将要发生；二是欲求损害后果的发生。当然，根据"欲求"的方式是积极行为还是消极不作为，可以将故意区分为直接故意和间接故意。具体来说，故意包含如下两方面的内容：

第一，行为人预见到行为的后果。易言之，行为人理解了自己行为的性质，认识到了其行为将发生损害他人的后果。不过，这种认识并不等于损害后果，行为人并不一定认识到自己的危害行为的发展和必然趋势，也不一定对其行为损害的对象、损害的特定后果等有准确的认识。英国学者哈特指出，在考察故意时应当注意到："对于法律来说，只要已预见结果便够了，纵令该结果不是行为人所追求的，纵令他认为仅是其活动不良的副产品。"[①] 由于侵权责任法更注重对受害人的补救而不是对加害人的惩罚，因而并不区分直接故意和间接故意，并不要求"预见到的结果是如此直接，而不可避免地与所实施的行为紧密相连"。例如，行为人故意伤害他人却致他人死亡，故意击打窗户却造成窗户附近的人的伤害，若没有介入第三人或受害人的过错，则行为人对最终的结果亦构成故意。

第二，希望或放任结果的发生。在欧洲私法一体化进程中，由学者起草的

---

① ［英］哈特：《惩罚与责任》，王勇等译，113、114 页，北京，华夏出版社，1989。

《欧洲示范民法典草案》中，故意也同样被界定为"希望追求损害结果的发生"和"行为人在明知损害将要或者很可能将要发生时，放任此种结果的发生"①。行为人不仅意识到其行为会发生损害他人的后果，而且对其行为后果的发生抱着希望或放任的态度。这种态度都是通过其行为表现出来的，并且与过失行为人的不注意态度有所区别。希望是指行为人通过一定的行为努力追求损害后果，努力造成损害后果的发生。放任是指行为人虽不希望其行为后果发生，但并不采取避免损害后果发生的措施，以至于造成了损害后果。例如，行为人明知前面有小孩走过，仍然在公共场所投掷飞碟，以至于砸伤小孩。放任的态度虽不像希望的态度那样，在主观上积极追求某种结果的发生，但行为人基于放任的态度而选择有害他人的行为并造成损害他人的结果，受害人也有权请求行为人承担故意侵权的责任。

在侵权责任法中，除故意之外还存在"恶意"一词。"恶意"一词可能有两种含义：一是指无正当理由故意从事某种违法行为；二是指具有不正当的动机。② 如果使用恶意一词，就必须要考虑行为人的动机。按照大多数学者的看法，动机问题在民法中没有意义。但在某些情况下，考虑行为人的动机是必要的。在美国1964年《纽约时报》诉萨利文一案（New York Times v. Sullivan, 376 U. S. 254（1964））中，法官确立了"真实恶意"（actual malice）原则，即主要媒体所报道的内容基本真实，且不存在侵害他人的恶意，则不构成侵权。我国法律也确认在某些情况下，恶意也会成为归责的依据。例如，《民法通则》第58条第1款第4项规定的恶意串通，损害国家、集体或者第三人利益的行为，亦构成侵权行为。在这里，"恶意"的概念包括了行为人的不正当动机。再如，毁损他人人格的动机是泄私愤还是嫉妒等，对于确定行为人的精神损害赔偿数额也具有重要意义。

我国侵权责任法区分了故意和过失。故意是一个主观概念，只能根据主观标

---

① Christian von Bar, *Principles*, *Definitions and Model Rules of European Private Law*, *Draft Common Frame of Reference*, Outline Edition, Sellier European Law Publishers, 2009, p. 399.

② 参见张民安：《过错侵权责任制度研究》，234页，北京，中国政法大学出版社，2002。

准来具体衡量，而过失的判断标准日益客观化，通常以一个假想的具有合理预见能力人为标准，以判断行为人是否存在过失。且过失还可以通过法律推定、裁判推定等特别的方式予以证明。除此之外，区分两种过错形式的主要意义在于：

第一，有利于确定是否构成某些特殊侵权责任。一些特殊侵权责任的成立要求行为人主观上具有故意。例如，《侵权责任法》第36条第2～3款规定："网络用户利用网络服务实施侵权行为的，被侵权人有权通知网络服务提供者采取删除、屏蔽、断开链接等必要措施。网络服务提供者接到通知后未及时采取必要措施的，对损害的扩大部分与该网络用户承担连带责任。网络服务提供者知道网络用户利用其网络服务侵害他人民事权益，未采取必要措施的，与该网络用户承担连带责任。"据此，网络服务提供商构成此类侵权要求其主观上明知有人通过其网络实施侵权行为，未对此采取必要措施就意味着其具有放任损害结果发生的心态，属于间接故意。再如，出于侵权行为形态的复杂性以及维护人们行为自由与保障权利之间的协调性考虑，侵权责任法对于利益的保护，需要有主观要件的限制，这尤其表现在对债权的保护上。在我国，债权原则上不受侵权责任法保护，一般认为，当行为人因过失侵害债权时不构成侵权，但如果行为人基于故意而侵害他人债权时，有可能成立侵权责任，因而故意成为此种侵权责任的特殊要件。[1]

第二，有利于区分刑事责任和民事责任。故意的侵权可能构成犯罪，侵权责任法中的侵权大多是过失侵权。[2] 故意侵权行为的社会危害性较大，且有较大的重复发生可能性，法律上需要通过刑罚的方式实现对此种行为的预防。而对于过失行为，其社会危害性较小，原则上不必要求行为人承担刑事责任，但从对受害人救济的角度出发，无论对于故意行为还是过失行为，都应当要求行为人对受害人承担侵权责任。

第三，有利于准确认定因果关系。在判断因果关系方面，区分故意和过失也

---

[1]　Sayre, Francis Bowes, "Inducing Breach of Contract", *Harvard Law Review*, Vol. 36, Issue 6, pp. 663-703.

[2]　See Christian von Bar, *Principles of European Law-Non Contractual Liability Arising out of Damage Caused to Another*, Oxford University Press, 2009, p. 257.

具有重要意义。在行为人故意侵权的情形下，常常可直接推定行为人的行为与损害后果之间具有因果关系，但对于过失侵权，则需要依据相当因果关系等标准判断行为人的行为与损害后果之间是否具有因果关系。

第四，有利于准确认定是否构成共同侵权。依据《侵权责任法》第8条的规定，二人以上共同实施侵权行为，造成他人损害，构成狭义的共同侵权行为。而此种共同侵权行为与无意思联络的数人侵权的主要区别在于，是否存在共同过错。此种共同过错大多是指行为人具有共同的意思联络，即具有共同故意，也正是因为各个行为人具有共谋，因此，其需要对受害人的损害承担连带责任。

第五，有利于确定受害人过错对责任减免的效力。虽然我国《侵权责任法》第27条仅将受害人的故意作为免责事由，但是在第26条中规定过错是减轻责任的事由。这就意味着，不仅受害人的故意而且受害人的过失，也可以作为免除或减轻责任的事由。一般来说，受害人的故意常常可以作为一种免责事由，但过失一般只能作为责任减轻的事由，而通常不会导致责任的完全免除。在作为责任减轻的事由上，故意和过失的区分也至关重要。在行为人没有过错的情况下，受害人的故意通常可直接导致行为人责任的免除。而在行为人也具有过错时，尤其是因故意或者重大过失致他人损害的情形，受害人的故意只能成为行为人责任减轻的事由，而不能成为免除的事由。当然，受害人的过错对责任的减免效力，也要考虑不同归责原则的适用。例如，受害人的一般过失通常可以作为过错责任的减轻责任事由，而在严格责任中，受害人的一般过失则并不一定能够成为减轻责任的事由。

第六，有利于惩罚性赔偿的运用。在惩罚性赔偿中，根据我国《侵权责任法》第47条的规定，"明知产品存在缺陷仍然生产、销售，造成他人死亡或者健康严重损害的，被侵权人有权请求相应的惩罚性赔偿"。此处所说的明知指的就是"故意"。所谓"相应的"，就是指在确定惩罚性赔偿的数额时，要考虑行为人的过错程度对损害后果的影响，从而确定行为人的责任。

第七，有利于精神损害赔偿的运用。我国《侵权责任法》第22条规定了精神损害赔偿，虽然条文中没有明确在确定精神损害赔偿数额时是否应考虑行为人

的主观心理状态，但根据《精神损害赔偿司法解释》第 10 条的规定，法官在确定行为人的精神损害赔偿数额时，应当考虑"侵权人的过错程度"。此处所说的侵权人的过错程度，就是指要考虑侵权人主观上是故意还是过失，以及过失的程度。

第八，在保险责任领域，二者的区分对保险公司赔偿责任的免除问题也影响重大。通常来说，只有被保险人的故意侵权才可能免除保险公司的责任。[①]

(二) 过失

1. 过失的概念

过失是和故意相对应的一种过错形式。按照一般的理解，民事过失是指行为人对自己行为的结果应当预见或者能够预见而竟没有预见，或虽然预见了却轻信这种结果可以避免。应当预见或能够预见而竟没有预见称为"疏忽"；已经预见而轻信可以避免称为"懈怠"[②]。德国民法学者认为，过失可分为有认识的过失 (bewusste Fahrlaessigkeit) 和无认识的过失 (unbewusste Fahrlaessigkeit)。前者是指行为人虽然没有认识到其行为具有产生损害后果的抽象可能性 (非现实可能性)，但如果尽到相当注意则可以加以认识并予以避免；后者是指行为人虽可认识到其行为可能产生的损害后果，但是由于欠缺相当的注意以至于无法认识到。[③] 可见，过失和故意的区别在于，行为人是否实际预见到其行为的后果和对此种后果所持的态度。过失常常是指行为人没有预见到自己的行为会发生危害他人的结果 (至少没有认识到产生损害后果的现实可能性)，危害结果的发生也并不是行为人所努力追求的，或者行为人虽对损害结果发生的抽象可能性有认识，但因为轻信可以避免结果的发生而没有采取措施避免。无论如何，在过失的情形下，实际发生的损害都不是行为人所希望或放任的结果。

然而，过失并不是该行为人对危害结果处于无意识状态，或者在实施行为时其主观上是一片"心理真空"。对于疏忽大意的过失来说，行为人没有意识到自

---

① 参见朱岩：《风险社会与现代侵权责任法体系》，载《法学研究》，2009 (5)。

② 佟柔主编：《中国民法》，576 页，北京，法律出版社，1990。

③ See Markesinis Basil S., Hannes Unberath, *The German law of torts*: *a Comparative Treatise*, Bloomsbury Publishing, 2002, p. 83.

己的行为会发生危害社会的结果，乃是行为人意志松懈和意识怠惰的结果，是行为人对结果的不注意心态所导致的。因此，过失的心态是行为人对法律和道德所包含的特定注意要求的忽视和不注意。在意志态度上，行为人并不希望损害结果的发生，具有事与愿违的属性。

在行为人具有过失的情形下，行为人之所以应当承担法律责任，不在于其主观上没有预见或没有认识，而在于其行为背离了法律和道德对其提出的应对他人财产、人身尽到合理注意的要求，在于其没有尽到对他人注意的义务，以至于造成了对他人的损害。[1] 过失行为通常是受行为人的意志支配和控制的，即行为人因疏忽大意而对行为结果处于无认识状态，或行为人对于其行为结果已有认识或能够认识，因不注意或过于自信而使其缺乏认识，这些都只是表现了行为人的主观状态和意志态度，而这种意志态度若没有体现为未履行法律和道德对行为人所提出的注意义务，并造成对他人的损害后果的行为，则行为人并没有应受非难性。因此，从归责意义上说，民事过失的核心不在于行为人是出于疏忽或懈怠而使其对行为结果未能预见或未加注意，关键在于行为人违反对他人的注意义务并造成对他人的损害。行为人违反注意义务是其承担过失责任的根据，因此，在判断行为人的过失时，不应用主观标准具体判定行为人的心理状态，也无须区别行为人是过于自信还是疏忽大意，而应运用客观尺度，根据行为人的行为来考察其是否具有过失。

2. 过失的判断标准

从两大法系的经验来看，二者都采用了抽象的标准或者说客观的标准判断过失。所谓采用客观标准衡量，即在判断某人是否具有过失时，主要考虑行为人是否具有一个在同样的情况下合理的人为了避免损害的发生所应当采取的注意义务。[2] 具体而言，大陆法系一般采用"良家父"（bonus pater familias）标准，英美法系一般采用"合理人"（the reasonable man）的标准。

---

[1] See Winfield, "Percy H. History of Negligence in the Law of Torts", *The. LQ Rev.* 42 (1926), 196.

[2] Hein Kötz, Gerhard Wagner, Deliktsrecht 9th ed. Hermann Luchterhand Verlag, 2001, p. 106.

（1）大陆法的"良家父"标准

"良家父"标准起源于罗马法，罗马法把注意分为两种，即"疏忽之人"可有的注意和"良家父"的注意。① 未尽一个疏忽之人可有的注意为重过失，而未尽一个"良家父"的注意则为轻过失。"盖善良家父，每为机谨之人，其所不注意者，往往不关重要，故急于为善良家父之注意时，只犯轻过失也"②。罗马法所确定的"良家父"标准对现代大陆法影响极大。"在大多数大陆法国家中，过错是指未能像一个良家父，即一个细心的、谨慎的、顾及他人的人在同样的外部环境下行为。"③ 适用"良家父"标准最典型的国家是法国。

在法国法理论中，"fault"（过失）被认为是："违反了一般规则：交换正义（commutative justice）或矫正正义（corrective justice）"④，法国法极注重运用"良家父"标准来衡量行为人的过失，并把过失看作是违反了"良家父"应负的注意义务。⑤ 以违反注意义务的标准来认定行为人的过失，在交通事故、产品责任、医疗事故等领域运用得越来越广泛。例如，在法国的一个医疗事故的判例中，医生以自己的经验和技术欠缺作为抗辩，法院认为："该行为人不充分考虑自己之经验及能力，而轻率地进行如此困难的医疗行为，即应认为已违反了注意义务。"⑥ 法国法虽继承了罗马法的做法，但与罗马法的规定又不尽相同。法国法认为，未尽"良家父"所应有的注意并非轻过失而为一般过失，可见法国法已提高了行为标准。还应当看到，罗马法认为，"精神病人和低于责任年龄的儿童的行为不过是动物的行为，或仅仅是一个事件"⑦，因此，对无民事行为能力人

---

① 参见陈朝璧：《罗马法原理》上，148 页，上海，商务印书馆，1937。

② 史尚宽：《债法总论》，360 页，北京，中国政法大学出版社，2000。

③ Andre Tunc, *International Encyclopedia of Comparative Law*, Vol. 4, Torts, Introduction, J. C. B. Mohr（Paul Siebeck, Tübingen），1974, p. 71.

④ Francesco Parisi, *Liability for Negligence and Judicial Discretion*, Berkeley: University of California Press, 2nd. de. , 1992. , at 158 – 159.

⑤ See Andre Tunc, *International Encyclopedia of Comparative Law*, Vol. 4, Torts, Introduction, J. C. B. Mohr（Paul Siebeck, Tübingen），1974, p. 71.

⑥ 洪福增：《刑事责任之理论》，295 页，台北，刑事法杂志社，1982。

⑦ Jean Limpens, *International Encyclopedia of Comparative Law*, Vol. 4, Torts, Chapter 2, Liability for One's Own Act, J. C. B. Mohr（Paul Siebeck, Tübingen），1974, p. 94.

的行为绝对不能用"良家父"的行为标准来衡量。而按照法国法,"良家父"标准适用于任何人,不管是成年人还是未成年人,不管是智力健全的人还是心神丧失的人。① 法国法院认为,"过错应该抽象地说明,应该通过与一个细心和谨慎的人的智力状态相比较中发现是否有过错。我们应该使每个未成年人赔偿损害,正如我们要使一个身体残废的人赔偿损害一样,尽管这种残废只是因先天的生理缺陷形成的。如果认为这样做有些不合适,这只是因为我们惯于把过错的概念塞进了某些道德的内容"②。这样,"良家父"的标准成为一切人的行为标准,无论行为人是否能够像"良家父"那样行为,都要以"良家父"的行为标准来衡量行为人的行为。这种标准对其他一些国家也产生了影响。大陆法不少国家在判断过失时都采"良家父"标准,即行为人应当以一个合理的、谨慎人的标准去行为,否则就存在过失。

德国法也采纳了客观标准,但其摒弃了"良家父"的概念,而采取要求把人划分为不同的社会群体③,以同职业、同年龄人的行为来衡量行为人的行为。客观标准是根据行为人所属的社会群体来决定的。而相关群体的划分依据是要根据具体的损害事实来决定的。④ "行为人如欠缺同职业、同社会交易团体成员一般所应具有之智识能力时,即应受到非难。"⑤ 不过,究竟应当采用何种群体的衡量标准,是由法院来决定的。尤其是涉及某种特定职业时,个人能力就有可能被纳入考虑的范围。例如,一位外科大夫必须要像一般的外科大夫那样履行自己的职责。如果他事前预见到他工作所需求的注意义务高于他自身所能达到的标准,那么即便是他达到了自己最大的注意义务,也不能够免除责任。⑥ 德国法的做法

① See Andre Tunc, *International Encyclopedia of Comparative Law*, Vol. 4, Torts, Introduction, J. C. B. Mohr (Paul Siebeck, Tübingen), 1974, p. 71.

② Jean Limpens, *International Encyclopedia of Comparative Law*, Vol. 4, Torts, Chapter 2, Liability for One's Own Act, J. C. B. Mohr (Paul Siebeck, Tübingen), 1974, p. 94.

③④ See P. Widmer (Ed.), *Unification of Tort Law: Fault*, Kluwer Law International, 2005, p. 109.

⑤ [德]卡尔·拉伦茨:《德国法上损害赔偿之归责原则》,转引自王泽鉴:《民法学说与判例研究》,第 5 册,286 页,北京,中国政法大学出版社,2003。

⑥ See P. Widmer (Ed.), *Unification of Tort Law: Fault*, Kluwer Law International, 2005, p. 109.

兼顾了行为人的职业、年龄等特点，使客观标准在衡量过失中更为合理和准确。

（2）英美法的"合理人"标准

在判断过失时，普通法采取了"合理人"的标准。"合理人"的标准也就是"良家父"的标准，即按照一个合理的、谨慎的人的标准来判断行为人的行为是否正当、合理。合理人标准的特点在于：第一，它具有普遍适用性，也就是说，不考虑每个人的个性，而普遍适用于一切人。第二，它具有确定行为标准的功能，从而引导人们正确地行为。什么是"合理人"？合理人是指一个谨慎的、勤勉的人。[①] 温菲尔德认为："合理人"是过失侵权行为的核心，这个词可能被用来指一种独立的侵权行为，或描述某种其他疏忽行为的主观状态。他认为合理人"没有阿基里斯（Achilles）的勇气，也没有尤利西斯（Ulysses）的智慧和海格兰斯（Hercules）的力量"[②]，此处的阿基里斯、尤利西斯、海格兰斯均为希腊神话中的神。但他在各个方面并不是愚笨的，他并非不吸取和考虑社会的经验教训，若经验表明某种行为乃是对他人的过失，他就会极力避免此种过失。合理人"并非为一个完美无缺的公民，亦不是谨慎的楷模"，但是，他是谨慎的、勤勉的、小心的人。温菲尔德强调，若法律需要他在与他人打交道时应有某种程度的技术、能力，他必须具有此种技术和能力，若法律为指导一般人的行为作出了特殊要求，"合理人"为满足此种要求必须调整自身的行为。因此，在温菲尔德看

---

① A. P. 赫伯特伯爵将其形象地描述为："他是一种理想，一种标准，是我们要求优秀公民具备的品德的化身……在构成英国普通法的令人迷惑的博学的审判中，旅行或长途跋涉，不与理性的人相遇是不可能的。理性的人总是替别人着想，谨慎是他的向导，'安全第一'是他的生活准则。他常常走走看看，在跳跃之前会细心察看一番；他既不会心不在焉，也不会在临近活动门或码头边还在冥想之中；他在支票存根上详细记录每一件事，并且认为是很有必要的；他从不跳上一辆奔驰的公共汽车，也不会在火车开动时从车里走出来；在施舍乞丐前，总要细心打听每个乞丐的底细；抚弄小狗时，总要提醒自己别忘了小狗的过去和习性；若不弄清事实真相，他绝不轻信闲言碎语，也不传谣；他从不击球，除非他前面的人确实已将他的球穴区弄得空无一物；在每年辞旧迎新之际，他从不对他的妻子、邻居、佣人、牛或驴子提出过分的要求；做生意时，他只求薄利，且要有像他这样的12个人都认为是'公平'的，而且他对生意伙伴、他们的代理人及货物所持的怀疑和不信任也是在法律认可的程度之内；他从不骂人，从不赌博或发脾气；他信奉中庸之道，即使在鞭打小孩时，他也在默想中庸之道；他像一座纪念碑矗立在我们的法庭上，徒劳地向他的同胞们呼吁，要以他为榜样来安排生活。"［美］罗伯特·考特、托马斯·尤伦：《法和经济学》，张军等译，455～456页，上海，上海三联书店，1991。

② Winfield and Jolowicz, *The Law of Torts*, p. 47.

来，合理人实际上并不是一般人，而是一个像"良家父"那样的谨慎、勤勉的人。以合理人的标准认定行为人的过失，有利于指导人们正确地行为，从而发挥侵权法的预防和教育等功能。第三，"合理人"标准还具有可操作性。如果以抽象的标准认定行为人的过失，则很难在实务中加以运用，而合理人标准的操作非常简便易行，因为它既可以由受害人举证证明行为人的行为不符合一个合理人的标准，法官也可以不经受害人举证，而直接判断行为人的行为是否符合合理人的要求。未按照一个合理人的行为标准行为，即表明行为人具有某种道德上的可谴责性，因而应当承担责任。①

由此可以看出，两大法系在判断过失时，都要求将行为人的行为与一个合理人的标准进行比较。例如，把一个普通人或"良家父"的行为与行为人的行为进行比较，若一个普通人或"良家父"置身于行为人造成损害时的客观环境，不会像该行为人那样作为或不作为，那么行为人就是有过错的。客观标准注重的是对行为人的外部行为的考虑，而不是对行为人的内在心理状态的检验。② 过失"是在大多数情形下未能像一个合理的、谨慎的人那样从事谨慎、合理的行为"③。法国学者马泽昂德和丹克曾指出：过错"是一种行为的错误，一个谨慎的、努力履行其对社会的义务的人，若放在和被告同等的环境下是不会犯这种错误的"④。我们在判断过失时，应当借鉴两大法系的经验，采用客观标准来判断。

3. 我国侵权责任法上过失的判断标准

我国侵权责任法虽然没有明确规定过失的判断标准，但结合相关规定以及我国司法实践，过失的认定应当采纳客观的标准。这就是说，在判断过失时，要按

---

① See David Ibbetson, *A Historical Introduction to the Law of Obligations*, OUP Oxford, 1999, p. 181.

② See David Ibbetson, *A Historical Introduction to the Law of Obligations*, OUP Oxford, 1999, p. 197.

③ Conway v. O'Brien, 111 F. 2d 611 (2d Cir. 1940). rev'd on other grounds, 312U. S. 492, (1941).

④ Mazeaud and Tunc, Traité théorique et pratique de la responsabilité civile I (6e ed., Paris 1965) II no. 1486.

照法律、法规等规范所确立的注意义务和一个合理的、谨慎的人所应当具有的注意义务，来确定行为人应当达到的行为标准。但在按照这一标准来判断过失时，也要兼顾不同群体、不同年龄、不同职业等人群的特点，确定其应当具有的注意义务标准。具体来说：

（1）以法律、法规等规范所确定的注意义务为标准，确定行为人是否具有过失。在我国，大量的法律、法规都已经确定了注意义务标准，特别是由于现代社会工业化和科学技术的发展，在医疗活动、交通运输、产品生产和销售等领域已出现了越来越多的技术性规则，这些规则向行为人提出了明确的注意义务要求，对这些义务的违反即构成过失。例如，《食品安全法》对食品的生产经营者的注意义务作出了相关规定。[①] 再如，《侵权责任法》第58条第1项规定，"违反法律、行政法规、规章以及其他有关诊疗规范的规定"，推定医疗机构具有过错。因此，不仅以法律和行政法规的规定为标准，而且应以诊疗规范为标准，此处所说的诊疗规范往往是行业规范。此外，应当看到，民法上的注意义务并不限于法定义务，还包括道德义务。道德义务是社会一般道德标准，而不是个人的道德标准。源于道德规范的注意义务把人的日常生活中的一些社会共同生活规则纳入了注意义务的内容，这显然有利于保护行为人的行为所涉及的他人利益，有利于加强行为人的责任感，以维护社会的安定。

（2）以一个合理的、谨慎的人所应当具有的注意义务来判断。这就是说，首先，要确定一个合理的、谨慎的人在行为人实施行为的环境之下应当如何行为。如果行为人没有像一个合理的、谨慎的人那样行为，则应当认为其具有过错。一般注意义务是指社会普通人在通常情况下所应当达到的注意标准。例如，《侵权责任法》第36条第3款规定："网络服务提供者知道网络用户利用其网络服务侵害他人民事权益，未采取必要措施的，与该网络用户承担连带责任。"此处所说的"知道"如何判断？笔者认为，如果"知道"在特殊情况下包括应当知道，那么就应当以客观的行为标准来认定网络服务提供者是否知道。理性人标准仍然是

---

① 参见《食品安全法》第33条等。

抽象的，它必须根据案件的特定环境来决定行为的标准。理性人不仅要自己合理、谨慎地行为，而且要考虑到其他人是否会因自己的行为而受到损害。[①] 以一个合理的、谨慎的人的标准作为判断行为人是否尽到注意义务的标准，有利于督促人们按照合理的、谨慎的人的标准那样行为，从而避免和预防损害的发生，实现社会的安全。其次，一般注意义务是指按照一般人的标准衡量行为人是否有过错，而不能考虑行为人自身特殊的弱点或缺陷。例如，确定司机在驾车时是否尽到了注意义务，应当按照客观的一般人标准来进行，而不考虑每个人的年龄大小、性格是否急躁、视力如何等因素。正如霍姆斯所指出的，过失应以合理人的标准来确定，"法律的标准是普遍适用的标准……人们在社会中共同生活，应当牺牲个人超出某一点之外的那些独特性，这对于普遍的福利而言是必要的。比如，一个人如果生来就比较草率而笨拙，总是搞出一些意外，伤及自己或其邻人，无疑上帝是会宽恕他的天生的缺陷的，但他的失误带给他邻居的麻烦，并不比邻人因为其不法的过错行为而遭受的麻烦更小。因而，他的邻人会要求他自担风险"[②]。

在实践中，以一个合理的、谨慎的人的行为人标准判断行为人是否具有过失具有重要意义。试举一例来分析：原告（某游客）随旅行团到一海边城市旅游，早晨起来见被告（某宾馆）的游泳池是对外开放的，就想跳下去游泳。该泳池虽然在前一天晚上达到了标准水位，但是，第二天早晨因水池底部泄漏使水深不能达到可游泳的高度。而原告因视力不佳，未能注意到水位过浅，且看到水池开放，没有任何警示标志，便没有仔细查看，就跳入水池。因池水太浅，原告跳水时摔断肋骨两根。后原告在法院提起诉讼，一审法院认为，原告作为成年人应当仔细查看泳池的水深是否达到标准，在没有查看水深的情况下便跳水，具有重大过失。因此，驳回了原告的赔偿请求。笔者认为，在该案中，虽然受害人具有过失，但宾馆具有重大过失，因为宾馆不仅没有按照一个合理的、谨慎的人的行为

---

①　参见欧洲侵权法小组编著：《欧洲侵权法原则：文本与评注》，于敏、谢鸿飞译，118 页，北京，法律出版社，2009。

②　Oliver Wendell Holmes, *The Common Law*, Boston, Little Brown and Company, 1881, p. 108.

标准来行为，而且具有严重的疏忽大意。主要理由在于：第一，在泳池的水位没有达到标准深度的情况下便对外开放。宾馆虽然在前一天晚上注水达到标准水位，但其应当注意到，水池底部有瑕疵，在早晨没有查看的情况下便向旅客开放。宾馆应该预见到水位不能达到标准水位时的危险性，因此，其具有重大过失。第二，在水位不能达到标准水位时，宾馆应当设置明显标志，或者派专人看管。但宾馆没有设置警示标志，或者派专人看管。第三，明显违反了有关规定。按照有关规定，只要是对外开放的泳池，就应当设置相应的安全保护措施，例如，设置救生员等。由于宾馆严重违反了相关规定，可以认定其具有重大过失。当然，在该案中，受害人也具有过失，但不能据此免除行为人的责任。

（3）在特殊情况下，应当采用特殊的标准。合理和谨慎人的标准事实上"排除了个人因素，并不受其行为受考量的特定人的特异情形的支配"①。根据客观标准来判断行为人的过失，还必须注意到，要根据不同的人群来确定不同的注意义务标准。② 因为一般人的注意义务标准，不考虑每个行为人的具体特点，如职业、年龄、身体状况等，尤其是对未成年人、老人、残疾人、专业人士等，要作为不同的群体，因此不能够用一般人的注意义务来进行衡量。具体来说：

第一，要考虑专业人士的特点。对于从事较高专业性、技术性活动的行为，必须按照专业技术人员通常应有的注意标准提出要求。③ 按照合理信赖原则，社会一般人对专业人士有合理的信赖，即期待其像专业人士一样行为，尽到较之于社会一般人来说更高的注意义务。专业人士的能力"至少在每个理性人的一般水平之上"④，反之，如果某人欠缺必要的专业能力，却贸然从事某种专业活动，

---

① Muir v. Glasgow Corporation 1943 SC（HL）3.

② See P. Widmer（Ed.），*Unification of Tort Law：Fault*，Kluwer Law International，2005，p. 109.

③ 例如，我国《医疗事故处理条例》第2条规定："本条例所称医疗事故，是指医疗机构及其医务人员在医疗活动中，违反医疗卫生管理法律、行政法规、部门规章和诊疗护理规范、常规，过失造成患者人身损害的事故。"因此，在判断医疗机构及其医务人员这样一个专业机构与人员的过失时，应当以医疗卫生管理法律、行政法规、部门规章和诊疗护理规范、常规为标准。

④ 欧洲侵权法小组编著：《欧洲侵权法原则：文本与评注》，于敏、谢鸿飞译，120页，北京，法律出版社，2009。

并让他人错误地信赖其具有此种专业能力，这就形成了对社会公众信赖的破坏（德国学者称其为"承担过失"，Uebernahmeverschulden）。[1] 在英美法中，职业过失（Malpractice）是指："专业人员的失职行为，通常指医生、律师、会计师等专业人员的失职或不端行为。专业人员未能按照该行业一般人员在当时情况下通常应提供的技能、知识或应给予的诚信、合理的服务致使接受服务者或有理由预料其服务的人遭受伤害、损失的均属失职行为。包括各种职业上的违法、不道德、不端行为，和对受委托事项不合理地缺乏技能或诚信服务。"[2] 另外，专业人士也通过其专业活动获得了较高的报酬，按照权利与义务相一致的原则，要求其负有较高的注意义务也是合理的。因此，根据我国《侵权责任法》第 57 条的规定，判断医务人员是否具有过错，应当以当时的医疗水平作为标准进行判断。如果医务人员在医疗活动中未尽到与当时的医疗水平相应的诊疗义务，则应当认定其有过失。

第二，要考虑不同行业的特点。行为人的行业不同，其经营习惯、交易习惯也不相同，其注意义务标准也应当存在一定的区别。例如，对爆竹等易燃易爆物品的管理，一般人的管理和专门的经营者的管理应当有区别。尤其是不同的行业，其行为的危险性不同，这对于注意义务的确定具有较大影响。如果行为人从事的活动属危险性活动，极易造成危害他人的后果，行为人应保持更高的注意义务，保持高度谨慎的态度以避免造成对他人的损害。在根据不同行业来确定注意义务时，行业自律规范、行业习惯等对于注意义务的认定具有重要意义。再如，我国《侵权责任法》第 37 条规定了违反安全保障义务的责任，但在确定"场所责任"和"组织者责任"时，要考虑场所所属行业的不同特点，来确定其是否未尽到安全保障义务。例如，在五星级酒店之内，酒店经营者应当负有义务，避免其顾客受到他人的抢劫等暴力侵害；但在街边小酒馆之内，其经营者似乎不应负有过重的义务，最多只是应当通过报警等方式来保护顾客。如果不区分各种不同

---

① 参见欧洲侵权法小组编著：《欧洲侵权法原则：文本与评注》，于敏、谢鸿飞译，120 页，北京，法律出版社，2009。

② 《元照英美法词典》，888 页，北京，法律出版社，2003。

的行业特点，而一概地采用统一标准，就难以适应不同行业的要求，可能不当加重或者降低行为人的注意义务，不利于准确认定行为人的责任。①

第三，考虑无民事行为能力人和限制民事行为能力人的特殊情况。专业人士的标准往往比一般人的标准高，但无民事行为能力人和限制民事行为能力人的意思能力往往不足。虽然依据我国《侵权责任法》的规定，监护人对无民事行为能力人和限制民事行为能力人实施的致害行为承担侵权责任，但是在考虑监护人责任时不能不考虑无民事行为能力人和限制民事行为能力人的特殊情况。② 因为个人的年龄、精神健康状况等不同，对其行为性质、后果等的判断是有差异的，其注意义务标准也有所差异。如果法官完全不考虑无民事行为能力人和限制民事行为能力人的特殊情况，将难以判断监护人的过错程度和责任大小。例如，《侵权责任法》第 32 条规定："无民事行为能力人、限制民事行为能力人造成他人损害的，由监护人承担侵权责任。监护人尽到监护责任的，可以减轻其侵权责任。"这里主要不是考虑无民事行为能力人和限制民事行为能力人的过错，而是适当考虑监护人的过失（即"监护责任"），但判断监护人的过失又需要考虑无民事行为能力人和限制民事行为能力人的特殊情况。再如，在紧急避险中，考虑避险人是否具有过失时，要考虑残疾人和正常人的避险能力之间的差异，从而确定其是否具有过失。

此外，在判断过失时，也可以借鉴英美法上经济分析的方法。这就是说，要通过对成本和收益的分析，来确定行为人是否具有过失，并将其作为判断过失的辅助标准。③ 如果行为人付出合理的成本仍然无法实现对损害的预防，则不能将避免此种损害的义务作为其义务。未尽到此义务，不能认为有过失。此种学说主要是由经济分析法学派提出的。该学说认为，在过失的判断中主要应根据成本效

① 参见欧洲侵权法小组编著：《欧洲侵权法原则：文本与评注》，于敏、谢鸿飞译，108 页，北京，法律出版社，2009。
② 参见全国人大常委会法制工作委员会民法室编：《中华人民共和国侵权责任法条文说明、立法理由及相关规定》，22 页，北京，北京大学出版社，2010。
③ See P. Widmer （Ed.）, *Unification of Tort Law: Fault*, Kluwer Law International, 2005, p. 95.

益的分析来确定行为人是否具有过失以及具有何种过失。该学说是 20 世纪 70 年代以来美国法学的重要发展。该学派以效益分析的方法全面分析各项法律规则，并提出了许多已对美国司法实践产生巨大影响的独特见解。在侵权法领域，他们认为，侵权法的目的应服务于更有效益地分配资源这一集体目标，法官对过失的确定也应以效益考虑作为出发点。法官汉德（Hand）在美国诉卡罗尔拖船公司（United States v. Carroll Towing Co.）一案中确定了判断过失标准。在本案中，游艇的所有人将其游艇停泊在港口以后，因无人照看游艇，致使游艇固定在港口的绳索脱落，使该游艇造成其他轮船的损失。本案涉及游艇的所有人是否有义务留人照看游艇的问题。汉德法官提出如下公式：P＝意外发生的可能性（游艇无人照看，离开港口的可能性）；L＝意外所造成的损失（游艇脱离港口可能造成的损失）；B＝为避免意外所必须负担的预防成本（派人照看游艇所支付的费用）。若 P×L＞B，即意外发生的可能性乘以意外所造成的损失大于被告为避免意外所必须负担的预防办法成本，则被告有过失。也就是说，如果意外事故发生的可能性很大，且这种事故发生以后将有可能造成重大损失，而被告为避免事故的发生所必须支付的预防成本较少（例如本案中游艇无人照看，有很大可能脱离港口，并造成其他轮船的损失，而被告为防止游艇脱离港口而支付了极少的费用），而被告没有采取措施预防损害的发生，则被告是有过失的，因而应当负责任。[①]

4. 过失程度

罗马法将过失区分为重过失（未尽"疏忽之人"可以具有的注意）、轻过失（未尽"良家父"所应有的注意）。按照中古时期的罗马注释法学家的理论，罗马法将轻过失进一步区分为"抽象轻过失"（culpa levisin abstractio）和"具体轻过失"（culpa levisin concreto）。也有一些罗马注释法学家认为，罗马法除具有上述两种轻过失以外，尚有一种所谓的"最轻过失"（culpa levissima），但按照德国学者哈瑟（Hasse）等人的考证，罗马法实际上将过失仅区分为重过失和轻过失两种。[②] 现代大陆法国家基本上仿照罗马法将过错形式原则上区分为故意和过

---

① See United States v. Carroll Towing Co. 159 F. 2d 169（2d. Cir. 1947）.

② 参见陈朝璧：《罗马法原理》上，148、149 页，上海，商务印书馆，1937。

失两种。例如，《瑞士债务法》第 41 条第 1 款规定，负侵权行为责任的过错包括故意、过失两种，而《奥地利民法典》第 1294 条区别了故意和非故意两种过错形式。按照一些学者的理解，《法国民法典》第 1382、1383 条是对故意和过失侵权的分别规定。① 在《德国民法典》中，第 826 条关于以悖于善良风俗的方法加损害于他人、第 839 条关于官吏违背对于第三人应尽的职务的责任，只有在行为人基于故意时才构成侵权行为责任。因此，在德国法中，故意（vorsätzlich）和过失（fahrlässig）的区分对归责是不无意义的。

在过失形式的区分上，各国法院和学者的观点不尽相同。一些大陆法国家将过失形式进一步区分为重大过失和轻微过失，但绝大多数国家都采纳了"重大过失等同于故意"的原则，将重大过失视为"准故意"。以德国民法为代表的大陆法国家，将轻过失又区分为两种，即抽象轻过失和具体轻过失。怠于交易上所必需的注意，亦即欠缺善良管理人的注意，称为抽象轻过失。欠缺与处理自己事务为同一注意，称为具体轻过失。普通法国家并没有将过失区分为不同形式，但是将故意分为故意和恶意（malicious）两种形式。在恶意控告（malicious prosecution）、恶意欺诈（malicious falsehood）、恶意通谋（conspiracy）等案件中，恶意是侵权行为成立的要件。

我国民法学者大多认为，应将过错形式分为故意和过失两种，但对故意和过失是否作进一步的划分，许多学者认为没有什么意义，因为民法重在对受害人的补救而非对加害人的惩罚，过错性质的不同对于侵权民事责任的适用并没有影响，这一点不同于刑法。我国民法中的"过错不像罪过那样再分成直接故意和间接故意、疏忽大意的过失和过于自信的过失，而只能把过失区分为重大过失和一般过失"②。我国《侵权责任法》把过错区分为故意、重大过失和一般过失和轻微过失，在侵权责任法中，过错的类型不仅决定了责任的成立与否，而且在很大

---

① See Jean Limpens, *International Encyclopedia of Comparative Law*, Vol. 4, Torts, Chapter 2, Liability for One's Own Act, J. C. B. Mohr (Paul Siebeck, Tübingen), 1974, p. 28.

② 佟柔主编：《民法原理》，修订本，245 页，北京，法律出版社，1986；杨立新等：《侵权损害赔偿》，83 页，长春，吉林人民出版社，1988。

程度上确定了责任的范围以及责任的减轻或免除问题。

具体来说，过失程度可以区分为如下三种：一是轻过失。它是指按照一般人的标准判断行为人是否尽到注意义务。行为人的轻过失一般会导致责任的承担，受害人的轻过失不会影响行为人责任的成立，但会影响行为人责任的范围，受害人具有轻过失时，一般可以适用过失相抵规则减轻行为人的责任。二是一般过失。一般过失也称为具体轻过失。它是行为人没有尽到法律法规所要求和一个谨慎的行为人所要求的注意义务。它是最为常见的过失形态，通过所说的过失是指一般过失。例如，《侵权责任法》第 73 条规定，"被侵权人对损害的发生有过失的，可以减轻经营者的责任"。此处所说的过失就是指一般过失。三是重大过失。重大过失（gross negligence）是相对于轻微过失或一般过失而言的。在重大过失的情形下，行为人通常是严重违反了一般的注意义务，不具有一般人所具有的起码的谨慎和注意，其主观上的可非难性较强。重大过失首先表现为一种主观上的极不谨慎状态，但此种状态需要根据客观的标准来评价。例如，在"王某诉慈文公司人身损害赔偿案"① 中，被告张卫健、谢霆锋在拍摄影视剧的过程中，未按演示的打击强度击打王某，造成王某受伤，应认定二被告有重大过失。《侵权责任法》第 72 条规定，"被侵权人对损害的发生有重大过失的，可以减轻占有人或者使用人的责任"。此处明确规定，"重大过失"可以减轻责任。法国学者卡波尼埃（Carbonnier）指出：重大过失是指"行为人缺乏技术或注意达到惊人程度"②。英国学者哈特认为："如果所要采取的预防措施是非常简单的，譬如连一个身体和精神力量十分脆弱的人都能轻易采取的措施，那么，过失就是严重的。例如，在往下扔石板之前没有瞭望或查看，那就是严重的过失。"③ 德国联邦最高法院曾认为：重大过失是指"特别严重地未尽到特定环境所要求的谨慎的行为，或者一个人没有注意到在此种环境中任何人都应当注意到的事情"④。笔者

---

① 北京市第二中级人民法院（2005）二中民终字第 26 号民事判决书。
② Jean Carbonnier, Droit Civil, 10e ed., 1979, p. 260.
③ ［英］哈特：《惩罚与责任》，王勇等译，142 页，北京，华夏出版社，1989。
④ BGHZ 10, 14, 16；RGZ 1, 129, 131.

认为，对重大过失的判断应当采用客观标准，根据客观标准来判断重大过失，主要是根据社会一般人的注意义务标准来判断，而并非根据合理的、谨慎的人的标准来判断。具有重大过失的人不可能达到合理的、谨慎的人的标准，因为他没有达到社会一般人的注意义务标准。如果行为人不仅未能按照合理的、谨慎的人的标准行为，甚至连一般的普通人都能尽到的注意都没有尽到，即为重大过失。此种行为表明行为人对其行为结果毫不顾及，对他人的利益极不尊重，对其负有的法定义务处于漠视状态。就受害人而言，其重大过失的判断标准与行为人的重大过失的判断标准不同，受害人并非违反了不得侵害他人的义务，而是没有尽到一个最低限度的照顾自己的义务。受害人的重大过失通常表现为，自己极其疏忽大意，对自己的人身、财产安全毫不顾及，极不注意，此种行为状态就属于重大过失。

我国《侵权责任法》主要是从受害人的过错程度角度对重大过失和一般过失作出了规定。例如，《侵权责任法》第72条规定："被侵权人对损害的发生有重大过失的，可以减轻占有人或者使用人的责任。"再如，《侵权责任法》第78条规定："饲养的动物造成他人损害的，动物饲养人或者管理人应当承担侵权责任，但能够证明损害是因被侵权人故意或者重大过失造成的，可以不承担或者减轻责任。"另外，《侵权责任法》在有关条款中虽然没有明确规定"重大过失"的概念，但从其所规范的行为来看，其主要是指重大过失。该法第76条规定："未经许可进入高度危险活动区域或者高度危险物存放区域受到损害，管理人已经采取安全措施并尽到警示义务的，可以减轻或者不承担责任。"此处所说的"未经许可进入"者的心理状态大多是重大过失。在受害人具有重大过失的情况下，可以减轻或免除行为人的责任，但究竟应发生减轻责任还是免除责任的效果，应根据法律的特别规定以及侵权责任归责原则的不同分别考虑。

在此需要讨论的是，就行为人的过错而言，是否需要区分一般过失和重大过失，并据此认定其责任的范围？对此，学界存在不同的看法。不少学者认为，此种区分并没有意义。一般来说，在严格责任中，区分行为人是否具有重大过失还是一般过失，不会实质性地影响到行为人应当承担的责任。因为严格责任本身就

不考虑行为人的过错，"不论行为人有无过错"，其都要承担侵权责任。但在责任的减轻和免除方面，区分受害人的重大过失和一般过失，其意义是重大的。笔者认为，仍应当对行为人的过错程度进行区分，主要理由在于：

第一，行为人具有重大过失时，其行为有可能构成犯罪。根据我国刑法的规定，因重大过失造成交通事故和其他事故，行为人可能构成犯罪（参见《刑法》第131～139条）。但如果行为人仅具有一般过失行为，且造成的损害后果较为轻微时，一般无须承担刑事责任。

第二，有利于确定责任范围。虽然在严格责任中，重大过失和一般过失的区分对归责没有实质性的影响，但在过错责任和过错推定责任中，行为人是重大过失还是一般过失，仍然产生一定的影响。例如，《侵权责任法》第37条和第40条等之中规定的"相应的"责任，实际上就是要考虑过错程度，从而确定责任的范围。再如，《侵权责任法》第49条规定："机动车所有人对损害的发生有过错的，承担相应的赔偿责任。"此处也是要考虑机动车所有人的过错程度，从而确定赔偿责任。

第三，对数人侵权责任的影响。一方面，对于共同侵权人的内部责任分担，要考虑不同行为人的过错程度来确定其责任。另一方面，对于无意思联络的数人侵权来说，要根据"责任大小"来确定责任，此处所说的责任大小，就是要考虑各个行为人的过错程度和原因力。毫无疑问，行为人具有重大过失时，要承担较重的责任。

第四，对免责的限制。根据《合同法》第53条第2项的规定，免除"因故意或者重大过失造成对方财产损失的"责任的免责条款无效。因此，当事人不能通过订立免责条款的方式，免除因故意或重大过失造成财产损失的责任。

第五，对精神损害赔偿责任的影响。根据《精神损害赔偿司法解释》第10条的规定，精神损害的赔偿数额的确定，要考虑"侵权人的过错程度"。显然，重大过失和一般过失的区分，对精神损害赔偿数额的确定具有一定影响。

重大过失是过错程度较重的过失。关于重大过失能否等同于故意，学者间存在不同的看法。有一些学者认为，重大过失属于过失而不是故意的范畴，它和故

意之间具有质的区别的。故意表明行为人的内心是邪恶的，而重大过失仍然是"出于无心"，谈不上邪恶。① 然而，自罗马法以来，许多大陆法国家采纳了"重大过失等同于故意（gross negligence is equated with intention to harm）"的规则。当然，学者对这一规则的解释各不相同。有人认为，重大过失本身属于"准故意"的范围，所谓"等同于故意"，是指法律推定其为故意，此种推定是可以被推翻的。另一些学者认为，重大过失仍然是过失，但因其表现了对他人的生命和财产毫不顾及的状态，故行为人应负和故意侵权相同的责任。笔者认为，从法律上看，"重大过失等同于故意"实际上是指在归责上，重大过失和故意的效果是相同的。适用这一规则实际上是对重大过失的行为人实施了某种惩罚，同时也有利于督促人们在行为中小心谨慎、合理地尽到对他人的注意义务。这一规则在免除受害人就行为人的故意作出举证的情况下，使重大过失的行为人承担和故意侵权相同的责任，从而有利于保护受害人的利益。不过，从我国《侵权责任法》的规定来看，其是严格区分了故意和重大过失的。重大过失虽然过失程度较重，但在性质上仍然是过失，不能采取"重大过失等同于故意"的规则。一方面，对于受害人而言，即使其具有重大过失，也不能等同于故意，因为故意会导致行为人的免责。另一方面，就行为人而言，此种区分也是十分重要的。已如前述，此种区分对于责任的确立、责任的承担、民事责任和刑事责任的区分等，都具有重要意义。总之，在民法中，对重大过失和故意仍然应作出区别。

三、过错与行为的违法性

（一）比较法的分析

关于违法性（德文 Rechtswidrigkeit、法文 illiceite）是否应当成为侵权责任的构成要件，一直存在争议。在罗马法中，过错包含了违法行为的概念。违法行为（injuria）一词，最早出现在《十二表法》中，当时"injuria"，仅指伤害人身

---

① 参见［英］哈特：《惩罚与责任》，王勇等译，127页，北京，华夏出版社，1989。

的行为。但在查士丁尼《法学阶梯》中，"injuria"已指"违反一切法律的行为而言"，只是"有时与过错同义"①。《法学阶梯》记载的一些案例表明，违法行为意味着过失（culpa），而过失（culpa）的含义比违法行为（injuria）的概念更为广泛。②

在大陆法系国家侵权责任构成要件中，行为的违法性应否作为责任的构成要件之一，并与过错相区别，各国的立法、司法和学者对此观点各异，目前基本上形成了两种截然不同的看法。③

1. 以法国法为代表的统一说

法国民法借鉴罗马法，采纳了过错吸收违法的观点，认为过错是责任一般的、基本的要件，过错的概念本身包括了违法行为，因而违法行为不应作为独立的责任构成要件。因此，一般侵权责任的构成要件只应当采取三要件说，而非四要件说。在法国法中，广泛接受了"不得损害他人（neminem laedere/not harming others)"的侵权责任法的一般义务，"不得损害他人"的义务意味着只要基于过错造成他人损害即承担赔偿责任，这就为以"过错吸收违法性"奠定了基础。④ 因为，"要求某人遵循'适当行事的规则'比法律或法规之规定的要求更高。善良家父甚至在法律不要求其在当时条件下如此作为的情况下如此作为"⑤。尤其是《法国民法典》第 1382 条采纳了过错责任的一般条款的模式，该条款适用的范围极为宽泛，从而使得过错的确定极富弹性和包容性，因此，为"过错吸收违法性"的概念提供了极大的方便。法国法的上述做法对法国法系国家产生了重要影响。正如法国学者普兰尼奥尔和萨瓦蒂安等人所指出的：过错是一种行为的错误和疏忽，它是指行为人未能像"良家父"那样行为，过错内涵具有双重

---

① ［古罗马］查士丁尼：《法学阶梯》，197 页，北京，中国政法大学出版社，1999。

② Digest 4.7.8.2.20.

③ 参见［奥］H. 考茨欧主编：《侵权法的统一：违法性》，张家勇译，170 页，北京，法律出版社，2009。

④ See André Tunc, "A Codified Law of Tort—The French Experience", *Louisiana Law Review*, 1979，pp.1051，1054.

⑤ ［德］冯·巴尔：《欧洲比较侵权行为法》上，张新宝译，40 页，北京，法律出版社，2001。

性，即过错不仅包括行为人主观上的应受非难性（imputability），也包括了客观行为的非法性（objective unlawful）。^①此种观点深刻地影响了法国法院的司法实践。受法国法的影响，其他一些国家也有同样规定，如比利时规定，任何违法的行为都构成过错，除非行为人存在特定的正当理由。^②

2. 以德国法为代表的区分说

一般认为，区分不法和过错的思想最早可以溯源到 Donellus。以后，德国学者海瑟尔（Haise）通过研究罗马法中关于过错的理论区分主观过错和客观过错，奠定了此后区分过错和不法的理论基础。^③包括蒂堡和维希特在内的著名民法学者都接受了 Haise 的观点。^④但自耶林开始，德国判例学说便区分不法和过错。^⑤耶林在《罗马私法中的责任要素》一书中，提出了"客观违法与主观违法"的区分，即违法性和过错的区分。^⑥他认为，只有存在过错的不法才能产生损害赔偿的义务，而客观不法仅仅产生返还原物的义务。^⑦善意占有人是客观的违法，而恶意占有人是主观的违法。善意（bonafide）占有他人之物者处于客观的违法状态，然而，如果占有人是恶意（malafide）的，例如窃贼，则属于主观的违法，即具有可非难性（culpability）。^⑧因此，侵权行为必须是违反法律明确规定的行为，即侵害法定权利或法益的行为，行为人才应当承担民事责任。耶林的观点在德国侵权法上获得了统治地位，德国学者 Neuner，Windscheid 都认为侵权行为的构成要件中应当区分不法行为和过错。《德国民法典》第 823 条也采纳了此种

---

① See J. Limpens, International Encyclopedia of Comparative Law, Torts, Liability for One's Own Act, J. C. B. Mohr (Paul Siebeck, Tübingen), 1974, p. 43.
② 参见［德］冯·巴尔：《欧洲比较侵权行为法》上，张新宝译，44 页，北京，法律出版社，2001。
③ Hasse, Die Culpa des Roemischen Rechts, 1838.
④ Thibaut, System des Pandekten-Rechts I, 1823, S. 198；von Waechter, Handbuch des im Koenigreiche Wuerttemberg geltenden Privatrecht Ⅱ, 1842, S. 777 ff.；in Nils Jansen, Die Struktur des Haftungsrechts, 2003, S. 407.
⑤ von Jhering, Das Schuldmoment im Roemischen Privatrecht, S. 4 ff. 也有学者认为，在耶林之前，德国学者海瑟尔（Hasse）通过研究罗马法中关于过错的理论区分主观过错和客观过错，奠定了此后区分过错和不法的理论基础。Hasse, Die Culpa des Roemischen Rechts, 1838.
⑥⑦ von Jhering, Das Schuldmoment im Roemischen Privatrecht, S. 6 f.
⑧ 参见洪福增：《刑法理论之基础》，3 页，台北，三民书局，1977。

区分理论。

德国法将违法性独立作为要件的原因在于：一方面，在德国法中并不存在像法国法那样的一般条款，相反，德国法将侵害的客体归纳为五种法定的绝对权，这就需要用违法性的概念对法益的侵害进行概括。另一方面，德国法区分过错和违法的概念也受到刑法的罪刑法定思想的影响。依据德国刑法学者冯·李斯特（Franz von Liszt）与贝林（Ernst Beling）等提出的古典犯罪理论，犯罪的判断应分别从客观要件与主观要件两方面进行，而刑法的主客观要件区分说完全可以适用于民事领域。[①] 在民事侵权领域，违法是指客观的行为或结果，而过失（Verschulden）是一个主观因素，它体现的是行为人主观上应受非难的状态。尽管过错要依据客观标准来衡量，但过错并不是指行为本身。1900 年的《德国民法典》实际上明确将过错和不法行为规定为两个不同的责任构成要件。根据该法第 823 条，"因故意或过失不法侵害他人的生命、身体、健康、自由、所有权或其他权利者，负有向他人赔偿因此所生损害的义务"。在这里，"故意"、"过失"与"不法"是不同的概念。

受德国法的影响，瑞士、奥地利、荷兰、希腊等国家的民法均采纳了违法行为的概念。例如，《瑞士债务法》第 41 条规定："以非法手段给他人造成损害的人，无论是故意还是过失，都要承担赔偿责任。"瑞士民法也大多认为必须将过错与违法性区分开，违法性指的是行为的客观方面，而过错指的是主观方面。[②]《荷兰民法典》第 6：162 条第 2 项规定了违反制定法的侵权行为，也确立了行为的违法性标准。《日本民法典》第 709 条规定："因故意或过失侵害他人权利时，负因此而产生损害的赔偿责任。"由该条可见，《日本民法典》本身并没有将违法性作为要件。该条仅仅规定了"权利侵害"构成侵权，并不要求行为具有违法性。1914 年日本大审院的"云右卫门浪曲唱片案"中，法院坚持了侵权法保护

---

① 参见程啸：《侵权法中"违法性"概念的产生原因》，载《法律科学》，2004（1）。

② See Efstatheios K. Banakas, *Civil Liability for Pure Economic Loss*, Kluwer Law International Ltd，1996，p. 182.

的对象仅限于权利的理论①，但是到了 1925 年，大审院于"大学汤"案中改变了"云右卫门浪曲唱片案"中的见解，法院发展了违法性的概念，从而为合法利益的保护提供了法律依据。② 从"云右卫门浪曲唱片案"到"大学汤"案，表明日本侵权行为法在侵权责任的构成要件方面已经开始接受违法性的观点，即通过由"权利侵害论"转向"违法性论"，从而为合法利益的保护提供了依据。

普通法系国家关于侵权行为的概念与大陆法系国家的是截然不同的。普通法中众多类型的侵权行为分别要求不同的责任构成要件，因此不存在一般的责任构成要件。英美法学者极少讨论违法性问题。自 19 世纪确立了过失侵权行为的概念以后，在侵权行为中确定了一定的一般构成要件，但并没有要求必须证明行为具有合法性。在英美侵权行为法中，"negligence"强调过失是使行为人负责的必备要件。要认定过失，必须证明行为人负有注意的义务、违背了注意义务并造成了损害。在普通法中，极少有人把过失概念视为行为人的一种心理状态。同时，注意义务、违反义务、造成损失是普通法中过失概念的有机组成部分，是不可分离的因素。所以，不能说普通法的过失概念是德国法影响的结果。

（二）对违法行为概念的分析

科学地界定违法行为的概念，并使之与过错相区别，是违法行为能否作为责任构成要件的前提。如果违法行为的概念难以定义，或难以与过错概念相区别，那么，它将丧失其作为独立的责任构成要件的价值。事实上，在采纳违法行为概念的国家，迄今为止尚未找到一个科学的"违法行为"概念，并使之与过错相区别。

在理论上，关于违法性的判断历来存在几种不同的观点。

一是结果违法说（Erfolgsunrechtslehre）。此种观点认为，应从损害结果中

---

① 在 1914 年日本大审院的"云右卫门浪曲唱片案"中，法官严格按照《日本民法典》第 709 条的规定，认为尽管被告 B 在没有取得任何权利的情况下，将 A 所灌制的有名浪曲师桃中轩云右卫门浪曲唱片加以复制出售的行为是违反正义的不正当的行为，但是，由于浪曲作为一种"低级音乐"，其本身并没有著作权，因而不符合权利被侵害的要件，B 的行为不构成侵权行为。这种严格限定权利侵害的做法，虽然符合第 709 条的本意，但是，显然不利于对各种合法利益的保护。

② 此案中法院判决所认定的不法行为侵害对象不仅包括所有权、地上权、债权、无体财产权、名誉权等所谓具体的法定权利，也包括诸如"大学汤"这种老字号般虽非权利但为法律所应当保护的无形的经济利益。参见于敏：《日本侵权行为法》，140～141 页，北京，法律出版社，1998。

判定行为人的行为是否违法。凡是侵害《德国民法典》第823条所列举的权利与法益，违法性要件就可以满足。结果违法实际上就是以权利遭受侵害代替行为违法性的判断。在采纳结果违法论时，必须判断行为人是否侵害了权利、利益或者违反了保护他人的法律，从而认定行为的违法性。此种观点为德国大多数学者所采纳，并且对德国的司法判例产生了重大影响。[①]

二是行为违法说（Handlungsunrechtslehre）。此种观点认为，要证明行为人的行为具有不法性，不仅要证明权益受到侵害，而且必须证明被告的行为是否违反了特定法律规定的行为标准，或者证明被告是否违反了任何人都负有的不得侵害他人的一般性义务。[②] 违法意味着"没有权利这样做而从事此种行为，或超出权利的范围"[③]。违法性不能仅由行为的结果而定，而应当由行为本身而定。如果行为人已尽到必要的注意义务，即使是其行为客观上侵害了他人权益，也不能认为其行为具有不法性。这一理论对德国法院也产生了重大影响，德国法院认为，仅仅对他人造成损害不足以构成违法，只有在造成损害的行为被社会一般人视为一种不正当的行为时，才构成违法并应负责。[④]

上述关于违法性的判断标准以及内容的理论争议，都表明关于违法性的概念实际上尚缺乏统一的、明确的界定。我国有学者认为，两者在理论上虽然争议很大，但对司法实务而言，并不存在很大差别。[⑤] 笔者认为这两种学说都有一定的合理性，但也都存在缺陷。

按照结果违法说，应当从侵害后果来判断是否构成违法。此种学说的优点在于，从权利侵害的角度构建了侵权法的归责原则和体系。结果违法说将违法性与

---

① 参见程啸：《侵权行为法总论》，297页，北京，中国人民大学出版社，2008。

② See B. S. Marksinis, *A Comparative Introduction to the German Law of Torts* 2nd ed, Clarendon Press, 1990, p. 69.

③ André Tunc, *International Encyclopedia of Comparative Law*, Vol. 4, Torts, Chapter 2, Liability for One's Own Act, J. C. B. Mohr (Paul Siebeck, Tübingen), 1975, pp. 15 - 17.

④ See Jean Limpens, *International Encyclopedia of Comparative Law*, Vol. 4, Torts, Chapter 2, Liability for One's Own Act, J. C. B. Mohr (Paul Siebeck, Tübingen), 1974, p. 16.

⑤ 参见黄海峰：《违法性、过错与侵权责任的成立》，载梁慧星主编：《民商法论丛》，第17卷，14页，香港，金桥文化出版公司，2000。

权利受侵害要件联系在一起，对侵权责任法的适用范围予以严格的限定，从而使社会公众不至于动辄得咎，维护了行为人的自由，但它以侵害权利作为违法的标准，也有其不足之处：一方面，从侵害后果来判断违法，则可能在违法性的概念中包括了损害后果的概念；另一方面，侵害权利本身是一个损害事实的问题①，受害人证明权利受到侵害并不能当然地产生加害人的侵权责任。随着侵权法保护范围的扩张，即逐渐扩大对合法利益的保护，结果违法说的意义就越来越小了。

按照行为违法说，判断行为的违法性不仅要考察行为的结果，而且要考察行为本身是否违反了法律规定的行为准则。此种学说的优点在于将主、客观标准结合起来判断违法性，既要检验行为结果是否侵犯他人权益，也要考虑行为本身是否违反了注意义务，因此在违法性的判断方面操作起来更为全面。例如，某个电车司机按照交通规则驾驶时，伤害了一个路边攀车的人，虽产生损害结果，但其行为不构成违法，因此无须负责。但这种观点的缺点在于，将违法性的判断与过错的判断混同，使得违法性与过错区分的意义有所削弱。因此，在一些国家（如瑞士），人们对行为违法概念一直存在争论，法官通常将违法行为视为无权实施的某种行为，或认为违反了某种注意义务，但也常常不得不承认"过错和违法行为问题或多或少是相互重合的"②。甚至按照一些学者的看法，违反了合理的注意义务也构成违法，这样一来，实质上是将违法性的判断与过错的判断合二为一。因此，笔者认为，行为违法说理论实际已经将违法性与过错的判断结合在一起，与法国的过错与违法性统一的模式比较相似。相对而言，结果违法说标准较为单一，凡是侵犯了他人为法律所保护的权利和利益，都可以认定为是一种违法行为，而不需要再对行为人的行为是否符合法律的规定进行判断。但这种方法实际上与损害结果等同了。

总之，违法行为概念本身仍难以确定，并很难找到恰当的标准来判断某种行为是违法还是有过错。如前所述，关于违法性的概念林林总总，但迄今为止，找

---

① 参见［奥］H. 考茨欧：《侵权法的统一：违法性》，张家勇译，14 页，北京，法律出版社，2009。

② Jean Limpens, *International Encyclopedia of Comparative Law*, Vol. 4, Torts, Chapter 2, Liability for One's Own Act, J. C. B. Mohr（Paul Siebeck, Tübingen）, 1974, pp. 15-17.

不到一个准确的定义并使之与过错相区别。如果单纯从合法权益遭受损害的事实状态中认定行为的违法性，即凡是行为侵害了他人的合法权益，就应当认为该行为是违法行为，不仅使违法行为与损害事实的概念相混淆，而且极易导致不适当地给行为人强加责任的结果。因此，德国法院一直认为，单纯对合法权益的侵害还不足以构成违法，必须在行为人没有尽到一个"良家父"应尽的注意义务时，才构成违法。然而，这样一来，法院又承认："我们又回到如何解释过失问题上，以便确定在与他人交往时，我们的粗心大意可以被允许到什么程度。"[1] 正如几位比利时学者所指出的："随着侵权责任的范围逐渐扩张，不法性概念日趋凋谢。其原因不难理解。由于不法性意味着开列各种名目的清单，它在民事责任中已变得如此普遍，以致开列清单已失去必要。"[2]

（三）过错概念中应当包括行为的违法性

在我国，不少学者认为，一般侵权责任是由损害事实、行为的违法性、过错、因果关系四个要件构成的。过错是指行为人主观上的故意和过失，而违法行为强调的是行为人的作为或不作为违反了法律规定。但此种解释与《侵权责任法》的规定并不符合，根据《侵权责任法》第6条第1款，"行为人因过错侵害他人民事权益，应当承担侵权责任"。从该条规定来看，其并没有将违法行为作为责任的构成要件。该条并没有提及行为的违法性的概念，而是强调了过错，表明违法性是包括在过错之中的。《侵权责任法》第7条规定："行为人损害他人民事权益，不论行为人有无过错，法律规定应当承担侵权责任的，依照其规定。"此处使用了"损害"的概念而不是"侵害"的概念。之所以采纳"损害"的概念，表明在适用严格责任时，行为人的行为大多具有合法性，其活动甚至是对社会有益的。行为人并没有因过错而实施某种行为，其行为不具有可非难性和应受谴责性。从该条规定来看，其排除了违法性概念。因此，依照文义解释，将行为

----

① Jean Limpens，*International Encyclopedia of Comparative Law*，Vol. 4，Torts，Chapter 2，Liability for One's Own Act，J. C. B. Mohr（Paul Siebeck，Tübingen），1974，p. 17.

② Jean Limpens，*International Encyclopedia of Comparative Law*，Vol. 4，Torts，Chapter 2，Liability for One's Own Act，J. C. B. Mohr（Paul Siebeck，Tübingen），1974，pp. 24-25.

违法性作为侵权责任的构成要件缺乏法律依据。

如果违法行为能够作为独立的责任构成要件，则这一要件必须与过错要件相区别。根据主张违法行为为独立要件的学者的观点，违法行为和过错是不同的，违法行为是对行为人的外部行为在法律上的客观判断，即行为所表现于外部的事实与法律规定相抵触。至于过错的概念，乃是对行为人主观状态而不是客观行为的判断。[①] 但是笔者认为，使用"违法行为""不法性"等概念概括许多违反现行法规定的侵权行为是正确的，但不宜以"违法行为"作为适用于各种侵权行为的责任构成要件，因为对此种要件在理论上作出科学的定义和限定是极为困难的。具体来说：

第一，违法性作为独立构成要件，是以采纳"主观过错"概念为前提的，但现在两大法系判例学说大多认为，过错概念并不是一个完全主观的概念。行为人的行为越复杂，对其主观过错的认定就越困难。因此，英美法有一句格言，"即使是魔鬼也不知道人打的是什么主意"。"讨论被告的思想状况是枉费心机的。"[②] 技术的原因，以及引起损害发生的行为常常在瞬间完成，都使得受害人对加害人的主观心理状态的证明日益困难。这就必然导致了过错和违法性标准已经形成了一种难以割裂的关系。按照许多学者的看法，区分违法性和过错的重要原因在于，有助于解释未成年人和精神病人侵权时的责任。在这些人侵害他人权益时，其行为是违法的，但其并没有过错。[③] 笔者认为，此种区分并没有现实的意义。因为即使不承认违法性要件，也可以直接根据过错要件认定其无过错，从而认定责任不成立。

第二，过错的判断标准已经客观化，这使得过错与违法性的区分更为困难。违法性要件独立存在的主要价值依赖于主观过错的确立，我国台湾地区学者苏永钦曾指出："私人间追究责任势须从'期待可能性'着眼，只有对加害于人的结

---

①　参见史尚宽：《债法总论》，102 页，台北，自版，1957。

②　[英] John G. Fleming：《民事侵权法概论》，何美欢译，2 页，香港，香港中文大学出版社，1992。

③　参见 [奥] H. 考茨欧：《侵权法的统一：违法性》，张家勇译，21 页，北京，法律出版社，2009。

果有预见可能者要求其防免，而对未防免者课以责任，才有意义。"① 因此，多数国家的民法要求加害行为具有一定的"违法性"，而不是仅要求存在加害行为，即不是从侵害权益本身推导出行为的违法性，而是在损害后果之外增加违法性的要件。② 但在比较法上，随着侵权责任法的发展，过错概念出现了客观化的趋势，旨在使与加害人没有契约关系或者虽有契约关系但无法主张契约责任的受害人，针对作为开启危险源的加害人，超越对其有无过失、违法性及有责性的举证上的障碍，而获得损害赔偿。

第三，如果完全脱离过错，也将难以判断行为的违法性。因为一方面，将违法行为作为责任构成的要件实质上是受到了刑法的影响。按照罪刑法定的原则，判断犯罪与否要视行为人是否触犯了刑律，但是在侵权法里确定行为人是否应当承担侵权责任，则不一定非要法律上有明文规定。例如，对法律中并未规定的"法益"有时也要酌情保护。更何况各种侵权行为非常复杂，不能像刑法那样进行罪名的分类。如果违法性的判断过于宽泛，那么，其与过错就很难分离。另一方面，由于民事侵权行为大多为过失行为，很难用现行法的规定判定行为人的行为是否合法。即使采用实质违法理论，也必须考虑行为人的行为是否违反了某种行为标准，这就使得过错的判断和违法性的判断很难分离。例如，甲邀请乙做客时，甲的暖瓶突然爆炸致乙受伤；某人在某商店门前歇息时，被该商店屋檐上掉下的"冰溜子"砸伤。在这些案件中，很难说甲、某商店的行为违反了现行法的规定，但不能完全免除他们的责任。同时，为了使大量的因缺乏注意、技术、才能等原因而造成损害结果的行为人，不至于因为不符合违法行为的要件而被免除责任，就必须采用较为宽松的标准来判断某种行为是否违法，这也必然导致违法行为和过错的概念的混淆。例如，荷兰民法曾把违法行为作为责任构成要件，但其最高法院根据实际归责的需要，不得不给违法行为下了一个宽松的定义，即"任何人因其行为或疏忽侵害了他人的权利，或违反了法定义务，或形成不正当

---

① 苏永钦：《走入新世纪的私法自治》，300～334 页，北京，中国政法大学出版社，2002。

② Hartkamp, Towards a European Civil Code, Chap. 26, Kluwer Law International, 1998, p. 397；欧洲国家只有少数例外，法国民法即其代表。

行为，或缺乏在日常事务中的注意标准，都是违法行为"①，其显然包含了过错的成分。瑞士的实践也表明，如果采纳宽松的标准判断行为的违法性，则"过失问题和行为的违法性问题或多或少是相互重叠的"②。

第四，在过错中包括违法性，有利于减轻受害人的举证负担，从而充分保护受害人利益。毫无疑问，凡是具有违法性的行为，行为人理所当然要对自己的行为负责。从法律的角度来看，只要一个人做错了事情，从道德上具有可谴责性，就应当承担责任。如果采取违法性的标准，要求法官必须要判断行为是否具有违法性，这就使归责人为地复杂化，事实上，行为的违法性仅仅是过错的状态延伸。从归责的角度来考虑，通过界定某种行为是否违法来使行为人承担责任是不必要的。因此，在责任的判断上，增加行为的违法性要件实际上是增加了对受害人进行救济的障碍。例如，在"银河宾馆案"中，被害人王某被罪犯杀害，其父母要求银河宾馆赔偿，法院以宾馆违反安全保障义务为由判定银河宾馆要对受害人王某的父母承担侵权责任。③ 在该案中，如果要以违法性作为要件，一定要求原告就宾馆的行为是否具有违法性举证，这显然增加了被侵权人的证明负担。

总之，笔者认为，作为责任要件的违法性，并不具有特定的并与过错的概念相区别的内涵，因此，违法性不宜作为独立的责任构成要件。民事过错不是单纯指主观状态上的过错，而同时意味着行为人的行为违反了法律和道德，并造成对他人的损害，过错体现了法律和道德对行为人的行为的否定评价。违法行为是严重的过错行为，但过错又不限于违法行为，还包括大量的违反道德规范和社会规范的不正当行为。因此，过错的概念要比违法行为的概念在内涵和外延上更为宽泛。

过错包括行为的违法性概念，使行为的违法性不再作为责任构成要件，这样，在过错和过错推定责任中适用的构成要件便从四要件简化为三要件。这三个

---

① HogeRead 31. Jan. 1919. W. 1919. NO 10365.

② Jean Limpens, *International Encyclopedia of Comparative Law*, Vol. 4, Torts, Chapter 2, Liability for One's Own Act, J. C. B. Mohr (Paul Siebeck, Tübingen), 1974, p. 17.

③ 参见《最高人民法院公报》，2010（2）。

要件是：损害事实、因果关系、过错。过错为归责的最终构成要件。如果将上述三要件作为责任构成要件，则司法审判人员在因果关系存在的基础上认定侵权责任时，只需审慎地认定行为人有无过错，就可以确定行为人是否应负责任，而不必对行为人的行为是否违法作出牵强附会的判断。过错包括了行为的违法性，意味着过错是一个主客观因素相结合的概念，这就为过错推定责任的广泛运用提供了基础，从而能很好地适应归责客观化的需要。

还应当看到，比较我国《侵权责任法》第 6 条第 1 款和《法国民法典》第 1382 条可以看出，二者具有很大的相似性。法国法广泛接受了"不得损害他人（neminem laedere/not harming others）"的侵权责任法要求的一般义务，违反此种义务致他人损害，就应当承担侵权责任，除非行为人能够证明自己没有过错。法国学者大多认为，法国法中没有采纳违法性要件。[①] 同样，基于我国《侵权责任法》第 6 条第 1 款，也可以认为我国侵权责任法没有采纳违法性要件。笔者认为，我国《侵权责任法》第 6 条第 1 款否定违法性要件，没有采纳行为不法说，而实际上是作出了以过错吸收违法性的制度选择。我国侵权责任法没有采纳所谓违法一词，而只是使用了过错的概念，表明在过错中包含了违法。这就是说，凡是行为人的行为明显违反了法律规定，毫无疑问表明行为人具有过错，也即尽管没有违反现行法律的规定，但如果违反了注意义务，仍有可能具有过错。

（四）违法性要件不能合理地解释免责事由

考察我国《侵权责任法》是否采纳违法性要件，还要考察其在免责事由上是否采纳了违法性的概念。按照德国法的"结果不法说"，在侵害《德国民法典》第 823 条列举的权利和法益（即我国法律中的绝对权）即推定行为具有违法性，此时原告仅需要证明其权利受到侵害的事实，但加害人可以证明阻却违法事由的存在，反驳推定的违法性。[②] 因而，违法性概念的引入有助于解释违法阻却事由

---

① 参见李承亮：《侵权责任的违法性要件及其类型化——以过错侵权责任一般条款的兴起与演变为背景》，载《清华法学》，2010（5）。

② 参见李昊：《德国侵权行为违法性理论的变迁》，载田士永等编：《中德私法研究》，9 页，北京，北京大学出版社，2007。

的功能和适用途径。德国学者 Deutsch 将其称为违法性的独立功能。[1] 因此，存在阻却违法事由时，行为人可以被免除责任。有学者认为，只有采纳违法性要件，才能探讨违法阻却事由的问题，"违法"的特征仅仅意味着，侵害人可以通过正当理由（Rechtfertigungsgrund）的证明来免除责任。例如，某个电车司机按照交通规则驾驶时，伤害了一个路边攀车的人，虽产生损害结果，但其行为不构成违法，因此无须负责。不法性要件可以为阻却不法事由或正当化事由提供理论支持，引发行为人举证证明阻却不法性事由的存在。阻却不法事由或正当化事由，是指行为虽然造成他人损害，但依法能够阻断或排除行为不法性的法定客观事实，涵盖后面我们将要探讨的自助、正当防卫、紧急避险以及受害人同意等。将不法性独立可以增强正当化事由的理论说服力，有助于解释在不法阻却事由存在的情况下，行为人虽然实施了加害行为但因行为人的行为是一种实施法律赋予其权利的行为，不具有本质上的社会危害性，行为本身固有的属性是适法行为，因此不负侵权责任。[2] 笔者认为，这是一个免责的问题，在"违法性"的判断上，已针对具体的个案确定行为人是否有社会活动上之一般注意义务，因此，违法性阻却实际上也是一个过错的阻却，否认违法性概念不会导致免责事由的丧失。[3]

从免责事由来看，《侵权责任法》采取的是"减轻和免除责任事由"的立法表述，而并未采取"违法阻却事由"。违法阻却事由的前提是违法性要件的承认，立法表述的不同会导致以法律规范作为前提的法解释的不同，因此，我国《侵权责任法》似乎没有必要采取违法性的解释方案。事实上，德国学者在讨论过程中已经对违法性的采纳是否是减轻和免除责任事由的前提提出了不少疑问。[4] 同

---

[1]　Erwin Deutsch, Allgemeines Haftungsrecht, 2 Aufl., Carl Heymanns Verlag, KG, Koeln, 1996, S. 163.

[2]　参见［德］马克西米利安·福克斯：《侵权行为法》，齐晓琨译，5版，85页，北京，法律出版社，2006。

[3]　参见王纤维：《民事损害赔偿法上"违法性"问题初探（上）》，载《政大法学评论》，第66期，14页。

[4]　Kötz-Wagner, Deliktsrecht, Auf. 10, 2006, S. 45.

时，违法阻却事由的范围必须由法律所明确列举，而这一点显然与我国侵权法并不符合，我国侵权法的减轻和免除责任事由是例示性的规定，即除了《侵权责任法》第三章所明确列举的事由之外，仍然存在其他的减轻和免除责任事由。减轻和免除责任事由也并非完全能够被违法阻却事由所涵盖，违法阻却事由使得违法性不成立，此时行为人完全不需要承担侵权责任，这样就不能涵盖我国侵权法中的减轻责任事由。例如，受害人过错可能仅仅导致行为人侵权责任的减轻而非免除，此时，它就无法被违法阻却事由所涵盖。

从我国《侵权责任法》的相关规定来看，其并未承认所谓违法阻却事由这一概念。理由在于：

第一，侵权法规定的各种免责事由，本质上都是加害人没有过错的情形。阻却违法事由的概念意味着，出现了法定的免责事由之后，就表明行为不具有违法性，在德国侵权法中，阻却违法事由所阻却的目标是违法性，而非过错。"如果加害人可以援引一项排除违法性的理由，则应当否定其行为的违法性，特别是正当防卫、合法的紧急避险、受害人对行为的同意以及代表正当利益，往往可以成为排除违法性的理由。"[①] 但这显然不符合我国侵权法所规定的免责事由的立法宗旨。因为《侵权责任法》第三章的规定只是表明行为人没有过错，而不是表明行为人不违法。《侵权责任法》第三章规定的都是过错责任的免除和减轻责任事由。因此，也可以说都是排除了一般侵权责任中过错这一构成要件，从这一意义上来讲，它们都是排除过错的事由而非阻却违法的事由。例如，《侵权责任法》第 26 条规定："被侵权人对损害的发生也有过错的，可以减轻侵权人的责任。"第 27 条规定："损害是因受害人故意造成的，行为人不承担责任。"从这两个条款可以看出，在损害因受害人故意导致的情况下，造成损害的实际上是受害人自身的过错行为，而非行为人的过错行为，故而行为人不承担责任；在损害是受害人和行为人过错行为共同作用的结果的情况下，则由二者分担责任，从而表现为侵权人的减轻责任。

---

① ［德］马克西米利安·福克斯：《侵权行为法》，齐晓琨译，5 版，85～86 页，北京，法律出版社，2006。

第二，侵权法上的免责事由不限于法律规定的情形。一些学者在解释阻却违法事由的概念时，认为只有出现法律规定的事由，才能阻却违法，导致行为人免责，如此才能够符合违法性要件设立的目的。例如，有学者认为，"阻却不法事由或正当化事由，是指行为虽然造成他人损害，但依法能够阻断或排除行为不法性的法定的客观事实"①，因此法定的免责事由出现，就可以否定违法性的构成。笔者认为，不能用违法性这一要件来解释违法阻却事由。违法阻却事由的概念本身是值得商榷的。这一概念最初来自德国法。在刑法中，由于奉行罪刑法定原则，各种免责事由也是由法律规定的。但是在民法中，就一般侵权责任即过错责任而言，法律上不可能将免除和减轻责任的事由全部法定化，这也是根本做不到的。尽管我国《侵权责任法》第三章规定了部分免责事由，包括受害人的故意、第三人的行为、正当防卫、紧急避险等，但是这只是对实践中典型的免责事由的规定，而并未排除其他免责事由存在的可能性。相反，学理和司法实务普遍认同自助、意外事故、自甘风险等法律没有规定的免责事由。因此，在司法裁判中，如果侵害人确实可以证明表明其没有过错的情形，如证明其属于正当行使权利、从事正当的舆论监督等，则可以被免除责任。因此，我国《侵权责任法》并不是从违法阻却事由的角度来解释免责事由的，不能用违法阻却事由的概念来理解免责事由，并不是法律有规定时才能免责，否则就是误解了侵权责任法的规定。

违法阻却的概念是以法律对免责事由有明确规定为前提的，也就是说符合了法律关于免责事由的规定，从而导致了免责。但事实上，从《侵权责任法》第三章的立法目的来看，如前所述，其并非对免责事由的完全列举，这显然不同于法定化的违法阻却事由。既然第三章列举的都是排除行为人过错的事由，这也就意味着所有能够证明行为人没有过错的事由，都可以作为一般侵权责任的免责事由来对待，这才是该章的立法本意。如果使用违法阻却事由的概念，反而限制了免责事由的范围。如果采用违法性概念将免责事由只限于法律规定的情形，将不利于对案件的正确处理。因为有些制度就会因为缺乏法律的规定而无法适用。这显

---

① 唐晓晴、吕冬艳：《〈东亚侵权示范法〉澳门法域报告：行为与违法性》，载东亚侵权法学会：《〈东亚侵权示范法〉法域报告》，2010（8），336页。

然不符合第三章对免责事由采取的开放性立法的态度。

第三，侵权法上的免责事由包括了减轻责任的事由。违法阻却的概念只是限于免除责任，而我国《侵权责任法》第三章的规定也包括了减轻责任。《侵权责任法》常常将减轻和免除责任一并规定，这也是我国侵权责任法的重要特点之一。一方面，法律对一些没有过错的情形究竟是免责还是减轻责任，采取了较为笼统的规定。例如，《侵权责任法》第 28 条规定："损害是因第三人造成的，第三人应当承担侵权责任。"该条中，法律只规定第三人的责任，没有规定被告是否应当减轻或免除责任。另一方面，法律对于符合免责事由的情况，也规定可以减轻责任。例如，《侵权责任法》第 26 条规定："被侵权人对损害的发生也有过错的，可以减轻侵权人的责任。"由此可见，第三章关于责任的减轻和免除主要是围绕过错而展开的，并不是按照违法性要件的思路而构建的。因此，我国侵权责任法中的免责事由较之《德国民法典》中的违法阻却事由更为宽泛。德国学者一般认为，违法阻却事由并不包含减轻责任的事由，如混合过错。①

应当承认，在严格责任的情况下，有关免责事由是由法律明确规定的。但这并不意味着我国《侵权责任法》承认了违法阻却事由的概念。一方面，严格责任本身就以法律规定为前提，其本身就属于极为特殊的情形。不能把特殊情形作为一般规则来处理。另一方面，与过错责任不同，严格责任本身就不具有严格意义上的道德的可非难性。因此，在严格责任中，通过违法阻却事由免除行为人的责任，在逻辑上也是难以成立的。此外，免责事由的确定并不是必须通过承认违法行为的概念才能解决。在没有把违法行为作为免责要件对待的情况下，法律也可以规定免责事由。同时，应当看到，免责事由的存在主要是指行为人对损害的发生没有过错或与损害的发生没有因果关系，从而应使其被免除责任。因此，通过过错的概念就可以解释免责事由及其效力问题。总之，违法性要件虽然可以解释个案中的个别现象，但并不能成为侵权责任的构成要件。从我国《侵权责任法》的相关规定来看，已经在过错责任中采纳了三要件说，将违法性要件排除在外，

---

① Vgl. Fikentscher, Schuldrecht, Aufl. 9, Walter de Gruyter, Berlin, 1997, S. 318.

以过错的概念吸收了违法性的概念，这既符合立法者本意，也符合我国的司法实践。

第四节　因果关系

一、因果关系的概念

　　法律上的因果关系是指损害结果和造成损害的原因之间的关联性，它是各种法律责任中确定责任归属的基础。在不同的法律部门中，由于各种责任形态及其所要求的构成要件不同，因而，因果关系在归责中的作用、内容及其判断标准等方面也各不相同。民法上的因果关系是法律上因果关系的一种类型，它主要分为合同责任中的因果关系、侵权责任中的因果关系以及其他法定责任中的因果关系。此类因果关系是哲学上的因果关系的一种类型，但又不同于哲学上的因果关系，两者是一般和个别、普遍和特殊的关系。本书所探讨的是侵权责任中的因果关系，它是指行为或物件与损害事实之间的前因后果的联系。此种因果关系是确定责任的归属与责任范围的重要要件，是责任人承担责任的基础和必要条件。

　　因果关系只是认定侵权责任的条件之一，确定因果关系的目的不在于考虑行为人的行为是否违法，而在于确定行为人的行为与结果之间的联系。因此，侵权法中的因果关系是指行为人的行为或物件与损害事实之间的因果联系。据此，侵权法中的因果关系的内涵如下：

　　（一）因果关系中的原因是指行为人的行为或物

　　行为人的行为既包括积极的作为也包括消极的不作为。在通常情况下，积极的作为状态是容易确定的，而消极的不作为却难以确定。所谓不作为，是指行为人在某种情况下，负有特定的法律义务作为而不履行其义务，并致他人损害；不作为并非指行为人单纯的"无所作为"，而是以行为人不履行特定义务且侵害他

人权利或利益为特征的。行为人的作为义务通常来源于法律的直接规定、职务上和业务上以及先前行为的要求。例如，某个成年人带领邻居家的未成年人去河里游泳，该未成年人被水淹时，由于该成年人在此情况下基于临时的监护关系负有保护该未成年人的义务，因而成年人能够救助而不救助，则应承担不作为的侵权责任。不作为的行为人不仅在主观上具有应受非难的故意或过失状态，而且在客观上违背了其应尽的义务并造成了损害后果，不作为的行为和损害后果之间具有因果关系。

　　因果关系的原因还包括引起损害发生的物。"无论何时，只要把损害归责于某人，损害就必须是由他本人或受他支配的人或物造成的。"[①] 在被告所有、占有的物（包括动物）致人损害的情况下，如何确定因果关系呢？按照拉伦茨的看法，被告须对其动物的行为、建筑物的倒塌或危险动物的逃逸负责，如果把因果关系视为物件和损害事实之间的因果关系，则受害人的举证责任就比较简单了。[②] 假如把因果关系视为所有人或占有人的行为与损害事实之间的联系，则可能会加重受害人的举证负担，而且不利于准确认定行为人的责任。所有人和占有人对其物件致人损害，理所当然应负责任。[③] 对于受害人来说，只需证明所有人和占有人的物与其损害事实之间存在因果关系就足够了，至于物在致人损害的过程中，是否存在某种外来原因，则是过错的确定问题，应由加害人举证证明自己没有过错。

　　（二）因果关系是指行为人的行为或物与损害事实之间的因果联系

　　因果关系就是引起与被引起的关系，其具有如下两个特点：第一，它具有严格的时间顺序性，即原因在前、结果在后，但确定因果关系是从已经发生的损害结果出发而查找损害发生的原因，因此具有逆反性的特点。第二，它具有客观性。一个现象作用于另一个现象，一个现象引起另一个现象的因果性，并不依人

---

　　① 欧洲侵权法小组编著：《欧洲侵权法原则：文本与评注》，于敏、谢鸿飞译，51 页，北京，法律出版社，2009。

　　② See A. M. Honorè, *International Encyclopedia of Comparative Law*, Vol. 4, Torts, Chapter 7, Causation and Remoteness of Damage, J. C. B. Mohr (Paul Siebeck, Tübingen), 1975, p. 8.

　　③ 也有人认为，此种行为属于"准侵权行为"的范畴。

们的意志为转移。因此，司法审判人员应以客观的实际情况为依据，对损害结果、行为和物件、特定环境等诸因素进行详细分析判断，从而确定因果关系。

（三）因果关系是具有法律意义的客观事实

大千世界，万事万物无不适用因果规律。社会现象之间的因果联系是客观存在的，也是有脉络可寻的。但并非所有的因果关系都是侵权法上的因果关系。侵权法上所说的因果关系是指损害结果和造成损害的原因之间的关联性，它是各种法律责任中确定责任归属的基础。这种因果关系是归责的前提和基础。一方面，依因果关系确立责任时，要受到法政策因素影响，从而对因果关系链条进行合理地截取，避免行为人承担过重的责任。责任自负规则要求任何人对自己的行为所造成的损害后果应负责任，而他人对此后果不负责，由此必然要求确定损害结果发生的真正原因，查找出真正的行为主体。如果缺乏对因果关系的判断，就不能确定出责任主体和行为主体。[1] 另一方面，因果关系对责任范围的确定也有重要意义。在过错责任中，如果不能依过错程度决定责任范围，或依过错程度决定责任范围有失公平，则应根据因果关系程度决定责任范围。

二、侵权责任法上的因果关系与哲学上的因果关系

哈特认为，哲学的因果关系和法律上的因果关系是有明显区别的，不能把哲学的因果关系简单地植入法律因果关系中。[2] 从哲学上来说，任何事物或现象都是由其他事物或现象引起的，同时，它自己也必然引起另一些事物或现象。事物或现象之间的引起和被引起的关系，就是因果关系。[3] 通过对哲学上的因果关系的探讨，可以了解事物之间的发展和运动的内在规律。作为一种法律上的因果关系，民法上的因果关系与哲学上的因果关系一样，都反映了社会现象之间的联

---

① 参见［荷］施皮尔：《侵权法的统一：因果关系》，易继明等译，87页，北京，法律出版社，2009。
② 参见［英］哈特、托尼·奥诺尔：《法律中的因果关系》，2版，张绍谦、孙战国译，10～11页，北京，中国政法大学出版社，2005。
③ 参见吴倬：《马克思主义哲学导论》，137页，北京，当代中国出版社，2002。

系，但它又不同于哲学上的因果关系，二者的区别表现在以下几个方面：

首先，考察的目的不同。探讨哲学上的因果关系主要是为了努力认识事物发展的真相，了解原因和结果的客观联系性，只有通过对因果关系的考察才能把握事物的客观规律。而侵权责任法上的因果关系则是侵权责任的构成要件，其主要目的是归责，即确定责任的归属及其范围，并最终有利于解决已经存在的各类纠纷，它更多体现的是人类解决错综复杂社会矛盾时的妥协性与意志性。以上区别也决定了两种因果关系在判断方法等方面存在区别。申言之，对于同一案件中因果关系存在与否的判断，各国侵权法因受本国传统、文化、法学理论、立法等多重因素的影响而采取不同的理论与立法。例如，甲携带他人的一个包裹上火车，完全不知包裹中放有爆炸品，甲上车时被乙拉扯，致使包裹掉下发生爆炸，并致乙受伤。甲的行为与乙的受伤之间是否具有因果关系，各国法律和实践对此种或类似的情况有不同的看法。法国法一般认为，在此种情况下是否有足够的因果关系存在，要取决于法官的判定。因为在法国法中，因果关系往往被视为法官的"主观的评价"①。而根据德国相当因果关系理论，在此情况下，要考虑因果关系是否具有相当性，以确定行为是否是"足够的原因"或损害的"近因"②。而在美国侵权法中，需要考虑被告能否合理地预见该损害后果的发生。但无论采取何种因果关系判断理论，其目的都在于正确地归责。

其次，因果链条的确定与选择不同。哲学上的因果关系旨在寻求无限联系的事物内在的本质规律性。客观世界中，所有的事物、现象和过程都必然地由某种原因所引起，世界上没有无缘无故产生的事物，也没有不发生任何影响的事物，各种事物都必然会造成一定的结果。因此，在考察哲学上的因果关系时需要尽可能全面、深入地掌握各种彼此间具有联系的事物。而考察侵权责任法上因果关系的主要目的是正确归责并控制责任的范围，因此，不可能使因果关系的链条无限延伸、漫无边际，而必须具体截取一个或几个链条，从而实现妥当归责的目的。例如，某人开车撞倒桥梁，造成堵车，致车上病人的病情加重，后来加上因医院

---

①② A. M. Honorè, *International Encyclopedia of Comparative Law*, Vol. 4, Torts, Chapter 7, Causation and Remoteness of Damage, J. C. B. Mohr (Paul Siebeck, Tübingen), 1975, pp. 11 - 20.

的过失未及时医治导致病人死亡。该案中，某人撞倒桥梁与病人死亡之间事实上的因果关系是明显的，但根据一般的常识，撞倒桥梁绝不至于造成病人的死亡，如果课以肇事司机承担侵权责任，可能会不当加重行为人的责任。因此，在界定侵权责任法上的因果关系时，需要截取医院的过失与病人损害之间的因果联系。从学理上也可以认为，肇事司机与病人的死亡之间并无法律上的因果关系。由此可见，侵权责任法上的因果关系实际上是基于归责和控制责任范围的需要，对哲学上因果关系的某一个或几个链条加以截取的结果。

再次，对真实性的要求不同。哲学上的因果关系强调的是一种客观的真实，即事物客观的状态与联系。一般来说，原因在先，结果在后，但不是任何表现先后相继的现象都是因果关系。① 因果关系是客观存在的，它不以人们的意志为转移、也不能基于人的意志而改变。哲学上探讨因果关系的目的就在于了解事物的客观真相，因此，在哲学上，因果关系越真实，就越接近客观规律，这也符合人们认识世界的要求。侵权责任法上的因果关系虽然也需要尽可能探讨客观真实，但在不能了解客观真实的时候，并非就不能确定因果关系，因为民法上的因果关系要求的是一种法律上的真实，这与哲学上的因果关系所要求的客观真实性是不同的：一方面，侵权责任法上的因果关系都是在诉讼过程中加以证明的，因此，其在时间与空间上都受到限制，不可能无限制地接近真实，而只能由当事人通过举证尽可能地加以证明。因果关系的判断首先基于当事人的举证，而举证证明事实本身只能确定"法律上的真实"，这就决定了侵权责任法上的因果关系不可能完全都是客观真实。另一方面，侵权责任法上因果关系的判断要由法官在当事人提供的各种证据材料面前，通过采用一定的方法加以判断。法官选择某种方式、方法本身具有一定的主观性，可以说，民法上的因果关系存在与否很大程度上是法官在个案的情境中，依据法律规范、立法意旨、经验、常识等所作出的主观决断，当某一案件事实进入法律程序后，它已经是经过取舍的法律事实，或经过建构的法律事实，而法律上的真实并不能完全等同于客观真实。②

---

① 参见吴倬：《马克思主义哲学导论》，137 页，北京，当代中国出版社，2002。
② 参见程啸：《证券市场虚假陈述侵权赔偿责任研究》，中国人民大学 2003 年博士论文。

最后，是否涉及价值判断不同。哲学上的因果关系的目的是探讨事物内在的本质属性，要求尽可能排除一切主观的因素，力求科学地、客观地认识事物的联系，因此它属于一个事实判断问题。但侵权责任法上对因果关系的判断绝非纯粹的事实判断，它既是一个事实判断问题，更是一个法律的价值判断问题。从本质上讲，侵权责任法上的因果关系问题是个认识论的问题，这是共性，但侵权法的个性使得侵权法上因果关系的研究必须被赋予价值的评判。[①] 民法上的因果关系涉及法律价值判断具体体现在如下方面：一是在因果关系链条的截取中，法官需要从客观的事实出发确定因果关系，但也需要在确定客观事实的基础上综合考虑法规目的、立法意图、经验、常识等多种因素，准确地截取因果关系的链条。例如，在无限延伸的因果关系链条中，究竟需要在因果关系链中截取哪一个环节，抽取出法律上的因果关系，需要在法律上作出判断。二是因果关系的判断所采用的标准的选择。因果关系最初主要是采用条件说，后来发展到相当因果关系说，然后是规范目的说以及因果关系的推定。在此过程中，因果关系判断标准的选择实际上也是一个价值判断的过程。三是证据的确定。对当事人就因果关系的举证所提供的各种证据如何进行确定，在很大程度上取决于法官的判断。四是因果关系的推定。根据谁主张、谁举证的一般举证规则，通常情况下，因果关系是否存在等问题应由受害人举证证明，但是在某些情况下，为了保护受害人，减轻其举证负担，法律也可以规定各种类型的因果关系推定。例如，在环境污染侵权中，受害人就因果关系举证的能力有限，甚至根本无法举证，此时若遵从一般的举证规则，对受害人极为不利，因此，在特殊情况下也实行因果关系的推定。

三、因果关系在归责中的作用

因果关系是侵权责任的构成要件，无论是在过错责任中，还是在严格责任中，因果关系都是责任认定不可或缺的因素。我国侵权责任法虽然没有就因果关

[①] 参见刘锐：《侵权法因果关系理论研究》，载江平、杨振山主编：《民商法律评论（1）》，329页，北京，中国方正出版社，2004。

系的判断规则作出特别的规定[①]，但通过解释《侵权责任法》第二章关于"责任构成和责任方式"的有关规定，仍然可以明显看出侵权责任法对因果关系的要求。例如，《侵权责任法》第 6 条第 1 款规定："行为人因过错侵害他人民事权益，应当承担侵权责任"；第 7 条将责任限定在"行为人损害他人民事权益"的情形。这都表明，对"他人民事权益"的损害应当是由行为人造成的，其行为应当与损害之间具有因果关系。还应当看到，《侵权责任法》还在相关条款中规定了认定因果关系的特殊规则。例如，《侵权责任法》第 66 条规定："因污染环境发生纠纷，污染者应当就法律规定的不承担责任或者减轻责任的情形及其行为与损害之间不存在因果关系承担举证责任。"这就是因果关系推定规则在环境污染责任中的运用。

在过失责任中，因果关系是归责的一项重要的构成要件，当然，在因果关系确定之后，尚不能当然地确定行为人要负责任，还要考虑行为人是否具有过错。而在严格责任的情况下，因果关系成为确定责任的主要要件。在侵权责任法中，尽管随着对受害人保护的不断强化，受害人对行为人过错的举证责任正在逐渐减轻，但因果关系在归责中的重要性并没有因此而削弱，这是因为因果关系不仅是归责的基础，而且是民法上"为自己行为负责"原则的基本要求。

笔者认为，因果关系不仅具有确定责任的功能，而且具有确定责任范围的功能。从归责的意义上来说，因果关系的判断有两个层次：一是责任成立的因果关系，即判断加害行为与权益侵害的后果之间是否存在因果联系。如果存在此种联系，则可以成立责任，否则，就排除了责任。二是责任范围的因果关系，即责任成立之后，具体判断损害赔偿范围时的因果关系。按照行为人对损害后果发生的原因力确定其侵权责任范围，这也是自己责任原则的具体体现，即行为人只需要对自己行为造成的损害后果承担责任。通常所说的因果关系主要指的是责任成立

[①] 立法之所以未对此作出直接明确的规定，是因为实践中因果关系判断十分复杂，难以通过简单的条文作出规定。如果作出的规定不够详尽和充分，则可能束缚法官在个案中判断的权力。因此，立法机关最终将其交由法官根据实际情况来判断。参见全国人大常委会法制工作委员会民法室编：《中华人民共和国侵权责任法条文说明、立法理由及相关规定》，23 页，北京，北京大学出版社，2010。

上的因果关系。从这个意义上说的因果关系，是确定损害赔偿范围的基础。具体来说，因果关系在归责中的意义表现在如下两个方面：

1. 确定责任的成立。因果关系确定的首要目的是确定责任，也就是要确定责任成立的因果关系（die haftungsbegründende Kausalitaet）。它是指确定被告的行为及其物件与行为结果之间是否具有因果联系。一些德国学者认为，责任成立的因果关系就是指行为或物件与权益侵害之间的关系，其属于责任的构成要件。王泽鉴先生认为，它是指可归责的行为与权利受侵害之间的因果联系。在学理上，因果关系常常被区分为责任成立的因果关系和责任范围的因果关系。而前者是指加害行为与权利侵害之间的因果关系，而不是加害行为与损害之间的因果关系。① 笔者认为，将因果关系进一步细化为责任成立的因果关系和责任范围的因果关系是必要的。责任成立的因果关系实际上就是确定责任中作为构成要件的因果关系，无论采用何种归责原则，此种因果关系都非常重要，它是承担责任的前提与基础。尤其是在严格责任的情况下，责任成立的因果关系的确定就更为重要。因此，在考察侵权责任构成要件时，应当首先考察责任成立的因果关系，然后才考察过错。除了在特定情况下，必须实行因果关系推定的以外，责任成立的因果关系都需要由受害人举证证明，然后由法官根据受害人的举证加以判断。即便是在实行举证责任倒置的情况下，如高度危险责任，也并非意味着受害人无须就责任成立的因果关系举证，因果关系不确定将无法确定谁是合格的被告。

责任成立的因果关系旨在说明被告承担责任的合理性，尽管在过错责任中，可以从过错方面寻求原因，但因果关系也是一个重要的理由。因果关系的确定就是要明确谁的行为或物件与损害结果之间具有因果联系，并使其对结果负责。按照自己责任原则，除非存在法定的免责事由，否则任何人只对自己的行为负责以及对根据法律规定的由其负责的物件或他人行为承担责任。要确定责任，必须确定引起损害后果发生的真正原因。如果某人的行为或物件与结果之间没有因果联系，且不能采取因果关系推定的方法使被告负责，则该人就不应当对损害结果承

---

① 参见王泽鉴：《侵权行为法》，第 1 册，189 页，北京，中国政法大学出版社，2001。

担责任。正是从这一意义上来说，因果关系具有排除责任承担的功能，这具体表现在三个方面：一是因果关系的认定不仅可以使得应当负责的人承担责任，而且使得不应当承担责任的人被免除责任。二是对财产损害可补救性予以限制。尽管按照全部赔偿原则，加害人应当对受害人所遭受的财产损害负全部赔偿责任，但他并非对其行为所引发的任何财产损失都承担赔偿责任。在财产损失的赔偿范围方面，也存在因果关系上的限制，即只有在损害结果和行为人的行为之间具有因果联系的情况下，行为人才对这些损害后果负赔偿责任。例如，对于纯经济损失，许多国家都认为缺乏因果联系，原则上不予以赔偿。三是截断现实生活中无限延伸的因果链条，从而正确地认定责任。在普通法中，确定了一个规则，即"延伸的损害后果不能太遥远"。这就是说，法律上的因果关系不能像哲学上的因果关系那样无限地延长，为了妥当地归责，必须对因果关系进行正确的截取，使不应当负责的行为人被免除责任。

　　2. 责任范围的确定。责任范围实际上就是要解决赔偿损害的范围和原因力的问题，这就是德国法中所说的责任范围的因果关系（die haftungsausfüllendende Kausalitaet）。因果关系对于损害赔偿范围的确定具有重要意义，这不仅表现在因果关系决定着直接损害与间接损害的区分，而且是对损害赔偿范围作出限定的标准。在过错程度大体相当或难以确定过错程度的情况下，责任的大小主要取决于原因力的强弱。例如，数人共同实施了殴伤他人的侵害行为，在行为的实施过程中，有人直接挥拳，有人在旁边呐喊助威。在内部责任分摊上，如果难以区别直接挥拳者和呐喊助威者的过错程度，则可以从各个行为的原因力方面着手。显然，直接挥拳的原因力要比呐喊助威的原因力强，直接挥拳者应负主要责任。当然，如果原因力、过错程度都相同，则应当由当事人平均分担责任。在严格责任中，由于取消了过错这一要件，所以更加需要通过因果关系限制行为人的赔偿责任范围。

　　虽然因果关系可以分为责任成立的因果关系和责任范围的因果关系，但从我国的司法实践来看，法院在具体认定因果关系时并没有进行两层次的区分和分别判断，这也在一定程度上有利于简化因果关系的判断。已如前述，笔者认为，过

错责任的一般构成要件是损害、过错和因果关系，这里所说的因果关系，就没有进一步地细分为责任成立的因果关系和责任范围的因果关系。

四、因果关系认定理论

在侵权损害赔偿领域，引起损害发生的原因并不完全是单一的行为或事件，而常常呈现出各种因素彼此相互联系、相互影响和渗透的状态。然而，究竟应如何确定因果关系，历来众说纷纭、观点林林总总，有条件说、原因说等。从比较法上看，有影响力的因果关系认定理论主要有两种学说，即相当因果关系说和规范目的说。

(一) 相当因果关系说

相当因果关系说（Adequanz theorie）又称为"充分原因说"（The Adequacy Theory），它是由德国学者冯·克里斯（von Kries）在 19 世纪末所提出来的。冯·克里斯认为，被告必须对以他的不法行为为"充分原因"的损害负责赔偿，但是对超出这一范围的损害不负责任。那么，什么是"充分原因"？冯·克里斯提出了"客观可能性（objecktive Moeglichkeit）"的概念。他认为，只有那些对结果的发生提供了可能性（objektive moegliche Moeglichkeit）的，才能被称为原因。[①] 就是说，在造成损害发生的数个条件中，如果某个条件有效增加了损害的客观可能性时，可视为损害的充分原因。按照冯·克里斯的观点，在判断因果关系时，应当依据相当性概念来加以判断，法官应当以普通一般人或经过训练、具有正义感的法律人的看法，依据经验之启发及事件发生的正常经过来进行判断，以确定行为与结果之间是否具有因果联系。[②] 德国学者 Enneccerus 等人从另一个角度重新阐释了冯·克里斯的上述理论，其认为，如果某项原因对于损害发生几率的提高不会产生实质性影响，或者只有在极端条件下才会成为引发损害的

---

① See A. M. Honorè: *International Encyclopedia of Comparative Law*, Vol. 4, Torts, Chapter 7, Causation and Remoteness of Damage, J. C. B. Mohr (Paul Siebeck, Tübingen), 1975, p. 31.

② 转引自陈聪富：《侵权行为法上之因果关系》，载《台大法学论丛》，第 29 卷第 2 期。

原因，那么该项原因就不属于充分原因的范畴。[①] "相当因果关系说" 在 1878 年被德国法院所采纳，经过 20 世纪的发展，已成为大陆法系国家因果关系判断理论的通说。我国也有不少学者主张采用相当因果关系说。[②]

按照相当因果关系说，因果关系的判断主要分为两个步骤：

第一，事实上的因果关系（factual causation，cause in fact）的判断。王泽鉴教授将该步骤称为 "条件关系" 的判断，或条件上的因果关系。在这一步骤中，必须要确定，损害是否是在自然发生的过程中形成的，或者是依特别情况发生，是否具有外来因素的介入。按史尚宽先生的解释，一般的有发生同种结果之可能者，其条件与其结果为有相当因果关系。[③] "苟基于适当条件发生，其为通常所生之损害或为因特别之情事所生之损害，在所不问……例如，射击野兽，霰弹回击，达于通常所不达之所而伤人，虽非通常所生之结果，然射击伤人为一般所得之结果。又例如受创伤者，因创伤而死亡，其死亡虽不为创伤之通常结果，然创伤致死，亦为一般所得生之结果，故得为适当之条件。"[④]

第二，法律上因果关系的判断。在事实上因果关系确定以后，需要进一步判断原因是否具有可归责性，这就是要确定因果关系的相当性。法官要判断，在法益受侵害与损害之间必须存在充分的因果关系。[⑤] 由于相当性的判断实际上是一种法律上的价值判断，因而，在这一步骤所作出的因果关系判断，也称为法律上的因果关系判断。此种判断实际上就是要判断原因是否具有充分性，或者说被告的行为是否为损害发生的充足原因，因此，相当说也称为充分原因说。相当因果关系理论可以从积极和消极两个方面来表述。从积极的方面来看，如果被告的行为在通常情况下会导致已经发生的某个损害结果，或者至少在相当程度上增加了

---

① See A. M. Honorè：*International Encyclopedia of Comparative Law*，Vol. 4，Torts，Chapter 7，Causation and Remoteness of Damage，J. C. B. Mohr（Paul Siebeck，Tübingen），1975，p. 49.

② 参见梁慧星：《雇主承包厂房拆除工程违章施工致雇工受伤感染死亡案评释》，载《法学研究》，1989（4）；叶金强：《相当因果关系理论的展开》，载《中国法学》，2008（1）。

③ 参见史尚宽：《债法总论》，163～164 页，台北，自版，1978。

④ 史尚宽：《债法总论》，163～164 页，台北，自版，1978。

⑤ Brox/Walker，Besonderes Schuldrecht，C. H. Beck，2008，33. Auflage，S. 494.

某个结果发生的可能性，那么这一行为就是损害发生的相当原因。① 从消极的方面来看，如果被告的行为造成了损害，但是这种损害的发生仅仅在非常特殊的情况下发生，或者按照事物发展的正常过程是非常不可能发生的，则被告的行为就不构成损害发生的相当原因。②

相当性也称为充分性，对于"相当性"的解释，理论上存在各种不同的见解。各国关于相当性的判断有一个共同的特点，即将相当性的问题交给法官自由裁量，不过，法官在考察相当性的问题上究竟应当采用何种标准，在学说上仍然有不同的看法。大致说来，主要有如下几种观点：一是采用合理人的标准进行判断。所谓"相当"是"最具洞察力的人"凭其全部经验便能够预见的结果。③ 二是排除外来原因介入以后，条件是否导致损害的发生。von Kries 认为，当某项条件有效增加了损害的客观可能性时，可视为损害的充分原因。④ 条件被认为是在正常行为过程中伴生结果的充分原因。⑤ 按照德国的判例学说，如果事件在正常的发展过程中，没有外来的异常原因介入，某项条件仍然会改变危险或者增加损害发生的可能性，便可以认为，该条件具有相当性。⑥ 三是采用经验法则进行判断。所谓相当因果关系，就是指根据经验法则，综合行为当时所存在的一切事实，进行事后的客观审查。若认为在一般情形下，在同样的环境下为同样的行为，一般都会发生同样的结果的，则该条件就与结果之间具有相当因果关系；反之，若在一般情况下，不认为该条件都会发生同样的结果，其不过是偶然的原因而已，则此时不存在相当因果关系。因果关系的"相当性"系以"通常足生此种损害"为判

---

① A. von Kries, Über den Begriff der objektiven Möglichkeit und einiger Anwendungen desselben (1888), S. 179.

② Enneccerus and Lehmann, Recht der Schuldverhaeltnisse, Aufl. 15, Tübingen, 1958, § 15 Ⅲ 2; RGZ 104, 141; RGZ 106, 14.

③ 参见刘静：《产品责任法》，157 页，北京，中国政法大学出版社，2000。

④ A. von Kries, Über den Begriff der objektiven Möglichkeit und einiger Anwendungen desselben (1888), S. 179, 287, 393.

⑤ Traeger, Der Kausalbegriff im Straf-und Zivilrecht, Marburg, 1913, 161.

⑥ 参见陈聪富：《侵权行为法上之因果关系》，载《台大法学论丛》，第 29 卷第 2 期。

断基准。① 四是原因造成损害的可能性程度。也有学者主张，对相当性的判断不仅要考虑损害的类型，而且要考虑损害的量（程度）也达到了"充分性"。某个原因造成损害发生的可能性，必须超过了50％以上的概率。通常认为，增加的可能性在量上必须足以使条件成为损害的充分原因。只有当这一风险有效、并远大于受害人原来可能面临的风险时，侵权人的行为才构成导致原告受到伤害的充分原因。②

之所以要在事实上的因果关系的基础上判断相当性的问题，是因为"相当因果关系不仅是一个技术性的因果关系，更是一种法律政策的工具，乃侵权行为损害赔偿责任归属之法的价值判断"③。因果关系理论不仅具有归责的功能，而且具有限制责任的功能。事实上的因果关系往往使得因果关系链条过长，不能够真正解决责任的限制问题。只有通过法律上因果关系的判断，才能够确定在法律上应当承担责任的原因，使不应当负责的行为人被免除责任。

较之于以往的因果关系学说，相当因果关系说的主要优点在于，其允许法官作出一种法律上因果关系的判断。它并不要求受害人对因果关系的证明达到如同科学那样准确、精确的地步，即便受害人没有达到此种地步，也不妨碍法官根据一定的法律上的价值判断来确定因果关系的存在。这种做法减轻了受害人在因果关系方面的举证负担，同时赋予了法官一定的自由裁量权力，使得法官能够根据案件的具体情况、法律的规定、经验、常识等进行调整。如果说因果关系的终极目的在于正确地归责，那么相当因果关系说为实现这一目的而提供了更具有灵活性与适应性的手段。正因如此，相当因果关系说自产生以来获得广泛的接受，成为目前大陆法系所主导的因果关系的判断方法。

尽管因果关系学说林林总总，但最重要、最流行的对因果关系判断的理论还是相当因果关系说。笔者认为，在原因和结果之间具有复杂联系的情况下，采用相当说是一种比较可行的做法，主要原因在于：第一，有利于减轻受害人的举证负担。整个侵权法发展的趋势就是加强对受害人的保护，而相当因果关系理论正

① 参见王泽鉴：《侵权行为法》，第1册，205页，北京，中国政法大学出版社，2001。
② Enneccerus and Lehmann, Recht der Schuldverhaeltnisse, Aufl. 15, Tübingen, 1958, § 15 III 3.
③ 王泽鉴：《侵权行为法》，第1册，204页，北京，中国政法大学出版社，2001。

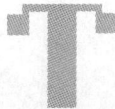

是符合了这一趋势，只要受害人证明被告的行为事实上导致了结果的发生，至于造成损害的各种原因在法律上是否具有可归责性或者说是否具有相当性，是由法官来判断的。通过减轻原告的举证负担，有利于充分保护受害人。第二，相当说强调进行一种法律上的价值判断，实际上是追求一种法律上的真实。根据相当说，受害人在证明有事实上的因果联系后，即便不能区分各种原因在损害中的确切作用，也并非意味着受害人就不能获得赔偿。因为法官在此情况下，可以基于法律上的价值判断来确定原因的可归责性，这就使得因果关系成为归责的工具。我国司法实践中也有法官采用这种理论，例如，最高人民法院在"青海证券有限责任公司等与武汉中天银会计师事务有限责任公司等转让合同、侵权赔偿纠纷案"中认为："审计评估报告不同于验资报告，其不具有验资报告的法定效力而仅是提供一种交易价格的参考，青海证券在与武汉国租以及宝安集团事后签订补充协议时，以中天银公司审计评估价格为基础，为实现自身总体的经济目标，对审计评估价格进行了逆向调整，这种行为已经割裂了审计报告与转让价格之间的因果联系，侵权行为所要求的因果关系要件在此并未充分体现。""故在中天银公司没有主观过错且审计报告与转让价格之间欠缺直接或相当因果关系的情形下，本案原审法院判令中天银公司对因上述 3 笔债权虚假给青海证券的权益造成的损害承担赔偿责任不当，中天银公司关于不应承担侵权赔偿责任的抗辩有理，本院予以支持。"[①] 第三，相当因果关系的判断往往需要结合社会一般观念，采用经验法则进行判断。因此，对因果关系的确定，能够最大限度地符合一般的社会观念和一般人的正义观念。第四，相当因果关系说通过价值判断选取案件中有意义的事实原因，防止因果关系链条过于冗长。在分析因果关系时，如果一个损害的后果是由包括行为人的行为在内的诸多原因引起的，就应当注意行为人的行为作为原因力的表现，并恰当地确定行为人的行为对于损害的发生所起的作用，适时地截取因果关系的链条。

　　当然，尽管相当因果关系说在条件说的基础上发展了一步，要求进一步区分损害发生的原因，但其也存在一些固有的缺陷，因为对法律上的因果关系的判断

---

① 最高人民法院（2001）民二终字第 114 号民事判决书。

实际上是由法官在事实上的因果关系的基础上进行的：如果法官能够秉持公平正义的理念和诚信观念，就能够使因果关系的判断很好地服务于归责的需要，但如果法官不能够客观公正地考虑法律的价值判断问题，则将会使得因果关系的判断具有一定的不确定性，从而会出现不公正的结果。

（二）规范目的说

规范目的说为德国学者拉贝尔（Ernst Rabel）在 20 世纪 40 年代所创立，并由其学生凯默雷（von Caemmerer）教授所发展，现在已经成为德国的通说。[1] Rabel 认为：只有当损害处于法规保护的范围之内时，损害才能得到救济。因侵权行为所产生的赔偿责任，应就侵权法规的意义与目的进行探讨，尤其应当探讨其本意旨在保护何种利益。[2] 也就是说，只有当被主张之损害根据其种类及存在之方式系属于法规保护之下时，损害赔偿的义务才能存在。[3] 例如，根据德国《道路交通法》第 21 条第 2 款，只有在特定的要件之下才容许用卡车及拖车的装载空间运送人员，货车是不能用来运人的。但在某个案件中，一个被货车运送的人因为在货车中受凉而感冒，并在法院起诉运送者要求赔偿。根据法规目的说，此种赔偿请求不能得到支持。因为德国《道路交通法》第 21 条第 2 款并不是要阻止感冒，而只是要阻止被运送者从车上掉下来，因此，对于感冒损害，被运送人不得请求赔偿。[4]

法规目的说的理论依据在于，一方面，此种学说认为，行为人就其侵害行为所生的损害应否负责系法律问题，属于法律的价值判断问题，应当依据法规目的予以认定。[5] 相当因果关系说强调要考虑法律的价值，这是十分必要的，但在考虑法律价值时，首先应当考虑的是立法的目的，如果不能理解立法的目的，就不可能准确地把握法律的价值。另一方面，只有被侵害的对象属于法律保护的范围

---

① 参见王泽鉴：《侵权行为法》，第 1 册，221 页，北京，中国政法大学出版社，2001。

② 参见曾世雄：《损害赔偿法原理》，112~113 页，北京，中国政法大学出版社，2001。

③ 参见姚志明：《侵权行为法研究（1）》，147~148 页，台北，自版，2002。

④ 参见［德］迪特尔·梅迪库斯：《德国债法总论》，杜景林、卢谌译，445 页，北京，法律出版社，2004。

⑤ 参见王泽鉴：《侵权行为法》，第 1 册，221 页，北京，中国政法大学出版社，2001。

之内，受害人才能请求赔偿。"保护目的理论（即法规目的说——作者注）以一个假设为其基础，亦即须被赔偿之损害的内容及范围取决于被侵害之义务及其涵盖之范围"①。法规目的说把对因果关系的判断从案件发生的实际情况的分析转向被违反的法规分析，因此，Honoré 教授称之为"一个关于立法政策的理论"②。

法规目的说实际上是为了补充相当因果关系说的不足而提出的。相当因果关系说以可能性为判断标准，并由法官根据一般的社会经验加以判断，但在判断因果关系是否具有相当性时，应当考虑有关法律、法规的意义和目的。因为法规决定法律义务，因违反义务造成他人损害，其是否应当承担赔偿责任，理所当然应当与法规规定本身具有关联性。法规目的说认为，应当广泛承认因果关系乃是责任构成要件，在确定事实上的因果关系之后，再依法规之目的判断法律上的因果关系是否存在。在确定行为人对行为引发的损害是否应负责任时，应当依法规的目的加以判断。如果依据法规目的不应当承担责任，则即使具有相当因果关系，也不应当予以赔偿。③

规范目的说在具体适用中，要遵循如下步骤：

第一个步骤是确定法规保护目的的依据。关于确定法规目的的依据，学者间的看法并不一致。根据 von Caemmerer 教授的看法，在确定保护目的时不应只顾及于具体化规范所表示的目标方向，而必须附带考虑损害赔偿之意义。而根据 Raiser 的看法，仅仅考虑规范的目的，而不应当再以其他的标准来限制责任，不能再考虑其他的准则与价值。④ 可见，学者关于此问题的争议焦点在于，确定法规目的是否仅仅以侵权行为本身所涉及的法规为依据。

第二个步骤是法规保护范围的确定。根据德国学者的一般看法，在适用法规目的说时，必须要确定法规的保护目的，但是，确定法规保护范围必须要明确：受害人遭受的损害是否属于法规保护的法益；被侵害者是否属于法规所保护的人

① 姚志明：《侵权行为法研究（1）》，223页，台北，自版，2002。
② Staudinger-Mertens，§249 Rn. 117.
③ 参见曾世雄：《损害赔偿法原理》，113页，北京，中国政法大学出版社，2001。
④ 转引自姚志明：《侵权行为法研究（1）》，227页，台北，自版，2002。

的范围；损害是否属于法规所要防止发生的。具体说来：

第一，法益。法规目的说首先要求判断受害人遭受的损害是否属于法规所保护的法益范畴。具体来说，分为两个方面：一是损害必须存在于一个法益上，二是此法益系受法规所保护的。例如，法律保护每个人的人身不受侵害，如果某人因开车不注意而撞伤他人，依据法规的目的，驾驶人应当对受害人所遭受的损害负赔偿责任。但如果受害人在遭受损害之后自杀，则对自杀部分的损害，依据法规目的判断，不能由驾驶人负责。因为法规的目的本身在于保护人身不受他人侵害，而并不在于对任何所遭受的损害提供补救。① 再如，建筑许可机关对于建筑计划的审核义务，系为保护一般大众及所有权人，防止其受到倒塌之危险与可能经由倒塌所生之损害，但并不保护因无法使用而产生的财物上耗费的危险。另外，即使受侵害的权益均属于法律保护范围，但其所处的不同位阶，也会对因果关系的判断结果产生影响。受侵害权利的位阶越高，如生命、健康权益，则因果关系的认定标准较为宽松；反之，受侵害的权利位阶较低的，因果关系的认定标准就应相对严格。②

第二，人的范围。法规目的说要求受害人须属于法律所保护的人的范围内。例如，因交通事故致某人死亡，其亲朋好友都在不同程度上遭受了精神损害。按照相当因果关系说，很难区别不同的人所遭受的损害与行为人的行为之间的因果关系。但依据法规目的说，则应当认为法规所保护的目的仅限于受害人的近亲属，而不应当包括近亲属以外的人，否则，损害赔偿的范围将无边无际。③

第三，造成损害的情形。法规目的说认为，确定法规的目的时必须要考虑如下因素：一是导致损害发生的具体类型，是否为法律法规所意欲防止和避免的。④ 例如，法规规定禁止一个18岁的少年在22点以后工作。该法规欲保护的目的是防止青少年因为工作时间过长而遭受健康损害，但是如果某人下班后在工

① 参见曾世雄：《损害赔偿法原理》，115页，北京，中国政法大学出版社，2001。
② V. V. Palmer and M. Bussani, *Pure Economic Loss: New Horizons in Comparative Law*, Routledge-Cavendish, 2009, pp. 36-39.
③ 参见姚志明：《侵权行为法研究（1）》，233页，台北，自版，2002。
④ 参见姚志明：《侵权行为法研究（1）》，234页，台北，自版，2002。

作场所之外玩耍至深夜，因自身不注意而遭受损害，则不能援引上述法规的规定要求雇主赔偿。从因果关系的角度来看，受害人在玩耍中因不注意而遭受损害，并不是依据上述法规的规定而应由雇主所防范的风险。二是侵权行为的类型。某些特殊的侵权行为需要适用相对应的因果关系判断标准。如医疗事故、工伤事故以及交通事故特殊侵权行为中的因果关系认定，均属此类。①

法规目的说认为，行为人对于行为引发的损害是否应当承担责任，并不是要探究行为与损害间有无相当因果关系，而是应当探究相关的法规（或契约）的意义和目的。相当因果关系说要求考虑法律的价值，而法规目的说进一步认为，因果关系的判断要考虑法规的目的。从这一点来看，法规目的说似乎旨在代替相当因果关系说。但按照多数学者的看法，相当因果关系说和法规目的说二者可以并存。损害应否赔偿，首先须认定其有无相当因果关系，其次再探究其是否符合规定目的，易言之，即损害之发生虽具相当因果关系，但在法规目的之外者，仍不得请求损害赔偿。② 规范目的说既是对相当因果关系说的补充，更加明确了相当因果关系的判断标准，又是对相当因果关系说的限制，因为其因果关系的判断范围过于宽泛，因此要通过规范目的来对其进行限缩。

法规目的说的主要优点在于，其可以补充相当因果关系说的不足。"德国学者因而认为需要有一个透过价值判断来补充相当因果关系说。基于此，方有法规目的说的产生。"③ 按照相当因果关系说，主要应当根据社会一般的经验来考虑因果关系的相当性，这就实际上给予了法官极大的自由裁量的权力。在许多案件中，法院常常认为，既然损害已经发生，就应当从保护受害人角度考虑，认定有相当因果关系的存在。但若根据法规的目的，受害人是否应当受到特别的保护，因果关系是否具有相当性，有时往往难以作出准确界定。在判断相当因果关系时，相当因果关系说更多考虑生活经验，而没有考虑到法规的设定目的。而规范目的说通过对立法者意图的考察，使得法官在进行因果关系判断时获得了更明确

---

① See J. Spier and O. A. Haazen, *Comparative Conclusions on Causation*, pp. 135 - 136.
② 参见王泽鉴：《侵权行为法》，第 1 册，221～222 页，北京，中国政法大学出版社，2001。
③ 姚志明：《侵权行为法研究（1）》，145～147 页，台北，自版，2002。

的价值判断标准。笔者认为，法规目的说的合理性在于：

第一，它提出了一种判断因果关系的新的思考方法。相当因果关系说采取的是一种客观的事后判断和一般的生活经验标准。而法规目的说要求在判断因果关系时，寻找法规设定的目的，从损害是否属于法规保护的范围等方面考虑是否存在因果联系[1]，从而提出了一种全新的研究方法。我们所说的因果关系是一种法律上的因果关系，而不是哲学上的因果联系，因果关系确定的目的在于归责的需要，因此，确定法律上的因果关系是十分必要的。

第二，它确定了补救的法益的范围，换句话说，就是确定了哪些法益应当受到法律的保护。如果已经造成的损害本身并不属于法律所保护的范围，则虽然具有相当因果关系，对其进行补救也是没有意义的，因为法律目的本身就不要求对其进行补救。尤其是在判断因果关系的过程中，依据法规的目的，若某人不需要对他人的行为负责，就不能认定其行为与损害之间具有因果联系。

第三，对损害赔偿的限制。完全赔偿在某些情形下可能使损害赔偿的范围过于宽泛，这就需要通过对规范目的的探究对其进行限制。在一个行为造成几个受害人损害的情况下，根据相当因果关系理论，行为人可能要对受害人都进行赔偿，但根据法规目的说，就需要对法规的目的进行分析，从而决定哪些受害人属于法规保护的范围，而哪些受害人不能保护。

当然，法规目的说也具有一定的缺陷：一方面，立法者在制定法律时所作出的判断是以当时的社会现状为基础的，而随着社会的发展，此种基于当时的社会现状所作出的判断是否可以适用于现在的案件，不无疑问。当然，如果不能够以立法者准确的目的来判断因果联系，将会使因果关系的判断系于法官的个人意志，从而增加了因果关系判断的随意性。另一方面，许多法规的规定和具体法条的规定，并没有明确的规范目的。尤其是侵权案件错综复杂，许多纠纷甚至找不到明确的法律依据，在这些案件中，判断因果关系原则上还是应当适用相当因果关系等理论。如果不适当地扩大法规目的说的适用范围，则可能会增加因果关系

———————
[1] 参见王泽鉴：《侵权行为法》，第1册，227页，北京，中国政法大学出版社，2001。

判断上的随意性。

五、因果关系的具体认定

我国民法学界曾经混淆了法律上的因果关系与哲学上的因果关系，即完全以哲学上因果关系的概念、规则直接作为法律上因果关系的概念与规则，许多学者以及司法实践者都简单地认为，法律上的因果关系就是为了认识事实真相，而没有将其作为正确地确定责任归属与责任范围的手段与工具。尽管因果关系理论林林总总、纷繁复杂，但无论何种理论最终都是服务于归责的目的的。对于因果关系的范围界定，不仅需要从理论角度出发进行判断，更应根据具体案件情况作出相应的调整，从某种程度上说，个案的公平有时比抽象的规则更为重要。① 毕竟，法律意义上的因果关系是一种确定责任的制度工具，而不单纯是为了发现真相。②

因果关系学说之所以十分复杂，根本原因在于侵权纠纷形成原因的复杂性。在一般情况下，如果原因与结果之间是一一对应关系，且没有外来因素的介入时，因果关系还是比较简单的。例如，行为人将他人的财物砸坏或打伤他人，此时因果关系非常简单，无论采用相当因果关系说，还是其他理论都可以解决问题，但一旦出现复杂的因果关系形态，如多因多果，因果关系的判断则十分困难，各种因果关系学说的适用便出现了差异。在侵权损害赔偿领域，引起损害发生的原因并不完全是单一的行为或事件，而常常呈现出各种彼此相互联系、相互影响的因素。一种行为可能与其他的行为和事件相互交叉地产生某种结果，或者多种行为或事件共同作用产生了多种结果。在引起损害发生的多个行为或事件中，可能只有一种或一些因素起着决定作用，而另一个或另一些因素只起着加速或促进

---

① See Mauro Bussani, Anthony J. Sebok, *Comparative Tort Law*：*Global Perspectives*，Edward Elgar Publishing，2015，p. 291.

② See Mauro Bussani, Anthony J. Sebok, *Comparative Tort Law*：*Global Perspectives*，Edward Elgar Publishing，2015，p. 292.

的作用。各个因素相互交叉地发生作用，共同导致损害后果的发生。① 由于各种因素对损害后果的发生所起的作用不同，因而在分析因果关系时应当区别对待。

各种因果关系理论都应当服务于归责的需要，任何一种理论都应当为司法实践提供清楚明确的指导。笔者认为，应当依据相当因果关系说来认定因果关系，在判断因果关系是否成立时，首先应当将与损害发生有关联的事件和行为都作为条件加以考虑，然后对这些条件作进一步分析，判断其与损害的发生之间是否具有相当性。这就意味着，条件并非损害发生的真正原因，虽然条件与损害发生之间存在一定的关联，但各种条件与损害的关系不同，有些距离损害比较遥远，有些则比较近。虽然在哲学意义上，各种条件都是"原因"，但在法律意义上，只有那些与损害发生之间具有相当性的条件才能够成为原因。

问题的关键在于，如何判断相当性？一般认为，判断相当性要从一般人的社会经验出发。具体来说，在判断因果关系时，一般要分两个步骤来考虑：

第一步是按照一般生活经验考察行为是否是损害的充分原因，从而判断是否具有相当性。笔者认为，对因果关系链条的截取，按照一般的社会生活经验，可以从如下几个方面考虑：

首先，需要考虑时间和空间的距离。这就是说，被告的行为和损害结果之间在时间和空间距离上越接近，那么，越有可能成为损害发生的直接原因或主要原因。时空上越接近的，越具有存在因果关系的可能，但法律上的因果关系判断并非事实判断，而需要掺杂一系列的价值判断。在某些情况下，也不能完全按照时间与空间的标准来判断。例如，甲从远处向人群投掷一个点燃了的爆竹，正好扔在乙的肩膀上，乙下意识地一抬胳膊，该爆竹落到了丙的身上发生爆炸，并导致丙受伤。虽然从时间与空间上来看，乙的行为距离丙的受害最近，但是从法律价值的判断上看，导致丙损害的真正原因是甲随意投掷爆竹，因此甲的行为与丙的损害之间存在因果关系。

其次，准确截取因果链条需要在法律上对因果链条进行个别化判断，确定在

---

① See Mauro Bussani, Anthony J. Sebok, *Comparative Tort Law: Global Perspectives*, Edward Elgar Publishing, 2015, p. 285.

每一个个别化的链条中，是否形成了因果关系链条。这是考察因果链需把握的第一个环节。如果个别链条不具有连接性，那么就不可能形成完整的因果关系链，而只能把它们当做分别的行为来对待。在判断因果关系时要特别排除外来的干扰因素。因为在因果链的进行过程中，可能介入一些偶然事件和行为，从而影响因果关系的进行，此时应当单独考察该介入因素。

再次，要考虑被告的行为是否是损害发生的充足原因。也就是说，被告的行为对于损害的发生是否是必不可少的，这就是因果关系的充分性。这种充分性通常不是100%的确定，而往往是一种高度盖然性。[①] 例如，甲辱骂乙，乙不堪忍受而自杀身亡。甲是否应当对乙的死亡负赔偿责任。这就需要考虑甲是否具有通过辱骂行为致乙死亡的故意。按照一般的社会经验，在公众场合的辱骂行为可能构成对他人名誉权的损害，私下场合的辱骂也可能给他人人格尊严造成损害。但通常来说，辱骂并不会导致死亡，也不是死亡发生的充分原因。事实上，辱骂行为直接引发他人自杀死亡的案例非常罕见，这说明，根据人们的经验，辱骂行为一般不会导致他人死亡，也就不能认为被辱骂人的死亡与辱骂人的行为之间存在相当因果关系。从行为人过错角度讲，实施辱骂行为的人一般也不能预见或者不应当预见到上述案例中的严重后果，因此，辱骂者一般不对被辱骂人的死亡损害后果负责。当然，如果辱骂者明知被辱骂者具有心脏病等可能因辱骂而致死的生理缺陷，而故意辱骂导致他人心脏病复发而死亡的，表明行为人对行为结果具有可预见性，则需要对死亡后果承担赔偿责任。

在判断是否具有相当性时，可以采用删除法和替代法相互检验，以确定被告的行为和损害结果之间是否具有事实上的因果联系。学者进一步将该学说总结为两种方式：一为"删除说"（the elimination theory），即在判断因果关系时，将被告的行为从损害发生的整个事件进行的过程中完全排除，而其他条件不变，如果在排除以后，损害结果仍然发生，则被告的行为就不是损害发生的不可欠缺的条件。反之，如果将被告的行为从损害发生的整个事件进行的过程中完全排除以

---

① 参见［荷］施皮尔：《侵权法的统一：因果关系》，易继明等译，88页，北京，法律出版社，2009。

后，损害结果不可能发生，或以完全不相同的方式发生，则被告的行为就是损害发生的原因。简单地说，该方法是"如果没有 A，B 就不会发生，则 A 是 B 的条件"。二为"代替说"（the substitution theory），即在判断因果关系时，假设被告在事件现场，但被告从事了某种合法行为，如果此时仍然发生损害结果，那么被告的行为和损害结果之间就没有因果关系。这种方法实际上就是以合法行为代替违法行为，从而检验被告的行为是否为损害发生的原因。如果被告实施的是积极的作为，通说认为，应当采删除说。[①] 例如，火车超速与汽车相撞，致汽车内乘客死亡，确定火车超速的行为与乘客死亡是否有因果关系，应当以"若无火车超速之行为，是否仍会产生乘客死亡之结果"为判断是否有因果关系之标准。若无火车超速之行为，即不会与汽车相撞，亦不会发生乘客死亡时，则火车超速之行为与损害结果间有因果关系。反之，若无火车超速的行为，仍会产生与汽车相撞而致乘客死亡的结果时，则火车超速之行为与损害结果之间无因果关系。[②] 另外，在不作为侵权的情况下，删除说无法适用，应当以代替说作为认定因果关系的方法。例如，在宾馆违反安全保障义务的案件中，在判断宾馆的不作为与损害之间是否存在因果关系时，就应当考虑，如果宾馆尽到了其安全保障义务，损害是否发生，从而认定因果关系是否存在。

因果关系的举证责任原则上还是由受害人承担，不过在特殊情况下，为了减轻受害人的举证责任，可以采取因果关系推定的形式，但即便采用因果关系推定，受害人也仍然应当证明有初步的因果关系存在，否则将难以确定被告。

第二步是从法律层面上考察此种因果关系是否符合法规目的。在截取因果关系链条的时候，必须要考虑法律上的价值判断，这就是说，需要把每一个环节都与结果联系起来考察，考虑它们之间的关系是否具有相当性。如果不具有相当性，可以认为因果关系过于遥远。也就是说，将各种链条作为一个整体与最终的结果进行考虑，从法律的价值上加以判断。在这方面，笔者认为，相当因果关系强调各种原因是否具有相当性，实际上就是一种法律上的价值判断。具体来说，

---

① 参见陈聪富：《侵权行为法上因果关系》，载《台大法学论丛》，第 29 卷第 2 期。
② 参见潘维大：《美国侵权行为法对因果关系之认定》，载《东吴大学法律学报》，第 7 卷第 2 期。

在进行法律上的价值判断时，应当考虑如下因素：

第一，立法的目的和法律政策考量。即考虑法律是否允许某种损害可以补救或者被侵害的权益是否属于法律保护的范围。例如，纯经济损失发生以后，即使该损失和行为之间具有一定的因果联系，但如果这种损害的赔偿未得到法律的认可，也不能获得补救。

第二，过错考量。例如，甲和乙之间车辆碰撞造成堵车，丙因为生病要送医院急救，因为此次堵车而不治身亡。由于甲、乙对丙的死亡过错较轻，因而不能由其对丙的死亡负责。如果受害人在整个损害发生过程中也存在过错，其也应当承担相应的责任。如果损害发生完全是由于受害人自身行为引起的，如受害人自身违规操作，则行为人可以被完全免责；如果损害发生是部分由于受害人的原因造成的，如混合过错的情况下，则应当部分地免除行为人的责任。

六、外来因素的介入与因果关系的认定

在因果关系链条的进行过程中，常常有一些外来因素的介入，并造成最终结果的发生，此种现象在理论上究竟应当如何予以解决，产生了各种因果关系理论。

（一）累积因果关系

累积因果关系又称为竞合因果关系（concurrent causes, Konkurrierende Kausalitaet）①，它是指数个行为人分别实施致害行为，各个行为均足以导致损害结果的发生。其基本特点在于，"分别实施"、"足以造成"。例如，在环境污染案件中，两个工厂同时分别向河里排污，每个排污行为均可导致某农民在河里养殖鱼苗的死亡。② 再如，两个人在没有意思联络的情况下，均手持木棍击打某一受害人，每个打击行为均足以导致受害人死亡。按照传统民法学说的见解，此种因果关系均是数个侵权行为同时发生的因果关系。在此种因果关系中，并不要求损

---

① 参见王泽鉴：《侵权行为法》，第 2 册，34 页，台北，三民书局，2006。

② 但需要指出的是，我国《侵权责任法》第 67 条明确规定，即使出现了累积的因果关系，也应当按照部分因果关系来处理。

害是不可分的。

从整个欧洲的发展趋势来看，在数个行为中某一行为足以造成损害，则要区分不同情况。如果数个侵权行为是同时发生，且造成了同一损害后果，各个侵权行为均可以独立导致全部损害发生的，各国均规定此时各个侵权人承担连带责任。[①] 如果数个侵权行为发生的时间先后不同，而只有一个行为足以造成损害结果发生，此时可能发生因果关系中断。如果充足原因在后发生，则被视为超越因果关系；如果充足原因发生在前，则是虚假因果关系，后发生的侵权行为已经没有实际造成损害。如果数人同时实施侵权行为，只有一个行为足以造成损害结果的发生，在此情况下，充足原因的侵权人应当对全部的损害负责，而非充足原因的侵权人应当为其可能造成的损害部分负责。[②] 我国《侵权责任法》第 11 条对此种因果关系作出了明确规定，但是该条规定并没有要求此种因果关系必须是数个侵权行为同时发生。只要各个行为均足以导致结果的发生，即可构成此种因果关系。

累积因果关系和超越因果关系的区别，在于数个行为的结合导致损害结果的发生，但是在超越因果关系的情况下，前面的行为虽然引起了损害的发生，后面的行为对损害的发生更具有决定性作用，从而导致前面的行为可以忽略不计。例如，某人开车将受害人房屋的一面墙轻微撞坏，后来几个村民又担心墙坍塌伤及路人，未经受害人同意将墙推倒。后面的行为就导致因果关系的超越。当然，如果先前墙已经被严重撞坏，即构成累积的因果关系。

（二）部分因果关系

部分因果关系又称为共同的因果关系，它是指数人分别实施侵害他人的行为，各个行为都不足以导致损害的发生，但因为行为的偶然结合，而造成了同一损害结果。因此，应由加害人分别承担损害赔偿责任。[③] 其基本特点在于，"分

---

① 参见［荷］施皮尔：《侵权法的统一：因果关系》，易继明等译，208 页，北京，法律出版社，2009。

② Spier J, Sterk C H W M. Rope-dancing Dutch Tort Law. Unité de Droit Allemand, Faculté de Droit, 1993, p. 133.

③ 参见王泽鉴：《侵权行为法》，第 2 册，33 页，台北，三民书局，2006。

别实施"、"结合造成"。例如，某人将他人撞伤，送往医院后，由于医院治疗不当导致受害人死亡，这两种行为偶然结合导致损害结果的发生。它与累积的因果关系的区别就表现在：各个行为均不足以单独导致损害结果的发生。因此，可以说每个行为人的行为和损害结果之间都不存在相当因果关系。例如，在前面所举的例子中，撞伤不足以致死，如果不当治疗没有撞伤的事实发生，也不能导致受害人死亡结果的发生。在此种因果关系中，必须要求造成了不可分的损害，如果损害是可分的，各个行为人就要对其造成的损害负责。我国《侵权责任法》第12条和第67条都对部分因果关系作出了规定，其中前者是一般规则，后者是针对环境污染所作的特别规定。

（三）超越因果关系

所谓超越原因（overtaking cause），是指某一原因介入因果关系链条之中，所以又称为替代因果关系（displacing course）和原因受挫（frustrating course）。它是指某个加害人实施了加害行为以后，在损害结果实际出现之前，又基于其他的致害行为，导致同一损害结果发生。[①] 例如，甲给他人的狗下毒药，在狗毒发之前，乙又用棍棒将狗打死。[②] 在超越因果关系的情况下，根据德国以及英美法判例学说的主流观点，如果是因为可归责于第三人的行为造成的，应当由第三人负责，而先前实施的行为可以不必考虑。[③]《美国侵权法重述》第十六章专门确认了"超越因果关系"。超越因果关系指先前的某个行为人实施的行为已经对受害人造成一定损害，但另一个行为人实施的行为或者事件最终造成了受害人的损害，从而使得先前的行为对受害人最终的损害没有发挥直接的作用。具体而言，超越因果关系包括如下情况：

第一种情况是，在某个行为人实施了一定的行为并造成了受害人的某种损害以后，另一个行为人实施的行为最终造成了受害人的损害。例如，甲因驾车过失而撞伤了乙，并导致乙丧失工作能力。一年后，丙又因过失导致乙残废。本案

---

① 参见张新宝：《侵权责任构成要件研究》，329 页，北京，法律出版社，2007。
② 参见陈聪富：《因果关系与损害赔偿》，64 页，台北，元照出版公司，2004。
③ 参见廖焕国：《假设因果关系与损害赔偿》，载《法学研究》，2010 (1)。

中，乙即使不因为甲的行为丧失工作能力，也会因为丙的行为而丧失工作能力。

第二种情况是，行为人实施了一定的行为并造成了受害人的某种损害，但因为不可抗力或意外事故最终造成了受害人的损害。例如，甲因侵权行为毁损乙的玻璃窗，当晚因发生强烈地震，乙之邻居之玻璃窗都被震毁。

第三种情况是，因为受害人的原因导致超越因果关系。例如，因被害人心理异常脆弱，在遭受侵权人的损害之后自杀身亡。

在超越因果关系的情况下，因另一个行为人实施的行为、意外事故或受害人的原因最终造成了受害人的损害。如果最终的损害是由另一个行为人实施的行为造成，则该行为人应当承担责任，但先前的行为人是否应当负责呢？对此，学者有如下不同的看法：一是按份责任说。有学者认为，应以法规目的与公平正义之观念决定是否对超越因果关系加以考虑。也有学者认为，应当根据超越原因在被告加害行为发生时，是否确定存在或可能介入因果关系，来决定是否考虑超越因果关系的标准。但在确定责任时，应当主要根据各自对责任的原因力来确定不同的损害。还有学者认为，超越因果关系并不属于因果关系的问题，而是损害赔偿的问题，因而应以差额说来决定被告的赔偿范围。[①] 二是连带责任说。德国学者彼得林斯基等认为，在超越因果关系中，多个行为对损害都发挥了作用，因此应承担连带责任。[②] 三是单独责任说。此种观点认为，如果第一个侵权人是损害发生的真正原因，则第二个行为人并不承担责任。[③] 有学者认为，被告既然已经实际上引起损害结果，事后发生之事件对被告行为和结果之间的因果关系不应产生影响。

笔者认为，在超越因果关系的情形，后面的行为人要负责，自不待言。至于先前的行为人是否应当负责，应当考虑两种情况分别对待。一是要考虑最终造成结果的行为人是否已经承担了责任或能否全部负责。如果最终造成损害的行为人

[①] 参见陈聪富：《侵权行为法上因果关系》，载《台大法学论丛》，第29卷第2期，225页。

[②] 参见［奥］海尔穆特·库奇奥：《损害赔偿法的重新构建：欧洲经验与欧洲趋势》，载《法学家》，2009（3）。

[③] 参见《欧洲侵权法原则》第3：104条。

不能负责，那么先前的行为人还要承担责任。二是要考虑先前的行为人所实施的行为对受害人造成的损害程度，如果损害程度轻微，也不一定使先前的行为人承担责任。至于因受害人的行为超越因果关系，通常只要行为人实施了对受害人的侵害行为，行为人就应当承担责任，不能因为受害人对损害的扩大有过错，就使得已经造成损害的行为人被免除责任。

（四）因果关系中断

所谓因果关系中断（interrupted cause），是指在因果关系进行过程中，因为介入了一定的自然事实或者第三人行为而使得原有的因果关系链条发生中断。换言之，是指行为和结果之间的联系形成一种链条，因为某种因素的介入导致因果关系链条中断。例如，某人买了一辆刹车有一定缺陷的汽车，但是此人在以较慢的速度驾驶过程中，因为躲避行人而错误地打方向盘，从而撞伤了其他行人。此时，有瑕疵的刹车虽然存在，但是对损害的发生没有直接发挥作用，而是由于其他原因直接导致最终损害的发生。最初的原因与最终的损害结果之间发生因果关系的中断。该概念最初是刑法上的概念，后被德国的拉伦茨所提出，并在侵权法中得到广泛运用。

因果关系中断有两种情况：一是指一方从事不法行为，在损害没有发生之前，因为有其他因素的介入，从而没有发生损害或者没有按照原来的因果关系发展过程发生损害结果。例如，上述案例就属于此种情况。二是指在一个侵权人实施了侵权行为之后，由于第三人的行为或者事件的介入，导致了一种新的损害的发生。例如，甲在乙的食物中投入一些药物，本来这些药物只能导致乙身体不适，后来，丙又在乙的食物中投入一些药物，结果导致乙的死亡。[1] 在上述两种情况下，先前也存在一种原因，但先前的原因因为介入原因的存在而并没有实际发生作用。

因果关系中断和超越因果关系有一定的相似性，即都表现为后面的原因最终导致损害的发生，但与超越因果关系不同的是，在因果关系中断的情况下，先前

---

[1]　See A. M. Honorè, *International Encyclopedia of Comparative Law*, Vol. 4, Torts, Chapter 7, Causation and Remoteness of Damage, J. C. B. Mohr (Paul Siebeck, Tübingen), 1975, p. 47.

的行为并没有实际造成损害，或者虽然造成了损害但和最终发生的结果不一致。例如，某人在户外点火烧烤，突然刮起一阵大风，火借风势，烧毁了他人的房屋，尽管加害人的行为在没有大风刮起的情况下是不会造成损害的，但是毕竟房屋被毁是因为加害人烧烤引起的，所以点火行为仍然是损害发生的原因，而大风并不能导致因果关系的中断。[1] 而在超越因果关系的情况下，先前的行为已经导致了结果的发生，只是后来的行为或者事件造成了最终的损害结果的发生。

因果关系中断是指因果过程因介入了异常独立的因素而中断。但什么是"异常独立的因素"？在不可抗力的场合，"异常独立的因素"较为容易判断，但在有人的行为介入的情况下，因果关系中断的判断较为困难。有的学者从介入者的行为本身是否增加损害发生可能性的角度，认为如果受害人的行为改变了危险的性质或增加了结果发生的可能性，则认为前一因果关系中断。如甲被乙打伤，在送医院后，医院治疗过程中又出现疏忽，以致甲死亡。就医院的行为来说，其行为是否导致乙的加害行为的中断，要视医院的行为是否增加了致甲死亡的危险，从而确定因果关系有无中断。

导致因果关系中断的原因主要包括如下几种：一是第三人的行为。例如，被告在路上挖了一个洞，而第三人故意将原告推进洞中。被告不应当对原告的损害负责。但在某些情况下，如果损害已经发生，而先前的行为已经对损害产生了一定的作用，虽然被告不一定要对最终的损害结果负责，但是仍然要对损害承担一定的责任。二是自然事件。自然事件是不寻常的事件，即在通常情况下，不会发生损害，但是由于此种异常的因素的介入就导致了损害。如某人被他人打伤以后，在送往医院的途中，因为山体滑坡巨石滚下，将该车砸毁并致受害人死亡。三是受害人和第三人的行为对于被告的行为是非正常的反应。例如，某人的一个非常珍贵的花瓶被他人损坏，该人十分生气，将此花瓶彻底摔破，致害人虽不应对花瓶被摔坏的结果负责，但仍应对花瓶受损负责。

研究因果关系中断的意义在于：一是该学说有利于弥补条件说的不足。因为

---

[1] 参见［英］哈特、托尼·奥诺尔：《法律中的因果关系》，2版，张绍谦、孙战国译，12页，北京，中国政法大学出版社，2005。

按照条件说，各种造成损害的原因都是条件，行为人都应当承担责任，这就使得责任的范围过于宽泛。而按照因果关系中断理论，最靠近损害的原因将导致此前原因的中断，先前的行为人并非仅仅因为其过错就应当对全部损害后果负责。必须考虑侵权人的行为与结果的关系以及介入因果关系链中其他因素的作用，从而决定侵权人的责任。二是该学说有助于确定因果关系链条中，哪些行为是造成损害的主要原因。这主要表现在：某些故意行为的发生导致因果关系的锁链中断，因此，这些故意行为应成为损害发生的真正原因。例如，甲丢弃烟头于杂草中，引起火苗，在火苗将要熄灭的时候，乙故意倒入煤油，从而引发了森林大火。此时，无论甲是否具有引发森林大火的故意，甲的行为都不是损害发生的原因。①但是该学说也存在缺陷，因为按照因果关系中断理论，先前的原因没有造成最终的损害，那么，就因中断使得先前的行为人不负担责任，这在某些情况下是不妥当的。例如，被告违章超车行驶，在超车的过程中，该人的车胎因瑕疵而爆裂，从而使得该车与旁边的车相撞，酿成车祸。尽管车胎爆裂导致了因果关系中断，但超车行为本身仍然是损害发生的原因，因此，超车人仍然要承担责任。

（五）假想因果关系

所谓假想因果关系（hypothetical cause），是指某个非法的行为已经导致一个损害的发生，但即使没有该非法行为的存在，此种损害也会因合法的行为的出现而发生。但此种合法行为并没有实际发生，而仅仅是假想的。例如，甲不法将乙的房屋捣毁，但即便甲不从事该加害行为，因为甲的房屋属于违章建筑，根据法律规定，该房屋最终仍要被拆除。假想因果关系在学理上又称为修补因果关系，其适用范围非常有限。②在假想因果关系的情况下，导致同一损害发生的另外一个原因是纯粹虚拟的；在此种情况下，一个并没有发生作用的原因是客观存在的，只是因为另外一个原因的提前产生，使得它没有来得及实际发挥作用。

笔者认为，假想因果关系实际上不是一个因果关系问题，而涉及违法行为本

---

① 参见陈聪富：《侵权行为法上因果关系》，载《台大法学论丛》，第 29 卷第 2 期，203 页。

② 参见曾世雄：《损害赔偿法原理》，193 页以下，北京，中国政法大学出版社，2001。

身是否构成侵权的问题。如果违法行为本身已经构成侵权，那么侵权人不能因为事后假想的（并不存在的）原因也将导致同样后果来为自己的违法行为开脱，否则，权利行使的正当程序原则就形同虚设。

（六）替代因果联系

在共同危险行为中，从行为与损害结果之间的关系来看，各个危险行为人的行为只是可能造成了损害后果，其行为与损害后果之间的因果关系是法律推定的，在学说上被称为"替代因果关系"（alternative causation），也称为择一的因果关系[1]，即被告的损害是由两个或两个以上的有过失的被告中的某一个造成的，但是又无法查明究竟是哪一个被告造成的，数人的行为都具有造成损害的可能。[2] 换言之，替代因果关系是指数个活动都可以单独造成损害，但不能确定事实上哪一个或哪几个活动引起了损害。[3] 在德国法中，参与侵权人和最终损害后果之间的关系被认为是一种"替代因果联系"[4]。其特点表现在：第一，存在数个活动，该数个活动可以是人的行为，也可以是自然力或其他法律事实。第二，每个活动都足以造成损害后果。如果单个的活动不足以造成损害后果，就可能属于部分因果关系的范畴，而不是替代因果关系。第三，事实上只有一个或部分活动引起了损害，但无法查明具体引起损害的活动，并确定具体加害人。[5] 欧洲学者大多认为，在替代因果关系的情况下，因果关系无法被证明，但是在具体的情形下，每个侵权人都从事了可能导致损害的活动，并客观上造成了损失。[6] 因此，他们大多认为，共同危险行为可以通过替代因果关系解决，没有独立存在的必要。

笔者认为，从因果关系的角度来解释共同危险行为是有一定道理的。替代因

---

① 参见周友军：《我国共同侵权制度的再探讨》，载《社会科学》，2010（1）。

② 参见程啸：《共同危险行为论》，载《比较法研究》，2005（5）。

③ 参见《欧洲侵权法原则》第3：103条。

④ Staudinger-Belling/Eberl-Borges, § 830, Rn. 67.

⑤ 参见欧洲侵权法小组编著：《欧洲侵权法原则：文本与评注》，于敏、谢鸿飞译，83页以下，北京，法律出版社，2009。

⑥ 参见［荷］施皮尔：《侵权法的统一：因果关系》，易继明等译，18页，北京，法律出版社，2009。

果关系实际上也是由加害人不明这一共同危险行为的本质特点所决定的。两者的联系在于，正是因为数人的行为都有造成损害的可能性，因而形成了因果关系上的择一或替代的问题。一旦具体的加害人确定，因果关系就变成确定的，而在具体加害人不明时，就采取因果关系推定的方式。① 即在因果关系不明的情况下，要根据因果关系推定方法确定损害行为与损害结果之间的因果关系。由于共同危险行为中加害人不明，因而法律推定数人的行为与损害结果之间均具有因果关系，从而确定共同危险行为人的责任，这也是共同危险行为的归责基础之一。

严格地说，我国侵权责任法并没有采纳替代因果关系理论，《侵权责任法》第10条并非从因果关系的角度来予以规定，而是从数人侵权的角度来规定。笔者认为，《侵权责任法》的规定是合理的，根本的原因在于：虽然加害人不明可以从因果关系的角度予以解释，但仍然还是责任主体的问题。它涉及数人如何对受害人承担责任的问题，因此，应当将其作为数人侵权的一部分来规定。在共同危险行为中，每个单独行为都可能引发全部侵权损害后果，只不过是无法查明真正的侵权人。② 在共同危险行为中，有些人的行为与损害之间并没有因果关系，但基于法政策考虑，为了解除受害人的举证困境，推定数个行为与损害之间存在因果关系。③ 例如，数人在街边燃放烟花，其中一人燃放的"二踢脚"造成附近一家仓库着火。有证据证明，数人中有三人都在燃放"二踢脚"，但只有一人燃放的"二踢脚"造成了损害。在该案中，受害人无法证明究竟是谁的行为导致了损害后果，如果按照诉讼法的一般规则，受害人将无法请求任何人给予赔偿，因为其不能证明因果关系的存在。这就有必要推定各行为人的行为与损害后果之间存在因果关系，由各行为人对受害人承担连带责任。

除此之外，我国侵权责任法未采纳上述观点的原因还在于：因果关系只是责任承担的一个要件，满足了因果关系未必就解决了责任的问题。共同危险行为是一种侵权行为样态，因果关系只是其中的一个方面。即便在因果关系确定的情

---

① 参见程啸：《侵权行为法总论》，399页，北京，中国人民大学出版社，2008。
② BGHZ 25，271，274；33，286，292；67，14，19；72，355，358；BGH NJW 1987，2810，2811.
③ 参见程啸：《共同危险行为论》，载《比较法研究》，2005（5）。

况下，若存在责任减轻或免除的事由，也可能不承担责任。尤其应当看到，侵权责任法从法政策的角度考虑，不允许共同危险行为人简单地通过反证不存在因果关系而免责。从这一点来看，其无法通过替代因果关系来实现类似的法政策目标。

（七）比较分析

1. 因果关系链条中存在外来因素的介入

上述关于外来因素介入的因果关系理论都不无道理。应当看到，世界是普遍联系的，在事物的发展过程中因果链条也是无限延伸的，因此，在整个因果关系链条中常常存在各种外来因素的介入，哈特将其称为"异常条件（abnormal condition）"，即指侵入了一个外来的事实状态。[①] 这些外来因素有些是自然力，有些也可能是人为的原因，它们都会对最终的结果施加不同程度的影响与作用。法律上对于因果关系链条，应当使之在哪个环节上中断，就需要依靠一定的因果关系理论加以判断。因为，如果允许因果链条无限延伸，则给行为人施加过重的责任，甚至会出现所谓的"少了一口钉便亡了一个国家"的荒谬结论。[②] 要求有过错的人对如此遥远的结果负责在道义上也是不合理的。尤其是现代人类社会联系极为密切，如果无限制地延长因果关系链条，将会使责任无边无际。例如，甲与乙发生争吵，心脏病突发，甲坐丙的车去医院看病，途中丙为了抢时间，违章超车致发生车祸，使得甲头部受伤，送到医院后，因医生丁未对甲的心脏病及时处理，最终致甲死亡。在此事件中，原因和结果之间通常会有许多因素介入。这些事件彼此也常常会有一定的相互依存关系，乙的行为是引发甲心脏病的原因，丙的行为为甲受伤的原因，丁的行为为甲死亡发生的原因。每一个因果链条对最终结果的发生都具有关联性，这就需要在法律上解决两个问题：一是因果关系链条究竟应当在哪里中断？二是在有多重原因的情况下，究竟应当由哪一个或者哪些

---

① 参见［英］哈特、托尼·奥诺尔：《法律中的因果关系》，2 版，张绍谦、孙战国译，31 页，北京，中国政法大学出版社，2005。

② 英国的一首童谣说："少了一口钉，便失去马蹄铁；少了马蹄铁，便失去一匹马；少了一匹马，便失去一位骑士；少了一位骑士，便输了一场仗；输了一场仗，便把国家丢掉，全因少了那口钉。"［英］John G. Fleming：《民事侵权法概论》，何美欢译，100 页，香港，香港中文大学出版社，1992。

行为人承担责任？在普通法中确定了一个规则，即"延伸的损害后果不能太遥远"。这就是说，法律上的因果关系不能像哲学上的因果关系那样无限地延长，必须要从归责的需要出发正确地切断因果关系链条，使得不应当负责的行为人被免除责任。普通法上的"近因（proximate causation）"就是要解决这一问题。

2. 多因一果的问题

事实上因果关系的类型也是很复杂的，具体可以分为如下几种情况：即单一的因果关系、复合的因果关系、择一的因果关系。所谓单一的因果关系，即一个原因造成了一个损害结果的发生。所谓复合的因果关系，即多个原因造成了损害结果的发生。择一因果关系，也称为替代因果关系（alternative causation），即被告的损害是由两个或两个以上的有过失的被告中的某一个造成的，但是又无法查明究竟是哪一个被告造成的，数人的行为都具有造成损害的可能。[①] 换言之，是指数个活动都可以单独造成损害，但不能确定事实上哪一个或哪几个活动引起了损害。[②]

在损害发生过程中，经常出现多种原因造成一个损害结果的情形。如果多种原因是在因果关系的链条中层层递进发生的，可以看做因果关系的介入原因。在复合的因果关系中，又可以分为累积因果关系、部分因果关系、超越因果关系、假想因果关系、替代因果关系、因果关系中断等情形。在这些情形下，各种自然的、人为的事件与行为人的行为偶然结合在一起发生了损害。之所以说在多因一果情况下，因果关系的判断也涉及法律上的价值判断，是因为法律要对各种事实原因是否构成法律上的原因以及原因力大小等作出判断。

笔者认为，在多因一果的情况下，首先，应依据法律规定的确定责任的规则判断。例如，我国《侵权责任法》第11条、第12条关于累积和部分因果关系就是判断的规则。其次，应当从有利于对受害人提供救济的方式来考虑。再次，当多个人的行为造成一个损害结果时，通常应按照相当因果关系理论判断。如果能够判断其中某一个人的行为轻微，依据法律上的价值判断，不应使其负责，那么

---

① 参见程啸：《共同危险行为论》，载《比较法研究》，2005（5）。
② 参见《欧洲侵权法原则》第3：103条。

就不应当由该人承担责任。如果不能使其中的某个或某几个行为人被排除，就应当使他们共同承担法律责任。至于究竟是按份责任还是连带责任，应当依据各自行为的原因力加以判断。

3. 加害行为的结合性和非直接性

随着各种新的侵权行为的发展，对因果关系的认定变得更为复杂。许多新型侵权行为，主要不是加害人直接作用于受害人，而是通过污染环境、生产销售缺陷产品等间接方式造成受害人的损害。这些损害可能不是一次性行为的结果，也可能是逐渐累积的结果，而且这些损害可能是与受害人的原因和其他外来因素相结合的结果。尤其是这些侵害具有高科技性与构成上的复杂性，这就使得对这些因果关系的判断更为困难，受害人对因果关系的举证也更为困难。为了强化对受害人的保护，必须要广泛采用因果关系推定等措施，以尽可能地减轻受害人的举证负担，从而为受害人提供充分的救济。

在确定行为和结果之间的因果关系时，不能仅查找事实上的因果联系，法官在判断因果关系相当性的时候，还应当考虑一定的价值因素以确定行为是否为损害的法律原因，即一种自然的、未被介入因素打断的原因，没有这样的原因，就不会发生原告受损害的结果。在数人侵权的情况下，应当依据各种不同的情况，采用各种不同的因果关系理论来分析。

七、因果关系的推定

所谓因果关系的推定，是指在损害发生以后，数个行为人都有可能造成损害，但不能确定谁是真正的行为人，或者在因果关系难以确定时，法律从公平正义和保护受害人的角度出发，推定行为人的行为与损害之间具有因果关系。《侵权责任法》第66条规定："因污染环境发生纠纷，污染者应当就法律规定的不承担责任或者减轻责任的情形及其行为与损害之间不存在因果关系承担举证责任。"该条就环境污染责任确立了因果关系推定规则。《侵权责任法》第10条关于共同危险行为的规定，也采取了因果关系的推定方法。实行因果关系推定的主要原因

在于：一方面，由于科技的发展，新设备和新产品相继问世，经济活动日趋复杂，许多损害影响范围广泛，致损的原因并不是通过一般的常识就能够判断的，而需要有一定的科学知识才能判断。在某些特殊情况下，损害具有累积性、持续性、技术性、复杂性等特点，且因为受害群体分布较广、专业性较强，受害人难以就因果关系举证。正如日本法院在一个环境污染的判例中所指出的："由于排放化学物质引起多数居民疾病的化学公害案件等所发生的争议，往往涉及自然科学涉及需要具有高度自然科学方面的知识。因此，要求被害者对因果关系的环节一个一个地加以科学性的说明，岂不等于完全封闭了以民事审判方式救济被害人的途径。"① 另一方面，由于加害人往往控制了致损原因，受害人对此种原因经常处于无证据状态，难以举证。例如，电冰箱发出的噪音是由何种原因造成的，多少分贝对身体有害，受害人难以知晓。因而一些国家在环境污染、产品致人损害、高度危险作业致人损害等案件中，采取了因果关系的推定办法，其根本目的就是使因果关系服务于归责的需要，从而保护受害人。因果关系推定的主要特点在于：

第一，受害人就事实上的因果关系举证面临障碍，这是适用因果关系推定的前提。例如，环境污染侵害过程的间接性、持续性与复合性，损害结果的潜伏性、滞后性都导致了行为与损害结果之间的关系变得极为隐蔽与不确定，受害人难以取得因果关系的证据。② 因此，为了保护受害人，最高人民法院《证据规则》第4条第3项规定：因环境污染引起的损害赔偿诉讼，由加害人就法律规定的免责事由及其行为与损害结果之间不存在因果关系承担举证责任。我国《侵权责任法》第66条也作了相应的规定。

第二，受害人应当提交证明因果关系的初步证据。需要指出的是，即便采用因果关系推定，也并不是说受害人对因果关系不承担任何举证责任，原则上说，受害人必须要就初步的因果关系进行证明。③ 也就是说，证明其遭受了实际损

---

① ［日］野村好弘：《日本公害法概论》，康树华译，337～338页，北京，中国环境科学出版社，1982。

② 参见刘雪荣、刘立霞：《论环境污染侵权诉讼中的证明责任》，载《河北法学》，2006（10）。

③ 参见陈国义：《民法因果关系、概念及举证责任在德国环境损害赔偿事件的适用及其转变》，载《法学丛刊》，第160期。

害，该损害是被告行为引起，被告的行为与原告的损害后果之间存在一定的因果联系，否则，作为诉讼主体的被告人是谁都难以确定。例如，在环境污染致人损害的情况下，因涉及专业精深的科学知识，受害人对损害与行为人的行为之间的因果关系难以认定，此时先推定因果关系的存在，然后由行为人就其行为与损害之间没有因果关系举证。实践中，一些人将因果关系的推定误认为原告不承担任何举证义务，这种理解是不正确的。在许多情况下，法律规定对因果关系的推定是因为损害并非由受害人和第三人行为所致，但是否完全由被告所致，也难以确定。受害人只能证明损害与被告的行为有关，而不能准确地确定被告的行为与损害结果之间存在因果联系，此时，为了保护受害人和维护公平正义，法律上应当授权法官根据各种情况来推定因果关系。

第三，由法官根据经验法则进行推定。也就是以经常的、一般发生的符合普遍性和通常性的经验进行推定。法官在推定时，确定原因和结果之间的联系也要符合一般的经验法则。由于因果关系推定实际上是由法官根据经验法则进行的推定，因而，它不仅赋予了法官一定的自由裁量权，而且使得这种推定与其他的因果关系判断相比较有较强的主观性，充分显示裁判者的主观因素。当然，法官的推定并非毫无根据地进行，而是要根据一定的基础事实，这就是前述受害人进行的初步证明。

第四，适用范围原则上应当由法律规定。由于因果关系推定赋予了法官一定的自由裁量权，使法官可以对举证负担进行一定的分配，在一定程度上减轻了受害人的负担，但在客观上也加重了被告的责任。为了防止法官随意地给被告强加责任，因此，必须要在法律上对法官的自由裁量进行限制，而最好的限制方法就是由法律对因果关系的推定作出明确的规定。例如，我国有关司法解释对共同危险行为、医疗事故、环境侵权等因果关系的推定作出了规定。[①]《侵权责任法》有关规定确认了共同危险行为中的因果关系推定和在环境侵权中的因果关系推定，但没有承认其他的因果关系推定，可以认为立法者并没有完全承认其他几种

[①]　参见最高人民法院《证据规则》第4条，但我国《侵权责任法》在医疗损害责任中并没有承认因果关系推定的规则。

因果关系推定。例如，在医疗损害中，为什么不能普遍采取因果关系推定？因为患者的最终损害可能是由多种原因造成的，其可能是被告医院造成的，也可能是其他医院造成的；可能是因为一种药物造成的，也可能是因为另一种药物造成的。如果采用因果关系推定，则医院可能面临巨大的诉讼负担和风险，由医院来反证本身就是加重了医院的负担。如此一来，医院可能遭受巨大负担，影响医院从事正常的诊疗活动。因此，《侵权责任法》在医疗损害中未普遍采取因果关系推定方法。

八、原因力的确定和比较

原因力的确定与比较也是因果关系中的一项重要内容。它通常是指在数个行为致他人损害的情况下，通过原因力的确定与比较来确定责任或责任的范围。一般来说，原因力的确定与比较大多服务于责任范围的确定以及责任的分担，属于责任范围的因果关系。申言之，在责任归属的因果关系已经确定的前提下，通过原因力的确定，以正确确定责任的范围以及各个责任人之间如何分担责任。但在特殊情况下，原因力的确定与比较对确定责任也是有一定的意义的。例如，甲投放毒药给乙的一条狗吃，在通常情况下，该毒药并不一定致狗死亡，但是，在投毒后的第二天，狗被丙打死。甲的行为对于狗的死亡而言，原因力较弱，因此，甲无须对狗的死亡承担责任。

原因力实际上是行为人的行为对损害所起的作用，对于原因力的判断是否应当影响到归责，国外的学者有不同的看法。一些学者认为，原因力的判断应当影响到归责，因为只有区分原因力才能区分主要原因和次要原因，或者说能够区分原因和条件。条件是因果联系的"部分参与"、"松散的因果关系"，它们在因果关系中只是"小范围的参与"，是"次要的原因"，因此，条件不一定成为可归责的原因。另一些学者认为，因果关系中不存在程度问题，不能根据原因力来确定责任。笔者认为，区分各种不同的造成损害发生的原因是必要的，而在确定各种原因时，并不一定完全以原因力作为判断标准，因为对各种可归责原因的判断是

一个法律上的价值判断，要考虑各种因素。但毫无疑问，原因力的判断是区分原因是否可归责的一个重要因素，所以，完全将原因力的判断从归责中排除出去是不妥当的。当然，在不同的归责原则中，原因力对归责的作用是不同的。在适用过错责任的情况下，原因力和过错可能是结合在一起作为归责和确定责任范围的依据。而在严格责任的情况下，原因力在确定责任成立和责任范围中的作用则更为突出。

原因力的确定与比较对于责任范围的确定是十分必要的，其主要体现为以下几种情形：其一，共同侵权中各个连带责任人内部责任的分摊。在共同侵权中，确定各个共同侵权人谁应当分担多大的份额的时候，也可以考虑通过参与度来确定原因力。而在共同侵权行为中，不论各行为人对结果的发生所起作用如何，都应负连带责任，因此，在归责层面上，原因力对责任的确定是没有过多意义的。其二，在混合过错的情形下，由于行为人和受害人都具有过错，因而，应当适用过失相抵或比较过失，而采用此种做法在很大程度上需要根据原因力进行比较、分析和判断。其三，在医疗事故领域，广泛采用的参与度规则，就是根据原因力来判断责任。1980 年日本法医学家渡边富雄教授提出了"事故寄予度"的概念，并以该概念来确定事故在损害结果中所起作用的大小。① 其四，无意思联络的数人侵权中，原因力的判断对行为人的责任认定，十分重要。例如，我国《侵权责任法》第 12 条明确规定："二人以上分别实施侵权行为造成同一损害，能够确定责任大小的，各自承担相应的责任；难以确定责任大小的，平均承担赔偿责任。"该条中所说的"责任大小"就需要借助于原因力和过错来综合确定。

尽管原因力的判断对于确定责任的范围是必要的，但是在许多情况下，原因力的确定是很困难的。例如，数个行为是密切结合在一起的，不可分割，无法将一个行为与另一个行为区别开，在这种情况下便难以判断原因力。此外，对于适

---

① 我国法医学界也借鉴了这一概念，将该词改称为"损伤参与度"。即在不法行为造成的损伤与受害人自身疾病共同存在的情况下，出现暂时性或者永久性机体结构破坏或者功能障碍、死亡等后果的人身损伤事件中，与人身损伤事件相关的损伤或者损伤所导致的并发症、继发症在现存后果中的介入程度，即原因力的大小。参见唐德华：《〈医疗事故处理条例〉的理解与适用》，357～358 页，北京，中国社会科学出版社，2002。

用因果关系推定的案件，由于不能准确确定事情发生经过，因而也难以判断原因力。当无法精确地确定原因力而又必须要确定每个行为人的责任范围时，笔者认为，可以根据过错程度或推定每个人的作用是均等的方式，来确定各个行为人所应当承担的责任范围。

九、因果关系的证明

根据"谁主张、谁举证"的一般原则，证明被告的行为和物件是造成原告损害原因的举证责任应由原告负担。如果因果关系不确定，则不能确定加害人或被告，过错的认定和责任的确定也就失去了存在的基础，因此，因果关系的证明是归责的先决条件。

在原告举证证明有因果关系存在以后，被告可以反证，证明其行为与损害结果之间不存在因果关系，或因果关系过于遥远，但是在一些特殊的侵权中，法律严格限定了被告能够否认因果关系存在的事由，从而加重了被告的责任。例如，《侵权责任法》第70条规定："民用核设施发生核事故造成他人损害的，民用核设施的经营者应当承担侵权责任，但能够证明损害是因战争等情形或者受害人故意造成的，不承担责任。"因此，在此类责任中，被告只有在举证证明损害是由"受害人故意造成的"，才能否定有因果关系的存在。再如，《侵权责任法》第78条规定："饲养的动物造成他人损害的，动物饲养人或者管理人应当承担侵权责任，但能够证明损害是因被侵权人故意或者重大过失造成的，可以不承担或者减轻责任。"这就是说，被告只有证明因"被侵权人故意或者重大过失"造成损害，才可以不承担责任或者减轻责任。

在许多情况下，损害并非由受害人和第三人的行为所致，但是否完全由被告所致，难以确定，而受害人只能证明损害与被告的行为有关，而不能确定被告的行为与损害结果之间的因果关系，在此情况下，也可能要依法采用因果关系推定的方式。

第六章

免责和减轻责任事由

第一节　免责和减轻责任事由概述

一、免责事由

（一）免责事由的概念

免责事由是指减轻或免除行为人责任的理由，也称为抗辩事由。免责事由可以有广义和狭义两种含义。从广义上来说，免责事由既包括免除行为人责任的事由，也包括减轻行为人责任的事由。这就是说，《侵权责任法》第三章所规定的"不承担责任和减轻责任的情形"，包括免责和减轻责任的事由。但从狭义上理解，免责事由仅限于免除责任的事由。这就是《侵权责任法》第三章所说的不承担责任的情形。我国《侵权责任法》区分了责任的免除和减轻，称为"不承担责任和减轻责任"，实际上就是采用了狭义的免责事由的概念。这既符合免责事由的本来含义，也有利于将免责事由区别于减轻责任的事由。

需要指出的是，我国《侵权责任法》第三章将不承担责任和减轻责任的情形

统一规定，表明减轻责任和免责事由虽有区别，但又是密切联系在一起的。一方面，侵权责任法规定的某些免责事由，如受害人的故意，它既可以是免责事由，也可以是减轻责任的事由。在某些侵权中（如饲养动物致人损害责任），受害人的重大过失既可以作为免责事由，也可以作为减轻责任的事由。另一方面，侵权责任法对第三人的原因造成的损害，没有明确它们究竟是减轻还是免除责任事由，这表明其在性质上兼而有之，要依据具体情形予以判断。当然，在具体的侵权责任承担中，免责事由和减轻责任的事由大多是可以分开的。

免责事由主要具有以下特点：

第一，免责事由是免除责任的事由。免责事由决定着责任的成立问题，也就是说，一旦免责事由成立，责任人就不应当承担责任。需要指出，免责事由与责任不成立的事由是可以分开的。所谓责任的不成立，是指不符合责任的构成要件。例如，过错责任的构成要件有三个：即过错、因果关系和损害。缺少了任何一个要件，都会导致责任的不成立。如果行为人可以证明缺少了其中的部分要件，便可以导致责任的不成立。因此，导致责任不成立的要件都可以成为抗辩事由。通常，免责是指符合了责任构成要件，但又具备了法定的免责事由，从而导致责任的被免除。

第二，免责事由主要由法律规定。侵权法上无论是一般侵权责任中的免责事由，还是特殊侵权责任中的免责事由，通常都是由法律规定的。这是因为侵权责任的归责原则和构成要件一般都是由法律规定的，相应的免责事由也应当由法律规定。依据我国《侵权责任法》第 2 条规定，"侵害民事权益，应当依照本法承担侵权责任"。从字面上理解，也意味着，即使是不承担责任的情形也应当由侵权责任法规定。在此需要区分免责事由和免责条款。许多学者认为，免责事由必须是法律明确规定的特定事由，而不包括约定事由。[①] 笔者认为，这一观点值得赞同，免责条款与免责事由存在本质的区别，免责条款是依据当事人约定而免除责任的合同条款，而免责事由是法律规定的免除责任的事由。在侵权责任法中，

---

① 参见张新宝：《中国侵权行为法》，2 版，566 页，北京，中国社会科学出版社，1998。

通过当事人的意思自治免除故意或重大过失的侵权责任，常常构成对强行法以及公序良俗原则的违反，因此，当事人能够约定的有效的免责事由很少，但这并不意味着当事人完全不能约定对侵权责任的免责事由，依据我国《合同法》第53条之规定，当事人也可以约定对一般过失行为导致的侵害财产权责任的免责事由。不过，当事人约定的免责条款一般不属于免责事由。

第三，免责事由一旦成立，就导致责任人的责任免除。免责事由既可以由被告提出，也可能由法院依职权调查确定。只要能够确定免责事由的存在，就可以发生相应的法律效果，即导致责任的免除。例如，对于受害人过错问题，比较法上通常认为，法官应当依职权进行审查。免责事由是否存在是事实问题，但因为其一旦成立就产生相应的法律效果，因而它也是法律问题。

免责事由可以分为两类：一是在一般侵权责任中的免责事由；二是在特殊侵权责任中的免责事由。就一般侵权责任的免责事由而言，其需要符合侵权责任的一般构成要件，如果不符合构成要件，就不成立责任。如果具备了法律规定的免责事由，如受害人的故意、第三人行为、不可抗力、正当防卫、紧急避险等，既可能表明行为人没有过错，也可能表明行为人的行为与损害结果之间没有因果关系，因此，也可以认定为责任不成立。据此，法律规定的上述免责事由，都可以成为一般侵权责任中的免责事由，但在特殊侵权责任中，又具有特殊的责任构成要件和免责事由。只有在符合法律规定的免责事由的情况下，才能够免责，《侵权责任法》上关于免责事由的一般规定对严格责任通常无法适用。例如，《侵权责任法》第70条规定："民用核设施发生核事故造成他人损害的，民用核设施的经营者应当承担侵权责任，但能够证明损害是因战争等情形或者受害人故意造成的，不承担责任。"该条的规定表明，在民用核设施致人损害的情况下，只有因战争等情形或者受害人故意造成的才能成为免责事由。

我国《侵权责任法》第三章所规定的各类免责事由，普遍适用于各种一般的适用过错责任原则和过错推定责任原则的侵权责任。因为只要是以过错为基础归责的，法定的免责事由都是适用的。即使就过错推定而言，如果侵权人能够证明存在法定的免责事由，也可以表明其没有过错，从而被免除责任。问题在于，在

严格责任中，是否可以适用第三章规定的免责事由，对此，学界存在不同的观点。由于《侵权责任法》第三章对此没有作明确规定，因而有学者对此提出批评，认为免责事由与分则的关系不够清晰。[①] 笔者认为，一般而言，考虑到严格责任本身是严格的，严格责任的免责事由是受限制的。因此，只有在具备法律规定的特殊的免责事由的情形才可以免责。严格责任的重要特征就在于，此种责任的减免事由更为苛刻。因此，严格责任原则上不能按照第三章的规定的各类免责事由来免除行为人的责任。至于公平责任，因为其本身就不考虑过错，而是依财产等因素而承担的责任，所以，原则上也要以法律规定的免责事由来认定。

（二）免责事由和抗辩事由

免责事由在学理上常常被称为抗辩事由。所谓抗辩（Einrede，Exception），是指被告针对原告的诉讼请求提出使自己免责或减轻责任的事由。抗辩事由就是被告针对原告的诉讼请求而提出的证明原告的诉讼请求不成立或不完全成立的事实。抗辩事由可以分为原始抗辩事由和继受抗辩事由。原始抗辩事由是指在侵权损害发生以前和发生的时候就已经存在的抗辩事由，如因当事人之间的特殊关系、受害人自负风险等原因产生的抗辩事由。继受抗辩事由是指在损害赔偿之债产生以后，由于受害人为一定的行为或不为一定的行为而产生的抗辩事由，如受害人的弃权、和解、时效届满等。两者在确定责任范围上的区别是有意义的。如某个共同危险行为人提出，其根本没有参与共同危险活动，这就可以成为一种有效的抗辩，但它不属于免责事由。由于加害人提出免责事由后，效果上也会阻却侵权行为的成立，使受害人的请求遇到障碍，从这个意义上说，它也具有抗辩的效果。因此，将免责事由称为抗辩事由是有道理的。但严格地说，二者仍然存在一定的区别。这表现在以下几个方面：

第一，范围不同。免责事由的范围是有严格限制的，通常都限于法律规定的各种情形。但抗辩事由的范围非常宽泛，它不仅包括法律规定的各种免责事由，而且包括当事人约定的事由、构成要件不满足的抗辩，以及当事人之间约定的免

---

① 参见姜强：《侵权责任法的立法目的与立法技术》，载《人民司法（应用）》，2010（3）。

责条款等。如前所述，凡是被告主张各种责任不成立的理由，都可以成为抗辩事由。例如，被告可以提出自己没有实施某种侵权行为，或者被告的行为与损害之间没有因果关系，从而进行抗辩，这显然已经超出了法定的免责事由的范围。[①]抗辩事由的范围更为宽泛，它既包括抗辩权的行使，也包括各种事实抗辩，如时效的抗辩、债的关系消灭的抗辩以及债的关系是否存在的抗辩。当然，在抗辩事由中，通过证明免责事由的存在而提出抗辩，是其中的重要内容。从这个意义上说，抗辩事由可以包括免责事由。

第二，产生的原因不同。免责事由一般是由法律具体列举的事由，而抗辩事由则不需要、也不可能都由法律规定。事实上，法律不可能对各种抗辩事由作出列举式规定。当事人可以通过约定将一定事由作为抗辩事由。尤其是当事人之间达成的关于责任减免的约定，不宜作为免责事由，将其界定为抗辩事由更为合适。抗辩包括对债的关系不成立的抗辩、债的履行中的抗辩（如同时履行抗辩权）以及债的关系已经消灭的抗辩（如抵销、提存、混同等）、时效期间经过的抗辩，等等，因此，它和免责事由的概念是存在一定的区别的。作出这种区分的意义在于，不能认为在法律上规定了免责事由以后，就因此认为加害人只能以这些免责事由进行抗辩，而忽略了加害人可能享有的其他抗辩。

第三，是否需要当事人主张不同。如前所述，免责事由可以由当事人主张，也可以由法院依职权来调查。免责事由主要是由加害人针对责任关系是否成立以及减轻的问题而提出的，而抗辩事由常常要针对特定的请求而提出，因为抗辩概念本身是与请求的概念相对应的，加害人既可以针对责任关系是否成立以及减轻而提出，也可以针对损害赔偿之债是否成立、有效等问题而提出。

正是因为上述原因，《侵权责任法》中没有采纳抗辩事由的概念，而采用免责事由的概念，在概念的使用上更为严谨。[②]由此也涉及《侵权责任法》未规定的一些抗辩事由，如自助、依法行使权利、受害人的同意等能否作为免责事由的问题。这些抗辩是否属于免责事由，在《侵权责任法》制定中一直存在争议。有

---

①②　参见王胜明主编：《〈中华人民共和国侵权责任法〉解读》，114页，北京，中国法制出版社，2010。

关草案曾经对此做过规定，但由于达成的共识度较低，最终还是放弃了这些条文。由此引发了一个问题，是否除了这五种之外，其他抗辩事由都不能成为免责事由？笔者认为，就过错责任而言，只要能够表明行为人是没有过错的事由，都可以成为免责事由。因此一方面，法律规定的免责事由大多表明行为人没有过错，但是，行为人没有过错的情形还很多，如受害人同意、依法执行职务等，也会在具体个案中表明行为人没有过错。即使法律没有规定，但行为人仍然可以以此证明自己没有过错，在这一点上，法律没有规定的免责事由与法律规定的免责事由具有类似的法理基础。另一方面，如果将过错责任的免责事实限于法定的免责事由，就可能使得行为人承担了过重的责任，这与过错责任兼有的行为自由保障功能是相冲突的。还要看到，法律之所以不承认一些免责事由，如受害人同意等，是考虑到在许多情况下，它们往往针对个案而言是合理的。例如，在医疗损害中，病人对接受手术表示同意，但因手术失败而导致死亡，此时，受害人的同意就成为免责的重要事由。但在某些情况下，受害人同意某人故意侵害其人身，此种同意就可能因为违反公序良俗而无效。正是基于这些免责事由的复杂性，难以抽象出一般的规则，因此，我国《侵权责任法》没有将其作为免责事由予以规定。当然，这并不否定其在个案中可以作为免责事由。[①] 但对于严格责任和公平责任，其免责事由限于法律规定的情形，如果允许法官在法定免责事由之外确定免责事由，就违背了严格责任制度的立法目的。总之，笔者认为，法律未作规定的事由，其在有关过错责任和过错推定责任的个案中确实具有减免责任的正当性，可以成为侵权责任的抗辩事由。从这个意义上讲，区分免责事由和抗辩事由是不无道理的。

（三）免责事由的分类

第一，正当理由和外来原因。正当理由是指损害确系被告的行为所为，但其行为是正当的、合法的，如正当防卫、紧急避险等。外来原因是指损害并不是由被告的行为造成的，而是由一个外在于其行为的原因独立造成的，如不可抗力

---

① 参见王胜明主编：《〈中华人民共和国侵权责任法〉解读》，117 页，北京，中国法制出版社，2010。

等。两者的区别主要在于：基于"正当理由"而致人损害，被告所从事的行为虽表面上是有过错的，但实际上却是正当的、合法的，因而也表明行为人是没有过错的。而在"外来原因"存在的情况下，被告根本没有实施某种致人损害的行为，只是由于外来的原因才造成了损害。正当理由和外来原因都表明被告人没有过错，但外来原因的存在还可以表明被告的行为与损害结果之间不存在直接的因果联系。① 在严格责任中，外来原因可以作为抗辩事由，而某些正当理由却不能成为抗辩事由。

第二，一般免责事由和特殊免责事由。一般免责事由是指在一般过错、过错推定责任中都可以适用的免责事由，如不可抗力、受害人故意、第三人原因等。一般免责事由通常是由法律作出规定的。特殊免责事由是指仅适用于某些特殊侵权案件的免责事由。例如，在公共场所、道旁或者通道上挖坑、修缮安装地下设施等致人损害，若行为人已经设置明显标志和采取安全措施，可以成为有效的免责事由，这种免责事由也仅适用于此类案件。各国关于一般免责事由和特殊免责事由的规定不完全相同。如关于紧急避险，有的国家规定为一般免责事由，有的国家规定为特殊的免责事由。区分一般和特殊免责事由，对于确定受不同的归责原则指导的案件所要求的免责事由，是不无意义的。

第三，过错责任中的免责事由和其他归责原则中的免责事由。在侵权法中，免责事由是针对承担民事责任的请求而提出的，一定的免责事由总是与一定的归责原则和责任构成要件联系在一起的，通常前者是由后者所决定的。这就是说，只有以既定的归责原则和责任构成要件为前提，某种免责事由才能导致当事人被免除和减轻责任的后果。正是由于这一原因，可以将免责事由分为过错责任中的免责事由和其他归责原则中的免责事由。过错责任中的免责事由，乃是一般的抗辩事由，包括正当理由和外来原因。其他归责原则中的免责事由，有的需要在法律规定的责任要件中提出，有的必须在特殊侵权责任中予以确定。区分这两种免责事由的主要意义在于：一方面，关于过错责任的免责事由，除法律明确规定诸

---

① See Jean Limpens, *International Encyclopedia of Comparative Law*, Vol. 4, Torts, Chapter 2, Liability for One's Own Act, J. C. B. Mohr (Paul Siebeck, Tübingen), 1974, p. 81.

种情形外，法官还在司法实践中享有较高的自由裁量权，可以将虽未被法定但具有实质正当性的情形认定为过错责任免责事由，但其他归责原则中的免责事由（主要是严格责任）通常都是由法律具体列举的，而且都是在具体的侵权责任形态中加以规定的。因此，加害人只能根据法律的规定来主张免责事由。另一方面，过错责任免责事由的具体情形较多，只要行为人能够证明其没有过错，存在不应由其承担责任的事由，都可能成为免责事由，但是，其他归责原则中的免责事由相对而言就比较少。

二、减轻责任事由

（一）减轻责任事由概述

所谓减轻责任的事由，是指由于受害人的过错等原因对损害的发生或者扩大起到一定作用，据此可以依法减轻责任人的责任的情形。我国《侵权责任法》第三章专门规定了减轻责任的情形，《侵权责任法》第26条规定，"被侵权人对损害的发生也有过错的，可以减轻侵权人的责任。"这就对减轻责任的事由做了特别的规定。由此表明，侵权法中的减轻责任事由和免除责任事由是既相互联系、又相互独立的两种类型。减轻责任事由的特点在于：

第一，减轻责任事由仅为引起损害的部分原因。通常情况下，减轻责任事由虽然与损害结果存在一定的关联性，但损害的发生仍然离不开行为人的行为，也就是说，侵权行为和减轻责任事由均对损害的发生具有因果关系。因此，不能依减轻责任事由而使行为人完全免责。

第二，导致责任的减轻。减轻责任的事由不同于免责事由，减轻责任只是导致责任人的责任适当减轻，涉及的是责任范围的确定，而不是责任的承担。而免责事由是导致责任人的责任被完全免除。因为免责事由关系重大，决定着责任的承担问题，因而需要由法律特别规定、具体列举。但关于减轻责任的事由，通常只是决定着责任的范围，因此，不完全都由法律直接列举，在一定程度上可以授权法官根据具体情形来决定。例如，《侵权责任法》第12条规定："二人以上分

别实施侵权行为造成同一损害，能够确定责任大小的，各自承担相应的责任；难以确定责任大小的，平均承担赔偿责任。"在该条中，实际上在一定程度上授予了法官判断责任大小的权力，并因此决定减轻责任的范围。

减轻责任的事由不同于最高数额的限制，《侵权责任法》第77条规定："承担高度危险责任，法律规定赔偿限额的，依照其规定。"因此，在高度危险责任中，法律常常规定了最高数额的限制，但其在性质上并不属于责任的减轻。因为法律首先已经确定了责任的最高数额，这意味着，责任人所承担的责任已经被法律所确定，并非是要再减轻其责任。

第三，具有普遍适用性。减轻责任事由不同于免责事由的特点在于，其可以广泛适用于各类侵权行为责任，减轻责任的事由既适用于过错责任，也适用于过错推定。毫无疑问，在过错责任和过错推定责任中，受害人的过错甚至是一般过失，都可以成为减轻责任的根据。一般来说，责任减轻事由是适用过错责任情形下的一般原则，但并不是适用严格责任情形下的一般原则。严格责任的严格性就表现在，除非法律有特别例外的规定，否则不能轻易减轻行为人的责任。[①] 受害人的一般过失不能轻易作为责任减轻事由，因为适用严格责任的活动和物品本身存在的潜在危险性不因受害人过失而降低，实际风险的发生也与受害人一般过失没有实质性联系。在法律没有规定的情况下，受害人即便有重大过失，是否可以成为减轻责任的一般事由，也值得探讨。例如，关于《侵权责任法》第79、80条是否可以根据受害人重大过失而减轻责任，在起草过程中存在争议。从体系解释角度来看，关于饲养动物的责任，在一般情况下可以根据受害人的故意或重大过失而减轻责任。《侵权责任法》第78条对此作了专门规定。但第79、80条没有规定故意或重大过失可以减轻责任，据此，有观点认为，在这两种情形下，即使是重大过失甚至故意，也不能减轻责任。笔者认为，对此也应当具体分析。在实践中，虽然被告饲养了法律禁养的危险动物，但受害人故意将手伸入圈养该动物的笼罩中，或者故意挑逗动物，完全由被告承担责任，对被告也不公平。毕竟

---

① 参见《侵权责任法》第73条。

受害人具有重大过失，其应当对自己的行为后果承担一定的责任。因此，《侵权责任法》第三章规定的减轻责任的事由，在例外情况下也可以适用于严格责任。

问题在于，我国《侵权责任法》第三章在规定减轻责任的事由时，主要是在第 26 条针对被侵权人的过错将其规定为减轻责任的事由，这使人产生一种误解，即《侵权责任法》中的减轻责任事由只限于被侵权人的过错。此种看法显然是不妥当的。因为一方面，侵权责任法中明确将受害人过错作为减轻责任的事由，这并非意味着，减轻责任事由就限于受害人过错。事实上，第三人的原因、紧急避险等事由都不仅可以导致责任的免除，而且可以导致责任的减轻。例如，《侵权责任法》第 31 条规定："因紧急避险造成损害的，由引起险情发生的人承担责任。如果危险是由自然原因引起的，紧急避险人不承担责任或者给予适当补偿。"这里所说的"给予适当补偿"就有减轻责任的意思。另一方面，按照举重以明轻的解释规则，法律规定的免责事由既然可以导致责任的免除，当然可以导致责任的减轻，因此，免责事由实际上都可以成为减轻责任的事由。

（二）受害人的过错

《侵权责任法》第 26 条规定："被侵权人对损害的发生也有过错的，可以减轻侵权人的责任。"据此，受害人的过错可以作为减轻侵权人责任的事由。如何理解此处所说的"也有过错"？这可以从如下几个方面来理解：第一，它适用于比较过失。如果仅仅是受害人一方的原因造成的，就不适用本条规定。"也有"的含义就是侵权人存在过错。第二，它应当进行过错的比较。在责任的确定中，法官要比较双方的过错，从而最终决定如何减轻责任。第三，即便受害人具有故意或重大过失，而行为人也有过错，此时，受害人的过错就称为"也有过错"，因为毕竟行为人的过错在先。在此情况下，就不能当然地免除行为人的责任。如前所述，受害人的过错作为减轻责任的事由，这是减轻责任事由的典型形态，法律作了特别规定。有关受害人过错作为减轻责任的问题，我们将在后文详细阐述。

（三）自甘冒险

1. 自甘冒险的概念

所谓受害人自甘冒险（Handeln auf eigene Gefahr、acceptation desrisque），

是指受害人已经意识到某种风险的存在，或者明知将遭受某种风险，却依然冒险行事，致使自己遭受损害。例如，在"孙某与胡某等人身损害赔偿纠纷上诉案"中，原告孙某找被告胡某帮忙办事，在与其吃饭喝酒后，乘坐被告胡某驾驶的小客车。被告胡某醉酒驾驶该车途中，与被告李某驾驶的大货车相撞，发生交通事故，致被告胡某及车上乘客朱某和原告受伤、车辆受损。法院认为，原告自甘冒险，乘坐被告胡某醉酒驾驶的车辆，有一定的过错，可减轻被告胡某的赔偿责任。[①] 再如，受害人赶骡车去被告的石灰厂装石灰时，明知某一区域为危险区，而将其骡子系在危险区域内的一棵大树上，致骡子被点炮后飞散的碎石渣砸伤。

　　自甘冒险与受害人同意在一定程度上具有相似性。所谓受害人同意，是指受害人通过明示或默示的方式，对某种特定的损害作出同意表示，而在自甘冒险的情形下，受害人只是对某种风险的同意，此种风险是不确定的，它可能产生财产损害，也可能产生人身损害。自甘冒险与受害人同意的区别在于：在自甘冒险的情形下，受害人并没有明确地同意承受因危险而产生的损害，该损害的发生与受害人的意愿是相违背的，但在受害人同意的情况下，损害的发生是符合受害人的意愿的。显然，自甘冒险不是一种明示的同意。但问题在于，受害人自甘冒险是否当然构成默示同意？有人认为，自甘冒险等同于默示同意。如果一个人自愿参加某种特殊的或者典型的危险活动，如足球、拳击、射击或者观看摩托车大赛，就应认为此人默示地免除了相对方的责任。[②] 在普通法系国家，有时将受害人自甘冒险认定为存在一种"默示契约"，从而使行为人被免责。[③] 在德国法上，早期认为自甘冒险是默示合意免除责任，以后解释认为是被害者的允诺，具阻却违法性，最近则强调这属于与有过失的问题。[④] 从各国判例学说发展的趋势来看，自甘冒险逐渐朝着比较过失的角度发展，并没有将其等同于受害人默示同意。受

---

　　① 参见最高人民法院中国应用法学研究所编：《人民法院案例选》（总第66辑），84页以下，北京，人民法院出版社。

　　② Enneccerus and Lehmann, Recht der Schuldverhältnisse (ed. 15 Tübingen1958) § 1611.

　　③ 参见［英］John G. Fleming：《民事侵权法概论》，何美欢译，258页，香港中文大学出版社，1992。

　　④ 参见王泽鉴：《侵权行为法》，第1册，242页，北京，中国政法大学出版社，2001。

害人对危险的认识本身并不足以构成受害人同意承受危险。[①] 笔者认为,自甘冒险行为不完全等同于默示同意,尽管受害人参与一些危险活动有可能表明受害人自愿承担危险活动造成的后果,但也并不意味着受害人就默示同意其他参与者可以对其实施伤害行为。例如受害人从事踢球等活动,而某个踢球者违反规则故意伤害受害人,也不能完全免除行为人的责任。再如,组织从事某种危险活动的人在组织过程中存在过错,也应当分担受害人所遭受的损失。将自甘冒险等同于默示同意使得加害人完全免责,也不利于强化对受害人的保护。

在我国《侵权责任法》的制定中,关于自甘冒险是否应当作为免责事由,学界一直存在争论。应当看到,在某些情况下,即使受害人存在自甘冒险的情形,也不一定免责。例如,受害人基于好奇心理进入核设施区域内,虽然其具有自甘冒险的心理,但管理人不能因为受害人的此种心理而完全免责。[②] 由于对自甘冒险作为免责事由存在重大争议,《侵权责任法》在第三章关于不承担责任和减轻责任中没有就此规定,也就是说,没有将自甘冒险作为一般的免责要件加以规定,但这并不意味着自甘冒险就绝对不能成为免责事由。事实上,自甘冒险行为比较复杂,只能根据个案考虑是否能成为免责事由。自甘冒险在两类情况下可以成为免责事由:一是被侵权责任法明确规定为免责事由的条件下,责任人可以减轻或者免除责任。例如,《侵权责任法》第76条规定:"未经许可进入高度危险活动区域或者高度危险物存放区域受到损害,管理人已经采取安全措施并尽到警示义务的,可以减轻或者不承担责任。"二是法官在个案中,认为受害人自甘冒险行为造成其自身损害,确有必要适当减轻或者免除行为人的侵权责任,可以作为减轻或者免责的事由。例如,我国《侵权责任法》在高度危险责任中规定了占有或者使用高度危险物造成他人损害,遗失或者抛弃高度危险物造成他人损害的情形,但该法没有规定,在此情况下,如果造成占有人或者管理人自身的损害,所有人或者抛弃危险物的人、遗失危险物的人是否应当负责。笔者认为,此时可

---

① Mazeaud and Tunc, Traité théorique et pratique de la responsabilité civile I(ed. 6 Paris 1965) II no. 1486.

② 参见王胜明主编:《〈中华人民共和国侵权责任法〉解读》,120页,北京,中国法制出版社,2010。

以适用自甘冒险的规则。因为如果因占有人自身的原因造成了损害，他已经意识到危险的存在，仍然占有该危险物，就应当减轻或者免除所有人的责任。尤其是在社会生活中，因为交往关系导致损害的原因十分复杂，如果受害人的自甘冒险行为的确是构成损害的主要原因，则法官可以酌情将其作为责任的减免事由。例如，清醒者明知驾驶人系严重酒后驾车，具有发生交通事故的重大可能性，而仍然执意同乘并在后来的交通事故中遭受损害。此种情况下，法官可以根据驾驶人员的醉酒状态、同乘者的意识能力等情形，来减轻或者免除驾驶人对受害人的责任。①原则上在受害人自甘冒险的情况下，不应当免除行为人的责任，但可以减轻其责任。

2. 自甘冒险的构成要件

第一，被侵害人明知或者应当知道危险的存在。在自甘冒险的情况下，受害人大多明知危险存在，甚至有可能知道危险将给其造成损害，但是仍贸然从事某种行为而不顾及该危险可能给自己造成的损害。例如，受害人明知某地在开山放炮，仍然进入该危险区，但是在某些情况下，受害人虽然意识到可能存在危险，主观上仍然存在一种轻信能够避免的心态。在这两种情况下，受害人知道或者应当知道危险的存在。

第二，受害人参与了危险活动。所谓参与，通常是指受害人自愿从事某种危险活动，或者使自己陷入危险的境地。自甘冒险的受害人必须具有过错。自甘冒险行为之所以在侵权责任法中能够作为减轻甚至免除加害人赔偿责任的事由，其根本原因在于受害人具有过错。如果受害人虽然从事了客观上具有一定危险性的行为，但其本身没有任何过错，则不能认为受害人自甘冒险。例如，受害人虽然知道某地正在施工，但是施工周围并没有设置禁止通行的警示性标志，结果受害人因行为人违章放炮而遭受损害，此种情形就不属于自甘冒险。再如，明知有煤烟之害，而仍移住其地，结果身体受到伤害。② 不能认为，只要受害人认识到了

---

① 参见重庆市高级人民法院《关于审理道路交通事故损害赔偿案件适用法律若干问题的指导意见》第 24 条。

② 参见郑玉波：《民法债编总论》，166 页，台北，三民书局，2002。

危险的存在并从事了某种行为，就认为受害人是自甘冒险，从而应减轻或免除行为人的责任，只有在受害人对从事的自甘冒险行为有过错的情况下，才能导致行为人责任的减轻或免除。

第三，行为人造成了受害人的损害。在自甘冒险中，行为人形成的危险或者从事的危险活动，造成了受害人的损害，损害与危险之间存在一定的因果联系。在自甘冒险的情况下，行为人开启了某种危险源，或有其他过错行为，行为人仍应承担责任。如酒后驾车的人本身是有过错的，因此在搭乘人自甘冒险的情况下，应当适用过失相抵从而减轻加害人的赔偿责任。在特殊情形下，由于行为人的过错程度非常轻微，所以可以免除加害人的赔偿责任。

第四，受害人的损害与其过错之间存在因果关系。在自甘冒险中，受害人只是对于损害的发生具有过错，且该过错行为与损害结果存在相当因果关系。如果受害人只是对损害结果的扩大具有过错，而对于损害的发生本身没有过错，那么就不应减轻或免除行为人的责任。

受害人自甘冒险与过失相抵具有相似性，因为在许多情况下，自甘冒险表明受害人是有过错的，从而应适用过失相抵制度。例如，甲明知乙无照驾驶，以致搭其便车发生车祸时，系自甘冒险，应适用过失相抵的原则。[①] 但自甘冒险与过失相抵存在一定区别，表现在：一方面，自甘冒险中，受害人一般知道或者应当知道危险的存在，且该危险可能对其造成损害，而过失相抵的情况下，受害人不一定意识到这种危险的存在，但因其不注意或不谨慎，使其遭受损害。另一方面，自甘冒险主要适用于损害的发生，而过失相抵则既适用于损害发生，也适用于损害的扩大。[②]

3. 自甘冒险对归责的影响

严格地说，从自甘冒险的行为中，很难确定受害人的过错程度，受害人可能是故意的，也可能是过失的，不能当然地认为其是一种免责事由。根据侵权责任法上的风险理论，形成风险者应当承担风险。霍姆斯指出，"人们必须要为其自

---

① 参见王泽鉴：《侵权行为法》，第 1 册，65 页，北京，中国政法大学出版社，2001。
② 参见程啸：《侵权行为法总论》，436 页，北京，中国人民大学出版社，2008。

己从事的行为承担风险（a man acts at his peril）"，普通法的侵权法原则是"谁造成事故的损失，就由谁承担责任"，即便有人因该原则而遭受不幸，也不失其真理性。① 而受害人的自甘冒险行为表明其自愿承担某种风险，因而受害人应当承担一定的该危险造成的结果。从这个意义上说，自甘冒险行为对于责任的承担以及责任范围的确定都具有重要意义。

法谚有云："自甘风险者自食其果（volenti non fit iniuria）。"一些国家的法律将自甘冒险和受害人同意等同对待，因为原告的行为表明其自愿接受了损害的发生。但是，在普通法系国家，近来这一观点也受到了批评，认为在自甘冒险情形下，行为人可能具有过错，不能使其被完全免责，因而逐步被比较过失的规则所替代，即依据受害人与加害人的过错程度而确定责任。② 在法国和比利时等国的法律中，当受害人自甘冒险时，通常依过失相抵制度相应地减轻加害人的赔偿责任。③ 从我国《侵权责任法》第76条的规定来看，《侵权责任法》在特殊情况下，是将自甘冒险作为减轻或者免除责任的事由来对待，但并没有将其作为一般免责事由加以规定。因为一方面，法院不能将自甘冒险作为绝对的免责事由对待，毕竟在自甘冒险的情况下，行为人也有一定的过错，甚至这种过错程度比较严重，如果将受害人自甘冒险等同于默示同意，就使得加害人完全免责，这对受害人确实并不公平。另一方面，在个案中，将自甘冒险作为受害人的过错，从而适用过失相抵的规则，可以使得法官根据具体情况决定是否减轻或者免除加害人的责任，如此可以通过法官自由裁量权的行使，灵活处理实践中各种复杂的自甘冒险的情况，从而保障裁判结果的公平。虽然自甘冒险不能成为一般的免责事由，但可以作为减轻责任的事由，毕竟在此情况下，表明受害人是有过错的，据此可以相应地减轻行为人的责任。

---

① See Oliver Wendell Holmes, *The Common Law*, Boston, Little Brown and Company, 1881, pp. 81-84.《欧洲侵权法原则》第7：101条第4款规定，受害人同意承担受损害的风险，可导致行为人被免责。该规则实际上采纳了这一理论。

② See Fleming John G, *An Introduction to the Law of Torts*, Clarendon Press, 1967, p. 239.

③ See Jean Limpens, *International Encyclopedia of Comparative Law*, Torts, Vol. XI Chapter 2, Liability for One's Act, International Association of Legal Science (1983), p. 90.

在自甘冒险的情况下，需要判断受害人的过错程度以决定责任的承担和范围。在确定过错程度时，应当考虑如下几个因素：一是受害人对危险的存在、危险发生损害的几率、损害后果的认识和理解程度。正如一美国学者所言："假如原告不在这个位置，他肯定不会遭受损害，原告所处的位置是损害发生的确定原因。"① 二是侵害人形成的危险状况。例如，侵害人形成的危险通常比较严重、危害性较大，即使受害人意识到了危险的存在，也可能会遭受损害，尤其是在适用严格责任的情形下，即使受害人从事自甘冒险的活动，但法律没有将自甘冒险规定为抗辩事由的情形下，也不能轻易免除行为人的责任。三是在损害发生时，受害人所形成的危险是否继续存在，如果危险已经消除，则不能认为受害人有过错。四是加害人在受害人形成危险以后，是否可以或在多大程度上可以采取措施避免损害的发生。但如果受害人是参加某人组织的危险活动，组织者在组织过程中具有过错，组织者应承担相应的责任。五是受害人遭受的损害结果。如果受害人遭受了严重的损害结果，完全由受害人自己承担也并不合理。易言之，对受害人自甘冒险的行为应作具体分析，不能简单地与受害人的默示同意等同。

第二节　受害人的故意

一、受害人故意的概念和效果

所谓受害人故意，是指受害人明知自己的行为会发生损害后果，仍然追求损害后果的发生，或者放任损害后果的发生。我国《侵权责任法》第 27 条规定："损害是因受害人故意造成的，行为人不承担责任。"例如，某人因失恋而卧轨自杀。受害人的故意，实际上有可能表明损害是因受害人的原因而引起的，行为人没有过错，因此，行为人不应当承担责任。从比较法上来看，各国基本上都认可

---

① Gravells N，"Three Heads of Contributory Negligence"，*The law Quarterly Review*，vol. 93. 1977，p. 581.

受害人故意可以作为免责事由。《侵权责任法》也借鉴了这一比较法上的惯行做法。受害人故意的特点在于：

第一，受害人积极地促成或者放任对自己损害结果的发生。受害人故意可以分为两种情形：即直接故意和间接故意。所谓直接故意，是指受害人明知自己的行为会导致损害后果，而追求损害后果的发生。所谓间接故意，是指受害人明知自己的行为会导致损害后果，而放任损害后果的发生。通常情况下，受害人故意是指受害人追求或放任行为结果的发生。例如，某人爬上高压电线杆，被高压电击伤。有人认为，爬电线杆的行为本身就表明其具有故意，但笔者认为，受害人爬电线杆被高压电击中，可能只是过失行为，因为其可能并不知晓自己会被高压电击中，对被击伤的结果并不一定是故意的。

在受害人故意的情况下，其主观心理状态通常是对于自己的行为造成损害有明确的认识，但是通常是积极追求或者蓄意放任这种结果的发生。例如，在以所谓"碰瓷"方式制造交通事故的情形中，受害人是故意选择与行驶中的汽车相撞，导致自己人身受到伤害。再如，某人为了要得到残疾赔偿金，故意切掉自己的手指或脚趾。受害人故意和侵权人的故意是不同的，因为侵权人的故意是为了实施某种侵害行为，具有可谴责性。而受害人的故意只是要使自己遭受损害，理论上一般称为违反了不得造成自己损害的不真正义务。

第二，受害人遭受了损害。在受害人故意的情况下，大多都是因其故意行为引发了自己的损害。但也可能是在受害人实施故意行为的过程中，介入了加害人的行为。因此，即使在受害人故意的情况下，也应当比较双方的过失程度来确定行为人责任的免除或减轻。

第三，可以导致加害人责任的免除。作为一种免责事由的受害人的故意，意味着损害的发生是因为受害人自身的故意行为所致。一般来说，受害人对损害的发生具有故意，意味着受害人的行为是损害发生的唯一原因。受害人具有故意可以作为加害人的免责事由，但在加害人以受害人具有故意作为抗辩事由时，损害的产生也通常涉及加害人的行为，主要情形有：一是受害人出于某种不正当的动机，利用加害人的行为或物件，并造成对自身的损害。二是受害人故意实施不法

行为，因被告的物件造成损害。三是受害人的故意行为偶然介入被告的轻微过失。四是受害人欲实施故意侵权行为，被告实施正当防卫行为而致受害人损害。在前两种情况下，加害人并未构成侵权，因此谈不上免责问题。而在后两种情况下，加害人的行为表面上是损害发生的原因，但因为受害人具有故意，因而可以作为免责事由而要求免责。

二、受害人故意与相关概念的区别

(一) 受害人故意与受害人同意

某人允许他人在自己门前施工、挖洞，造成自己的损害。但若受害人仅仅只是意识到危险的存在，并不希望自己蒙受损害，不能视为受害人同意。例如，受害人搭乘某醉汉的汽车，因发生车祸而受伤。[①] 在这里，受害人虽意识到危险后果，但可能因为侥幸、疏忽或轻信可以避免而承担了危险，损害结果的发生并非出于受害人的自愿，因而不能视为受害人同意。

受害人同意与受害人故意都表明了受害人对损害结果的发生存在预见，而且一定程度上对结果的发生持放任态度，因此，大陆法系很多国家都认为这两种情况都表明受害人具有一定的过错，并在一定程度上影响到行为人的责任。[②] 但两者之间也存在一定的区别，具体表现在：第一，性质不同。受害人同意通常是准法律行为，也可能表现为法律行为，如与医生签订手术同意书、受害人与侵害人达成免责条款；但受害人故意造成自己损害，只是违反了"不真正义务"，既不是法律行为，也不是准法律行为，而是一种事实行为。第二，受害人同意通常需要明确的意思表示，可以通过单方面的声明，也可以通过向行为人告知的方式明确表达出来；而受害人故意并不需要作出意思表示。

---

① 本案出自澳大利亚的一个判例。在本案中，法院认为，应推定受害人具有同意的表示。参见 Quensland：Insurance Commission v. Joyce（1948）77C. L. R. 39. CH. C. O F A。但笔者认为，此种推定并不妥当。

② See Jean Limpens，*International Encyclopedia of Comparative Law*，Torts，Vol. XI Chapter 2，Liability for One's Act，International Association of Legal Science（1983），p. 91.

（二）受害人故意与自甘冒险

自甘冒险是否包括受害人故意，在各国判例学说中观点不一。在德国法和法国法中，受害人自负风险，可以构成故意。在英国法中，受害人自负风险（as-sumption of risk）与受害人有过错都为抗辩事由。法谚有云："损害应当停留在其所发生之处。"因而，除非有归责事由，否则，受害人应当自行承受损失。在完全因受害人自甘冒险造成自身损害的情况下，比较法上通常认为，受害人应当承担全部或部分损失。在受害人有过错的情况下，并不一定导致行为人被完全免责。[①] 笔者认为，受害人自负风险虽然表明受害人具有过错，但不能把受害人自负风险与受害人具有故意等同起来。其原因在于：

第一，受害人具有故意，表明其造成损害结果的行为具有明确的指向，即知道其行为会发生何种结果，并希望此种结果的发生。而一般来说，在自甘冒险的情况下，受害人并不追求损害结果的发生，其只是意识到损害的发生可能性，但并没有去积极追求损害自身的结果。受害人认识到了危险和受害人的故意是不同的。虽然二者之间有时会发生重合，但在自甘冒险的情况下，受害人的故意这一主观心理状态仅仅是指受害人明知某种风险的存在而愿意承受此种风险状态，受害人认识到危险的存在可能并非是真正出于自愿承担危险，因为受害人可能认为危险可以避免或者消除。[②] 在受害人自负风险时，受害人虽然意识到危险的存在，但可能并不知道危险造成损害的几率、特定的损害后果，或虽意识到危险存在但并不希望损害后果产生。在许多情况下，自甘冒险者只是预见到了造成损害的可能性，但并不能准确认识到该行为一定给自己造成损害，自甘冒险者其实也期望在冒险行为中避免给自身造成的损害。因此，自甘冒险一般不像受害人故意那样积极追求或放任特定损害后果的发生。

第二，受害人的故意行为都是自愿行为，即受害人完全按照自己的意志从事某种行为。而自负风险的行为不一定是自愿的，有时甚至对受害人来说是不情愿的。如在紧急情况下，不顾路险道滑，乘车送病人赴医院看病。

---

① 参见何孝元：《损害赔偿之研究》，48 页，台北，三民书局，1982。

② See Fleming, *The Law of Torts*, 8th ed., The Law Book Co. Sydney, 1992, pp. 163-165.

第三，在受害人故意致自己损害时，加害人虽然也可能采取措施避免损害的发生，但要避免损害的发生往往是困难的。例如，受害人故意撞向行为人高速行驶的车，行为人无法及时避免损害。而在受害人自负风险的情况下，加害人常常可以采取某种措施避免损害的发生，因此，加害人也是有过失的。在受害人自负风险的情况下，应当从案件的具体情况出发，审慎地认定双方当事人的过错和过错程度，以决定责任和责任范围。在受害人同意的情况下，受害人所同意承受的危险必须通过严格解释而限定于特定的危险，因为受害人同意构成了受害人权利的放弃。①

第四，从法律效果来说，受害人故意可以导致免责，而自甘冒险主要是减轻责任的事由，因此，可以适用比较过失制度。

三、受害人故意的法律后果

依据《侵权责任法》第 27 条的规定，受害人具有故意将导致加害人免责，之所以在法律上将受害人故意作为免责事由，原因在于：

第一，从因果关系的角度来看，在受害人具有故意的情况下，表明损害和受害人的行为之间具有直接的、全部的因果联系，因此，应当由受害人承担全部的损害。受害人的故意往往会导致因果关系中断，因为受害人的故意行为成为损害发生的独立原因，从而表明行为人的行为与损害结果之间没有因果联系。

第二，从过错的角度来看，在受害人故意的情况下，意味着损害后果是受害人所追求的，所以损害完全是由于受害人的过错行为造成的。按照比较过失规则，因为受害人的过错程度较重，而行为人没有过错，所以不应当要求行为人承担责任。

第三，在受害人具有故意的情况下，由行为人承担责任也不符合诚信原则的要求。例如，《道路交通安全法》第 76 条第 2 款规定："交通事故的损失是由非机动车驾驶人、行人故意碰撞机动车造成的，机动车一方不承担赔偿责任。"受害人的故意作为一种免责事由，通常都排除了加害人本身具有故意或重大过失的

---

① 参见《美国侵权法重述（第 2 次）》第 496 条。

情形。当然，如果加害人的过错程度较重，即使受害人具有故意，其故意也不能作为一种绝对免责事由。

正是因为上述原因，各国侵权法普遍承认受害人故意是免责事由。受害人故意不仅适用于过错责任案件，而且在严格责任案件中，依据案件的具体情况，受害人的故意也可能导致责任的免除。只有在绝对的无过错责任中，受害人故意才被排除在免责事由之外。例如，我国《侵权责任法》第79条、第80条所规定的违反管理规定未对动物采取安全措施或饲养禁止饲养的危险动物造成他人损害，在这两种情况下，即使受害人具有故意，也不能免责。此种法律责任实际上是绝对责任。

第三节　第三人的原因

一、第三人的原因的概念和特征

第三人的原因是指除原告和被告之外的第三人，对原告的损害的发生或扩大具有过错，此种过错包括故意和过失。如某人将另一人推向自行车道，被迎面驶来的自行车撞伤；再如，某人因他人的加害行为而受伤以后，因医生怠于治疗而使其伤病加重。由于第三人的原因造成损害的发生或扩大，可能成为损害发生的主要原因，导致因果关系中断，使行为人被免除责任，也可能成为损害发生的部分原因，而使行为人被减轻责任。《侵权责任法》第28条规定："损害是因第三人造成的，第三人应当承担侵权责任。"此处虽然没有明示，在第三人原因致损的情况下，行为人的责任是否应当完全免除，但从体系解释角度来看，既然该条被规定在第三章"不承担责任和减轻责任的情形"中，就表明在没有特别规定的情况下，该章中列举的事由既可以是责任减轻事由，也可以是责任免除事由。一般来说，在过错责任中，第三人造成损害的，都可以表明被告没有过错，从而可以免除被告的责任。但在严格责任中，即使是因为第三人原因造成了损害，依据法律规定，因为第三人原因造成受害人的损害，不一定都导致被告免责。《侵权责任法》第28条所规

定的"第三人应当承担侵权责任"既包括可能因第三人原因而导致被告免责，也可能包括因第三人原因造成损害而被告不免责。第三人原因的特点表现在：

第一，第三人是指行为人和受害人以外的第三人。也就是说，第三人不属于被告或原告一方。如果"第三人"与被告共同引起损害的发生，则此时的"第三人"实际上应当作为共同被告向原告负赔偿责任。同时，第三人与原、被告双方之间不存在法律上应负责任的关系，如用工关系、婚姻血缘关系或共同生活关系等，因而不能认定第三人属于被告一方或属于原告一方。

第二，因第三人的原因造成损害。《侵权责任法》第28条规定："损害是因第三人造成的，第三人应当承担侵权责任。"此处只是规定了"是因第三人造成的"，其既可能是由第三人的故意，也可能是因第三人的过失造成。这表明，两种情况都可能成为第三人承担责任的事由。如果损害是由侵权人引起的，但介入了第三人的行为，即使第三人的行为和侵权人的之间没有共同过错，但如果造成了同一损害后果，也可能需要由第三人与侵权人之间承担连带责任或者按份责任。[①] 正是基于这一原因，《侵权责任法》规定第三人的原因造成损害，应当由第三人承担责任。

第三，第三人的原因是减轻或者免除责任的依据。第三人的原因包括两方面：一是指第三人的行为造成损害的发生。例如，第三人故意引起危险的发生，故意挑逗动物造成对原告的损害等。在此情况下，可以依据法律规定免除或减轻行为人的责任。《侵权责任法》在多个条款中规定，在第三人造成损害的情况下，在侵权人和第三人之间形成不真正连带关系，受害人对第三人和加害人具有选择权。例如，《侵权责任法》第83条规定："因第三人的过错致使动物造成他人损害的，被侵权人可以向动物饲养人或者管理人请求赔偿，也可以向第三人请求赔偿。动物饲养人或者管理人赔偿后，有权向第三人追偿。"如果受害人选择第三人主张赔偿，第三人赔偿受害人损失以后，侵权人的责任就被免除。二是指第三人对损害的形成或扩大具有过错，但损害并不完全是因为第三人的行为造成的。例如被告致原告伤害以后，医生怠于治疗使伤病扩大。在此情况下，第三人（医

---

① 参见《侵权责任法》第11、12条。

生）的行为将可能导致行为人（被告）责任的减轻。

二、第三人过错的类型

（一）第三人造成全部损害

第三人造成全部损害，是指第三人的行为是损害发生的唯一原因，被告对此没有过错，因此应使被告被免责，而由第三人承担责任。《侵权责任法》第28条规定"第三人应当承担侵权责任"，主要是指此类情况。由此可见，我国法律承认第三人的原因是被告减轻责任和免责的事由。

在何种情况下应认为损害纯粹是由第三人所致，值得探讨。国外的判例和学说对此有以下几种不同的观点：

1. 不可预见和不可避免说。在第三人造成损害发生的情况下，根据某些法国法院的观点，被告要使自己被全部免责，必须证明第三人的行为是自己不可预见、不可避免的（即必然导致损害结果的发生）。若第三人的行为对被告来说，仅仅是不可预见而并不是不可避免的，则被告不能被免责。[①]

2. 因果关系中断说。根据这一理论，若被告实施某种侵权行为以后，第三人的行为独立造成了损害结果的发生，从而切断了被告的行为与原告的损害之间的因果联系，使被告的行为不能发挥其原因力，则应由第三人对损害结果负责。[②] 例如，甲把乙打伤，乙在被送往医院的途中，因丙的过失造成汽车翻车，致乙死亡。丙的过失造成甲的行为与乙的损害后果之间的因果关系中断。在第三人的行为导致因果关系中断或者因为第三人的行为使得损害发生以后，如果由行为人承担责任，对行为人来说不公平，这也可能导致行为人被免责。[③]

3. 相当因果关系理论。此种理论认为，若第三人的行为足以"解释"损害

---

① 参见 Paris，Feb. 11. 1963（1963）J. C. P. Ⅱ. 13306（Note. I. E）. Civ. Jan8。此种举证对被告来说是很困难的，特别是当原告证明被告也有过错时，被告很难证明第三人的行为必然导致损害的发生。

②③ See A. M. Honorè: *International Encyclopedia of Comparative Law*，Vol. 4，Torts，Chapter 7，Causation and Remoteness of Damage，J. C. B. Mohr（Paul Siebeck，Tübingen），1975，p. 135。

发生的过程，或成为损害发生的"足够"原因，则第三人应对损害结果负责。第三人的行为和损害的发生之间具有相当性，就应当完全由第三人负责。

上述各种理论都是从因果关系角度来考察损害是否由第三人所致的，都不无道理，但探讨第三人造成损害，旨在确定第三人的行为是否构成免责事由以及第三人是否应对损害结果负责，这样不仅要考察第三人的行为与损害结果之间的因果联系，还要考察第三人和被告的过错以及过错程度问题。在过错或过错推定责任中，如果是在第三人单独引起损害发生的情况下，只要第三人的行为和损害结果之间具有相当因果关系，就可以认为第三人的行为就是损害发生的原因，此时可以使被告免除责任。如果被告的行为对损害的发生也起了一定作用，即使其行为只是损害发生的条件，被告也应当承担相应的责任。如果行为人和第三人中有一人具有故意或者重大过失，而另一人仅具有一般过失，则应当由具有故意或者重大过失者承担全部责任。①

一般来说，在过错或过错推定责任中，使被告免责的第三人行为主要包括以下几种情况：

第一，第三人具有故意。在第三人具有故意的情况下，可以直接认定第三人的行为和损害结果之间具有因果关系。例如，第三人故意挑逗动物，引起动物伤人。但应予指出的是，如果第三人具有故意，而被告也有过错，则情况有所不同。例如，被告的动物非常凶猛，但被告却未严加管束，在第三人故意挑逗的情况下致受害人损害，此时就不能当然免除被告的责任。根据当代侵权法发展趋势，若被告对第三人的故意或重大过失行为的实施提供了某种机会，则被告具有一定的过错，也认为被告应负有一定的责任。② 因此，只有在被告仅具有轻微过失的情况下，第三人的故意才能作为被告的免责事由。

第二，第三人具有重大过失，而被告没有过错。在过错责任中，第三人的重大过失可能导致被告被免责。例如，第三人违章驾驶，迫使被告将车右拐，撞伤路边行人。在此情况下，第三人具有重大过失，而被告并没有过失，因此，应当

①② See A. M. Honorè：*International Encyclopedia of Comparative Law*，Vol. 4，Torts，Chapter 7，Causation and Remoteness of Damage，J. C. B. Mohr（Paul Siebeck，Tübingen），1975，p. 137.

由第三人负责。若被告也具有一定过失，则其不能完全被免除责任。应当看到，在第三人具有重大过错从而引起损害发生时，必须要确定被告对第三人所实施的过错行为及造成的后果是否可以预见，并且是否可以或已经采取了合理的措施予以避免。如在上例中，如果被告已经发现第三人的违章驾驶行为，能够采取合理的措施避让但没有采取措施躲避，造成他人损害的，也不能完全免除被告的责任。

第三，第三人引起险情。若第三人引起某种危险，被告为避免危险可能引起的损害而实行紧急避险，造成了对原告的损害，则应根据《侵权责任法》第 31 条，"因紧急避险造成损害的，由引起险情发生的人承担责任。如果危险是由自然原因引起的，紧急避险人不承担责任或者给予适当补偿"。在紧急避险的情况下，被告所采取的避险行为必须合理，它应当是对先前实施的第三人的过失行为的合理的反应，如果被告对第三人引起险情的行为的反应是笨拙的、不合理并过度的，则应认为被告也有过错。[①] 在普通法中，曾适用"最后的机会"规则确定被告的行为是否为损害发生的原因。若被告有最后的机会避免损害的发生而未采取措施避免损害，则不能认为第三人的过失为损害发生的原因。[②] 从我国实际情况来看，笔者认为，不宜采用"最后的机会"规则，因为这一规则忽略了先前行为人的过错，并给继起行为的行为人强加了过重的责任。在该规则下，即便先前行为人造成了某种不合理的危险，按照"最后的机会"规则，其仍可能被免责，而这明显是不合理的。

需要指出的是，在确定第三人是否应当完全负责的问题上，国外许多学者认为应当区分过错责任和严格责任。在前一种情况下，应当考虑双方的过错程度，而在后一种情况下，对被告的免责应当从严掌握。根据危险理论，只要行为人在事实上已经引起危险，即使损害完全是因第三人的行为造成的，行为人也应当承

---

① Mazeaud and Tunc, Traité théorique et pratique de la responsabilité civile I（ed. 6 Paris 1965）II no. 1636.

② See A. M. Honorè: *International Encyclopedia of Comparative Law*, Vol. 4, Torts, Chapter 7, Causation and Remoteness of Damage, J. C. B. Mohr（Paul Siebeck, Tübingen）, 1975, p. 138.

担一定的责任。换言之，即使在第三人具有故意或者恶意的情况下，如果第三人的行为只是使得特定类型的危险被释放出来，则行为人仍然要承担责任。[1] 此种观点不无道理。

(二) 第三人的行为是造成损害的部分原因

《侵权责任法》第 28 条规定："损害是因第三人造成的，第三人应当承担侵权责任。"此处所说的"第三人造成的"，既包括损害完全是由第三人造成的，也包括第三人行为是造成损害的部分原因。在后一种情况下，第三人和被告造成损害，是指第三人和被告的行为都是损害发生或扩大的原因，他们对损害的发生或扩大都有过错。当然，第三人和被告并非基于共同的故意或过失造成对原告的损害，而主要是因为行为的偶然结合或相互作用，共同造成了对原告的损害。第三人和被告的行为都是损害发生的原因，但并没有造成同一损害结果，从实践来看，主要有如下几种情况：

第一，被告和第三人在无共同过错的情况下造成他人损害，如果每个人分别实施侵权行为造成同一损害，每个人的侵权行为都足以造成全部损害的，则依据《侵权责任法》第 11 条，第三人应与被告承担连带责任。如果每个人分别实施侵权行为造成同一损害，依据《侵权责任法》第 12 条，能够确定责任大小的，各自承担相应的责任；难以确定责任大小的，平均承担赔偿责任。

第二，被告造成原告的损害以后，第三人有义务防止损害的进一步扩大，但第三人没有采取合理措施防止损害的进一步扩大。[2] 例如，被告致原告伤害以后，医生怠于治疗致使原告的伤病恶化。在此情况下，可以认为第三人和被告对原告的最终损害具有过错，而不能认为原告的最终损害仅由第三人所致。

第三，被告引起险情的发生，第三人为保护自己的或他人的合法利益而采取紧急避险，但因为避险过当而造成对原告的不应有的损害，则被告和第三人都有

---

① See A. M. Honorè: *International Encyclopedia of Comparative Law*, Vol. 4, Torts, Chapter 7, Causation and Remoteness of Damage, J. C. B. Mohr (Paul Siebeck, Tübingen), 1975, pp. 138 - 139.

② 根据《美国侵权法重述》第 45 条，在被告造成原告的损害以后，若第三人有义务防止损害的扩大，而没有采取措施予以防止，则应由第三人负责。但此种观点现在已受到批评。

过错。

除此之外还需要考虑法律的特别规定，如果《侵权责任法》分则中规定的特殊侵权类型关于第三人原因有特别规定的，则从其规定。例如，《侵权责任法》第44条规定："因运输者、仓储者等第三人的过错使产品存在缺陷，造成他人损害的，产品的生产者、销售者赔偿后，有权向第三人追偿。"

三、第三人原因的责任减免效力

在第三人责任的原因造成损害的情况下，既可能导致被告责任的减轻，也可能导致被告责任的免除。第三人原因的责任效力应根据具体情况来判断。依据侵权责任法的规定，在因第三人原因造成损害的情况下，其责任减免效力的认定应当区分不同的归责原则，一般来说，在过错或过错推定责任中，第三人的原因可能导致被告被免责，但在严格责任中，第三人原因则不能导致被告免责。具体来说，在因第三人原因导致损害的情况下，其责任的承担有如下几种情况：

第一，第三人单独承担侵权责任。《侵权责任法》第28条规定："损害是因第三人造成的，第三人应当承担侵权责任。"因此，在因第三人行为造成损害的情况下，第三人可能要向受害人单独承担责任。在第三人单独承担责任的情况下，被告的责任将被免除。因第三人原因的责任减免，是指在受害人的损害赔偿请求权已经成立的前提下，将此种赔偿责任在被告与第三人之间进行分配。但如果由于第三人行为的介入，导致被告的行为与损害结果之间不存在因果关系，则被告不应对损害后果负责。

第二，第三人和被告共同负责。严格责任中，即使损害完全由第三人造成，也不能完全免除被告的责任，而应由第三人和被告共同负责。例如，《侵权责任法》第83条规定："因第三人的过错致使动物造成他人损害的，被侵权人可以向动物饲养人或者管理人请求赔偿，也可以向第三人请求赔偿。动物饲养人或者管理人赔偿后，有权向第三人追偿。"在此种类型的损害中，第三人和动物饲养人或管理人之间形成不真正连带责任关系，动物饲养人或者管理人赔偿后，有权向

作为终局责任人的第三人追偿。

第三，第三人承担部分责任。在因第三人和被告的原因共同造成损害的情况下，根据第三人行为对损害的原因力的差异，被告的责任可以相应地被减轻或者免除。如果第三人的行为只是损害发生的部分原因，则不能完全免除被告的责任，第三人的行为只能导致被告责任的部分免除，被告和第三人都应承担部分责任。

第四节　不可抗力

一、不可抗力作为免责事由的原因

不可抗力（Vismajor，Hohere Gewalt，force majeure），顾名思义，是指人力所不可抗拒的力量，它包括某些自然现象（如地震、台风、洪水、海啸等）和某些社会现象（如战争等）。不可抗力是独立于人的行为之外、并且不受当事人的意志所支配的现象，各国法律普遍将不可抗力作为免责事由。我国《侵权责任法》第29条规定："因不可抗力造成他人损害的，不承担责任。法律另有规定的，依照其规定。"据此可见，在法律没有特别规定的情形下，原则上，不可抗力都可以作为免责事由。除非在特殊侵权责任中，法律明确规定不能以不可抗力作为免责事由的，则不能以不可抗力来免责。例如，《侵权责任法》第71条规定："民用航空器造成他人损害的，民用航空器的经营者应当承担侵权责任，但能够证明损害是因受害人故意造成的，不承担责任。"该条并没有列举不可抗力，这实际上是表明，不可抗力不应作为民用航空器事故责任的免责事由。

在一般过错侵权责任中，不可抗力将导致当事人被完全免责。不可抗力作为免责事由的原因在于，让人们承担与其行为无关而又无法控制的事故的后果，不仅对责任的承担者来说是不公平的，也不能起到教育和约束人们行为的积极效果。然而，不可抗力要作为免责事由，其必须构成损害结果发生的原因，只有在损害完全是由不可抗力引起的情况下，才表明被告的行为与损害结果之间无因果

联系，同时表明被告没有过错，因此应被免除责任。但在严格责任中，因为严格责任的归责基础不是过错，而是危险活动或危险物，不可抗力虽能表明行为人没有过错，但在严格责任中，因为本来在确定责任时不考虑行为人有无过错，因而在绝大多数情况下，行为人不能以不可抗力为由表明自己没有过错。在严格责任中，不可抗力只是在法律有特殊规定的情况下，才能作为免责事由。例如，《侵权责任法》第 73 条规定："从事高空、高压、地下挖掘活动或者使用高速轨道运输工具造成他人损害的，经营者应当承担侵权责任，但能够证明损害是因受害人故意或者不可抗力造成的，不承担责任。被侵权人对损害的发生有过失的，可以减轻经营者的责任。"该条中明确规定，不可抗力可以作为免责事由，因此，行为人可以根据不可抗力主张免责，但在法律没有规定的情况下，原则上不能依据不可抗力主张免责。

二、不可抗力的认定

不可抗力具有客观性，同时也要依据具体案情来判定。现代民法的发展趋势表明，不可抗力的抗辩已逐渐具有弹性。[①] 各国立法和法院对不可抗力的解释也各不相同。归纳起来，主要有三种不同观点：一是客观说。这一学说主张应以事件的性质及外部特征为标准，凡属于一般人无法防御的重大的外来力量，均为不可抗力。例如，法国学者耶克斯勒认为，不可抗力的实质要素须为外部性。[②] 二是主观说。这一学说以当事人的预见力和预防能力为标准，凡属于当事人虽尽最大努力仍不能防止其发生者，为不可抗力。三是折中说。这一学说认为应采主客观标准，凡属于基于外来因素而发生的、当事人以最大谨慎和最大努力仍不能防止的事件为不可抗力。各国立法和判例分别采纳了不同的学说。

依据《民法通则》第 153 条的规定，不可抗力是指"不能预见、不能避免并

---

① See Pierre Catala, John Antony Weir, "Delict And Torts: A Study in Parallel", *Tolane Law Rev June*, 1963, p. 777.

② 参见史尚宽：《债法总论》，354 页，台北，自版，1957。

不能克服的客观情况"。《合同法》第 117 条第 2 款规定："本法所称不可抗力，是指不能预见、不能避免并不能克服的客观情况。"一些学者认为，我国法律对不可抗力的界定属于折中说。① 此种看法不无道理。《民法通则》第 153 条与《合同法》第 117 条的规定要求从主客观两方面来考虑何种现象为不可抗力。关于不可抗力的概念，应当从如下几个方面理解：

第一，不可抗力是不可预见的客观情况。不可预见是从人的主观认识能力上来考虑不可抗力因素的，它是指根据现有的技术水平，一般人对某种事件的发生不可预见。② 一方面，预见性取决于人们的预见能力，人们的预见能力的提高必然影响到预见的可能性和范围。某种现象过去不能预见，现在却可以预见；现在不能预见，将来未必不能预见。因此，决定人们对某种现象是否可以预见，应以现有的技术水平为根据。另一方面，预见性往往因人而异，某人可以预见，而他人却可能无法预见，反之亦然。因此，必须以一般人的预见能力而不是特定当事人的预见能力为标准，来判断对某种现象是否可以预见。还应看到，不可预见性具有相对性，它因时间、地点、环境的变化而有区别。例如，突如其来的台风造成损害，对当地的一般人是不可预见的，但某人在获得台风消息后冒险出航而遭到损害，就不能认为台风是不可预见的。

第二，不可抗力是不可避免并不能克服的情况。这是指当事人已尽到最大努力和采取一切可以采取的措施，仍然不能避免某种事件的发生并克服事件造成的损害后果。诚如苏联学者约菲所言："不可抗力是这样一种非常的情况，它对于某一特定的人来说，尽管他也知道这一情况将要发生但是用尽他可能采用的一切手段也不能防止。"③ 不可避免和不能克服表明事件的发生和事件造成损害具有必然性，超出了当事人的控制能力范围。应当指出的是，某种事件是否属于不能避免并不能克服，也要依据具体情况来决定。需要讨论的是，关于战争、暴乱、

① 参见佟柔主编：《中国民法》，575 页，北京，法律出版社，1990。
② See Pierre Catala, John Antony Weir, Delict And Torts: A Study in Parallel, Tolane Law Rev June, 1963, p. 776.
③ ［苏］约菲：《损害赔偿的债》，46 页，北京，法律出版社，1956。

罢工等，是否可以作为不可预见并不能克服的情况，对此存在不同的观点。我国有关法律实际上承认了它们可以作为不可抗力。[①]

第三，不可抗力是一种客观情况。客观情况是指外在于人的行为的自然性。不可抗力作为独立于人的行为之外的事件，不包括单个人的行为。例如，第三人的行为对被告来说是不可预见并不能避免的，但并不具有外在于人的行为的客观性的特点，因此，第三人的行为不能作为不可抗力对待。

因不可抗力造成损害，当事人一般不承担民事责任，但因不可抗力而免责必须是不可抗力属于损害发生的唯一原因。换言之，当事人的行为对损害的发生和扩大不能产生任何作用。因此，在发生不可抗力的时候，应当查清不可抗力与造成的损害后果之间的关系，并确定当事人的活动在发生不可抗力的条件下对与其所造成的损害后果的作用。如果当事人对损害的发生也有过错（例如，洪水来到时，未及时将堆放低处的货物转移而造成货物毁损），或者在不可抗力造成损害以后，因当事人的过错致使损害扩大，则当事人应负一定的民事责任。

三、不可抗力和意外事件（故）

需要探讨的是，意外事件能否作为免责事由。意外事件是指非因当事人的故意或过失而偶然发生的事故。不可抗力和意外事故都属于不可预见的情形，但二者存在一定区别：一方面，关于预见的可能性是不同的。不可抗力通常是一般人不可预见的，但是意外事件有的是可以预见的。例如，天要下雨导致旧墙倒塌砸伤行人，无论是下雨，还是旧墙倒塌，都是可以预见的。对于不可抗力来说，是一般人尽到合理的注意也不可预见的，因此，其具有更强的难以预见性。另一方面，从客观上看，意外事件虽然具有不可预见性，但它是能够避免和克服的。例如，天降大雨，导致旧墙倒塌砸伤行人，此种后果是可以避免和克服的。而对于不可抗力来说，即使预见到也是不能避免和克服的，如地震，有时人们也可以预

---

① 参见《海洋环境保护法》第 92 条。

见到，但在现有的科学技术条件下无法克服和避免。还要看到，从比较法角度来看，意外事件只适用于过错责任，即其只有在过错责任中才能成为免责事由，对于法律明确规定了免责要件的严格责任来说，不能成为免责事由。而不可抗力在严格责任中也可以作为免责事由。

我国《侵权责任法》将不可抗力规定为免责事由，但并没有规定意外事件的免责效力，从《侵权责任法》的规定来看，其在第三章没有规定意外事故，而在特殊侵权中也没有就意外事故的免责作出规定。这是否意味着，我国《侵权责任法》绝对排斥了意外事故作为免责和减轻责任的事由？从国外立法规定来看，也存在分歧。一种观点认为，意外事件和不可抗力都应成为免责事由。例如，《法国民法典》第1148条规定："如债务人系由于不可抗力或事变而不履行其给付或作为债务，或违反约定从事禁止的行为时，不发生损害赔偿责任。"法国一些学者认为，不可抗力是与债务人的行为全然无关的外来力量，而意外事件是与债务人的行为有因果联系的事件，但它们都是免责事由。① 另一种观点认为：只有不可抗力才是免责事由，而意外事件并不是法定的免责要件。例如，希腊法律认为，意外事件是一个范围极为广泛的概念，包括了独立于人的行为之外的各种事件，意外事件在狭义上使用时，即指不可抗力，而只有不可抗力才能成为免责事由。②

在我国《侵权责任法》制定过程中，立法者认为，如果将意外事故作为免责事由，可能会使行为人找出各种理由，认为系不可预见的意外原因造成的损害，从而希望获得免责，因此，未将意外事故作为免责事由。③ 笔者认为，虽然《侵权责任法》没有承认意外事件可以作为一般的免责要件，但也不排除其在过错责任中，根据案件的具体情况、意外事故可以成为责任减轻甚至免除的事由。例如，原告之父在晚上回家路过被告家旧墙脚时，因连日暴雨，旧墙忽然倒塌，将其砸成重伤，于当日死亡。原告遂向法院起诉，要求被告赔偿一切经济损失。法

---

① 参见史尚宽：《债法总论》，354页，台北，自版，1957。
② Kurkela, Matti, ed, "Comparative Report on Force Majeure in Western Europe", *Union of the Finnish Lawyers*, 1982.
③ 参见王胜明主编：《〈中华人民共和国侵权责任法〉解读》，116页，北京，中国法制出版社，2010。

院审理后认为：原告之父是因连日暴雨而遇上旧墙倒塌，是意外天灾事故致死，也是当时周围群众均未预见的，不属于被告故意或过失的违法行为造成的，因此，应当减轻被告的责任。再如，在医疗条件尚不发达的地区，医疗抢救过程中医院发生意外停电，造成患者因无法抢救而死亡。虽然在此种情况下不能完全免除医疗机构的责任，但医务人员的过错程度较轻，根据《侵权责任法》第 60 条的规定，其要承担"相应的赔偿责任"，这就意味着，要考虑医务人员的过错程度，从而认定其责任。在意外事故的情况下，既然医务人员的过错程度较轻，就应当允许其相应地减轻责任。在过错责任中，意外事件可以作为减轻责任或者免责事由，因为意外事故造成损害，表明行为人是没有过错的，因此可以被减免责任。

第五节　正当防卫

一、正当防卫的概念和存在依据

正当防卫是指当公共利益、他人或本人的人身或其他利益受到不法侵害时，行为人所采取的一种防卫措施。正当防卫是一种合法的、受法律鼓励的行为，但它在性质上并不是履行某种公务，而只是指公民行使法律赋予的自卫权利，以保护公共利益和其他合法利益不受侵犯。《侵权责任法》第 30 条规定："因正当防卫造成损害的，不承担责任。正当防卫超过必要的限度，造成不应有的损害的，正当防卫人应当承担适当的责任。"该条确认了正当防卫是法定的免责事由。这基本上沿袭了《民法通则》的规定。[1]

正当防卫是公民享有的从公民的民事权利中派生出来的一种权利。本人或他人的人身和财产权是原权，当这些权利受到侵犯时，就产生了正当防卫权。从这个意义上说，正当防卫权是一种救济权。[2]在正当防卫的情况下，既表明防卫行

[1]　参见《民法通则》第 128 条。
[2]　参见陈兴良：《正当防卫论》，36 页，北京，中国人民大学出版社，1987。

为不具有违法性，而且表明防卫行为人没有过错。因此，即使因正当防卫造成他人的损害，行为人也应当被免责。

在各国法律制度中，正当防卫均为免责事由，即正当防卫的行为人对其给受害者造成的损害不负法律责任。这是因为，正当防卫在通常情况下都是为了防止人身权益受他人损害，而人身权益又是侵权法保护的最高法益，更何况在正当防卫的情况下，侵害行为比较急迫，正当防卫人能够思考作出选择的时间比较短暂，可能来不及寻求其他更好的救济，因此，法律为了保护人们的人身财产权益不受侵害，必须承认正当防卫是一种能够免责的理由。[①] 例如，《德国民法典》第 227 条规定："因正当防卫所为之行为，不以违法论。正当防卫系对于现时违法的攻击为防卫自己或他人所为必要的行为。"我国《侵权责任法》第 30 条规定：因正当防卫造成损害的，不承担责任。可见，我国亦承认正当防卫为免责的抗辩事由。[②]

二、正当防卫的构成要件

正当防卫必须符合一定的条件才能构成，这些条件是：

第一，防卫须以不法侵害行为的存在为前提。正当防卫的前提是不法侵害的现实存在，也就是说，只有在不法侵害真实地发生的情况下，才能实行正当防卫。不法侵害既可能是对财产的侵害，也可能是对人身的侵害；既可能加害于防卫者本人和第三人，也可能构成对公共利益的危害。总之，侵害必须是实际存在的，而不是尚未发生或已经结束的。在不法侵害尚未实施或已经完毕以后实行的防卫，依然构成侵权行为。[③]

第二，防卫须具有必要性和紧迫性，即防卫必须针对非法的、不进行防卫就

[①] See Jean Limpens, *International Encyclopedia of Comparative Law*, Torts, Vol. XI Chapter 2, Liability for One's Act, International Association of Legal Science (1983), p. 93.

[②] 此外，我国《刑法》第 20 条也明确规定正当防卫是刑事责任的免责事由之一。

[③] 而刑法上，此种行为被称为"防卫不适时"。张明楷：《刑法学》，262 页，北京，法律出版社，2003。

不能排除的侵害行为实施。这就意味着，一方面，正当防卫是对不法侵害的反击，对合法行为不得实行正当防卫。例如，公民根据我国《刑事诉讼法》的规定，扭送通缉在案的或越狱逃跑的人前往司法机关时，该人不得以侵犯其人身权利为由对公民实行正当防卫。另一方面，防卫是不得已的，对有条件和有能力通过非防卫的合法方式而制止的侵害行为，不得实施正当防卫。例如，侵害他人的名誉和荣誉权，虽有可能造成严重后果，但此种不法行为并非直接对公民的人身施加损害，而只是使社会对该公民的评价降低，因而对此种侵害可以通过其他合法方式予以制止，并无必要采取防卫行为侵害他人。

第三，正当防卫必须针对不法侵害者本人实行。正当防卫的目的在于排除和制止不法侵害，故只能对不法行为人本人进行，不能针对第三人实行。当然，防卫人对不法侵害者本人实行反击时，有时会损害第三人利益。例如，同侵害人搏斗时，误将前来看热闹的第三人打伤，或因防卫偏差，而给第三人造成损害。在此情况下，防卫人应对第三人负责。对于来自动物的侵害加以反击，是否构成正当防卫，应依具体情况而定。若某人故意纵使牲畜进行侵害，对此行为可以实行正当防卫，因为"在这种情况下，与其把侵害视为动物之所为，不如把它视为主人之所为，动物不过是其主人用来进行不法侵害的工具而已"①。反之，若动物出于本性对人加以伤害，因动物的行为无所谓"合法"或"非法"，故只能适用紧急避险措施，而不能适用正当防卫。

第四，正当防卫具有保护合法权益的目的性，即防卫意识。这就意味着，防卫人不仅应意识到不法侵害的现实存在，而且意识到其防卫行为是为了保护本人或他人的合法权益以及社会利益。② 防卫的目的性是正当防卫作为民法上的免责事由的根据，也是正当防卫权利存在的基础。防卫人若不具有保护合法权益的目的性，而是报复侵害、对不法行为人实行不正当的惩罚，以及为保护非法利益实行防卫，均不构成正当防卫。③

---

① 陈兴良：《正当防卫论》，121页，北京，中国人民大学出版社，1987。
② 参见陈兴良：《正当防卫论》，121页，北京，中国人民大学出版社，1987。
③ Soergel and Siebert, Kommentar zum Buergerlichen Gesetzbuch Ⅱ, § 227, no. 13.

第五，正当防卫不得超过必要限度。必要限度是指必需限度，它是指为了制止不法侵害，正当防卫必须具有足以有效制止侵害行为的应有强度。只要是为了制止侵害所必需的，就不能认为是超过了正当防卫的必要限度。① 如果防卫行为超过必要限度，造成他人损害，则构成防卫过当，防卫过当行为也构成侵权。例如，在"郭某诉何某身体权纠纷案"中，法院认为，公民的人身权利依法受法律保护，本案中，被告在受到侵害时，针对原告的萝绳抽打用柴刀进行挥挡，结果防卫过当将原告击伤，造成原告人身财产损失，依法应承担赔偿责任。而原告在本起案件中先动手打被告，挑起事端，亦有过错，应相应减轻被告的部分责任。②

三、正当防卫的法律后果

各国法律大多将正当防卫作为一种免责事由。这就是说，在正当防卫的情况下，行为人可以主张该免责事由，不承担责任。③ 我国《侵权责任法》第30条前句规定："因正当防卫造成损害的，不承担责任。"这就确立了正当防卫免责的规则。当然，如果行为人实施的正当防卫过当，其也要承担适当的责任。《侵权责任法》第30条后句规定："正当防卫超过必要的限度，造成不应有的损害的，正当防卫人应当承担适当的责任。"在实践中，判断正当防卫是否超过必要限度，学界存在不同的观点。笔者认为，判断正当防卫是否超过必要限度要考虑如下几点：一是考虑不法侵害的强度和手段。若不法侵害强度不大，只需用较缓和的手段就可以制止或排除的，而防卫人采用较激烈的手段予以制止或排除，使防卫的强度明显超过不法侵害的强度，则此种防卫超过了必要限度。二是考虑正当防卫所保护的权益。如果为了防卫一个很小的合法权益而给对方造成很重的损害，则

---

① Fleming, *An Introduction to the Law of Torts*, Oxford, 1967, p. 117.
② 参见湖南省汝城县人民法院（2012）汝民初字第851号民事判决书。
③ See Jean Limpens, *International Encyclopedia of Comparative Law*, Torts, Vol. XI Chapter 2, Liability for One's Act, International Association of Legal Science (1983), p. 82.

此种防卫就超过了必要限度。在民法上，应要求正当防卫行为给加害人造成的损害与加害人的行为在一般情况下可能造成的侵害后果相适应，而不得超过在一般情况下加害行为可能造成的损害后果。[①] 三是防卫的时间。如果侵权人已经停止了侵害，则不能进行正当防卫，因为既然侵权人已经停止了侵害，就没有再进行防卫以制止侵权行为的必要。

根据《侵权责任法》第 30 条的规定，正当防卫超过必要的限度，造成不应有的损害的，正当防卫人应当承担适当的民事责任。由此可见，防卫过当本身已构成侵权行为，因此，防卫人不得以正当防卫为理由而要求免除责任。如何理解行为人应负"适当的"民事责任？适当的民事责任意味着损害赔偿既要与过当的损害后果相一致，同时也要根据案件的具体情况，如防卫人当时所处的境遇、意志状态、行为的合理性、保护的利益和侵害的利益之间的比例性、损害的严重程度等来决定适当的赔偿范围，而不能要求防卫人负全部赔偿责任。在确定适当的责任时，法律赋予法官一定的自由裁量权，允许法官根据各种因素综合考量，以确定合理的责任。

某人基于对不法侵害的错误认识而实行了防卫，并造成对他人的损害，是否应负责任？例如，本来不存在不法侵害，行为人误以为存在不法侵害并实行了防卫，在此情况下，行为人是否应当承担责任，值得探讨。在法国法中，对于错误防卫的行为，常常根据"良家父"标准来决定行为人是否有过错，并决定其是否应负责任。若行为人所犯的错误是一个"良家父"同样会犯的错误，则不承担责任，否则，应向受害人作出赔偿。[②] 德国法则认为，某人若错误地认为防卫是必要的，则丧失了受法律保护的权利，此时不仅对方可以进行防卫，而且当该错误防卫是由于疏忽大意而造成时，要承担侵权赔偿责任。[③] 笔者认为，某人基于错误的认识而实行防卫，并造成对他人的损害，实际上已构成过失的侵权行为。尽

[①]　参见杨立新等：《侵权损害赔偿》，70 页，长春，吉林人民出版社，1988。

[②]　See Jean Limpens, *International Encyclopedia of Comparative Law*, Vol. 4, Torts, Chapter 2, Liability for One's Own Act, J. C. B. Mohr (Paul Siebeck, Tübingen), 1974, p. 84.

[③]　参见［德］卡尔·拉伦茨：《德国民法通论》上，王晓晔等译，366 页，北京，法律出版社，2003。

管此种错误只是对事实的认识错误，甚至在当时的情况下，一般人也可能会犯此种错误，但行为人若尽到适当的谨慎和注意义务，则不会犯此种错误。更何况，因为行为人的错误造成了对他人的损害，因此，行为人应当作出赔偿，而不能由无辜的受害人自己承担损失。

在司法实践中，区分正当防卫和互相斗殴是十分必要的。所谓互相斗殴，是指双方基于不法侵害的故意而实施的伤害对方人身的行为。互相斗殴的行为人主观上并没有防卫的意图和目的，其行为也不得视为自卫。至于双方发生口角以后，一方先动手殴打另一方，导致双方厮打在一起，后动手一方的行为也不构成正当防卫。

第六节 紧急避险

一、紧急避险的概念

为了使公共利益、本人或他人的合法权益免受正在发生的损害危险，不得已而采取的致公共利益、他人或本人损害的行为，称为紧急避险。《侵权责任法》第 31 条规定："因紧急避险造成损害的，由引起险情发生的人承担责任。如果危险是由自然原因引起的，紧急避险人不承担责任或者给予适当补偿。紧急避险采取措施不当或者超过必要的限度，造成不应有的损害的，紧急避险人应当承担适当的责任。"该条基本上是在《民法通则》第 129 条的基础上经过修改完善而来的，其基本精神与《民法通则》保持了一致。紧急避险可能造成他人的损害，例如，为避免与一辆违章行驶的汽车相撞而造成车翻人亡的后果；某司机将车急拐向左边的人行道，撞毁他人设在人行道上的货摊等。紧急避险也可能造成自己的损害。例如，在"廖某诉刘某等健康权纠纷案"中，本案原告廖某在出入小区大门时，为躲避将欲危及自身的侵害行为，情急之下不得已采取紧急避险的措施，从而导致自己身体受伤，健康权受到侵害。法院认为，该案构成紧急避险，此侵

权责任，理应由引起险情发生的人来承担。[①]

　　紧急避险与正当防卫一样，都是排除损害的合法行为。但两者之间存在一定的区别，表现在：一方面，在正当防卫的情况下，危害来源于人的行为，而在紧急避险的情况下，危险既可能来源于人的行为，也可能来源于自然原因；另一方面，正当防卫只能针对实施不法侵害的行为人实施，而不能针对未从事侵害行为的人实施，但紧急避险行为一般只是对第三者或紧急避险人造成损害，而不会损害非法侵害者本人。例如，为了避免迎面开来的大型货车，某人跳入路边小商贩的货摊，造成小商贩的财产损失。此外，紧急避险与正当防卫相比，行为人"容于思考的时间往往较长些，危险也稍轻"[②]，但紧急避险人是为了使公共利益、本人或他人的人身或其他合法权利免受正在发生的危险，不得已而采取的一种致他人损害的行为，在比较法上，紧急避险人一般要比正当防卫人承担更重的责任。

　　紧急避险可以分为如下几类：一是从损害的对象上来看，可以分为对自己造成损害的紧急避险和对第三人造成的紧急避险。因加害人的不法行为造成一种危险状态，被害人为摆脱其面临的极大危险，不得已而采取某种避险措施而使自己遭受损害[③]，也属于紧急避险。二是从避险的方式来看，又可分为防御性紧急避险和攻击性紧急避险。防御性紧急避险是针对造成危险的物实施的紧急避险。例如，某人饲养的狗发疯追赶他人，他人不得已将该疯狗击毙，即为防御性紧急避险。攻击性紧急避险则是被迫损害与危险无关的其他合法权益的紧急避险。例如，为了避免迎面开来的货车，被迫跳向他人的货摊，造成他人财产损害。两者的主要区别在于，前者中避险人损害的是引起危险的物，后者损害的是与危险的发生无关的他人权益。我国《侵权责任法》并没有区分这两种类型的紧急避险，但学理上一般都认为，紧急避险包括攻击性紧急避险和防御性紧急避险，因此，

[①]　参见广西壮族自治区来宾市兴宾区人民法院（2013）兴民初字第 1075 号民事判决书。

[②]　Jean Limpens, *International Encyclopedia of Comparative Law*, Torts, Vol. Ⅺ Chapter 2, Liability for One's Act, International Association of Legal Science (1983), p. 92.

[③]　在学说上，认为受害人在危险情况下有"危险选择权（the doctrine of alternation danger）"或"灾害之选择（choice between two evils）"。

侵权责任法上的紧急避险应当解释为包括上述两种类型。[①] 三是从引起险情的原因来看，又可分为因自然原因引起的紧急避险和因人的行为引起的紧急避险。因人的行为引起险情的，紧急避险人因紧急避险造成的损害，由引起险情发生的人承担责任。如果危险是由自然原因引起的，紧急避险人不承担责任或者应给予适当补偿。

二、紧急避险的条件

紧急避险的构成必须符合一定的条件，这些条件主要包括：

第一，必须是合法权益面临紧急的危险。采取紧急避险，必须是危险正在发生，并威胁着公共利益、本人或他人的利益。若危险已经消除或尚未发生，或者已经发生但并不会造成对合法利益的侵害，则不得采取紧急避险。如果基于对危险状况的误解、臆想或错误判断而采取避险措施，并致他人损害，应向他人负赔偿责任。

第二，必须是在不得已的情况下采取避险措施。所谓不得已的情况，是指不采取避险措施，就不能保全更大的法益。不得已是指必须采取避险措施，而不是说避险人只能采取某一种而不能采取另一种避险措施。避险人选择的手段不是唯一的，而有可能是多样的。但只要避险人的避险行为所造成的损害小于可能发生的损害，避险措施就是适当的。如果紧急避险人能够立即得到公权力提供的救济，从而消除危险，也不能采取紧急避险。[②]

第三，避险行为不得超过必要的限度。所谓不超过必要的限度，是指在面临紧急危险时，避险人应采取适当的措施，以尽可能小的损害保全较大的法益，也就是说，紧急避险行为所引起的损害应轻于所避免的损害。若避险行为不仅没有

① 参见颜良举：《民法中攻击性紧急避险问题研究》，载《清华法律评论》，2008年第1辑，北京，清华大学出版社，2008。
② 参见欧洲侵权法小组编著：《欧洲侵权法原则：文本与评注》，于敏、谢鸿飞译，178页，北京，法律出版社，2009。

减少损害，反而使造成的损害大于或等于可能发生的损害，那么，避险行为就超过了必要的限度。

紧急避险行为一般仅造成对第三人的损害，但在特殊情况下，因加害人的不法行为造成一种危险状态，受害人为摆脱其面临的极大危险，不得已而采取某种避险措施而使自己遭受损害，也属于紧急避险。如甲乘坐乙驾驶的汽车，行至铁路道口时，火车已从远处奔驰而来，道口工人也举起红旗示意乙停车，而乙为抢时间，强行开车欲冲过道口，坐在车上的甲见此情况，惊恐万状，急忙跳车，造成严重跌伤。此案中，危险系由加害人的不法行为所为，受害人处于进退维谷之际，应有权采取避险措施，因此，受害人可以根据《民法通则》第 129 条关于紧急避险的规定，要求引起险情的不法行为人承担赔偿责任。

三、紧急避险的法律后果

从比较法上看，关于紧急避险的法律后果，各国法律规定并不相同：有的规定避险人对在紧急避险中所造成的损害应负责任[①]；有的规定对在紧急避险中所造成的损害不负责任[②]；也有一些国家规定避险人应承担公平补偿的责任。[③] 在这一点上，紧急避险与正当防卫明显不同。[④] 根据《侵权责任法》第 31 条的规定，紧急避险也是一种免责事由，但是应当区分不同情况而分别对待，具体来说，紧急避险具有如下法律效果：

第一，引起险情的人承担责任。这就是说，首先要确定险情发生的原因，险情由谁引起，就应当由谁负责。所谓引起险情的发生，是指因实施一定的行

---

① 参见《苏俄民法典》第 449 条第 1 款。

② 参见《德国民法典》第 228 条。

③ 例如《意大利民法典》第 2045 条规定："某人因行使紧急避险以保护本人或他人免遭正在发生的和重大的人身危险所造成损害，且其危险并非此人自动引起，也非以此种方式不能排除，受害人有权获得补偿，其数额由法官公平决定。"

④ See Jean Limpens, *International Encyclopedia of Comparative Law*, Torts, Vol. XI Chapter 2, Liability for One's Act, International Association of Legal Science (1983), p. 85.

为危及公共利益或他人利益。引起险情发生的人可以是避险人、受益人、受害人，也可以是其他人，他们在主观上既可能出于过失，也可能是故意的。至于某个所有人或管理人因故意或过失致使其所有的或管理的动物、物件构成危险，亦应视为所有人或管理人引起险情的发生。由于引起险情发生的人具有过错，故应承担责任。正如美国著名法官霍姆斯在其经典名著《普通法》中所言："我们法律的一般原则是，意外事件之损害，应停留在它发生的地方。"[①]引起险情的人承担的具体责任，要依据侵权责任法来确定。其归责原则，可能是过错责任原则，也可能是严格责任原则。例如，张某牵着狼狗出来遛狗，狼狗突然挣脱绳子，欲攻击受害人李某，李某为了躲避狼狗的袭击，跳过货摊，导致货摊坍塌，货摊上的物品损坏。在该案件中，险情是由狼狗的主人张某引起的，他要承担严格责任。

　　第二，如果危险是因自然原因引起的，紧急避险人可以被免除责任或给予适当补偿。所谓自然原因引起的，就是说，该危险不是因人的行为而引起的，而是因非人力所能控制的自然原因引起，因此，不存在应当承担责任的行为人。例如，台风来临，行为人为了尽快躲避，骑摩托车穿过某公司的足球场，造成该公司足球场的损坏。在此情况下，法律规定要产生两种效果。一是免责。因为在某些情况下，如果危险的发生非常紧急，给行为人带来极大的危险，而行为人选择了以给他人造成较小损失的方式来避险。此时，行为人就不承担责任。二是适当补偿。这就是说，避险人为了自己的利益而避险，给他人造成了损害，可以基于公平原则给受害人作出适当补偿。根据侵权责任法的规定，在此情况下应基于公平考虑而决定是否免除避险人的责任或使其承担适当的责任。法院考虑公平的因素主要包括：避险人和受害人的经济状况、受害人所蒙受的损失等。在某些情况下，紧急避险人实施避险行为，可能会使受害人受益，如果受害人也从中有所获益，则其应当承担相应的损失，从而符合损益相抵原则。

　　需要指出的是，此处所说的适当补偿责任，性质上是一种公平责任。在比较

---

① Oliver Wendell Holmes, *The Common Law*, Boston, Little Brown and Company, 1881, p. 94.

法上，考虑到完全免责和完全负责都不尽妥当，因而，许多大陆法系国家的法律采取了公平责任，即认为在紧急避险的情况下，受害人有权获得补偿，但补偿数额应由法官根据公平考虑而决定。[①] 法官基于公平考虑的各种因素包括：所保全的财产和所造成的损害在价值上的比较，受害人出于本身的过错而加重紧急状况的事实等。[②] 我国《侵权责任法》并没有完全将紧急避险人的责任作为公平责任加以规定，但从兼顾各方利益考虑，也规定了公平责任。

第三，紧急避险采取措施不当或超过必要限度的责任。在比较法上，许多国家对紧急避险作出了严格限制，即要求紧急避险不得超过应有限度。[③]《侵权责任法》第31条规定，"紧急避险采取措施不当或者超过必要的限度，造成不应有的损害的，紧急避险人应当承担适当的责任。"这也是对紧急避险的一种必要规制。因为紧急避险是在迫不得已的情况下采取的行为，旨在以损害较小的利益保全较大的利益，所以，只要避险行为没有超过必要的限度，则避险行为本身是正当的，并不具有法律上和道德上的应受非难性，故避险人不应承担责任。然而，从无辜的受害人的角度来看，其没有任何过错，在因为他人的行为而使其财产和人身蒙受损害时，却要由自己承担损害，显然有失公平。因为紧急避险的合法性而使任何人都不负责任，或者避险人在任何情况下都不负责任，也是不适当的。因此，如果紧急避险采取措施不当或超过必要的限度而造成不应有的损害，则避险人应承担适当的民事责任。具体来说，紧急避险人的责任包括：一是采取措施不当。所谓采取措施不当，主要是指在当时的情况下能够采取其他可能减少或避免损害的措施而未采取，或所采取的措施并非为排除险情所必需。二是超过必要限度。所谓"超过必要限度"，是指因紧急避险所造成的损害大于被保全的利益。未采取适当的措施避险，表明避险人没有像一个合理的、谨慎的人那样行为，因

---

① 参见《意大利民法典》第2045条；《埃塞俄比亚民法典》第2103条；《瑞士民法典》第701条。

② See Jean Limpens, *International Encyclopedia of Comparative Law*, Torts, Vol. XI Chapter 2, Liability for One's Act, International Association of Legal Science (1983), p. 87.

③ See Jean Limpens, *International Encyclopedia of Comparative Law*, Torts, Vol. XI Chapter 2, Liability for One's Act, International Association of Legal Science (1983), p. 85.

而是有过错的。一般来说，避险人未采取适当的措施必然导致"超过必要限度"的结果，并应根据避险过当的结果而承担民事责任。①

需要指出的是，此处所说的责任究竟是过错责任还是公平责任，需要探讨。笔者认为，紧急避险人负有的对他人"给予适当补偿"的责任与"应当承担的适当责任"属于两种不同性质的责任，前者属于公平责任，后者属于过错责任。这就是说，紧急避险人采取措施不当或超过必要的限度而造成不应有的损害，表明其没有对他人人身和财产尽到必要的注意义务，主观上有一定的过错，应当承担相应的过错责任。此处所说的适当，主要是指要与其过错程度相一致。在确定避险人所应承担的责任时，应考虑避险人主观上是否希望以造成较小的损害来防止较大的损害，是否对危险状况和可能发生的损害存在错误判断和认识，特别是应比较损害的利益和保全的利益等，来决定避险人所应承担的适当的赔偿数额。在这两种情况下，紧急避险人都应当承担适当的责任。

第七节　其他减轻或免除责任的事由

所谓其他减轻或免除责任的事由，是指侵权责任法没有明确规定，但理论上或解释上应当予以认可的减轻或免除责任的事由。关于这些情形是否可以作为免责事由，理论上不无争议。一种观点认为，免责和减轻责任事由应当法定化，凡是法律没有规定的，都不能成为免责或减轻责任的事由。另一种观点认为，法律规定的主要是典型的免责事由，但这并非穷尽了所有的免责或减轻责任的事由。尤其是在过错责任中，凡是能够表明行为人没有过错的各种事由，都可以成为免除或减轻责任的事由。笔者原则上赞成第二种观点，因此，除了上述法定的免责或减轻责任事由之外，还应当包括如下几种事由：

---

① 在特殊情况下，未采取适当的措施也可能不发生避险过当的结果，但此时很难确定行为人的主观过错并使其免责。

一、依法执行职务和正当行使权利

（一）依法执行职务

依法执行职务是指依照法律的授权及有关规定，在必要时因行使职权，损害他人的财产和人身的行为。依法执行职务的行为主要包括如下情况：一是国家机关工作人员在职务范围内，从事各种执行国家权力的活动，并在活动过程中造成了对他人的损害。例如，根据《食品安全法》第14条，在对企业的食品进行抽样检验时，即使侵害了企业的财产权，也应当被免责。再如，《消防法》第12条规定："依法应当经公安机关消防机构进行消防设计审核的建设工程，未经依法审核或者审核不合格的，负责审批该工程施工许可的部门不得给予施工许可，建设单位、施工单位不得施工；其他建设工程取得施工许可后经依法抽查不合格的，应当停止施工。"在此情形下，即便施工单位遭受损害，其也不得以公安机关消防机构的行为侵害其权益为由而要求其承担责任。二是某些事业单位行使受委托的行政权力，而损害他人的财产和人身的行为。例如，防疫医疗队为了消灭急性传染病而将病人所用的带菌的衣物烧掉，或对与病人有密切接触者实行强制性隔离。在上述情况下，依法执行职务的人虽致他人损害，但因为依法执行职务的行为是合法行为，故可以以依法执行职务为抗辩事由，对损害结果不负赔偿责任。

依法执行职务作为负责事由，必须具备如下几个条件：

第一，必须要有合法的授权。依法执行职务之所以能成为免责事由，乃是因为此种行为基于合法的授权，其目的是保护社会公共利益和公民的合法权益。因此，执行职务的人只有根据法定的权限行使职权且在法律规定的范围内履行职责，才对损害后果不负责任。若超越法定的授权而行为，行为所依据的法律和法规已经失效或被撤销，或行为本身不符合法律的要求，则不得视为依法执行职务。[①]

第二，执行职务的程序和方式必须合法。执行职务的人虽有权从事某种行

---

① Mazeaud and Tunc，Traité théorique et pratique de la responsabilité civile Ⅰ（6e ed.，Paris 1965）Ⅱ no.1039.

为，但若在程序上不合法而致他人损害（如司法机关适用程序不当而给公民造成损害），亦构成侵权行为。执行职务的方式必须合法，意味着执行职务的行为须符合法定的特殊形式要求或具有正当性。例如，对于依法扣押的财产，应予妥善保管，不得随意毁损或擅自处分。

第三，执行职务的活动是必要的。执行职务的行为并不是在任何情况下都会造成对公民和法人的损害，损害后果的发生可能并不是保证执行职务的行为所必需的，所以将执行职务作为抗辩事由，还应要求执行职务的活动是必要的，即只有在不造成损害就不能执行职务时，执行职务的行为才是合理的侵权责任免责事由。[①] 如消防队为制止火灾的蔓延可以将邻近火源的房子拆除，但若火灾已不可能蔓延，则拆除房子的行为就不是执行职务所必需的。只有明确执行职务的活动的必要性，才能充分保障民事主体的合法权益。

不符合依法执行职务的行为条件的行为，将构成侵权行为。在审判实践中，正确区分合法执行职务的行为和侵权行为，应当从合法的授权和行为人行为时的特定身份、特定活动内容、特定的环境等多方面进行具体分析，而不能简单地从行为人是否拥有某种相应的身份或职务中得出行为人是否在依法执行职务。对因执行职务而发生的侵权行为，应由有关责任主体承担侵权责任。

（二）正当行使权利

所谓正当行使权利，是指自然人或法人依法正当地行使其权利的行为。权利的正当行使属于合法行为，行为人也不具有过错，因此，其应当作为免责事由。公民自动依法维护公共利益和公共秩序的行为，如制止犯罪、扭送犯罪嫌疑人等。与依法执行职务不同，正当行使权利中的权利是指民事权利，而依法执行职务是指行使公权力[②]，但两者也有类似之处，即都是在法律赋予的权限范围内行使，而导致他人损害。

在通过互联网和媒体侵害他人人格权的情形下，一个重要的免责事由是正当地行使舆论监督权。所谓正当的舆论监督，是指新闻工作者以及其他人依法通过

---

①　Soergel and Siebert, Kommentar zum Buergerlichen Gesetzbuch Ⅱ，§823, no. 162-166.

②　参见张新宝:《侵权责任构成要件研究》, 67 页, 北京, 法律出版社, 2007。

新闻媒介发表评论，对社会的政治生活、经济生活、文化生活等方面进行批评，实行监督。最高人民法院《关于审理名誉权案件若干问题的解释》第 9 问规定："新闻单位对生产者、经营者、销售者的产品质量或者服务质量进行批评、评论，内容基本属实，没有侮辱内容的，不应当认定为侵害其名誉权；主要内容失实，损害其名誉的，应当认定为侵害名誉权。"因此，在新闻媒体上发表报道和评论，只要主要内容属实，即使是在个别细节上有失真实或遣词造句不当，也不能认为构成侵权。例如，在"广州侨房公司诉改革杂志社侵犯名誉权纠纷案"中，法院认定正当行使舆论监督，即使细节瑕疵也不构成侵权。[①] 毕竟舆论监督在本质上符合社会公共利益，且因为新闻报道的时效性、实时性等原因，难免发生报道存在瑕疵的情况，在此情形下，应当侧重于保障新闻报道自由。

正当行使权利是免责事由，因为权利人正当行使其权利，意味着其并没有过错，但如果权利人滥用权利，造成他人损害，则仍然要承担侵权责任。在判断滥用权利的标准上，各国立法规定和实践做法是极不统一的，大致可分为主观说和客观说两种。主观说以权利人行使权利的主观状态为标准，认为行使权利时有故意滥用的主观意思，就构成滥用权利。客观说以权利行使的客观结果为标准，认为只要行使权利时损害了他人和社会的利益，就为滥用权利。笔者认为，滥用权利实际上是权利人在行使权利中实施的一种违法行为，判断是否滥用权利应当坚持主客观标准的统一：一方面，须行为人存在主观过错。权利人行使权利中损害他人或社会利益的过错是构成滥用权利的主观标准。主观有过错并不意味着一定要有损害的恶意。另一方面，权利人在行使权利过程中损害了他人或社会利益，如果权利人的权利行使尽管不符合法律要求，但没有损害他人或社会利益，则不构成滥用权利。

二、受害人同意

所谓受害人同意（consentment，Einwilligung），是指受害人事前明确作出

[①] 参见广东省广州市天河区人民法院（2003）天法民一初字第 1832 号民事判决书。

自愿承担某种损害结果的意思表示。例如，某人同意他人拆除自家的门板用于抢险。但如果受害人只是意识到危险的存在，并不希望自己蒙受损失，不能视为受害人同意。例如，受害人搭乘某醉汉的汽车，因发生车祸而受伤。在搭乘过程中，受害人虽意识到危险后果，但可能因为侥幸、疏忽或轻信可以避免而承担了危险，损害结果的发生并非出于受害人的自愿，因而不能视为受害人同意，而应作为自甘冒险处理。

从比较法上来看，一些国家承认了受害人同意可以作为一种免责事由[1]，但也有一些国家否认受害人同意能够成为有效的抗辩。[2] 笔者认为，受害人同意可以成为免责事由，因为按照私法自治的原则，除了依法不能处分的权益以外，受害人有权处分自己的权利和利益，只要这种处分不违反法律的强制性规定和善良风俗，就是合法的，否则在法律上就是无效的。[3] 例如，受害人在与他人赌博之际，允诺他人可以殴打自己或者实施其他的人身侵害，此种允诺应当是无效的。

受害人同意具有如下两种类型：

（一）免责条款

免责条款是当事人双方在合同中事先约定的，旨在限制或免除其未来责任的条款。按照合同自由原则，当事人可以在法律规定的范围内，自由约定合同条款，因此，当事人既可以在合同中约定合同义务和违约责任，也可以在合同中约定免责条款。我国《合同法》第53条规定："合同中的下列免责条款无效：（一）造成对方人身伤害的；（二）因故意或者重大过失造成对方财产损失的。"这就表明，《合同法》承认当事人可以在不违反免责条款生效条件的情况下约定免责条款。《侵权责任法》第55条规定："医务人员在诊疗活动中应当向患者说明病情和医疗措施。需要实施手术、特殊检查、特殊治疗的，医务人员应当及时向患者说明医疗风险、替代医疗方案等情况，并取得其书面同意；不宜向患者说明的，

---

[1] Soergel and Siebert, Kommentar zum Buergerlichen Gesetzbuch Ⅱ, § 823, no. 140.

[2] Mazeaud and Tunc, Traité théorique et pratique de la responsabilité civile Ⅰ (6e ed., Paris 1965) Ⅱ no. 1495.

[3] Palandt and Thamas, Kommentar zum Bürgerkiches Gesetzbuch, § 823 no. 7Bf.

应当向患者的近亲属说明，并取得其书面同意。"由此可见，在医疗过程中，患者的书面同意构成了医务人员的免责事由，因此，患者书面同意授权医务人员对其实施诊疗行为，也构成医务人员实施医疗行为的免责基础。

免责条款是事先约定的，当事人约定免责条款是为了减轻或免除其未来发生的责任，因此，只有在责任发生以前由当事人约定且生效的免责条款，才能导致当事人责任的减轻或免除。如果在责任产生以后，当事人之间通过和解协议而减轻责任，则不属于免责条款。在侵权责任法中，免责条款与受害人同意是密切联系在一起的：一方面，受害人同意承担某种损害后果可以采取与加害人订立免责条款的形式。只要免责条款合法有效，就可以通过免责条款完全免除加害人的责任。另一方面，免责条款的达成以受害人同意承担损害后果为前提，受害人不愿承担某种损害后果，也就不可能形成免责条款。当然，免责条款也不能完全等同于受害人的同意。因为受害人的同意可以采取单方的意思表示，而不完全必须以双方的行为来作出。受害人同意一般意味着受害人同意承担全部的损害后果，而免责条款的内容是多样的，其可能仅免除行为人的部分损害赔偿责任。

一般来说，承认受害人同意可以作为抗辩事由，也要承认免责条款的有效性，而否定受害人同意作为抗辩事由，也必然要否定免责条款的有效性。在法律上之所以承认免责条款，是因为民事责任主要是一种财产责任，且主要具有补偿性，因此，对此种责任的承担虽然具有浓厚的国家强制性，但也可以根据当事人的自愿而作出安排。简言之，此种责任具有一定程度的"私人性"①。只要当事人双方自愿达成协议，则可以免除其未来可能承担的侵权责任。既然民事主体可以在不损害国家和社会公共利益以及第三人利益的情况下自由处分其人身或财产权益，那么，当然也可以通过达成协议设定免责条款，以免除其未来的侵权责任。因此，只要免责条款不损害国家、社会公共利益和第三人利益，不违反法律的强制性规定，则国家不应对该条款进行干预。

免责条款必须符合一定的条件才能生效，免责条款的生效条件是：

---

① 韩世远：《免责条款研究》，460 页，载梁慧星主编：《民商法论丛》，第 2 卷，北京，法律出版社，1994。

第一，免责条款不得违反法律、行政法规的强制性规定。我国《合同法》第52条第5项规定："违反法律、行政法规的强制性规定"的合同无效。这一规定同样适用于免责条款，因此，当事人订立的免责条款必须符合法律和社会公共利益的要求，而不得通过其自行约定的条款规避法律的强行性规范的适用。免责条款的合法性也为我国司法实践所确认。最高人民法院（88）民他字第1号《关于雇工合同应当严格执行劳动保护法规问题的批复》中指出："张某、徐某身为雇主，对雇员理应依法给予劳动保护，但他们却在招工登记表中注明工伤概不负责。这是违反宪法和有关劳动保护法规的，也严重违反了社会主义公德，对这种行为应认定为无效。"同时，免责条款也不得违反公序良俗。公序良俗体现的是全体人民的共同利益，对此种利益的维护直接关系到社会的安定与秩序的建立，因此，当事人不得约定违反公共秩序和善良风俗的免责条款。

第二，免责条款不得免除造成对方人身伤害的责任。依据《合同法》第53条的规定，合同中的免责条款免除造成对方人身伤害的责任无效。因此，免责条款不得免除人身伤害的赔偿责任。对人类而言，最宝贵和最重要的利益就是人身的安全利益，公民的生命健康权是人权中最核心的权利，保护公民的人身安全是法律最重要的任务。如果允许当事人通过免责条款免除造成对方人身伤害的责任，不仅将使侵权法关于不得侵害他人财产和人身的强制性义务形同虚设，使法律对人身权利的保护难以实现，而且将会严重危及法律秩序和社会公共道德。因此，各国合同法大都规定禁止当事人通过免责条款，免除故意和重大过失造成的人身伤亡的责任。我国法律明确规定合同中的免责条款免除造成对方人身伤害的责任无效，表现了我国法律充分体现以人为终极目的和终极关怀这一价值取向的内在要求，表明了法律将对人的保护置于最优先的地位。

《合同法》第53条不仅禁止设立免除造成对方人身伤害的责任的免责条款，而且禁止设立免除因侵权行为造成的死亡责任的免责条款，但并不包括造成对方精神损害的赔偿责任。也就是说，合同法并不禁止设立免除因侵权行为造成的精神损害赔偿责任的免责条款。值得注意的是，我国《合同法》第53条规定免责条款免除造成对方人身伤害的责任的，不管该人身伤害是因故意、重大过失还是

因一般过失造成的，一律无效。笔者认为，这一规定值得商榷。诚然，这一规定有利于保护消费者的人身安全和人身权利，但在实践中，一些特殊行业的活动如医院做手术、汽车驾驶训练等，本身具有很高的危险性，如果不能通过免责条款免除一般过失造成的人身伤害的责任，事实上将禁止在这些特殊行业使用免责条款，这将极大地限制这些行业正常业务的开展及其发展，最终也会损害消费者的权利。因此，笔者认为，应当允许在特殊情况下，对一般过失造成的人身伤害的责任，可以通过订立免责条款加以免除。

第三，免责条款不得免除因故意或者重大过失造成对方财产损失的赔偿责任。依据《合同法》第53条的规定，合同中的免责条款免除因故意或者重大过失造成对方财产损失的，该条款无效。"故意或重大过失责任的不得免除"规则来源于罗马法，并为大陆法系国家的民法典所广泛接受。我国合同法采纳这一规则的依据在于：因故意或者重大过失致人财产损失的，不仅表明行为人的过错程度是重大的，而且表明行为人的行为具有不法性，此种行为应受法律的谴责。例如，双方当事人在合同中特别约定："卖方交付的货物即使具有严重瑕疵，由此所造成的全部损失一概由买方负责"，该免责条款显然违反了上述规定。

有一种观点认为，在一方造成另一方财产损失的情况下，一方承担财产责任，将使受害人获得一定的财产利益，如果当事人达成免责条款免除其未来的责任，则受害人已经事先自愿放弃了其财产利益，这种放弃也属于当事人私人意思自治的领域，法律不应当对此作出任何干预。这一观点虽不无道理，但亦有值得商榷之处。因为通过免责条款免除因故意或者重大过失造成对方财产损失的责任，实际上是通过免责条款使一方享有了基于故意和重大过失而侵害他人财产的权利。换言之，在免责条款设立以后，一方可以随意毁损他人的财物，砸坏他人的物件，这显然是危害法律秩序的。还要看到，允许当事人通过免责条款免除因故意或者重大过失造成对方财产损失的责任，也是不道德的，因为"侵权责任的基础是过失，这种理论起源于这样一种观念：侵权，顾名思义就是做错事。因此，侵权诉讼中被告应当支付的损害赔偿，是一种对做了某种错事进行的惩罚……一句

话，侵权责任是以道义责任为前提的"①。因此，免除故意和重大过失的侵权责任，即使其侵害对象是财产，该免责条款也是不道德的。

（二）受害人单方允诺

所谓受害人单方允诺，是指受害人虽未与行为人达成免责条款，但是承诺行为人侵害其自身的权利。例如，受害人同意他人使用自己的土地挖沟排水，并因此使自己遭受财产损失。在受害人允诺的情况下，双方并没有达成合意，受害人只是单方作出意思表示。各国法律都有一个共同的规则，即受害人的同意构成了侵权人的免责事由，即使侵权人具有过错也不例外。在受害人同意的情况下，受害人的同意阻却了相对方的行为的违法性②，但各国对受害人同意的限制是不同的。法国法对因受害人同意而免除责任有严格的限制，其主要从过错的角度对受害人同意的法律后果加以考虑，而很少将受害人同意作为一种默示的免除责任的表示。③ 在德国，受害人单方放弃其请求的表示也被法律承认，但此种表示必须符合法律关于单方行为生效要件的规定。例如，一个未成年人作出此种表示必须得到其法定代理人的同意（参见《德国民法典》第111条）。而法国法并不承认受害人此种表示的效力。④

笔者认为，应将受害人允诺作为一种免责事由，从而尊重受害人的自主意愿。但受害人单方允诺要成为免责事由，必须符合如下条件：

第一，受害人必须具有行为能力（capacity to consent），受害人只有在具有行为能力时，其作出的允诺才能有效。德国民法学通说认为，受害人的允诺视为其对自己权利的处分，因此不能完全适用民法中关于行为能力的规定。受害人的同意能力不能以行为能力作为判断标准，而应依据个别案件中受害人的识别能

---

① ［英］彼得·斯坦、约翰·香德：《西方社会的法律价值》，王献平译，154页，北京，中国人民公安大学出版社，1989。

② RGZ 141，262；Iraq：CC art. 214.

③ Mazeaud and Tunc, Traité théorique et pratique de la responsabilité civile Ⅰ（6e ed.，Paris 1965）Ⅱ no. 1491-1493，1500.

④ Mazeaud and Tunc, Traité théorique et pratique de la responsabilité civile Ⅰ（6e ed.，Paris 1965）Ⅱ，no. 1500.

力作为标准。① 笔者认为，受害人的允诺要产生效力，必须要求受害人具有行为能力，无民事行为能力人和限制民事行为能力人，必须征得其法定代理人的同意，才能够作出允许他人损害自身财产利益的表示。由于受害人的允诺本身也是一种法律行为，因而其应当符合法律行为的生效要件。如果受害人是无民事行为能力人或限制民事行为能力人，在没有征得法定代理人同意的情况下，其允诺是不能产生法律效力的。

第二，受害人允诺的构成必须要受害人明确作出意思表示。受害人允诺可以通过单方面的声明，也可以通过向行为人告知的方式明确表示出来，而不能采取默示的方法。② 在默示的情况下，受害人一般只是意识到并实际承担了危险，但并不意味着希望损害结果的发生，也许受害人是有过错的，但并不能以此完全免除加害人的责任，因此，不能根据推定方式来判断受害人已经同意。还要看到，受害人允诺的表示必须出于自愿，凡是因欺诈、胁迫、重大误解等原因而作出同意的意思表示的，不能视为允诺。受害人的允诺必须在损害发生以前作出，在损害发生以后所表示的允诺，不属于受害人允诺，其只是对加害人责任的事后免除。

第三，受害人允诺不得违反法律法规的规定和公序良俗。尽管从私法自治的角度来看，受害人允诺他人对自己造成损害，实际上是处分自己的权益，法律似乎不宜过多干涉，但即便受害人处分自己的权益，也不能违反法律法规和公序良俗。一般来说，受害人只能同意他人侵害自己的财产权益，而不能允许他人侵害自己的人身权益。一方面，财产权大多可以由权利人作出处分或抛弃，受害人对其财产权侵害的同意，性质上等同于受害人放弃其财产。例如，受害人明确表示允许他人拆毁其房屋和设施、毁损某项财产，但即使是处分私有财产，也不得损害社会利益和他人的利益。同时，加害人被免除的财产责任范围应当与受害人允

---

① Soergel and Siebert, Kommentar zum Buergerlichen Gesetzbuch Ⅱ，§ 823，Rn. 196f.

② 在法国法中，受害人必须明确作出同意承担损害的表示，才能使加害人免责。而在德国法和普通法中，受害人的允诺既可以明示的方式，也可以默示的方式表示。参见 A. M. Honorè, *International Encyclopedia of Comparative Law*，Vol. 4，Torts，Chapter 7，Causation and Remoteness of Damage, J. C. B. Mohr（Paul Siebeck，Tübingen），1975，p. 114。

诺其财产受损害的范围相符，如果受害人没有同意毁损某项财产而加害人损害该项财产，不能视为获得受害人允诺。另一方面，受害人对其人身权侵害的同意，一般不宜作为免责事由。因为人身权与主体的人身不可分离，不能由权利人转让和抛弃。受害人自愿要求侵害其人身权的，通常会构成对公共秩序和社会公德的违背。当然，在特殊情况下，如为公众或他人自愿捐献自己的血液或人体器官、自愿接受某种手术治疗等，某人对"损害"人身的同意，不仅不违背法律和道德，而且有利于社会或同意者本人，因此可以作为加害人的免责事由。

受害人的允诺在法律上产生何种效果，各国法律对此有不同的规定。在德国、瑞士等国家的法律中，受害人允诺遭受损害，不管是以明示的还是以默示的方法表示出来，只要不违反法律或公共秩序，都可以作为一种正当理由而使加害人被免责。在普通法中，受害人的允诺表明受害人具有造成自己损害的故意，因此，被告的行为根本不构成侵权。而在法国和比利时等国家的法律中，受害人的允诺并不能完全否定加害人的过错。因为"一个谨慎的人不会从事一项可归责行为，即便受害人同意时亦如此。倘若受害人明确向他表示，请求他造成伤害，他也应当依法予以抵制"[1]。因此，受害人的允诺只能视为受害人有过错，而不能导致加害人被完全免责，此时，法院应根据双方当事人的过错程度确定行为人的赔偿数额。

在我国民法中，如果受害人明确地向行为人作出允诺，允许其侵害自己的财产权益，可以视为其已经放弃了自己的财产权益，只要不损害国家利益、社会公共利益和他人利益，原则上可以使行为人免责。但如果受害人的允诺是有限制的、有特定范围的，而行为人超过了该特定的范围，使用了受害人的财产或侵害了受害人的财产权益，对超过的部分，行为人仍然应当承担责任。

三、自助行为

自助行为与正当防卫、紧急避险行为一样均属于私力救济，或称为自救行

---

[1] Jean Limpens，*International Encyclopedia of Comparative Law*，Vol. 4，Torts，Chapter 12，Liability for One's Own Act，J. C. B. Mohr（Paul Siebeck，Tübingen），1974，p. 90.

为，它们都是在情况紧迫、来不及请求国家机关予以保护时，而迫不得已采取的方法。行为人实施各种私力救济措施，目的在于保护某种合法权益不受侵犯，但自助行为所保护的是自己的权利，而正当防卫和紧急避险所保护的权益，还包括他人的权利和利益。自助行为所保护的权利主要是合同之债的请求权和基于绝对权被侵害所产生的请求权，因此在实施自助行为之前，当事人之间已经形成了一种债的关系，而正当防卫和紧急避险行为在尚未实施以前，行为人与义务人之间并无债权债务关系。

自助行为是行为人以物权请求权人、债权请求权人等的地位自居而为的行为。一般来说，强制执行制度是为请求权的实现而设立的，因此，只有请求权才具有可执行性，从而与之相对应的给付之诉的判决才有执行效力。由于自助行为人可为了自己的请求权的实现而执行义务人的财产，或者为了实现自己的请求权而拘束义务人。因而，为了防止自助被滥用，必须对自助的适用条件实行严格的限制。①

自助是否为一种免责事由，各国法律对此规定不同。《德国民法典》第229条规定："以自助为目的将物件押收、破坏或毁损者，或以自助为目的将有逃亡嫌疑的债务人施以扣留者，或对于义务人应容忍的行为，因其抗拒而加以制止者，若来不及请求机关援助，且非于当时为之，其请求权不得实行或实行显有困难时，不为违法。"《瑞士债务法》第52条第3款规定："为保全有权利的请求权之目的，自行保护者，如按其情形，不及请求官署救助，惟依自助得阻止请求之无效或其主张之重大困难时，不负赔偿义务。"绝大多数德国法系国家的民法均承认自助为一种免责事由。法国民法并没有明确规定自助为一种免责事由。《法国民法典》第637条允许土地占有人"割去侵占本人土地的任何植根、荆棘或小枝"。《法国农业法》第203条也准许土地所有人杀死侵入本人土地的家禽或鸽子，但这些规定只适用于例外的情况。普通法也承认，自助是一种合理的抗辩。②

在我国《侵权责任法》制定过程中，关于是否应当规定自助行为，存在两种

---

① Soergel and Siebert, Kommentar zum Buergerlichen Gesetzbuch Ⅱ, §229-231, no. 18.
② See John G. Fleming, *An Introduction to the Law of Torts*, Clarendon Press, 1986, pp. 88-91.

不同的意见。否定说认为，自助不符合鼓励助人为乐的价值理念，如果侵权责任法规定了自助，可能造成鼓励私力救济的后果，导致私力救济泛滥，因此不符合现代法治的精神。我国物权法之所以要规定占有并对占有利益加以保护，就是为了限制私力救济。而肯定说则认为，规定自助，其目的就是要规范私力救济，同时也有利于保护一些从事合法行为的当事人。例如某人在餐馆吃饭，吃完饭不给钱，如果不把他的财产扣下来，餐馆的债权就不能得到实现，如果没有规定自助制度，则该行为的合法性就不无疑问。由于立法过程中的意见分歧较大，所以《侵权责任法》最终没有将自助作为减轻或免除责任事由加以规定。但在社会实践中，自助行为是广泛存在的。行为人在情况紧迫、来不及请求公力救济的情况下，采取自助措施以避免或减轻自己的财产或人身权利的侵害，常常受到社会习惯和舆论的认可。合法的自助行为也可能表明行为人主观上只是为了让自己的债权得到实现，而并没有过错，因此依据案件的具体情况，应当允许自助作为减轻或者免除行为人责任的理由。

四、自助行为的要件和效力

自助行为通常必须符合一定的法定要件，才具有合法性。对自助的范围问题，当事人不得根据契约而任意设定。[①] 借鉴一些国家的民事立法经验，并结合我国的实际情况，笔者认为，自助行为必须具备如下条件：

1. 必须是为保护自己的合法权利。自助行为是在本人的权利受到侵害，来不及请求有关国家机关援助的情况下采取的措施。如果行为人是为了保护社会公共利益或他人的合法权益而采取私力救济措施，则不构成自助行为。从自助行为所保护的权利性质来看，它所保护的权利主要是请求权，包括合同之债的请求权和基于对物权、知识产权、人身权等被侵害而产生的请求权。[②] 但对于不能在法院起诉或不能强制执行的请求权，不能实施自助行为。例如，对自然债务的请求

---

① 参见史尚宽：《民法上之自助行为》，载《中国法学论著选集》，79页，台北，汉林出版社，1977。
② 参见杨震：《自助行为初探》，载《吉林大学社会科学学报》，1990（3）。

权、提供劳务的请求权等就不能实施自助行为。

2. 必须是情况紧迫而来不及请求有关国家机关的援助。情况紧迫意味着权利人若不在当时采取自助措施，则其权利难以实现。如债务人在国内无财产而欲逃往国外，或在饭馆用餐的顾客在用餐后不付款而欲逃走，权利人若不采取自助，其合法利益就会受到损害。如果对权利人权利的侵害状况并非十分紧迫，权利人来得及请求有关国家机关的援助，或不实行自助并不影响权利人的请求权的实现，则不能实施自助行为。

3. 自助的方法是保障请求权的实现所必需的。根据国外一些国家的民法规定，自助主要有三种方法：其一，对债务人的人身自由加以拘束。例如，《德国民法典》第229条规定，对于有逃亡嫌疑的债务人可以施加扣留。其二，对债务人的财产或权利证书实行扣押。一般来说，所扣押的财产必须是债务人自己的财产。其三，对债务人的财产采取毁损的办法，以保护权利人的权利。例如，为防止债务人搬走车上所载之物，割断马车上的牵绳或破损汽车的轮胎。实行自助必须是为了保证自己的请求权的实现且请求权必须是可以强制执行的。在我国，一般情况下不得采取对债务人的人身进行拘束的办法。若情况紧急，确需扣押债务人的，也必须在采取必要措施后立即向有关国家机关申请援助。

4. 必须为法律或公共道德所许可。只有为法律或公共道德所许可的自助行为，才能成为抗辩事由。实践中，不符合法律或道德的"自助"行为主要有如下几种：其一，行为不符合法定方式。例如，不正当地对债务人的人身自由实行拘束，债务人并无反抗的行为而对其采取了损害人身的方法，在实施自助行为后不及时提请有关机关处理等。其二，行为人所保护的利益并非合法权益。例如，行为人为保护赌债请求权、因欺诈和胁迫而产生的债权请求权而采取"自助"措施。其三，自助理由不正当。例如，在情况并非紧迫，完全来得及请求国家机关援助的情况下而采取一定的行为，或在不采取自助措施就可以实现请求权的情况下实施一定的行为，其自助理由并不正当。凡不符合法律或道德的行为，不仅不构成自助行为，反而将构成侵权行为。

5. 不得超过必要的限度。也就是说，自助行为不得超过保护请求权所必要

的程度。① 例如，权利人扣押债务人的一项财产就可以保全其请求权时，不得扣押数项财产；债务人虽有逃走的可能，但扣押其物就可以保护权利人的请求权时，不得拘束债务人的自由；扣押财产可以达到自助的目的时，不得毁损债务人的财产。因自助超过必要限度，给债务人造成不应有的损害时，行为人应负适当的民事责任。

行为人在实施自助行为以后，应立即向有关机关申请援助，请求处理。行为人无故申请迟延，应立即释放债务人或把扣押的财产归还给债务人，对给债务人造成的不应有的损害，应负赔偿责任。若行为人的行为不被有关国家机关事后认可，则必须立即停止侵害并对受害人负赔偿责任。②

只有符合上述各项条件时，自助行为才能作为抗辩事由而使行为人被免责。关于行为人的行为是否符合自助要件，应由行为人自己证明，以使其免责。至于行为人误认为其行为符合自助要件而实行一定的行为的，不管其主观上是否具有故意或过失，均应负损害赔偿的责任，比较法上也承认了这一规则。例如，《德国民法典》第231条规定："因误认为存在阻却违法行为的必要条件而采取第229条所列举行为的人，即使其错误非出于过失，仍应对另一方负损害赔偿义务。"

---

① 参见杨震：《自助行为初探》，载《吉林大学社会科学学报》，1990（3）。
② 参见佟柔主编：《中国民法》，574页，北京，法律出版社，1990。

第七章

损益相抵和过失相抵

第一节　损益相抵

一、损益相抵的概念

损益相抵（Vorteilausgleichung compensation lucre cum danno）又称为损益同销，它是指受害人基于损失发生的同一原因而获得利益时，则在其应得的损害赔偿额中，应扣除其所获得的利益部分。在侵权法中，损益相抵是指受害人因损害原因事实而获得了利益，在确定损害赔偿数额时应当予以扣除。民法上损益相抵属于赔偿责任的范围确定问题，而不是两个债权相互抵销，因此不适用债的抵销规则。[①] 例如，机动车被撞坏，而更换了新的零件，在确定损害赔偿额时，要考虑以新换旧而增加的利益。再如，受害人遭受了人身伤害，同时，获得了人身意外伤害保险赔偿，在确定损害赔偿数额时是否应当扣除该保险金，就涉及损益

---

① 参见崔建远：《合同责任研究》，218 页，长春，吉林大学出版社，1992。

相抵规则。

　　一般认为，损益相抵规则在罗马法中就已存在。在查士丁尼《法学总论》中，关于"一切善意诉权的诉讼，审判员享有全权根据公平原则决定返还原告之数"的规定，含有损益相抵的内容。法国民法尽管没有明文确定这一规则，但根据《法国民法典》第1149条关于"对债权人应付损害赔偿，一般应包括债权人所受的损失和所失的或获得的利益"的规定，判例学说一般认为，确定债权人所受的损失应扣除其获得的利益。《德国民法典》中并没有对损益相抵规则作出明确规定，但其判例一直认可这一规则。①

　　在我国古代法律中，《唐律》《宋刑统》《明会典》和《清律》中，都规定了"偿所减价"制度，即指原物受损之后，以物的全价扣除所残存价值的差额，作为赔偿数额。这符合损益相抵的基本原理。② 中华民国制定民法典之时，并没有对此作出规定。但是，后来我国台湾地区修"民法"之时，于第216-1条规定："基于同一原因事实受有损害并受有利益者，其侵权之赔偿金额，应扣除所受之利益。"在我国，法律上一直没有明确规定这一规则。最高人民法院《关于赵正与尹发惠人身损害赔偿案如何适用法律政策问题的复函》（1991民他字第1号）中指出："保险公司依照合同付给赵正的医疗赔偿金可以冲抵尹发惠应付的赔偿数额，保险公司由此获得向尹发惠的追偿权。赵正母亲所在单位的补助是对职工的照顾，因此，不能抵销尹发惠应承担的赔偿金额。"这是最高人民法院首次对损益相抵原则在司法实践中的适用问题作出明确规定。《保险法》第60条规定："因第三者对保险标的的损害而造成保险事故的，保险人自向被保险人赔偿保险金之日起，在赔偿金额范围内代位行使被保险人对第三者请求赔偿的权利。前款规定的保险事故发生后，被保险人已经从第三者取得损害赔偿的，保险人赔偿保险金时，可以相应扣减被保险人从第三者已取得的赔偿金额。保险人依照本条第一款规定行使代位请求赔偿的权利，不影响被保险人就未取得赔偿的部分向第三者请求赔偿的权利。"该条实际上也确立了在保险给付中的损益相抵规则。但我

---

　　①　BGHZ 49，61；BGHZ 81，275.

　　②　参见杨立新：《论损益相抵》，载《中国法学》，1994（3）。

国《侵权责任法》中并没有规定损益相抵规则，因为在立法者看来，这是损害计算的当然之理，并没有予以特别规定的必要。《侵权责任法》第 15 条将"赔偿损失"作为侵权责任承担方式，"损失"的确定本身就需要扣除受害人的获利。但笔者认为，损益相抵规则毕竟是责任范围确定的重要规则，通过立法可以明确该规则的适用要件，有助于司法裁判的统一和损害赔偿计算的精细化，法律没有就此作出规定属于立法的缺陷。

损益相抵的法理基础主要在于：一是差额说。此种观点认为，损害是指财产或法益所遭受的不利益状态。这种观点最早由德国学者麦蒙森（Mommsen）在 1855 年提出。他认为，损害就是指被害人对该特定损害事实的利害关系，也就是说，因为某项特定损害事实的发生使其丧失了一定的利益，事实发生后的利益状态与发生前的利益状态的差额，即受害人所遭受的损害。[①] 因此，受害人获得的利益，就不属于损害，在计算损害时应当将其扣除。二是禁止获利说。此种观点认为，损害赔偿并非要使受害人获得额外的利益，而只是要填补受害人所遭受的损害。[②] 法谚有云，"断臂非中彩"。侵权法的任务只是填补受害人所遭受的损失，而并非要使其从中获利。罗马法学家 Pomponius 认为，根据自然法，无人能够以他人的费用为自己获利，这也是损益相抵原则产生的法理基础。

二、损益相抵的特征

损益相抵具有如下几个法律特征：

第一，它是完全赔偿原则的具体化。在侵权法上，要贯彻完全赔偿原则，即受害人因侵权行为遭受了损害，要获得完全的赔偿。完全赔偿原则是侵权法的补偿功能的体现，通过这一原则的贯彻就是要使受害人恢复到如同损害没有发生的状态。而损益相抵规则就是要在损害的具体确定上，考虑受害人的获利，从而使得受害人的损害得到填补，符合"填平"原则的要求。

---

① 参见曾世雄：《非财产上之损害赔偿》，7 页，台北，元照出版公司，2005。
② 参见曾世雄：《损害赔偿法原理》，237 页，北京，中国政法大学出版社，2001。

第二，它是计算损害的规则。与过失相抵相比较，损益相抵规则并不影响责任的成立，而只是责任承担阶段的规则。在确定损害赔偿的范围时，要考虑损益同销的规则。在大陆法系国家，立法和判例学说大多都采纳了损益同销的规则。其主要解决的问题是：在出现了受害人因同一损害原因事实而获得利益的情况下，这些利益是否应当从损害赔偿请求权中扣除。[1] 例如，汽车被撞以后，受害人的旧发动机更换为新的发动机，受害人从中获得了利益。再如，破旧的房子被撞坏，而重新加固，并更换新的材料，由此产生受害人是必须支付增加的价值，还是直接从损害赔偿额中扣除的问题。[2] 这就是说，在侵权责任成立之后，应当根据损益相抵规则妥当确定责任主体应当承担的责任范围。具体而言，依据损益相抵规则，可扣除的受益以发生的损害额为最大限度，即使受益超过损害，赔偿义务人也不能向赔偿权利人请求返还超过部分。另外，发生损害带来的损失和受益在外部形态上是可以用数量或者法律规定额度来计量的，而不是无法测量或无形的，否则无法适用损益相抵规则。

第三，损益相抵的基本原理在于禁止不当获利，其理论基础是矫正正义。正是因为损益相抵是为了维护公平正义，所以，在考虑是否应当予以扣除时，法官应当考虑扣除是否符合公平合理的要求。《欧洲示范民法典草案》第六章第6：103条第2款规定："在判断对这种利益的考虑是否公平合理时，应加以权衡的因素包括损害的类型、造成损害的人所负责任的性质，以及在第三人授予利益的情形其授予该利益的目的。"因此，损益相抵规则也在一定程度上给予了法官自由裁量的权力，即基于公平合理的考虑，判断是否存在因果联系、扣除是否与获利的目的相违背等。

损益相抵主要适用于损害的计算，但其是否可以适用于"恢复原状"，对此，理论上存在不同的看法。例如，被告借用他人的汽车，因驾驶不当造成汽车损

① 参见郑玉波：《论过失相抵与损益相抵之法理》，载郑玉波：《民商法问题研究（二）》，17页，台北，自版，1979。

② 参见［德］迪特尔·梅迪库斯：《德国债法总论》，杜景林、卢谌译，455页，北京，法律出版社，2004。

害。借用人可能将车开到 4S 店维修。问题是，如果汽车所有人已经购买了保险，借用人是否可以请求在修理费中扣除保险公司给付的保险金？对此，在理论上存在不同的看法。笔者认为，在恢复原状的情形，也应当可以适用损益相抵，这也符合侵权法上的"禁止获利"原则。

三、损益相抵与过失相抵的适用关系

损益相抵与过失相抵的基本功能都在于准确划定当事人的责任范围。也就是说，无论是过失相抵还是损益相抵，都是确定责任范围的规则，因此，本书将其置于同一章讨论，但两者存在一定的区别，主要表现在：一方面，是否能够影响责任的成立。损益相抵规则是责任范围确定的规则，它不会影响责任的成立。而对于过失相抵而言，如果受害人具有故意或重大过失，也可能导致责任的不成立。即使是在严格责任的情形，受害人的故意也可能导致责任的免除。而依据损益相抵规则，受害人的受益并不会使责任不成立，而只是影响责任的范围。另一方面，过失相抵规则是以受害人对损害的发生或扩大具有过错为依据，判断赔偿的范围；而损益相抵规则是基于受害人获得了利益，从而确定赔偿的范围。

在此需要讨论的是，二者的适用关系如何？如果同一案件中，受害人既有过错，又因侵权行为获利，究竟应当先适用过失相抵还是损益相抵？一般认为：在二者并存的情形下，应当先适用损益相抵，后适用过失相抵。[①] 主要原因在于：在二者并存的情形下，首先应当在总体上确定受害人的损害范围，然后再根据当事人的过错划定行为人的责任范围。因此，在逻辑上应当先适用损益相抵，后适用过失相抵。如果先适用过失相抵，则会不当减轻行为人的责任，并可能使受害人难以获得救济。例如，甲占用乙的场地推销商品，造成乙 1 万元的损害，同时，乙也利用甲的宣传活动宣传自己的产品，获得利益 5 000 元，同时，乙对甲占用其场地也存在一定的过错，双方过错对损害后果发生的原因力为：甲占

---

① 参见程啸：《侵权责任法教程》，2 版，359 页，北京，中国人民大学出版社，2014。

80%，乙占 20%。在该案中，如果先适用损益相抵，后适用过失相抵，则乙的总体损害是 5 000 元，然后按照过失相抵，乙应当有权请求甲赔偿 4 000 元。而如果先适用过失相抵，后适用损益相抵，则乙有权请求甲赔偿 3 000 元。由此可见，先适用损益相抵，在逻辑上更为妥当，也更有利于对受害人进行救济。

四、损益相抵规则的适用条件

损益相抵规则的适用应当符合如下条件：

第一，侵权损害赔偿责任已经成立。这就是说，行为人造成了他人的损害，应当承担侵权责任。严格地说，损益相抵规则不仅适用于过错责任，而且适用于严格责任。但其仅适用于侵权损害赔偿责任的承担，而不适用于停止侵害等责任的承担。

第二，受害人获得了财产利益。受害人的获利应当限于财产利益，而不包括非财产利益，因为非财产利益是无法进行损益相抵的。此处所说的利益，既包括积极利益，也包括可得利益。① 在比较法上，损益相抵中的利益，通常是指受害人从其他人处获得的利益，如社会保险机构、保险人、雇主或其他类似的人，当然也应包括可以用金钱衡量的其他利益。② 这一经验也值得我们借鉴。在因工伤事故、交通事故等发生侵权损害赔偿时，应当考虑受害人因商业保险、社会保险等获得的利益。

第三，受害人因同一损害原因事实而获得利益。换言之，获得利益与损害原因事实之间存在因果关系，否则就无法适用该规则。③ 如果两者之间没有因果关系，则受害人的获利就不必扣除。例如，受害人因交通事故受伤致残后失去工作，只能在家里休养，在此期间受害人编制软件程序，获得极大的成功，年收入

---

① 参见周友军：《侵权责任法专题讲座》，90 页，北京，人民法院出版社，2011。

② 参见欧洲侵权法小组编著：《欧洲侵权法原则：文本与评注》，于敏、谢鸿飞译，217 页，北京，法律出版社，2009。

③ 参见［德］U. 马格努斯：《侵权法的统一：损害与损害赔偿》，148 页，北京，法律出版社，2009。

数百万。被告提出，在赔偿损失时应当扣除这些收入。笔者认为，这些收入与损害原因事实之间并无法律上的因果关系，不应予以扣除，否则会不适当地免除行为人的责任。

第四，受害人获利的扣减必须与获利的目的相协调。[①] 即使受害人的获利与损害原因事实之间存在因果关系，但如果受害人获得利益的扣减与其获得利益的目的冲突，也不能进行损益相抵，否则，不符合公平的理念。例如，受害人被机动车撞伤而导致残疾，后来其获得了捐助，由于捐助的目的是使受害人获得帮助，而不是使侵权人的责任减轻，因而不应减轻行为人的赔偿责任。

五、损益相抵的具体适用

由于我国《侵权责任法》之中并无损益相抵的一般规则，因而实践中的做法并不统一。《保险法》第 60 条有明确规定，因此，在财产保险中，如果被保险人已经获得了保险赔偿，该部分应当自赔偿义务人的赔偿数额中扣除。[②] 但是，对于除此之外的情形，如何适用损益相抵规则，则存在争议。在审判实践中，法院通常要考虑受害人获利的因素，从而确定受害人遭受的损害和损害赔偿额。例如，在"上海南兴房地产实业公司与浙江中达建设集团股份有限公司、上海东兴建设工程发展有限公司、上海东尼（集团）有限公司赔偿纠纷上诉案"中，因被告错误申请财产保全，导致原告的 12 套房产不能及时销售，但在未出售期间，房价上涨，房屋增值，一审法院认为，由于房价上涨，原告在出售房产后取得的实际利益完全能够冲抵其贷款利息损失。因此，扣除获利后原告没有损失，不予支持原告的诉讼请求。[③] 在本案中，虽然被告实施了错误的财产保全申请，但原告并没有遭受损失，无法请求侵权损害赔偿。

---

① 参见欧洲侵权法小组编著：《欧洲侵权法原则：文本与评注》，于敏、谢鸿飞译，216 页，北京，法律出版社，2009。

② 参见程啸：《侵权责任法教程》，2 版，358 页，北京，中国人民大学出版社，2014。

③ 参见上海市第二中级人民法院（2004）沪二中民四（商）终字第 149 号民事判决书。

从比较法上来看，可扣除的利益包括节省的费用、人工成本、收入等。笔者认为，即便对于这些获利，也应当具体分析，而不应一概扣除。一般认为，不得扣除的情形包括：

第一，无因果关系的获利。通常也有可能解释为，受害人获利并非因同一损害事件所致。例如，某人见歹徒行凶，见义勇为与歹徒搏斗，身受重伤。经媒体报道以后，不少人向该见义勇为者捐款，该项利益与侵权行为之间并无因果联系，不应在计算损害时予以扣除。在判断因果关系时，应当考虑获利和损害之间联系的密切性，联系越密切，扣除的可能性越大；联系越松散，扣除的可能性就越小。[①]

第二，第三方支付的利益。第三人可能基于赠与等原因而支付给受害人一定的利益。例如，受害人被汽车撞伤以后，某路人将其送往医院抢救，并支付了部分医疗费。如果第三人支付该利益的目的，并非要使加害人减轻责任，则不能予以扣除，否则，就与受害人获利的目的相违背。

第三，社会保险的给付。在我国，社会保险制度已经比较健全，在受害人疾病、失业、工伤等情形，都可能获得社会保险给付。例如，在我国农村地区，受害人受伤后去医院治疗，可能因其参加了"新农合"而获得了赔偿。但从社会保险的性质考虑，社会保险本身具有救助的性质，而且国家提供社会保险的目的也并非要减轻加害人的责任。在审判实践中，法院一般不允许侵权责任主体主张扣除相应的社会保险给付。例如，在"尉某与北京黄寺蜀国演义餐饮有限公司人身损害赔偿案"中，法院认为："就原、被告争议的医药费中已经医疗保险报销的部分，由于医疗保险与人身损害赔偿并非同一法律关系，原告就医药费的损害赔偿请求权不因社保机构已报销部分医药费而抵减，被告亦无权基于部分医药费已报销而减轻赔偿责任，故被告得全额赔偿原告因治疗广州管圆线虫病已发生的合理的医药费。"[②]

---

① 参见［德］冯·巴尔主编：《欧洲私法的原则、定义与示范规则：欧洲示范民法典草案》，王文胜等译，731页，北京，法律出版社，2014。

② 北京市高级人民法院：《审判前沿：新类型案件审判实务》，（总第27集），50页，北京，法律出版社，2010。

第四，商业保险中人身保险的给付。《保险法》第 46 条规定："被保险人因第三者的行为而发生死亡、伤残或者疾病等保险事故的，保险人向被保险人或者受益人给付保险金后，不得享有向第三者追偿的权利。但被保险人或者受益人仍有权向第三者请求赔偿。"据此可见，该条就人身保险的保险金，不允许扣减。其主要原因在于，人身保险主要是为了救济受害人的人身损害。

第五，责任保险的给付。《道路交通安全法》第 76 条规定："机动车发生交通事故造成人身伤亡、财产损失的，由保险公司在机动车第三者责任强制保险责任限额范围内予以赔偿。"超过责任限额的部分，则由行为人赔偿。从该条规定来看，只有支付了强制责任保险之后，才能请求赔偿，这实际上等同于明确了可以损益相抵。但对于非强制性的责任保险，则应当不允许扣减。保险金是保险费的对价，是因支付保险费获得的理赔，因此，在确定行为人的赔偿责任时，不应当扣除保险金，否则将不利于鼓励受害人投保。①

第六，个人所得税。在侵权损害赔偿中，也可能导致个人原本应缴纳的所得税的减少。例如，因交通事故导致受害人的身体残疾，受害人的收入减少，其个人所得税也相应减少。从我国司法实践来看，在确定侵权损害赔偿时，并没有考虑个人所得税的扣减问题。

另外，关于以旧换新中获得的利益，值得探讨。例如，受害人的汽车被撞，修理汽车更换发动机花费了 1 万元，但发动机更换前价值为 8 000 元，受害人因发动机的更换而在实际上获利 2 000 元，该获利应当在损害赔偿额中扣除。在以旧换新的情形，比较法上存在不同的做法。有些国家认为，从禁止受害人获利的角度考虑，应当适用损益相抵规则。也有些国家认为，不能认为以旧换新可以自动扣除。② 笔者认为，在以旧换新的情形下，受害人客观上获得了一定利益，在确定行为人的责任时应当扣除该部分利益，否则将使受害人因侵权而获得额外利益，这也会不当加重行为人的责任。

① 参见周友军：《侵权责任法专题讲座》，92 页，北京，人民法院出版社，2011。
② 参见［德］冯·巴尔主编：《欧洲私法的原则、定义与示范规则：欧洲示范民法典草案》，王文胜等译，737 页，北京，法律出版社，2014。

第二节 过失相抵

一、过失相抵的概念和特征

所谓过失相抵，是指根据受害人的过错程度依法减轻或免除加害人赔偿责任的制度。[①] 过失相抵制度，自罗马法以来，即为各国法制所采用，但该制度在各国、各地区的民法理论中有不同的称谓。一些大陆法国家和我国台湾地区称之为"过失相抵（compensatio culpae，culpa compensation，Mitverschulden)"，但日本民法则称之为"过失相杀"。过失相抵实际上是一种形象的说法，并不是说过失本身可以相互抵消，而只是形象描述根据受害人的过错程度来确定侵害人的赔偿责任。我国《侵权责任法》第 26 条规定："被侵权人对损害的发生也有过错的，可以减轻侵权人的责任。"第 27 条规定："损害是因受害人故意造成的，行为人不承担责任。"这就对过失相抵制度作出了规定。

过失相抵的主要特点在于：

第一，过失相抵需要综合考虑加害人过错与受害人过错。在过失相抵的情况下，受害人虽然是因加害人行为造成损害，但是受害人对损害的发生和扩大也有过错，因此需要综合考量。进行过失相抵时，过失与原因力中何者是主要因素，学界有不同意见。有人认为，在过失相抵中，应当以比较原因力为主，过错程度只是辅助因素。[②] 也有人认为，在过失相抵中，应当先考虑过错，再考虑原因力的强弱。[③] 还有人认为应当综合考虑。"它是根据衡平观念和诚实信用原则于被害人与加害人双方共同承担同一损害，或损害发生后，因被害人之过失行为使损

[①] 参见程啸：《侵权行为法总论》，433 页，北京，中国人民大学出版社，2008。

[②] 参见曾世雄：《损害赔偿法原理》，269 页，北京，中国政法大学出版社，2001；张新宝：《侵权责任构成要件研究》，507 页，北京，法律出版社，2007。

[③] 参见史尚宽：《债法总论》，308～309 页，北京，中国政法大学出版社，2000；杨立新：《侵权法论》，3 版，573～574 页，北京，人民法院出版社，2005。

害扩大者。法院在确定损害赔偿额时得斟酌被害人之过失，减轻赔偿义务人之赔偿金额或免除其责任。对于损害之发生或扩大，被害人有过失的，法院得减轻或免除其损害赔偿责任。"① 笔者认为，过失相抵原则上主要还是考虑过失程度，原因力应当置于因果关系中讨论。正是因为过失相抵主要考虑过错，因而，在过失相抵中不仅要考虑加害人过错，也要考虑受害人过错。

第二，过失相抵适用的前提是受害人对损害的发生或扩大具有过错。由于受害人对损害的发生或扩大具有过错，从而导致在责任的确定中过失相抵规则的适用。但因为受害人具有过错，因而也有学者将其称为"共同过错"②。笔者认为，采用"共同过错"这一概念是不确切的，因为这会造成"过失相抵"与共同侵权行为及共同危险行为的混淆。而如果将其称为"混合过错"，不无道理。混合过错强调的是受害人和行为人都具有过错，两种过错的结合导致了损害的发生或扩大。③ 笔者认为，混合过错和过失相抵并没有实质性的区别，只不过是从不同的角度对同一制度进行描述。混合过错是从强调受害人和加害人都有过错的角度来表述的，而过失相抵是从损害赔偿范围的确定的角度来表述的。当然，在混合过错的情况下，也可能因为受害人对损害的发生具有故意或重大过失，而行为人仅具有轻微过错，甚至可能没有过错，从而被免除责任。这种情况似乎不宜称为混合过错。但在受害人也有过错的情况下，前提是侵权人具有过错，只不过根据过错程度减轻或免除了其责任，因此，采用混合过错的概念也有一定的道理。由于过失相抵适用的前提是受害人对损害的发生或扩大具有过错，因而在考虑过失相抵时，不仅要考虑受害人对损害的发生具有过错，也要考虑受害人对损害扩大的

---

①　曾隆兴：《现代损害赔偿法论》，560 页，台北，自版，1996。

②　[德] 冯·巴尔：《欧洲比较侵权行为法》下，焦美华译，648 页，北京，法律出版社，2001。

③　但也有学者对此提出不同看法，认为"混合过错"和"过失相抵"不是同一概念，采用"与有过失"的称谓而不是混合过错更有道理。因为混合过错中"混合"，容易让人产生双方对受害人的损害负有过错的错觉，但如果原告故意造成了自己的伤害，则根本上谈不上赔偿责任的问题。"混合过错"强调的是加害人与受害人的过错共同结合造成了损害的发生，而"与有过失"指的是受害人对于损害的发生或扩大也有过错，至于过失相抵主要是从损害赔偿范围的意义上所给予的称呼。参见程啸：《过失相抵》，载王利明主编：《人身损害赔偿疑难问题：最高人民法院人身损害赔偿司法解释之评论与展望》，55 页，北京，中国社会科学出版社，2004。

过错。

第三，过失相抵的结果是导致责任被减轻或免除。有学者认为，过失相抵并非指赔偿权利人的过失与赔偿义务人的过失相互抵消，因为过失本身是不能抵消的，相抵应当是指根据公平和诚实信用原则减轻和免除加害人的赔偿责任，所以应当称之为"与有责任"[①]。"相抵"不过是一种形容之语，在双方对损害的发生互有过失时，并不能简单地发生过失的抵消，而应根据原因力和过失程度决定责任的范围和由哪一方负责。[②] 但笔者认为，法律上减轻和免除行为人责任的根本原因还是在于受害人具有过错，从这个角度而言，称之为过错相抵也不无道理。而且过失相抵的概念已经约定俗成，不必轻易抛弃、变更。过失相抵的前提是双方过错的比较，通过这种比较来确定行为人的责任是否应当被减轻和免除。[③]

一般认为，在适用过失相抵规则时，法官可以依据职权确定行为人损害赔偿责任的范围，但是过失相抵中受害人的过失是否应当由加害人提出并举证证明，则存在不同意见。第一种观点认为，法官可以根据事实和材料，无须加害人举证，即可依职权认定受害人具有过失，从而适用过失相抵。比较法上，我国台湾地区采取此种模式，日本司法实践中也存在类似做法。[④] 第二种观点认为，法官进行过失相抵的前提必须是加害人举证证明受害人的过失，法官不得依职权直接认定受害人的过失。[⑤] 目前，后一种观点是学界通说，比较法上也多采取此种模式。[⑥] 笔者赞成此种看法。虽然侵权责任法是强行法，但损害赔偿之债本质上还应当适用意思自治原则，加害人未主张过失相抵，则不应当由法院越俎代庖，替

① 曾世雄：《损害赔偿法原理》，259页，北京，中国政法大学出版社，2001。
② 参见郑玉波：《论过失相抵与损益相抵之法理》，载郑玉波：《民商法问题研究（二）》，12页，台北，自版，1979。
③ 参见陈聪富：《过失相抵之法理基础及其适用范围》，载《中德私法研究》总第4卷，3页，北京，法律出版社，2008。
④ 参见史尚宽：《债法总论》，308页，北京，中国政法大学出版社，2000；于敏：《日本侵权行为法》，2版，423页，北京，法律出版社，2006。
⑤ 参见曾世雄：《损害赔偿法原理》，269页，北京，中国政法大学出版社，2001。
⑥ See Ulrich Magnus, M. Martin Casals (eds.), *Unification of Tort Law：Contributory Negligence*, Kluwer Law International, 2004, pp. 76, 284.

当事人判断实体法上的权利义务关系，但一旦加害人证明了受害人具有过失，具备过失相抵要件时，法院可以根据当事人的主张，依职权减轻赔偿额或免除责任。减轻赔偿额是责任范围的确定，免除责任是责任本身的确定。

二、过失相抵的理论基础

过失相抵的理论基础，一般存在如下几种学说。

（一）损失分担说

该说认为，过失相抵的理论基础在于将损失在受害人和加害人之间进行合理分担。尽管加害人造成了损害后果，但是由于受害人对损害的发生或扩大具有过错，因而基于受害人的过错，对损失在加害人和受害人之间进行分配，即受害人必须分担部分损失。[①] 关于此种分担的依据，主要包括被害人不注意说、被害人行为具有违法性说、被害人行为具有违法性之危险性说、被害人具有损害回避可能性说等几种。[②]

（二）惩罚不当行为说

该说认为，受害人的过错导致损害的发生或扩大，本身表现为一种不当行为，这种行为本身就应当由受害人承担一定的不利后果。通过过失相抵制度减轻或免除行为人的责任，体现了对受害人不当行为的惩罚，从而有利于督促其对自身利益的维护。[③]

（三）损害控制说

该说认为，社会生活中的每一个人都应当对自己的权益尽到一定注意义务，如果每一个人都能对自己权益尽到注意义务，就能有效避免损害的发生。通过过

[①] 参见陈聪富：《过失相抵之法理基础及其适用范围》，载《中德私法研究》（总第 4 卷），9 页，北京，法律出版社，2008。

[②] 参见陈聪富：《过失相抵之法理基础及其适用范围》，载《中德私法研究》（总第 4 卷），9～12 页，北京，法律出版社，2008。

[③] 参见程啸：《论侵权行为法上的过失相抵制度》，载《清华法学》，第 6 辑，31 页，北京，清华大学出版社，2005。

失相抵制度，对本身具有过错的受害人减少或者不予赔偿，就能有效地督促其对自身利益的维护，从而避免损害的发生。①

（四）保护加害人说

该说认为，过失相抵之法理基础在于从受害人具有过错的角度而保护加害人。因为受害人具有过错，加害人之非难可能性被降低，或者加害人行为的违法性降低，或者加害人的行为仅具有部分因果关系。因此，加害人的责任应被减轻。②

（五）危险领域说

该说认为，被害人负担一定的损害，乃是基于危险领域的学说。即对于一定的不利益，这种损害的风险，应属于何人的影响或活动领域，由何人负责的危险分配的原理。对于自己权利领域内的特别危险，应当由自己来承担损害。③

笔者认为，上述观点都有一定道理，都从不同角度揭示了过失相抵的理论基础。损害控制说和危险领域说实际上主要从严格责任的角度出发，解释了在严格责任情况下过失相抵的必要性，但事实上，过失相抵不仅适用于严格责任，而且更广泛地适用于过错责任。惩罚不当行为说和保护加害人说实际上偏离了侵权责任法的功能，侵权责任法重在救济和补偿，而不在于惩罚不法行为，尤其是我国《侵权责任法》第6条规定的过错责任并没有要求违法性要件，因此，从不当行为和违法性角度来考察过失相抵，实际上存在一定问题。损失分担说只是说明了过失相抵的后果，其依据才是过失相抵的原因。笔者认为，过失相抵的法理依据主要在于受害人的过错与损失的发生或扩大具有因果关系。一方面，从过错的角度出发，受害人对损害的发生或扩大具有过错，因而按照过错责任相应地减轻或免除行为人的责任。另一方面，从因果关系角度来看，受害人的过错是损害发生

---

① 参见程啸：《论侵权行为法上的过失相抵制度》，载《清华法学》，第6辑，31页，北京，清华大学出版社，2005。

② 参见陈聪富：《过失相抵之法理基础及其适用范围》，载《中德私法研究》（总第4卷），9～12页，北京，法律出版社，2008。

③ 参见陈聪富：《过失相抵之法理基础及其适用范围》，载《中德私法研究》（总第4卷），14页，北京，法律出版社，2008。

或扩大的部分原因，发挥了一定作用，因此应当按照其作用力不同减轻或免除行为人的责任。

三、过失相抵的历史发展

（一）罗马法和大陆法的规则

在古代法中，承认受害人过错可成为免除责任的根据。罗马法根据过错来决定被告的责任，但是，若被告能证明原告本身对损害的发生有过失，则"原告自负责任（desequeridebet）"。拉丁法谚有云："人在自己危险中行动需自负责任"，"任何人不得引述自己的丑行而有所主张"。罗马法学家庞姆蓬尼斯（Pom ponius）曾提出一项著名规则，即"因自己的过错而受害不视为受害（Si quis ex culpa sua damnum sentit，non intellegitur damnum sentire）"①，除非侵权人主观上是故意的。这一规则又称为"庞氏规则"，并成为罗马法中侵权法的基本规则。为了缓解苛刻的"庞氏规则"，潘德克顿学派在此基础上发展了过错赔偿理论。根据他们的理论，过错较轻的一方可向过错较重的一方请求赔偿，例如，过失一方可向故意一方请求赔偿，较轻过失方可向较重过失方请求赔偿，其根据不仅包括过失赔偿理论，也包括原因力理论。

罗马法上的"庞氏规则"在很多非法典化国家中至今仍有残留，但是随着19世纪过失责任主义的张扬，大多数国家的民法典强调了过失责任，而过失责任自然要求考虑双方当事人的过失，但各国民法典对受害人过失的规定却各不相同，主要有如下几种模式：

1. 减轻说。《法国民法典》虽然对受害人过错规则没有作出明确规定，但根据法国的立法和司法实践，在受害人有过错的情况下，侵权人的赔偿额可以根据受害人的过错程度而减轻，只是不能被完全免除责任，并且减轻责任需要考虑的

---

① A. M. Honorè, *International Encyclopedia of Comparative Law*, Vol. 4, Torts, Chapter 7, Causation and Remoteness of Damage, J. C. B. Mohr (Paul Siebeck, Tübingen), 1975, p. 94.

因素是各方的过失。① 而一些国家和地区（如奥地利、美国路易斯安那州以及德国）的民法典明文规定，受害人的过失可以减轻加害人的责任。例如，《德国民法典》第254条规定："被害人对损害的发生负有共同过失的，应根据情况，特别是根据损害在多大程度上是由当事人的一方或另一方造成的，来确定赔偿义务和赔偿范围。"学者一般认为，受害人义务的存在及其所要承担的责任范围即责任减轻的程度，取决于具体的情形以及谁是导致损害的主要原因。在其他一些大陆法国家中，有些或者根据过失的程度，或者根据正义的理念来决定减轻的范围；有些认为应适用责任减半规则；有些则没有提及适用的标准。②

2. 区别责任的减轻和责任的免除。此种做法认为，受害人的过错既可能导致责任的减轻，也可能导致责任的免除，但在决定是否减轻或免除责任时，法官应当根据损害发生的原因、双方当事人的过错程度或根据公平正义的理念予以确定。③ 例如，《瑞士债务法》第44条第1款规定："受害人对于发生损害之行为已予同意或因可归责于受害人之事由而促成损害之成立或扩大，或因而增加赔偿义务人地位之困难者，法官得减轻或免除赔偿义务人的责任。"根据《意大利民法典》第1227条，在债权人的过失共同导致损害的场合，基于重过失和事后发生的损害，加害人的责任应被减轻；若债权人尽到通常的注意就可避免损害的发生，则受害人不能请求赔偿。

3. 受害人承担损失说。此种做法乃是罗马法"庞氏规则"的"翻版"，如《阿根廷民法典》中规定："如果受害人所受的损害仅因可归责于受害人的过错所致，加害人不承担责任。"④ 但在实际适用中，该规则被认为仅适用于损害完全由受害人过错所致的情形，即受害人过失是损害发生的唯一原因的情形。对这一规则的合理性的解释是，原告过失的介入使因果关系发生中断，因此，被告应被免除赔偿责任。《匈牙利民法典》包含了一个规则，即受害人有义务采取在当时

---

① France，Trib. Chambéry 22 Dec. 1947，D. 1948 J. 172.

② 参见《德国民法典》第254条。《波兰民法典》也有类似的规定，参见该法典第362条。

③ See A. M. Honorè, *International Encyclopedia of Comparative Law*，Vol. 4，Torts，Chapter 7，Causation and Remoteness of Damage，J. C. B. Mohr（Paul Siebeck，Tübingen），1975，pp. 11-20.

④ Prosser，"Comparative Negligence"，(1953) 4l *Cal. L. Rew.* 1. 3—4.

的情况下可以被合理期待的措施避免或者减轻损害，如果受害人没有履行此种义务，对于因此而造成的相应损害，加害人不承担赔偿责任。[1]

从上述分析可以看出，19 世纪以来，随着过错责任原则的确立，大陆法系国家普遍承认受害人过错可以导致行为人责任的减轻，但是否导致责任被完全免除，则有不同的做法。总的来看，在大陆法系国家，虽然"庞氏规则"至今仍然有一定的影响，但许多国家的立法和判例承认了过失相抵制度，从保护受害人利益考虑，尽可能地使受害人能够获得一定的赔偿。过失相抵制度的产生和发展在侵权法中具有极为重要的意义，它标志着过错责任原则的功能的发挥更为充分，并使过错责任发展到一个新的阶段，同时，归责和责任范围的确定也更为科学和合理化。这一制度并不是仅"以保护加害人为目的、以期减轻其赔偿额"[2]，而是起到了平衡并保护各方的利益、充分体现过错责任原则的作用。

（二）普通法的规则

"庞氏规则"对普通法的"共同过失（contributory negligence）"规则的形成影响极大。在普通法国家，19 世纪早期的英国法虽未有意识地提及"庞氏规则"，但其做法却与该规则殊途同归，英国著名的 Butterfield v. Forrester 案即确立了类似于"庞氏规则"的共同过失规则。[3] 根据共同过失规则，在受害人对损害的发生也有过失的情况下，应由受害人自己承担全部损失，即因受害人自己的过失而致的损害，受害人不能请求赔偿。这一规则又被称为"或者全部赔偿或者完全不赔偿（all or nothing）"规则，即若原告无过失，则由被告全部赔偿；若原告有过失，则无权获得赔偿。"依英美法观念，凡被害人有加工过失时，即被 barred（剥夺）损害赔偿请求权，此乃源于其洁手原则（the principle of clean hand）之当然也。"[4] 在美国法中，对共同过失规则的合理解释是，受害人的过失形成一个超越的原因，导致因果关系中断，使被告的过失与损害结果之间的因

---

① 参见《匈牙利民法典》340 条。

② 何孝元：《损害赔偿之研究》，49 页，台北，三民书局，1982。

③ See Butterfield v. Forrester，11 East. 60，103 Eng. Rep. 926（K. B. 1809）.

④ 林诚二：《民法债编总论——体系化解说》，279 页，北京，中国人民大学出版社，2003。

果关系过于遥远，因此，原告将不能获得赔偿。① 但由于共同过失规则对受害人的保护极为不利，因而该规则逐渐被修正，如在 Bradley v. Appalachian Power Co. 一案中，法官认为，受害人的过错并不能导致其损害赔偿权利被剥夺，当然，这也不意味着共同过失规则的废除。②

由于共同过失规则对受害人过于苛刻，不能有效地预防事故损害的发生，因而在一些普通法国家，逐渐对该规则予以限制。如有一些国家规定，如果法律有明确规定，受害人的过失可以导致加害人减轻责任。美国联邦的一些立法也有类似的规定。③ 尤其应当看到，在美国法中，为了克服共同过失规则的不足，逐渐发展了比较过失（comparative negligence）规则，该规则要求通过考量双方的过错程度来分别确定原、被告应当承担的责任。早在 1855 年美国佐治亚州的一个法令中就提及了"比较过失"，20 世纪以来，美国法明确采纳了比较过失规则。1911 年，密西西比州第一个以成文法的形式采纳了比较过失原则，1920 年该规则又扩展到了财产损失。1926 年的《联邦雇主责任法》第 53 条规定，雇员因自己的过失造成死亡，不得因为雇员有过失而免除雇主的责任，陪审员应比较雇主和雇员的过失来确定责任。目前，在美国已经有 46 个州通过立法或判例采纳了这一规则，但在亚拉巴马等 4 个州仍然采纳的是共同过失规则。④ 在英国，直到《共同过失改革法（1945）》（Law Reform（Contributory Negligence）Act 1945）制定，才建立起现代意义的过失相抵制度——比较过失。

（三）我国法上的过失相抵制度

我国《民法通则》第 131 条规定："受害人对于损害的发生也有过错的，可以减轻侵害人的民事责任。"由于"也有过错"的含义是指受害人的过错以加害

① See William L. Prosser, "Comparative Negligence", 51 *Mich. L. Rev.* 465, 469（1953）.

② 在该案中，法官认为，只要原告的过失没有超过或者等同于被告的过失，就应当获得赔偿。参见 Bradley v. Appalachian Power Co., 256 S. E. 2d 879（W. Va. 1979）。

③ See Martin J. Rooney, Colleen M. Rooney, Ross D. Eatman, "Comparative Negligence in New Hampshire: Its Effect on Contributory Negligence and Tort Law", *Suffolk University Law Review*, Vol. 22, Issue 1, Spring 1988, pp. 1 - 42.

④ See Prosser, *Wade and Schward on Torts*, 9th ed., Foundation Press, 1994, p. 568.

人有过错为前提，其后果是导致加害人责任的减轻，因而，"也有过错"限于混合过错中的受害人对损害的发生有一般过失的情形。而《民法通则》第123条和第127条在规定免责要件时所提及的"受害人故意""受害人的过错"，则是指受害人单独引起损害的故意或重大过失的情形。根据《民法通则》第131条，我国有关的司法解释也对混合过错制度作了进一步的解释。例如，《人身损害赔偿司法解释》第2条规定："受害人对同一损害的发生或者扩大有故意、过失的，依照民法通则第一百三十一条的规定，可以减轻或者免除赔偿义务人的赔偿责任。但侵权人因故意或者重大过失致人损害，受害人只有一般过失的，不减轻赔偿义务人的赔偿责任。适用民法通则第一百零六条第三款规定确定赔偿义务人的赔偿责任时，受害人有重大过失的，可以减轻赔偿义务人的赔偿责任。"该规定不仅确认了在过错责任中可以根据受害人的过错减轻或免除行为人的责任，而且进一步区分了受害人过错在过错责任和严格责任中适用的不同情况，具有重要的理论与实践意义。

我国许多单行的民事法律法规都规定了受害人的过错可以导致责任的减轻或免除，有关受害人过错对归责的影响，大致可以区分为三种情况：一是根据双方的过错程度分担损失。例如，《海商法》第169条规定："船舶发生碰撞，碰撞的船舶互有过失的，各船按照过失程度的比例负赔偿责任；过失程度相当或者过失程度的比例无法判定的，平均负赔偿责任。互有过失的船舶，对碰撞造成的船舶以及船上货物和其他财产的损失，依照前款规定的比例负赔偿责任。碰撞造成第三人财产损失的，各船的赔偿责任均不超过其应当承担的比例。"二是根据受害人的过错减轻行为人的责任。例如，依据《道路交通安全法》第76条的规定，机动车与非机动车驾驶人、行人之间发生交通事故，非机动车驾驶人、行人没有过错的，由机动车一方承担赔偿责任；有证据证明非机动车驾驶人、行人有过错的，根据过错程度适当减轻机动车一方的赔偿责任；机动车一方没有过错的，承担不超过10%的赔偿责任。三是根据受害人的过错免除行为人的责任。例如，依据《道路交通安全法》第76条的规定，如果交通事故的损失是由非机动车驾驶人、行人故意碰撞机动车造成的，机动车一方不承担责任。

《侵权责任法》在总结我国以往立法和司法实践经验的基础上，在法律上进一步确立了过失相抵的规则。《侵权责任法》第 26 条规定："被侵权人对损害的发生也有过错的，可以减轻侵权人的责任。"此处明确规定"也有过错"就表明，受害人的过错是以加害人的过错为前提的，这就概括了过失相抵的特点。《侵权责任法》第 27 条规定："损害是因受害人故意造成的，行为人不承担责任。"该条虽然只是将受害人故意规定为免责事由，但其也可以作为减轻责任的事由。尤其应当看到，《侵权责任法》分则中大量规定了受害人过错可以作为减轻或免除责任的事由。例如，该法第 78 条规定："饲养的动物造成他人损害的，动物饲养人或者管理人应当承担侵权责任，但能够证明损害是因被侵权人故意或者重大过失造成的，可以不承担或者减轻责任。"此处之所以笼统地规定故意或者重大过失作为减轻或免除责任的事由，立法者的本意就是，即便受害人具有故意也不一定导致免责，是免除还是减轻责任，需要由法官在个案中考虑各种因素来决定。总之，我国侵权责任法通过对过失相抵规则的全面规定，形成了完整的过失相抵制度。该制度的主要功能在于督促当事人尽到对自己的注意义务，衡平当事人之间的利益；从效率的角度来看，该制度的设立也有利于督促受害人采取措施，尽量防止损害的发生或扩大，从而减少社会财富的损失和浪费。

四、受害人过错的特点

在侵权责任法中，受害人的过错和加害人的过错是相对应的。但二者存在显著区别，两种过错的主要区别表现在：

1. 范畴不同。一般来说，《侵权责任法》上所说的过错都是指加害人的过错，它是作为责任的构成要件来加以考察的。虽然受害人的过错与行为人的责任承担之间有密切的联系（例如在受害人具有故意的情况下，将会免除行为人的责任），但在《侵权责任法》上，受害人的过错是作为一种抗辩事由而存在的，它不应包括在构成要件中，二者属于不同的范畴。在学理上，受害人的过错被称为非固有（非真正）意义上的过错（Verschulden im unechten Sinne）；而加害人的

过错则被称为固有（或真正）意义上的过错（Verschulden im echten Sinne）。

2. 主体不同。受害人的过错主体是受害人而非行为人，通常受害人的过错以侵害行为的存在为前提，也就是说，加害人实施了加害行为以后，由于受害人的过错导致损害的发生和扩大。在绝大多数情况下，没有加害行为，就无所谓受害人，当然也不存在受害人的过错。如果是因为受害人自身的原因造成损害的发生，则实际上是受害人自己引起自身的损害，也就不存在加害人和受害人的区别了。在混合过错中，受害人的过错以加害人的行为为前提，其可能发生在损害发生之时，也可能发生在损害扩大之时，而考察混合过错制度的主要目的就是通过对双方过错的比较，来决定是否减轻或免除加害人的责任。

3. 性质不同。受害人的过错与行为人的过错在性质上是有区别的，主要表现在两个方面：一方面，受害人的过错本质上是违反了对自己的保护义务，而不是违反了侵权责任法所设定的不得损害他人的一般性义务。无论是混合过错中的受害人的过错，还是单独引起损害发生的受害人的过错，都是指受害人对于自己的人身及财产利益没有尽到合理的照顾义务，或者没有采取适当的预防措施[1]，而不是指因故意和过失致他人损害或违反了对他人应尽的合理注意的法定义务。另一方面，受害人的过错在一般情况下并不具有违法性。受害人的过错违反的仅是消极的"对己"义务，而非实施积极的侵害他人的行为。受害人的过错主要是指违反了依据诚信原则所产生的照顾自身利益的义务，对自己的保护义务很难说是受害人应承担的法定义务。不能因为受害人违反了这种义务，就确定受害人的行为具有违法性，并要求其承担法律责任。

4. 后果不同。受害人的过错以加害人行为存在为前提，其后果仅导致加害人责任的减轻或免除，而并非使受害人承担对自己过错行为的责任。这就是说，如果受害人具有过错，则被告可以以此作为抗辩事由，主张减轻或免除责任。因为在受害人具有过错的情况下，受害人违反的是保护自身的义务，只是由于受害人的过错与损害之间具有一定的因果关系，而使加害人的责任赔偿数额减少或免

---

① 参见《美国侵权法重述（第2次）》第463条；《匈牙利民法典》第340条第1款。

除，但这并不意味着受害人自己对自己实施了侵权行为。在受害人有过错的情况下，并没有造成他人的损害，而只是导致自身利益的损害。这种行为尽管不是法律所鼓励的，但这并不意味着在受害人有过错的场合，法律要给予受害人以某种惩罚，只是出于公平的考虑，而减轻甚至免除加害人的责任。

有学者认为，某人未尽到对自己的注意义务，不构成法律意义上的过错，而只是在技术意义上使用的过错。[①] 按照刘得宽先生的观点，此种过失是以减轻赔偿额为要件的过失[②]，因而是在特定意义上使用的过失。这些观点都不无道理。在法律上需要将受害人的过错和加害人的过错区分开，区分的意义在于：第一，为了强化对受害人的保护，对加害人的过错可以采取推定的方式，但对受害人的过错一般不能采取推定的方式。第二，如果加害人不能对受害人的过错举证，则不能依据过失相抵规则主张减轻责任。第三，判断标准不同。对行为人的过错而言，应当按照社会一般的标准确定其是否存在过错，而受害人的过错一般是违反了照顾自己利益的义务，从而导致损害的发生或者扩大，二者的判断标准是不同的。

第三节　过失相抵的构成要件

一、受害人具有过错

所谓受害人的过错（fault of the injured party；eigenes Verschulden des Geschaedigten），是指受害人对损害的发生或扩大具有过错。在此需要讨论的是，受害人的过错是否具有法律上的可归责性？对此存在不同观点。德国学者拉伦茨认为，受害人的过失仍然表明其具有可归责性。他认为："如果他因此遭受损害，

---

① See A. M, Honorè, *International Encyclopedia of Comparative Law*，Vol. 4，Torts，Chapter 7，Causation and Remoteness of Damage，J. C. B. Mohr（Paul Siebeck，Tübingen），1975，p. 100.

② 参见刘得宽：《民法诸问题与新展望》，219 页，台北，三民书局，1979。

并为此而向共同导致损害的他人提出请求的，只要对损害与有原因的、他自己的行为，在个人负责的意义上可得归结于他，那么该行为这时可以评价为他的行为。"① 但按照日本学者加藤一郎先生的观点，受害人的过失并非构成侵权责任成立意义上注意义务的违反，而是造成损害发生的不注意。被害人之过失是一种社会共同生活上的注意义务，其程度较加害人低，因此无须责任能力之要求，即使是小学生，也可以进行过失相抵。② 因而受害人的过错并不考虑可归责性的问题。按照大多数学者的看法，受害人的过错与加害人的过错存在本质的区别。加害人的过错是在过错责任下考察加害人自身的可归责性，往往体现了法律对加害人行为的一种否定性评价，具有非难可能性，而受害人的过错显然与此不同，受害人对自己的权益疏于照顾的，其主观上并没有致他人损害的过错，因此其行为不具有法律上的可归责性。

根据我国《侵权责任法》第 26 条，在侵权行为发生以后，受害人应采取措施防止损失的扩大，以避免使加害人负更重的责任，若受害人没有尽到此种义务，则由受害人自己承担扩大的损失。许多学者根据该规定认为，受害人注意自身的财产和人身安全的义务，也是一种法定义务，而不是单纯的道德义务。笔者认为，从《侵权责任法》的上述规定来看，该法已确立了受害人减轻损害的义务，但并不意味着该义务已成为法定的一般的强制性义务。毕竟法律规定的强制性义务仅限于不得损害他人的义务，而每个人照顾自身的义务主要是根据诚信原则产生的，这种义务与法定的强制性义务仍然是有区别的，对该义务的违反并不导致责任的承担，而只是导致赔偿的减轻或免除。笔者认为此种义务具有如下几个特点：

第一，从是否导致责任后果的角度来看，此种义务在法律上是一种不真正义务。③ 也就是说，它虽然是一种法律规定的义务，但它和通常所说的法律的强制

① Larenz, Lehrbuch des Schuldrechts, Band I, Allgemeiner Teil, 10. Auf. , 1970, § 13 I a.
② 参见［日］加藤一郎：《不法行为》，247 页，东京，有斐阁，1974。
③ 参见［德］迪特尔·梅迪库斯：《德国债法总论》，杜景林、卢谌译，514 页以下，北京，法律出版社，2004。

性义务是有区别的。侵权法要求每个人都不得损害他人，从而确定了不侵害他人的普遍的一般义务，违反此种义务致他人损害将产生损害赔偿责任，但侵权法并未规定任何人必须负有照顾自身的义务，否则要承担法律责任。因此，受害人照顾自身权益的义务是一种不真正义务，违反此种义务的后果是对受害人产生不利益，导致其不能获得赔偿或减少赔偿，但并不产生对他人的损害赔偿责任问题。当然，这并不意味着不真正义务是一种任意性的义务，其性质上仍然是一种法律上的义务。

第二，从是否可以请求履行的角度来看，此种义务不具有可请求履行性。受害人虽依法负有此种义务，但并不因此使行为人获得一种相对的权利从而可直接请求受害人履行。有学者认为，它是一种强度较弱的义务，其主要特征在于相对人通常不得请求履行，对其违反也不发生损害赔偿责任。[1] 此种观点不无道理。

第三，此种义务的违反并不具有违法性，也不具有法律上的应受非难性。受害人过错的本质在于违反了依据诚信原则所产生的照顾自身利益的义务，此种过错是否具有不法性，在法律上也是存在争论的。反对说认为，受害人的过错和加害人的过错的根本区别在于，受害人的过错不具有不法性，因此，在法律上只是使其赔偿数额减少，而不是承担责任。[2] 赞成说认为，受害人没有注意自己的财产安全，也可以被认为是违法的，但此种违法与加害人行为的不法性是不同的。笔者认为，在确定行为人的责任时，可以将违法性包含在过错的概念之中，但在确定受害人的过错时，则应当区分过错和违法的概念。在受害人具有过错的情况下，尽管受害人有过错，但是其行为不具有违法性。一方面，违法性通常指的是违反了不损害他人的义务，并且在结果上造成了对他人的人身和财产利益的损害。在大多数情况下，加害人的行为既有过错，又有违法性，所以加害人要承担侵权责任。在受害人有过错的情况下，受害人并不因其过错要承担责任，而仅仅

---

① 参见王泽鉴：《基本理论债之发生：契约、代理权授予、无因管理》，51页，北京，中国政法大学出版社，2001。

② See A. M. Honorè, *International Encyclopedia of Comparative Law*，Vol. 4，Torts，Chapter 7，Causation and Remoteness of Damage，J. C. B. Mohr（Paul Siebeck，Tübingen），1975，p. 100.

是导致减轻或者免除加害人的责任。另一方面，受害人的过错虽然会导致受害人承受不利益，但其行为并没有直接地侵害社会的利益。从这个意义上说，受害人的过错也不具有违法性。

二、受害人的过错与损害的发生或扩大存在因果关系

在侵权后果发生之后，虽然受害人也有过错，但是，如果受害人的过错与损害的发生或扩大不存在因果关系，也不能适用过失相抵，从而减轻侵权人的责任。因为基于侵权法的自己责任原则，每个人要为且仅为自己的行为负责。但如果损害的发生和扩大是因为受害人的过错所致，受害人应当自担损害。例如，张三骑车将李四的水果摊撞到，张三当然应当承担相应的赔偿责任。但是，李四如果不采取措施减轻损害，而是任由水果被人践踏，以致水果全部被毁。那么，李四应当对自己的这种行为负责，就扩大的损失难以要求张三赔偿。

所谓受害人的过错与损害的发生或者扩大存在因果关系可以分为以下两种情形：

1. 受害人对损害发生的过错

第一，受害人的原因引起损害的发生，这通常是指因受害人的故意导致损害的发生，《侵权责任法》第 27 条规定："损害是因受害人故意造成的，行为人不承担责任。"例如，受害人故意"碰瓷"，导致其遭受损害，机动车一方就不必承担责任。

第二，受害人和加害人共同引起了损害的发生，这通常是因为受害人的过错对损害的发生也起到了作用。此处所说的受害人对损害发生的过错，主要是从责任减轻事由的角度所说的过错，从这个意义上说，在受害人对损害发生具有过错的情况下，受害人遭受的损害不是完全单独基于自身的原因发生，而是由受害人的过错和加害人的过错共同造成的。双方的行为都是损害发生的直接原因。对于受害人来说，通常是应当能够预见并采取措施避免损害的发生，而受害人因为疏忽大意等原因而没有预见并采取措施避免损害的发生。例如，某人承租他人的房

屋后，已发现房屋极有可能因遇暴雨而发生倒塌，但因为疏忽大意未告知房主修缮，亦未采取措施防止房屋倒塌。后来因房屋倒塌造成重大损害，表明其也有过错。在实践中，受害人形成某种不合理的危险，使自己处于一种极易遭受损害的危险状态之中，也属于对损害的发生有过错。例如，小区的门卫有义务制止被告燃放鞭炮，但没有制止，门卫自身最后被鞭炮炸伤；再如，夜间在路边紧急停车进行修理，但是车主并没有打开警示灯，致使后面一辆车在无法看清前面有车的情况下直接撞上，造成停车的车主损害。① 但是，受害人信赖加害人的行为，不得视为受害人具有过错。如果受害人对基于法律或合同的规定负有注意义务的人存在一种信赖关系，即合理地信赖其会实施注意行为而不使其遭受损害（如寄托人对保管人在管理财产上的合理信赖，乘客对于承运人的安全运输产生合理信赖），受害人基于合理信赖而未采取措施防止自身遭受损害的，加害人不得以受害人未采取措施防止损害的发生为由而提出受害人有过错。

2. 受害人对损害扩大的过错

受害人对损害扩大的过错，是指受害人因加害人的过错遭受损害以后，因受害人未及时采取措施防止损害的扩大，致使其自身遭受的损害扩大。侵权行为发生后，因受害人自己的过失而导致的损失，属于嗣后过失。例如，受害人受伤后，怠于医治使其伤病加重，或受伤后能够工作而不工作，造成误工损失。在因受害人的过错造成损失扩大以后，若扩大的部分可以具体确定，并能与先前的损害相区别，则对此部分的损害可视为由受害人引起的损害，先前的加害人行为与这部分损害事实之间没有因果关系，因而不负赔偿责任。而受害人对先前的损害也不应分担损害，因为此部分损害完全是由先前的加害人造成的。若扩大的损害部分不能具体确定，且不能与先前的损害相区别，则先前的和扩大的损害形成一个整体。对最终损害的发生而言，加害人和受害人的过错都起到了一定的作用，

---

① 《德国民法典》第254条规定："即使被害人的过失仅限于对债务人既不知也不可知的、有造成异常严重损害的危险怠于提醒债务人注意，或者怠于防止或者减少损害时，也同样适用前款规定。于此准用第278条的规定。"这就表明，德国法中，并不存在提醒加害人注意危险的一般义务，但是，在例外情况下，受害人负有此种提醒义务。德国学者一般认为，此种情况属于受害人过错的一种特殊类型，并发生与受害人过错同样的法律后果。

因而构成混合过错。因受害人对最终的损害具有过错，因而应比较过错减少加害人的赔偿额。

受害人对损害扩大的过错，在许多国家的法律中均有规定。例如，《德国民法典》第254条规定："如果被害人的过失，系意于防止或减轻损害者，亦视为受害人的过失。"在德国法中，如果受害人没有告知加害人可能发生的重大损害，此时，受害人也具有过失，应进行过失相抵。《德国民法典》第254条第2款对此作出了规定。① 例如，在受害人接受医生治疗时，必须告知自身的固有疾病或药品过敏史等，否则，因其特异体质和特殊病史导致药物治疗损害，其对损害也应负有一定的责任。在普通法系国家，受害人未能防止损害的发生将构成共同过失（contributory negligence），受害人将有可能不能获得赔偿。受害人未能防止损害的扩大，违反了减轻损害的特别义务，将导致加害人责任的减轻。我国《侵权责任法》在相关条文中区分了损害的发生和损害的扩大。例如，《侵权责任法》第36条第2款规定："网络服务提供者接到通知后未及时采取必要措施的，对损害的扩大部分与该网络用户承担连带责任。"但就受害人造成损害而言，没有区分损害的发生或扩大。我国《侵权责任法》第26条规定："被侵权人对损害的发生也有过错的，可以减轻侵权人的责任。"有人曾这样解读该条款：认为此处只是规定了受害人对损害发生的过错，而不包括侵权行为实施后，对损害扩大的过错。但笔者认为，无论是从文义解释来看，还是从目的解释来看，此种观点都不甚妥当。一方面，从文义上看，该条并未对损害"发生"的时间作出明确限定，这就是说，其既包括侵权行为实施时因受害人过错"发生"的损害，也包括侵权行为实施后，因受害人过错导致的损害的扩大。另一方面，从立法目的来看，其主要是让侵权人承担的责任与其行为相当，就侵权人以外的原因造成的损害（如受害人的过错），不应由侵权人负责。因此，如果受害人在侵权行为实施后因自身过错遭受损害的，与侵权人的行为无关，不应由侵权人承担责任，即应当作为责任减免事由。更何况，《人身损害赔偿司法解释》第2条第1款规定："受害人

① 参见［德］迪特尔·梅迪库斯：《德国债法总论》，杜景林、卢谌译，515页，北京，法律出版社，2004。

对同一损害的发生或者扩大有故意、过失的，依照民法通则第一百三十一条的规定，可以减轻或者免除赔偿义务人的赔偿责任。但侵权人因故意或者重大过失致人损害，受害人只有一般过失的，不减轻赔偿义务人的赔偿责任。"该条确认了受害人对损害扩大的过错，因此，应当将此种过错作为过失相抵的因素加以考虑。

判断受害人对损害的扩大是否有过错，应当考虑两方面内容：第一，受害人采取措施是否及时。所谓及时，是指损害发生以后，应当立即采取措施减轻损害或防止损害进一步扩大。受害人能够采取合理措施而怠于采取合理措施，以至于使损失扩大，受害人就是有过错的。第二，受害人采取的措施是否合理。所谓合理，是指受害人应基于善意，以较少的花费来减轻损害。若采取的措施花费过大，与减轻的损害不相称，就是不合理的。如果受害人能够采取多种措施避免损害的扩大，则应当选择一种最为合理的方式。判断受害人采取的措施是否合理，应依社会一般人的观念来确定。在特殊情况下，受害人采取的措施是合理的，主观上是出于善意的，但在客观上不仅没有减轻损害，反而使损害进一步扩大了，对这种情况也不能视为受害人有过错。

受害人对损害的扩大有过错，并非当然构成混合过错。因为如果扩大的损害部分可以单独确定，则先前的加害人对扩大部分的损害是没有过错的。由此可见，受害人对损害的扩大有过错，可以构成加害人对扩大部分损害的责任的免责要件。

区分受害人对损害发生和扩大的过错的意义在于：一方面，二者发生的时间阶段不同。"受害人对损害发生的过错"发生在损害的发生阶段，而"受害人对损害扩大的过错"发生在损害发生以后，当然，从原始的损害到最终的损害，可能经历了一个发展阶段，没有原始的损害，就不可能发展为最终的损害，但形成原始的损害和从原始的损害发展到最终的损害，可以分为两个不同的阶段，而受害人的过错可能会相对独立地表现在不同的阶段上。另一方面，二者的法律后果是不同的。在"受害人对损害发生的过错"中，有可能导致责任的免除或减轻。而"受害人对损害扩大的过错"一般仅导致责任的减轻。此外，德国通说认为就

损害的发生而言，如果加害人具有故意，而被害人仅有轻微过失时，被害人虽然属于与有过失，但法院可以判决加害人负全部赔偿责任。但在损害扩大的时候并不适用该规则，因此，被害人就避免损害之扩大虽然仅有轻微过失，但仍应负有与有过失责任，从而承受减免赔偿金额的不利结果。[1] 笔者认为，区分这两种情况有一定道理，应当针对损害的发生或扩大的不同阶段，根据受害人过错对损害的作用确定责任。

三、符合法律的相关规定

我国《侵权责任法》等法律对于一些特殊侵权中过失相抵进行了相应的限制，规定了受害人只有在具有特定类型的过错时，才能进行过失相抵。例如，《侵权责任法》第72条规定："占有或者使用易燃、易爆、剧毒、放射性等高度危险物造成他人损害的，占有人或者使用人应当承担侵权责任，但能够证明损害是因受害人故意或者不可抗力造成的，不承担责任。被侵权人对损害的发生有重大过失的，可以减轻占有人或者使用人的责任。"但是，同法第73条规定："从事高空、高压、地下挖掘活动或者使用高速轨道运输工具造成他人损害的，经营者应当承担侵权责任，但能够证明损害是因受害人故意或者不可抗力造成的，不承担责任。被侵权人对损害的发生有过失的，可以减轻经营者的责任。"显然，这两条规定的过失相抵适用条件就不同，前者要求被侵权人必须具有重大过失，而后者规定被侵权人具有过失。过失既包括了重大过失，也包括了一般过失。

第四节 过失相抵的适用

受害人过错是指受害人对损害的发生或扩大具有过错。受害人的过错常常

---

① 参见詹森林：《民事法理与判决研究》，291页，台北，自版，1998。

成为减轻或免除行为人责任的根据。受害人的过错涉及比较过失、过失相抵以及受害人自甘冒险等多种制度。在我国侵权责任法中，受害人的过错是一种独立的免责事由或减轻责任的事由。但在受害人存在过失的情况下，具体如何适用过失相抵，除了要符合法律的相关规定之外，还应当注意如下几个问题：

一、应当依据不同的归责原则适用过失相抵

过失相抵主要适用于过错责任和过错推定责任的情形，但也能适用于严格责任。严格责任并不是绝对的无过错责任，在严格责任的情况下，虽然责任的免除是受严格限制的，但并非不能减轻行为人的责任。而在减轻的过程中，就有必要适用过失相抵的规则。例如，依据《侵权责任法》第73条的规定，"被侵权人对损害的发生有过失的，可以减轻经营者的责任"。这就明确规定了受害人过错可以成为减轻行为人责任的事由。

问题在于，法律针对特定类型的严格责任，有的规定了受害人的过错成为减轻责任的事由，有的没有规定受害人的过错成为减轻责任的事由。在法律没有特别规定减轻责任事由的情况下，是否都可以适用《侵权责任法》第三章关于减轻责任事由的规定？对此存在不同的看法。一种观点认为，凡是法律没有规定减轻责任事由的，就意味着是无免责事由的严格责任，不得适用第三章中减轻责任事由的规定。例如，《侵权责任法》第80条规定："禁止饲养的烈性犬等危险动物造成他人损害的，动物饲养人或者管理人应当承担侵权责任。"另一种观点认为，即使法律没有特别规定减轻责任的事由，《侵权责任法》第三章关于减轻责任事由的规定也可能适用。笔者认为，立法者即便没有规定减轻责任的事由，并不意味着排斥减轻责任的事由。而只是考虑一律规定受害人的过错成为减轻责任的事由可能过于僵硬，法律采取了回避的做法，因此，在实践中要根据具体案情考虑是否可以减轻责任。例如，在实践中，入室行窃者被室内饲养动物致害的案件时有发生。在四川发生的一起事件中，两个窃贼入室盗窃时被

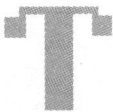

大狼狗咬伤①，在本案中，尽管动物饲养人饲养狼狗违反了相关规定，依据《侵权责任法》第 80 条的规定，应当承担责任，但就饲养者来说，其将烈性动物控制在自家范围内，而小偷未经主人许可入室盗窃被狼狗咬伤，显然具有重大过失，应当适当减轻饲养人的责任。

　　严格责任中的过错相抵与一般过错责任中的过错相抵是有区别的。《人身损害赔偿司法解释》第 2 条规定："受害人对同一损害的发生或者扩大有故意、过失的，依照民法通则第一百三十一条的规定，可以减轻或者免除赔偿义务人的赔偿责任。但侵权人因故意或者重大过失致人损害，受害人只有一般过失的，不减轻赔偿义务人的赔偿责任。适用民法通则第一百零六条第三款规定确定赔偿义务人的赔偿责任时，受害人有重大过失的，可以减轻赔偿义务人的赔偿责任。"这就是说，在过错责任中，可以完全适用过错相抵，根据双方的过错程度确定行为人的责任，但在严格责任的情况下，不能完全根据过错程度确定行为人的责任，而只有在受害人有重大过失时，才可以减轻赔偿义务人的赔偿责任。如果受害人仅具有一般过失或轻微过失，不能因此当然减轻受害人的责任。例如，债权人甲去债务人乙的家中追讨债务，走到乙的门前发现乙的狗蹲在门前，朝甲狂吠。甲不予理睬，仍然上前敲门并撵乙的狗，结果被乙的狗咬伤。甲诉至法院要求乙赔偿，乙以甲明知狗在门口要咬人而仍然撵狗，因此损害是受害人自身的过错造成的相抗辩。一审法院认为，本案中，甲具有过错，因此按照过错相抵的原则，应当减轻乙的责任。但根据《侵权责任法》第 78 条的规定只有在受害人具有重大过失的情况下，才可以减轻被告的责任。本案中，乙将其狗置于门口，阻止他人进入，对任何经过其门口的人都构成了危险。乙应当采取充分措施来避免其狗咬伤他人，一旦损害发生，乙作为动物的所有人，就应当对损害承担责任。而甲上门讨债，其行为是合法的，其撵狗的行为也是出于自卫，并非故意挑逗。即便其撵狗行为有不恰当之处，也不构成重大过失，因此不能构成乙减轻责任的事由。

---

① 参见《狼狗看门很尽责，叫来主人咬伤贼》，载《绵阳日报》，2009-07-29。

正是因为在严格责任与过错责任中过错相抵的适用是不同的，因而在适用过错相抵规则时必须区分不同的归责原则。例如，甲牵一头牛欲经过一座小桥，桥对岸乙也牵着一头牛要经过该桥。甲对乙说，其牛性情暴烈，两牛接触时会给对方牛造成伤害，所以要求其牛先经过。乙置之不理，坚持要其牛也同时过桥。结果两牛在桥中间接触时，甲的牛将乙的牛顶下桥，致该牛死亡。根据《民法通则》第127条的规定，饲养的动物造成他人损害属于严格责任。但本案中，动物是在人的控制之下，因此动物过桥的行为是人有意识支配的行为，所以对动物受到的损害应当看作是人的行为的体现，因此不能适用第127条关于动物致人损害的规定。本案不应当属于严格责任，而应当按照一般的过错责任来考虑过失相抵问题。由于甲已经明确对乙告知了危险，而乙自愿承担危险，则乙本身是有过错的，因而可以适用过错相抵。比较而言，虽然甲明知其牛性情暴烈，两牛接触时会给对方牛造成伤害，并已事先要求其牛先过桥，然乙毕竟不能准确了解甲的牛是否确实如此，所以甲的过错更重一些，故甲应当承担更重的责任。

二、应当区分受害人过错的几种形态

1. 受害人具有重大过失

所谓受害人具有重大过失，是指受害人对自己的权益极不关心，严重懈怠，或者虽意识到某种危险的存在，仍然漠然视之，以至于造成了损害后果。例如，某人明知烈性犬凶猛，仍然挑逗，导致被猛犬咬伤，此即为重大过失。再如，受害人遭受侵权人侵害以后受伤，但是其拒绝治疗，以致造成感染并截肢。在过错责任中，如果受害人具有重大过失，受害人原则上不能要求行为人赔偿全部损失。其主要原因在于：一方面，从因果关系的角度来说，在受害人具有重大过失的情况下，受害人的过失与损害结果之间具有相当因果联系。另一方面，从过错责任的角度来说，既然受害人具有重大过失，不能认为侵权人的过错是损害发生的唯一原因，也不能根据双方之间的过错不成比例的理论要求行为人全

部负责。① 因此，应当根据受害人具有重大过错来减轻侵权人的责任，即使在严格责任中，受害人的重大过失一般也可能导致侵权人责任的减轻。例如，《侵权责任法》第 78 条规定："饲养的动物造成他人损害的，动物饲养人或者管理人应当承担侵权责任，但能够证明损害是因被侵权人故意或者重大过失造成的，可以不承担或者减轻责任。"

在过错责任中，受害人的过错对责任范围将会产生直接的影响。如果受害人具有重大过失，而加害人的过错轻微，有可能导致责任被免除，受害人的一般过失可以导致责任的减轻。但在严格责任中，原则上只能因受害人的重大过失才能导致行为人责任的减轻，而受害人的一般过失不能导致责任的减轻，毕竟受害人遭受的损害是行为人的行为或者其物件造成的，因此行为人应当负责。在严格责任中，除非法律明确规定在某种情况下，受害人的重大过失将导致行为人被免责。

2. 受害人具有一般过失

在过错责任中，在受害人具有一般过失的情况下，侵权人的责任可能被减轻。在过错推定责任中，受害人的一般过失也可以导致侵权人责任的减轻。例如，《侵权责任法》第 89 条规定："在公共道路上堆放、倾倒、遗撒妨碍通行的物品造成他人损害的，有关单位或者个人应当承担侵权责任。"该条在性质上属于过错推定责任，此处所说的有关单位或个人主要是指堆放、倾倒、遗撒者以及市政机关、道路交通的管理者和所有者等，如果不能证明其没有过错，则应当承担责任。但如果车辆驾驶者在已经看到堆放物、倾倒物、遗撒物，并且可以轻易避开，而因为疏忽大意未能避开，则表明其主观上也具有过错，将导致行为人的责任被减轻。

在严格责任中，如果受害人具有一般过失，除非法律有明确规定，侵权人不得以此为理由主张免责。例如，《侵权责任法》第 73 条规定："从事高空、高压、地下挖掘活动或者使用高速轨道运输工具造成他人损害的，经营者应当承担侵权责任，但能够证明损害是因受害人故意或者不可抗力造成的，不承担责任。被侵

---

① See A. M. Honorè, *International Encyclopedia of Comparative Law*，Vol. 4，Torts, Chapter 7, Causation and Remoteness of Damage, J. C. B. Mohr (Paul Siebeck, Tübingen)，1975，p. 112.

权人对损害的发生有过失的，可以减轻经营者的责任。"据此，在严格责任情况下，受害人的一般过失也可以导致责任的减轻，但这属于法律的特殊规定。这也是严格责任与一般过错责任和过错推定责任的区别所在。在侵权责任法中，受害人的过错程度不仅影响到责任的成立，还可以影响到责任的范围，因此，受害人的过错可以作为一种减轻或者免除责任的事由。

3. 受害人具有轻微过失

当受害人具有轻微过失的时候，过失相抵的适用将受到非常严格的限制。一方面，在适用过错责任和过错推定责任的侵权行为中，受害人具有轻微过失，而加害人具有故意或重大过失的时候，原则上不能适用过失相抵减轻加害人的责任。另一方面，在适用严格责任的侵权行为中，除非法律另有规定，否则受害人仅具有轻微过失的，也不能进行过失相抵。

三、适当考虑受害人的责任能力

责任能力是以意思能力为基础的。意思能力就是行为人判断自己行为的性质及其后果的能力。在判断受害人的过错时，是否应考虑受害人的责任能力以及何种责任能力，对此有三种不同的观点：

一是责任能力说。此种观点认为，要确定受害人是否具有过失，必须首先确定受害人是否具有责任能力，即受害人必须具有辨识能力。德国判例和通说采纳此种观点。瑞典最高法院也持此种观点，因此，在 1977 年 2 月 3 日判决的一个案件中，涉及一个 3 岁的儿童向其朋友扔金属片，造成他人伤害，法院认为该儿童不承担责任。[1] 我国大陆与台湾地区也有一些学者认为，在确定受害人过错时，应当考虑"过失相抵能力"。如果未成年人是受害人，如果适用过失相抵减轻行为人的责任，显然是不公平的，因此，在实行过错相抵时，应以被害人有责

---

[1] 参见 [德] 冯·巴尔：《欧洲比较侵权行为法》下，焦美华译，410 页，北京，法律出版社，2001。

任能力为要件。[1]

　　然而在考虑受害人是否具有责任能力时，对此种责任能力的内容如何界定，学术界存在不同看法。日本学者加藤一郎认为，过失相抵的辨识能力，并非对于违法行为负责之责任能力，亦即并非对于自己行为结果所生责任之辨识能力，而只需具备避免危险发生的必要注意能力，即可过失相抵。[2] 因此，这种责任能力是很低的，它只需具有避免危险的注意能力即可。我国台湾地区学者曾隆兴认为，"惟过失相抵之本质既在谋求加害人与被害人负担损失之公平，则所谓被害人应有识别能力，非指被害人对违法行为负责之责任能力，而应解惟如被害人具有避免发生危险之识别能力或注意能力即可过失相抵"[3]。这就是说，此种责任能力实际上指的是识别能力，而非行为能力。

　　二是事理辨识能力说。日本司法实践采此说。所谓事理辨识能力，是指避开损害发生的注意能力，一般而言，8岁左右的儿童即具有事理辨识能力。[4] 该说认为，与侵权人承担的损害赔偿责任不同，过失相抵的宗旨是从公平角度出发，考察受害人的过失，从而决定加害人因实施侵权行为而应承担的损害赔偿额，因此，即使是未成年人，只要具备足以辨识事理的智能（事理辨识能力），即可以适用过失相抵。[5]

　　三是不考虑责任能力和事理辨别能力说。此种观点认为，对被害人过错的认定不以考虑其是否具有责任能力或者事理辨识能力为必要，只要客观上受害人具有过错，就应当适用过失相抵。[6] 在丹麦，有关法院的判决认为，一个3岁的孩

---

　　① 参见史尚宽：《债法总论》，305页，北京，中国政法大学出版社，2000；程啸：《侵权行为法总论》，447页，北京，中国人民大学出版社，2008。
　　② 转引自韩世远：《违约损害赔偿研究》，355页，北京，法律出版社，1999。
　　③ 曾隆兴：《现代损害赔偿法论》，564页，台北，自版，1996。
　　④ 参见［日］圆谷峻：《判例形成的日本新侵权行为法》，赵莉译，216页，北京，法律出版社，2008。
　　⑤ 参见于敏：《日本侵权行为法》，2版，414页，北京，法律出版社，2006。
　　⑥ 参见曾隆兴：《现代损害赔偿法论》，563页，台北，自版，1996。

子跑到街上造成事故，也要实行过失相抵，司机仅仅承担 50％的责任。① 在日本，"甚至于学说中亦有认为，被害人之对事理认识能力并非必要，对 3 岁孩童或精神病人亦可承认其过失相抵之说。即起码在过失相抵情形中，无须考虑被害人之责任能力，此已受到现今日本多数学说所肯定，吾等亦可推测今后判例亦会朝这趋向发展"②。

在我国侵权责任法中，行为人侵权责任的承担一般不考虑其是否具有意思能力或责任能力。例如，根据《侵权责任法》第 32 条的规定，在无民事行为能力人和限制民事行为能力人造成损害时，由监护人承担侵权责任。因此，即使行为人没有责任能力，也不影响其监护人承担责任。然而，对受害人而言，在确定是否因其过错因而减轻或免除行为人的责任时，完全不考虑受害人的责任能力，是不妥当的。主要理由在于：第一，对未成年人作为受害人而言，不考虑责任能力不公平。③ 此处所说的不考虑责任能力，主要是指不考虑行为人的责任能力，也就是说，无论行为人是限制民事行为能力人，还是无民事行为能力人，在其造成损害之后，应当由其监护人承担责任。但对受害人而言，需要考虑其在发生损害时的年龄、认识能力等因素，以确定其是否具有过失相抵能力。事实上，在我国《侵权责任法》有关条款中，也针对受害人不同的意思能力而确定行为人的不同责任。④ 第二，从保护受害人的角度出发，完全不考虑受害人的责任能力，是不利于对受害人进行保护的。例如，某人在高压电线下违章修建二层房屋，其房顶距离电线仅 50 厘米。某日，其邻居家 5 岁的孩子过来串门，爬上屋顶，触电后导致双臂被切除。在该案中，一个有正常意思能力的人有可能意识到接触电线会导致触电的危险，但对于一个无民事行为能力人来说，因其不具有意思能力，所以就很难判断触电的危险。在此情况下，若认定其具有过错并适用过错相抵，对

---

① 参见［德］冯·巴尔：《欧洲比较侵权行为法》下，焦美华译，410 页，北京，法律出版社，2001。

② 刘得宽：《民法诸问题与新展望》，204 页，台北，三民书局，1979。

③ 参见程啸：《论侵权行为法上的过失相抵制度》，载《清华法学》，第 6 辑，41 页，北京，清华大学出版社，2005。

④ 参见《侵权责任法》第 38、39 条。

受害人有失公平。因此，在考虑过失相抵时不能不考量受害人的意思能力。如果某人不具有判断危险的能力，而从事某种行为促使危险发生，使其自身遭受了损害，不能因此就完全免除危险形成者的责任。第三，从注意义务的角度而言，确定责任能力有助于厘清注意义务的判断标准，从而督促受害人维护自身权益。如前述，在确定过错标准时，应当区别一般人的注意标准和未成年人的注意标准，未成年人的注意标准应当低于一般人的注意标准，因此，在确定受害人的过错时，也应当根据未成年人的责任能力的高低，来确定其注意义务。

需要探讨的是，当法定代理人具有过失时，其过失造成的后果是否应由未成年人承担，允许加害人对此进行过失相抵？对此有两种观点。一是肯定说，该说认为此时应当允许加害人主张过失相抵。① 二是否定说，该说认为即使法定代理人没有尽到监护义务，也不能以这种过失作为未成年人的过失进行过失相抵。② 在我国司法实践中，确实有采取肯定说的做法，如最高人民法院《关于李桂英诉孙桂清鸡啄眼赔偿一案的函复》（1982 年 1 月 22 日）指出，该案从法律责任来说，李桂英带其 3 岁儿子外出，应认识到对小孩负有看护之责。李桂英抛开孩子，自己与他人在路上闲聊，造成孩子被鸡啄伤右眼，这是李桂英做母亲的过失，与养鸡者无直接关系。因此，判决孙桂清负担医药费是没有法律根据的。但如经过做工作孙桂清出于睦邻友好，同情孩子的遭遇，自愿补给李桂英家一部分医药费是可以的。笔者认为，这种情况不应当适用过失相抵规则，因为此做法违背了监护制度设立的宗旨。监护制度设立的宗旨主要是保护未成年人，法定代理适用的主要范围是法律行为而非事实行为，若使受害人适用过失相抵，反倒对受害人不利。从比较法上看，未成年人不应对其法定代理人的过失负责是一种趋势。③ 故本案还是应当由加害人负赔偿责任，但是法官可以依据公平责任原则对损害赔偿额酌情予以减少。

---

① 参见马俊驹、余延满：《民法原论》，3 版，1033 页，北京，法律出版社，2007。

② 参见程啸：《侵权行为法总论》，447 页，北京，中国人民大学出版社，2008。

③ 参见［德］冯·巴尔：《欧洲比较侵权行为法》上，张新宝译，411 页，北京，法律出版社，2001。

四、比较当事人双方过错的方法

过失相抵就是根据双方的过错程度确定行为人的责任。当然，根据当事人双方的过错程度来确定行为人所应当承担的责任，主要适用于过错责任，至于严格责任和公平责任，则不能根据双方的过错程度来进行比较。然而，如何通过比较过失决定责任的承担或责任的减轻，根据我国司法实践，参考外国的经验，在依过错程度决定责任范围时，应当区别如下不同的情况而适用比较过失制度：

第一，加害人的故意与受害人的故意。如果侵权人和受害人都具有故意，则情况比较复杂。双方当事人都具有故意，在实践中发生较多的是互殴的问题。所谓互殴，就是指双方故意殴打对方，且都构成侵权，致对方损害的行为。互殴是否属于受害人过错，对此有不同的看法。一种观点认为，在互殴的情况下，当事人双方互相伤害对方，不产生一方的过错问题。台湾地区学者大多认为，这不属于受害人过错问题。[①] 另一种观点认为，互殴虽然是双方的故意行为，但仍然能够判断双方过错程度的大小及原因力的程度，并应根据过错程度和原因力的程度来减轻或免除行为人的责任。也就是说，在互殴的情况下，存在两个侵权行为，在每个侵权行为中，受害人都可能存在过错。因此，应当根据过失相抵的规则确定各自的责任。笔者认为，互殴行为是一种表象，表明双方都具有故意。但在确立责任时，首先应当排除一方侵害另一方，另一方进行正当防卫的情形。如果双方是互相故意实施殴打行为，也要考虑双方的过错程度（如谁引起互殴的发生，谁对另一方造成了更重的损害等）来确定责任的分担。

应当指出，若侵权人故意引诱、诱惑受害人从事某种行为从而造成受害人损害的，应当认为损害是由加害人的故意而非受害人的故意造成的。还要看到，在无民事行为能力人致自身损害的情况下，不能把无民事行为能力人的故意视为法律上的故意。

---

① 参见詹森林：《互殴与与有过失》，载《民事法理与判决研究（一）》，北京，中国政法大学出版社，2002。

第二，加害人的故意与受害人的一般过失。若加害人具有故意，而受害人具有一般过失，则应使加害人负完全的赔偿责任。根据《美国侵权法重述》第481条，若加害人具有故意，则不得根据共同过失提出抗辩。在蒙洛兹一案中，法院认为："比较过失规则是对或者赔偿或者不赔偿的共同过失规则的替代，而并没有给予故意的侵权人以抗辩权。"[1] 法国学者马泽昂德和丹克指出：若加害人具有故意，则表明其过错是损害发生的唯一原因，加害人只是利用了受害人的过错来从事加害行为的，就像把他当做他手中的工具来使用的。[2] 笔者认为，加害人具有致他人损害的故意，具有明显的不法性，应受法律制裁，同时，此种故意已表明损害结果与受害人的行为之间无因果关系。即使受害人的过失在程度上较重，也应认为加害人的故意是损害发生的唯一原因，而使其负完全的责任。因此，《人身损害赔偿司法解释》第2条第1款规定："受害人对同一损害的发生或者扩大有故意、过失的，依照民法通则第一百三十一条的规定，可以减轻或者免除赔偿义务人的赔偿责任。但侵权人因故意或者重大过失致人损害，受害人只有一般过失的，不减轻赔偿义务人的责任。"

第三，加害人的故意与受害人的重大过失。如果加害人具有故意，而受害人具有重大过失，虽不能完全免除加害人的责任，但也不能使加害人完全承担责任，而应当相应地减轻加害人的赔偿责任。例如，加害人违反禁放爆竹的规定燃放爆竹，并将爆竹四处乱扔。受害人作为小区管理人员未予制止反而在旁边观看，结果被爆竹炸伤。本案中，受害人作为小区管理人员未尽职责，存在重大过失，故应当相应地减轻行为人的赔偿责任。

第四，加害人的重大过失与受害人的轻微过失。加害人具有重大过失，表明其对他人的人身和财产利益毫不顾及和毫不注意，因此应负责任。在一般侵权责任中，若受害人仅有轻微过失，则应使加害人负完全责任；在过错推定责任和严格责任中，即使受害人具有一般过失，也不能免除加害人的责任。如甲因施工挖

---

[1]　Munoz v. liu, 76Cal. APP. 3d88, 142Cal. RPtr. 667. 674 (1977) .

[2]　See A. M. Honorè, *International Encyclopedia of Comparative Law*, Vol. 4, Torts; Chapter 7, Causation and Remoteness of Damage, J. C. B. Mohr (Paul Siebeck, Tübingen), 1975, p. 110.

掘下水道而未设置任何危险警戒标志，乙因骑车不注意，跌入坑内受伤。在该例中，加害人的免责事由是被严格限定的，因此，即使受害人具有一般过失，亦不能使加害人被免除或减轻责任。

第五，受害人的故意和加害人的过失。受害人具有故意，意味着损害纯粹是由受害人自己引起的。对各类侵权责任而言，受害人的故意行为一般可导致加害人被免除责任，受害人具有故意，只能由受害人自己承担损害。甚至在加害人的过失行为先于受害人的行为而实施的情况下，由于受害人的故意行为亦可使因果关系发生中断，即导致加害人的过失行为与损害结果之间不存在因果关系，从而加害人无须承担责任。当然，在严格责任中，受害人的故意是否可以导致加害人被免除责任，要依具体情况而定。

第六，受害人的重大过失和加害人的一般过失。根据过错程度来比较双方的过失，是否可以根据受害人具有重大过失来免除加害人的责任，在学理上仍然存在争议。笔者认为，在受害人具有重大过失的情况下，不能简单地适用"重大过失等同于故意"的规则，因为毕竟这一规则主要是为确定行为人过错而确定的。在受害人具有重大过失的情况下，应当考虑加害人的过错程度以及是否有必要对受害人予以保护等因素，来确定是否应当减轻甚至免除行为人的责任。一般而言，如果行为人本身也具有一般过失，则不能简单地免除其责任。在严格责任中，受害人的重大过失只能减轻而不能免除行为人的责任。

第七，受害人的重大过失和加害人的轻微过失。若受害人具有重大过失，加害人仅具有轻微过失，是否应导致加害人被完全免除责任，值得探讨。笔者认为，在一般过错责任中，若受害人具有重大过失，而加害人只具有轻微过失，则可以按照案件的具体情况使加害人免责。然而，在严格责任中，由于这种类型的责任旨在加重加害人的责任，因而在严格责任中，即使受害人有重大过失，如果法律规定不能免责，也应当根据具体情况使加害人负责。例如，某县供电所为该县第一建筑工程公司新城区工地安装一台50千伏安的变压器，变压器周围的防护栅栏是由供电所指挥一建公司安装的，该栅栏的空隙宽30厘米。一天，李某不听有关人员的告诫，领自己5岁的孩子去上班，由于李某上班时不注意，致使

其小孩钻入变压器栅栏内，被电击伤致残。李某以其子被击伤系县供电所和一建公司安装的栅栏不合格所致为由，要求其赔偿损害。笔者认为，本案中李某对其子被电击伤的不幸后果，虽有重大过失，但被告亦有过失，因为被告从事危险作业，应尽到高度注意，而被告所设置的防护栅栏未能防止小孩钻入，也是有过失的。同时，由于此种责任属于严格责任，因而只能根据受害人具有重大过失而适当减轻加害人的责任，而不能免除其责任。

在我国司法实践中，有时将双方的过失程度具体确定为一定的比例，从而决定责任范围。对损害后果应负全部责任者，其过失比例为 95%～100%；对损害后果应负大部分责任者，其过失比例为 75%～94%；对损害后果应负主要责任者，其过失比例为 50%～74%；对损失后果负次要责任者，其过失比例为 25%～49%；对损害结果应负一定的责任者，其过失比例为 1%～24%。在我国，此种做法主要适用于交通案件的处理。从实践来看，这一方法较之于其他方法更为精确，但它的适用是以精确地确定双方的过失比例为前提的，若不能准确地确定双方的过失比例则不能适用这一方法。实践中，作出此种精确的估计常常是非常困难的，这也限制了这一方法的适用范围。

五、区分受害人过错作为减轻责任或免责事由

受害人的过错常常成为减轻或免除行为人责任的根据。受害人的过错涉及比较过失、过失相抵以及受害人自甘冒险等多种制度。在普通法系，受害人的过错可导致比较过失规则的适用。在大陆法系国家，受害人的过错则涉及过失相抵的适用。在我国侵权责任法中，受害人的过错是一种独立的免责事由或减轻责任的事由。具体来说，从过失相抵的效果来说，受害人过错包括两种形态：

（一）作为减轻责任事由的受害人过错

《侵权责任法》第26条规定："被侵权人对损害的发生也有过错的，可以减轻侵权人的责任。"据此，将受害人的过错作为了一种减轻责任的事由。但受害人过错作为减轻责任的事由，必须严格区分不同的归责原则。

第一，在过错责任中，受害人的过错一般都会导致责任的减轻。这主要是指受害人的一般过失和重大过失，因为受害人的故意会导致责任的免除。在许多情况下，如果受害人具有重大过失，也有可能导致责任的免除。当然，如果受害人仅具有轻微过失，则不一定导致行为人责任的减轻。在过错推定责任中，受害人的过错一般也会导致行为人责任的减轻。也就是说，在过错推定责任中，法律虽然推定行为人具有过错，但如果行为人能够证明受害人对损害的发生或者扩大也具有过错，也可以主张减轻责任。

第二，在严格责任中，受害人过错不一定能作为免除行为人责任的事由，但可能导致行为人责任的减轻。在许多情况下，即使受害人具有故意，也未必都导致行为人的责任免除，而仅能导致行为人责任的减轻。例如，《侵权责任法》第78条的规定可见，在饲养的动物致害时，即使是受害人故意，也可能只是减轻责任的事由。在严格责任中，受害人故意既可以作为免责事由，也可能是减轻行为人责任的事由。虽然《侵权责任法》第27条规定受害人故意是责任免除事由，但第26条规定的可以作为责任减轻事由的是"过错"，包括"故意"，而不仅仅是"过失"①，因此，受害人过错均可成为减轻行为人责任的事由。即便在严格责任中，除非法律明确规定可以作为责任免除事由外，受害人故意都可以作为责任减轻事由来看待。当然，需要指出的是，在严格责任中，受害人的重大过失一般可以作为减轻责任的事由，而其一般过失不能成为减轻责任的事由。《侵权责任法》的多个条款确立了这一规则。② 但在特殊情况下，基于特殊的法律政策考虑和利益衡平的考虑，规定了一般过失也可以减轻加害人的责任。例如，《侵权责任法》第73条的规定。

第三，在公平责任中，是否可以根据过错来减轻责任？笔者认为，公平责任旨在分担损失，分担损失与减轻责任是两个不同的概念。就分担损失来说，其属于责任的认定问题，而不是减轻的问题。在公平责任中，法官根据当事人的财产

---

① 王胜明主编：《〈中华人民共和国侵权责任法〉解读》，127～128页，北京，中国法制出版社，2010。

② 参见《侵权责任法》第72、76、78条。

状况等因素确定责任人应当承担的补偿数额，虽然该数额不一定是全部赔偿，但并非是责任的减轻，而是责任的认定。原则上，公平责任的确定不考虑过错因素，因此，不能根据受害人的过错减轻行为人的责任。

（二）作为免除责任事由的受害人故意

《侵权责任法》第 27 条规定："损害是因受害人故意造成的，行为人不承担责任。"该条将受害人故意规定为一种免责事由。一般来说，在过错责任或过错推定责任中，受害人的故意可以作为免责事由，但在严格责任中，受害人的故意是否可以使加害人被免责，要依具体情况而定。

此外，在《侵权责任法》有关特殊侵权责任的规定中，也规定了过失相抵。例如，《侵权责任法》第 35 条规定："个人之间形成劳务关系，提供劳务一方因劳务造成他人损害的，由接受劳务一方承担侵权责任。提供劳务一方因劳务自己受到损害的，根据双方各自的过错承担相应的责任。"因此，《侵权责任法》将受害人过错从减轻和免除两个方面做了规定。因此可以认为，《侵权责任法》确立了以受害人过错作为免责或减轻责任事由的规则。

第二编

多数人侵权责任

第八章

共同侵权行为

第一节　共同侵权行为概述

一、共同侵权行为的概念和特征

　　共同侵权行为也称为共同过错、共同致人损害，它是指数人基于共同过错而侵害他人的合法权益，依法应当承担连带赔偿责任的侵权行为。《侵权责任法》第8条规定："二人以上共同实施侵权行为，造成他人损害的，应当承担连带责任。"这是对狭义的共同侵权行为的规定。《民法通则》第130条规定，"二人以上共同侵权造成他人损害的，应当承担连带责任。"与《民法通则》该条相比较，《侵权责任法》第8条的规定有两个变化：一是将"共同侵权"改为"共同实施侵权行为"，突出了狭义的共同侵权行为的共同性。而"共同侵权"本身就是指狭义的共同侵权行为，它容易造成同语反复。二是《侵权责任法》第11条和第12条规定了"二人以上分别实施侵权行为造成同一损害"的情况。这些行为与狭义的共同侵权的区别就在于，行为是分别实施的，客观结果是共同的，但主观

上没有共同性。因此，通过体系解释可以看出，《侵权责任法》第8条关于狭义的共同侵权的规定，突出了主观共同。共同侵权行为与单独的侵权行为相比较，具有如下特征：

1. 主体的多人性，也称为主体的复数性。依据《侵权责任法》第8条的规定，共同侵权是二人以上共同实施侵权行为。这就是说，共同侵权人必须是两个或两个以上的人，行为人既可以是自然人，也可以是法人。司法实践中，共同侵权的成立也需要两个或者两个以上的行为人。例如，在"黄某诉韦某等身体权纠纷案"中，法院认为，公民的生命权、健康权、身体权受国家法律保护，原告黄某与被告韦某等因琐事发生争执，在争执中两被告共同殴打原告，致原告受伤，两被告共同实施侵权行为，造成他人损害应承担连带责任。① 数人致人损害是侵权行为中比较常见的现象，但数人侵权的类型非常复杂，法律根据不同的侵权形态，分别作出规定，确定不同的法律后果。

2. 主观过错的共同性，即共同侵权人具有共同致人损害的故意或过失。《侵权责任法》第8条规定："二人以上共同实施侵权行为，造成他人损害的，应当承担连带责任。"如前所述，将第8条的规定与《侵权责任法》第11、12条的规定相比较，可以看出，《侵权责任法》关于狭义的共同侵权的规定，其基本的特征是强调主观的共同。所谓主观共同，就是指共同过错。有学者认为，此处所说的"共同"就是指有意思联络的主观共同。② 笔者认为，这种理解过于狭窄。以德国法为代表的大陆法系国家民法中所说的共同过错，仅指行为人具有共同故意或者意思联络的情形。只要受害人能够证明多个行为人对损害结果的发生具有共同的意思联络以及其遭受的损害与数人中一人的行为存在因果联系，其无须证明其他人的行为与损害之间存在因果关系，即可要求行为人承担连带责任。③ 这种观点虽然具有严密的逻辑性，但应当看到，随着对受害人保护的强化，共同侵权

---

① 参见广西壮族自治区乐业县人民法院（2013）乐民一初字第859号民事判决书。

② 参见奚晓明主编：《〈中华人民共和国侵权责任法〉条文理解与适用》，67页，北京，人民法院出版社，2010。

③ 参见程啸：《论意思联络作为共同侵权行为构成要件的意义》，载《法学家》，2003（4）。

行为的范围也有进一步扩大的趋势。现代各国法律大多认为共同侵权可以包括共同过失，而不限于共同故意。尤其是如果将"共同"限于共同故意，否认了大量存在的共同过失，受害人就必须证明行为人之间具有共同故意，这也可能加重了受害人的举证负担。正是因为行为人主观上具有共同过错，才使数个行为人的行为联结成为一个整体。我国《侵权责任法》正是从主观共同出发，区分了狭义的共同侵权行为和无意思联络的数人侵权，从而构建了数人侵权的体系。①

由于共同侵权人具有共同的过错，因而，它不同于无意思联络数人侵权和并发的数个单独侵权。一方面，尽管无意思联络侵权和共同侵权行为在客观上都是几个行为结合在一起，但从主观上来看，无意思联络数人侵权只是数个行为的偶然结合而致人损害，行为人在主观上并没有共同过错；从结果上来看，无意思联络数人侵权致他人的损害并不是单一的、不可分的损害。因此，在无意思联络数人侵权时，应当根据其过错大小各自承担责任，而不能适用连带责任。另一方面，共同侵权也不同于并发的数个单独侵权，在后一种情况下，尽管客观上数个行为都对结果造成了损害，但数个行为人并没有共同的过错，客观上行为人是分别针对受害人实施加害行为，因此数个行为人要分别承担责任。

3. 行为的共同性。一方面，在共同侵权行为情况下，数人的行为相互联系，构成一个统一的致人损害的原因。共同致害行为既可能是共同的作为，也可能是共同的不作为。另一方面，从因果关系上来看，任何一个共同侵权人的行为都对结果的产生发挥了作用，即各种行为交织在一起，共同发生了作用，因而由各个侵权人承担连带责任是合理的。数个行为人的行为与损害结果之间具有因果关系，在数个行为人的行为中，各人的行为可能对损害结果所起的作用是不相同

---

① 需要指出的是，最高人民法院《人身损害赔偿司法解释》第3条第1款规定："二人以上共同故意或者共同过失致人损害，或者虽无共同故意、共同过失，但其侵害行为直接结合发生同一损害后果的，构成共同侵权，应当依照民法通则第一百三十条规定承担连带责任。"结合该解释第3条第1款和第2款的规定可以发现，最高人民法院在区分共同侵权行为和无意思联络的数人侵权时，采用直接结合和间接结合的方法，对共同侵权行为的概念作出了解释，即如果数个侵害行为直接结合，发生同一损害后果的，构成共同侵权；如果数个侵害行为分别实施，间接结合发生同一损害后果的，构成无意思联络的数人侵权，但我国《侵权责任法》没有采纳该观点。

的，但都和损害结果之间具有因果关系。共同行为并不要求每个行为人都实际地共同从事了某种行为，它可以是两个人共同决定，由一个人完成，也可以是一个人起主要作用，另一个人起辅助作用。每个人的行为和结果之间并不一定都有直接的因果联系，只要共同侵权人具有以他人的行为作为自己行为的意思，就足以认定因果联系的存在。因此，在共同侵权中，不是从每个人个别行为的原因力来判断的，而是从行为的整体对结果的原因力来判断的。

需要指出的是，我国《侵权责任法》所规定的共同侵权要求各个行为人主观上具有共同的过错，如果各个行为人主观上没有共同过错，而仅仅只是行为偶然结合，不能让行为人承担共同侵权的连带责任，而应作为无意思联络的数人侵权处理。

4. 结果的同一性。根据《侵权责任法》第 8 条的规定，共同侵权是二人以上共同实施侵权行为，造成他人损害的。此处所说的造成他人损害，是指数人的侵权行为造成了同一损害结果。换言之，它是指共同侵权行为所造成的后果是同一的，如果各个行为人是针对不同的受害人实施了侵权行为，或者即使针对同一受害人，但是针对不同的对象分别实施了侵害行为，损害后果在事实上和法律上能够分开，则仍有可能构成分别的侵权行为或并发的侵权行为，而非共同侵权行为。因此，共同侵权行为的特点就在于数个侵权行为造成了同一的损害后果。[①]当然，在数个行为人中，可能行为人事先具有明确的分工，也可能事先并没有分工；数人发挥的作用也可能有大小的区别，但只要他们具有共同的过失，就并不影响数个行为人行为的统一性和不可分割性。即使有人只是参与策划，而没有实际地从事共同侵权行为，也应推定其行为与损害后果之间具有因果关系。如果各个人的行为与加害行为之间具有关联共同性，即使是在各个人的行为与损害的相当因果关系未得到认定的场合，对与共同行为有相当因果关系的损害，也应推定各人的行为与损害之间存在因果关系。

5. 责任的连带性。《侵权责任法》第 8 条规定："二人以上共同实施侵权行

---

① 参见张新宝：《中国侵权行为法》，89 页，北京，中国社会科学出版社，1995。

为，造成他人损害的，应当承担连带责任。"因此，共同侵权行为人应当承担连带责任。连带责任大多是基于约定产生的，但共同侵权行为人的连带责任是基于法律规定而产生的。正因如此，各国传统的理论都认为，除非行为人有主观上的意思联络，否则不能让其承担苛刻的连带责任，因为连带责任是较按份责任对债务人更严苛的一种责任形式。

共同侵权人对受害人应负连带责任，这也是共同侵权不同于一般侵权的特点。但需要指出的是，传统上，连带责任的适用范围仅限于共同侵权行为，但是《侵权责任法》扩大了连带责任的适用范围，即连带责任的适用范围不限于共同侵权行为，还包括无意思联络数人侵权中的累积因果关系等情况。

共同侵权行为是一般的侵权行为还是特殊的侵权行为，学理上有不同的看法。笔者认为，尽管共同侵权行为在责任的主体多元性、因果关系的推定以及责任的连带等方面具有其特殊性，但毕竟共同侵权行为仍然属于过错责任的范畴，确定行为人是否承担责任的基础依然在于行为人是否具有主观过错。尽管随着危险责任的发展以及对受害人救济的强化，出现了淡化行为人主观过失而注重行为人行为客观关联性的发展趋势，但笔者认为，这不能成为放弃共同侵权行为主观要件的理由，共同侵权的成立仍然需要各个行为人具有共同过错。

二、关于共同侵权行为的本质的探讨

共同侵权在德文中称为"eine gemeinschaftlich begangene unerlaubte Hande-lung"。根据王泽鉴先生的解释，共同侵权行为中"共同"二字，是从德文"Ge-meinschaftlich"翻译而来，原出自《德国民法典》第830条的规定，根据该条规定："数人因共同侵权行为造成损害者，各人对被害人因此所受的损害负其责任。"该条文中所称的"共同"系指主观的共同，即有共同的意思联络。① 依据德国法院之判例及权威学说，该句中的"共同"是指"共同的故意（vorsaetzli-

---

① 参见王泽鉴：《民法学说与判例研究》，第1册，50页，北京，中国政法大学出版社，1998。

ches Zusammenwirken)"，也称"共谋"，即多个行为人存在意识联络，他们都明知且意欲追求损害后果的发生。[①] 德国侵权责任法理论其实采用的是刑法关于共同犯罪的规定来解释共同侵权，要求行为人必须有共同的意思联络。《德国民法典》第830条的适用，要求共同侵权人主观上必须是故意的，但实际上，近几年随着产品责任、专家责任等的发展，完全采取共同故意未免过于狭窄，因此，德国学者常常认为，此种情况下应当适用特别法来调整，不适用民法的共同侵权原则解决。按照卡纳里斯的解释，在缔约过失的情况下，共同行为人不要求具有共同故意，他认为，缔约过失是一种特殊的关系，受害人的范围受到了限制，而且这是一种与合同责任相类似的责任，责任范围本身就有限制，所以采用共同过失来确定共同行为人的责任也是合理的，这在某种程度上已经扩大了共同侵权中共同过错的内涵。[②] 可见，德国立法尽管没有明确规定共同侵权的成立需要行为人具有共同故意，但在解释上一般认为，共同侵权应当具有共同故意。不过，这种解释也正在变得越来越灵活。近几十年来，德国法从扩大责任范围、及时填补受害人的损失出发，也认为数人虽无意思联络，但若各人对损害所产生的部分无法确定者，应负共同侵权的连带赔偿责任。[③]

德国的立法例为瑞士、奥地利、日本等大陆法系国家所采纳。例如，《瑞士债务法》第50条规定："如果数人共同造成损害，则不管是教唆者、主要侵权行为人或者辅助侵权行为人，均应当对受害人承担连带责任和单独责任。"按照法官和学者的解释，"共同"应当是指具有共同故意。《日本民法典》第719条规定："因数人共同实施侵权行为损害于他人时，各加害人负连带赔偿责任。"据日本明治40年（1907年）6月22日大审院的判例，共同侵权行为中的"共同"系指"必要的共谋"。然而，日本判例与学说在近几十年来对共同侵权行为具有许多新的发展。由于《日本民法典》第719条规定所称的"共同"并没有特指主观

---

① Palandt, Bürgerliches Gesetzbuch, 55. Aufl., 1996, s. 992.; Esser, Schuldrecht, Ⅱ, 1969, S. 446f.; Larenz, Lehrbuch des Schuldrechts, Ⅱ, 1968, S. 406f.

② Wolfgang Fikentscher, Schuldrecht, Walter de Gruyter, 1997, S. 95.

③ 参见王泽鉴：《民法学说与判例研究》，第1册，50页，北京，中国政法大学出版社，1998。

的共同，因而不少学者认为，共同侵权行为的构成不以行为人主观上具有意思联络为必要，只要数人的共同侵权行为与损害结果之间具有相当因果关系即可。现在，日本民法学界通说认为，这里的"共同"指的是客观共同。申言之，共同侵权行为的宗旨不在于确定共同行为人主观的联系，而在于确定客观的关联，即使是与他人行为竞合发生损害的场合，只要由该竞合发生的结果处于相当因果关系之上，就应当对其结果全部负责，采取客观关联说主要是为了对受害人提供充分的救济。①

英美法国家一向采主观说，即以加害人之间的意思联络为共同侵权行为的构成要件。英国著名侵权法学者约翰·萨尔曼德在总结英国侵权法时指出："数人若没有共同实施不法行为，但造成共同的损害结果，应对此结果在法律上和事实上负责"，然而，他们只应"分别对同一损害负责，而不是共同对同一损害结果负责"②。

我国学者对共同侵权行为中的"共同"的含义历来有不同的看法：

第一，主观说。此种观点认为，共同过错的本质特征在于数人致人损害，其主观上具有共同的过错。没有共同过错，数人的行为不可能联结成一个整体，也不能使数人致人损害的行为人负连带责任。③ 因此，无意思联络的数人侵权并不是共同侵权。对共同侵权行为，"法律上所以加重规定者，乃因其既有行为之分担，复有意思之联络或共同之认识，同心协力，加害之程度必较单一之行为为重，故应使之负担较重之责任。否则若未同心，焉能协力，既不能协力，则虽有数人，其所为者与由各个人单独为之者何异，故无使负连带责任之理"④。主观说又可分为共同故意说和共同过错（故意或过失）说，前者仅承认共同故意为共同侵权的本质特征，后者则认为共同过失也可构成共同侵权。

第二，客观说。这种观点认为，如果各加害人的违法行为产生同一损害，各

① 参见于敏：《日本侵权行为法》，179 页，北京，法律出版社，1998。
② 转引自王泽鉴：《民法学说与判例研究》，第 1 册，50 页，北京，中国政法大学出版社，1998。
③ 参见佟柔主编：《民法原理》（修订本），227 页，北京，法律出版社，1986。
④ 郑玉波：《民法债编总论》，166 页，台北，三民书局，1996。

行为人之间虽无共同通谋和共同认识，但仍应构成共同侵权行为。其理论依据是，共同侵权行为"总是同共同加害行为紧密联系，不可分割。每一个加害人的行为与共同行为又具有不可分割的性质"[①]，因此，考察共同侵权行为应从行为本身出发来确定。客观说的另一个根据是，刑事责任以行为人的主观罪过为惩罚对象，但民事责任实际上侧重于填补受害人的损失。[②] 因此，不管共同加害人之间是否具有共同故意或认识，只要其行为具有客观的共同性，就应使其负连带责任，从而有利于保护受害人。根据客观说，无意识联络的数人侵权也可能成立共同侵权。

最高人民法院《人身损害赔偿司法解释》第 3 条第 1 款规定："二人以上共同故意或者共同过失致人损害，或者虽无共同故意、共同过失，但其侵害行为直接结合发生同一损害后果的，构成共同侵权，应当依照民法通则第一百三十条规定承担连带责任。"从该规定看，最高人民法院实际上认为，数个行为人主观上具有共同故意的构成共同侵权，不具有共同故意的也构成共同侵权，因而实际上是放弃了共同侵权的主观说，而采纳了客观说。

第三，折中说。折中说认为，判断数个加害人的侵害行为是否具有共同性，或者说是否构成共同侵权行为，应从主观和客观两个方面来分析，单纯的主观说或客观说都不足采，在确定共同侵权的成立标准时，应当实现加害人与受害人之间的利益平衡，而不可偏执于一端。在共同侵权行为的构成要件上既要考虑各行为人的主观方面，也要考虑各行为人行为之间的客观联系。这就是共同侵权行为构成要件上的折中说。这种观点认为，从主观方面而言，各加害人应均有过错，或为故意或为过失，但并不要求共同的故意或者意思上的联络，而只要求过错的内容应当是相同或者相似的。从客观方面而言，各加害人的行为应当具有关联性，构成一个统一的不可分割的整体，而且都是损害发生的不可或缺的共同原因。[③]

---

① 邓大榜：《共同侵权行为的民事责任初探》，载《法学季刊》，1982（3）。
② 参见王伯琦：《民法债编总论》，80 页，台北，"国立"编译馆，1997。
③ 参见张新宝：《中国侵权行为法》，2 版，167、168 页，北京，中国社会科学出版社，1998；张新宝、李玲：《共同侵权的法理探讨》，载《人民法院报》，2001-11-09。

我国《侵权责任法》第 8 条实际上采取了主观说，但并没有采纳传统民法的意思联络说，而只是采纳了主观过错说，既包括共同故意，也包括共同过失。因为按照严格的主观说，共同侵权的成立要求行为人必须具有共同的意思联络，这可能会不当加重受害人的举证负担，而且可能导致共同侵权难以有效成立，显然不利于保护受害人。而按照客观说，只要行为人的行为具有客观关联性，即可成立共同侵权，这又会过分地保护了受害人的利益，不当加重了行为人的责任。因此可以认为，此处所说的共同实际上指的是"主观共同"。《侵权责任法》严格区分了有意思联络和无意思联络的数人侵权，无意思联络的数人侵权规定体现在第 11 条和第 12 条，从体系解释的角度来看，既然《侵权责任法》已经对无意思联络数人侵权进行了单独的规定，则第 8 条应当指的是有意思联络的数人侵权，即共同侵权。且无意思联络的数人侵权都造成了同一损害结果，从客观上无法与共同侵权相区别，只能表现在主观上，共同侵权具有共同过错，而无意思联络的数人侵权中不存在共同过错，行为人是分别实施的行为。我国《侵权责任法》采纳主观过错说，其理由主要在于：

第一，在共同侵权行为中，各行为人主观上具有共同过错是其依法应负连带责任的基础。正是基于共同过错，各行为人的行为构成为一个整体。既然在共同侵权行为中，各行为人都认识和意识到了其共同行为所可能造成的损害结果，因此，各行为人的损害行为构成集体行为，损害后果是由集体行为而非各行为人的单独行为所致。损害是单一的，不能从原因上进行分割。若无共同的过错，则无共同的、单一的损害结果。因此，共同侵权人应向受害人负连带责任，但如果从客观行为出发解释连带责任的基础，则不仅无法合理解释各个行为人对外承担连带责任的原因，而且会不适当地扩大共同侵权的范围，从而不当地给当事人强加连带责任。在许多案件中，数个行为人往往是在不同的时间、地点实施不同的行为，对同一受害人造成了损害，并共同导致了最终的损害结果，而且每个人的行为所造成的损害具有确定性和可能性，因此只能由各个行为人各自对自己的行为所造成的损害负责。若某人的行为与他人的行为偶然结合而造成共同的损害结果，由于各行为人之间无共同过错，故不能认为损害结果是单一的，而必须根据

各人的过错程度使其分别负责。如甲、乙二人合谋殴打丙，在共同致丙伤害以后，乙又闯入丙家，砸毁丙的电视机，以泄私愤。对于丙的伤害后果，甲、乙二人具有共同的意思联络。而对于丙的电视机被砸坏的后果，纯粹是由乙的单独行为所致，只能由乙负单独侵权责任。

第二，客观说有违自己责任原则。连带责任属于自己责任的例外情况，连带责任只有在法律有明确规定或者当事人明确约定之时方能产生，其根本原因就是侵权责任法所一贯坚持的自己责任原则，即每个人只能也只应对自己行为所造成的损害后果负责，而无须对他人的行为后果负责。数个人共同对他人实施的侵害行为之所以被称为"共同侵权行为"，并且各个行为人需要承担连带赔偿责任，其主要原因就在于，各个行为人具有意思联络，即各个行为人认识到了或者主动追求自己的行为与他人的行为结为一体，共同对他人造成损害。① 倘若由各个无意思联络的行为人基于共同侵权行为对损害结果负连带责任，则实际上是强令某个行为人对他人的行为负责。在共同侵权行为情况下，如果不考虑主观过错，尽管事实上损害后果可能是不可分的，但在法律上，完全可以根据各个行为对损害后果的原因力，使无意思联络的各个行为人承担分别责任，而不能适用连带责任，否则将使侵权人为他人承担责任，这显然违背了"为自己行为负责任"的基本原则。

第三，如果不考虑主观过错的共同性，就不能区分共同侵权与无意思联络的数人侵权。而从司法实践来看，作出此种区分是十分必要的。例如，甲的房子盖得不高，无民事行为能力人乙爬了上去，而丙违反有关高压电线的管理规定，在架设电线杆时违章作业，架设电线杆过低、电线垂下，致使乙触电死亡。按照最高人民法院《人身损害赔偿司法解释》第3条第1款："……虽无共同故意、共同过失，但其侵害行为直接结合发生同一损害后果的，构成共同侵权，应当依照民法通则第一百三十条规定承担连带责任。"本案中，甲因为房子盖得不高，使乙能够爬上屋顶，从而与丙电线杆架设过低的行为直接结合在一起，造成了同一损害后果。因此甲和丙之间虽无共同过错，但也构成共同侵权，行为人应当承担

① 参见程啸：《论意思联络作为共同侵权行为构成要件的意义》，载《法学家》，2003（4）。

连带责任。这种做法显然是不妥当的。首先,尽管数个行为人造成了同一损害,但主观上他们没有共同过错,尤其是对于房屋的所有人来说,很难说其房子盖得过低的行为是有过错的,因为该行为并不违反任何规定。况且,在其盖房时,高压线尚未架设,他不可能预见到将在其房子附近架设高压线,因而房屋的所有人在本案中是没有过错的。但如果高压线架设在前,而房屋的所有人仍然盖房过低,若造成同样的损害,则可认为其是有过错的,除非其已采取了合理的、足够的措施以避免损害的发生。在本案中,既然房屋的所有人没有过错,此时确定其与丙之间构成共同侵权,显然是不妥当的。要求其承担连带责任,甚至要使其负全部责任,更是不公平的。其次,即使认定甲具有轻微过失,并根据甲的行为与丙的行为偶然结合造成了乙的损害,要使甲承担责任,也不能说二者的行为构成共同侵权。笔者认为,此时构成无意思联络的数人侵权,应根据各自的过错程度或原因力大小各自承担相应的责任。毕竟,甲盖的房屋不高,与丙违章架设高压线过低、电线垂下,两个行为人的过错程度显然是不同的。可以说,甲的过错最多不到 5%,而丙的过错至少达到 95%,我们怎么能够使一个过错仅占 5% 的行为人为全部的损害结果负责呢?因此,共同侵权的成立应当考虑各个行为人主观过错的共同性,否则将不利于区分共同侵权与无意思联络的数人侵权。

第四,主观说有利于对受害人进行救济。从对受害人的保护来看,尽管客观说减轻了受害人的举证责任,但它仍然要求受害人证明因果关系,也就是要证明行为和结果之间具有因果联系。事实上,在一些特殊的共同侵权行为中,这种因果关系是很难证明的,而常常采取推定的形式。例如,共同侵权行为的帮助者,其行为对结果的发生所起的作用可能并不大,但他们仍然要为自己的行为承担责任。在团伙致人损害的侵权中,团伙的首要分子即便并不知道其团伙的成员实施了侵权行为,也应当承担责任。如果采取客观说的话,因果关系都要由受害人来举证,受害人必然会遇到实际上的举证困难,从而产生对其不利的后果。从这个意义说,客观说也不一定都比主观说更有利于保护受害人。[①]

---

① 参见程啸:《论意思联络作为共同侵权行为构成要件的意义》,载《法学家》,2003 (4)。

因此，笔者认为，我国《侵权责任法》严格区分了共同侵权与无意思联络的数人侵权，而区分的标准就是主观标准，即共同过错。其内容为：一方面，行为人都认识到了行为结果的发生，即使在过失的情况下，也可以预见行为结果的发生。因此，无论数个行为人都是过失，还是一方为故意另一方为过失，都可以构成共同侵权。另一方面，行为人必须有共同的行为指向。这就是说，其对已经预见到的加害后果进行追求或者放任其发生。如果不考虑主观的过错而确定共同侵权，必然会不当加重行为人的责任。

三、共同侵权行为与相关概念的区别

（一）共同侵权与共同犯罪

在法律发展史上，侵权行为和犯罪行为具有紧密的联系。正如法国学者丹克（Tunc）所指出的，大多数国家的法律都经历了一个从侵权责任和刑事责任的合一到逐渐分离的过程。[①] 在当前世界各国的法律中，侵权法和刑法是分离的，但侵权行为和犯罪行为的关系仍然十分紧密。

从我国立法和司法实践来看，共同侵权行为和犯罪的联系经常表现为规范竞合现象。所谓规范竞合，是指同一事实符合数个规范的要件，致该数个规范均得以适用的法律现象。[②] 换言之，在杀人、伤害、盗窃、诈骗、故意毁坏财物等侵犯财产权和人身权的案件中，违法行为可能既构成侵权行为又构成犯罪行为。而在发生规范竞合时，侵权责任和刑事责任是可以同时并用的。也就是说，数个行为人承担民事责任不影响他们承担刑事责任，而承担刑事责任也不影响行为人承担民事责任，但共同侵权行为和共同犯罪在性质上是有区别的，具体表现在：

1. 从法律依据上看，共同犯罪是依据刑法规定成立并应受刑罚处罚的行为。

[①] See Andre Tunc, *International Encyclopedia of Comparative Law*, Vol. 4, Torts, Introduction, J. C. B. Mohr (Paul Siebeck, Tübingen), 1974, p. 30.

[②] 参见王泽鉴：《法律思维与民法实例》，166 页，北京，中国政法大学出版社，2001。

只有那些触犯刑法，且具备了刑法规定的犯罪构成条件的行为，才能被认为是犯罪。我国《刑法》第 13 条规定："情节显著轻微危害不大的，不认为是犯罪。"但这类不构成共同犯罪的行为可能构成共同侵权行为。当然，是否构成共同侵权，应依民法关于共同侵权的规定予以确定。从社会危害程度看，共同犯罪比共同侵权具有更大的社会危害性。对于共同犯罪行为来说，无论是既遂还是未遂，都应负刑事责任，而不以受害人受到损害为承担刑事责任的前提条件。共同侵权行为则必须在造成他人损害时，行为人才负民事责任。

2. 从主体上看，共同犯罪的行为人主要是自然人，而自然人要承担共同犯罪的责任必须达到刑事责任年龄，即符合犯罪主体要件，因此，共同犯罪也只有在两个以上达到刑事责任年龄、具有刑事责任能力的人之间才能构成。若某个行为人是符合刑事责任条件的人，而另一个人不符合主体条件（如为不具有辨认和控制能力的精神病人），则不能构成共同犯罪。而民法上共同侵权责任的成立并不以行为人具有民事责任能力为要件。还要看到，在民法上承担共同侵权责任的主体并不限于自然人，法人也可能承担共同侵权责任。

3. 从主观要件上看，共同犯罪只有基于共同故意才能成立。我国《刑法》第 25 条规定：共同犯罪是指两人以上共同故意犯罪。二人以上共同过失犯罪的，不以共同犯罪论处；应当负刑事责任的，按照他们所犯的罪分别处罚。此外，我国《刑法》还规定，某些共同犯罪，必须有事先通谋。例如，依据《刑法》第310 条的规定，明知是犯罪的人而为其提供隐藏处所、财物，帮助其逃匿或者作假证明包庇的，构成窝藏、包庇罪，属于单独犯罪，但若犯该罪的人与犯罪的人事前通谋的，则以共同犯罪论处。但在民法上，共同侵权的成立不一定以共同故意为必要条件，共同过失亦可构成共同侵权。

（二）共同侵权行为与混合过错

所谓混合过错，是指受害人对于损害的发生或扩大具有过错。此种情形与共同过错不同。表现在：第一，在混合过错的情况下，受害人并没有造成他人的损害，只是导致自己的损害。因此，受害人并没有违反不得侵害他人的义务，而只是违反了保护自己权益的义务（即所谓"不真正义务"）。而在共同侵权行为中，

各个侵权人都因过错而侵害了他人的民事权益,违反了不得侵害他人的义务。例如,在互殴的情形,受害人虽然对损害的发生或扩大具有过错,但是受害人违反的并非对己的不真正义务,而是违反了不得侵害他人的义务,因此,一般不可以适用过失相抵规则。第二,法律效果不同。在混合过错的情况下,受害人的过错可能导致责任人的责任减轻或免除。在大陆法系,通常采过失相抵规则,而在英美法系,采比较过失规则,依据这些规则对行为人的责任进行减免。但在共同侵权行为中,侵权人的共同过错是责任承担的前提。第三,在混合过错中,行为人往往是一人,一般无法成立连带责任;而在共同侵权行为中,行为人有数人,而且各个行为人需要对受害人承担连带责任。

四、关于团体致人损害的共同侵权行为

(一)团体致人损害概念

团体的成员按照团体的意志从事某种行为,致他人损害,其他团体成员依法也应当对其行为承担连带责任。《荷兰民法典》对团体责任作出了规定。《荷兰民法典》第166条第1款规定:"一群人中的一人不法导致损害发生,而这种致损风险本应使他们避免该集体行为的,这些人应当在该行为可归责于他们的情形下承担连带责任。"第2款规定:"在他们当中,各成员应当等额分担损害赔偿,但是,在当时情形下根据公平原则应按不同份额分担的除外。"团体责任制度的确立是共同侵权制度的新发展,我国侵权责任法虽然并未明确规定团体责任,但是可以通过扩张解释和类推等方式弥补这一漏洞。

严格地说,团体致人损害不仅包括合法的组织致害,如合伙致人损害,也包括非法的组织致害,如黑社会、帮会等致人损害。这些团体并没有取得法人资格(因为如果取得了法人资格就由法人对外承担责任),因此,其责任和自然人的责任没有太大的区别。团体致人损害是一种特殊的共同侵权,其与一般共同侵权行为的区别在于其具有团体性。换言之,在团体致人损害的情况下,行为人的行为不是单个人的行为,而是团体的行为。实施侵权行为时体现的是团体的意志,而

非单个成员的意志。如果体现的是单个个人的意志，则属于个人行为，由个人承担责任。团体致人损害的责任要求行为人之间必须形成一个团体，团体具有共同的意志，表现为有共同的纲领、组织章程等。如果团体成员按照团伙的意志从事致他人损害的行为，团体的其他成员，虽非行为人也要对其他行为人的行为负责，除非能够证明造成损害的行为人的行为是违背团伙意志的，则该行为应属于个人行为，团体的其他成员则无须对该行为承担责任。团体的共同意志使得各主体间的意志融合为一，并将各主体的行为引向一个共同的目标，合力通谋，相互作用，因此，尽管各行为人的分工不同，但由于其具有共同的目标，各个行为人的行为具有内在的联系，因而也成立共同侵权行为。① 由此可见，团体责任成立的基础在于各个行为人对损害的发生具有共同过错。

团体责任本质上是共同侵权责任的一种特殊情况，团体成员对外也承担连带责任。在团体责任中，受害人只需要证明行为人是某个团体的成员，且该人的行为符合团体意志，则团体的每一个成员都要对行为人所实施的体现团体意志的行为所造成的损害后果负责。

（二）团体致人损害的几种类型

1. 合伙人在从事经营活动的过程中，也会因过错而致他人损害，因此将产生合伙的侵权损害赔偿责任。例如，王某与张某合资购买汽车两部，合伙经营汽车运输业务，根据协议，王、张二人各驾驶一辆汽车，收支由双方平均承担。一天，张某在开车送货途中，因疲劳过度打瞌睡，致使汽车失控偏右斜驶，将在公路右侧同方向骑自行车的李某撞伤。本案中，虽然王某与张某各驾驶一辆汽车跑运输，张某出于过失致人损害，但张某致人损害是在从事合伙经营活动中所发生的，他是因为执行合伙事务而造成他人损害的，因此，此种行为不是张某的个人行为而是合伙的行为，故应由张某和王某共同负责。《民法通则》第 35 条第 2 款规定："合伙人对合伙的债务承担连带责任，法律另有规定的除外。"《合伙企业法》第 39 条规定："合伙企业不能清偿到期债务的，合伙人承担无限连带责任。"

---

① 参见程啸：《论意思联络作为共同侵权行为构成要件的意义》，载《法学家》，2003（4）。

我国法律规定合伙致人损害的责任是连带责任，实际上是将合伙致人损害的行为视为共同侵权。此种共同侵权责任的特点在于：虽然各合伙人对致人损害的行为无共同的意思联络，或各合伙人之间在执行合伙事务中的行为具有相对独立性（如上例中王、张二人各驾驶一辆汽车），但由于某个或某些合伙人执行合伙事务致人损害，则可以认定合伙人共同致人损害。因为执行合伙事务的行为系全体合伙人的共同行为，体现了合伙人的共同意志和共同利益，它是合伙人内部财产共有关系、损益共担关系、合伙经营关系的外部表现，因此，因执行合伙事务而致人损害时，各合伙人对此均有过错。甚至已经退伙的合伙人对于在退伙前已产生的合伙致人损害、新入伙的合伙人对已经存在的合伙人损害，都应当负责，受害人均可请求他们赔偿。因此，法律规定合伙人负连带责任的基础在于合伙人之间具有特定的权利义务关系。某个或某些合伙人因执行合伙事务致他人损害，是基于合伙的共同意志和利益而行为的，因而各合伙人对损害的发生都有过错。即使各合伙人共同从事某种危险行为致他人损害，而具体的加害人不明确，法律在不要求受害人或加害人举证证明何人为加害人时，也可以直接基于合伙关系要求各合伙人负连带责任。由此可见，合伙致人损害也不同于共同危险行为。当然，如果某个合伙人出于故意侵害他人权利，或以个人名义从事经营活动而致他人损害，则应属于个人行为而非合伙的行为，不应由合伙负责。

2. 非法人团体的财产致人损害，其成员要承担连带责任。例如，非法人团体的建筑物倒塌致人损害，其出资人要承担连带责任。再如，以非法人团体的名义在通道上设置障碍，而没有设置明显的标志，以致造成他人损害的，就应当由全体成员承担连带责任。

3. 非法人团体的成员执行团体的命令而实施行为，其成员要承担连带责任。例如，一个团伙的成员按照团伙的决定从事了一定的侵权行为，其他团伙成员应当对该行为承担连带责任，而不能以其不知道该行为而提出抗辩。此外，某个法人组织在成立时（登记时）是合法的，但其后该法人的人格依法被否认，如果该法人的成员在职务行为中致他人损害，则该法人的其他成员也应当对该行为承担连带责任。

第二节 共同过错的内容

一、共同过错的本质

我国《侵权责任法》第 8 条所规定的过错属于共同过错。在共同侵权行为中，共同过错仅指共同故意？还是应包括共同过失？值得研究。在德国法上，共同侵权中的"共同"实际上是指意思联络。意思联络是指各个行为人具有共同的故意或进行恶意的串通。可见，共同的意思联络实际上主要是一种故意。然而，在发生了共同侵权的情况下要由受害人举证证明各个行为人之间有共同的意思联络，主观上存在共同故意，显然是非常困难的。以德国民法为代表的部分国家在共同侵权责任中采用主观标准，要求行为人必须具有意思联络，这主要是出于缩小责任人的范围，避免株连的考虑，也体现了法律贯彻为自己行为负责的原则，尽量减少连带责任的适用。德国学者一般认为，过失行为无法构成共同侵权，其主要理论依据在于，在共同侵权情况下，各行为人要负担连带责任，此种责任不仅是对受害人负责，而且每一个行为人都要为其他行为人的行为对受害人承担责任，而且此种责任不是部分的赔偿责任而是全部的赔偿责任，如果使有过失的行为人负共同侵权责任，客观上可能造成极不公平的后果。[①] 因为一个行为人仅仅因为自己具有过错或者疏忽，就要对其他的行为人的行为负责，甚至是对其他行为人的故意行为负责，或者一个共同行为的辅助人要对主行为人的行为全部负责，这对责任承担者是很不公平的。尤其是在共同侵权的情况下，损害后果常常非常严重，要求过失行为人对此后果承担连带责任将是严苛的。但随着社会的发展，大工业的兴起，当代民法更多倾向于保护受害人的利益。在此情况下，法律对于共同侵权的判断就不能再强调行为人之间必须具有意思联络，否则不利于保

---

① 参见程啸：《侵权行为法总论》，388～389 页，北京，中国人民大学出版社，2008。

护受害人的利益。因此，数个加害人主观上具有过失，也可构成共同侵权。

在我国学术界，对共同过错的内容形成了两种不同的看法：

一是共同故意说。此种观点认为，共同过错是指共同的意思联络。赞成此种观点的学者认为，意思联络更有利于保护受害人，因为通过确定共同行为人之间的意思联络，有助于减轻受害人对因果关系的举证责任。例如，在团伙致人多项损害时，有些团伙头目只是出谋划策而根本不直接参与侵害行为，受害人很难证明该人出谋划策的行为与其损害之间的因果关系。倘若以意思联络作为共同侵权行为的构成要件，那么，受害人只要能够证明各加害人之间存在意思联络，则无须再逐一证明各加害人的行为与其损害之间的因果关系，即便其中某一个或某几个加害人的行为只是与损害结果具有可能的因果关系也不能免除责任。①

二是共同过错说。这种观点认为，共同侵权行为中各行为人之间的意思联络不以共同故意为限，还包括共同过失。"几个行为人之间在主观上有共同致害的意思联系，或者有共同过失，即是有共同过错。"②

笔者赞成第二种观点，即共同侵权行为中的共同过错既包括共同故意也包括共同过失。所谓共同故意，并不是指每个行为人对结果的发生都有故意，而是强调他们具有共同的意思联络。对此种共同故意的判断，不能仅从主观心理上进行判断，还应当从外部的行为特征和表现来确定其是否具有共同故意。所谓共同过失，应当是指各个行为人对结果的发生都已经预见或者应当预见。这就是说，尽管各个行为人没有共同的意思联络，也无意追求损害结果的发生，但在行为实施过程中，行为人对损害后果都具有共同的可预见性，易言之，他们都认识到某种损害后果会发生，但是因为懈怠、疏忽等原因而从事了该行为，并造成了同一损害后果。我国《侵权责任法》采纳共同过错概念的理由在于：一方面，从文义解释角度来看，《侵权责任法》第8条所说的"共同"并没有限定在意思联络方面，也并非局限在共同故意的范围；另一方面，共同过失的侵权形态是客观存在的，如果不考虑这些侵权，将共同过错局限于共同故意，则给受害人强加了过重的举

---

① 参见程啸：《论意思联络作为共同侵权行为构成要件的意义》，载《法学家》，2003（4）。
② 佟柔主编：《民法原理》（修订本），227页，北京，法律出版社，1986。

证负担，因为受害人在很多情况下要证明加害人有故意是十分困难的。受害人只要能够证明共同过错，就成立共同侵权。还要看到的是，随着共同侵权责任的发展，一些新的侵权，如合伙对第三人的侵权责任等，很难确定行为人相互之间具有意思联络，但也要承担共同侵权的责任。

二、共同过失

所谓共同过失，是指数人共同实施某种侵权行为时，各行为人对其行为所造成的共同损害后果应当预见或认识，但因为疏忽大意或不注意而致使损害后果发生。例如，甲指导乙驾驶汽车时，不慎误伤行人，甲、乙事先并无伤害行人的合意，但他们都造成误伤行人的后果，可以认为其具有共同的过失。此外，数人共同实施某种行为造成他人的损害，虽不能确定行为人对损害结果的发生具有共同故意，但可根据案件的情况，认定行为人具有共同的过失。如数人承包建筑房屋时，房屋倒塌致行人损害，各承包人对建筑物倒塌伤害行人的后果虽无共同故意，但可认定其具有共同过失，并由此使其向受害人负连带责任。共同过失的主要特点在于：第一，数个行为人并不存在意思联络。这就是说，数个行为人并没有事先的"通谋"。第二，数个行为人在实施某种行为时，其对结果具有共同的可预见性。这就是说，各共同行为人都必须要对其所实施的行为造成的同一损害后果具有一定的认识，能够预见到损害结果的发生。第三，因为数个行为人共同的疏忽大意或者过于自信，而没有能够避免损害的发生。例如，两人共同抬石头，相互询问，相信绳子足够结实，石头不会掉落，结果石头掉落砸伤了他人。此时，数人已经预见到损害结果可能发生，但是基于共同的过于自信的过失导致损害仍然发生，因此，行为人间成立共同过失的共同侵权。[1] 再如，二人相约在公路上飙车，其中一人的汽车撞伤行人，该二人虽然没有共同的意思联络，但其

---

① 参见郑玉波：《民法债编总论》，2 版，陈荣隆修订，143 页，北京，中国政法大学出版社，2004。

对结果的发生具有共同过失。① 对行为人共同过失的确定，主要应依客观标准而不是主观标准。特别是在共同过失的确定中，客观标准具有更重要的作用。例如，各行为人对损害结果是否应当具有共同的认识和预见，要根据一个合理的、谨慎的人是否应当预见和认识损害结果来加以判断。至于某个行为人因其自身的智力、能力、反应力等主观因素障碍使其难以预见损害结果，也不妨碍过失的成立。在判定行为人是否具有共同过错时，即使对于没有直接实施侵害行为的教唆人来说，也应当根据教唆人的教唆行为以及客观环境，来考察其主观状态。

笔者认为，共同侵权中应当包含共同过失，主要理由是：

第一，有利于充分保护受害人。对共同故意说而言，尽管其在某些方面也有利于保护受害人，如团伙责任，共同故意说可直接认定每个行为人的行为与结果之间都具有因果关系。但由于故意是一种主观的心理状态，此种状态难以为外人了解，由受害人证明此种心理状态是十分困难的。这种观点使得受害人无法证明侵权人具有共同故意，从而难以让行为人承担连带责任，这确实不利于对受害人的保护。承认共同过失也可成立共同侵权，更有利于保障受害人的权利。

第二，将共同侵权的成立条件限于共同故意，将使共同侵权的适用范围过窄。事实上，早在罗马法中就有了共同过失构成共同侵权的规定。据《法学阶梯》记载，二人设计错误，致使某根横梁倒下而伤及他人，二人应共同负责。随着现代社会的发展，各种事故损害、法人侵权大量产生，过失已成为侵权行为中过错的重要形式。因此，许多国家的立法和判例已经承认了基于共同过失的共同侵权行为，认为从事共同活动或者行为相互关联的当事人违反共同的注意义务，造成对他人的损害时，应负共同侵权责任。例如，二人操作一台机器时违反安全规章致损害发生；数人在户外生火取暖，离去时未灭尽余火而致损害发生等。承认共同过失构成共同侵权行为是现代侵权责任法发展的趋势。共同过错扩张至共同过失符合现代社会发展的需要。基于过失的共同侵权是以现代社会中事故致损的大量发生为背景的。在共同的生产、经营和其他社会活动中，人们相互协作、

---

① 参见奚晓明主编：《〈中华人民共和国侵权责任法〉条文理解与适用》，70 页，北京，人民法院出版社，2010。

联系和影响的机会日益增加，产生出大量的共同注意义务，就引申出共同过失的概念。[1] 大量的事故损害（交通事故、医疗事故）和产品致人损害等主要是因过失造成的。例如，在数辆机动车违章导致路上行人损害的场合，德国和荷兰都有判例确立了共同行为人的连带责任。[2]

第三，有利于对新型侵权行为进行正确归责。如果共同侵权行为仅仅限于具有意思联络，就很难解释一些新型的侵权行为中行为人是否应承担连带责任。现代社会的许多专家责任案件中，行为人往往具有共同的过失。例如，设计师和建筑商都具有过失，因此造成了损害后果。在现代社会，此种损害越来越多，如果将共同侵权仅仅限于共同故意，则许多新型的侵权，如证券法上的侵权、专家责任等都将难以构成共同侵权，受害人将不能依据连带责任获得保护。例如，根据我国《证券法》第 173 条的规定，证券服务机构制作、出具的文件有虚假记载、误导性陈述或者重大遗漏，给他人造成损失的，应当与发行人、上市公司承担连带赔偿责任，但是能够证明自己没有过错的除外。从侵权责任角度来看，连带赔偿责任通常适用于共同侵权行为。然而，在中介机构实施弄虚作假等情况下，中介机构不一定与上市公司之间具有共同的意思联络，受害人也很难证明中介机构与上市公司之间具有故意和恶意通谋，但我国《证券法》认为其具有共同过错，应适用连带责任。

第四，符合我国的司法实践现状。我国司法实践素来以共同过错作为确定共同侵权行为的标准。如果某个行为人的行为偶然地与他人的行为发生结合，人民法院一般都要分清责任。最高人民法院颁布的《人身损害赔偿司法解释》第 3 条更是明确规定，共同过错既包括共同故意也包括共同过失。从理论上说，把共同过失包括在共同过错之中，对正确确定责任，保护受害人利益，实现侵权责任法的目的是必要的。更何况在民法中，过失是过错的主要形式，许多故意的侵权行

① 参见王卫国：《过错责任原则：第三次勃兴》，273 页，杭州，浙江人民出版社，1987。
② 参见［德］冯·巴尔：《欧洲比较侵权行为法》上，张新宝译，77 页，北京，法律出版社，2001。在英美法此类情形称为竞合的多数加害人，但其后果也是连带责任，所以此种区分鲜有意义，第二次世界大战后这两种诉因不再加以区分。参见［德］冯·巴尔：《欧洲比较侵权行为法》上，张新宝译，402 页，北京，法律出版社，2001。

为已在性质上转化为犯罪，如果共同过错不包括共同过失，则不符合过错本身的含义。如果共同过错中不包括共同过失，将会使大量的共同过失侵权、共同危险行为的行为人免除了向受害人负连带责任的义务。而且因为受害人难以证明各加害人具有共同故意，从而免除了加害人应负的共同侵权行为责任，这对于保护受害人的利益是极为不利的。

共同过错是共同侵权的基石。由此可见，共同侵权责任应彻底贯彻过错责任原则的内容，即不仅以过错作为判定共同侵权责任成立的要件，而且以过错作为归责的最终要件。当然，由于共同侵权行为错综复杂，对于共同侵权中共同过错的确定，在实践中常常会发生困难。例如，因某种产品的缺陷对受害人造成损害，制造该产品的数个制造者是否具有共同过错往往难以确定。在这种情况下，法官可依据法律的规定和案件的具体需要而推定各行为人之间具有共同过错，使其对受害人负连带责任，但由于共同侵权中的共同过错主要应由受害人举证，共同过错也主要采取认定而不是推定的办法，因而，本书遂将共同侵权置于一般侵权行为中加以研究。

第三节　教唆和帮助行为

一、教唆和帮助行为概述

在简单的共同侵权中，数个人都直接实施了侵权行为，这些人都是实际的行为人，他们之间没有明确的分工。但在一些事先通谋或基于其他共同故意的共同侵权中，数个侵权人之间可能具有不同的分工，如有的人直接实施加害行为，有的人只是教唆、帮助他人从事侵权行为。由于各行为人具有共同故意，其行为已与其他共同侵权人的行为构成一个共同的、不可分割的整体，因而都是共同侵权人。

《侵权责任法》第 9 条只是规定，教唆和帮助他人实施侵权行为的，要与行

为人承担连带责任。但并没有明确其与其他行为人构成共同侵权行为，还是视为共同侵权行为。对此，在学理上存在不同的看法：

一是共同侵权行为说。此种观点认为，教唆和帮助行为人，也与他人具有共同的意思联络，因此，其行为属于共同侵权行为。

二是视为共同侵权行为说。此种观点认为，应当将共同侵权行为区分为三类：狭义的共同侵权行为，即共同加害行为，共同危险和教唆、帮助行为，而教唆、帮助行为应当视为共同侵权行为。① 之所以不将教唆或帮助他人实施侵权行为的情形列入共同加害行为，而只是视为共同侵权行为，其原因在于：教唆或者帮助他人实施侵权行为的人并未直接从事加害行为，原则上是不应承担侵权责任的，但如果不令这些教唆人或帮助人承担侵权责任，将有违社会正义观念，而且也不利于遏制此等教唆行为或帮助行为的发生，因此，在侵权法中将这两类人视为共同侵权人。②

应当承认，视为共同侵权行为说有一定的道理，但笔者认为，从我国《侵权责任法》第 9 条的规定来看，其采纳了第一种观点，即将其认定为共同侵权行为，因为该条第 1 款规定："教唆、帮助他人实施侵权行为的，应当与行为人承担连带责任。"这一规定是就一般情况的规定。而第 9 条第 2 款是对教唆无民事行为能力人和限制民事行为能力人的责任规定。从该法对一般情况下的规定以及从文义解释的角度来看，"应当与行为人承担连带责任"，就表明其是共同侵权行为。《侵权责任法》之所以将其作为共同侵权行为对待，理由在于：这种规定与我国侵权责任法强调共同过错作为共同侵权的本质特征是一致的。因为在教唆和帮助的情况下，教唆人、帮助人和直接行为人之间存在共同过错，教唆者和帮助者的行为与直接行为人的行为共同构成了整个共同侵权行为。即使教唆人和帮助人没有直接实施侵权行为，但从责任后果上看，他们都要承担连带责任，因此，

---

① 参见程啸：《共同侵权行为》，载王利明主编：《人身损害赔偿疑难问题：最高人民法院人身损害赔偿司法解释之评论与展望》，137 页，北京，中国社会科学出版社，2004。

② 参见王伯琦：《民法债编总论》，81～82 页，台北，"国立"编译馆，1997。

教唆、帮助行为与其他人的行为构成共同侵权行为。[①] 当然，在内部的责任分担上，可能由于帮助人的过错程度低于直接行为人以及教唆人的过错程度，因而，帮助人可以承担比行为人略轻的责任。但在对外责任上，其应当对受害人承担连带责任。

需要指出的是，在教唆和帮助行为中，是否有必要区分教唆和帮助，进而设计不同的规则？对此存在两种不同的观点：一种观点认为，教唆和帮助是同一的，这两种行为没有必要区分，并进而设计不同的规则。另一种观点认为，要区别对待教唆和帮助行为，比较而言，教唆的主观可谴责性和对社会的危害性更为严重。《侵权责任法》第9条的规定并没有区分教唆和帮助行为，而是适用统一的规则。笔者认为，这一规定是合理的。一方面，我国立法和司法实践一贯没有区别对待教唆和帮助行为，《侵权责任法》的规定是对我国既有法律规定和司法实践经验的总结。另一方面，教唆和帮助都会给受害人的人身、财产权益造成损害。教唆是制造侵权的意图，帮助是辅助实施侵害行为，两者都与行为人的行为结合形成一个整体，此外，为充分保护受害人，规定连带责任是很有必要的，没有必要区别对待。至于行为人内部的追偿，主要是根据各方的过错程度分担责任，其与具体的教唆、帮助的形态关系不大。

二、教唆行为

所谓教唆，是指利用言语对他人进行开导、说服，或通过刺激、利诱、怂恿等办法使被教唆者接受教唆意图，进而从事某种侵权行为。没有教唆人的唆使，被教唆人就不会实施侵权行为。因此，教唆行为与被教唆人的行为之间具有因果联系。构成教唆的要件包括：一是教唆行为均出于故意。换言之，教唆人不仅认识到自己的教唆行为会使被教唆人产生侵权的意图，并实施侵权行为，而且认识到被教唆人的行为所导致的后果且希望或放任此种结果发生。因此，教唆人的故

[①] 参见张铁薇：《共同侵权制度研究》，193页，北京，法律出版社，2007。

意既包括直接故意，也包括间接故意。教唆人虽为故意教唆，而被教唆人出于过失而实施侵权行为，亦可构成共同侵权。例如，明知窗外有人经过，而引诱他人往窗外扔物件，扔物者并不知窗外有人而扔出某物，从而将他人砸伤。二是被教唆人实施了侵害行为。与刑法不同，民法上教唆人承担责任的前提是，被教唆人实施了特定的侵权行为。如果仅有教唆行为，而被教唆人没有实施特定的侵权行为，或者实施的行为不构成侵权，教唆人不承担侵权责任。[①] 三是教唆人与被教唆人的行为之间存在因果联系。如果被教唆人原本已经存在实施侵权行为的决意，此时，教唆人的行为与被教唆人的侵权行为之间就没有因果关系。例如，教唆人教唆某人去砸毁受害人的玻璃，但被教唆人砸毁玻璃之后还翻墙入室盗窃了财物。被教唆人实施的盗窃行为属于过度行为，其与教唆行为之间并不存在因果关系，因此，教唆人不应对此过度行为负责。当然，如果"教唆人"的行为导致被教唆人的决心更为坚定，其应当属于帮助人，而不是"教唆人"。

《侵权责任法》第 9 条第 1 款规定："教唆、帮助他人实施侵权行为的，应当与行为人承担连带责任。"第 2 款规定："教唆、帮助无民事行为能力人、限制民事行为能力人实施侵权行为的，应当承担侵权责任；该无民事行为能力人、限制民事行为能力人的监护人未尽到监护责任的，应当承担相应的责任。"根据这一规定，教唆人的责任主要有如下几个特点：

1. 教唆完全民事行为能力人的，应当与行为人承担连带责任。如前所述，《侵权责任法》第 9 条第 1 款是将教唆完全民事行为能力人作为共同侵权行为来对待。例如，在"尹某等诉蔡某等财产损害赔偿纠纷案"中，法院认为，被告蔡某虽没有直接实施侵权行为，但其无故躺在原告丁某的车底下并声称自己被原告的车撞到的行为构成教唆行为，该教唆行为致使被告彭某、蔡某及其他人员对苏某进行打砸，致使原告丁某受伤及涉案车辆受损，三被告的行为已构成共同侵权行为，受害人有权请求其承担连带责任。[②] 法律作出此种规定的主要理由在于：

[①] 参见奚晓明主编：《〈中华人民共和国侵权责任法〉条文理解与适用》，76 页，北京，人民法院出版社，2010。

[②] 参见江苏省宿迁市宿城区人民法院（2013）宿城民初字第 836 号民事判决书。

一方面,在教唆的情况下,教唆人和行为人之间具有主观的共同性,主观共同性本身成为两者对损害结果承担连带责任的基础。即使客观上某个行为人对结果的发生实际所起的作用很小,也应当认其为共同侵权人,并使之承担连带责任。另一方面,教唆人使他人决意实施特定的侵权行为,其主观上的可非难性程度更高。行为人原本没有实施某种侵权行为的目的和动机,只是因为教唆人的教唆,使其决心实施该行为。因此,无论教唆人是否实际实施侵权行为,他都应当与完全行为能力人负同样的责任。此外,从因果关系角度来看,教唆者的行为导致了行为人产生实施危害行为的犯意,没有教唆者的行为,行为人不可能产生危害他人的犯意,则不会产生后续的危害行为。笔者认为,教唆、帮助者的行为虽然不是损害发生的充分条件,但在共同侵权行为中,其属于损害发生的必要条件。

对于无民事行为能力人和限制民事行为能力人而言,则不能够与完全民事行为能力人等同对待,因为无民事行为能力人和限制民事行为能力人并没有完全的意思能力,尤其是无民事行为能力人,其可能完全不了解自己行为的后果,从而成为教唆人、帮助人的侵权工具。例如,教唆人引诱 5 岁的孩子点火,并提供点火的工具,该小孩可能完全不能认识到其行为的后果。该无民事行为能力人的监护人要承担侵权责任,对其未免不公平。因此,我国《侵权责任法》第 9 条第 2 款将教唆限制民事行为能力人和无民事行为能力人分开,从体系解释的角度来看,教唆无民事行为能力人和限制民事行为能力人,不应使教唆人与无民事行为能力人和限制民事行为能力人的监护人负连带责任。

2. 教唆无民事行为能力人、限制民事行为能力人实施侵权行为的,教唆人应当承担侵权责任。在教唆无民事行为能力人、限制民事行为能力人实施侵权行为时,在许多情况下是将被教唆人视为一种工具。因此教唆人应当承担侵权责任。然而,若教唆人不知被教唆人无行为能力时,应当由教唆人单独负责还是应当和被教唆人共同负责,学说上有不同见解。[①] 笔者认为,被教唆人无民事行为能力乃是客观存在的事实,不因教唆人是否知道而改变。令教唆人承担全部赔偿

---

① 史尚宽先生认为:在此情况下,应由教唆人与被教唆人负共同侵权责任。参见史尚宽:《债法总论》,175 页,北京,中国政法大学出版社,2000。

责任也是对教唆人恶意致他人损害的行为的制裁，故教唆人仍应单独负侵权责任。

依据《侵权责任法》第 9 条第 2 款的规定，无民事行为能力人被教唆实施侵权行为的，如果监护人未尽到监护职责，监护人也应当承担相应的责任。例如，在"马某诉李某等生命权、健康权、身体权纠纷案"中，法院认为，被告李某与原告马某因以打扑克"斗地主"的方式赌博发生口角争执被旁人劝说平息后，被告李某为泄愤打电话给被告李某甲，要求被告李某甲约人到股水村找原告马某帮其出气，被告李某甲受被告李某的教唆，邀约被告杨某甲、谷某甲、刘某甲携带钢管、刀具从易门县城赶至铜厂乡股水村原告马某的住处对原告进行殴打，造成原告损害。由于被告李某甲、杨某甲、谷某甲、刘某甲均系限制民事行为能力人，因其监护人未尽到监护责任，其给原告造成的损害，由四被告的监护人承担侵权责任。[①]

笔者认为，侵权责任法的规定是科学合理的，这一规定也是对《民法通则意见》的发展。[②] 一方面，《侵权责任法》第 9 条第 2 款规定，教唆人要承担侵权责任，但并没有明确其如何承担侵权责任，所以没有完全排斥通过区分无民事行为能力人和限制民事行为能力人，并分别课以其承担不同的责任。另一方面，该规定实际上授权法官根据具体情况来判断，如何使教唆人承担责任。在确立责任的过程中，法官完全可以根据教唆对象的不同来认定教唆人的责任。尤其应当看到，《侵权责任法》第 9 条中规定，"该无民事行为能力人、限制民事行为能力人的监护人未尽到监护责任的，应当承担相应的责任"。此处规定了监护人应当承担相应的责任，其中包括了要根据被监护人是无民事行为能力人还是限制民事行

---

① 参见云南省易门县人民法院（2014）易民一初字第 416 号民事判决书。

② 最高人民法院《民法通则意见》第 148 条规定："教唆、帮助他人实施侵权行为的人，为共同侵权人，应当承担连带民事责任。教唆、帮助无民事行为能力人实施侵权行为的人，为侵权人，应当承担民事责任。教唆、帮助限制民事行为能力人实施侵权行为的人，为共同侵权人，应当承担主要民事责任。"可见，该司法解释认为，教唆人依教唆对象是否具有行为能力而应负不同的责任。但《侵权责任法》第 9 条第 2 款并没有采纳这一经验，也就是说，没有区分教唆的对象而分别确立不同的责任，而只是笼统地规定，教唆人应当承担侵权责任。

为能力人而区别对待。如果被监护人是限制民事行为能力人，则监护人的监护义务较轻，其责任也相应较轻；如果被监护人是无民事行为能力人，则监护人的责任较重。从这个意义上说，可以认为，区分被教唆的对象是限制民事行为能力人还是无民事行为能力人，对监护人责任的承担具有一定意义。

3. 关于教唆人和监护人的责任承担。一般认为，在教唆人和帮助人之间，他们之间的责任是连带责任，但就教唆人和监护人的责任承担而言，依据《侵权责任法》第9条第2款的规定，显然没有将其规定为连带责任，该款规定："该无民事行为能力人、限制民事行为能力人的监护人未尽到监护责任的，应当承担相应的责任。"如何理解此处所说的"相应的责任"？对此有四种不同的观点：一是求偿权说。此种观点认为，教唆人应当先承担责任。教唆人承担全部责任后，可以在监护人承担相应责任的范围内向监护人行使求偿权。二是次要责任说。此种观点认为，在教唆限制民事行为能力人和无民事行为能力人的情况下，教唆人要承担主要责任，监护人只是承担次要的责任。三是与过错相适应的责任说。此种观点认为，无论是教唆人还是监护人，都应当根据其不同的过错程度来承担责任，尤其是就监护人而言，其承担责任的大小主要考虑其过错来确定。四是在监护人承担相应责任的范围内，其与教唆人和帮助人应向受害人共同负责。但教唆人和帮助人是终局责任人，监护人承担了相应责任后，有权就其相应的责任向教唆人和帮助人行使求偿权。

笔者原则上赞成第四种观点，主要理由在于：首先，求偿权说事实上是将监护人作为了终局责任人，但就损害后果的发生而言，如果没有教唆人或帮助人的教唆或帮助行为，就不会发生损害后果，从这个意义上说，教唆和帮助行为是损害发生的必要条件，教唆人和帮助人承担了全部责任后，如果允许其向被教唆者、被帮助者的监护人求偿，显然有失公平。次要责任说很难从侵权责任法本身寻找到依据。而过错相适应说只是解释了监护人的责任问题，而没有回答教唆人或帮助人与监护人之间责任的关系。相应责任说既回应了教唆人、帮助人与监护人之间的责任关系问题，也解决了各自之间的责任分担问题。具体来说，关于责任的承担应当从如下几个方面考虑：

第一，监护人与教唆人或帮助人应当共同承担责任，但是此种责任并非连带责任。在侵权法起草过程中，有学者建议无论监护人是否尽到监护职责，都应当与教唆人、帮助人承担连带责任。但立法者认为，在存在教唆人和帮助人的情形下，一概使监护人承担连带责任过于严厉，因此立法者没有采纳这一观点。[①] 这就是说，监护人对被监护人致人损害的责任，并非与教唆人一起承担连带责任，而只是在其未尽到监护责任时，依据其过错程度承担相应的责任。所谓未尽到监护责任，实际上就是指其具有过错。如果其没有过错，则不必承担责任，有关是否尽到监护责任的举证责任，应当由受害人来承担。[②] 监护人的过错程度直接影响责任的范围。

第二，监护人的责任是对受害人所承担的责任，而不是对教唆人承担的责任。此处所说的责任是对外责任，而不是内部的责任分配问题。因此，教唆人和监护人之间，他们的责任承担都是对外的责任。监护人应当在其相应的责任范围内和教唆人一起共同对受害人负责，即监护人在根据其过错程度等因素考量应当承担责任的范围内，与教唆人一起要共同对受害人负责。如果受害人遭受的损失为1万元，而因监护人的过错致损5 000元，受害人可以分别请求监护人和教唆人各承担5 000元。如果受害人要求监护人承担8 000元的损害赔偿责任，则监护人可以拒绝在超出5 000元的范围之外承担责任，即可以只同意承担5 000元的责任。但由于教唆人是终局责任人，因而，教唆人承担了1万元的损害赔偿之后，不能向监护人追偿5 000元。如果受害人只向教唆人提出了请求，而没有向监护人提出请求，则由于双方之间不是必要的共同诉讼当事人，因而，如果受害人只起诉一个当事人，法院没有必要主动追加当事人。若受害人起诉了监护人，则监护人需要在其过错的范围内承担责任。

第三，监护人的责任是根据其过错程度等因素确定的。此处所说的过错程

[①] 参见全国人大常委会法制工作委员会民法室编：《中华人民共和国侵权责任法条文说明、立法理由及相关规定》，39页，北京，北京大学出版社，2010。

[②] 参见奚晓明主编：《〈中华人民共和国侵权责任法〉条文理解与适用》，80页，北京，人民法院出版社，2010。

度，就是要考虑被监护人的年龄、是否认识到行为的过错等来认定监护人的过错。例如，教唆 17 岁的未成年人和教唆 5 岁的未成年人，监护人的过错是不同的。再如，烧毁邻居的房屋和砸碎邻居的玻璃，两种行为的性质不同，被教唆人对该行为的理解和认识也不同，因此，监护人的责任也是不同的。对于 5 岁的未成年人来说，其监护人的监护义务较 17 岁未成年人的监护人义务更重，所以当 5 岁的幼童因为教唆的原因造成他人损害时，其父母未履行义务的过错程度也同时较重，所以应当承担更重的责任。除了过错程度，也要考虑原因力等因素。

依据《侵权责任法》第 9 条第 2 款的规定，监护人没有尽到监护职责的，要承担相应的责任。而《侵权责任法》第 32 条第 1 款规定："无民事行为能力人、限制民事行为能力人造成他人损害的，由监护人承担侵权责任。监护人尽到监护责任的，可以减轻其侵权责任。"这就是说，监护人即便尽到了监护职责，也要承担责任，只不过可以减轻其责任。问题是，这两条之间的关系如何协调？笔者认为，监护人的责任应当采统一的规则，不应随意地进行区别处理。因此，第 9 条第 2 款不能解释为，监护人尽到了监护职责，就不承担责任，而是仍然要按照第 32 条第 1 款的规定来承担责任，只是可以适当减轻其责任。

三、帮助行为

帮助是指通过提供工具、指示目标或以言语激励等方式，从物质上和精神上帮助实施加害行为的人。例如，某人在盗窃他人财物后，帮助人为其销赃。帮助行为的构成要件有如下几点：一是帮助人一般均出于故意，他和实行人之间都具有共同致人损害的意思联络，在特殊情况下，虽然没有意思联络，但帮助人意识到被帮助人的行为是侵权行为而提供帮助，并客观上对加害行为起到了辅助作用，亦构成共同侵权。帮助人出于故意，对加害人提供帮助，加害人虽不知帮助人提供的帮助，双方即使没有相互沟通，也不妨碍共同侵权的构成。二是帮助人实施了帮助行为，帮助行为可以是物质上的帮助，也可以是精神上的帮助。帮助可以是积极的，也可以是消极的。帮助的方式可以多种多样，比如，提供作案工

具、指示目标、帮助销赃等。三是帮助人实施的帮助行为与受害人遭受的损害之间存在因果联系。[①] 在帮助的情况下，帮助人与损害结果之间的因果联系比较复杂。在有些情况下，帮助行为是损害发生的不可或缺的必要条件之一，帮助者促成了损害的发生；而在另一些情况下，帮助行为导致损害范围的扩大或损失的进一步扩大。

依据《侵权责任法》第9条的规定，帮助人的责任与教唆人的相同，具体表现为：

第一，帮助人帮助完全民事行为能力人实施侵权行为时，帮助行为和教唆行为在性质上相同，即帮助完全民事行为能力人的，应与行为人承担连带责任。

第二，帮助无民事行为能力人和限制民事行为能力人的，帮助人应当承担侵权责任。该无民事行为能力人、限制民事行为能力人的监护人未尽到监护责任的，应当承担相应的责任。就帮助行为而言，尽管帮助者主观上可能不存在故意，但其也存在特定的认识，帮助者所起的作用可能较小，但是毕竟其已经认识到了行为的后果并参与了此行为，因此其行为构成共同侵权行为的一部分。此外，在有共同过错的情况下，也不能够以原因力的大小来决定帮助人的责任。例如，甲提供给乙一包火柴，乙去烧了一个仓库，假如甲事先知道乙点燃仓库需要火柴，那么甲提供火柴的行为就构成整个共同侵权行为的组成部分。但如果帮助者在提供帮助时对于损害的后果完全无意识，不具有共同过错，则不构成真正的帮助行为。根据《民法通则意见》第148条第2款的规定，在帮助无民事行为能力人实施侵权行为时，应由帮助人负单独的侵权责任。此种观点也值得商榷。因为帮助人只是在行为实施过程中起辅助作用，而不是起主要作用。若无教唆行为则损害行为不会发生，但若无帮助行为，则损害未必不会发生。因此，如果帮助行为对损害的发生未起到决定性的作用，则不宜课以帮助人承担全部赔偿责任。

第三，该无民事行为能力人、限制民事行为能力人的监护人未尽到监护责任的，应当承担相应的责任。根据《侵权责任法》第9条第2款的规定，帮助无民

---

① 参见张新宝等：《共同侵权的法理探讨》，载《人民法院报》，2001-11-09。

事行为能力人致人损害，应由帮助人和无民事行为能力人的监护人共同负责。但监护人的责任主要是根据其过错程度等来确定适当的责任。

　　实践中，对喊号助威者是否应以帮助人对待的问题，应具体分析。喊号助威者多为以言词激励他人从事侵权行为的帮助人，在某些情况下亦可能是教唆人。若喊号助威者与实行行为人之间具有共同致人损害的过错，而不是出于一时义愤和受人蒙蔽等原因而喊号助威的，应构成共同侵权行为。例如，三个人事前有共同的意思联络，如果其中一人虽未实施实际的加害行为，而仅在旁边呐喊助威，但基于其与其他两个行为人之间有共同的意思联络，因而也应认定其为共同侵权人；但如果其与真正行为人间不存在意思联络，此时其呐喊助威行为虽客观上对行为人实施加害行为起到了一定的鼓励作用，但因其行为与损害的发生之间不存在因果关系，所以不宜认定其为共同侵权人或无意思联络的侵权人。

　　虽然教唆、帮助者应当与共同行为人一样承担连带责任，但在承担连带责任后也不妨根据其内部的过错程度进行责任分担。有观点认为，应当借鉴刑法的主犯、从犯理论来确定共同侵权行为中帮助人的责任的大小；也有观点认为，应当根据原因力和过错程度来确定各自的责任大小。[①] 笔者认为，教唆者、帮助者对外应当承担连带责任，但就其内部责任分担而言，可以考虑其过错等因素确定其责任份额。

第四节　共同侵权人责任的承担

一、共同侵权人承担连带责任的合理性

　　根据《侵权责任法》第8条的规定，共同侵权人应当承担连带责任。连带责任是法律规定的，而不是依当事人之间的合同约定产生的。连带责任的承担不能

[①] 参见奚晓明主编：《〈中华人民共和国侵权责任法〉条文理解与适用》，82页，北京，人民法院出版社，2010。

因各个侵权人之间的约定而被排除适用。即使共同侵权人内部达成了分担的约定，对受害人也不产生效力。我们说连带责任具有强行性，是就侵权人的责任而言的，对受害人来说，连带责任使其享有债权，受害人也可以抛弃其权利，或者免除部分侵权人的责任。

在共同侵权的情况下，各个行为人应当承担连带责任的原因在于：第一，各个行为人具有共同过错。共同过错是各个行为人承担连带责任的伦理基础。在各个行为人具有共同过错的情形下，行为人已经预见到自己的行为将与他人的行为结合导致损害，因此，课以其承担连带责任并不会使行为人负担过重的、不可预料的责任。第二，连带责任的承担有利于保护受害人。一方面，每个行为人的负担能力是不同的，有人具有较强的责任承担能力，而有人承担能力较弱。假如采取分别责任，受害人就有可能因为判令某个不具有承担能力的人承担责任，最后不能获得完全赔偿。如果由行为人承担连带责任，则不必考虑各个行为人的责任承担能力问题，受害人可以直接请求最有能力承担责任的人承担责任。另一方面，在受害人提起诉讼时，他不一定能够发现每一个侵权人。按份责任学说要求受害人为了得到全部的赔偿，必须在法院起诉每一个对损害负责的行为人，即使立法者已经让其中的一个行为人承担全部责任的情况下也不例外。这显然违背了受害人的利益，因为寻找所有应当承担责任的行为人，并把他们起诉到法庭是困难的。[①] 即便能够发现所有的侵权人，也会因为有人没有支付能力甚至已经破产而无力承担责任，如果要求侵权人按份承担责任，则对受害人非常不利。一种比较理想的状态是能够找到所有的侵权人，并在法院提起诉讼，而且每个人都有支付能力，从而使得受害人可以得到完全的赔偿。但笔者认为，这种状态不太现实，由受害人寻找所有应当承担责任的行为人，也会增加受害人寻求救济的成本。第三，采连带责任对行为人也并非不公平。在共同侵权的情况下，虽然每个行为人对结果发生的原因力不同，但毕竟共同侵权人具有共同的目的，并且对损害结果都具有可预见性。因此可以认定每个人的行为都和结果之间具有因果联

---

① See Tony Weir, *International Encyclopedia of Comparative Law*, Vol. 4, Torts, Chapter 12, Complex Liabilities, J. C. B., mohr (Paul Siebeck, Tübingen) 1975, p. 44.

系。在共谋的情况下，尽管某个共谋者没有实际实施侵害行为，但其他行为人的行为中体现了其意志，因此，各个行为人都应当对受害人的损害后果负责。《瑞士债务法》第 50 条、《德国民法典》第 830 条第 1 款针对此问题作出规定。普通法也采纳了同样的规则，在一些案例中，法官认为，任何人参与了共谋，就应当对共谋过程中产生的任何损害负责，不管其是否参与以及参与的程度如何。[1] 从因果关系的角度来看，每个人的行为都与结果之间具有相当性，所以他们应当共同对结果承担责任。当然，考虑到各个行为人的行为具有不同的原因力，各个行为人的内部责任分担数额可能会存在一定差别。

二、共同侵权人的责任免除

免除是指受害人通过明示的方式明确地免除部分或全部的共同侵权人的责任。赔偿权利人免除全部或部分共同侵权人的责任是以共同侵权行为的存在为前提的，如果不存在共同过错，那么就不存在共同侵权行为。因此，不存在共同过错虽可作为行为人的一种抗辩事由，但一般不认为这是一个责任免除的问题。如果侵权人能够举证证明其不存在共同过错，则可以以此为由提出抗辩。当然，如果受害人能够证明在没有共同过错的情况下，各个行为人仍然构成单独侵权，则应由各行为人单独承担责任。如果行为人能够证明其具有正当的抗辩事由，如损害是正当防卫、紧急避险、不可抗力等原因造成，则共同侵权人也不应当承担责任。

（一）赔偿权利人免除全部或部分责任[2]

受害人可以免除共同侵权人的部分责任，也可以免除共同侵权人的全部责任。在法律上，免除具有如下特点：第一，就性质而言，免除是赔偿权利人处分其债权的行为。按照私法自治原则，债权人在不损害国家利益、社会公共利益和

---

① See Dextone v. Building Trades Council，60 F. 2d 47，48（2 Cir. 1932）.

② 一般而言，赔偿权利人就是被侵权人，但被侵权人因侵权行为致死的，赔偿权利人是其近亲属，此时被侵权人和赔偿权利人即出现了分离。

他人合法权益的情况下，完全可以处分自己的利益，法院对此不应加以干涉。由于共同侵权行为所产生的是一种损害赔偿之债，因而，债权人当然有权免除赔偿义务人的责任，法律不应强制债权人行使权利。受害人如果明确表示免除全体共同侵权人的责任，自然将导致共同侵权行为产生的损害赔偿之债消灭。除非受害人在免除时明确表示继续保留追究侵权人的其他责任，如赔礼道歉等，否则，责任的免除将导致整个共同侵权人责任的消灭。第二，免除是一种单方行为，无须征得赔偿义务人的同意，因而免除通知一旦到达赔偿义务人，就发生免除的法律效果。第三，免除是权利人的一种单方行为，受害人应当以明确的意思表示免除行为人责任，而不能采取默示的方式。

关于受害人免除共同侵权人的责任，笔者认为，首先，应当承认受害人有权免除全体共同侵权人的责任，如果债权人处分其权利的行为还要受到债务人同意的限制，就不合理地限制了债权人的处分权，显然是不妥当的。按照私法自治原则，应当允许债权人作出此种免除行为。既然债权人可以免除整个共同侵权人的责任，那么，免除部分行为人的责任也未尝不可，但对债权人免除部分共同侵权人的责任，应当作出一定的限制，即免除部分共同侵权人的责任不能导致其他共同侵权人内部责任的增加。如果允许免除部分共同侵权人的责任，可以采取两种方式来保护未被免除的共同侵权人的利益：一是区分免除的内部效力和外部效力。赔偿权利人虽然可以免除部分共同侵权人的责任，但不能免除共同侵权人内部的追偿权，应当允许未被免除责任的侵权人继续向已被免除责任的侵权人行使追偿权。二是如果赔偿权利人免除部分共同侵权人的责任，那么，此种免除对其他共同侵权人也产生效力，即在免除的范围内，其他共同侵权人的责任相应被免除，但不是被全部免除。因为受害人既然没有表示对全部责任人都免除，就不能认为应免除全部责任人的责任。但如果受害人免除部分共同侵权人的侵权责任的，则其他共同侵权人有权在该侵权人按照内部关系应当分担的数额内主张免责。

如果赔偿权利人起诉部分共同侵权人，法院是否应当追加其他共同侵权人为共同被告，应当具体分析。如果受害人因为不了解共同侵权人的情况而在请求时

有所遗漏，则法院应当追加其他共同侵权人，以更好地查明案件事实。如果受害人在了解全部共同侵权行为人的情况下，仅请求单个或者部分共同侵权人承担责任，则法院应当尊重受害人的选择，不应当一概追加其他共同侵权人为共同被告。

（二）抵销

抵销是指两人互负债务，各使双方债务在对等额内消灭的法律制度。抵销也有可能成为侵权人免除责任的理由。一般认为，对那些因侵害他人人身产生的侵权之债，受害人的债权不得作为被动债权抵销。但问题在于，因一般的过失而侵害他人财产，能否抵销？一般认为，禁止以因侵权行为所产生的债务进行抵销，主要是针对故意和重大过失的侵权行为而言的，如果对这些债务也可以抵销，显然不符合法律规定，也违反公序良俗。对于因一般过失而引起的侵权之债，则不存在上述问题，故应当可以抵销。此外，即便对于因故意或重大过失而造成的侵权之债，法律只是禁止受害人的债权作为被动债权抵销，其仍然可以作为主动债权抵销。也就是说，侵权人不能提出抵销，但受害人可以提出抵销。如果受害人对一个或者数个侵权人提出抵销的请求，是否对其他侵权人的责任产生影响？笔者认为，其道理和免除相同。因为抵销本身具有清偿的效果，抵销一个侵权人的债务，只是使该人在应当承担的份额内消灭债务，不应当影响其他行为人的责任。

第九章

共同危险行为

第一节　共同危险行为概述

一、共同危险行为的概念和特征

　　共同危险行为又称为准共同侵权行为，它是指数人实施的危险行为都有造成他人损害的可能，其中一人或者数人的行为造成他人损害，但不知数人中何人造成实际的损害。《侵权责任法》第 10 条规定："二人以上实施危及他人人身、财产安全的行为，其中一人或者数人的行为造成他人损害，能够确定具体侵权人的，由侵权人承担责任；不能确定具体侵权人的，行为人承担连带责任。"例如，在"卢某诉金某等财产损害赔偿纠纷案"中，法院认为，三小孩玩火导致损害，其作为不具有完全辨别与控制能力的主体，事发时均不在其父母的监管之下，故三小孩玩火致火灾具有较高的盖然性，在不能确定三名小孩中的具体侵害行为实施者的情况下，应当由三小孩对事故所致损坏共同承担合理的赔偿

责任。① 再如，数人在旅馆抽烟，随地乱扔烟头而导致旅馆着火，但不能确定何人所扔的烟头导致火灾。学理上之所以将此种侵权行为称为"共同危险行为"，并不在于侵权行为本身的高度危险性，也并非意味着每个行为人从事的都是危险活动，其强调的是多个行为在侵害他人权益方面的高度可能性。在这一点上，需要将共同危险行为中的"危险"与作为严格责任基础之一的"危险活动"相区分，二者不是同一范畴的概念。笔者认为，共同危险行为所具有的危险性，虽然在广义上属于危险活动的范畴，某些共同危险行为也可能是高度危险活动，但此处所说的"危险"与高度危险活动中的"危险"含义显然不同，前者仅指导致损害的可能性，后者指某种活动具有特别的危险，如损害极其巨大或者损害发生频率很高等。

现代社会，人口稠密，社会关系复杂，基于共同行为致人损害的情形越来越多，当损害后果客观发生之后，囿于人类认识能力、事实证明的困难，很可能无法确定真正的行为人，此时受害人的权益如何保护？由此，侵权责任法上遂产生了所谓的共同危险行为制度以资解决。关于共同危险行为，我国《民法通则》以及《民法通则意见》都未对其作出规定。2001 年 12 月 6 日颁布的《证据规则》第 4 条第 7 项规定："因共同危险行为致人损害的侵权诉讼，由实施危险行为的人就其行为与损害结果之间不存在因果关系承担举证责任。"这是我国司法解释首次对共同危险行为作出规定。不过，由于该解释主要是从举证责任的角度对共同危险行为作出的规定，所以并非是从实体法规则上对共同危险行为制度的建构。2003 年 12 月 4 日最高人民法院颁布的《人身损害赔偿司法解释》第 4 条明确规定："二人以上共同实施危及他人人身安全的行为并造成损害后果，不能确定实际侵害行为人的，应当依照民法通则第一百三十条规定承担连带责任。共同危险行为人能够证明损害后果不是由其行为造成的，不承担赔偿责任。"该解释第一次从实体法规则的角度确立了共同危险制度，填补了我国适用规则上的空白。《侵权责任法》第 10 条借鉴了司法解释的经验，进一步规定了共同危险行

---

① 参见广西壮族自治区柳州市柳南区人民法院（2011）南民初（一）字第 1600 号民事判决书。

为。但与司法解释相比较，《侵权责任法》在免责事由上作了更严格的限制，这不仅有利于保护受害人，也有利于有效地抑制共同加害行为和危险行为的发生，从而预防事故的发生，维护社会生活的安全。

共同危险行为与共同侵权具有相似之处，在司法实践中极易造成混淆，因此需要严格加以区别。共同危险行为的主要特点在于：

第一，数人实施危及他人的行为。共同危险行为仍然是数人侵权的一种形态，无论是共同危险行为，还是共同侵权行为，都是数个人实施的行为，但共同危险行为与狭义的共同侵权行为不同。在狭义的共同侵权中，行为人是基于共同过错而实施的行为，尽管他们的分工不同，但各个行为人都参与了侵权行为的实施。而在共同危险行为中，各个行为人都从事了危及他人财产或人身的危险活动，但还不能认为其都实施了侵权行为，因为部分人没有造成实际损害，损害只是其中的一人或数人所致。正是因为这一原因，《侵权责任法》第 10 条规定："二人以上实施危及他人人身、财产安全的行为"，而没有采用"实施共同侵权行为"的提法。

从《侵权责任法》第 10 条的规定来看，其规定"其中一人或者数人的行为造成他人损害"，表明造成损害的加害人并不明确。此处所说的加害人不明与共同危险行为人不明是不同的概念。在共同危险行为中，共同危险行为人是明确的，至少是部分明确的，但究竟何人造成了损害不明确，这就是共同危险行为不同于一般侵权的特点。例如，数人在街边燃放烟花，其中一人燃放的二踢脚造成附近一家仓库着火。有证据证明，数人中有三人都在燃放二踢脚，而其中两人燃放的是其他种类的烟花。因此，燃放二踢脚的三人都是共同危险行为人，但只有一个人燃放的二踢脚造成了仓库着火，所以不能确定具体的加害人。还需要指出的是，加害人不明和加害份额不明是两个不同的问题，《侵权责任法》第 10 条所说的"其中一人或者数人的行为造成他人损害"不包括加害份额不明的情况，因为在加害人不明的情况下，行为人的行为是否与损害之间存在因果关系，难以确定；而在加害份额不明的情况下，行为人行为作为致损原因的事实是确定的，不能确定的是每个行为所造成的损害部分，或者说行为人具体份额难以明确。

第二，数个行为人在实施危及他人的行为方面均具有共同过错。在共同危险行为的情况下，数个行为人主观上虽然没有共同的意思联络，但他们在共同实施某个共同危险行为时，都具有共同过错。例如，数人在房间打牌抽烟，乱扔烟头，这些行为本身就表明其有过错。关于这种共同过错究竟是共同过失还是共同故意，学界有不同的看法。笔者认为，与共同侵权中的共同过错不同的是，绝大多数共同侵权行为都存在意思联络。然而，在共同危险的情况下必须不存在意思联络，一旦各个行为人之间有意思联络，就构成了共同侵权。所以从这个意义上说，此处的共同过错是共同过失。[①]

第三，各个共同危险行为大多都具有时间上和空间上的同一性。所谓时间上的同一性，是指各个共同危险行为人同时实施了该行为。所谓空间上的同一性，是指各个危险行为人实施该行为的地点大体相同。当然，在例外情况下，各个共同危险行为人也可能是在不同时间和不同地点实施的行为。例如，在除夕夜，五人一起在街头放花炮，路人甲途经此地，左手不幸被花炮击中，但由于致伤花炮都是一样的，因而无法确认五人中到底哪一人致其损害。此时，构成共同危险行为。而在共同侵权的情况下，各个行为人的行为可能在时间和地点方面并不具有共同性。共同危险行为的构成，必须是行为人在实施某种危险行为致受害人损害时，其危险行为的时间和地点具有同一性，即"多数人之行为间，应有一定空间与时间上关联之同类损害"[②]。当然也有学者对此提出了不同看法。[③] 德国权威民法观点认为，在共同危险行为下，各具体参与共同危险行为的人在时间和空间上形成相互关联的关系，否则不能构成共同危险行为。[④] 笔者认为，共同危险行为必须以数人的行为具有时空上的一致性为条件，主要理由在于：其一，不同时间

① 参见张新宝：《中国侵权行为法》，2版，172页，北京，中国社会科学出版社，1998。
② 黄立：《民法债编总论》，291页，北京，中国政法大学出版社，2002。
③ 有人认为，共同危险行为人之赔偿义务，是由于各人对于导致结果具有可能性，即他们均作出具体的危险状态，此即由于不能确知致害人所做的危险行为，而科以共同危险行为人责任的根据所在。所谓"时间的、场所的关联"的基准即救济范围限制，应当予以否定。参见李木贵等：《共同危险行为之研究》，载《法学丛刊》，第173期。
④ Esser/Weyers, Schuldrecht, BT § 60, Ⅰ1 b.

和不同地点发生的单独危险行为不能构成共同危险行为。例如，第一个人实施了某种危险行为造成受害人人身处于危险之中，但其停止了继续实施，而以后又有数人可能继续在原有的基础上实施危险行为，最终造成了损害结果，但因为数人的行为在时空上不具一致性，故此时不能确定最终的损害后果是何人的行为造成的，也不能认为数人的行为构成共同危险行为。如果行为人实施的行为的时间和地点都不相同，只能视为分别致人损害，不能作为共同危险行为处理。其二，时空上的一致性要求共同发生数个行为；共同危险行为与高楼抛物致人损害且加害人不明的情况不同，在后一种情况下，真正的行为人可能仅有一个，只不过是该行为人不易确定，但不存在数人共同实施危险行为的情况，因而抛掷物责任不同于共同危险行为致人损害的责任。其三，要求时空上的一致性，也有利于限制连带赔偿责任的范围，使连带责任不致泛化。

第四，共同危险行为人中的部分人实际造成了损害结果。根据《侵权责任法》第 10 条的规定，共同危险行为是"二人以上实施危及他人人身、财产安全的行为，其中一人或者数人的行为造成他人损害"。因此，在共同危险行为的情况下，虽然数人实施了危及他人财产或人身的行为，但损害的发生只是一人或数人造成的。这是共同危险行为与单独侵权和共同侵权的区别所在。在实施了共同危险行为之后，如果能够确定侵害行为是某个加害人造成的，共同危险行为就转化为单独侵权，如果可以确定是特定的数人造成的，则应构成共同侵权。

第五，无法确定具体实施侵权行为的人。在共同危险行为中，从行为与损害结果之间的关系来看，各个危险行为人的行为只是可能造成了损害后果，其行为与损害后果之间的因果关系是法律推定的，是一种"替代因果关系（alternative causation）"，在学说上也称为择一的因果关系，即被告的损害是由两个或两个以上的有过失的被告中的某一个造成的，但是又无法查明究竟是哪一个被告造成的，数人的行为都具有造成损害的可能。[①] 欧洲学者认为，在择一因果关系的情况下，因果关系无法被证明，但是在具体的情形下，每个侵权人都从事了高度危

---

① 参见程啸：《共同危险行为》，载王利明主编：《人身损害赔偿疑难问题：最高人民法院人身损害赔偿司法解释之评论与展望》，224 页，北京，中国社会科学出版社，2004。

险的活动，这可能潜在地造成了损害。[①] 而在共同侵权的情况下，各个行为人的行为都确定地造成了损害后果，此种因果关系是确定的。在共同侵权的情况下，各个侵权人是确定的、明确的。而在共同危险的情况下，只是数人都实施了危险行为，而真正的行为人是不确定的。如果真正的行为人能够确定，就转化为单独侵权或者共同侵权，并因真正行为人的确定而使其他共同危险行为人被免责。需要指出的是，欧洲侵权法学者将共同危险行为从因果关系角度来考察，笔者认为这种做法不无道理，但是严格来讲，共同危险行为是一种侵权行为样态，因果关系只是其中的一个要件。因此，采用共同危险行为的提法更为科学。

二、共同危险行为与相关概念的比较

（一）共同危险行为与狭义的共同侵权

共同危险行为与狭义的共同侵权都是数人侵权，涉及主体的多人性，且他们具有共同的过错。在共同危险行为的情况下，数人共同从事了危险活动，因此表明其都具有过错。例如，数人在房间打牌抽烟，乱扔烟头，这些行为本身就表明其有过错。[②] 正是因为共同危险行为和共同侵权都是数人侵权，且都造成了同一损害结果，因此，学理上将共同危险行为称为"准共同侵权行为"[③]。笔者认为，共同危险行为与狭义的共同侵权具有明显的区别，这主要表现在如下方面：第一，是否具有共同过错。共同危险行为与共同侵权的区别在于，共同危险行为人之间一般没有共同过错，特别是没有意思联络，否则，其可能构成共同侵权。第二，是否能够确定具体的加害人。在共同侵权中，各个侵权人可能是有不同的分工的。例如，数人合谋盗窃，有人负责撬门，有人负责开保险柜，有人负责望风，有人负责销赃，有人教唆他人。但无论内部如何分工，行为人都是确定的，并不存在行为人不明的情况。但在共同危险行为侵权中，损害结果已经发生，损

---

① 参见［荷］施皮尔：《侵权法的统一：因果关系》，易继明等译，18 页，北京，法律出版社，2009。
② 参见张新宝：《中国侵权行为法》，2 版，172 页，北京，中国社会科学出版社，1998。
③ 程啸：《侵权行为法总论》，395 页，北京，中国人民大学出版社，2008。

害结果必然是共同危险行为人中的一人或数人造成的，但不知何人造成损害。正如史尚宽先生所指出的，"共同危险行为与纯粹之共同侵权人不同者，非因全体之行为使其发生损害，惟因其中之某人之行为而使其发生结果，然不知其为谁之时也"[①]。有观点认为，在不知何人为加害人时，各危险行为人可作为帮助的共同侵权处理。然而，帮助的共同侵权的成立，是以加害人明确为前提的，也就是说，只有在确知谁是加害人时，才能确定谁对谁提供帮助，如果确切地知道实行人、帮助人时，则已不是共同危险行为而是共同侵权行为了。因此，加害人不明是区分共同危险行为与狭义的共同侵权的重要特点。第三，各个行为之间是否在时间和地点上具有同一性。在共同侵权的情况下，各个行为人的行为可能在时间和地点方面并不具有共同性。而在共同危险行为中，各个行为人的行为必须在时间和地点方面具有同一性。

（二）共同危险行为与以累积因果关系表现的无意思联络数人侵权

《侵权责任法》第 11 条规定："二人以上分别实施侵权行为造成同一损害，每个人的侵权行为都足以造成全部损害的，行为人承担连带责任。"这就在法律上规定了以累积因果关系表现的无意思联络数人侵权，此种行为可概括为"分别实施、足以造成"。它是指数个行为人分别实施致害行为，各个行为均足以导致损害结果的发生。例如，建筑物的设计单位设计不当，足以导致建筑物的倒塌；而施工单位在施工中偷工减料，也足以导致建筑物的倒塌。在建筑物倒塌之后，两者应对受害人承担连带责任。每个人的侵权行为都足以造成全部损害的，即每个行为都构成损害结果发生的充足原因。所谓充足原因（sufficient cause），是指按照社会一般经验或者科学理论，可以单独造成全部的损害后果发生的侵权行为。

共同危险行为与以累积因果关系表现的无意思联络数人侵权，都属于数人侵权的范畴，而且在责任承担上都采取连带责任的方式。但它们之间区别的核心在于，加害人是否明确。[②] 在以累积因果关系表现的无意思联络数人侵权的情况

---

① 史尚宽：《债法总论》，175 页，北京，中国政法大学出版社，2000。

② MünchKomm/Wagner，§ 830，Rn. 54.

下，每个行为人都是确定的，而且每个行为人的行为都与损害的发生存在因果关系。而在共同危险行为中，具体的加害人是不明确的，也难以具体地认定其与损害之间存在因果关系。从因果关系的角度来看，以累积因果关系表现的无意思联络数人侵权中，加害人的行为与损害结果之间具有充足的因果关系，而且每个行为都对损害的发生发挥了实际的作用，其中任何一个行为均足以导致损害结果的发生。而在共同危险行为中，每个行为与损害之间的因果关系是不明确的，需要借助因果关系推定的方式缓解受害人的举证困境。

（三）共同危险行为与以部分因果关系表现的无意思联络数人侵权

部分因果关系又称为共同的因果关系，是指数人分别实施侵害他人的行为，主观上并无意思联络，由加害人分别承担损害赔偿责任。[①] 我国《侵权责任法》第12条规定："二人以上分别实施侵权行为造成同一损害，能够确定责任大小的，各自承担相应的责任；难以确定责任大小的，平均承担赔偿责任。"这就在法律上确认了以部分因果关系表现的无意思联络数人侵权。在比较法上，有些国家将加害份额不明也作为共同危险行为对待。例如，在德国法上，其民法典第830条规定了共同危险行为，其判例认为，加害人不明和加害份额不明都会导致共同危险行为制度的适用。[②] 这实际上是扩张解释了该法中"不知谁为加害人"这一表述，从而强化了对受害人的保护。但在我国《侵权责任法》中，加害人不明和加害份额不明是作为两种不同的情形来处理的：对于加害份额不明，应当适用《侵权责任法》第12条的规定，共同危险行为与以部分因果关系表现的无意思联络数人侵权之间存在明显区别，具体表现在：

第一，真正的行为人是否确定。在无意思联络的数人侵权中行为人是确定的，因此不存在推定行为人的问题。例如，甲、乙二人打猎时，甲、乙射出的两颗子弹同时命中丙的大腿，由于丙所受到的人身伤害是不可分的，因而无法查明甲、乙二人就丙所受伤害的参与部分，在此情况下，应适用《侵权责任法》第12条的规定，因为行为人都是确定的，只不过其造成损害的份额是不明确的。而在

---

① 参见王泽鉴：《侵权行为法》，第2册，33页，台北，三民书局，2006。
② 参见周友军：《我国共同侵权制度的再探讨》，载《社会科学》，2010（1）。

共同危险行为情况下，虽然参与共同危险的行为人是确定的，但真正的行为人是不确定的，因此，要推定所有参与危险行为的人承担连带责任。例如，甲、乙二人打猎时，甲、乙射出两颗子弹，但只有一颗子弹命中丙的大腿，不清楚究竟是谁的子弹造成了丙的伤害，此种情况就属于共同危险行为。在共同危险行为中，行为人都实施了行为，但具体的加害人不明确。因此，要推定所有参与危险行为的人与损害结果之间具有因果联系。

第二，因果关系的判断不同。在共同危险行为中，其通常具有时空上的统一性，而在以部分因果关系表现的无意思联络数人侵权中，数人的行为通常并非具有时空上的统一性。因果关系是被确定还是被推定不同。从因果关系的角度来看，在无意思联络的数人侵权的情况下，每个人的行为与结果之间的因果关系都是确定的，只不过有的足以造成损害或者是结合造成的损害。而在共同危险行为的情况下，每个行为人的行为都只是有可能导致结果的产生，因此，每个具体行为人的行为和损害后果之间的因果关系是法律推定的。

第三，免责事由不同。对于无意思联络的数人侵权来说，每个行为人只要证明自己的行为与结果之间没有因果关系，就可以被免责。而对于共同危险行为来说，依据《侵权责任法》第10条，行为人仅证明自己的行为和损害后果之间没有因果关系还不能免责，只有确定具体的加害行为人，其他各共同危险行为人才能免责。

第四，责任的承担不同。以部分因果关系表现的无意思联络的数人侵权中，如果能够确定其行为所造成的具体损害份额，则应当按照责任大小分别承担责任，不能确定责任大小的平均承担责任；但在共同危险行为中，每个行为人都要承担连带责任。

（四）共同危险行为与因果关系的推定

共同危险行为责任的确定要采用因果关系推定的方式，但它又不能替代各种因果关系的推定。在共同危险行为责任中，通常很难用"要是没有（but for）"规则进行检验。例如，甲乙丙丁四人到外地出差，住宿某旅馆。晚上四人在一起打牌，一直玩到凌晨一点，后四人出去吃夜宵，随即其居住房间起火。经查明，

是遗留的烟头造成火灾。如果采用"要是没有"规则的话，就很难确定因果关系的存在。因为甲可以抗辩说，即便没有自己的行为，损害后果照样会发生，其他的人也同样可以提出同样的理由。如果把他们任何一个人的行为从整个的因果链条中抽出，损害结果都可能仍然会发生，所以"要是没有"规则确实存在明显的缺陷。[①] 为了弥补此种缺陷，美国法院在一百多年前发明了"重要因素"规则来弥补这一缺陷，认为如果数个人的行为中，能够确定某个人的行为是损害发生的重要因素，则应认为该因素就是损害发生的原因。[②] 但显然这种规则也不能适用于共同危险行为，因为在共同危险行为中，哪种因素是重要的，哪种因素是不重要的，根本就无法确定。此时难以确定具体的加害行为人，所以只能采取因果关系推定的方法，即在共同危险行为发生后，推定各行为人的行为和损害后果之间都具有因果关系。所谓因果关系的推定，就是指在损害发生以后，数个行为人都有可能造成损害，但又不能确定谁是真正的行为人时，法律从公平正义和保护受害人的角度出发，推定每个人的行为与损害之间都具有因果关系。[③] 在侵权法中，为了救济受害人，因果关系推定得到了比较广泛的运用。例如，依据《证据规则》第4条第3项的规定，环境污染责任中实行因果关系推定。因果关系推定包括两种情形，即法定的因果关系推定和裁定的因果关系推定，前者由法律直接规定，后者由法官行使自由裁量权来确定。

应当看到，共同危险行为中因果关系推定和一般的因果关系推定仍然存在一定的区别，主要表现在：

第一，在一般的因果关系推定中，并非所有的行为人都实施了共同危险行为，而可能只有其中某个人实施了侵权行为。例如，一个医院的病人遭受了医疗侵权损害，可能是麻醉师、医生、护士等造成的，但是病人不能证明究竟是谁造成了损害。在此情况下，不能认为护士、医生、麻醉师等都实施了危险行为。而

---

① See Price, Bradley D., "Taking a Chance with the Burden of Proof: The But-for Test in Homicide Case Law", *Iowa Law Review*, Vol. 92, Issue 2 (February 2007), pp. 703 - 740.

② 参见李响：《美国侵权法原理及案例研究》，297页，北京，中国政法大学出版社，2004。

③ Deutsch, Allgemeine Haftungsrecht, Köln, 1996, Rn. 407; Esser/Schmidt, Schuldrecht AT/2, Heidelberg, 2000, § 26 II, S. 88 f.

在共同危险行为中，虽然不能确定真正的行为人，但是，可以确定所有的共同危险行为人都参与实施了危险行为。

第二，在一般的因果关系推定中，主要不是由于危险行为，而大多是由于产品、物件、动物等造成损害。例如，两头牛造成了某人的损害，而不知道是哪一头造成了损害，此时要适用一般的因果关系推定。而在共同危险行为的情况下，损害一般是行为人的直接行为造成的，而不是某人所有或管理的物件、动物等造成的。

第三，在一般的因果关系推定中，如果某人可以证明其行为或者物件与损害后果之间没有因果关系，就可以免责。而在共同危险行为的情况下，行为人即使证明了自己行为与损害之间没有因果关系也无法免责，其必须证明真正的行为人才可以免责。

第二节　适用范围和构成要件

一、适用范围

共同危险责任的适用范围如何？其是否仅适用于过错责任案件，还是可以适用于过错推定责任案件和严格责任案件？共同危险行为大多属于一般侵权行为，应适用过错责任原则。根据"谁主张、谁举证"的原则，过错的事实应由主张损害赔偿的受害人负举证责任。但在共同危险行为中，受害人不可能就真正的加害人具有过错进行举证，因为受害人根本不知道真正的加害人是谁，也常常难以知道损害是如何具体发生的，因而很难证明加害人对损害的发生具有过错。但这并不意味着受害人不负有任何对过错举证的责任。笔者认为，受害人通过举证证明谁是共同危险行为人，实际上就已经完成了对过错的初步举证责任。因为实施危险行为本身就表明行为人具有一定的过错，因此，通过证明谁实施了危险行为，也就证明了谁具有过错。正是从这个意义上，共同危险行为适用的仍然是"谁主

张、谁举证"的举证分配原则，无非是举证的内容有所不同。

笔者认为，共同危险行为可以普遍适用于过错责任案件。从该制度的起源来看，共同危险和共同侵权是相伴而生的，其最初就是适用于过错责任案件。尤其应当看到，数人共同实施危险活动危及他人财产或人身，这就往往表明，行为人具有过错。从这个意义上说，共同危险行为制度适用于过错责任案件是没有疑问的。

共同危险行为也可以适用于过错推定责任案件。实际上，共同危险行为关注的主要不是各个行为人的过错，而是具体的行为人。正是因为这一原因，它可以适用于过错推定责任。例如，在堆放物致人损害的案件中，如果数人堆放的物品都发生了倒塌，导致受害人损害，但是，无法确定究竟是哪个人堆放的物品实际造成了他人的损害，此种情况也可以适用共同危险行为制度。

共同危险行为还可以适用于严格责任的案件，这可以说是侵权法发展的重要趋势。现代社会的危险活动大量发生，受害人往往处于无证据的状态，他无法证明，究竟何种具体的危险导致了其损害。例如，受害人使用多个药厂生产的有缺陷的药品而造成损害，但无法查明究竟哪个药厂的药品实际导致了损害，这在客观上需要引入共同危险行为制度，从而解决受害人的举证困境。共同危险行为之所以可以适用于严格责任，其原因在于：首先，在共同危险行为中，受害人并不需要举证证明共同危险行为人在实施危险行为时主观上具有过错，而应当由行为人举证证明自己没有过错或其行为与损害结果之间没有因果关系。其次，法律对于共同危险行为人举证证明自己没有过错的抗辩事由也有严格的限制。从这个意义上说，它确实适用的是严格责任。但共同危险行为不仅适用于严格责任，也适用于过错责任，共同危险行为的责任基础是共同过失。一方面，行为人所实施的行为具有共同的危险，这种危险是不正当的、不合理的，若无危险的存在则不可能发生实际的损害，对危险形成的过失是归责的重要前提。另一方面，行为人虽具有共同过失，但这种过失是就危险形成而言的，而非造成实际损害的过失，因为在共同危险行为中，责任人毕竟不都是真正实施加害行为的人，只是因为他们对实施共同危险行为具有过错且已经造成了实际损害，法律上才推定各个行为人具有共同的过失。在侵权责任法中，这种过错原则上应为共同过失；若为共同故

意，则表明行为人具有意思联络，因而构成共同侵权。共同过失使各危险行为密切联系，构成为一个整体，据此，在实际的损害发生以后，也不能证明谁是加害人时，可以推定各行为人对损害的发生具有共同的过错。

二、构成要件

（一）共同危险行为的构成要件

1. 数人实施了共同危险行为。具体包括如下几方面：首先，共同危险行为的实施者是多数人，如果为一人，则属于一般的单独侵权行为。其次，危险行为人是确定的。在共同危险行为中，造成最终损害结果的行为人不能确定，但实施共同危险行为的行为人应当是确定的，否则不能使危险行为人承担连带责任。例如，数人在不同的位置燃放鞭炮，其中一人的鞭炮炸伤行人，查明导致损害的鞭炮只有两个人燃放，其他人并没有燃放该种鞭炮，因此，其他人就不是共同危险行为人。再次，数人的行为具有共同危险性。所谓共同危险性，是指数人的行为都在客观上有危及他人财产或侵害他人人身的可能。危险也必须是现实存在的，而不能仅仅具有一种潜在的可能性或者或然性。该种危险性应当结合行为本身、周围环境等方面予以判断。有人认为，共同危险行为人之间既不需要共同故意，也不需要共同过失，共同危险行为的关键在于各个危险行为具有违法性。笔者认为，尽管危险本身危及他人的财产和人身，但这并不意味着危险行为都具有违法性。例如，甲、乙、丙三人在河边用石子进行打水漂游戏，比谁打得更远。有一个小孩丁突然跑到河对岸玩耍，正好被打过来的一个石子击伤眼睛，到医院看病花去医药费 5 万元。受害人丁在法院起诉，要求甲乙丙三人负连带赔偿责任。在本案中，数人在河岸边打水漂时，如果河对岸无人，不可能造成第三人的损害，则打水漂的行为本身并不具有违法性。

2. 数人的危险行为均有可能造成损害结果。在共同危险行为中，行为人已经实施了危险行为，并且损害后果已经发生，只是不能确定具体的行为人。并且，在共同危险行为中，数人所实施的危险行为都有可能引发实际的损害，"惟

虽不能确知何人之行为造成该损害之结果，而各人之行为均有可能，故又名之曰共同危险行为"①。所谓数人的行为都有可能引发损害，一方面，是指数人所实施的行为造成的损害后果只是一种可能性，各个危险行为人在实施危险行为时主观上都没有共同的指向，也并不是基于某种意思联络向受害人施加损害，损害发生的真正原因乃是数人中的一人或一部分人的行为，并不是数人基于共同的过错而实施共同的侵权行为。另一方面，如果某人所实施的行为并没有造成损害后果的可能性，则该人并不属于此处所说的共同危险行为人。此时，该行为人即无须承担责任。

3. 损害结果已经发生，但不知何人造成损害。《侵权责任法》第10条规定："二人以上实施危及他人人身、财产安全的行为，其中一人或者数人的行为造成他人损害。"据此可见，共同危险行为中，必然有一人或者数人造成他人的损害。共同危险行为的重要特点表现在，虽不能确定具体加害人，但损害必然是共同危险行为人造成的。这就是说，一方面，损害结果与共同危险行为人实施的危险行为之间存在一定的因果联系。假如实际损害的发生与共同危险行为之间没有关联性，就应当排除该制度的适用。法律之所以使各行为人负责，乃是因为他们在实施危险行为中具有过错，且不能证明何人实际造成了损害。例如，某房间的地毯着火，经事后查明是电线短路造成的，不是因为扔烟头造成的，则数个扔烟头的人就不应当承担共同危险行为责任。另一方面，损害结果必然是共同危险行为人中的一人或数人造成的。在共同危险行为中，多人分别独立地实施侵害他人法益的行为，但事实上，只有该多个独立的侵权行为中的一个行为真正引发了损害后果。② 在共同危险行为中，每个单独行为都可能引发全部侵权损害后果，只不过无法查明真正的侵权人，也就是说，无法确定查明是哪个参与人的行为直接造成了损害后果。相反，如果能够查明单个参与侵权人的行为引起了最终损害后果，

---

① 钱国成：《共同侵权行为与特殊侵权行为》，载郑玉波、刁荣华主编：《现代民法基本问题》，61页，台北，汉林出版社，1981。

② Staudinger-Belling/Eberl-Borges，§ 830，Rn. 67.

即二者之间存在因果联系，则其他参与共同危险人将被免责。① 在德国法中，参与侵权人和最终损害后果之间的关系被认为是一种"替代因果联系"②。正是因为在共同危险行为中加害人不明，故归责的基础之一，是法律对共同过错和因果关系的推定，即推定数人的行为与损害结果之间具有因果关系，推定数人对损害的发生均有过错。

4. 行为人没有法定的抗辩事由。共同危险行为人中，当共同危险行为发生后，在真正的行为人未确定以前，法律推定每个行为人都是致人损害的行为人，并应使这些行为人负责，但是，如果这些行为人中的一部分人具有法定的免责事由，则也可以免除责任。

（二）关于共同危险行为中因果关系的判断

在共同危险行为中，从行为与损害结果之间的关系来看，各个危险行为人的行为只是可能造成了损害后果，其行为与损害后果之间的因果关系是法律推定的，是一种"替代因果关系（alternative causation，alternative Kausalität）"③，在学说上也称为择一的因果关系④，即被告的损害是由两个或两个以上的有过失的被告中的某一个造成的，但是又无法查明究竟是哪一个被告造成的，数人的行为都具有造成损害的可能。⑤ 具体论述，请参见本书第五章第四节"因果关系"中"（六）替代因果关系"的内容。

如前所述，在共同危险行为中，因为加害人不明，所以要通过因果关系推定来强化对受害人的救济，即在共同危险行为发生后，推定各行为人的行为和损害后果之间都具有因果关系。在因果关系推定的情况下，受害人不必就各个具体行为与损害之间的因果关系举证，而只需要证明共同危险行为这一整体与损害之间有因果关系即可。因果关系推定使受害人可以获得救济，否则，受害人就无法请求共同危险行为人承担责任。

---

① MünchKomm-Stein，§ 830，Rn. 28.
② Staudinger-Belling/Eberl-Borges，§ 830，Rn. 67.
③ Brehm, Zur Haftung bei alternativer Kausalität, JZ, 1980, 585.
④ 参见周友军：《我国共同侵权制度的再探讨》，载《社会科学》，2010（1）。
⑤ 参见程啸：《共同危险行为论》，载《比较法研究》，2005（5）。

三、免责事由

在共同危险行为中，究竟应当如何确定免责事由，值得探讨。关于加害人通过反证证明自己没有过错或者其行为与损害结果之间没有因果关系，是否可以免责，对此存在两种不同的观点：

1. 赞成说。此种观点认为，加害人只需要证明自己的行为和结果之间没有因果关系，就可以免责，而不需要证明谁是真正的加害人。因为从因果关系角度来看，加害人能够证明自己不是真正的行为人，其行为和损害结果之间没有因果联系就可以免责。至于证明谁是加害人，不是共同危险行为人所应负的义务。法律也不要求最终确定确切的加害人，至于民事责任则应由剩余的被告来承担。①

2. 反对说。此种观点认为，共同危险行为人不能仅仅只是证明自己没有过错，或其行为与结果之间无因果关系就可以被免责，还必须要证明谁是真正的行为人。不能因为共同危险行为人提出证据证明损害后果不是由其行为造成的即可免责，行为人必须提出证据证明损害是由其他人中具体哪个人造成了损害，才能够免责。我国台湾地区学者郑玉波先生认为："为保护受害人计，应从否定说。良以证明自己未有加害行为，并非当然他人应负责，若他人亦得证明未有加害行为而免责，则势必发生全体脱卸责任之现象，被害人将无法获偿矣。"② 在法国法上有这样一个案例，A 和 B 去射击，二人同时开枪，第三人 C 受伤。法官认为，只有一种方案是不允许的，即 A 不能通过证明损害不是他造成的从而免责。③

最高人民法院《证据规则》第 4 条第 7 项规定："因共同危险行为致人损害的侵权诉讼，由实施危险行为的人就其行为与损害结果之间不存在因果关系承担

---

① 参见张新宝：《中国侵权行为法》，2 版，238 页，北京，中国社会科学出版社，1998。

② 郑玉波：《民法债编总论》，168 页，台北，三民书局，1996。

③ Mazeaud & Tunc, Traité théorique et pratique de la responsabilité civile Ⅰ (6e ed. Paris 1965) Ⅱ no. 1179.

举证责任"。该规定实际上认为，只要行为人证明其行为和损害后果之间没有因果联系，就可以免责，而不需要证明谁是具体的加害人。《人身损害赔偿司法解释》第 4 条规定："二人以上共同实施危及他人人身安全的行为并造成损害后果，不能确定实际侵害行为人的，应当依照民法通则第一百三十条规定承担连带责任。共同危险行为人能够证明损害后果不是由其行为造成的，不承担赔偿责任。"由此可见，最高人民法院仍然坚持了其关于证据规则的规定，采纳了赞成说。但根据《侵权责任法》第 10 条："二人以上实施危及他人人身、财产安全的行为，其中一人或者数人的行为造成他人损害，能够确定具体侵权人的，由侵权人承担责任；不能确定具体侵权人的，行为人承担连带责任。"由此可见，我国《侵权责任法》修改了有关司法解释的规定，在免责事由方面，以确定具体侵权人为免责事由。所谓"能够确定具体侵权人"，具有两层含义：一是指共同危险行为人必须能够证明谁是真正的行为人，不能仅仅证明自己的行为与损害之间没有因果关系而被免责。因为假如每个行为人都可以证明自己的行为和损害之间没有因果关系而被免责，则可能导致受害人无法获得救济。二是指法院经过查证能够确定具体的行为人。如果法院在审理案件的过程中，经过调查取证，可以证明具体的行为人，也要由具体的侵权人承担责任。根据《侵权责任法》第 10 条，如果能够确定具体侵权人，在具体的侵权人只是一人的情况下，该共同危险行为就转化为单独侵权；如果是数人，就转化为共同侵权。因此，共同危险行为人能够免责的抗辩事由就是确定具体的侵权人。在查明具体的侵权人之前，共同危险行为人不得主张损害与自己的行为之间没有因果关系而被免责。

比较而言，笔者认为，《侵权责任法》的规定更为合理。因共同危险行为致人损害的侵权诉讼，实施危险行为的人不能仅仅证明其行为与损害结果之间不存在因果关系就可以被免除责任，而必须要证明谁是真正的行为人方可免责。其主要理由在于：

第一，从共同危险行为制度设立的宗旨来看，该制度设立的目的就是强化对受害人的保护。如果共同危险行为人都能够证明损害不是其过错造成的，都可以免责，那么如何补救受害人的损害？如果行为人仅证明自己的行为与损害结果之

间不存在因果关系而被免除责任，可能会导致没有人对其共同危险行为造成的损害后果负责，而只能由无辜的受害人承担损害后果，这对受害人来说是极不公平的。虽然实际损害只是共同危险行为人中的一人或数人所致，但因为加害人不明，故不能由某人或某些人对受害人负责，更不能使行为人均免除责任，而使无辜的受害人自己承担损失。共同危险行为人中一定要确定出一个责任承担者，才能免责，这样才有利于保护受害人。

第二，共同危险行为人毕竟实施了共同危险行为，此种危险行为的实施将他人置于一种极有可能遭受损害的危险之中。这表明共同危险行为人是有过错的，如果其不能证明谁是真正的行为人，就应当共同对危险行为造成的后果负责。更何况，要求共同危险行为人必须证明谁是真正的行为人，并非对共同危险行为人不公平。因为共同危险行为人都实施了危险行为的事实，表明其都有过错。在共同危险行为发生后，只要有一个人被证明为真正的行为人，其他人就应当被免除责任，或者只要其中一个危险行为人自己承认其为真正的行为人，也可能免除其他人的责任，因此，法律要求必须证明谁是具体的行为人，其他行为人才能免责，这也是公平合理的。

第三，民事证明理论要求的是"法律真实"，而不完全是客观真实。由于行为人距离危险行为更近，而受害人对此往往不太了解，因而，由共同危险行为人来证明谁是真正的行为人，更有利于发现事实真相。如果每一个共同危险行为人能够通过证明自己没有过错而免责，此时，各行为人的加害行为均不存在，而损害却还客观存在，这在逻辑上是讲不通的。法律要求每个共同危险行为人必须证明谁是具体的行为人才能免责，也有利于促使共同危险行为人证明具体的加害人，从而查明事实真相。从有利于发现事实真相来说，让共同危险行为人承担连带责任，可以促使各个行为人来证明真正的行为人。从实际情况来看，各行为人最能了解共同行为的产生和发展经过，因而有能力证明谁为加害人。

从保护受害人的需要出发，《侵权责任法》第10条对共同危险行为人的免责事由作出了严格限制。事实上，共同危险行为制度的设立就是为了保护受害人，即只要受害人证明具体的行为人共同实施了危险行为，该危险行为与损害结果具有一定的因果联系，就完成了初步的因果关系的证明，行为人就应当承担责任。

除非危险行为人有确切的证据证明自己根本没有参与共同危险行为，或者指出具体的行为人，否则行为人不能免除责任。

第三节 共同危险行为的责任承担

对于共同危险行为，比较法上大都比照共同侵权行为对危险行为人课以连带责任。例如，《德国民法典》第 830 条规定："数人因共同侵权行为造成损害者，各人对被害人由此所受的损害负其责任。不能查明数关系人中谁的行为造成损害时，亦同。"其中所谓"不能查明数关系人中谁的行为造成损害时"，即指共同危险行为，"亦同"的含义就是指比照共同侵权行为而使其承担连带赔偿责任。德国民法的这一模式为大陆法系国家相继采用。例如，《日本民法典》第 719 条规定："因数人共同为不法行为而对他人加以损害时，应各自连带负其赔偿责任。共同行为中，何人加其损害不能确知者，亦同。"我国台湾地区"民法"第 185 条也规定："数人共同不法侵害他人之权利者，连带负损害赔偿责任。不能知其中孰为加害人者，亦同。"正是由于共同危险行为在责任承担方式上与共同侵权行为相同，因而许多学者将其称为"准共同侵权行为"。但是，近年来，部分欧洲学者又对共同危险行为人承担的连带责任进行了反思，越来越多的学者赞成采用按份责任说。此种观点认为，由于不能确定哪个行为是损害的必要条件，因而行为人应当承担按份责任。[1] 按照按份责任来分配损失，对行为人是公平的。[2] 不过，无论是按份责任说还是连带责任说，都要求共同的行为在相当高的程度上具有引发损害的现实危险性，即必须共同实施危险行为。[3]《欧洲侵权法原则》

---

[1] 参见欧洲侵权法小组编著：《欧洲侵权法原则：文本与评注》，于敏、谢鸿飞译，中文本序言，北京，法律出版社，2009。

[2] Koziol 教授对此作出了详细解释。参见［荷］施皮尔：《侵权法的统一：因果关系》，易继明等译，序言，北京，法律出版社，2009。

[3] 参见［奥］海尔穆特·库奇奥：《损害赔偿法的重新构建：欧洲经验与欧洲趋势》，载《法学家》，2009（3）。

第 3：301 条第 1 款即采纳了此种观点，该条规定："在多方行为的情况下，若任何一方的单独行为都可能足以造成损失，但事实上并不明确哪一方的行为造成损失，则每一方的行为依据其可能造成受害方损失的可能性来判断其作为造成受害方损失的原因的程度。"

根据我国《侵权责任法》第 10 条的规定，共同危险行为人应当承担连带责任，法律作出此种规定的主要原因在于：

第一，根据过错责任原则，每个行为人都是有过错的，只不过不构成共同过错。数个行为人共同实施了危险行为，而且每个人的行为对损害结果的发生都具有可能性，实施此种危险行为本身就表明其行为具有过错。在真正行为人没有确定时，使各个行为人承担连带责任，符合过错责任原则。在判断数人的行为是否成为不合理的危险时，应从行为性质本身、周围的环境以及损害发生的几率等方面进行考察。若数人的行为在正常情况下不会发生损害，只是因为某种自然力等因素的介入造成损害，而又不能确定谁是加害人，则不宜以共同危险行为对待，使无过错的行为人承担责任。

第二，根据形成危险就应当承担危险的规则，由于每个共同危险行为人的行为已经形成了一种危及他人财产或人身的危险，亦即使他人的财产和人身处于一种危险状态，故共同危险行为人应当对其危险行为负责。[①] 即使危险行为人中的某些人实际并未实施真正的加害行为，其也应当在无法具体查明真正加害人时承担责任。

第三，强化对受害人的保护。如果仅仅只是由共同危险行为人证明其行为与损害结果之间没有因果联系，就能够被免除其责任，那么各被告都可能提出各种理由来证明自己的行为和损害结果之间没有因果关系，如果这些抗辩理由都得到认可，那么，共同危险行为人将可能全体免责。其结果只能由无辜的受害人承担损害后果，这对受害人来说是极不公平的。毕竟共同危险行为人都实施了危险行为的事实，表明其都有过错。在共同危险行为发生后，只要有一个人被证明为真

---

① 参见［奥］海尔穆特·库奇奥：《损害赔偿法的重新构建：欧洲经验与欧洲趋势》，载《法学家》，2009（3）。

正的行为人，其他人就应当被免除责任，或者只要其中一个危险行为人自己承认其为真正的行为人，也可能免除其他人的责任，此时就转化为一般的侵权行为。① 如果由共同危险行为人承担按份责任，其中某个责任人可能由于没有支付能力便将使受害人不能获得赔偿。

第四，预防损害的发生。当代侵权法要发挥损害预防的作用，而合理的风险分配政策也有助于预防损害的发生，如"最后的机会"理论，将风险分配给最有机会避免损害发生的人，这样不但可以防止事故的发生，而且是符合效率原则的。② 共同危险行为人最接近损害发生来源，并能控制风险的发生，由其承担责任，可以促使共同行为人预防和减少不合理的危险行为，或谨慎从事，因而对整个社会来说十分有利。在共同危险行为中，严格免责事由，要求共同危险行为人确定出具体加害人，才能使其他人免责，这也有利于督促每个行为人都努力避免参与共同危险行为，避免形成不合理的危险，从而尽量减少损害的发生。

几个共同危险行为人承担了连带责任之后，在他们之间是否产生一个分担之诉，是值得探讨的。笔者认为，共同危险行为的行为人不能证明何人造成损害，应负连带责任，但在承担连带责任之后，应当在行为人之间分担损失。由于共同危险行为人在实施共同危险行为时，致人损害的几率相等，过失相当，而且由于共同危险行为责任的不可分割性，在共同危险行为损害赔偿的承担上应平均负担，各人以相等的份额对损害结果负责，在等额的基础上实行连带责任。③ 因此，在责任的分担上，原则上应当采取平均分担的办法，以相等的份额对损害结果负责，这样才能更充分体现公平合理的精神。但在例外情况下，也可允许斟酌具体案情，参照危险行为造成损害的可能性的大小按比例分担。如美国辛德尔诉阿伯特化工厂案中，辛德尔患有乳腺癌，这是由于其出生前母亲服用了某种防流

---

① 参见黄立：《民法债编总论》，292 页，北京，中国政法大学出版社，2002。
② 参见［德］冯·巴尔：《欧洲比较侵权行为法》下，焦美华译，269 页，北京，法律出版社，2001。
③ 参见刘士国：《现代侵权损害赔偿研究》，88 页，北京，法律出版社，1998。

产药物。最后，法院判决当时生产此药的 11 家工厂按市场份额的多少对原告负连带责任，即各危险参与人并非平均分摊，而是按照致人损害可能性的比例分担损害赔偿。

关于在共同危险行为中权利人能否免除共同危险行为人的责任，在学术上是值得探讨的。笔者认为，共同危险行为和狭义共同侵权行为是不同的，在共同危险行为中，真正行为人是不确定的，若受害人要想免除部分行为人的责任，则可能将免除真正行为人的责任，最终导致真正侵权人并没有承担责任，这是不符合受害人意愿和法律上公平正义要求的。因此，在具体侵权人没有查明之前，受害人不能免除共同危险行为人的责任。

第四节　受害人的举证责任

在共同危险行为中，虽不能确定具体加害人，但考虑到共同危险行为人实施了共同危险行为，且每个人的行为都有可能造成损害后果，尤其是因为受害人与损害源的距离较远，以及技术障碍、信息不对称等原因而造成举证困难，往往难以确定损害究竟是如何发生的，而行为人在同一时间同一地点参与了危险的行为，因此，在未发现真正行为人之前，法律便将共同危险行为人的行为视为一个整体，认定其应当承担连带责任。在此情况下，法律实际上是推定各个危险行为人都是行为人，作出此种推定的目的是充分保护受害人的利益。[①]由于法律推定全体共同危险行为人都是行为人，因而受害人不需要具体举证证明损害究竟是哪一个行为人的行为造成的，便可以针对所有的共同危险行为人主张连带责任。根据《侵权责任法》第 10 条，受害人的举证责任主要包括如下几个方面：

第一，被告实际参与了共同危险行为。例如，有数人在旅馆打牌，遗留的烟

---

① 参见张新宝：《中国侵权行为法》，91 页，北京，中国社会科学出版社，1995。

头造成火灾，打牌抽烟的人都是共同危险行为人。如果被告提出，在打牌过程中，也有其他人进入房间，不排除其他人进入房间时扔烟头的可能性。此时原告必须要举证证明谁是在房间里有可能扔烟头的人，也就是要确定共同危险行为人。如果原告根本不能证明房间里究竟有哪些人，例如，该房间为会客室等公共场所，有很多人出入来往，则很难确定危险行为人的范围。

第二，原告必须证明被告所实施的行为具有一定的危险性，即所谓"危及他人人身财产安全的行为"。例如，在房间抽烟并任意抛掷点燃的烟头的危险性是显而易见的，但在前述打水漂致人损害的案例中，打水漂的行为是否构成共同危险行为是有争议的。在一般情况下，打水漂不可能危及他人人身安全，但如果行为人已经发现对岸有小孩在玩耍，而仍然打水漂，这实际上是从事了有可能致他人损害的危险行为。因此，对危险的判断，应当根据周围的环境、造成危险的可能性等具体的情况来确定。如果行为人实施的行为不能构成危险行为，而只是日常的正当行为，就不构成共同危险行为。

第三，受害人必须举证证明损害是由共同危险行为造成的，但要求受害人必须要证明每个共同危险行为人的行为都可能引发损害后果存在很多困难。因此，有学者认为，在此种情况下，一般侵权责任中因果联系被潜在因果联系所代替。此种潜在因果联系，实际上是指造成损害的可能的原因，对此种因果关系的确定要依据具体情况判断。例如，在前述案例中，受害人必须要证明甲乙丙丁四人曾在房间，且确有人扔过烟头，有可能造成损害。如果受害人能够举证证明危险实施者实施的某种危险已经通过某种方式转化为具体的危险，该具体的危险可能引发损害后果，且危险行为人都参与了这些危险行为[1]，则可以认为其已经完成了因果关系的举证。

从因果关系角度来看，受害人不必举证证明具体哪一个行为人实施的危险行为和损害结果之间具有因果联系。因为法律设置共同危险行为制度就是为了减轻受害人的举证负担，所以，每个行为人的行为都不是充分的原因，因果关系实际

---

[1] Bodewig, Problem Alternativer Kausalität bei Massenschaden，AcP 185 (1985)，p. 520.

上也是推定的。正如苏格兰法官 Lord Trayner 所说："我不知道你们中究竟是谁犯了我所抱怨的错误,但是我至少知道作出这个行为的不是你就是他。"① 有关具体造成损害的侵权人,应当由共同危险行为人证明,如果其不能证明,就必须使其承担连带责任。

---

① Tony Weir, *International Encyclopedia of Comparative Law*, Vol. 4, Torts, Chapter 12, Complex Liabilities, J. C. B. , mohr (Paul Siebeck, Tübingen), 1975, p. 46.

第十章

无意思联络数人侵权责任

第一节　无意思联络数人侵权概述

一、无意思联络的数人侵权与共同侵权行为

所谓无意思联络的数人侵权，指数个行为人并无共同的过错而因为行为偶然结合致受害人遭受同一损害。《侵权责任法》第 11 条规定："二人以上分别实施侵权行为造成同一损害，每个人的侵权行为都足以造成全部损害的，行为人承担连带责任。"第 12 条规定："二人以上分别实施侵权行为造成同一损害，能够确定责任大小的，各自承担相应的责任；难以确定责任大小的，平均承担赔偿责任。"这两条都是对无意思联络的数人侵权的规定，如果将其与狭义的共同侵权比较，可以发现：在狭义的共同侵权中，数人都是基于共同过错而实施侵权行为；而在无意思联络的数人侵权中，数人是基于分别行为而致受害人损害，行为人之间不存在共同过错。例如，原告何某在被告水暖卫生洁具公司购买了被告某日用电器厂生产的 DL20 型不锈钢淋浴器一台，同时购买了被告某无线电厂生产

的多功能漏电保护器一台安装在家中。安装以后的某日晚上，原告之妻在用不锈钢淋浴器洗澡时遭电击死亡。为此原告诉至法院，称因各被告生产、销售的淋浴器及多功能漏电保护器产品质量有缺陷，致使其妻在使用过程中触电死亡，要求赔偿全部损失。本案中，各个生产者生产的产品均有瑕疵，但它们生产的多种产品只有结合在一起使用时才有可能导致本案中的损害结果，而两个生产者在生产产品时，并不知道它们各自生产的产品有可能被消费者购买结合使用，并造成损害的后果。因此，对于受害人来说，它们是无意思联络的共同侵权人。无意思联络的数人侵权和共同侵权一样，都是数人致人损害的行为，具有主体复合性、结果同一性的特点，即多个行为共同造成了同一损害后果。二者的根本区别不在于客观行为上的区别，而在于主观状态的区别。因为客观上，它们都是数个行为结合在一起造成他人损害，但在主观上，共同侵权是各行为人之间具有共同过错，而无意思联络数人侵权人之间则无共同过错可言。具体来说：

第一，各行为人无共同过错。此处所说的"无意思联络的数人侵权"，并非仅指当事人主观上无意思联络，而且是指当事人没有共同过错。因此，对无意思联络的数人侵权而言，各个行为人既不存在共同故意，也不存在共同过失。首先，行为人主观上无意思联络。所谓意思联络，是指事先通谋，即各行为人事先具有统一的致他人损害的共同故意。其次，各行为人主观上也没有共同过失。无意思联络的共同行为人通常并没有任何身份关系和其他联系，彼此之间甚至互不相识，因而不可能认识到他人的行为性质和后果，尤其是各行为人不能预见到自己的行为会与他人的行为之间发生结合并造成对受害人的同一损害，因此，无意思联络的数个行为人彼此间主观上没有共同的预见性。然而在共同侵权的情况下，共同过错是其本质特征。若各行为人能够预见和认识到自己的行为必然会与他人的行为结合，并造成对受害人的同一损害，则构成一般共同侵权。需要指出的是，在无意思联络的数人侵权中，虽然数个加害人没有共同过错，但可能每个人主观上都具有过错。

第二，各行为人的行为偶然结合造成对受害人的同一损害。《侵权责任法》第11条和第12条都规定，无意思联络的数人侵权是二人以上分别实施侵权行为

造成同一损害。这就是说，一方面，数人的行为发生了偶然结合。所谓偶然结合，是指由于数人在主观上无共同过错，只是因为偶然因素致无意思联络的数人的各行为结合在一起而造成同一损害后果。另一方面，数个行为人的行为都造成了同一损害结果。这就是说，各个行为与损害的发生之间存在因果联系。当然，在这些损害中，有的损害是可分的，有的损害是不可分的。因此，无意思联络的数人侵权与共同过错虽然都在结果上造成同一损害，但主观上并不存在共同过错，只是行为的偶然结合造成的。

第三，在责任后果上，采用连带责任或按份责任。由于无意思联络的数人侵权的主要特点在于因果关系的多样性与复杂性，数个行为的偶然结合造成了同一损害，因而在因果关系上具有其特殊性。[①] 一是我国《侵权责任法》第 11 条规定了累积的因果关系（也可以称为聚合的因果关系），如果各个行为都足以造成全部损害的发生，他们对外要承担连带责任。二是我国《侵权责任法》第 12 条规定了部分的因果关系，对于此种行为，各个行为人应当按照过错程度和原因力分别承担责任。这就是说，无意思联络的数人侵权情况比较复杂，不能简单地按照一般共同侵权的规则处理，而应当根据具体情况，分别确定不同的责任。

无意思联络的数人侵权在实践中经常发生，其不仅发生在过错责任中，也可以发生在过错推定责任和严格责任之中。从总的发展趋势来看，其越来越多地适用于严格责任，如产品责任、环境污染责任等。在这些案件中，损害的发生原因复杂，受害人很难证明因果关系的存在，而通过无意思联络的数人侵权制度，就可以有效减轻受害人的举证责任，强化对受害人的保护。

二、无意思联络的数人侵权与累积因果关系、部分因果关系

《侵权责任法》第 11 条和第 12 条规定的两种无意思联络的数人侵权，也可

[①] 参见程啸：《无意思联络的数人侵权》，载王利明主编：《人身损害赔偿疑难问题：最高人民法院人身损害赔偿司法解释之评论与展望》，190～191 页，北京，中国社会科学出版社，2004。

以从因果关系的角度予以理解。如前所述，欧洲侵权法学者大多是从因果关系的角度来探讨无意思联络数人侵权。应当承认，因果关系在无意思联络数人侵权中具有特殊性，因此我们将这两种情形分别概括为累积因果关系和部分因果关系，并在因果关系中进行了考察。但应当看到，无意思联络的数人侵权与累积因果关系、部分因果关系之间仍然存在区别。就因果关系来说，其主要考察行为与损害之间的因果联系。而无意思联络的数人侵权是从数个行为人之间是否存在主观共同的角度来理解数个行为造成他人损害的侵权类型。因果关系只是构成要件之一，或者说是这种侵权形态特殊性的一个方面，尤其是随着社会的发展，无意思联络数人侵权的形态越来越复杂，更何况无意思联络的数人侵权还涉及过错的问题，故单纯从因果关系角度来考察并不能充分解决无意思联络数人侵权的责任承担。正是因为这两者之间存在区别，所以，在考察因果关系以后，还有必要在此继续对其进行讨论。

第二节　无意思联络数人侵权的责任承担

一、以累积因果关系表现的无意思联络数人侵权

我国《侵权责任法》第 11 条规定："二人以上分别实施侵权行为造成同一损害，每个人的侵权行为都足以造成全部损害的，行为人承担连带责任。"这就在法律上规定了以累积因果关系表现的无意思联络数人侵权。此种行为可概括为"分别实施、足以造成"。《环境侵权责任司法解释》第 3 条第 3 款规定："两个以上污染者分别实施污染行为造成同一损害，部分污染者的污染行为足以造成全部损害，部分污染者的污染行为只造成部分损害，被侵权人根据侵权责任法第十一条规定请求足以造成全部损害的污染者与其他污染者就共同造成的损害部分承担连带责任，并对全部损害承担责任的，人民法院应予支持。"它是指数个行为人分别实施致害行为，各个行为均足以导致损害结果的发生。例如，在"原告于某

与被告王某春、王某良健康权纠纷案"中，被告王某良驾驶货车到浚县小河镇伯僚村金光制镜厂送玻璃镜，被告王某春乘坐，后两被告从车上向车下卸镜，原告于某在车下接玻璃镜。由于车辆停放时倾斜，二被告从车上往下卸镜时不慎导致车上的玻璃镜发生侧翻。被告王某春下跳时将站在车下的原告撞翻，车上掉下的玻璃镜将原告砸伤，导致原告右股骨颈骨折。法院认为，被告王某良驾驶车辆送玻璃镜时未平稳停放车辆给事故发生埋下诱因。两被告在车上抬卸玻璃镜时因操作不当，致使玻璃镜侧翻。被告王某春跳车时将原告于某撞翻，是造成损害的直接原因。由于二被告卸玻璃镜的行为是相互协作、相互作用、彼此共同支持的结果，无法分配是谁的原因导致玻璃镜侧翻，造成后果的原因力具有不可分性，因而二被告应承担连带赔偿责任。[①] 所谓连带赔偿责任，即任何一个人赔偿全部损失后，都会导致侵权损害赔偿责任的消灭。此种无意思联络的数人侵权的特点在于：

第一，数人分别实施侵权行为，但不存在共同过错。两个以上的加害人之间在实施行为时没有主观意思联络，分别实施了加害行为，如果加害人之间存在事前的意思联络，或具有共同过失，则应当认定为共同侵权行为。但无意思联络的数人侵权与狭义的共同侵权的本质区别，就表现在行为人在主观上没有共同过错。对此种类型的无意思联络的数人侵权而言，加害人及其行为的原因力是明确的，但各行为人之间没有共同过错。

第二，造成同一损害的结果。所谓造成同一损害，是指数个行为造成的损害结果不可分，即数个行为仅仅造成一个损害结果，而不是造成数个独立的损害结果。如果造成数个可以区分的损害结果，则构成数个单独的侵权行为。各个侵权行为可能是同时实施的，也可能是先后进行的，但是无论采取何种形式，每个行为人的行为都与损害之间存在因果联系。

第三，每个人的侵权行为都足以造成全部损害。即每个行为都构成损害结果发生的充足原因。所谓充足原因（sufficient cause），是指按照社会一般经验或者

---

① 参见河南省浚县人民法院（2012）浚民初字第 616 号民事判决书。

科学理论认为，可以单独造成全部损害后果发生的侵权行为。一方面，充足原因的判断标准是一般社会经验，也包括根据科学理论作出判断；另一方面，该侵权行为能够造成整个损害后果，而不是部分后果，否则该损害就可以被视为可分的损害。① 换言之，同时存在的各个加害人的行为，其中任何一个行为均足以导致全部损害结果的发生。② 由于每个行为都可以导致损害结果的发生，所以要求每个加害人都承担连带责任，实际上是合理的，对行为人也是公平的。

关于各行为人在累积因果关系的情形下应当如何承担责任，存在两种观点：

一是连带责任说。欧洲侵权法学者也认为，在数人造成损害的情况下，如果数人的行为都可能造成损害的发生，那么所有潜在的行为人都将承担连带责任。这就意味着，"对每个侵权人而言，侵权行为中的所有其他因素都必须成立，并且必须肯定地排除其他因果关系来源（受害人的行为、不可抗力）"③。据学者考证，《德国民法典》第830条第1款第2句关于共同危险行为的规定，也隐含了这一含义，即如果共同侵权人造成了同一损害，但不清楚究竟是谁的行为造成了损害，那么共同侵权人也要承担连带责任，但是《德国民法典》并没有将它表述成一种全面完整的规则。④ 而鉴于数人行为造成同一损害的情况在实践中越来越多，且许多也难以判断谁是加害人，每一个行为都可能导致损害结果的发生，因此，可借鉴共同危险行为的理论来解释这一规则。《欧洲侵权法原则》第9：101条（1）（b）规定的就是这种数个充足原因偶然竞合造成不可分损害的连带责任（several concurrent tortfeasor）。

二是按份责任说。普通法系国家的一些案例对此仍然采取按份责任。⑤ 在普

---

① 参见《美国侵权法重述（第3次）》第24条。

② 在民法学界，对这种因果关系的称谓并不一样，例如，张新宝教授称之为"聚合因果关系"（张新宝：《侵权责任构成要件研究》，330页，北京，法律出版社，2007）；陈聪富教授称之为"累积因果关系"（陈聪富：《因果关系与损害赔偿》，60页，北京，北京大学出版社，2006）；程啸称之为"聚合的因果关系"、"累积的因果关系"（程啸：《侵权行为法总论》，268页，北京，中国人民大学出版社，2008）。

③ ［荷］施皮尔：《侵权法的统一：因果关系》，易继明等译，94页，北京，法律出版社，2009。

④ 参见［荷］施皮尔：《侵权法的统一：因果关系》，易继明等译，93页，北京，法律出版社，2009。

⑤ See A. M. Honorè, *International Encyclopedia of Comparative Law*, Vol. 4, Torts, Chapter 7, Causation and Remoteness of Damage, J. C. B. Mohr (Paul Siebeck, Tübingen), 1975, p. 73.

通法系国家，大多数案件支持连带责任，但也有极少数案件最后判决为按份责任。主流的学说观点认为采取连带责任更为合理。① 在欧洲，也有一些侵权法学者认为，对此类侵权行为，行为人应当承担按份责任。根据过错和原因力等因素来分担，即根据各责任人对损害的相应责任，以及各自的过错程度和其他与确立或缩减其责任有关的事项，公平确定。不能确定责任份额的，平均分担。②

从侵权法判例学说的发展趋势来看，在累积因果关系的情形下，无意思联络的各个行为人应当对受害人承担连带责任。根据我国《侵权责任法》第 11 条的规定，对于此种无意思联络的数人侵权，行为人应当承担连带责任。《侵权责任法》在法律上正式确认了累积因果关系，并规定了连带责任，这就反映了侵权法最新的理论成果。《侵权责任法》之所以对累积的因果关系中的行为人规定连带责任，是因为一方面，从因果关系角度来看，虽然数个侵权人之间不具有共同过错，但是每个行为人的行为都足以造成全部损害，这就是说，即便不认定其为连带责任，因为每个行为人的行为都足以造成全部损害，行为人也要对全部损害承担责任。从这一点上来说，要求行为人承担连带责任，并非十分苛刻。另一方面，从保护受害人的角度考虑，赋予其享有请求承担连带责任的权利，实际上增加了承担责任的责任财产的范围，从而有助于实现其权利。此外，行为人在行为之时虽没有共同过错，但是就其自身的行为应当预见到或者已经预见到其要对受害人承担全部责任，因此，要求其承担连带责任，并不会对其造成不测的损害。在行为人承担了连带责任之后，如果承担了责任的行为人承担了超出其应当承担的份额，可以向其他行为人追偿。这是连带责任人之间的内部责任分担问题。

需要指出的是，《侵权责任法》第 67 条规定："两个以上污染者污染环境，污染者承担责任的大小，根据污染物的种类、排放量等因素确定。"该条规定了无意思联络数人环境侵权中，各个污染者承担责任的标准。虽然各个污染者共同

---

① See A. M. Honorè: *International Encyclopedia of Comparative Law*, Vol. 4, Torts, Chapter 7, Causation and Remoteness of Damage, J. C. B. Mohr (Paul Siebeck, Tübingen), 1975, p. 73.

② 参见欧洲侵权法小组编著：《欧洲侵权法原则：文本与评注》，于敏、谢鸿飞译，199 页，北京，法律出版社，2009。

造成了同一损害结果，且每个排污者的行为都可能造成损害结果，但依据我国《侵权责任法》的规定，仍然适用按份责任，而非连带责任。之所以如此规定，主要考虑到如下因素：第一，这是我国长期以来实践经验的总结。第二，将此种责任确定为按份责任，也有利于防止因连带责任的承担使效益较好的企业失去竞争优势，妨碍经济发展。因此，该规定可以视为上述规则的例外规定。①

二、以部分因果关系表现的无意思联络数人侵权

部分因果关系又称为共同的因果关系，它是指数人分别实施侵害他人的行为，主观上并无意思联络，由加害人分别承担损害赔偿责任。② 《侵权责任法》第12条规定："二人以上分别实施侵权行为造成同一损害，能够确定责任大小的，各自承担相应的责任；难以确定责任大小的，平均承担赔偿责任。"这就在法律上确认了以部分因果关系表现的无意思联络数人侵权。此种侵权的特点可以概括为"分别实施、结合造成"。例如，除夕之夜，某孩童甲在某小区门口放花炮，乙在临近门口的马路上放花炮。路人丙在经过该小区门口时，左手背不幸被甲所放的花炮击中，手背表皮被爆破出血，见系孩童玩耍，随即离开准备回家包扎。但在其随后经过附近的马路时，左手背再次被另一人的花炮击中，伤情加重，共花去医疗费用800元。但其无法证明在两个地方的不同伤害行为的原因力大小。部分因果关系的典型情形是环境污染责任，对此，《环境侵权责任司法解释》第3条第2款规定："两个以上污染者分别实施污染行为造成同一损害，每一个污染者的污染行为都不足以造成全部损害，被侵权人根据侵权责任法第十二条规定请求污染者承担责任的，人民法院应予支持。"例如，数家企业向河流排污，每家的排污并不能造成损害，但几个排污行为结合在一起就导致了损害的发生。此种数人侵权的特点在于：

----

① 参见奚晓明主编：《〈中华人民共和国侵权责任法〉条文理解与适用》，67页，北京，人民法院出版社，2010。

② 参见王泽鉴：《侵权行为法》，第2册，33页，台北，三民书局，2006。

　　第一，数人分别实施侵权行为，但没有共同过错。在部分因果关系中，数个加害人事前并没有意思联络和共同过失，只是因为行为的偶然结合而导致损害结果的发生。与累积的因果关系一样，学界通常也将其称为无意思联络的数人侵权。由于此种情况要承担按份责任，因而，它是最典型的无意思联络的数人侵权。

　　第二，造成同一损害。一方面，所谓同一损害，是指数人实施的行为均造成了一个结果，而不是数个结果，因此，在部分因果关系中，常常需要确定数个行为是否造成了损害结果，如果部分行为与损害没有因果联系，或者某个行为造成的损害极其轻微，即不构成部分因果关系。[1] 例如，在上例中，如果丙在两个地点遭受伤害的分别是左手和右手，则不属于"同一损害"，应当按照分别行为处理。[2] 另一方面，各个行为人的行为与损害之间存在因果联系。需要指出的是，此处所说的因果关系是各个行为作为一个整体与损害之间存在的因果关系，而不是每个行为与损害之间的因果关系，这也是部分因果关系存在的原因所在。例如，某人在撞伤他人后，该受害人又被他人打伤。如果受害人身上有两处伤，一处在腿上，一处在手上，两者没有联系，且为不同的行为人造成，应当说是可以分开的，但如果两种伤害的结合导致整个身体健康受到损害，并且导致其精神痛苦，此时损害就是不可分的。[3]

　　第三，各个行为均不足以单独导致损害结果的发生。通常将这些行为分开来看，这些行为均不足以单独造成损害结果的发生。例如，在"戴某诉张某等身体权纠纷案"中，两被告各自驾驶农用机动三轮车为他人送砖。后因被告姜某驾驶的车陷在洼处，原告等人帮着推车，此时被告张某倒车，两车结合，将原告挤

---

[1]　See A. M. Honorè：*International Encyclopedia of Comparative Law*，Vol. 4，Torts，Chapter 7，Causation and Remoteness of Damage，J. C. B. Mohr（Paul Siebeck，Tübingen），1975，p. 73.

[2]　但在本案中，如果受害人因治疗，除花费了包扎费（可以分别确定）外，还花费了输液、服用消炎药等其他为治疗两处伤害共同所需的费用以及存在误工损失，则对该部分可以适用《侵权责任法》第12条的规定进行处理。

[3]　See A. M. Honorè，*International Encyclopedia of Comparative Law*，Vol. 4，Torts，Chapter 7，Causation and Remoteness of Damage，J. C. B. Mohr（Paul Siebeck，Tübingen），1975，p. 72.

伤。法院认为，依据《侵权责任法》第 12 条的规定，被告张某无证驾驶机动车，在倒车过程中未注意观察周围情况，未尽到安全注意义务，致原告受伤，应承担主要责任，本院酌定 70%。被告姜某操作机动车时，未注意观察其他车辆的行驶情况，致使帮其推车的原告被挤伤，也有过错，应承担相应的责任，酌定 30%。[1] 再如，每个企业向河流排放污水，单独的排放不足以导致污染，只是因为结合在一起才造成污染的后果。该规则也可以看作是相当因果关系认定中的特殊规则，因为每个行为人的行为都不足以造成损害结果，所以，通过每个行为人的行为与损害之间的因果关系来认定，就会确定每个行为人都不应当对该损害承担全部责任，而只承担部分责任。否则，就会给行为人强加过重的责任。

针对部分因果关系，各国判例学说大多认为，应当按照按份责任来处理。根据我国《侵权责任法》第 12 条的规定，对此类无意思联络的数人侵权，应当采用按份责任。各个行为人要根据其责任大小对外承担责任。从法理基础来看，要求各个行为人承担按份责任的原因在于：

第一，从因果关系来看，由于各个行为不足以单独导致损害结果的发生，因而各个加害人应对受害人承担按份责任。因此，从因果关系的角度来看，如果严格适用因果关系的一般规则，每个行为人都不必对损害结果负责。既然每个行为人的行为均不足以单独导致损害结果的发生，课以单个行为人承担全部损害结果也是不公平的。基于这些原因，不能使行为人承担连带责任。

第二，从主观因素考虑，在部分因果关系案件中，各个行为人并不存在共同过错，所以要求其承担连带责任，也缺乏伦理基础。有人认为："数人主观上无意思联络，仅因行为偶合导致损害后果发生，若各人的加害部分无法单独确定则应以共同侵权论，各人对损害应承担连带赔偿责任。"[2] 笔者认为，此种看法是欠妥当的。严格地说，无意思联络的数人侵权属于单独侵权而非共同侵权，行为人之间主观上并无共同过错，各个行为人的行为也只是单独的行为，因而不能按共同侵权处理。既然数个行为人主观上并无共同的过错，且各个行为人的行为不

---

① 参见山东省聊城市东昌府区人民法院（2013）聊东民初字第 2802 号民事判决书。

② 蓝承烈：《连带侵权责任及其内部求偿权》，载《法学与实践》，1991（1）。

能造成全部损害结果，而只是行为的偶然结合造成损害，如果责令他们承担连带责任是不符合过错责任的基本原理的，也可能给行为人中的一人或数人强加了不合理的责任。例如，A 公司因施工架设电线严重违章，距地面的垂直距离不符合要求，B 公司在 A 公司架设的电线附近施工，在电线下堆放土堆，一个小孩在这些土堆上玩耍的时候被高压电击伤致残。在本案中，高压电线架设过低与土堆的堆放都是造成损害的原因，两者的结合造成了小孩的损害，但是，这两个公司之间并没有共同的过错，如果仅仅从损害不可分的角度要求二者承担连带责任，显然对于 B 公司是不合理的。因为毕竟从后果来看，事故主要是由于 A 公司违章架设高压电线所造成的，B 公司堆放土堆造成损害虽具有一定的过错，但过错程度较为轻微。因此，应当按照过错程度令它们分别承担责任，而不应使它们承担连带责任。

第三，从对受害人的保护来看，如果采用连带责任，受害人提出请求也可能遇到障碍。因为从严格的因果关系角度考虑，受害人要请求行为人承担责任，就必须证明因果关系的存在。而在部分因果关系的情况下，各个行为人的行为并不足以导致损害的发生，因此，受害人难以证明行为与损害之间存在相当的因果关系。

根据我国《侵权责任法》第 12 条的规定，对于部分因果关系的无意思联络数人侵权，主要采用两种方式对外承担责任：

第一，能够确定责任大小的责任。根据《侵权责任法》第 12 条的规定，如果能够确定责任大小，则应按照责任大小分担。所谓按责任大小分担，是按照各行为人的行为对损害后果的原因力和各自的过错程度分担。所谓原因力，是指在构成损害结果的共同原因中，每一个原因对于损害结果发生或扩大所发挥的作用力。确切地讲，是根据每个行为对结果发生所起的作用的大小来分担责任，行为作用越大，承担的责任也就越大。所谓过错程度，是指根据行为人过错的大小。行为人的过错对损害结果的发生所起的作用越大，那么他的过错程度也就越大，反之亦然。从《侵权责任法》第 12 条的规定来看，我国立法采取了"责任大小"的提法。所谓责任大小，既不是指单纯的过错程度，也不是指单纯的原因力，实际上是两者的结合。笔者认为，采取这种方式分担责任，是比较公平合理的，也

便于法官在实际操作中认定责任大小。如果能够确定过错程度和原因力，即按照过错程度和原因力来考虑，在这一过程中，既不必以原因力为主，也不必以过错程度为主，关键在于过错程度和原因力两者中何者能被查明。如果两者均不能查明，则由加害人平均承担责任。

第二，难以确定责任大小的责任。根据《侵权责任法》第 12 条的规定，如果难以确定责任大小，则各个行为人应平均分担责任。在许多情况下，数个行为造成损害以后，数人的行为对行为结果所起的作用难以确定，原因力和过错程度难以判断。这尤其表现在数人造成的河流污染、水害、烟尘、噪音诉讼中。[①] 在此情况下，只能采取平均分担的方法。应当看到，平均分担虽然形式上公平，但是实质上是一种不得已而为之的方法。在能够确定责任大小的情况下，原则上不能采取这种方式。

除了上述两种方式之外，是否还有其他承担责任的方式？《欧洲侵权法原则》第 3：105 条"不确定的因果关系"规定："在存在多个活动时，如果任何一个活动都没有造成全部损害或者损害的某个确定部分的，则（至少）那些可能引起损害的活动应被推定为造成了等量的伤害。"[②] 可以认为，该规则可以称得上是聚合因果关系和共同因果关系的结合运用，也可以说是在《侵权责任法》第 12 条以外，另外形成的一种责任分担的方法。这就是说，如果数个行为分别实施造成同一损害后果，假如其中一人实施行为的损害后果可以确定，其他人的行为后果无法确定的，可以先由能够确定自己行为造成损害结果部分的行为人对自己造成的行为后果承担责任，剩余的损害后果由其他行为人共同分担。[③] 例如，甲、乙、丙三个人一起开车从事货运时，将他人的草地轧坏，有证据可以证明其中一块草地是甲开车轧坏，另外一块草地是三人一起轧坏，无法分清各人的具体份额究竟是多少。在此情况下，可以先由甲对其造成的可确定的损害负责，另外一块

---

① 参见王竹：《侵权责任分担论》，223 页，北京，中国人民大学出版社，2009。

② 欧洲侵权法小组编著：《欧洲侵权法原则：文本与评注》，于敏、谢鸿飞译，5～6 页，北京，法律出版社，2009。

③ 参见王竹：《侵权责任分担论》，223 页，北京，中国人民大学出版社，2009。

则由甲、乙、丙三人共同平均分担。

　　需要指出的是，《侵权责任法》第 12 条规定的按份责任并非内部分担责任，而是对外承担的按份责任。严格地说，侵权责任法主要解决对外责任的承担问题，因此，如果没有特别规定，侵权责任法上所规定的责任都是对外责任。因此，受害人依据该条享有直接的请求权，即有权请求侵权人承担相应的责任。据此，该条规定的是按份赔偿请求权，其主要特点是：第一，是根据行为人的责任大小，请求相应的赔偿。对责任大小的考量因素，既包括原因力，又包括过错。第二，在不能够确定责任大小的时候，平均承担赔偿责任，这也是比较法上的通行做法。① 该请求权不同于追偿权，后者通常是指数个侵权责任人之间，依据内部份额，对于超过自己份额的部分进行的追偿，而不是一种对外责任。

---

　　① 参见王竹：《侵权责任分担论》，226 页，北京，中国人民大学出版社，2009。

第十一章

数人侵权中的责任

第一节　连带责任

一、数人侵权中连带责任的概念和特点

　　所谓数人侵权中的连带责任，是指在数个侵权人实施了共同侵权行为、共同危险行为、以累积因果关系表现的无意思联络的数人侵权等形态中，每个人的行为都足以造成全部损害后果，侵权人依法应当向被侵权人承担的不可分的责任。《民法通则》第87条规定，"享有连带权利的每个债权人，都有权要求债务人履行义务；负有连带义务的每个债务人，都负有清偿全部债务的义务"。《侵权责任法》第13条规定："法律规定承担连带责任的，被侵权人有权请求部分或者全部连带责任人承担责任。"

　　《侵权责任法》对行为人必须承担连带责任的情况规定了多个条款。例如，第8条关于共同侵权行为的连带责任，第9条关于教唆和帮助的连带责任，第10条关于共同危险行为的连带责任，第11条关于累积因果关系中的连带责任，第

36条关于网络用户与网络服务提供者之间的连带责任，第51条关于买卖拼装车的买受人和转让人之间的连带责任，第74条遗失、抛弃高度危险物致人损害时所有人与管理人的连带责任，第75条关于非法占有高度危险物致害中占有人与所有人的连带责任，第86条关于建设单位与施工单位就工作物倒塌的连带责任。上述这些侵权中的连带责任，可能构成共同侵权，也可能是累积的因果关系。连带责任的主要特点包括以下几点：

第一，法定性。按照私法自治原则，当事人可以通过约定成立连带之债。但在侵权责任法中，连带责任一般基于法律规定产生。在侵权责任法没有明文规定的情况下，不得要求行为人之间承担连带责任，因为连带责任是加重的责任，除非法律有特别规定，不宜要求他人承担加重的责任。连带责任是指行为人对受害人要共同承担责任。这就是说，此种责任不同于按份责任和分别责任，它是指每一个行为人都要对受害人遭受的全部损害负责。各行为人都负有连带责任，意味着他们都有义务向受害人负全部赔偿责任，至于各加害人在实施共同侵权行为的过程中，各人对损害结果所起的作用、过错的程度是否相同，并不影响他们对受害人应负的连带责任。同时，共同侵权人内部的责任分担，也并不影响他们在外部对受害人所承担的责任。

第二，连带性。在连带责任中，每一个行为人都有义务对受害人承担全部责任，受害人有权请求部分或全部连带责任人承担全部或部分的责任。由于任何一个共同侵权人均有义务对受害人负全部赔偿责任，因而，受害人有权在共同侵权人中选择责任主体。因此，共同侵权责任一旦成立，受害人即可同时或先后请求共同侵权人中的任何一人或数人为全部或部分赔偿。

第三，强行性。因共同侵权行为而产生的连带责任是法定责任，不因加害人内部的约定而改变。加害人之间基于共同协议免除某个或某些行为人的责任，对受害人不产生效力，也不影响连带责任的适用。加害人之间通过约定，将其责任改变为按份责任，也不能对受害人发生效力。连带责任作为法定的责任，有利于保护受害人的利益，它不仅使受害人的损害赔偿请求简便易行，举证负担较轻，而且使请求权的实现有充分的保障。受害人不必因为共同侵权人中的一人或数人

难以明确，或因为行为人的过错程度及其行为对损害所起的作用难以肯定，或因为共同侵权人中的一人或数人没有足够的财产赔偿，而妨碍其应获得的全部赔偿数额。因此，现代各国民法大都规定共同侵权人应负连带责任。

二、连带责任与不真正连带责任的区别

不真正连带责任，是指数个责任人基于不同的原因而依法对同一被侵权人承担全部的赔偿责任，某一责任人在承担责任之后，有权向终局责任人要求全部追偿。例如，《侵权责任法》第83条规定："因第三人的过错致使动物造成他人损害的，被侵权人可以向动物饲养人或者管理人请求赔偿，也可以向第三人请求赔偿。动物饲养人或者管理人赔偿后，有权向第三人追偿。"饲养人、管理人与第三人向受害人承担责任，第三人是因为其过错而对受害人负责，饲养人或管理人是因其饲养动物而对受害人负责，是基于偶然原因而对受害人的同一损害承担责任。

由于不真正连带责任和连带责任一样，都是数人对受害人承担的债务或责任，因而二者具有相似性。一方面，连带责任和不真正连带责任一样，受害人都有权选择多个责任人中的某一个责任人。另一方面，一旦受害人作出选择，责任人就应当承担全部责任。但两者也存在区别，表现在：

第一，法律规定不同。除当事人有约定外，连带责任都是法律明确规定的责任，因为连带责任属于加重责任，要求法律明确规定可以避免过分限制人们的行为自由。而不真正连带责任并不是法律明确规定的责任，法律基本上不会出现"不真正连带"之类的表述，它是学者从法律的规定中解释出来的一类责任。例如，《侵权责任法》第43条第1款规定："因产品存在缺陷造成损害的，被侵权人可以向产品的生产者请求赔偿，也可以向产品的销售者请求赔偿。"此处所规定的生产者和销售者应当承担的责任，是连带责任还是不真正连带责任，学界存在争议。从连带责任和不真正连带责任的上述区别来看，既然我国《侵权责任法》没有规定生产者和销售者之间的连带责任，就应当解释为两者要承担不真正连带责任。

第二，产生的原因不同。连带责任通常是基于同一原因而产生的，而不真正

连带责任是基于不同的原因而产生的，可以形成独立的责任，各项责任均是基于不同的发生原因而分别存在的。例如，根据《侵权责任法》第83条的规定，在第三人的过错致使动物造成他人损害，第三人和动物饲养人之间形成不真正连带关系，但第三人的责任和动物饲养人的责任所产生的原因各不相同。

第三，是否可以全部追偿不同。在传统的不真正连带债务中，各个责任的发生原因是独立的，没有共同的原因作为基础，只是基于偶然的原因聚合到一起，其给付目的是同一的，但各个责任是相互独立的。由于数个债务人的给付内容基本上是相同的，债权人的一项债权实现后，其可以补救的利益已基本得到实现，因而不应再向其他债务人提出请求。只有在原告向某一个被告提出请求后不能保护其利益时，才能向其他被告提出请求。正因如此，不真正连带责任人之间没有求偿关系。[①] 而我国《侵权责任法》规定的不真正连带责任与此不同，法律都明确规定，在某个责任人承担了全部责任之后，可以依法向其他责任人全部追偿。而在连带责任的情况下，作为共同侵权人之一的侵权人承担了全部责任以后，可以向其他共同侵权人要求追偿，但在连带责任中，每个责任人都要承担一定的责任，因此，其不可能向其他人全部追偿。这也是我国《侵权责任法》中不真正连带责任和连带责任的重要区别。

第四，是否存在终局责任人不同。在连带责任中，各个连带责任人都是终局责任人，其本来就应当对损害负担终局的责任，也正因如此，数人之间在对外承担责任后，还要进行内部的责任分担。而在不真正连带之债的情况下，存在终局的责任人。所谓终局责任人，是指对数个责任的发生应最终负责的人。换言之，权利人可以选择任何一个不真正连带责任人请求赔偿，不真正连带责任人赔偿以后，有权向终局责任人追偿。

三、连带责任的内部分担

连带责任是就外部关系而言的，所谓连带责任的内部分担，就共同侵权行为

---

① 参见王泽鉴：《民法学说与判例研究》，第3册，219页以下，北京，北京大学出版社，2009。

连带责任的内部分担而言，各国判例学说主要有以下几种观点：

一是依据过错程度分担说。此种观点认为，应当依据过错程度来确立不同的责任。根据过错程度的不同进行分摊。对此又可具体分为两种：第一种是"纯粹的比较过失分摊法"，即完全按照各个侵权人的过失在造成原告损害的总过失中的比例来确定承担的责任份额。在美国，主要是加利福尼亚、佛罗里达、密歇根、纽约、华盛顿等少数几个州采取此种方法。第二种是"相对的比较过失分摊法"，即除考虑各侵权人的过失在总过失中所占比例之外，还考虑各行为人的侵权行为所造成的损害后果的严重程度、原因力、加害人所获得的非法利益、加害人的经济负担能力等诸多因素，综合确定赔偿责任份额。美国的大多数州（共有32个）采取的都是修正的比较过失。[①]

二是平均分担说。此种观点认为，在共同侵权人的内部，原则上应当平均承担损害赔偿责任，并按照这一原则进行最终的追偿。例如，美国《关于共同侵权人共同分担责任的统一法律》第2条规定："在决定共同加害人对全部侵权责任的份额时，其相关的过错程度将不予考虑。"依据平均分摊法，每个被告分摊均等的赔偿份额。《德国民法典》第426条第1款第1句、《瑞士债务法》第148条第1款也采此做法。

三是依据原因力分担说。此种方法主要是依据各个行为对损害结果所起到的作用程度的不同而对责任进行分担。[②]

我国《侵权责任法》第14条规定：连带责任人承担连带责任后，根据责任大小确定相应的赔偿数额；难以确定的，平均承担赔偿责任。这就确立了责任人承担了责任之后，其内部如何分担赔偿数额的规则。具体来说，连带责任人的内部责任分担具有如下特点：

第一，内部责任分担必须符合法律规定或合同约定。一方面，在法律明确规定了内部责任分担时，应当依据法律规定来处理内部责任分担。例如依据《侵权

---

① 参见程啸：《侵权行为法总论》，393页，北京，中国人民大学出版社，2008。
② 参见程啸：《共同侵权行为人的连带赔偿责任》，载王利明主编：《人身损害赔偿疑难问题：最高人民法院人身损害赔偿司法解释之评论与展望》，180页以下，北京，中国社会科学出版社，2004。

责任法》第 14 条第 1 款的规定。另一方面，连带责任人之间也可以在内部就责任的分担达成协议，此时应当按照连带责任人之间的协议来分担责任。

第二，连带责任的内部分担必须以责任的大小来确定，不能确定责任大小要实行平均分担的办法。如前所述，责任大小包括了原因力和过错程度在内，应当是一种综合的判断，不能单纯地依据某一个标准来判断。当然，《侵权责任法》第 14 条的规定，只是法律的一般规定，这一规定是任意性的规定，责任人可以通过约定加以改变。如果当事人之间通过合同重新确立了分担标准，有些当事人自愿承担较多的责任，则可以改变法律的规则。①

第三，内部分担也可以形成分担之诉。这就是说，在内部分担的情形，承担了超过自己应承担的责任份额的人可以通过诉讼的方式向其他责任人行使追偿权。

四、连带责任人之间的追偿权

《侵权责任法》第 14 条第 2 款规定："支付超出自己赔偿数额的连带责任人，有权向其他连带责任人追偿。"这就在法律上确认了承担连带责任支付超出自己赔偿数额的连带责任人，也享有向其他连带责任人追偿的权利。该条规定完全可以适用于共同侵权行为。据此可以认为，我国法律已确认了共同侵权人之间应当分担责任的原则，因而共同侵权人中的一人或数人承担了全部赔偿责任以后，有权向其他应负责任而未负责任的侵权人追偿。比较法上，各国法律大都规定，承担超过自己份额的责任人，可以向其他应当承担责任的人追偿。根据《侵权责任法》第 14 条的规定，追偿权行使的条件是：

第一，追偿权人必须是连带责任人。因为只有在连带责任之中，才可能发生支付超出自己赔偿数额的情况，并进一步导致追偿权的产生。而在按份责任中，责任人所实际承担责任的大小与其应当承担的责任份额相当，责任人不会承担超

---

① 参见黄松有主编：《最高人民法院人身损害赔偿司法解释的理解与适用》，64～65、88～89 页，北京，人民法院出版社，2004。

过其责任份额的赔偿责任，也就不会产生追偿的问题。

第二，追偿权人必须实际承担了赔偿责任。追偿权人行使追偿权，必须自己实际向受害人承担了赔偿责任。原则上，任何一个追偿权人只要承担了超出自己应当承担的份额部分的责任，就有权向其他侵权人追偿。即使其没有承担全部的赔偿责任，尽管受害人仍然有权要求每个共同侵权人继续承担责任，但在各个共同侵权人之间仍然享有求偿权。在特殊情况下，即便某个共同侵权人承担的责任低于其应当承担的份额部分，但仍然有可能产生求偿权，这主要是因为，受害人免除了某个共同侵权人的责任，从而使得侵权人应当承担的责任减轻。

第三，追偿权人必须实际承担了超出自己责任份额的责任。某一个或者某几个共同侵权人在承担了全部或承担了超出自己应承担的份额的责任之后，有权向其他共同侵权人追偿。但关于共同侵权人在何种情况下，才能行使求偿权，有不同的观点：一种观点认为，必须每一个共同侵权人承担了全部赔偿责任之后，才能向其他人行使求偿权。另一种观点认为，必须每一个共同侵权人承担了超过自己应当分担的份额之后，才能向其他共同侵权人行使求偿权。还有一种观点认为，追偿权的行使不一定以责任人承担连带责任为前提，任何共同侵权人，只要承担了赔偿责任，都有可能产生向其他人求偿的权利。甚至每一个共同侵权人承担了低于自己的份额的赔偿责任，也有可能向侵权人求偿。[①] 笔者认为，追偿权的行使原则上应当以责任人承担责任为条件。这就是说，在没有承担连带责任之前，如果直接确定责任大小，由各个行为人按照份额对外承担责任，等于将连带责任变成了按份责任，因为可能存在部分行为人没有分担能力的情况，此时，风险就落到了受害人身上，受害人可能无法获得救济，从而不符合连带责任制度的功能。《侵权责任法》第 14 条第 2 款规定，"支出超出自己赔偿数额的连带责任人"，该条同样适用于第 1 款，因此，只有在支付了赔偿数额，且承担的部分超出自己的份额之后，才产生追偿权。当然，如果在一次性的判决中，行为人可以按照其份额进行赔偿，受害人获得了足够的救济，也未尝不可，但部分行为人无

---

① 参见曾隆兴：《详解损害赔偿法》，63～64 页，北京，中国政法大学出版社，2004。

力承担责任时，其他行为人就应当对受害人承担连带责任。

　　追偿权应当针对所有的被追偿人而行使，如果追偿权人只是向一个或数个被追偿人，而没有向全体被追偿人追偿，则受追偿的人可以提起相应的抗辩。法院在确定追偿的数额时，首先应当确定全体共同侵权人，也就是说，要确定每一个共同侵权人应当分担的部分，如果能够将所有的共同侵权人作为被追偿的对象，并使他们都作为被告列入，则让全体共同侵权人分担，这样能够彻底了结追偿纠纷。如果追偿权人坚持只列入一个或数个被告，那么，也只能按照全体共同侵权人应当承担的比例相应确定应当承担的责任。

　　追偿之债作为一种新的债务也是可以抛弃和免除的。追偿权人作为债权人可以免除被追偿的债务人的责任，但其免除只能在有权处分的范围内有效。关于受害人免除某个或数个共同侵权人的责任是否必然导致在追偿之诉中该共同侵权人债务的免除，应作具体分析。如果主诉和追偿之诉是合并审理的，主诉中的赔偿额与追偿之诉中的各行为人所应负的赔偿额是一次性决定的，受害人只要求部分行为人就其应负责的部分作出赔偿，而不要求其他共同侵权人承担责任，在此情况下，受害人不仅放弃了连带责任，而且明确免除了部分侵权人的债务，此时，已经承担责任的当事人只是就其应承担的部分承担了责任，而并没有为其他行为人承担责任，因此其无权向其他侵权人追偿。但如果受害人只是表示要求部分侵权人承担连带责任，而不要求其他行为人承担连带责任，则并不能当然免除其他行为人应承担的责任。

第二节　按份责任

一、按份责任的概念和特点

　　所谓按份责任，是指数个责任人各自按照一定的份额对债权人承担的赔偿责任。在无意思联络的数人侵权的情况下，行为人对外也可能承担按份责任。《侵

权责任法》第12条确认了按份责任适用的一般规则，"二人以上分别实施侵权行为造成同一损害，能够确定责任大小的，各自承担相应的责任；难以确定责任大小的，平均承担赔偿责任"。此处所说的"责任大小"就是要根据原因力、过错等因素确定责任的份额。该法第67条规定："两个以上污染者污染环境，污染者承担责任的大小，根据污染物的种类、排放量等因素确定。"这是关于无意思联络的数人侵权的特别规定。正是因为其是对外的责任，所以，受害人不能请求数个侵权人承担连带责任，而只能请求数个侵权人按照份额承担责任。在侵权责任法中，按份责任的特点表现在：

第一，按份责任是赔偿义务人对受害人所负的责任。所谓按份责任，具有其特定的含义，其仅限于对受害人的责任，在性质上仍然属于对外责任，即在对外关系上，受害人只能请求行为人按照一定的份额承担责任，而不能请求单个行为人承担全部的责任。因此它与连带责任的内部分担不同。连带责任人在承担责任后内部也存在按份承担责任的问题，但这只是责任分担的问题，与按份责任不同。

正是因为按份责任是赔偿义务人对外所负的责任，而不是对内的责任，因此原则上，责任人之间的内部约定对受害人没有拘束力，但按照私法自治原则，受害人自愿接受此种约定的约束也未尝不可。按照合同相对性规则，责任人之间的内部约定不能对抗受害人。

第二，按份责任是各个行为人按照份额对受害人承担责任。一方面，按份责任需要按照一定的份额承担责任。法律规定适用按份责任时，往往规定了各个责任人责任份额的确定标准。换言之，在按份责任中，每个责任人承担的责任不仅是单独的，而且是部分的。法律有时对按份责任的份额的确定和计算标准做了明确规定，有时也没有明确规定，但是否规定，均不影响按份责任的性质。另一方面，按份责任人对外只是承担部分的责任。如果其中一些人必须承担部分责任，另一些人应当承担全部责任，则不再属于按份责任。

第三，按份责任是一般的责任形态。相对于连带责任而言，按份责任并不以法律规定或当事人约定为前提。由于连带责任对赔偿义务人较为严苛，故连带责

任的适用必须有法律明文规定，而按份责任并不受此种限制。通常情况下，法律没有规定必须适用连带责任时，一般都适用按份责任。按份责任作为与连带责任相对应的责任形式，其适用的范围是较为宽泛的。

按份责任是自己责任原则的体现，因为行为人都只是对自己的行为造成的损害结果负责。当然，按份责任也存在一些缺陷，即其可能难以对受害人提供有效的保护，在部分行为人无法找到或部分行为人没有足够赔偿能力时，受害人就难以获得充分的保护。

按份责任也不同于相应的责任。《侵权责任法》的多个条款规定了"相应的责任"[1]。所谓"相应的责任"，是指按照其过错程度大小等确定责任，其与连带责任的区别表现在：一方面，相应的责任不是连带责任，而是分别的责任；另一方面，连带责任是对全部损害负责，而相应的责任不是要对全部的损害负责，而是要根据过错、原因力等作出赔偿，其在适用中常常是不完全的赔偿。相应责任虽然是对外应负的责任份额，但可能是按份责任，也可能是相应的补充责任。例如，《侵权责任法》第 12 条规定的相应责任就是无意思联络的按份责任，但在违反安全保障义务的情况下，在加害人与安全保障义务人之间是不可能形成按份责任关系的。安全保障义务人只能承担相应的补充责任。再如，《侵权责任法》第 40 条规定："无民事行为能力人或者限制民事行为能力人在幼儿园、学校或者其他教育机构学习、生活期间，受到幼儿园、学校或者其他教育机构以外的人员人身损害的，由侵权人承担侵权责任；幼儿园、学校或者其他教育机构未尽到管理职责的，承担相应的补充责任。"笔者认为，该条规定的并不是按份责任，而是相应的补充责任，因为直接侵权人可能全部负责，如果其全部负责，教育机构就无须承担责任，而且直接侵权人和教育机构之间也没有明显的份额，所以，不能简单地将相应的责任视为按份责任。

---

[1] 《侵权责任法》第 37、40 条等。

二、按份责任的承担方式

从比较法的角度来说，法律通常对份额的计算规定一定的标准，归纳起来，份额的确定主要有以下不同的做法：第一，根据原因力来确定份额，也就是说，根据每个人的行为对结果的发生的作用来具体判断。各行为人的原因力对损害结果的发生所起的作用越大，那么其所应承担的责任也就越大。反之亦然。第二，根据过错的程度确定份额。例如，将所有行为人的过错算定为100%，按照故意大于重大过失，重大过失大于轻过失的原则，确定每个行为人的过错在总体过错中的百分比。[①] 第三，平均分担。如果损害是不可分的，而且各个行为人的过错和原因力是难以确定的，那么，各个行为人对损害应承担平均的责任。第四，混合模式。这就是说，既要考虑过错也要考虑原因力。根据各种标准结合起来确定责任份额。根据《侵权责任法》第12条的规定，按份责任是按照责任的大小来确定；如果不能确定责任大小，则要采取平均分担的规则。此处所说的责任大小，实际上就是指根据原因力和过错程度来确定其责任份额。从《侵权责任法》第12条所采取的"责任大小"的提法来看，我国侵权责任法采取的是混合模式。

有学者认为，在确定各人责任大小时，主要应考虑各个行为与损害结果之间的原因力。[②] 也有学者认为，主要应以过错为标准，以原因力为补充。笔者认为，在确定按份责任时，应当兼顾过错和原因力，如果能够查清原因力的大小，原则上应当按照原因力来确定责任大小。能够确定过错程度的，根据过错程度来考虑。对此法官可以灵活掌握，不必要局限于哪一种。在适用中，从更有利于界定责任以及保护受害人出发，由法官灵活掌握适用哪种标准。如果过错和原因力都能够确定的，则可以兼采两种份额评价方法。当然，如果无法确定各个行为人

---

① 参见杨立新：《侵权法论》，3版，681~682页，北京，人民法院出版社，2005。
② 参见杨立新、梁清：《原因力的因果关系理论基础及其具体应用》，载《法学家》，2006（6）。

的责任份额，则应采取平均分摊的方法。[1]

此外，关于是否要考虑行为人的财产能力问题，笔者认为，考虑经济负担能力是公平责任中确定责任的规则，原则上不能作为其他侵权责任中责任确定的规则。

---

[1] 参见程啸：《侵权行为法总论》，393 页，北京，中国人民大学出版社，2008。

第三编

侵权责任承担方式

第十二章

侵权责任承担方式

第一节　侵权责任承担方式概述

一、侵权责任承担方式的概念和特征

所谓侵权责任承担方式，是指侵权人承担侵权责任的具体方法。[①] 换言之，是指侵权责任人具体承担法律上不利后果的方式[②]，它是侵权责任的具体体现。[③] 侵权责任法的主要内容就是确定侵权责任，即确定责任的成立和责任的范围。但由于最终以何种方式来承担责任是落实责任的必然要求，因而责任方式不确定，责任无法最终实现，受害人也无法获得救济，因此，责任方式也属于侵权责任法的核心问题，侵权责任法应当对责任方式作出专门规定，从而便于最终明确责

---

① 参见张新宝：《侵权责任法》，332 页，北京，中国人民大学出版社，2006。
② 参见周友军：《我国侵权责任形式的反思》，载《法学杂志》，2009（3）。
③ 参见王胜明主编：《〈中华人民共和国侵权责任法〉解读》，64 页，北京，中国法制出版社，2010。

任，并确定具体的责任类型和范围。《民法通则》第 134 条规定了责任承担的 10
种方式，这些责任形式具体包括：(1) 停止侵害；(2) 排除妨碍；(3) 消除危险；
(4) 返还财产；(5) 恢复原状；(6) 修理、重作、更换；(7) 赔偿损失；(8) 支
付违约金；(9) 消除影响、恢复名誉；(10) 赔礼道歉。该规定第一次在法律上
全面列举了责任形式，这是对传统大陆法系民法中关于责任形式的一个突破。较
之于传统大陆法系许多国家所规定的单一损害赔偿模式的民事责任方式，《民法
通则》对民事责任形式的全面列举是一个创新。《民法通则》的规定包含了通过
各种方式来对受害人提供充分救济的思想，经多年实践证明，这一做法是非常行
之有效的。① 由于《民法通则》所规定的责任形式是对民事责任各种形式的规
定，既有侵权责任形式又有违约责任形式，所以我国《侵权责任法》第 15 条在
总结和延续《民法通则》规定的基础上，做了进一步发展，将其中的违约责任形
式排除出去（如违约金，修理、更换、重作），并对原有的规定进行修改完善。
可以说，《侵权责任法》对责任形式的规定构成了我国侵权责任法体系的重要
内容。

　　《侵权责任法》所规定的侵权责任承担方式具有如下特点：

　　第一，责任承担方式是伴随责任确定而适用的具体形式。一般而言，责任
形式是在责任确定之后，由侵权人对外承担责任的方式，其强调的是行为人一
方与受害人一方的责任关系。只有行为人被认定为应当对他人的损害承担责任
后，才产生使行为人承担何种形式的责任问题。② 从这个意义上讲，确定侵权
责任与确定侵权责任形式是两个层面的问题，二者可以根据如下因素得以区
分：讨论行为人是否需要承担侵权责任时，必然涉及对责任构成要件的探讨。
而具体论及责任承担方式时，通常无须再讨论构成要件问题，转而应当关注被
侵害权益的补救问题，即采用何种形式才能够对损害予以有效的补救。但这两
个层面问题的确定又难以截然分开。因为某人被认定应当承担责任之后，必然
就要讨论以何种方式承担责任；同时，如果讨论行为人以何种方式承担责任，

---

① 参见王胜明主编：《〈中华人民共和国侵权责任法〉解读》，66 页，北京，中国法制出版社，2010。
② 参见王轶：《论侵权责任承担方式》，载《中国人民大学学报》，2009 (3)。

则其已经被认定为需要承担责任。在侵权责任构成要件齐备时，责任即可确定，责任形式也随之确定。

第二，责任承担方式是侵权人应当承担的不利后果。责任承担方式是一种侵权人对外承担责任的具体方式，《侵权责任法》所规定的责任形式主要是对外部责任的规定，其解决的是行为人和受害人之间的责任关系问题，至于行为人内部之间的责任则不是责任形式所涵盖的范围。

各种责任形式都是侵权人对受害人应当承担的责任，而不是直接对国家所应当承担的责任。侵权人既包括直接实施侵权行为的人，也包括并没有直接实施侵权行为但基于法律规定而应当承担责任的主体。责任本身是一种不利后果，各种责任方式都会给侵权人带来不利益。① 尤其是各种责任承担方式是对受害人的救济措施。侵权法是救济法，如何对受害人提供救济必须通过责任承担方式来实现。责任承担方式越丰富，对受害人的救济就越全面。各种责任形式适用于各类不同的侵权行为，它们既可以单独适用，也可以相互配合适用，从而在法律上形成了对受害人提供充分救济的体系。《侵权责任法》之所以规定了多种侵权责任承担方式，目的就是要对受害人提供全面的救济，因为受害人可以选择对自己最有利的方式来行使权利，而且这些方式可以单独适用，也可以合并适用，从而能够对受害人提供充分的救济。

第三，侵权责任方式的最终运用需要借助人民法院的裁判。各种责任形式虽然是受害人可以选择的方式，但是，在受害人提出了各种请求之后，最终如何承担责任是由法院确定的。从这个意义上说，侵权责任承担方式是人民法院最终确定的行为人承担的责任。侵权责任形式也是落实侵权责任的具体措施。责任承担方式一般由受害人提出，由受害人对各种责任形式进行选择，但受害人在提出特定责任形式请求权之后，其能否得到支持还有待法院予以最终确定。《侵权责任法》第15条将各种民事责任形式集中作出规定，不仅明确了人民法院据以保护权利人的具体的民事方法和措施，使法官能够根据不同案件的特点来决定不同的

---

① 参见张新宝：《侵权责任法原理》，465 页，北京，中国人民大学出版社，2005。

责任形式，而且有助于使受害人在其权利遭受侵害以后明确地知道自己可以选择的补救方式，并作出最符合自己利益的选择。

第四，责任承担方式都具有可强制执行性。由于《侵权责任法》规定的责任承担方式需要法院最终确定，因而责任承担方式一旦确定就具有法律效力，从而具有可强制执行性。责任的概念不同于"债务"之处在于，责任是与诉权相联系的，是具有强制执行性的。如果行为人不承担责任，人民法院就可以强制执行。责任人不承担责任时，可以由权利人向法院申请强制执行。如果不具有可强制执行性，就不应当成为侵权责任承担方式。

需要指出的是，除了《侵权责任法》所规定的各种责任形式之外，是否还应包括其他的责任形式？例如，在知识产权审判实践中，受害人经常诉请法院收缴侵权工具、销毁侵权产品等，这些责任形式很难纳入侵权责任法的范围。有学者认为，侵权责任法所规定的形式并非是完整性的穷尽列举，凡是有利于保护受害人的责任，都可以加以适用。[1] 笔者认为，侵权责任形式必须法定化，不能由法官随意创造，否则将给法官以过分的自由裁量权。当然，除侵权责任法外，特别法也可以对侵权责任形式作出规定。

二、侵权责任承担方式与相关概念的区别

（一）侵权责任承担方式与侵权责任形态

侵权责任承担方式不同于侵权责任形态。所谓责任形态，在侵权法上，主要是指民事主体承担因加害行为造成损失的具体方式。责任形态既有单独责任，又有多数人责任。在多数人责任中，又包括连带责任、不真正连带责任、补充责任等。责任承担方式是所有侵权责任中都涉及的具体责任承担方式问题。两者之间存在一定的联系。因为在各种侵权责任形态中，虽然主要是以损害赔偿为内容，但是也不排除其他形式的责任。例如，各个排污企业实施了排污行为，除了对受

---

[1] 参见奚晓明主编：《〈中华人民共和国侵权责任法〉条文理解与适用》，123页，北京，人民法院出版社，2010。

害人承担了按份责任，也应承担停止侵害的责任。

侵权责任承担方式与侵权责任形态之间存在明显的区别：

第一，侵权责任形态大致可以对应于传统债法中的多数人之债制度，它涉及的是多个责任主体，在存在多个责任主体时才需要确定侵权责任形态，如按份责任、连带责任等。但侵权责任形式是各种责任的具体承担方式，它并不考虑责任主体是单一的，还是多数的问题。在单一责任主体中，也要确定侵权责任承担方式。换言之，连带责任下的数个侵权人可能承担多种责任形式，也可能承担一种责任形式；而单一责任主体也可能承担多种责任形式。

第二，侵权责任形态是从责任的范围和请求的顺序等方面对责任进行的规定。例如，在补充责任中，受害人只能先向直接责任人请求，补充责任人享有顺位利益。[①] 但侵权责任承担方式一般不解决责任范围问题，更不涉及顺序问题，通常在法院确定责任以后直接选择具体的责任形式。

第三，责任形态主要是从损害赔偿这一角度来解决多数侵权人的责任问题，因此责任形态一般都与损害赔偿相联系。更确切地说，责任形态是数人侵权的情况下侵权人如何承担损害赔偿责任的方法，它确立了每一个责任人对外的责任范围。而责任形式包含对受害人进行救济的各种方式，具有多元性。一般而言，在确定责任形态以后，就已经确定了具体的责任人，且由于具体的责任形式主要限于损害赔偿，也就没有必要再讨论其他责任形式。但如果损害赔偿的方式无法对受害人提供全面救济，受害人也可以同时提出适用其他责任形式的请求。例如，数人违反有关规定燃放鞭炮，不仅对邻人形成危险，而且还造成邻人财产损害，在此情形下，受害人不仅可以要求数个行为人承担连带责任，还可以要求其停止侵害、赔偿损失。

第四，侵权责任形态有可能要考虑侵权人的过错问题，这尤其表现在连带责任之中。如果各个侵权人具有共同过错，就可能要求其承担连带责任。而一些侵权责任承担方式并不以侵权人的过错为条件，而是从受害人所遭受损害的具体形

---

① 参见张新宝：《侵权责任法立法研究》，243 页，北京，中国人民大学出版社，2009。

态考虑，来确定责任形式。例如，行为人对他人形成不合理的危险，受害人有权要求其停止侵害、排除妨碍、消除危险，而无须证明其是否存在过错。

（二）侵权责任承担方式与绝对权请求权

所谓绝对权请求权，是指绝对权在被侵害或者有受损害之虞时，为了恢复绝对权支配的圆满状态，权利人有权要求加害人停止侵害、排除妨碍、消除危险等。在以德国法为代表的大陆法系国家中，区分了侵权损害赔偿请求权和物权请求权等绝对权请求权。其认为停止侵害、排除妨碍、消除危险等责任形式属于绝对权请求权，而侵权责任的形式则只限于损害赔偿。[①] 对诸如我国侵权责任法上的消除影响、恢复名誉等人格权请求权，德国学说和实践通常类推适用《德国民法典》第1004条对物权请求权的规定。[②] 我国《物权法》已经确立了物上请求权，许多学者认为知识产权的请求权应为一种独立的请求权，也属于绝对权请求权的范畴。[③]《侵权责任法》第15条规定了多种责任形式，其中就包括了绝对权的请求权。这一规定是对《民法通则》颁布以来立法经验的总结，实践证明这一做法是行之有效的。[④] 但由此也引发了侵权请求权是否有必要包括绝对权请求权的争论。

笔者认为，虽然侵权责任形式中的停止侵害等方式，与绝对权请求权极为类似，但不能由此认为物权请求权就可以替代侵权责任中的停止侵害等责任形式。第一，从适用范围上看，绝对权请求权主要适用于对物权和知识产权的保护，而侵权责任形式则不仅适用于对财产权的保护，还广泛适用于对人身权的保护。尤其是侵权责任形式不仅适用于对权利的保护，还可以适用于对利益的保护。[⑤] 第二，从与归责原则的关系上来说，绝对权请求权都适用严格责任，一般不考虑行为人的过错。但在我国侵权责任形式中，其普遍适用于侵权责任法的过错责任、

---

① 在德国法中，停止侵害、排除妨碍等适用《德国民法典》第1004条"除去请求权和不作为请求权"。
② 参见［德］迪特尔·梅迪库斯：《德国债法总论》，杜景林、卢谌译，7页，北京，法律出版社，2004。
③ 参见吴汉东：《知识产权多维度解读》，143页，北京，北京大学出版社，2008。
④⑤ 参见奚晓明主编：《〈中华人民共和国侵权责任法〉条文理解与适用》，122页，北京，人民法院出版社，2010。

过错推定和严格责任等各类责任形态。第三，从功能上说，从绝对权本身的属性出发，在其受到侵害之后都可能产生请求权，这种请求权实际上都是以回复到受侵害之前的圆满状态为内容的"回复力"。侵权责任形式的功能主要在于对受害人进行救济和对损害的预防。第四，在时效的适用上，绝对权请求权不适用诉讼时效，而侵权责任形式要适用时效的规定。第五，从法律适用的依据来看，绝对权请求权适用《物权法》等法律的规定，而侵权请求权则适用《侵权责任法》的规定。

在《侵权责任法》规定了多种责任形式之后，其与物权请求权的关系如何处理，对此学界存在如下不同看法：

一是排斥说。此种观点认为，侵权责任的承担方式主要是损害赔偿，返还财产、消除危险、排除妨碍、停止侵害仍应当作为绝对权请求权来规定，不应当将其作为侵权请求权来对待。① 停止侵害等请求权与损害赔偿不同，本身不具有一般担保的性质，不符合民事责任的质的规定性，也不应当作为请求权的基础。②

二是吸收说。此种观点认为，我国侵权责任法的责任形式应当吸收绝对权请求权，通过多种侵权责任形式并用的方式来保护绝对权。③ 此种观点认为，《民法通则》将民事责任独立成编，责任不再是债的附属部分，民事责任承担方式不限于损害赔偿，故《民法通则》的规定实际上改变了传统民法上的责任概念，民事责任成为民事主体违反法定义务或约定义务而应承担的法律后果。这一先进的立法经验也应当为我国民事立法所继承。④

三是竞合说。此种观点认为，在侵害财产的情况下，受害人可以行使物权请求权，同时也可以行使侵权法上的请求权。但有学者对这种观点表达了不同看法，认为如果在侵权责任法中规定以过错为要件的排除妨碍、消除危险、停止侵

---

① 参见周友军：《我国侵权责任形式的反思》，载《法学杂志》，2009（3）。

② 参见崔建远：《绝对权请求权抑或侵权责任方式》，载《法学》，2002（11）。

③④ 参见魏振瀛：《制定侵权责任法的学理分析——侵权行为之债立法模式的借鉴与变革》，载《法学家》，2009（1）。

害和返还原物的责任方式，又同时规定物权请求权，受害人一般就不会选择要求证明过错的侵权请求权，而是选择物权请求权，侵权责任法中的规定就会沦为具文。①

笔者以为，从《侵权责任法》的相关规定来看，虽然该法没有明确采纳哪种理论，但采用体系解释等方法可以看出，其实际上采用了竞合理论，主要原因在于：

第一，尽管《侵权责任法》第6条第1款确定的过错责任一般条款也可以适用于绝对权的保护，但是根据《侵权责任法》第21条的规定，"侵权行为危及他人人身、财产安全的，被侵权人可以请求侵权人承担停止侵害、排除妨碍、消除危险等侵权责任"。此处没有提到过错，表明这些责任形式的适用不以过错为要件。因此，我国立法实际上采取了竞合理论，即同时规定作为绝对权请求权和侵权请求权的停止侵害、排除妨碍、消除危险，但是绝对权请求权和侵权请求权在效果上是存在差异的。

第二，结合《物权法》的相关规定来看，我国《物权法》已经规定了物权请求权制度，而我国《侵权责任法》也没有对这一规定进行变更或修改，因此，可以认为我国实际上采取了第三种观点：在侵害财产权的情况下，受害人既可以根据《物权法》行使物权请求权，也可以根据《侵权责任法》请求停止侵害、排除妨碍等侵权责任。《物权法》规定的是物权请求权，而《侵权责任法》规定的是侵权请求权。

第三，从目的解释来看，《侵权责任法》第1条就规定，其立法目的在于保护民事主体的合法权益，为了对受害人提供全面的救济，需要给受害人提供多种救济方式，由受害人作出选择，尽管损害赔偿是一种有效的侵权责任形式，但赔偿损失的作用和功能是有限的，主要还是通过金钱恢复财产的状态和价值。尤其是在人格权遭受侵害的情况下，赔偿损失往往并不能对受害人提供充分、全面的救济。②

---

① 参见王轶：《论侵权责任承担方式》，载《中国人民大学学报》，2009（3）。
② 参见王胜明主编：《〈中华人民共和国侵权责任法〉解读》，65页，北京，中国法制出版社，2010。

还要看到，随着侵权行为的日益多样化，危险活动的增加，各种损害不一定表现为一种现实的损害，可能是一种危险或者是将来的损害。这种危险实际上也构成对财产、人身的侵害。因此，《侵权责任法》第21条将这种危及他人财产、人身安全的行为，也作为一种侵权行为，允许受害人行使停止侵害、排除妨碍、消除危险等请求权。各种责任形式综合运用，才能最有效地保护受害人。

从效果上看，竞合说对受害人的保护是有利的。例如从时效上来说，侵权请求权的时效一般来说是2年，而绝对权请求权中的物权请求权则一般不适用2年的时效期限。这就导致其对受害人绝对权的保护存在差异，竞合说通过赋予受害人一种选择权，允许其在受到侵害时选择一种对其更为有利的方式主张权利，这样更有利于保护受害人的利益。赋予受害人选择权，可以更充分地保护其利益，这也是私法自治原则的要求和体现。当事人是自己最佳利益的判断者，由于选择不同的请求权可能会对诉讼结果产生重要影响，因而，赋予请求权人以选择权，有利于受害人根据实际情况选择适当的救济方式，提高保护自己权利的力度。

（三）侵权责任承担方式与债务

侵权责任形式都是因侵权行为而产生的，是侵权损害所产生的法律后果。侵权责任形式不仅是人民法院在侵权发生后，责令行为人承担责任的方式，也是行为人应向受害人履行的义务。也就是说，在侵权行为发生以后，不法行为人和受害人之间形成一种债的关系，行为人负有停止侵害、排除妨碍、消除危险、返还财产、恢复原状等义务。但这是否意味着，侵权责任形式都是债务？这首先涉及债的概念的确定问题。债是"特定的当事人间得请求一定给付的法律关系"[1]，或者说是"特定人对于特定人得请求为特定行为的法律关系"[2]。据此，不少人主张对债的给付内容应作扩大理解，即给付包括作为和不作为，而行为所指向的对象不仅限于财产，还包括恢复原状、排除妨碍、消除危险和赔礼道歉等内容。

---

[1]　王泽鉴：《债法原理》，第1册，4页，台北，三民书局，1999。
[2]　孙森焱：《民法债编总论》上册，11页，北京，法律出版社，2007。

也正是从这个意义上，一些学者认为，权利遭受不法侵害时，权利人请求加害人停止侵害，同样也具有给付的性质，属于不作为的一种情形，亦可归入债的领域。侵权责任法仍然属于债的范畴，而无须从概念上完全独立出来。① 关于非财产责任，赔礼道歉、消除影响和恢复名誉也同样具有给付的属性，应属于债的形态之一，与损害赔偿"均为侵权之债的内容"②。

　　笔者认为，上述观点都不无道理，由此也可以看出有关责任形式的探讨涉及债的定义本身。如果将债的内涵放大，包括各种给付关系，未尝不可将赔礼道歉、消除影响和恢复名誉等非财产责任纳入其中，甚至可以说，各种侵权责任形式都可以纳入债的范畴。一旦发生侵权，实际上受害人与加害人就转化为一种特定的关系，责任形式确定的都是特定当事人之间的"行为和不行为"。但这样的理解未必完全符合债的本质属性。笔者认为，应当从财产给付的角度来理解债的概念，债本质上是特定人之间财产给付的关系，非财产给付不应当纳入债的范畴。如果将债理解为以财产给付为内容的特定人之间的关系，侵权责任形式则不一定都是债。一方面，关于停止侵害、消除影响、恢复名誉、赔礼道歉，它们通常不以财产给付为内容，而是具有人身性特点的责任形式，不是债的形式。另一方面，不将赔礼道歉、消除影响和恢复名誉等作为债的关系对待，也符合我国法官的思维模式。事实上，司法实践极少将这些责任形式作为债的关系对待，正是从这个意义上说，各种责任形式并非都属于债的范畴。民事责任并不都可以转化为债，因为民事责任与债是有区别的。③

　　（四）侵权责任承担方式与归责原则的关系

　　侵权责任承担方式都是在特定归责原则下展开的，它以责任成立为前提，是责任落实的具体方式，因此必然与归责原则密切相关。在我国《侵权责任法》制定过程中及颁行后，关于侵权责任承担方式与归责原则关系的问题，一直存在争

---

　　① 参见柳经纬：《关于我国民法典应否设立债法总则的几个问题》，载《中国法学》，2007（4）。

　　② 崔建远：《债法总则与中国民法典的制定——兼论赔礼道歉、恢复名誉、消除影响的定位》，载《清华大学学报》（哲社版），2003（4）。

　　③ 参见魏振瀛：《论民法典中的民事责任体系》，载《中外法学》，2001（3）。

论。一种观点认为，停止侵害、排除妨碍、消除危险等责任方式适用于严格责任，不要求过错。^①按照《侵权责任法》第21条的规定，该条实际上采纳了部分学者的观点，是对绝对权请求权作了"侵权责任化"的改造。另一种观点认为，作为责任形式的返还财产、消除危险、排除妨碍、停止侵害，本身与归责原则没有关系，第21条的规定也没有明文规定将其与归责原则联系，因此，过错责任原则和严格责任原则均可以适用上述责任形式。

归责原则解决的是责任成立的问题，而责任形式解决的是责任具体落实的问题。所以责任形式可以适用于多种归责原则下的侵权责任，只要责任依据归责原则能够成立即可。停止侵害、排除妨碍、消除危险，对应于各种侵权责任，它们既可以适用于过错责任、过错推定责任，也可以适用于严格责任。《侵权责任法》第6条第1款规定："行为人因过错侵害他人民事权益，应当承担侵权责任。"此处只是规定"侵害他人民事权益"，而没有规定必须以损害后果为要件。这说明该条确定的过错责任作为侵权责任法的一般条款既适用于损害赔偿，也适用于停止侵害、消除危险、排除妨碍等责任形式。^②因此在适用这些责任形式时，并不以实际损害后果为要件。反之，过错责任也可以适用各种责任形式，而不仅仅限于损害赔偿。因此，笔者认为，从《侵权责任法》第6条第1款的规定来看，认为其仅适用于损害赔偿，是值得商榷的。

《侵权责任法》第21条的规定确实没有要求过错，受害人无须对侵权人的过错举证，但这是否意味着其仅仅适用于严格责任呢？笔者认为，此种责任形式也并非仅适用于严格责任，因为该规定并没有与特定的归责原则相联系。从体系解释的角度来看，侵权责任法规定的过错责任同样可适用这些责任方式。例如，《侵权责任法》第36条第2款规定："网络用户利用网络服务实施侵权行为的，被侵权人有权通知网络服务提供者采取删除、屏蔽、断开链接等必要措施。网络

---

① 参见魏振瀛：《制定侵权责任法的学理分析——侵权行为之债立法模式的借鉴与变革》，载《法学家》，2009（1）。

② 二审稿曾经有"造成损害后果"的限制性用语，但是在最终通过的侵权责任法中被删除，目的就是与多种责任形式相衔接。

服务提供者接到通知后未及时采取必要措施的，对损害的扩大部分与该网络用户承担连带责任。"此处所说的"删除、屏蔽、断开链接等必要措施"就包括了停止侵害等责任形式。因此，这些责任形式既可以适用于严格责任，也可以适用于过错责任。就侵害物权、知识产权等侵害绝对权的过错责任而言，常常可能适用停止侵害、排除妨碍、消除危险等责任方式。在适用严格责任的侵权中（例如高度危险责任、环境污染责任），也可能适用这些责任承担方式。当然，从《侵权责任法》第21条的规定来看，适用这些责任形式原则上是不考虑行为人的过错的。

笔者认为，尽管侵权责任承担方式和归责原则之间有密切的联系，但仍然是存在区别的。也就是说，归责原则确定了责任成立的问题，并且影响责任承担方式，但是归责原则与责任形式是两个不同的范畴。归责原则只是确定责任成立的依据，责任形式是在责任成立以后具体落实责任的具体形式。归责原则虽能直接决定责任成立，但责任成立以后，究竟采取何种责任形式，还要根据当事人的选择和法院的裁判而定。简单地将侵权责任形式与归责原则挂钩，并由此得出，过错责任不适用停止侵害、消除危险、排除妨碍等责任形式，而仅仅适用损害赔偿，不符合《侵权责任法》的立法目的和相关规定，也不利于对受害人进行保护。原因在于：

首先，从《侵权责任法》的立法目的来看，设置多种责任形式就是要对受害人提供全面救济，如果仅仅将过错责任限于赔偿损害，那么无法对受害人提供充分救济。而如果停止侵害等责任形式限制在严格责任，也无法满足过错责任的要求，限制了当事人的选择权。

其次，《侵权责任法》之所以在总则中规定第15条，本身就表明这些责任形式是适用于所有侵权的，如此才符合其作为总则规定的意义。除非在特殊侵权规则中设有排除上述责任形式的明文规定，这些责任形式都应当普遍适用。

最后，在《侵权责任法》关于特殊侵权的规定中，大多都规定了损害赔偿，例如，《侵权责任法》第43条第1款规定："因产品存在缺陷造成损害的，被侵

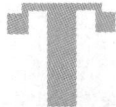

权人可以向产品的生产者请求赔偿，也可以向产品的销售者请求赔偿。"产品责任是严格责任，但其主要形式就是损害赔偿。就损害赔偿来说，也并不能够说其仅适用于过错责任，其当然也适用于严格责任。

三、侵权责任承担方式的分类

侵权责任承担方式可以采取如下几种分类方式：

（一）一般责任形式和特殊责任形式

一般责任形式是普遍适用于所有侵权责任的形式。例如，赔偿损失就可以普遍适用于各种侵权责任，只要造成了财产损害都可以适用。特殊责任形式是仅适用于几种特殊情形的侵权责任形式。例如，精神损害赔偿只适用于侵害人身权益造成严重精神损害的情形。两者区别的意义主要在于：第一，法律依据不同。《侵权责任法》第 15 条所列举的 8 项大多是一般的责任形式，可以普遍适用于各种侵权案件，但是，除了这 8 种责任形式以外，还存在特殊责任形式。例如，《侵权责任法》第 22 条关于精神损害赔偿的规定、第 47 条关于惩罚性赔偿的规定等。第二，构成要件不同。一般责任形式并没有特殊构成要件的要求，而特殊责任形式是以法律特别规定为前提的，要求特殊的构成要件。例如，《侵权责任法》第 21 条就对停止侵害、排除妨碍、消除危险等侵权责任规定了特殊的构成要件。第三，适用范围不同。一般责任形式在原则上适用于所有的侵权责任，而特殊责任形式适用于特殊的侵权责任。

（二）救济性的责任形式、预防性的责任形式和惩罚性的责任形式

救济性的责任形式，是指以救济受害人为目的的侵权责任形式。侵权责任法主要是救济法，所以以损害赔偿为中心的责任形式是最主要的责任形式，也是适用最为广泛的责任形式。预防性的责任形式，是指以预防损害的实际发生为目的的侵权责任形式，例如停止侵害、排除妨碍、消除危险等。当然，这些责任形式也具有一定的救济功能，但是其仍以预防性为主，正是从这个意义上，可以将这些责任形式列入预防性的责任形式。惩罚性的责任形式，是指以惩罚侵权人为目

的的侵权责任形式。《侵权责任法》第 47 条规定了惩罚性的责任形式，《侵权责任法》第 22 条规定的精神损害赔偿也具有一定的惩罚性。鉴于惩罚性赔偿主要适用于产品责任，因而笔者将在产品责任中对之进行专门探讨。

上述三种责任形式的区别主要表现在：

第一，功能不同。救济性的责任形式是为了实现对受害人的完全赔偿，使其恢复到如同损害没有发生的状态。预防性的责任形式是为了预防损害的实际发生。而惩罚性的责任形式是为了惩罚侵权人，尤其是那些具有重大过错的侵权人。

第二，适用范围不同。救济性的责任形式适用范围广泛，几乎适用于所有的侵权案件。预防性的责任形式适用于侵权行为危及他人人身、财产安全的情形。惩罚性的责任形式仅适用于法律特别规定的例外情形，如《侵权责任法》第 47 条关于惩罚性赔偿的规定主要适用于产品责任。

第三，构成要件不同。根据《侵权责任法》第 21 条的规定，预防性的责任形式不要求行为人具有过错，也不要求损害结果实际发生。救济性的责任形式一般要求损害结果发生，如适用过错责任，则一般要求行为人具有过错。

第四，责任形式的具体内容不同。救济性的责任形式包括恢复原状、赔偿损失、赔礼道歉、消除影响、恢复名誉。预防性的责任形式包括停止侵害、排除妨碍、消除危险。而惩罚性的责任形式就是指惩罚性赔偿。

四、侵权责任承担方式的适用原则

（一）完全赔偿原则

所谓完全赔偿原则，是指在因侵权行为造成受害人损失时，行为人要赔偿受害人所遭受的全部损害，使受害人恢复到如同侵权行为没有发生时受害人应处的状态。其基本内涵是"将所有不利结果全部予以弥补"[1]。该原则主要适用于损

---

[1] Gerhard Wagner，Neu Perspektiven im Schadensersatzrecht—Kommerzialisierung，Strafschadeensersatz，Kollektivschaden，Verlag C. H. Beck München 2006，SS. 133-134.

害赔偿的责任形式，因为财产损失赔偿在性质上是强制的交易，反映了等价有偿的价值法则。在侵害人造成了他人损害之后，就应当完全弥补受害人的损失。[①]完全赔偿仅限于财产损失。对于非财产损害，虽然也要赔偿，但是，因为非财产损害的计算本身具有主观性，很难全面贯彻完全赔偿原则。笔者认为，完全赔偿原则包括如下方面的含义：

第一，在造成财产损失的情况下，应当以实际的损失作为确定赔偿范围的标准，无损失则无赔偿。也就是说，在没有任何损失的情况下，受害人不能请求赔偿。

第二，对全部的财产损失，只要与侵权行为之间存在因果关系，都应当予以赔偿。损害赔偿不能超过实际的损失。完全赔偿还意味着，受害人不能因此而获利。如果受害人负有减轻损害的义务，按照完全赔偿原则，其应当采取合理措施，否则赔偿数额应当酌情减少。[②]当然，使受害人遭受的损害必须是实际的、可以确定的损害，对于臆想的、假定的损害或不能确定的损害是不能赔偿的。

第三，在赔偿时，一般不根据行为人的过错程度来确定责任的范围。即使在过错责任的情况下，行为人的过错程度通常也不影响责任的范围。不能因为行为人的过错重就多赔偿，过错轻就少赔偿。完全赔偿不考虑侵权人的主观过错程度。除了可以根据受害人的过错减轻或免除责任之外，原则上不考虑行为人的过错。无论行为人出于故意还是过失，都要对全部的损害予以赔偿。在财产损害发生后，除非法律有特别规定，应当通过损害赔偿完全回复到损害发生前受害人应处的状态，而不能以主观过错来减轻赔偿责任。当然，受害人的过错程度有可能会直接影响到责任的范围，有关这一问题我们已经在比较过失中进行了探讨。

---

① 参见［美］罗伯特·考特、托马斯·尤伦：《法和经济学》，张军等译，314 页，上海，上海三联书店，1991。

② 参见［德］U. 马格努斯：《侵权法的统一：损害与损害赔偿》，44 页，北京，法律出版社，2009。

第四，在精神损害赔偿中，完全赔偿原则的适用具有一定的特殊性。因为受害人所遭受的精神损害是无法通过量化的标准来确定的，精神抚慰金无法按照完全赔偿原则来确定。更何况，精神损害本身也不像财产损失那样能够以外在的客观化的方式来表现。比较法上通常都要给予法官一定的自由裁量权。[①]因此，精神损害赔偿中的完全赔偿仅指对受害人遭受的精神损害提供足够的救济。

完全赔偿也存在一定的例外，这特别表现在，法律在高度危险责任领域对损害赔偿往往规定了一定限额。可以说，最高赔偿数额限制是完全赔偿原则的例外。许多国家都对完全赔偿原则设有限制。例如，按照有关公约，在运输合同中，对赔偿额有限制。而在德国和奥地利，严格责任中也存在最高赔偿额的限制，但这种倾向目前也在逐步改变。例如，奥地利1999年的《核责任法》，已经开始改变这种限制。[②]我国《侵权责任法》第77条规定："承担高度危险责任，法律规定赔偿限额的，依照其规定。"该规定也是对完全赔偿的限制。

（二）受害人自愿选择原则

所谓受害人自愿选择，是指在法律允许的范围内，受害人有权自行决定要求侵权人承担侵权责任的具体方式。关于各种责任承担方式能否都由受害人进行选择，对此存在争议。一种观点认为，侵权责任法对于受害人是否可以选择没有明确规定，而责任本身具有强制性，是法院代表国家要求侵权人承担的责任，因此，责任如何承担应当由法院自由裁量。另一种观点认为，侵权责任法虽然没有规定受害人的选择权，但该法的立法目的就是保护受害人，从最大限度保护受害人的角度考虑，应当允许其自由选择。笔者认为，在责任形式的确定方面，应当坚持受害人自愿选择的原则，主要理由在于：

第一，受害人是自身利益的最佳判断者。因为受害人能够最好地确定何种救济方式是最为妥当的，这也是意思自治原则的体现。只要受害人作出的选择不违

---

① 参见［德］冯·巴尔主编：《欧洲私法的原则、定义与示范规则》，王文胜等译，291页，北京，法律出版社，2014。

② 参见［德］U.马格努斯：《侵权法的统一：损害与损害赔偿》，14页，北京，法律出版社，2009。

背民法的诚实信用和公序良俗原则，法律就应当允许受害人作出自由的选择。①
在德国法中，在名誉权遭受侵害的情况下，有学说认为，为了避免对受害人不
利，应当允许受害人选择采用"消除影响、恢复名誉"请求权，或者直接请求损
害赔偿，而并不要求消除已经产生的损害。就这一点而言，在消除影响、恢复名
誉的成本十分高昂，甚至不可能的情况下，直接允许受害人请求金钱损害赔偿，
无疑对双方都是一个比较妥当的做法。② 我国《侵权责任法》第 15 条规定，侵权
责任承担方式既可以单独适用，也可以合并适用，实际上就是授权当事人予以
选择。

第二，法律规定的各种责任形式，并非授予法官自由裁量的权力。如果不允
许受害人选择，法官就代替受害人的意志进行选择，而法官的选择对于受害人未
必是最有利的。例如，受害人请求排除妨碍、恢复权利或利益的圆满状态，而结
果很可能是法官却支持了赔偿损失。受害人即便作出了看似不符合其自身利益的
选择，法官也应当予以尊重。此外，受害人对其民事权益本身享有处分权，其选
择何种侵权责任形式，也是其处分权的表现，法律上应当尊重他的处分权。

第三，允许受害人选择侵权责任承担方式也符合不告不理的原则。意思自治
原则在民事诉讼法上的一项重要体现就是不告不理原则。如果法官在审判实践中
无视当事人提出的诉讼请求，径行根据自己的判断决定加害人承担何种形式的侵
权责任，就会出现判非所请的后果，明显违背了民事诉讼法不告不理的原则。

允许受害人选择包含了如下几个方面的内容：一是责任的承担必须以受害人
提出请求为前提。法官只有在受害人提出请求的基础上才能确定责任的承担方
式。例如，受害人只有提出了赔礼道歉的请求，法官才能考虑是否作出此种判
决，受害人没有提出，法官不能直接判决。二是法官只能在受害人提出请求的范
围内确定最终的责任承担方式。如果受害人提出了多种请求，法官可以针对这些

---

① 参见全国人大常委会法制工作委员会民法室编：《中华人民共和国侵权责任法条文说明、立法理由及相关规定》，56 页，北京，北京大学出版社，2010。

② Gerhard Wagner, Neu Perspektiven im Schadensersatzrecht—Kommerzialisierung, Strafschadeensersatz, Kollektivschaden，Verlag C. H. Beck München 2006, S. 132.

请求，在其中选择或采用多种责任形式，但不能在此之外作出选择。三是尊重受害人的处分权。也就是说，受害人放弃某种请求，法院也应当予以尊重。[①]

（三）责任适当原则

责任适当原则是指法院在确定一种或数种责任时，应当尽可能地从全面救济受害人出发，给受害人提供充分的救济，但又不能给侵权人强加过重的责任，责任和救济之间必须保持相当性。责任适当原则具体包括如下内容：

第一，法官最终确定的责任形式，必须根据财产损害和人身损害的不同而有所不同。在侵害人身权益的情况下，如果没有造成财产损失，原则上不能适用损害赔偿的方式。此种损害赔偿与侵害财产的损害赔偿是存在区别的，原则上应当适用《侵权责任法》第16、20条的规定。

第二，责任形式的并用应当考虑责任适当原则。在综合运用责任形式时，必须有所限制，如果一种或数种责任形式可以实现对受害人的充分救济，就不应当增加其他的责任形式。例如，通过停止侵害的方式，就不必再要求排除妨碍。再如，在轻微的侵害名誉权案件中，通过恢复名誉足以提供救济，就不必判决行为人承担精神损害赔偿责任。

第二节　侵权责任承担方式的发展

一、侵权责任承担方式的发展趋势

从比较法上来看，侵权责任承担方式早期以损害赔偿为中心，如今逐渐转向多元并重的模式。在罗马法中，"私犯"（侵权责任）的承担方式主要是支付一定金钱，因而侵权成为了债的发生方式。这种模式对大陆法产生了深远影响。传统民法中的民事责任形式以损害赔偿为中心，无论是违约损害赔偿，还是侵权损害赔偿，

[①] 参见全国人大常委会法制工作委员会民法室编：《中华人民共和国侵权责任法条文说明、立法理由及相关规定》，56页，北京，北京大学出版社，2010。

都一律在债法中加以规定。因此,有关损害赔偿之债的规则普遍适用于违约责任、侵权责任甚至是缔约过失责任。由于侵权责任主要以损害赔偿为主,侵权责任法又称为侵权损害赔偿法。甚至这种损害赔偿主要集中在财产损害赔偿上,其保护重心主要在财产权,人身伤亡造成的损害也要转为财产损失来予以救济。

随着社会的发展,侵权责任法保障的权益范围也出现了新的变化。尤其是知识产权、各种新型人格权的出现都要求侵权法突破单一的损害赔偿模式,采用多种责任形式。侵权责任法在维持救济功能的同时,增加了预防等功能;此外,侵权责任法救济功能内涵逐渐扩大,对精神损害也予以救济,这也推动了侵权责任承担方式的发展,具体表现在:

第一,责任形式从单一的损害赔偿责任向多元化的责任形式发展。传统大陆法系国家的侵权法主要保护财产权,且主要发挥补救功能,所以在责任形式上主要以损害赔偿为责任形式。但随着社会的发展,侵权责任法保护的范围和功能也逐步扩张,其责任形式也逐步向多元化的责任形式发展。例如,在法国,有学者将责任分为两大类,一类是所谓行为(en nature)责任,一类是所谓货币(en argent)责任。前者旨在消除侵权行为所带来的一切影响,包括停止侵害等责任形式,后者是损害赔偿。[1] 再如,德国法上也出现了各种预防损害发生的责任形式。克默雷尔(von Caemmerer)在讨论德国侵权行为法变迁的主要特征时,就强调"一个由司法实践超越制定法所创造的重大制度是,允许正在面临客观违法侵害的当事人提出预防性的不作为之诉"[2]。多元化的责任形式与强化对受害人的全面救济是联系在一起的。原有的单一损害赔偿显然无法对受害人提供充分的救济。例如,受害人在同时遭受财产损害和精神损害时,简单地通过财产损害赔偿是无法充分救济受害人的。再如,受害人在受到危险但是并没有发生实际损害时,也无法通过损害赔偿对其予以救济,而必须适用其他侵权责任承担方式。

第二,责任形式的适用注重对受害人的充分救济。传统侵权法以惩罚、教育和补救为其主要功能,而现代侵权法的惩罚性功能日渐式微,逐步由行政法、刑

---

① Philippe Malaurie, Lauren Aynès, Philippe Stoffel Munck, Les obligations, Defrénois, 2004, p. 134.

② 〔德〕恩斯特·冯·克默雷尔:《侵权行为法的变迁》上,李静译,载《中德私法研究》,2007(3)。

法所取代，但其补救功能日益突出。尤其是在突出强调私权保护的时代，侵权法的救济功能更显重要。^①侵权法在维持原有的救济功能的基础上，更加强化了对非财产损害的救济功能，尤其是对生命健康权等人格权益的重点保护。从比较法的角度来看，大陆法系国家的损害赔偿是以财产损害赔偿为中心构建的。19世纪的民法典主要是以财产法为中心构建起来的，对人的保护集中反映在对财产权的保护，注重通过保护个人物质利益来维护人的生存和发展。正因如此，19世纪的民法典没有详细规定人格权，也没有确立精神损害赔偿制度，对侵权责任的规定也极为简略。^②但随着现代侵权法向人格权等权益的保护扩张，损害赔偿的内容和体系也发生了一定的变化。这尤其表现在精神损害赔偿已经被纳入损害赔偿制度体系。例如，在德国法上，精神损害赔偿最初限定在法律特别规定的情形。后来，在一般人格权等之中，法官通过造法的方式也承认其可以适用于精神损害赔偿。到2002年债法现代化法颁行之后，其精神损害赔偿的范围进一步扩大，在德国司法实践中，凡是侵权责任法保护的法益，皆可以适用《德国民法典》第1004条获得保护。^③

在侵害人格权的情况下，单纯地采取损害赔偿方式并不能对受害人提供充分的救济。例如，在受害人名誉权遭受损害的情况下，由于受害人遭受的直接损失是其名誉受到毁损，而对名誉的毁损予以补救的最有效方式是恢复名誉，从而消除名誉毁损的原因，因而损害赔偿无法替代恢复名誉的方式。尤其是在很多侵害人格权的情况下，受害人并没有遭受严重的财产损失，而主要是一种精神痛苦或者人格尊严受到损害，受害人更希望通过采取赔礼道歉、精神损害赔偿等方式获得救济。这些方式较之于单纯的财产损害赔偿，对受害人保护更有效。所以在侵权责任法保障的权益扩张后，单纯的损害赔偿有捉襟见肘之嫌，采用多元责任形式是大势所趋。

① See European Group on Tort Law, *Principles of European Tort Law: Text and Commentary*, Springer, 2005, p.102.

② 参见薛军：《人的保护：中国民法典编撰的价值基础》，载《中国社会科学》，2006（4）。

③ 参见［德］迪特尔·施瓦布：《民法导论》，郑冲译，268页，北京，法律出版社，2006。

　　第三，预防性责任形式的引入。现代侵权法的预防功能在不断加强。与其等到损害结果实际出现以后再进行救济，不如在损害结果发生之前就采取一定责任形式，如此更有利于保障受害人，防患于未然。由此决定了在现代侵权法中，有必要引入停止侵害等预防性责任形式。从经济效率的角度考虑，如果侵权行为造成了实际的损害后果，再通过侵权责任的承担等方式予以救济，就需要另外花费更多的社会资源。而通过预防性的责任形式的运用，就可以在整体上避免社会资源的浪费。① 因此，基于发挥侵权法预防功能的需要，停止侵害、消除危险、排除妨碍也纳入了侵权责任承担方式体系中。例如，《俄罗斯联邦民法典》第1065条规定："对将来发生的损害危险，可作为提起禁止该危险活动诉讼的依据。损害结果如系企业经营、建筑物或其他生产经营活动所致，并且该活动继续致害或者有新的损害危险，法院有权责成被告除赔偿损失外，还须暂停或者终止其有关活动。"《荷兰民法典》第6：168条规定了停止侵害的责任形式。《葡萄牙民法典》第70条也规定了停止侵害的禁令。《法国民法典》第9条也包括了停止侵害的规定。在实践中，判例大量使用了停止侵害的责任形式。② 在有关示范法中也反映了这样一种注重责任形式的预防功能的趋势，在德国学者冯·巴尔教授主持的欧洲私法模范法中，《合同外责任》这一部分的第1：102条规定了损害的预防。根据该条规定，凡是合法权益有遭受损害之虞，本编授权给可能遭受损害的个人预防损害发生的权利。此种预防的权利针对那些可能对损害发生负有责任的人而行使。③ 而奥地利的库齐奥教授主持的《欧洲侵权法原则》第六编使用了救济方式的提法，其中不仅规定了损害赔偿，还规定了非财产损害赔偿，尤其是在第104条中规定了预防措施。④ 这表明，损害的预防已经成为侵权法发展的主要趋

---

　　① 参见石佳友：《论侵权责任法的预防职能》，载《中州学刊》，2009（3）。

　　② Geneviève Viney, Patrice Jourdain, Les conditiions de la responsabilité, 3e éd., LGDJ, 2006, pp. 470-471.

　　③ See Christian von Bar, *Principles, Definitions and Model Rules of European Private Law, Draft Common Frame of Reference*, Sellier European Law Publishers, 2009, p. 395.

　　④ See Christian von Bar, *Principles, Definitions and Model Rules of European Private Law, Draft Common Frame of Reference*, Sellier European Law Publishers, 2009, p. 191.

势。它们和救济性的侵权责任形式一起，可以全面发挥侵权法的应有作用，预防性责任形式的引入使侵权法在社会中的地位更加突出。

正是适应这样一种发展趋势，我国《侵权责任法》在总结《民法通则》等立法经验的基础上，作出了相应的规定。该法不仅规定了多元化的责任形式，在注重金钱赔偿的作用（如赔偿损失）的同时，也注重预防性的责任形式。尤其是在知识产权领域，停止侵害等责任形式得到了广泛采用。

二、我国《侵权责任法》中侵权责任形式的特点

我国《侵权责任法》的立法进程就充分体现了侵权法制现代化的这一经验，在进行比较法的借鉴的同时，《侵权责任法》立足中国的国情和现实需要而设计各项制度和规则，从而体现了鲜明的中国特色。我国《侵权责任法》所规定的侵权责任形式具有如下特点：

第一，责任形式的多元化。在比较法上，一般大陆法系民法典仅有损害赔偿一种，现代欧洲统一侵权法规则也只有损害赔偿和恢复原状两种。[①] 我国《侵权责任法》第 15 条全面列举各种责任形式，共有 8 种之多。而且，责任形式还不限于第 15 条所列举的 8 种，如在损失赔偿之外，还有精神损害赔偿（第 22 条）和惩罚性赔偿（第 47 条）。在三审稿第 6 条第 1 款中，有"损害"的提法。三审稿第 6 条第 1 款规定："行为人因过错侵害他人民事权益造成损害的，应当承担侵权责任。"但是，最终颁布的《侵权责任法》第 6 条中"损害"一词没有出现，而使用了"侵害他人民事权益"的表述。之所以如此修改，主要是考虑到停止侵害、排除妨碍、消除危险，并不以实际损害的发生为前提，它们并非损害赔偿，而是损害赔偿之外的侵权责任形式。我国《侵权责任法》之所以采取责任形式多元化的方式，主要是以受害人为中心，强化对受害人全面救济的理念，落实侵权责任法保护民事主体合法权益、预防并制裁侵权行为等目的。责任形式越丰富，

---

① 参见《欧洲侵权法原则》第六编：救济方式，其中主要规定了损害赔偿和恢复原状两种责任形式。

表明对受害人的救济越充分。

第二，兼顾救济和预防。适应这样一种发展需要，《侵权责任法》也突出强调了侵权法的损害赔偿功能。但与传统大陆法主要以损害赔偿为中心构建侵权法的模式不同，我国《侵权责任法》采取了损害赔偿责任形式与其他责任形式并举的立法模式，尤其是还规定了排除妨碍、消除危险、停止侵害等多种预防未来损害的预防性责任形式，力求兼顾侵权责任法的救济和预防功能。责任形式虽然是多元化的，但其核心仍然是损害赔偿。不过，在突出对受害人进行救济的前提下，我国《侵权责任法》也注重其预防功能的实现。《侵权责任法》规定了停止侵害、排除妨碍、消除危险等责任形式，这些形式的重要特点在于，即使没有造成实际的损害，而只是形成了损害发生的危险，或者侵权行为处于持续状态，责任人也要承担相应的责任，以制止正在实施的侵权行为，或者避免可能出现的侵权行为。救济和预防相结合的理念，在责任形式中表现得十分突出。

第三，针对人身权益的保护，规定了特殊的责任形式。一方面，在《侵权责任法》第 15 条关于承担侵权责任的方式中规定了赔礼道歉和消除影响、恢复名誉的形式。这些形式都是人身性的责任形式，主要针对人身权益的保护。另一方面，《侵权责任法》第 22 条规定了精神损害赔偿的适用范围和构成要件，依据该条，精神损害赔偿只适用于对人身权益的保护。需要指出的是，在各种责任形式中，我国还专门规定了赔礼道歉这一责任形式，该责任形式在比较法上虽然有类似的规定，但很少将其作为一种单独的责任形式加以规定的立法例。这可以说是有鲜明中国特色的规定。

第四，一般规则与特殊规定的结合。就侵权责任形式来说，《侵权责任法》第 15 条确立了一般的规则。此外，该法中还就各种具体的侵权责任形式作出了特殊规定。例如，第 15 条规定了"赔偿损失"，即对财产损失的赔偿。精神损害赔偿是特殊的赔偿，因此，该法作出了特别规定。再如，《侵权责任法》在第 15 条规定了停止侵害、排除妨碍、消除危险，但是有关这三种责任形式的具体适用要件是在第 21 条规定的。因此，一般规则与特殊规定结合的方式，既具有高度

概括性，又具有明确的针对性。尤其应当看到，一般规则与特殊规定的结合，形成了结构完整、具有体系性的侵权责任形式制度。

第五，可选择性和综合运用性。《侵权责任法》第 15 条第 2 款规定："以上承担侵权责任的方式，可以单独适用，也可以合并适用。"这就表明，一方面，侵权责任形式是可以选择的。此种选择的权利应当由受害人享有。另一方面，第 15 条第 2 款规定允许合并适用。这是因为各种侵权责任形式具有各自的特点，实践中的情形复杂，从有利于补救受害人考虑，有时需要综合运用各种救济手段。例如，侵害名誉权中，不仅需要恢复名誉，而且需要赔偿受害人的精神损害。

第六，尊重当事人的选择。依据《侵权责任法》第 15 条第 2 款的规定，多种侵权责任形式可以单独适用，也可以合并适用。据此，我国侵权责任法规定的各种责任形式，都是提供给受害人进行选择的形式。受害人可以从保护自身利益的角度，选择适当的侵权责任形式，各种侵权责任形式既可以单独适用，也可以合并适用。

最后需要指出的是，在责任形式方面，《侵权责任法》修改了《民法通则》的有关规定，取消了民事制裁方式，这也是我国民事责任形式进一步完善的表现。《民法通则》第 134 条第 3 款规定："人民法院审理民事案件，除适用上述规定外，还可以予以训诫、责令具结悔过、收缴进行非法活动的财物和非法所得，并可以依照法律规定处以罚款、拘留。"这些训诫、责令具结悔过、罚款等措施就是民事制裁。所谓民事制裁就是指人民法院依法对违反民事法律应负民事责任的行为人所采取的制裁、处罚措施。它主要包括训诫、责令具结悔过、收缴进行非法活动的财物和非法所得，以及罚款、拘留等。民事责任与民事制裁也是有区别的。[①]《侵权责任法》没有继续规定民事制裁方式，表明立法者已经采取了否定民事制裁的态度。笔者认为，这种做法是非常正确的。首先，民事制裁方式不符合私法的性质。民事制裁是国家对民事活动实行干预的形式，它只能由人民法院作出，其是人民法院在违法行为人应承担民事责任的前提下依法采取的处罚措

---

① 参见魏振瀛：《论民法典中的民事责任体系》，载《中外法学》，2001（3）。

施。对于人民法院作出的制裁，当事人必须执行，拒不执行的，法院应当以制裁决定书为执行根据对行为人采取强制执行措施。民事制裁的适用，不能由受害人放弃或双方以和解的方式加以改变。而民事责任虽在性质上是行为人对国家所应负有的责任，但民事责任的成立同时也在当事人之间产生了债的关系，损害赔偿等责任形式也是一方当事人向另一方应负有的债务。民事责任形式的适用允许当事人之间加以协商确定，受害人也可以通过和解的方式放弃其请求权。侵权责任法本质上还是私法，其调整平等主体之间的关系，而民事制裁方式体现的是公权力主体与相对人之间的关系。因此，民事制裁方式规定在侵权责任法之中，与该法的性质相冲突。① 其次，民事制裁方式混淆了民事责任和行政责任。民事制裁形式主要体现了惩戒性。对不法行为人采取强制的处罚措施，目的在于制裁不法行为人，而不在于补偿受害人的损失。各种民事制裁都不是对受害人提供救济的方式，据此，依民事制裁所取得的财产，也不是交付给受害人，而是上缴国库。实际上，从功能上来看，它们都属于行政责任，应当规定在行政法之中，而不应当规定在侵权责任法中。再次，民事制裁方式赋予了法官过大的自由裁量权。民事制裁方式大多没有限定其适用的条件，也没有规定相应的适用限制，这就有可能导致法官滥用其自由裁量权。例如，罚款的规定没有数额的上限规定，这就可能导致罚款数额巨大，给相对人造成损害。

第三节　预防性的侵权责任形式

一、概述

（一）预防性的侵权责任形式的概念和特征

所谓预防性的侵权责任形式，是指以预防民事权益的侵害为目的，而由侵权

---

① 参见全国人大常委会法制工作委员会民法室编：《中华人民共和国侵权责任法条文说明、立法理由及相关规定》，56页，北京，北京大学出版社，2010。

人承担的责任形式，其主要包括停止侵害、排除妨碍、消除危险。《侵权责任法》第 21 条规定："侵权行为危及他人人身、财产安全的，被侵权人可以请求侵权人承担停止侵害、排除妨碍、消除危险等侵权责任。"这就在法律上确认了预防性的侵权责任形式，《侵权责任法》之所以要针对这三种侵权责任形式作出特殊规定，主要原因在于：第一，从功能上考虑，这些责任形式具有与损害赔偿不同的功能，它们不是为了填补损害，而是要发挥预防损害发生的作用；预防性的侵权责任形式的主要功能在于预防。冯·巴尔教授指出"对包括预防性法律保护的简单解释是，预防损害比赔偿好得多……因此，认为预防性法律保护是侵权行为法的必要部分的观点是正确的。"① 冯·克默雷尔教授在论及"德国侵权行为法变迁的主要特征"时，首先就强调"一个由司法实践超越制定法所创造的重大制度是，允许正在面临客观违法侵害的当事人提起预防性的不作为之诉"②。这些观点都说明了预防性责任形式在发挥预防功能方面的作用。我国《侵权责任法》的立法目的之一是预防侵权行为，在侵权责任形式方面，这一立法目的就体现为预防性的侵权责任形式。第二，这些责任形式不以现实的损害为要件，《侵权责任法》第 21 条规定："侵权行为危及他人人身、财产安全的"，此处使用了"危及"的表述，就是说这些形式的适用并非以现实的损害为前提。第三，不以侵权人具有过错为要件。上述三种责任形式的适用，不要求损害结果的发生，更不要求行为人主观上具有过错，从行为不法的角度来看，也不要求这些行为具有违法性。③与《侵权责任法》第 6 条第 1 款比较，第 21 条并没有要求过错的要件，这表明，停止侵害、排除妨碍、消除危险的适用并不以侵权人的过错为要件。在预防性责任形式中，原则上不考虑行为人是否具有过错；同时，也不考虑责任能力的问题。例如，即便未成年人在网络上发布侵害他人权利的信息，受害人也有权要求其停止侵害，如删除该信息。因为行为人并不会因为承担这些责任而遭受利益的减损，因而无论其是否有责任能力，都应当承担责任。

---

① ［德］冯·巴尔：《欧洲比较侵权行为法》上，张新宝译，1 页，北京，法律出版社，2001。
② ［德］恩斯特·冯·克默雷尔：《侵权行为法的变迁》上，李静译，载《中德私法研究》，2007（3）。
③ 参见［德］迪特尔·施瓦布：《民法导论》，郑冲译，268～269 页，北京，法律出版社，2006。

如前所述，侵权法发展的重要特征就是预防性功能的强化，这种功能的凸显就体现在这三种责任形式上，从而对侵权责任内涵的发展起到了重要作用，尤其是不同的责任形式需要不同的要件，因此，以损害赔偿为中心的传统侵权责任要件构成出现了新的变化。当然，关于预防性侵权责任形式到底有哪些类型，比较法上并不一致。例如，冯·巴尔教授在其主持的《合同外责任》中第1：102条就规定了停止侵害（prevention）。① 德国法上的预防性措施则包括停止侵害和排除妨害两种。② 法国司法部委托学者起草的《债法和时效制度改革草案》中侵权法第1369-1条规定："如果损害可能扩大、继续或永久化，法官基于受害人请求，可以采取一切避免上述结果出现的措施，包括停止侵害行为。法官同样得命令受害人采取上述措施，其费用由侵害人负担。法官也可以命令侵害人现行支付此必要费用。"③ 相比之下，我国的规定更加全面和细致，《侵权责任法》第15条不仅列举了三种责任形式，又在第21条重申了这三种责任形式并明确了适用条件，从而全面地建立了预防性侵权责任形式制度，对受害人提供充分的救济。

预防性的侵权责任形式与绝对权请求权之间的关系十分密切。从实质内容来看，预防性的侵权责任形式与绝对权请求权具有类似性，其对受害人提供了类似的救济。有学者认为，停止侵害和排除妨碍，从请求权的层面命名，属于德国法系的"妨害除去请求权"。消除危险，相当于德国法系的"妨害防止请求权"。在德国法系中，妨害除去请求权和妨害防止请求权均属于物上请求权，但与我国侵权责任法中预防性的责任形式极为类似。④ 此种观点有一定的道理，但两者之间仍然存在一定的区别，尤其是我国预防性的侵权责任形式的适用范围更为宽泛，其不仅适用于对物权的保护，还可以适用于对人身权益的保护；不仅适用于对权利的保护，还可以适用于对利益的保护。《侵权责任法》第21条规定："侵权行

---

① See Christian von Bar, *Principles*, *Definitions and Model Rules of European Private Law*, *Draft Common Frame of Reference*, Sellier European Law Publishers, 2009, p. 395.

② 参见［德］迪特尔·施瓦布：《民法导论》，郑冲译，265页以下，北京，法律出版社，2006。

③ 石佳友：《论侵权责任法的预防职能》，载《中州学刊》，2009（3）。

④ 参见奚晓明主编：《〈中华人民共和国侵权责任法〉条文理解与适用》，117页，北京，人民法院出版社，2010。

为危及他人人身、财产安全的，被侵权人可以请求侵权人承担停止侵害、排除妨碍、消除危险等侵权责任。"可见，该规定并没有将其严格限制为绝对权，表明这些责任形式也可以广泛适用于各种绝对性的民事利益，而不限于绝对权。

（二）预防性的侵权责任形式的费用承担

承担预防性的侵权责任形式的费用如何负担，也值得探讨。从原则上说，因停止侵害、排除妨碍、消除危险等而支付的费用，应当由妨害人、侵害人承担。这就是说，谁的行为构成了对他人权益的侵害或妨害，行为人就应当承担费用。这符合侵权法自负责任的理念。此项费用不应由受害人承担，但是受害人自己采取预防措施而支出费用的，此项费用应作为可救济性损害由加害人赔偿给受害人。① 如果是受害人排除了妨碍，其排除妨碍所支付的合理费用应当由妨害人承担。受害人在排除妨碍的过程中，应当采取合理的措施，其支付的费用也应当以合理为限，超过了合理的范围，妨害人可以拒绝支付。② 侵权法和损害赔偿法不仅旨在赔偿实际损害，而且还要预防损害的发生。据此，预防性措施的费用在损害发生预防之合理范围内获得赔偿。③ 关于费用的承担，一般不应以是否获利来作为承担费用的依据。因为行为人尽管从事了妨害行为或侵害行为，但可能客观上并没有获利。在许多情况下，要求受害人证明行为人获利非常困难。在无法确定具体的行为人时，应当按照所有人自担风险或"权益人自担损害"的原则，由所有人来承担费用，因为"所有权人应当作出一切可合理期待的努力，以制止和防止出自其所有权领域的有害干涉波及他人的受保护权利和利益"④。

（三）预防性的侵权责任形式与诉讼时效

关于预防性的侵权责任形式与诉讼时效的关系，存在两种不同的观点。一种

① See Christian von Bar, *Principles*, *Definitions and Model Rules of European Private Law*, *Draft Common Frame of Reference*, Sellier European Law Publishers, 2009, p. 395.

② 参见欧洲侵权法小组编著：《欧洲侵权法原则：文本与评注》，于敏、谢鸿飞译，69 页，北京，法律出版社，2009。

③ See Christian von Bar, *Principles*, *Definitions and Model Rules of European Private Law*, *Draft Common Frame of Reference*, Sellier European Law Publishers, 2009, p. 38.

④ ［德］迪特尔·施瓦布：《民法导论》，郑冲译，269～270 页，北京，法律出版社，2006。

观点认为，从预防性侵权责任形式与绝对权请求权的实质内容相似来看，既然绝对权请求权不适用诉讼时效，预防性侵权责任形式也不应当适用诉讼时效。另一种观点认为，既然预防性的侵权责任形式被规定在侵权责任法之中，并作为侵权责任的形式，它就当然应当适用诉讼时效。[①] 笔者认为，侵权责任形式不同于物权请求权，因此侵权请求权原则上应当适用诉讼时效。但是预防性的侵权责任形式以及返还财产具有其特殊性，原则上不适用诉讼时效。理由在于：第一，预防性的侵权责任形式适用于持续性或继续性的侵权行为。所谓继续性的侵权行为，是指侵权行为是持续地、不断地进行的。例如，在邻居的房屋旁边挖掘水井，威胁他人的房屋安全。只要水井继续存在，此种妨碍就在持续。因为继续性的侵权行为会持续发生，诉讼时效也就不断地重新开始起算。只要权利人的权利依然存在，其就可以请求停止侵害。第二，诉讼时效的起算以权利遭受侵害为前提。此处所说的侵害都是实际侵害，它与危险（或者说可能的侵害）存在较大区别，因为危险只是未来可能发生的损害，或者称为损害之虞，从救济受害人的角度出发，只要危险存在就应当赋予受害人请求权，不应受到诉讼时效的限制。

二、停止侵害

（一）停止侵害的概念和特征

所谓停止侵害，是指侵权人实施的侵害他人财产或人身的行为仍在继续进行中，受害人有权依法请求法院责令侵权人停止其侵害行为。任何正在实施侵权行为的不法行为人都应立即停止其侵害行为。例如，因深夜依然施工，某建筑工程产生巨大的噪音，影响了他人的休息；在网络上散布毁损他人名誉、曝光他人隐私的言论等，受害人都有权请求加以制止，以防止损害继续扩大和蔓延。停止侵害的责任形式可适用于各种侵权行为。此种责任形式的主要作用在于：能够及时制止侵害行为，防止损害后果的产生或蔓延。例如，在网上删除诽谤他人的谣言，有利于保护

---

① 参见王轶：《民法原理与民法学方法》，74页，北京，法律出版社，2009。

受害人的名誉权、隐私权，使其权益免受损害。但这种责任形式以侵权行为正在进行或仍在延续为适用条件，对尚未发生或业已终止的侵权行为则不得适用。

关于停止侵害的性质，在侵权责任法制定过程中有几种不同的看法。一是诉前禁令说。此种观点认为，停止侵害就是诉前禁令，或诉讼保全措施，它只是程序法上的规定。① 二是责任形式说。此种观点认为，停止侵害是侵权责任的具体形式，不同于诉前禁令。笔者认为，诉前禁令说并不妥当，尽管根据《专利法》第 66 条等规定，受害人在其专利权等知识产权受侵害之后，可以请求诉前禁令，但诉前禁令说实际上将实体性权利混淆成了一种程序性权利，尽管停止侵害的适用在诉前可以适用，但其作为一种责任形式，除了发挥诉前的临时性救济功能以外，还能够更为广泛地作为一种责任形式在司法判决中加以运用。只要符合相应的构成要件，即便受害人没有在诉前申请禁令，法院也可以依法判令行为人承担停止侵害责任。诉前的禁令实际上也是以停止侵害为内容的，但诉前禁令只是一种诉讼形式，行为人承担的实际责任仍然是停止侵害的责任。只不过，其在诉讼上具有特殊的表现，即通过诉前的行为保全的方式表现出来。

停止侵害的适用范围是非常宽泛的，它几乎可以适用于所有具有绝对性的民事权益遭受侵害的情形。尽管它最初是作为物权请求权的权能来对待的，是物权排他性效力的体现，但随着侵权法对权利和利益保护的扩张，停止侵害不仅仅适用于物权的保护，而且可以适用于对其他权益的保护。从实践来看，停止侵害责任承担方式大量适用于商业侵权、侵犯知识产权和侵犯人格权的情形，如不正当竞争行为，其指向的是未来可能发生的侵权行为。再如，禁止销售侵犯知识产权的产品，停止发布侵权的商业广告等。② 在侵犯人格权的案件中，如行为人通过广播、电视和互联网等方式侵犯他人隐私，会对受害人造成严重的损害，因此许

① 《专利法》第 66 条、《著作权法》第 50 条、《商标法》第 65 条都规定，如果受害人有证据证明他人正在实施或即将实施侵犯其知识产权的行为，如果不及时制止将会导致其合法利益遭受难以弥补的损害时，权利人可以在起诉前向人民法院申请要求其停止有关行为。最高人民法院曾于 2002 年发布了《关于诉前停止侵犯注册商标专用权行为和保全证据适用法律问题的解释》。

② Geneviève Viney, Patrice Jourdain, Traité de droit civil, Les effets de responsabilité, 2e éd., LGDJ, 2001, pp. 76 - 81.

多国家都规定此时受害人得主张停止侵害责任方式之适用。在比较法上，法国的法官在根据《法国民法典》第 9 条作出关于停止侵害的裁定时，可依据职权予以自由裁量，对于侵犯人格权的报刊或者书籍，法官可以责令禁止销售、扣押或者撤回。① 对于侵犯他人人格权的电影作品，法官甚至可以裁定禁止电影的供应、光盘的销售。从我国法律规定来看，许多法律都规定了停止侵害的措施。1986 年《民法通则》第 134 条全面规定了民事责任承担方式，其中就将停止侵害作为独立的责任形式。该法第 118 条和第 120 条又就具体的侵权类型规定了停止侵害的责任。我国知识产权法也大量规定了停止侵害的责任形式。②

（二）停止侵害的适用要件

所谓停止侵害的适用要件，是指侵权责任法上适用停止侵害所应当满足的条件。停止侵害既可以在诉讼过程中采用，也可以在诉前采用。其他责任形式只是在确立责任的时候才采用。停止侵害的适用不以实际损害发生为要，在损害实际发生之前也可以适用此种形式。因此，它既是填补损害的方式，又是预防损害发生的方式。

停止侵害的适用要件主要包括如下几点：

第一，侵权人侵害了他人的民事权益。如前所述，侵权人对他人的绝对性权益造成妨害或侵害。停止侵害的适用范围比较广泛，对于各种具有绝对性的权益均具有适用余地。侵害必须是现实的、已经存在的，而不是未来的可能性。《侵权责任法》第 21 条规定：“侵权行为危及他人人身、财产安全的，被侵权人可以请求侵权人承担停止侵害、排除妨碍、消除危险等侵权责任。”从该规定来看，只要“危及”他人人身、财产安全的，就可以请求停止侵害、消除危险等，但此处所说的“危及”是指侵害已经开始，其可能已经造成了现实损害，也可能没有造成现实损害，这明显不同于消除危险，消除危险的行使针对的是未来将发生的损害。如果行为人的行为尚未侵害他人的民事权益，而只存在侵害他人民事权益

---

① Geneviève Viney, Patrice Jourdain, Traité de droit civil, Les effets de responsabilité, 2e éd., LGDJ, 2001, pp. 76 - 81.

② 参见《商标法》第 57 条、《专利法》第 66 条、《著作权法》第 50 条。

的可能性的，就应当适用消除危险，而不是停止侵害。简言之，停止侵害的适用必须以民事权益已经被侵害为前提。

第二，侵害民事权益的状态处于持续性状态。所谓持续性状态，是指造成侵害的行为已经开始，但尚未结束，因此有必要予以及时制止，以防止损害的进一步扩大。停止侵害的请求权人不仅要证明侵害已经发生，而且要证明该侵害正处于持续状态。如果损害发生以后，已经停止或者有证据表明它即将停止，就没有必要请求停止侵害。如果侵权状态已经结束，就没有必要再采取此种责任承担方式了。① 因此，停止侵害的适用必须以持续性的侵害行为为前提，如环境污染、名誉毁损等情形。需要指出的是，被侵权人要求停止侵害，是否以行为人的行为必须达到严重的程度为条件？笔者认为，由于停止侵害的目的是预防损害的发生，所以不应当以侵害达到严重程度为前提，只要构成对受害人民事权益的侵害，被侵权人就可以主张。②

第三，停止侵害的适用不要求行为人具有过错。在发生侵害的情况下，行为人通常是有过错的。例如，在邻人的房屋旁边挖掘水井，这本身表明其没有尽到对他人财产和人身的注意义务，但停止侵害请求权的形式，并不要求受害人证明此种过错。只要行为人的侵害行为正在持续，有必要予以制止，而不管行为人主观上是否具有过错。《侵权责任法》第 21 条并没有要求侵权人的过错要件，因此，停止侵害的适用应当不以过错为前提。

从比较法上看，停止侵害还可以采取中间裁决的方式，在依照紧急程序审理，要求采取类似于行为保全措施之类的中间裁决的情况下，如要适用停止侵害，则要求争议行为具有明显的不法性（manifestement illicite）。例如，针对侵害知识产权的

---

① Geneviève Viney, Patrice Jourdain, Traité de droit civil, Les effets de responsabilité, 2e éd., LGDJ, 2001, p. 76.

② 《专利法》第 66 条规定："专利权人或者利害关系人有证据证明他人正在实施或者即将实施侵犯专利权的行为，如不及时制止将会使其合法权益受到难以弥补的损害的，可以在起诉前向人民法院申请采取责令停止有关行为的措施。"其中所指的"如不及时制止将会使其合法权益受到难以弥补的损害的"，对诉前禁令的适用作出了严格界定，但是这仅仅针对诉前禁令，对一般侵权中的停止侵害不应当提出这么高的要求。

行为可采取此种方式。① 但我国民事诉讼法并没有此种规定。笔者认为，这可以通过完善民事诉讼制度予以解决，采取中间裁决的形式，也符合停止侵害责任形式的设立目的。因为在情况紧急的情况下，为了避免对受害人造成难以弥补的损害，应当允许法官在最终裁判作出之前通过中间裁决的方式要求行为人停止侵害。

三、排除妨碍

（一）排除妨碍的概念和特征

所谓排除妨碍，是指侵权人实施的行为使他人无法行使或者不能正常行使人身、财产权益的，受害人可以要求行为人排除妨碍权益实施的障碍。② 《侵权责任法》第 15 条第 2 项规定了排除妨碍，而《物权法》第 35 条采取了妨害物权的概念，学界往往将排除妨碍和排除妨害等同使用，但笔者认为这两者仍有区别，妨碍的范围比妨害更广。所谓妨碍，是指对他人行使权利的不合理的障碍。这种障碍可能实际造成损害，也可能没有实际造成损害。例如，在通道上施工、设置障碍影响路人通行。再如，在他人窗前堆放物品，妨碍他人通风采光的，受害人难以证明其是否受到了实际损害，但是可以证明其受到了妨碍。此种情况下，受害人只要能够证明其权利行使受到障碍，就可以要求排除，即请求人民法院责令侵权人排除妨碍。而妨害是指实施了某种妨害他人行使权益的行为，在后果上通常已经有某种不利益的状态发生。正是因为妨碍涵盖的范围更为宽泛，因而排除妨碍的适用性更广。

排除妨碍的特点主要在于：第一，它是一种预防性的责任方式，排除妨碍的适用并不要求实际损害的发生。第二，妨碍是对权利行使的障碍，并不限于对物权行使的障碍，而是包括妨碍所有侵权法保护的绝对权益的行使，例如在他人门

---

① Geneviève Viney, Patrice Jourdain, Traité de droit civil, Les effets de responsabilité, 2e éd., LGDJ, 2001, p. 76.

② 参见王胜明主编：《〈中华人民共和国侵权责任法〉解读》，66～67 页，北京，中国法制出版社，2010。

前卸货导致他人无法出门，实际上就妨碍了他人行动自由的人格利益。第三，排除妨碍通常不要求现实的损害发生。[①] 排除妨碍和消除危险是有区别的，妨碍只是对他人权利行使造成障碍，但危险则不会造成他人权利行使的障碍，而具有对权利本身造成损害的可能性。

排除妨碍和停止侵害的关系十分密切。例如，擅自在他人土地上停车，侵害他人土地使用权，且因为车没有开走，这种侵害状态还在继续，同时还妨碍到他人的通行，此时既构成了侵害又构成了妨碍，因此，被侵害人既可以请求停止侵害，也可以请求排除妨碍。但是，这两者之间仍然是存在区别的。排除妨碍涉及权利行使的问题，停止侵害涉及权利本身持续性受害的问题。一方面，妨碍只是对权利行使的障碍，也就是说，只是影响到权利的正常行使。例如，在邻人门前堆放杂物，妨碍了他人的通行。此种侵害主要是影响到权利人行使其权利，虽然造成了侵害，侵害可能是轻微的，但只要构成妨害，就应当请求排除妨碍。另一方面，侵害本身意味着，是因人的行为而导致他人权利的不圆满状态；而妨碍没有要求必须是人的行为所致，也可能是其物件导致了妨碍。此外，妨碍通常要求达到一定的程度，权利人才能请求排除。如果妨碍没有实际影响到权利人的权利行使，或者妨碍只是轻微的，那么，被妨碍人就应当予以忍受。例如，夜间施工虽造成噪音，但噪音低于国家规定的标准，邻居们就应当忍受该噪音。而在停止侵害的情况下，只要侵害实际影响到权利的行使，构成了侵害，而且此种侵害还在持续，就可以要求停止侵害，并不要求侵害达到严重的程度。

（二）排除妨碍的适用条件

该项请求权的行使必须符合如下要件：

1. 妨碍是权利人行使权利的障碍。行为人实施的行为即使没有危险性，但构成了对权利行使的妨碍，受害人也有权请求排除。[②] 例如，公路上车辆相撞，

---

① 参见程啸：《侵权行为法总论》，413 页，北京，中国人民大学出版社，2008。

② 参见奚晓明主编：《〈中华人民共和国侵权责任法〉条文理解与适用》，116 页，北京，人民法院出版社，2010。

公路的管理者不及时清理现场，导致交通堵塞，这虽然没有对后面的车辆形成危险，但它会使车速减慢，受害人也有权请求排除妨碍。妨碍既可以是侵害人实施的妨碍行为造成的，也可以是由侵害人的物件造成的。例如，甲所有的一棵树被风刮倒，妨碍了乙的正常通行，压坏丙的房屋，此时受害人有权请求排除妨碍。

2. 妨碍应是实际存在的且处于持续状态。这就是说，一方面，必须存在对权利行使的现实障碍，而不是受害人主观臆想或猜测的妨碍。另一方面，这种妨碍状态没有结束而处于持续中。妨碍必须是持续进行的，而不是短暂即逝的或已经消失的，如果妨碍已经结束，就没有必要适用排除妨碍。例如，在他人门前堆放杂物，虽然给他人出入造成障碍，但若及时地清理干净，就不应适用排除妨碍。对于可能出现的妨碍可以适用消除危险的侵权责任形式。

3. 可以不考虑侵权人是否有过错。只要行为妨碍他人行使物权、人身权或知识产权，受害人均可请求排除妨碍。在妨碍物权行使时，除所有人外，对被妨碍的物享有合法使用权的人亦有权请求排除妨碍。排除妨碍的费用应由侵害人负担。

受害人行使排除妨碍请求权时可以不考虑侵权人是否具有故意或过失，换言之，该项请求权的行使不以相对人具有过错为要件。排除妨碍旨在除去权利行使过程中的障碍或侵害，使权利人能够正常行使权利，因而此种请求权的行使不必适用过错责任原则。只要行为人阻碍或妨碍他人行使其权利，权利人都可以要求行为人排除其妨碍。在这一点上，它不同于侵权损害赔偿责任，侵权责任不仅具有补偿目的，而且具有制裁并教育不法行为人的作用，因此侵权损害赔偿责任的承担要考虑行为人是否具有过错。

4. 妨碍是不合理的。这主要是指此种妨碍没有法律依据，超过了一般人能够忍受的限度。如果行为人实施某种行为具有法律上或合同上的依据（如承租人正当使用房屋、某人因紧急避险而给所有人造成妨害），则虽对他人构成妨碍，权利人也不得请求侵权人排除妨碍。妨碍行为有可能是合法的，如在自己土地上堆放被许可排放的污染物，此种行为依据"无害"标准并不禁止，但如果给他人

造成不合理的妨碍，权利人也可以请求排除。如何判断妨碍是否合理？这就需要考虑两方面的因素：一是对此种妨碍，一个合理的、一般的人是否能够忍受，也就是说是否超出了一个合理的人能够忍受的范围；二是需要考虑所有人忍受此种妨碍是否将使权利不能得到正常行使，如果无碍于权利的行使，则不得请求排除此种轻微的妨碍。

当然，妨碍是否合理需要依据具体情况来判断。例如，在物权相邻关系中，所有人原则上应当容忍邻人的在合理程度内的妨碍，不得要求排除。因为忍受轻微妨碍义务是维护社会生活的和睦所必要的。容忍他人轻微的、正当的妨害，是民事主体所应当负担的一种义务。人作为社会性动物，生活在特定的共同体之中，彼此间不可避免地造成损害或妨害，总会与他人的利益发生各种摩擦。如果人们不能容忍任何轻微的妨害，则社会成员之间根本无法和睦相处，社会就难以形成正常的经济生活秩序。因此，从维护社会生活秩序的角度出发，所有人应当容忍轻微的、正当的妨害。在他人实施了轻微的、正当的妨害的情况下，所有人不得请求予以排除。所以在确定排除妨害时，要考虑这种妨害是否超出了一般人的容忍限度。

（三）排除妨碍请求权的具体行使

1. 排除妨碍的请求权主体

有权请求排除妨碍的主体是权利行使受到妨碍的受害人。受害人不仅限于享有物权的人，还包括各种权利和利益受到妨碍的人。一般情况下，妨碍只是针对特定主体，但是在特定情况下，妨碍可能会对众多人的权利行使形成障碍，在此情况下，是否任何权利行使受到障碍的主体都有权请求排除妨碍呢？例如，某人的一堵房屋墙面即将倾倒，许多路人可能遭受危险和妨碍，但是否所有的人都可以提出排除妨碍？笔者认为，排除妨碍不仅要求受害人受到妨碍，而且这种妨碍还在持续，此时，才能请求排除妨害。例如，邻人靠近该堵墙时，其可以请求排除妨碍，因为其时刻遭受妨碍的威胁，所以有权请求；而路人不一定随时遭受妨碍的威胁，其没有必要都提出排除妨碍。在该案例中，仅有受害的邻居才有适用排除妨碍予以救济的必要，一般路人则不包括在内。

2. 排除妨碍请求权的行使对象

可以被主张排除妨碍的人是给他人权利行使造成妨碍的人。对他人造成妨碍的人，虽然不一定造成现实损害，但是因为其给他人权利行使造成了障碍，故仍然应当承担排除妨碍的责任。

3. 排除妨碍费用的负担

从原则上讲，由于妨碍行为给所有人造成了侵害，因而妨碍人应当承担该排除妨碍的费用，但是应当考虑妨碍人对妨碍形成是否具有过错。在某些情况下，妨碍行为可能由自然原因造成，例如天降大雨而使围墙倒塌，对邻人造成妨碍，在此情况下，考虑到妨碍人并无过错，也可由邻人适当分担排除妨碍的费用。如果所有人对围墙倒塌也有过错（如在围墙下挖洞），则由其承担部分费用更为合理。

排除妨碍请求权与所有物的返还请求权也会发生密切联系。但从构成要件、效果等方面来看，这两项请求权是各不相同的。例如，甲的大树被风吹倒在乙的庭院，果实散落一地，由于甲的大树构成对乙的所有权妨碍，所以乙有权要求甲搬走大树，排除妨碍。同时，由于甲的大树已倒在乙的庭院，则甲有权要求乙返还大树和果实，在此情形，两项请求权发生了冲突。如果双方都提出了请求，究竟应支持哪一方，值得探讨。该问题直接关系到搬走大树的费用由谁负担。在学说上主要有如下两种观点：第一，妨碍人有义务除去妨碍并承担费用，因为妨碍人的物给他人的所有权行使造成了妨碍，则妨碍人取回其物不是一种权利，而是一种义务或责任。第二，根据过错责任来确定费用的分担。如果只有一方有过错，则由有过错的一方承担费用。笔者认为，在上述案例中，首先应认定谁是责任人，究竟谁给对方造成了妨碍。从本案来看，明显是甲的大树倒在乙的庭院，并给乙的土地使用权造成妨碍，而乙的土地使用权并没有妨碍甲的大树。[①] 显然是甲造成了对乙的妨碍而不是乙妨碍了甲，因此，甲应当对乙承担排除妨碍的责任，而不能仍享有返还所有物的请求权，排除妨碍的费用应当由甲负担。当然，

① 参见侯利宏：《论物上请求权制度》，载梁慧星主编：《民商法论丛》，第6卷，701页，北京，法律出版社，1997。

甲的大树倒在乙的庭院是因大风造成的，甲对此并无过错，但这并不能阻止乙行使排除妨碍请求权，因为排除妨碍请求权的行使不必考虑妨碍人是否有过错，只要构成了妨碍就应当排除。

四、消除危险

（一）消除危险的概念和特征

所谓消除危险，是指侵权人的行为对他人的人身或财产安全造成威胁，或存在侵害他人人身或财产的可能时，受害人有权要求侵权人采取有效措施消除已经形成的危险。例如，房屋的所有人或管理人不修缮房屋，致使房屋处于随时倒塌、危及他人人身或财产安全的危险状态时，受害人有权要求其承担消除危险的民事责任。《物权法》第35条对作为物权请求权的消除危险作出了规定。此外，《民法通则意见》第103条规定："相邻一方在自己使用的土地上挖水沟、水池、地窖等或者种植的竹木根枝伸延，危及另一方建筑物的安全和正常使用的，应当分别情况，责令其消除危险，恢复原状，赔偿损失。"侵权法中消除危险的责任形式与物权法中消除危险的责任形式在适用范围上存在一定区别，从广义上讲，侵权法中的消除危险责任形式可以包括保护物权的情况，也可以适用于人身受到危险威胁的状况，但物权法上的消除危险责任形式仅适用于物权保护的情况。侵权法中的消除危险责任形式的适用必须是损害尚未实际发生，且没有实际妨碍他人民事权利的行使，但侵权人的行为又确实危及他人的财产、人身安全，对他人造成威胁。消除危险请求权的适用有利于有效防止损害的发生，充分保护民事主体的权利。

（二）消除危险请求权的适用条件

消除危险请求权的适用应当具备如下条件：

第一，造成了现实的危险。所谓危险，是指侵权人的行为有造成他人人身、财产权益现实损害的可能性。有学者认为，危险是行为人的行为对他人人

身、财产权益造成了现实威胁。① 笔者认为，威胁和危险均指造成这种现实损害的可能性。这种可能性就是通常所说的损害之虞，它必须是即将来临的或者真实的，而不是臆想的，也并非没有任何实际根据的猜测和担忧。② 例如，一幢危楼摇摇欲坠，很可能发生倒塌，这就对邻居和路人的人身财产安全造成了现实的危险。侵权法中的消除危险所说的危险不仅仅针对财产，而且针对人身。此种损害尚未发生但又确有可能发生，所有人对此种危险也有权请求排除。危险既可能是未来发生的，也可能构成现实的妨害，如在自己的土地上挖洞等。所有人在行使消除危险的请求权时，可不考虑行为人主观上是否具有故意或者过失。

消除危险中的危险与高度危险责任所说的危险含义并不相同。消除危险中所说的危险是指对特定财产或者人身造成损害的风险，而高度危险责任中所说的危险则是指某些特殊的高风险活动可能会对影响所及范围内的人体或者财产造成损害。如果没有造成损害，受害人不能提出请求。当然，如果从事某种高度危险活动，对周边的人身或者财产形成不合理危险，则权利人同样可以要求适用消除危险。因而，在高度危险责任中，也可以适用消除危险的责任形式。

第二，损害尚未实际发生但确有可能发生。一方面，损害尚未发生。消除危险与损害赔偿的区别，就在于前者要求实际损害尚未发生，后者则要求实际损害已经发生。如果损害已经发生，危险已经转化为现实，就不能适用消除危险，而应当适用损害赔偿。另一方面，损害又确有可能发生。尽管危险并没有造成实际的损害，但危险确有可能造成损害，也就是说，损害确有发生之虞③，则有可能遭受损害的人有权请求危险形成人消除危险。例如，在公共场所施工时，没有设置明显标志，对有关当事人已形成现实的危险，就可以主张消除危

---

① 参见王胜明主编：《〈中华人民共和国侵权责任法〉解读》，67页，北京，中国法制出版社，2010。

② 参见欧洲侵权法小组编著：《欧洲侵权法原则：文本与评注》，于敏、谢鸿飞译，69页，北京，法律出版社，2009。

③ 参见程啸：《侵权行为法总论》，414页，北京，中国人民大学出版社，2008。

险。如果在形成危险以后同时又造成对他人的损害，则受害人不仅可以基于物权请求权请求其消除危险，也可以基于侵权行为的请求权请求其承担损害赔偿责任。

第三，危险是不合理的。所谓不合理，是指危险超越了社会和法律所能允许的范围。依据一般社会经验，这种危险通常都可能造成他人的损害。

第四，可以不考虑侵害人是否有过错。消除危险责任形式作为一种预防性责任形式，其发挥的是事前防止损害实际发生的功能，因此，其不要求侵害人具有过错。

可以请求适用消除危险的主体应当是权利处于危险状态中的权利人。例如，一幢危楼摇摇欲坠，很可能发生倒塌，对周围的过往行人都可能造成威胁，但是，谁有权请求消除此种危险？笔者认为，只能是有实际遭受损害之虞的人才有资格要求消除危险，例如，邻居需要途经此地，因此邻居可能每天都面临遭受损害的危险，且危险可能对其转化为实际损害；但是就路人而言，其只是偶然经过，当其经过以后，危险就已经消除，因此对此类情况，不必要适用消除危险。

危险发生以后，应当由危险的形成人承担消除危险的责任，因此，消除危险的费用应当由危险设施的物权人或危险形成人承担。一般来说，消除危险请求权的行使不受诉讼时效的限制，只要危险存在，受害人就有权请求行为人承担消除危险的责任。

第四节　救济性的侵权责任形式

一、概述

所谓救济性的侵权责任形式，是指以恢复受害人所遭受的现实损害为目的，法律要求侵权人承担的侵权责任方式。在大陆法系，各国对于损害赔偿方法的适

用采纳了不同的规则，大概可以分为两种，一是回复原状主义。所谓回复原状主义，是指在回复原状和金钱赔偿之间，以回复原状为原则，例外情况下才采用金钱赔偿的方式。这就是说，回复原状是不可能的、不足够的，或者需要支出不成比例的花费时，才采取金钱赔偿的方式。德国、奥地利和我国台湾地区采此种模式。二是金钱赔偿主义。此种模式是以金钱赔偿为原则，而以回复原状为例外。这就是说，金钱赔偿是最重要的损害赔偿方法，而恢复原状是特殊的、不经常的救济措施。日本、法国等国家采取此种模式。[①]

从比较法的发展趋势来看，各国日益重视金钱赔偿在损害赔偿中的中心地位。[②] 产生此种变化的根本原因在于：第一，金钱赔偿对于受害人救济具有普遍适用性。在市场经济条件下，许多损害都可以通过金钱来衡量。金钱赔偿的方式可以普遍适用于各种财产损害，包括精神损害。[③] 第二，它有利于尽快结束民事纠纷。通过金钱赔偿的方式，法院要求责任人支付一定数额的金钱，这有利于尽快结束案件的执行，从而解决民事纠纷。而采用其他方式，如修理等方式，其案件的执行程序就会拖延，甚至责任人不予修理时又要转化为金钱赔偿，从而使得该民事纠纷的解决被拖延。[④] 救济性的侵权责任形式的共同目的是救济受害人的现实损害，侵权责任法的主要功能是救济，因此，其责任形式基本上均以救济为目的。我国《侵权责任法》将预防性的侵权责任形式置于该法第 15 条的前几项，这并不意味着，预防性的侵权责任形式更为重要，在很大程度上是因为，从侵权行为发生的不同阶段考虑，某种侵权行为通常是首先危及了他人的人身、财产安全，然后造成了他人的现实损害。但这并非意味着预防性的责任形成更重要。

我国《侵权责任法》关于救济性责任形式的规定有其自身的特点：

第一，规定了多种损害赔偿的方式。《侵权责任法》在第 15 条规定了多种赔

---

① 参见林诚二：《民法债编总论——体系化解说》，271 页，北京，中国人民大学出版社，2003。

② See European Group on Tort Law, *Principles of European Tort Law: Text and Commentary*, Springer, 2005, pp. 150-151.

③ See W. V. Horton Rogers (ed.), *Damages for Non-Pecuniary Loss in a Comparative Perspective*, Rijksuniversiteit Groningen, 2001, p. 247.

④ 参见周友军：《我国侵权责任形式的反思》，载《法学杂志》，2009 (3)。

偿方式，同时在第 47 条规定了惩罚性赔偿，从而构建了一个完整的损害赔偿体系。

第二，我国民法上历来区分损害赔偿和恢复原状，并没有采取德国法上的恢复原状的概念，没有将恢复原状当做损害赔偿的方法。我国《侵权责任法》采取了以金钱赔偿为主的损害赔偿模式，恢复原状不是损害赔偿的方法，而是一种独立的责任形式。这种规定具有典型的中国特色。

第三，我国侵权责任法虽采纳了完全赔偿原则，但完全赔偿并非是恢复原状，而只是以实际损失为准来确定赔偿范围。

第四，损害赔偿仍然居于重要地位。尽管我国《侵权责任法》的责任形式已经多样化了，其不仅包括损害赔偿，还包括停止侵害、排除妨碍等责任，但侵权责任的主要形式仍然是损害赔偿，其他责任形式仅仅起到辅助性作用。在侵权责任法中，损害赔偿制度体系构建不仅关系到整个侵权责任法目的的实现，而且关系到整个侵权责任法的成败得失。

二、返还财产

返还财产是指财产受到侵权人的不法侵占之后，被侵权人要求归还其财产的责任形式。从广义上说，恢复原状包括了返还财产的责任形式[①]；但是从严格意义上说，二者是不同的责任形式。在财产受到损害发生价值减损的情况下，被侵权人有权要求侵权人返还新的同类财产，而不是返还原来的财产；此时，更换新的财产也是返还财产的一种形式。[②] 但恢复原状通常要采取修理、重作等行为，而返还财产则只需移转占有，无须采用其他的行为。返还财产包括如下形态：一是将有体财产归还给权利人，这就是物权法上的返还原物。二是返还权利凭证，尽管无形财产是不能返还的，但是其权利凭证是可以返还的。例如，有价证券、营业执照、社员权证、会员证、停车证、票据等证券都

---

①② Geneviève Viney, Patrice Jourdain, Traité de droit civil, Les effets de responsabilité, 2e éd., LGDJ, 2001, p. 58.

可以成为返还的对象。由此可以看出，侵权责任法中返还财产的范围比物权法的返还原物的范围更为宽泛；任何能够移转占有的财产都可以成为返还财产的适用对象。

返还财产的适用应当满足如下条件：

第一，它是依侵权法而产生的。在民法上，返还财产作为一种责任形式得到了广泛的采用。具体来说，物权法上存在原物返还请求权、合同法上有合同无效和被撤销之后的财产返还、不当得利制度中有返还不当得利。各种类型的返还财产存在相似性，但它们相互之间也存在区别，主要在于请求权基础不同，权利人行使权利的要件也不同。侵权法上的返还财产是基于侵权法而主张的返还财产。

侵权法上的返还财产与物权请求权中的原物返还请求权极为类似，构成要件也大体相同。如甲的房屋被乙租用，租期届满后，乙不返还承租的房屋；再如甲抢夺乙的财产据为己有。这两种情况都构成非法占有，所有人均可通过提出请求或提起诉讼要求返还。但返还财产和返还原物请求权仍然存在如下区别：一方面，两者的法律依据不同。前者是依侵权法，后者是依据物权法。另一方面，侵权法上返还财产的内容更为宽泛，它包括所有物的返还，还包括占有的返还，权属证书等的返还。因此，侵权法上返还财产请求权的适用范围更为宽泛。

第二，它以侵害财产权益为前提。返还财产是侵害财产权益时的救济方式，在侵害人身权益的情况下，通常不适用返还财产。侵权法上的返还原物请求权是因为侵害财产权益而产生的，且主要是侵害有形财产权而产生的，一般不适用于无形财产。因此，其适用范围是有限的，即财产权益受侵害。

第三，它以侵权人侵夺占有为前提。"返还"本身就意味着占有的移转，因此，它必须以侵权人通过侵夺占有的方式实施了侵权行为为前提。如果侵权人没有侵夺占有，而是通过其他方式侵害他人财产，则可能要排除妨碍，而不是返还财产。在返还财产的情况下，财产被他人不法侵占；如果是在自己或者经授权的第三人的占有之下，则无返还财产的适用余地。

第四，财产能够返还。所谓能够返还，一方面，是指财产事实上可以返还，尤其是指财产依然存在。如果原物已经灭失，返还原物事实上不可能，则被侵权人只能要求赔偿损失，而不能要求返还原物。如果原物虽然存在，但已经遭受毁损，则原物所有人可以根据其意愿，请求返还原物、恢复原状或赔偿损失等。另一方面，是指财产的返还在经济上是合理的。如果财产的返还需要支付高额的不合理的花费，这种费用甚至超过财产本身的价值，则不应当返还，而可以适用赔偿损失的责任形式。

三、恢复原状

（一）恢复原状的概念

恢复原状有广义和狭义之分。广义的恢复原状是指恢复权利被侵犯前的原有的状态，它包括针对财产权益的恢复原状，也包括针对人身权益的恢复原状。[①] 例如，通过恢复名誉使受害人遭受侵害的名誉得到恢复。而狭义的恢复原状仅指将受到损害的财产修复，即所有人的财产在被他人非法侵害遭到损坏时，如果能够修理，则所有人有权要求加害人通过修理，恢复财产的原有状态。如甲将乙的电视机非法损害，乙可请求甲修复，而其费用由甲承担。侵权责任法中的恢复原状主要是指狭义上的恢复原状。

恢复原状是否是责任形式？对此存在不同观点：一种观点认为，恢复原状不是一种独立的侵权责任形式，而是损害赔偿的一种方法，即恢复原状与金钱赔偿分别对应保护受害人的完整利益与价值利益。[②] 另一种观点认为，恢复原状是侵权责任形式，其与完全赔偿原则是不同的。[③] 笔者认为，依据我国《侵权责任法》第 15 条，恢复原状仍然是一种责任形式，《侵权责任法》将其作为

[①] 参见欧洲侵权法小组编著：《欧洲侵权法原则：文本与评注》，于敏、谢鸿飞译，219 页，北京，法律出版社，2009。

[②] 参见程啸、王丹：《损害赔偿的方法》，载《法学研究》，2013 (3)。

[③] 参见魏振瀛：《〈民法通则〉规定的民事责任——从物权法到民法典的规定》，载《现代法学》，2006 (3)。

一种责任形式，主要理由在于：一方面，恢复原状是法院在裁判中直接要求责任人承担的具体责任形式，它是我国司法实践中经常采用的方式。将其规定为一种责任形式，也是我国立法和司法实践经验的总结。另一方面，恢复原状是其他责任形式所不可替代的。严格地说，从救济的角度来看，对受害人权利的救济最终都是要使受害人的权利恢复到应有的状态。从这个意义上来说，所有的救济方式都是恢复原状。因此，从这个意义而言的恢复原状，确实不是一种责任形式。但我国民法恢复原状的概念不同，作为一种责任形式，它具有独特的功能，是其他责任形式无法替代的。恢复原状在实践中表现为修理、修补等方式。

恢复原状主要适用于财产权受侵害的情形，并主要对受侵害的财产权进行补救。这与人身权受侵害的情形不同，我国《侵权责任法》上的恢复原状不能适用于人身权受侵害的补偿。在人身权中的名誉权受侵害的情形下，责任形式是以消除影响、恢复名誉等方式来恢复原状。我国《侵权责任法》严格区分对财产的恢复原状和对人格权的恢复原状，后者主要是消除影响和恢复名誉。

恢复原状主要是指通过修理等方式使遭受损害的财产恢复到原有状态。这种责任形式的具体表现，是通过修理、重作、更换等方式来对受害人遭受的财产损失进行救济。所谓修理，通常也称为修复，是指在侵权人侵害了受害人的财产后，由侵权人以自己的费用修理，或者由受害人自行修理后由侵权人支付费用。无论由何人修理，都应当由侵权人承担费用。所谓重作，就是指可以通过制作、定制等方式形成替代物而使遭受损害的财产恢复原有状态。所谓更换，是指在侵害受害人的财产后，以相类似的物来予以赔偿，实际上具有实物赔偿的性质。需要指出的是，在恢复原状之外，《民法通则》第 134 条第 6 项还规定了修理、重作、更换。可见，该条是将恢复原状和修理、重作、更换相互区分的。《物权法》第 36 条也将修理、重作、更换与恢复原状区别开来。在《侵权责任法》制定过程中，有学者建议，应当单独规定修理、重作、更换，但是，立法者最终仅规定了恢复原状，而没有规定修理、重作、更换，这实际上是将修理、重作、更换包

含在了恢复原状之中，恢复原状就是通过修理等手段将受损的财产恢复到原有状态。[①] 所以侵权责任法上的恢复原状主要是指修理、重作、更换等方式。在许多情况下，恢复原状比损害赔偿更有利于保护受害人，因为有些特定物无法或难以从市场上购买到，所以，以恢复原状来救济受害人可能更符合受害人的利益。当受损害的财产具有独特性、难以重新定作或购买时，可以恢复原状。但如果能够从市场上购买到相同种类的替代物时，行为人就不必要采用修理等方式，可以采用损害赔偿的方式弥补受害人的损失。

关于恢复原状的形式，有的国家对恢复原状规定了多种形式。例如，在法国债法上，所谓恢复原状裁决（condamnation tendant à restaurer la situation de la victime，直译为"旨在恢复受害人境遇的裁决"）是广义的，包含多种形式：其一是要求履行某项行为的裁决；其二是旨在消除危害后果的措施；其三是认定有过错的债权人的债权发生失权效果；其四是责令违法行为人代替受害人偿付某项债务；其五是为了受害人的利益而给侵权人强加一项义务。[②] 我国侵权责任法上的恢复原状虽然主要包括修理、重作、更换，但从未来的发展来看，其也不应当限于这三种形式。例如，在网络上传播病毒，导致他人电脑瘫痪，受害人有权要求病毒传播人消除病毒，恢复电脑的正常运行状态。再如，企业排污导致他人土地被污染，排污企业不仅要清理污染物，而且要恢复土壤的原有状态，这也属于恢复原状，但很难纳入修理、重作或更换的范畴。

（二）恢复原状与相关概念的区别

1. 关于恢复原状与损害赔偿。在我国《侵权责任法》中，恢复原状和损害赔偿都是独立的责任形式，都是实现受害人权益救济的有效手段。我国《侵权责任法》没有将恢复原状等同于损害赔偿，因此，恢复原状和损害赔偿是两种不同的责任形式。虽然两者都是救济性的侵权责任形式，但二者具有区别，具体表现在：

[①] 参见王胜明主编：《〈中华人民共和国侵权责任法〉解读》，68 页，北京，中国法制出版社，2010。

[②] Geneviève Viney, Patrice Jourdain, Traité de droit civil, Les effets de responsabilité, 2e éd., LG-DJ, 2001, pp. 57 - 72.

第一，从对受害人救济的角度考虑，恢复原状具有损害赔偿所不具有的功能，更有利于救济受害人。这尤其表现在就某些不可替代物（例如祖传的古玩、个人具有特殊纪念意义的用品等）而言，在权利人长期使用之后可能具有一定的主观价值，权利人对其有特殊偏好，或者在市场上无法购买到。因此，对于这些财产，如果发生损害但没有损毁，权利人可能并不希望责任人以赔偿方式来替代恢复原状，而希望采用修理等方式使这些财产恢复原状。这也解释了在一些国家恢复原状被视为首选的责任形式的原因。[①]

第二，从两者的目的来看，恢复原状是通过物理性的手段直接恢复被侵害的状态，即使是要求加害人支付修理费等，也并非以金钱赔偿为目的，仍然是要使受侵害的财产恢复到如同没有受到侵害的状态，因此，并不能将其简单等同于损害赔偿。

第三，从加害人支付的费用来看，两者也是存在区别的。在比较法上，由于恢复原状是损害赔偿的方式，因而损害赔偿包括了修理费用，所以欧洲大多数国家法律认为，修理费用属于赔偿范围，赔偿既可以以物的价格来计算，也可以以修理费用来计算，但这种费用必须是合理费用。[②] 但在我国，情况则有所不同。修理费用不一定都通过赔偿的方式来支付，因为如果由加害人修理，则不属于加害人赔偿；如果是受害人自己修理，还要考虑修理费用是否合理。例如，汽车被撞，其修理费可能高于同类旧车的价格，如果受害人请求恢复原状，就要考虑这种要求是否合理，否则加害人所承担的责任就重于其承担损害赔偿的责任。

第四，从我国审判实践来看，在造成车辆等财产损害的情况下，一般认为能够修理的应尽量修理，而不是采取赔偿损失的方式。换言之，即便造成车辆的损害，也不是直接用金钱赔偿车辆的损害，而应采取修理的方式，除非修理完全不可能。从效率的角度考虑，通过修理也有利于避免社会财富的浪费。

是否允许受害人在恢复原状与损害赔偿中作出选择，比较法上有不同的做

---

① 参见［德］U. 马格努斯：《侵权法的统一：损害与损害赔偿》，14 页，北京，法律出版社，2009。
② 参见欧洲侵权法小组编著：《欧洲侵权法原则：文本与评注》，于敏、谢鸿飞译，231 页，北京，法律出版社，2009。

法，但我国《侵权责任法》中并未规定两种责任形式适用的顺序，这就表明当事人可以自行选择适用某一种责任形式。某些财产如关于车辆等损害首先要采用修理形式，除此之外，一般针对修理与赔偿形式，可由受害人选择。特别是当受损害的标的物是种类物、完全可以从市场上购买的情况下，受害人就有权选择由行为人直接购买新的财产或者由行为人对自己进行金钱赔偿，由受害人自己去购买。之所以如此，是因为一方面，在市场选择多元化的今天，允许受害人自主选择请求权的形式，实际上赋予了受害人重新安排自己财产状况的机会，有利于受害人根据意思自治实现自己的利益最大化。如果是市场上能够购买到的物，则在这些物受到侵害以后，通过赔偿的办法使所有人在获得一定的金钱以后，可以在市场上购买替代物，因此通过损害赔偿有利于充分维护所有人的利益且便于法院的判决执行。另一方面，允许受害人选择，也不会增加行为人的经济负担，因为让行为人恢复原状和赔偿损失在价值上实际上是相当的。

2. 恢复原状与排除妨碍。恢复原状与排除妨碍具有类似之处。从广义上说，排除妨碍也可以理解为恢复原状的具体措施，如行为人将车辆擅自停放在他人的私人停车场上，对他人停车场的使用权构成了妨碍，权利人要求将违法停放的车辆移除，则是一项排除妨碍的措施。此种排除妨害的结果，则恢复了财产的原状。因此，传统的大陆法国家很多就是从这个角度来理解恢复原状这种极具包容性的责任形式的。但恢复原状和排除妨碍也具有明显的区别，具体表现为：一方面，两者的功能不同。恢复原状是救济性的侵权责任形式，它是为了救济受害人遭受的现实损害而采取的措施；而排除妨碍是预防性的侵权责任形式，它是为了预防损害的实际发生而采取的措施。另一方面，两者的内容不同。排除妨碍只是将妨碍本身排除，并不要求进一步使受侵害的权利恢复到没有遭受侵害以前的状态；而恢复原状则是通过修理、更换等措施使受害人恢复到如同损害没有发生的状态。例如，受害人的汽车被撞坏，侵权人通过修理使其汽车"恢复原状"。

（三）恢复原状的适用要件

恢复原状责任形式的适用应当具备如下条件：

第一，必须造成了实际的损害。在恢复原状的情况下，一般都是造成财产的

损失，且可以通过修理的方式使财产恢复其原有状况。如果造成的损失较为严重，导致难以修理或者修理费用过于昂贵，则不宜再采用修理的方式，而可以考虑适用金钱赔偿的方式弥补受害人的损失。恢复原状不同于停止侵害等方式就在于，它适用的条件不仅是形成了危险，而且是实际地造成了损害。一般来说，恢复原状适用的前提是财产遭受了侵害，即财产受到了破坏或毁损，不通过修理、更换等方式，就难以恢复到侵害发生前的状态。

第二，必须有恢复原状的可能性。恢复原状可以通过多种方式实现，包括修理、重作、更换等，但无论采取何种方式恢复原状，都必须以存在恢复原状的可能性为前提。[①] 此处所说的恢复原状的可能性包括两个方面：一是事实上可能。这就是说，在事实上可以通过各种方式恢复原状。例如，汽车已经因车祸而撞成废铁，此时，就不存在恢复原状的事实上的可能性。二是法律上可能。在权利遭受侵害以后，必须在法律上能够恢复原状。在人身损害的情况下，除了恢复名誉之外，原则上是无法恢复原状的。尤其是在侵害生命、身体、健康权的情况下，一旦在受到损害之后，其功能发生毁损，其后的任何治疗措施都无法实现人体本身的恢复原状。

第三，必须有恢复原状的必要性。所谓恢复原状的必要性，即如果不采取恢复原状的方式，就难以对受害人提供充分的救济。恢复原状的必要性也包括两个方面：一是恢复原状在经济上是合理的。[②] 这就是说，受害人遭受的损害与恢复原状的费用之间不是不成比例的。例如，汽车被撞坏，修理费用达到 5 万元，而类似的旧车的价值仅 3 万元，此时就可以认为，恢复原状在经济上不合理。二是受害人请求恢复原状。如果受害人不希望恢复原状，而请求通过金钱予以赔偿，则没有恢复原状的必要。通常情况下，恢复原状是受害人希望财产恢复原貌，而不希望以金钱来替代。

不过，在采用恢复原状的情况下，应当由谁修补，在学理上也有不同看法。一种观点认为，由于是加害人造成毁损，应由加害人修补。另一种观点认为，受

[①②] 参见王胜明主编：《〈中华人民共和国侵权责任法〉解读》，68 页，北京，中国法制出版社，2010。

害人最清楚被毁损的物与原物之间的价值差距，从而最了解如何修补才能恢复原状，所以应由受害人进行修补，受害人支付的修补费用可依无因管理的规定请求加害人返还。笔者认为，在确定由谁修补时，最好由加害人与受害人进行协商。如果不能达成协议，则应由加害人进行修补，原因在于，加害人造成了物的毁损，因此应由加害人承担恢复原状的费用。但在恢复原状过程中，应由受害人或法院进行监督。如果由受害人进行修补，很容易给加害人增加额外负担，甚至产生新的纠纷。

四、赔偿损失

赔偿损失是指行为人因侵权行为而给他人造成财产损害，应以其财产赔偿受害人所受的损害。从《侵权责任法》的规定来看，区别了损害（damage）和损失（loss）的概念，损害既包括财产损害也包括非财产损害，但是损失则仅限于财产损失。因此，《侵权责任法》第 15 条中所说的赔偿损失主要是指财产损失的赔偿。它具体包括两个方面：一是侵害他人财产权益所造成的财产损失的赔偿；二是侵害他人人身权益所造成的财产损失的赔偿，如侵害健康权的医疗费赔偿等。《侵权责任法》第 16 条规定："侵害他人造成人身损害的，应当赔偿医疗费、护理费、交通费等为治疗和康复支出的合理费用，以及因误工减少的收入。造成残疾的，还应当赔偿残疾生活辅助具费和残疾赔偿金。造成死亡的，还应当赔偿丧葬费和死亡赔偿金。"这实际上就是对人身侵害中的赔偿损失的规定。

《侵权责任法》第 15 条规定的赔偿损失中并没有包括精神损害赔偿，主要原因在于：第一，精神损害赔偿主要适用于人格权受到侵害的情况，不具有普遍性，所以不宜将其作为一种一般的责任形式，而应作为特殊的侵权责任形式。例如，在刑事附带民事赔偿中，是否应当赔偿精神损害，一直存在争议。第二，《侵权责任法》第 22 条单独规定了精神损害赔偿，而且对精神损害赔偿的适用条件和范围也作了明确规定，因此，不需要再于第 15 条对其重复规定。第三，赔偿损失虽然是财产损失的赔偿，但是其适用于各种情况，具有普遍性，即使是侵

害人身权，也可能发生财产损失赔偿，如支付医疗费。

《侵权责任法》第 15 条中所说的"赔偿损失"也不包括惩罚性赔偿。一般认为，惩罚性赔偿是指由法庭裁决作出的赔偿数额超出了实际的损害数额的赔偿。[①] 它具有补偿受害人遭受的损失、惩罚和遏制不法行为等多重功能。因为惩罚性赔偿在性质上具有惩罚性，而非救济性。惩罚性赔偿侧重于惩罚，因而与侵权责任法的救济法性质相冲突。因此，惩罚性赔偿不能作为一般性规则予以规定，而只能在例外情况下适用。[②]《侵权责任法》第 15 条中的赔偿损失是与恢复原状等并列的，从体系解释的角度考虑，其应当属于救济性的侵权责任形式，是以完全赔偿原则为理念的侵权责任形式。因此，也不宜将惩罚性赔偿作为一般的责任形式。《侵权责任法》第 47 条将其仅适用于产品责任，且规定了较为严格的条件限制，是十分必要的。

赔偿损失是侵权责任中最基本的责任形式，它也是因侵权行为而产生的债的关系，法律允许受害人作为债权人向加害人（债务人）提出赔偿请求，这对于有效地保护受害人的利益、维护社会秩序、消除违法行为的后果都具有极为重要的意义。

五、赔礼道歉

赔礼道歉是指侵权人向受害人承认错误、表示道歉，以求得受害人的原谅。赔礼道歉作为责任形式是指责令违法行为人向受害人公开认错、表示歉意，主要适用于侵害人身权的情况。在大陆法系国家，赔礼道歉并没有引起重视。在我国，自《民法通则》第 134 条规定了赔礼道歉之后，其被大量适用，《侵权责任法》在总结《民法通则》经验的基础上，也规定了此种责任形式。

关于赔礼道歉是否应当作为一种责任形式，一直存在争议。在《侵权责任

①　See "Exemplary Damages in the Law of Torts"，70 *Harv. L. Rev.* 1957，p. 517；Huckle v. Money，95 Eng. Rep. 768（K. B. 1763）.
②　参见尹志强：《侵权行为法的社会功能》，载《政法论坛》，2007（5）。

法》制定过程中，有不少学者对此提出异议。有人认为，赔礼道歉不仅违反了宪法上的良心自由原则，而且违反了道德相对主义。它也超出了法律可以强制的事项范围。另外，赔礼道歉也难以执行，因为赔礼道歉应当是发自内心的，无法通过司法强制的形式来实现，实践中出现的公布判决书等替代方式，已经不是真正意义上的赔礼道歉。[1] 甚至有人认为，赔礼道歉是一种反文明的责任形式，存在的正当性颇值怀疑。[2] 笔者认为，作为一种民事责任承担方式的赔礼道歉，与一般道义上的赔礼道歉有所不同。作为民事责任的赔礼道歉是依靠国家的强制力保障实施的，单纯的赔礼道歉虽不会给侵害人的财产带来什么影响，但反映了国家、社会对该人的不法行为的强烈谴责。这种责任形式的适用，可以缓和矛盾、促进当事人之间和睦团结。赔礼道歉之所以能够作为一种责任形式，是因为一方面，它具有特定的适用范围。赔礼道歉是指责令违法行为人向受害人公开认错、表示歉意，主要适用于侵害人身权的情况。另一方面，赔礼道歉具有自身特有的功能，是其他责任形式不可替代的。在某些情况下，受害人对赔礼道歉更为看重，在侵权人已经侵害他人的情况下，无论其承担什么样的责任，都不是出于自愿，责任本身具有强制性。此外，赔礼道歉的责任形式也是可以执行的。在实践中，如果侵权人不赔礼道歉，法院往往在媒体上公布判决书，并以要求侵权人支付相应的费用的方式来实现替代执行。

赔礼道歉的适用应当具备如下条件：

第一，侵权人侵害了他人的人身权益。赔礼道歉通常被称为人身性的责任形式，它不是以财产给付为内容的，是非财产性的责任形式。赔礼道歉侧重于精神上的补救，通过赔礼道歉，受害人感觉其得到了尊重，其精神损害得到了补救。在侵害财产权益的案件中，通常不能请求赔礼道歉。因为赔礼道歉是救济精神损害的责任形式，而侵害财产权益的案件中，受害人通常没有精神损害，即便有精神损害，也是不具有可救济性的精神损害。

---

① 参见周友军：《我国侵权责任形式的反思》，载《法学杂志》，2009（3）。

② 参见杨彪：《论恢复原状独立性之否定——兼及我国民事责任体系之重构》，载《法学论坛》，2009（5）。

第二，侵权人具有严重的过错。适用赔礼道歉这一责任形式时，要求行为人具有故意，并因此侵害了他人的人身权益。在许多情况下，侵权人都具有较为严重的过错，甚至是恶意。通过适用赔礼道歉，使其产生内疚和悔过，从而可以补救受害人的精神损害。

第三，受害人请求赔礼道歉。赔礼道歉的适用具有特殊性。严格地说，它是一种特殊责任形态，而不是一般责任形态。在受害人没有请求的情况下，法官不宜直接判决赔礼道歉，否则就与私法自治原则相违背。在审判实践中，有的法院适用赔礼道歉较少，其主要原因是受害人较少提出这种请求。[①]

第四，侵权人愿意赔礼道歉。赔礼道歉是指加害人愿意向受害人承认其过错，表示歉意。赔礼道歉只能由加害人自己实施，无法由其他人替代，因此，只有侵权人愿意赔礼道歉，才能发挥这一责任形式的作用。[②] 在实践中，确实也存在行为人主观上不愿意赔礼道歉，而由法院通过登报的方式来达到类似的效果。笔者认为，这一方式难以发挥教育加害人的效果。尤其是请求对方赔礼道歉的受害人，通常是希望行为人主观上实际认识到了其行为的不妥当性，并使其产生负疚感。因此，强制登报赔礼道歉的做法，难以实现弥补受害人精神伤害的作用。

赔礼道歉既可由加害人向受害人口头表示承认错误，也可以由加害人以写道歉书的形式进行。当事人在诉讼中以赔礼道歉的方式承担了民事责任的，应当在判决书中叙明。赔礼道歉可以单独适用，也可以与其他责任形式合并适用。例如，侵害他人名誉权，可以判决赔偿精神损害，同时判决赔礼道歉。

六、消除影响、恢复名誉

(一) 消除影响

所谓消除影响，是指行为人因其侵害了公民或法人的人格权而应承担的在影

---

① 参见王利明主编：《判解研究》，第 6 辑，北京，人民法院出版社，2009。
② 参见付翠英：《论赔礼道歉民事责任方式的适用》，载《河北法学》，2008 (4)。

响所及的范围内消除不良后果的一种责任形式。例如，某人在网上发布了诋毁他人名誉的言论，并且该言论已经被不少网站转载，造成了不良影响，受害人要求网络发布者删除该言论，并刊载有关更正信息，以消除影响。消除影响的特点主要在于：

第一，其适用于人格权遭受侵害的行为，主要是侵害名誉权的行为。因为名誉作为社会公众的评价，具有一定的变动性，其既可能因为某些原因而降低或贬损，也可能因为某些原因而得以恢复。因此，消除影响是在名誉权受到侵害情形下的责任承担方式。此种责任形式一般不适用于其他人格权受到侵害的情形。例如，隐私权一旦受到侵害、扩散出去，则受害人的隐私为外界所知，即便侵权行为人试图消除影响，也不能恢复隐私的隐秘状态。

第二，其主要功能在于已经给他人的社会声誉造成不良影响，要减弱、清除直至消除这种不良影响，只有消除了这种不良影响，才能够使受害人的名誉得到恢复。因为正是这些不良影响的存在，才造成了受害人名誉评价的降低，所以只有去掉了这些不良影响，才能够恢复当事人的名誉。消除影响与停止侵害不同，停止侵害要求行为人不再从事侵权行为，而消除影响主要是为了使已经产生的影响得以消除。需要指出的是，消除影响本身并没有限定具体的行为方式，而是侧重于从后果去考虑。行为人消除影响的方式，可以根据侵权行为的具体情况而加以决定。例如，通过网络侵犯他人的名誉权，则可以通过通知网络运营商删除侵权言论的方式来消除影响。而通过口头表述的方式在一定范围内侵害他人的名誉权，则可以通过向他人进行解释的方式来消除影响。

第三，其常常与恢复名誉的责任方式一起适用。《侵权责任法》第15条第8项将"消除影响、恢复名誉"一并规定，也就是将二者确定为同一种侵权责任承担方式。事实上，消除影响和恢复名誉都是为了去除侵权行为已经给他人的社会声誉造成的不良影响，但二者是从两个不同角度来描述此种责任承担方式的。消除影响是从可能给受害人提供社会评价的公众角度来描述的，其根本功能在于让这些人给受害人一个正常的评价；而恢复名誉是从受害人所享有的社会声誉角度来描述的，其强调的是受害人享有的社会声誉恢复到被侵害之前的状态。

从这个意义上讲，消除影响与恢复名誉相互依存，关系密切。因此，有必要将两者在一种侵权责任形式中并列作出规定。

消除影响与消除危险不同，具体表现为：第一，消除影响适用于人身权益的侵害，而消除危险适用于财产权益的侵害。第二，消除影响以造成了现实的损害为前提，即必须造成了实际的不良后果，消除危险请求权的适用并不以造成了现实的损害为前提，只要存在造成损害的可能，就可以适用。

消除影响的适用要件包括：第一，必须侵害了人身权益。消除影响并不适用于财产权益的侵害，此处所说的影响是指对他人人身权益的不利影响。第二，必须造成了不良后果。消除影响是以实际损害的发生为前提的，必须给受害人造成了不良后果，包括受害人的社会评价降低、给受害人的工作就业造成不利后果、给受害人的正常生活造成妨碍等。第三，受害人已提出请求。消除影响的适用也应当以受害人提出请求为前提。

一般来说，在什么范围内造成损害，就应当在什么范围内消除影响。在适用消除影响、恢复名誉的责任方式时，应明确消除影响、恢复名誉的范围（如在某地区、某学校等消除影响），方式（采取口头或书面以及其他形式）。

（二）恢复名誉

所谓恢复名誉，是指行为人因其行为侵害了公民或法人的名誉，而应在影响所及的范围内将受害人的名誉恢复至未受侵害时的状态的一种责任形式。严格地说，在名誉权遭受侵害的情况下，已经遭受损害的名誉不可能像遭受损害的财产一样，完全恢复原状，但仍然可以通过一些积极的行为澄清事实，纠正毁谤的言论。在特定的范围内，消除公众对受害人的不良印象，尽可能地使受害人的名誉得到恢复。实践中，恢复名誉主要通过更正、澄清等方式来实现。恢复名誉的适用要件包括：

第一，必须侵害了名誉权等人格权。恢复名誉的责任是侵害名誉权所特有的形式，也就是说，此种责任形式只有在侵害名誉权的情况下才能采用，对侵害其他人格权的行为一般不采用这种方式。侵害名誉权的直接后果乃是造成受害人的名誉毁损。只有使加害人承担恢复名誉的责任，才能彻底消除侵害名誉

权的直接后果，消除造成受害人精神痛苦和财产损失的根源。仅采用精神损害赔偿的方式难以弥补受害人的损失，也难以消除不良后果。① 当然，除名誉权之外，侵害隐私等权利也可能导致受害人名誉受损，受害人也有权要求恢复名誉。

第二，必须导致了名誉的损害。受害人请求恢复名誉，必须证明其名誉受到毁损，而要证明其名誉受到毁损，则要证明加害人对受害人实施的侮辱、诽谤行为已为第三人所知悉，从而影响到受害人所受到的社会评价。如果受害人不能证明其社会评价降低，而只是表明其名誉感或尊严受到损害，或者仅表明其遭受到精神上的痛苦，则不能适用此种请求权。

第三，不考虑行为人是否具有过错。恢复名誉和停止侵害一样，不考虑行为人的过错。只要行为人造成了受害人名誉贬损，无论其是否具有故意或过失的主观心态，都应当对受害人的损失进行弥补，恢复其名誉。

行为人必须采取合理的措施恢复受害人的名誉。恢复名誉的具体措施是否合理，通常要根据侵害行为及造成的名誉毁损的后果来决定。一般来说，恢复名誉的措施应当与毁损名誉行为所影响的范围一致。例如，在报纸杂志上发表的新闻报道或评论有损他人的名誉权，则应当在刊载该侵权内容文章的报纸杂志上刊登书面声明，对错误内容进行更正，并向被侵害人赔礼道歉。如果是在某个场所对一群人散布了诽谤的言词，则应在适当的场合消除影响。总之，因侵害名誉权而造成的不良影响越大，加害人应采取更多的措施，以消除不良影响。但受害人要求恢复名誉的方式不适当时，法院可以驳回其请求。例如，仅发生在某一个地区的毁损名誉的案件，受害人要求行为人在全国性的报纸上更正和道歉，显然是不适当的。

恢复名誉责任的适用应当及时，因为加害人在侵害受害人的名誉权以后造成不良影响时间越长，再公开的机会越多，则对受害人越为不利，同时也增加了消除影响的困难，因此，这种责任形式应当及时采用。

---

① 参见奚晓明主编：《〈中华人民共和国侵权责任法〉条文理解与适用》，121页，北京，人民法院出版社，2010。

第五节 侵权责任承担方式的适用

一、概述

依据《侵权责任法》第 15 条的规定，各种侵权责任形式"可以单独适用，也可以合并适用"。这就对侵权责任法责任形式的适用方式作出了规定。由于各种责任形式适用的目的均旨在保护受害人的利益，因而，若适用一种责任形式不足以保护受害人时，就应当同时适用其他的责任形式。例如，不法行为人非法占有他人财产并造成对该财产的损害时，仅责令不法行为人返还财产显然不足以保护受害人的利益，还需要采取恢复原状、赔偿损失等责任形式。反之，当适用一种责任形式已足以保护受害人的利益，就不必采取其他的责任形式，以免不当加重行为人的责任。

各种侵权责任形式都有其适用的特定条件，只有针对不同的侵权案件适用不同的责任，才能充分发挥各责任形式的效果。例如，返还财产的适用以丧失对财产的占有为前提；而排除对所有权行使的妨害，则以所有权的行使受到了妨害为前提。所有人或占有人未丧失对财产的占有，则不发生返还财产问题，而丧失对财产的占有则不发生排除对所有权行使的妨害问题。因此，受害人应根据具体情况恰当地选择责任形式。法律有明确规定的，应按规定确定责任形式；法律没有明确规定的，应根据具体情况按有关法律的精神选择适当的承担责任的方式。某种特定的损害发生以后，可以适用多种责任形式，如何选择一种或数种责任形式应根据具体情况决定。一般来说，在不法占有他人财产的情况下，通过返还占有能够满足受害人利益的，不应采取损害赔偿的方式；在不法致他人财产损坏时，若能够恢复原状，则不宜采取其他方式。

二、侵权责任承担方式的单独适用与合并适用

各种侵权责任承担方式都可能单独适用。在任何情况下，如果一种方式不足

以救济受害人，就应当适用其他责任形式。法官在最终确定某一种或某几种责任时，也应当考虑责任承担方式的适当性。只要法院所确定的责任形式足以救济受害人，就无须采用其他责任形式。[①] 例如，"赔偿损失"的方式足以弥补受害人的全部损害，就可以单独适用。当然，单独适用不仅要受到完全赔偿原则的制约，而且要受到受害人选择权的制约。因为侵权责任的承担是为了救济受害人，受害人应当享有选择权。如果受害人不选择单独适用，而请求数个侵权责任承担方式的合并适用，法院应当尊重受害人的选择。例如，侵权人侵害了受害人的名誉权，受害人未请求行为人承担精神损害赔偿责任，而是请求行为人恢复名誉，法官也应当尊重受害人的请求。

（一）预防性责任形式的合并适用

在侵害物权的情况下，需要通过多种方式来对物权进行救济。在许多情况下，侵权人既对他人权利造成了妨碍，又造成了他人权利的损害，可以适用多种责任形式。例如，擅自在他人门前停车，既侵害了他人的权利，又造成了对他人的妨碍。受害人就可以请求合并适用停止侵害和排除妨碍的责任形式。

（二）救济性责任形式的合并适用

救济性责任形式的适用要区别针对人身的责任形式和针对财产的责任形式。针对财产的责任形式包括返还财产、恢复原状等。针对人身的责任形式包括恢复名誉、赔礼道歉等。原则上，各种损害赔偿请求权可以与其他的责任形式合并适用。这就是说，无论是侵害了财产，还是侵害了人身，只要实际造成了损害，都可以请求赔偿损失。

1. 损害赔偿与恢复原状

以德国法为代表的大陆法国家，认为损害赔偿应以恢复原状为原则，而以金钱赔偿为例外。我国台湾地区"民法"也采纳了这一观点。[②] 在许多德国学者看

---

① 参见全国人大常委会法制工作委员会民法室编：《中华人民共和国侵权责任法条文说明、立法理由及相关规定》，56页，北京，北京大学出版社，2010。

② 参见曾隆兴：《详解损害赔偿法》，412页，北京，中国政法大学出版社，2004。

来，损害赔偿是广义上的恢复原状的一种。即在进行损害赔偿时应尽可能地按照《德国民法典》第249条第1款，加害人应使受害人回到致损事件没有发生时的情形。恢复原状应尽可能接近于没有受到损害的状态，因为这是保护受害人权利的最好方法。我国《侵权责任法》将恢复原状作为一种责任形式，由此产生了损害赔偿和恢复原状的相互关系问题。自从《民法通则》将恢复原状规定为一种责任形式之后，恢复原状和赔偿损失并非对立的民事责任形式，二者也不能相互吸收，而是可以分别适用或合并适用的两种责任形式。① 在审判实践中，损害赔偿和恢复原状是可以并用的，主要表现在如下几个方面：第一，恢复原状只考虑到财产的交换价值的恢复，但可能没有考虑到财产在使用价值方面的损失。例如，出租车被他人撞坏，因为需要修理而在一定期间内不能正常使用，导致出租车司机原本可以通过出租车运营获取的收入丧失，在此情况下，除了要求行为人恢复原状以外，还可以要求行为人赔偿损失。第二，修理后造成价值贬损，也应当要求赔偿。在实践中，受害人的财产遭受他人毁损，虽经修理，在客观上仍然可能确认有瑕疵存在，如新购买的汽车遭受毁损，经修理后显然不如原车；重新喷刷的漆不能与原漆相匹配，此种现象在学说上称为"技术上贬值"②，在此情况下，如果仅仅使加害人承担修理义务，不能完全保护受害人的利益，有必要在恢复原状之外再赔偿损失。有人认为，在此情况下可以采用以新替旧的方式，如毁损他人的汽车赔一辆品牌相同的新车，毁损他人的衣服赔偿相同质量的新衣服，这种做法虽不无道理，但也存在明显缺陷。一方面，这种方法是以赔偿代替恢复原状，如果被毁损之物并不是新物，而采用以新替旧的赔偿方式，就会使加害人承担过重的赔偿责任，显然不妥。另一方面，加害人赔偿损害以后所取得的旧物可能对其毫无用处，这实际上也会造成财产的损失和浪费。所以笔者认为，在所有人的财产遭受毁损以后，如果经过修补仍不足以弥补受害人的损失，受害人可以额外要求补偿。因此，恢复原状可以与损害赔偿并存。第三，在造成损害之后，还可能有其他附带的损害。例如，在德国法中，有一种损失称为"落空损害"，

---

① 参见张新宝：《侵权责任法立法研究》，118页，北京，中国人民大学出版社，2009。

② 王泽鉴：《民法学说与判例研究》，第6册，28页，北京，中国政法大学出版社，2003。

它是指物被毁损之后，所有人因为不能使用但仍然要支付一定的费用。在审判实践中，车辆被撞以后，所有人仍然要支付车库使用费、停车费等费用。这些费用如果在没有撞坏之前仍然需要支付的，则不需要赔偿，但如果有一些费用是撞坏之后额外增加的（如保管费），则需要赔偿。[①] 笔者认为，此种损失其实就是受害人实际遭受的损失。

2. 损害赔偿与恢复名誉、消除影响

在侵害人格权的情况下，如果造成了当事人名誉的贬损，受害人可以选择适用各种不同的责任形式。但是如果单一的责任形式尚不足以对受害人提供充分的救济时，受害人可以主张并用多种责任形式。例如，某公司职员被他人诽谤，被诬陷其泄露企业商业秘密而导致被解雇，受害人在求职中也遭受其他公司的拒绝，此时受害人不仅可以要求行为人恢复其名誉、消除不良影响，同时还可以要求行为人赔偿其经济损失。

（三）预防性和救济性责任形式的结合适用

1. 损害赔偿与停止侵害

停止侵害就意味着，已经发生了实际的侵害行为，停止正在实施的侵害，只是为了避免继续性侵权的持续。但是，侵权人停止侵害以后，受害人可能已经遭受了损害。依据完全赔偿原则，受害人应当仍然可以请求损害赔偿，从而出现损害赔偿与停止侵害的合并适用。

当然，停止侵害请求权是否属于绝对权请求权，尤其是其与排除妨碍请求权的关系如何，值得探讨。我国《侵权责任法》将停止侵害与排除妨碍并列，就意味着承认其不同于排除妨碍。从这个意义上说，停止侵害请求权不属于绝对权请求权的范畴。在绝对权受到妨碍的情况下，权利人应当行使排除妨碍请求权，而不是行使停止侵害请求权。

2. 损害赔偿与排除妨碍

排除妨碍与损害赔偿也存在密切的关系。在妨害被排除之前，受害人也可能

---

① 参见［德］迪特尔·梅迪库斯：《德国债法总论》，杜景林、卢谌译，471 页，北京，法律出版社，2004。

已经遭受了现实的损害。另外，在行使排除妨碍请求权时，有可能需要行为人支付一定的排除妨碍的费用，对该费用的赔偿，有可能转化为损害赔偿。但两者之间仍存在一定的区别。一方面，损害必须是实际发生的，而妨碍并不必然导致损害，只是对行使权利所造成的障碍。这就决定了，受害人请求排除妨碍并不必然伴随着请求赔偿损失。例如，某人在他人门前堆放障碍物阻挡他人通行，虽然给权利人造成了不便，但若不能证明有实际损害，仍不能请求赔偿损失。另一方面，两者的适用范围不同，排除妨碍主要适用于财产权的损害，而损害赔偿既可以适用于财产权的侵害，又可以适用于人身权的侵害。

损害赔偿请求权与排除妨碍请求权可能存在聚合。妨碍和损害是两个不同的概念。妨碍是从权利圆满状态的角度来认定的，只要权利的圆满状态因侵夺占有以外的方式受到影响，就属于妨碍。而损害是从受害人受法律保护领域的不利变化来认定的。在受害人的权利受到妨碍的情况下，如果排除妨碍之后，受害人仍然遭受了损害，其应当可以继续行使损害赔偿请求权。这就导致排除妨碍与损害赔偿可以合并适用。

3. 损害赔偿与消除危险

损害赔偿与消除危险也存在一定的联系。消除危险可能是对尚未造成损害的危险的消除，也可能是对曾经造成损害的危险的消除。例如，某人在从事地面施工时，可能对他人的不动产安全形成了极大的威胁，甚至影响权利人对财产的正常利用。在此情况下，受害人既可能面临人身、财产安全的威胁，也可能因无法正常行使民事权利而遭受损失。但损害赔偿与消除危险仍存在明显的区别。因为消除危险主要是对未来可能发生的损害进行的防御性救济。损害赔偿是对过去已经发生的损害进行救济，是针对现实利益减损的补偿。

损害赔偿和消除危险也有合并适用的可能，因为受害人遭受损害以后，再次遭受损害的危险仍然存在。此时，受害人既可以请求损害赔偿以救济曾经发生的损害，也可以请求消除危险以避免再次受到侵害。

4. 损害赔偿与返还原物

损害赔偿与返还原物具有密切的联系。许多学者认为，返还原物还具有使受

害人返还因其违法行为所获利益的功能。① 从这个意义上讲，返还原物也有赔偿损失的效果。但两者之间仍存在明显的区别：一方面，返还原物之后，原则上不能再赔偿物自身的损失，只有受害人另外遭受了损害时，其才可以请求损害赔偿。通常而言，受害人不能既请求返还原物，又请求全额赔偿物的价值，这二者之间是冲突的，否则将导致双重赔偿。另一方面，返还原物的请求权基础并不限于侵权责任，在物权请求权和不当得利返还请求权之下，权利人也可以请求返还原物。此外，在适用范围方面，返还原物仅限于不法占有他人有体物的情形，而损害赔偿的适用范围广泛，可以适用于各种侵权行为。

赔偿损失的请求权与返还原物的请求权，既可能发生竞合，也可能发生聚合。如果返还原物之后，受害人的损害得到完全的填补，此时就属于返还原物请求权与赔偿损失请求权的竞合，受害人应当可以选择其中的一种请求权来行使。例如，受害人不希望恢复对原物的占有，就可以请求赔偿损失，要求行为人赔偿其遭受的损失。

赔偿损失的请求权也可能与返还原物的请求权发生聚合。这发生在返还原物的请求权行使之后，受害人仍然遭受了其他损害的情形。例如，被告盗窃了原告的车辆，原告可以依据物权请求权来请求返还原物。同时，原告也可能因为对其车辆的占有被侵夺而遭受损失，如租赁他人车辆的费用。此时，受害人可以在行使了返还原物请求权的同时，行使赔偿损失的请求权。

至于在返还原物的情况下，就返还原物本身的费用负担，究竟如何处理，这属于物权请求权制度的问题，应适用《物权法》的相关规定。

---

① 参见〔德〕U. 马格努斯：《侵权法的统一：损害与损害赔偿》，133页，北京，法律出版社，2009。

第十三章

侵权损害赔偿

第一节　侵权损害赔偿概述

一、侵权损害赔偿的概念和特征

（一）侵权损害赔偿的概念

所谓侵权损害赔偿，是指因侵权人侵害他人民事权益造成他人财产损害和精神损害而应承担的损害赔偿责任。损害是侵害权利和利益所造成的后果，而非权利和利益本身。损害（danno）作为一种事实状态，是侵权损害赔偿的前提。所谓侵权损害赔偿，就是对因侵权人侵害他人的财产、人身所造成的损害后果而应当承担的责任。通过此种责任的承担，使受害人遭受的损害得以恢复。从性质上看，侵权损害赔偿实际上是法律强制当事人给受害人一笔金钱，目的在于弥补受害人所遭受的损失，在特定情况下，也具有预防侵权行为、制裁侵权人的功能。①

---

① 参见〔德〕U. 马格努斯：《侵权法的统一：损害与损害赔偿》，133 页，北京，法律出版社，2009。

在传统大陆法系国家，以损害赔偿为中心构建了整个侵权责任体系。侵权法"是私法的一个部分。它决定某人受到侵害后果是否有权得到赔偿（或者说在出现此等侵害情形，是否有权得到法律上的救济）"①。侵权责任主要产生侵权赔偿之债，因此在民法上，侵权法属于债法的组成部分。我国《侵权责任法》规定了多种责任形式，这是我国侵权责任法的一大创举，通过多种责任形式对受害人予以保护，也突破了债法的体系，为侵权责任法独立成编奠定了基础。可以说，我国《侵权责任法》的独立制定，是民法体系的重大创新。当然，侵权责任法独立成编并不否认损害赔偿在侵权责任承担方式中的核心地位。

在我国《侵权责任法》中，侵权损害赔偿在侵权责任方式中具有核心地位。一方面，侵权责任法主要还是救济法，虽然现代侵权法的功能是多元的，但最主要的功能还在于补救，即对不幸的受害人的损害进行填补。而损害赔偿对受害人来说是最直接、最有效的方式。另一方面，在市场经济条件下，物质的可替代性决定了在绝大多数情况下，通过侵权人向被侵权人支付一定金钱的方式，并由其自己选择具体的救济方式，客观上能够较好地完成对受害人的救济。在人格权遭受损害的情况下，侵权责任法的作用也在大大加强。损害赔偿金不仅可起到抚慰作用，而且客观上也能够为受害人自身权利的恢复及其近亲属的生活提供必要的支持。尤其考虑到现代社会是风险社会，事故频发，我国现阶段的社会保障、社会保险、社会救助尚不发达，侵权责任法仍不失为社会治理的重要方式，是维护社会和谐的重要手段。

侵权损害赔偿的特点在于兼具债与责任的双重属性。关于损害赔偿的性质，在民法学界历来存在债务关系说和责任关系说两种观点。② 笔者认为，应采折中说，即损害赔偿既是债务关系，又是责任关系。从性质上看，一方面，侵权损害赔偿首先是一种因债务不履行而发生的债务。在侵权发生之后，即发生一种债的关系。在这种债的关系中，侵害人通常为损害赔偿义务人即债务人，受害人通常为损害赔偿权利人即债权人。前者负有向后者为必要给付的义务。正是因为此种

---

① ［德］冯·巴尔：《欧洲比较侵权行为法》上，张新宝译，1 页，北京，法律出版社，2001。
② 参见王利明主编：《民法典·侵权责任法研究》，548 页，北京，人民法院出版社，2003。

债之关系属性，因而侵权法还应适用债的一般规定。所以即使在将其作为一种责任看待时，也不能否认其债的属性，债的总则仍有适用的价值。也正是基于此，《人身损害赔偿司法解释》在界定损害赔偿法律关系时，才采用了"赔偿权利人"与"赔偿义务人"的称谓，这说明我国司法实践也承认损害赔偿是一种债的关系。[①] 另一方面，侵权损害赔偿也是行为人依法应当承担的一种侵权责任形式。损害赔偿责任以侵权行为的发生为前提，因为这种行为侵害他人的合法权益并造成损害后果，法律要对这种行为施以一定的惩罚，体现法律对此种行为的责难性，无论行为人是否愿意承担该种责任，其都必须承担，这也体现了侵权责任的强制性。

（二）侵权损害赔偿的特征

侵权损害赔偿具有如下特点：

第一，以损害的发生为前提。所谓有损害才有赔偿。损害是赔偿的基础和前提。尤其是就财产损害赔偿来说，救济应当以现实的损害为前提，对未来发生的损害，应当以其他方式加以救济，而不应采取损害赔偿。[②] 侵权损害赔偿以损害的实际发生为前提，损害既可以是财产损害也可以是精神损害，在这一点上，无论何种损害，都是合法权益被侵害而引发的法律后果。损害必须是确定的。如果侵权导致某种机会丧失，而这种损失不能满足损害必须确定的要求，则此种损失不能赔偿。[③] 就此而言，其和停止侵害、排除妨害等责任形式不同，因为后者的承担未必以损害后果的实际发生为前提。

第二，侵权损害赔偿主要具有补偿性，而一般不具有惩罚性。损害赔偿的目的就是要使受害人因侵权行为而遭受的实际损害能够得到全部的弥补和恢复，因此，损害赔偿应当以实际损失为前提，并贯彻完全赔偿原则，以弥补受害人因他人的侵权行为而遭受的损失。在一般情况下，损害赔偿的范围以实际发生的损害为计算标准，而主要不是以当事人的主观过错程度作为确定赔偿的标准，因为损

---

①② 参见程啸：《侵权行为法总论》，416页，北京，中国人民大学出版社，2008。

③ 参见［德］冯·巴尔主编：《欧洲私法的原则、定义与示范规则》，王文胜等译，236、268页，北京，法律出版社，2014。

害赔偿的目的一般不是处罚过错行为，而是补偿受害人的损失。一方面，受害人不应获得超出损害范围的赔偿；另一方面，在一般情况下，不应轻易地采用惩罚性赔偿。法官判断损害赔偿的唯一标准是实际损失。[①] 当然，我国《侵权责任法》也规定了例外情形下的惩罚性赔偿规则，但实行惩罚性赔偿要满足特定的构成要件。因此，损害赔偿的补偿性特征表明它是其他补救方式所不可替代的。

第三，侵权损害赔偿具有一定程度的任意性。侵权责任法是私法，因此应为当事人意思自治提供必要的空间。一方面，侵权损害赔偿请求权具有可处分性。权利人可以抛弃自己的权利，可与当事人进行协商，从而确定损害赔偿的数额。另一方面，在和保险的关系方面，受害人可以优先向保险人要求支付，也可以直接向加害人求偿。此外，当事人可通过和解，解决其侵权争议。但任意性并不否认损害赔偿的强制性，侵权法在性质上主要是强行法。一般而言，损害赔偿的范围也不能完全意定，在这一点上侵权责任法与合同法仍有本质区别。

第四，侵权损害赔偿以赔偿当事人实际遭受的全部损害为原则。所谓完全赔偿（restitutio ad integrum），是指对于受害人所遭受的全部财产损害都应当赔偿，而不考虑行为人的主观过错程度。损害赔偿以正义价值为基础，其主要功能是填补受害人的损害，但不应当使受害人获得额外利益。[②] 完全赔偿的效果是让受害人处于如同损害事件没有发生时同样的状况，行为人最终承担了全部的不利益。[③] 大陆法系国家普遍采纳了这一原则，不法行为人必须赔偿其造成的全部损害，除非存在共同过失和减轻因素。[④] 例如，《法国民法典》第1382条及其下一些规定中的"损害"完全是从事实出发的概念。法国法认为，完全赔偿是损害赔偿的基本原则。我国《侵权责任法》也采纳了这一原则。

第五，侵权损害赔偿是一种财产责任。现代社会，各国都废除了人身性质的民事责任形式，但某些特殊的责任形式如赔礼道歉，在性质上是否为财产责任，

---

① 参见［德］U. 马格努斯：《侵权法的统一：损害与损害赔偿》，45页，北京，法律出版社，2009。

② 参见［奥］海尔穆特·库奇奥：《损害赔偿法的重新构建：欧洲经验与欧洲趋势》，朱岩译，载《法学家》，2009（3）。

③ 参见叶金强：《论侵权损害赔偿范围的确定》，载《中外法学》，2012（1）。

④ 参见［德］U. 马格努斯：《侵权法的统一：损害与损害赔偿》，43页，北京，法律出版社，2009。

仍有争议。而侵权损害赔偿是纯粹的财产责任。

（三）侵权损害赔偿与违约损害赔偿

侵权损害赔偿与违约损害赔偿在性质上都属于损害赔偿之债，旨在补偿受害人因为侵权和违约所遭受的损失。此种损失是因违约或侵权而给受害人造成的不利益。[①] 从构成要件上来说，它们一般都要求有损害事实、侵害行为与损害事实之间的因果关系存在，但两种损害赔偿之间又存在明显区别，主要表现在：

第一，从产生的基础来看，侵权损害赔偿的发生根据是侵权行为人因过错使受害人的人身、财产遭受损害。在侵权行为发生时，当事人之间常常并没有合同关系存在，即使存在合同关系，也不是损害赔偿发生的基础。但违约损害赔偿则是以违约当事人不履行合同为前提的。在违约发生时，当事人之间存在合同关系，正是因为一方违反了合同义务且造成了另一方的损害，才应当承担违约损害赔偿责任。当然，在特殊情况下，因侵权行为直接导致违约后果，从而使两种责任产生竞合，在此情况下，应按责任竞合规则处理。

第二，从保护的对象来看，由于违约行为侵害的对象是由合同产生的债权，侵权行为侵害的对象是物权、人身权等绝对权，因而，侵权损害赔偿旨在保护物权等绝对权，违约损害赔偿旨在保护合同债权。由于通过违约损害赔偿可填补受害人在合同完全履行情况下应当获得而未获得的利益，因而违约损害赔偿可以替代原合同债务的履行。在一般情况下，对违约损害赔偿，原则上应当赔偿财产损失，而不包括非财产损失，特别是精神损害。至于因瑕疵履行造成人身伤害时，也仅赔偿因人身伤害所致的各种财产损失。[②] 而对于侵权损害赔偿来说，不仅应赔偿财产损失，而且在侵犯人格权情形下，也应当赔偿非财产损失，对于受害人因侵权遭受的精神损害，可通过侵权之诉获得救济。因此，侵权损害赔偿中的"损害"包括了财产损失和精神损害等非财产损失，而违约损害赔偿所称的损害限于财产损失，仅指财产的减少或丧失。

---

① 参见［德］冯·巴尔主编：《欧洲私法的原则、定义与示范规则》，王文胜等译，238页，北京，法律出版社，2014。

② 参见梁慧星：《民法》，420页，成都，四川人民出版社，1989。

第三，从赔偿是否可以约定来看，违约损害赔偿的范围可以由当事人事先约定，通过这种约定，在违约发生后就可以了结当事人之间发生的争议。按照《民法通则》第112条以及《合同法》第114条第1款的规定，如果当事人在合同中约定了对于违反合同而产生的损失赔偿的计算方法，则应按约定方法确定赔偿金额。对于侵权损害赔偿来说，当事人预先作出的限制赔偿责任的约定，因为在本质上违反了法律规定的任何人不得侵害他人财产、人身的强行性义务，同时也违背了社会公共道德，因而应当是无效的。

第四，从范围的限制来看，违约损害赔偿范围在法律上有明确限定。《民法通则》第112条规定，"当事人一方违反合同的赔偿责任，应当相当于另一方因此所受到的损失"；《合同法》第113条第1款也规定，损害赔偿不得超过违反合同一方订立合同时应当预见到的因违反合同可能造成的损失。因此，可预见的损失是损害赔偿的最高限额。对于侵权损害赔偿来说，则没有赔偿范围的明确限定，只要因侵权行为造成受害人的财产损失、人身伤亡、精神损害，都应由侵权行为人负责赔偿。

第五，从举证责任来看，违约损害赔偿中一般采用严格责任的归责原则，受害人对违约方的过错不负举证责任，只要债务人违约，就可以要求其承担赔偿责任。在侵权损害赔偿中，我国侵权责任法以过错责任为一般原则。受害人通常要证明加害人有过错，才可以要求其承担损害赔偿责任。

二、侵权损害赔偿的功能

侵权损害赔偿的功能，是指侵权损害赔偿在适用中所具有的作用。讨论损害赔偿的功能，首先必须区分侵权损害赔偿和违约损害赔偿，尽管两者具有类似的功能，但是，侵权损害赔偿也有其独特之处。违约损害赔偿的主要功能是补偿受害人，而侵权损害赔偿具有多元化的功能。例如，除了使受害人恢复到如同损害没有发生的状态之外，还具有预防、制裁等功能，由此决定了，侵权损害赔偿功能的多元化。具体来说，侵权损害赔偿的功能包括：

第一，补偿功能。所谓补偿功能，是指通过损害赔偿，使受害人恢复到如同损害没有发生的状态。在比较法上，几乎所有国家都认为，损害赔偿的首要功能是补偿。[①] 损害赔偿的补偿功能有多种表现，其中最突出的表现为完全赔偿原则，该原则要求损害赔偿要使受害人恢复到如同损害没有发生的状态，而不考虑侵权人的主观心理状态。出于严格责任的兴起、保险制度的发展等原因，补偿受害人的损害更是成为侵权法的首要功能。

第二，预防功能。所谓预防功能，是指侵权责任法通过规定侵权行为人应负的民事责任，从而有效地教育不法行为人、引导人们正确行为、预防和遏制各种损害的发生、保持社会秩序的稳定和社会生活的和谐。在现代侵权法中，损害赔偿的功能直接表现为补偿，间接地表现为预防，通过损害赔偿责任的承担，可以警示责任人不要再实施类似的行为。另外，损害赔偿责任的承担，也可以警示社会一般人不要实施类似的侵权行为。正如一些学者指出的，"侵权法经常被一致认为是补偿已经发生的损害；但是，这一观念的确是太狭隘了……在损害没有实际发生的时候，法律都可能采取行动"[②]。Wagner 指出，损害赔偿法不应坚持将"得利禁止"原则理想化，不应坚持补偿原则。通过行为的引导而实现预防功能，这不仅是次要的期待目的，而应当作为损害赔偿法中同等重要的核心任务。[③] 从效率角度看，发挥侵权责任法的预防功能，也有利于防止财产的毁损灭失，并有利于增进社会财富。

第三，制裁和教育功能。尽管损害赔偿的主要目的是补偿，但它也具有一定程度的制裁和教育的作用。作为一种法律责任，其具有强制性，通过责令行为人承担责任，实际上形成对行为人的制裁。尤其是在我国侵权责任法上，还承认了惩罚性赔偿制度，这也是损害赔偿的制裁功能的体现。另外，损害赔偿还具有教育功

---

① See European Group on Tort Law, *Principles of European Tort Law：Text and Commentary*, Springer，2005，p. 102.

② Muriel Fabre-Magnan, Droit des obligations, 2-Responsabilité civl et quasi-contrats, PUF, Thémis，1ère éd.，，p. 41.

③ Gerhard Wagner, Neu Perspektiven im Schadensersatzrecht-Kommerzialisierung, Strafschadensersatz, Kollektivschaden, Verlag C. H. Beck, München 2006，s. 132.

能。通过对可归责的当事人科以责任、实施制裁、惩罚其过错和不法行为，对社会公众产生教育和威慑作用，从而可以预防侵权行为的发生，抑制侵权行为的泛滥。

正确认识损害赔偿的功能，对于充分发挥损害赔偿的作用是十分必要的。例如，我国法上的损害赔偿没有完全排斥制裁功能，因此，精神损害赔偿和惩罚性赔偿仍然在一定情况下发挥作用。

三、财产损害赔偿和精神损害赔偿

财产损害赔偿即《侵权责任法》第 15 条规定的赔偿损失，是指因侵害他人人身权和财产权造成财产损失时，侵权人应当承担的赔偿责任。所谓精神损害赔偿即《侵权责任法》第 22 条规定的赔偿责任，是指因侵害他人人身权益造成严重精神损害后果时，侵权人应当承担的赔偿责任。这种分类是损害赔偿的基本类型，构建了整个侵权损害赔偿的基本框架。这两种损害赔偿存在一定的区别，主要表现在：

第一，保护范围不同。财产损害赔偿既可以保护财产权，也可以保护人身权益。例如，在行为人侵害他人生命健康权时，不仅要赔偿精神损害，还要赔偿其财产损失。但是精神损害赔偿仅限于人身权益受损害的情况。

第二，构成要件不同。财产损害赔偿适用于财产损失的情况，原则上，只要造成财产损失，受害人皆可以要求侵权人赔偿，法律对财产损失并没有作出最低限度的规定。但是精神损害赔偿要求侵害人造成严重的精神损害后果，法律对精神损害赔偿总体上持一种限制的态度[①]，轻微的、一般的精神损害不能适用精神损害赔偿。

第三，保护主体不同。财产损害赔偿请求权的主体包括自然人和法人以及其他组织，但是精神损害赔偿请求权的主体限于自然人。

第四，计算方法不同。财产损害赔偿在适用完全赔偿原则时，按照财产的实

---

① 参见《全国人民代表大会法律委员会关于〈中华人民共和国侵权责任法〉（草案）主要问题的汇报》（2008 年 12 月 22 日第十一届全国人大常委会第六次会议）。

际损失赔偿，无法计算损失时，则依据法律的特殊规定也可以按照侵权人实际获利状况进行计算。精神损害赔偿通常没有明确的计算标准，需要法官在个案中考虑各种因素而判定。

第二节 财产损害赔偿

一、侵害财产的损害赔偿

（一）侵害财产损害赔偿的概念

损害和损失在法律上是存在区别的。[①] 就侵害财产的赔偿而言，是就财产损失而不是广义的损害进行赔偿。《侵权责任法》第 19 条规定："侵害他人财产的，财产损失按照损失发生时的市场价格或者其他方式计算。"该条规定仅仅适用于侵害财产的情形。它包括如下几种类型：一是侵害物权，是指因侵权行为而导致他人所有权、用益物权、担保物权遭受损害的情形。例如，房地产开发公司取得了建设用地使用权，后来因第三人的挖掘活动，导致地面下陷，构成对该房地产开发公司的建设用地使用权的侵害。再如，债权人取得了对他人房屋之上的抵押权，因第三人的过错导致该房屋失火，此时不仅是对抵押人的所有权的侵害，也构成对债权人所享有的抵押权的侵害。侵害物权既包括对物本身的侵害，也包括对权利的侵害。对物的侵害，实际上也是对权利的侵害，它或者是对所有权的侵害，或者是对其他物权的侵害。至于对占有的侵害，一般都是对利益的侵害，除非占有已经构成了占有权，才可以归结为对权利的侵害。二是侵害知识产权。侵害知识产权，是指侵害了他人的著作权、商标专用权、专利权、发现权等知识产权。三是侵害了其他权利，如股权、继承权等。所有这些侵害行为都构成对财产的侵害，并造成了财产损失。

---

① 参见［德］冯·巴尔主编：《欧洲私法的原则、定义与示范规则》，王文胜等译，239 页，北京，法律出版社，2014。

（二）侵害财产的损失的计算

1.《侵权责任法》第 19 条确定了财产损害赔偿计算的时间点。关于侵害财产的赔偿标准的计算时间点，在司法实践中，存在不同的看法：

一是以判决生效时为标准。此种观点认为，考虑到通货膨胀和物价上涨因素等，以判决生效时为准有利于更充分地保障受害人的利益。例如，在"张某与中国工商银行股份有限公司昌吉回族自治州分行、新疆证券有限责任公司、杨某、张某财产损害赔偿纠纷案"的判决书中，法官提出了极具价值的判断方法。[①] 一审与二审法院均认为："侵权责任中关于侵害他人财产的赔偿原则是以填补损害为主旨，也即根据损害的大小确定赔偿的范围。财产损失可以按照损失发生时的市场价格或其他方式计算。本案中股票的价值是随着证券市场不断进行变化的，具有风险及不可控性，杨某系按照当日的股票市值将张某的股票卖出后占有，且杨某已被追究刑事责任，一审法院以附带民事诉讼中全额赔偿直接损失的原则按照刑事判决认定数额赔偿张某损失并无不当。"

二是以损害发生时为标准。此种观点认为，损害何时发生，就从何时计算损害赔偿的数额。例如，在上述案例中，原告上诉后，最高人民法院在再审时，认为："原告张某主张以侵权行为发生之时即 2005 年 12 月 12 日至其起诉前特变电工最后一次配股即 2008 年 5 月 30 日止为计算损失的时点，并无不当。"

三是以自损害发生至法庭辩论结束之间价格最高之时为标准。此种观点认为，在此期间物价发生变动，受害人可能选择价格最高时转让其财产，以此时为标准，符合受害人利益保护的立法目的。[②]

在比较法上，有关赔偿的标准的计算时间并没有统一的做法，大多是通过法院在判例中掌握的。《侵权责任法》第 19 条主要采纳了损害发生时的标准，其合理性在于：一方面，采纳这一标准有利于保护受害人。在实践中，财产遭受侵害主要是动产遭受侵害，不动产遭受侵害而毁损较少。很多动产特别是工业产品（如汽车、冰箱等）的市场价格总体上处于价格不断下降之中，以损失发生时为

---

① 参见《最高人民法院公报》，2013（2）。

② 参见于敏：《日本侵权行为法》，407 页以下，北京，法律出版社，1998。

准，对受害人往往比较有利。例如，汽车被撞一年以后，价格可能下降。如果按照损失发生时的市场价格，对受害人有利。另一方面，侵权行为发生时，受害人遭受了损害，侵权责任就已经成立。因此，侵权责任的确定应当以损失发生时为准。从侵权责任的产生来说，其应当是在侵权行为发生之时产生，而不能以事后的某个时间点来确定责任。此外，采取损害发生时的标准也有利于督促受害人及时提起诉讼。以损害发生为时间点，受害人在损害发生以后，应当及时收集证据，并且及时提起诉讼，这不仅有利于证据的收集和保存，而且有利于纠纷的及时与妥善解决。

当然，应当看到，以损害发生时为标准，主要考虑的是价格下降的趋势，但也不排除从损害发生到案件审理之间，被侵害的物的价格可能上涨。在此情况下，完全以损害发生时为标准对受害人不一定有利。因此，《侵权责任法》第19条规定也可以采取其他方式计算。

2.《侵权责任法》第19条确定了财产损害赔偿计算的标准。该条主要规定了如下标准：

第一，一般标准。根据《侵权责任法》第19条的规定，财产损害赔偿的计算的一般标准包括两项：一是以损害发生时的市场价格为标准。这就是说，在计算损害时，应当按照损害发生时的市场价格来确定赔偿的数额。财产损害赔偿本质上就是变相的交易，侵权人造成被侵权人的财产损害之后，通过赔偿一定的金钱，实际上是变相地"购买"其造成的损害。从这个意义上说，完全赔偿是价值法则的反映。正因为如此，在计算损害赔偿时，应当考虑市场价格。例如，造成某辆汽车毁损，就要考虑该汽车在当时市场中的价格。新车和二手车的价格是不同的。因此，造成汽车毁损之后，需要进行市场价格的评估，以准确确定应当赔偿的数额。[①] 如果是造成了部分毁损，应当考虑按照比例确定其赔偿数额。

第二，其他标准。依据《侵权责任法》第19条的规定，财产损害赔偿数额按照损失发生时的市场价格或者其他方式计算，该条所规定的"其他方式"实际

---

① 参见全国人大常委会法制工作委员会民法室编：《中华人民共和国侵权责任法条文说明、立法理由及相关规定》，70页，北京，北京大学出版社，2010。

上就是确立了市场价格以外的其他标准。之所以应当采取市场标准以外的标准，一方面是因为许多物本身不是商品不能进入流通，难以用市场价格计算，或者根本就不存在市场价格。例如，受害人祖传的文物，本身就没有市场价格。另一方面，许多物不仅具有市场价格，而且存在特别的价格。正如有学者所指出的，财产价格包括通常价格、特别价格和感情价格。通常价格就是市场价格，是指交易上的客观价格。特别价格是因受害人的特别因素而确定的价格。感情价格是指依据受害人的感情而确定的价格。[①] 例如，年代久远的珍贵照片、恋爱时的定情物等，它不仅很难用市场价格计算，而且作为特殊的纪念物品，具有感情价格。因此，侵害了特殊的纪念物品，从而实际上导致了无形财产的损失，也可能会造成情感等方面的损失。[②] 此外，一些物虽然有市场价格，但是以市场价格计算，可能并不合理。例如，在"胡震波诉叶润忠返还财物（邮票）案"中，法院认为，该案标的由于某种特殊原因又确实流入到社会上，在集邮市场上流通。虽然存在所谓的市场价格，但因该邮票量少而收藏价值大，价格在不断上升，因而不能完全按照损失发生的市场价格计算赔偿金额，而应当按照略高于市场价格的金额予以赔偿。[③] 正是因为上述原因，在市场价格之外，还有必要考虑按照其他方式计算。

笔者认为，其他标准主要包括四种标准：一是法定的标准。这就是说，在某些侵权行为中，法律直接对损害的计算作出了明确规定，此时，就应当依据法律规定来确定计算的标准，如依据《商标法》第63条的规定。据此，在侵害商标权的案件中，计算赔偿数额时，要考虑如下标准，即行为人因侵权所得的利益、被侵权人在被侵权期间因被侵权所受到的损失（包括被侵权人为制止侵权行为所支付的合理开支），以及法院酌定的赔偿数额。《著作权法》、《专利法》等法律都

---

　① 参见［日］於保不二雄：《日本民法债权总论》，庄胜荣校订，135页，台北，五南图书出版公司，1997。

　② 《精神损害赔偿司法解释》将其归结为精神损害，实际上混淆了财产损害和精神损害的界限。

　③ 参见《最高人民法院关于胡震波诉叶润忠返还财物（邮票）纠纷应如何处理的复函》（1992年4月8日）。

有类似的规定。① 二是法定标准以外的标准。这里所说的法定标准以外的标准，是指在特殊情况下，受害人遭受了市场价格难以计算的财产损失，应当根据实际损失确定赔偿标准。例如，受害人已经与他人订立了买卖合同，将其物品以高于市场价格的价格出售。此时，就可以按照受害人与第三人的约定来确定受害人所受的损害。再如，关于特殊的纪念物品，受害人在遭受损害以后，应当特别考虑其感情因素，而酌定受害人所遭受的损害。三是评估的价格。有些特殊的物品（如文物）并没有市场价格，其往往具有稀缺性和独特性。侵害这些物品就无法依据市场价格来确定损失，而应当借助评估的方式来确定其价格。四是法院酌定的标准。在遭受损害的情况下，有些损失难以确定，但行为人从中获得了利益，也可以按照其获得的利益进行赔偿，或者受害人为制止侵权行为而支付了一定的费用，这些费用也应当赔偿。法院可以根据具体情形酌定赔偿标准。

关于依据市场价格计算和依据其他方式计算，两者之间是否存在先后顺序？笔者认为，首先应当考虑特别法和一般法的关系，如果特别法上已经作出了规定，就应当按照特别法优先于一般法的规则，优先适用特别法的规定。其次，在没有特别法规定的情况下，应当按照《侵权责任法》所规定的顺序来确定。从其第 19 条的规定来看，两者之间应当存在先后顺序，原则上，应当首先考虑市场价格。只有在无法通过市场价格计算，或者按照市场价格计算不利于受害人保护时，才采用其他方式计算。

3. 损害赔偿的计算方法。大陆法系一些国家和地区曾经采取了两种计算损害的方法，即主观计算方法与客观计算方法：

（1）主观计算方法。主观计算方法又称具体计算方法，它是指根据受害人具体遭受的损失、支出的费用来计算损害额。通常在计算损失时，要考虑到受害人的各种特殊情形，如受害人的经济状况、受教育背景、职业收入等。

（2）客观计算方法。客观计算方法又称抽象计算方法，它指按照当时社会的一般情况来确定损害额，而不考虑受害人的特定情况。例如，因侵害原告的股

---

① 参见《著作权法》第 49 条、《专利法》第 65 条。

权，应当以被侵害时股票的市场价格计算。

从以上分析可以看出，主观计算方法旨在恢复权利人实际遭受的全部损失，它着眼于具体的实际情况。客观计算方法并不注重受害人的特定损失，但却要给当事人以一种合理的赔偿。我国《侵权责任法》对于究竟采取何种方法并没有明确规定，从实践来看，损害的情形非常复杂，很难有统一的标准。但比较上述两种计算方法，笔者认为，在计算方法上应以主观方法为主，客观方法为辅。这主要是因为侵权损害赔偿以完全赔偿为原则，以主观方法为标准进行计算，才能实现完全赔偿。当然，在有些情况下，难以确定受害人的主观损害，则应当采取客观的方法。

（三）侵害财产的请求权

侵害他人财产可能以侵害物权、侵害知识产权等方式出现，此时可能发生侵权请求权与物权请求权、知识产权请求权竞合。在此情形下，受害人能否自由选择请求权基础？笔者认为，从私法自治原则出发，应当尊重受害人选择请求权基础的自由，即受害人有权选择依据何种请求权向行为人提出请求。一般来说，当受害人选择请求权依据后，法官只能就受害人选择的请求权类型进行裁判，而不能在当事人的选择之外裁判。

二、侵害人身权益的财产损害赔偿

所谓侵害人身权益的财产损害赔偿，是指侵权人因侵害他人人格权、身份权等人身权益而造成的财产损害赔偿。《侵权责任法》第20条规定："侵害他人人身权益造成财产损失的，按照被侵权人因此受到的损失赔偿；被侵权人的损失难以确定，侵权人因此获得利益的，按照其获得的利益赔偿；侵权人因此获得的利益难以确定，被侵权人和侵权人就赔偿数额协商不一致，向人民法院提起诉讼的，由人民法院根据实际情况确定赔偿数额。"该条对侵害人身权益的财产损害赔偿责任作出了规定，从该条的规定来看，关于侵害人身权益财产损害赔偿的计算标准，主要包含了如下规则：

（一）按照实际损失赔偿

在行为人侵害他人人身权益造成他人财产损失的情形下，权利人有权依据《侵权责任法》第 20 条请求行为人赔偿其实际损失。按照实际损失赔偿是财产损害赔偿的一般规则，在侵害他人人身权益的情形下，受害人也可能遭受一定的财产损失，因此，也可以适用实际损失赔偿规则，这也符合损害赔偿的一般原理。当然，由于侵权损害赔偿责任仅救济现实的损害，因而受害人在请求行为人按照实际损失赔偿时，其既需要证明其客观上遭受了一定的财产损害，又需要证明其财产损失的具体数额，否则将难以获得救济。

（二）按照获利数额赔偿

依据《侵权责任法》第 20 条的规定，在权利人的损失难以确定时，如果行为人有获利的，则权利人有权请求行为人按照其获利承担财产损害赔偿责任，这就确立了获利赔偿的规则。《侵权责任法》之所以规定侵权获利赔偿规则，主要原因在于：一方面，便于对受害人进行救济。与财产损害不同，人身权益的客体具有无形性，权利人很难证明其遭受了何种财产损害。另一方面，有利于发挥侵权法的损害预防功能。罗马法中就确立了"禁止非法获利"的原则，这是罗马法法谚中"任何人不得因他人不法行为获利"（neminem cum alterius detrimento et iniuria fieri locopletiorem）原则的基本要求。禁止非法获利也是矫正正义的具体体现，《侵权责任法》第 20 条规定了获利返还请求权，创设了"获利视为损害"的规则，将行为人的获利视为受害人的损害，也可以有效剥夺行为人的获利。

应当指出的是，获利赔偿规则在性质上贯彻的仍然是损害填补的规则，该规则在性质上并非惩罚性赔偿。该规则主要适用于人格权商业化利用的情形，在确定行为人的获利数额时，应当考虑如下因素：一是权利人人格权在行为人全部获利中的贡献度。德国学者 Schultz 认为，应当根据不同考量要素（商品、版权、劳动力、企业等）对获利的贡献进行公平的分割，并根据贡献进行分配。[1] 例

---

[1]　Schultz, "System der Rechte auf dem Eingriffserwerb," 105 AcP 1 (1909); Sacco, L'arricchimento ottenuto mediante fatto ingiusto (1959); Kellmann, Grundsatze der Gewinnhaftung, 139 (1969).

如，以他人的肖像做广告，对产品的促销究竟有多大的作用，应当综合考量上述因素加以判断。二是拟制的使用费标准，即将行为人所节省的许可使用费作为确定其获利的标准。例如，某人未经他人许可而利用他人肖像做广告，因此节省了相应的广告费用，故其应赔偿聘请同类的人做广告所应支付的费用。一般而言，权利人的知名度与行为人的获利数额是成正比的。三是比较行为人因利用他人权利后获得的利润总额与假如未利用他人权利而获得的利润总额，二者之间的差额就应当是因利用他人权利而获得的利益。

（三）法院酌定标准

依据《侵权责任法》第 20 条的规定，酌定的情形适用于获利难以确定的情况，也包括了侵权人没有获利的情况。这一规定是借鉴我国知识产权法相关规定的结果，也是我国司法实践中运用得最为广泛的一种计算方式。法院在酌定赔偿数额时，应考虑侵权人的过错程度、具体侵权行为和方式、造成的损害后果和影响等因素综合考量确定。① 法院在酌定赔偿数额时，虽然没有最高或最低限额的限制，但是也应当谨慎确定，避免赔偿数额过高或过低。在司法实践中，有的法院认为："如果有一般许可使用费可以参照，法院可以结合侵权人过错，侵权的情节，该许可使用的范围、时间、受害人知名度等因素，参照许可使用费确定赔偿数额。"② 此种看法不无道理。在《侵权责任法》颁行前，有的法院在决定人格权商业化利用财产损害赔偿数额时，已经开始参考拟制的许可使用费。例如，在"艾瑞比·鲍威尔·泰勒诉人像摄影杂志社侵犯著作权、肖像权纠纷案"③中，法院认为，对于赔偿的具体数额，本院将参照模特行业肖像使用费的一般付费标准及被告侵权的情节等因素酌情予以确定。《侵权责任法》第 20 条的规定也是对司法实践经验的总结。

---

① 参见全国人大常委会法制工作委员会民法室编：《中华人民共和国侵权责任法条文说明、立法理由及相关规定》，76 页，北京，北京大学出版社，2010。

② "张柏芝诉梧州远东美容保健品有限公司肖像权案"，载《人民法院案例选》2006 年第 4 辑，北京，人民法院出版社，2007。

③ 北京市第一中级人民法院（2003）一中民初字第 10253 号民事判决书。

三、人身伤亡的财产损害赔偿

人身伤亡主要是指因侵权人侵害身体权、健康权和生命权等造成的损害后果。在人身伤亡的情况下，不仅会导致精神损害，也会导致财产损害。《侵权责任法》针对人身伤亡的财产损害赔偿标准专门作出规定。该法第 16 条规定："侵害他人造成人身损害的，应当赔偿医疗费、护理费、交通费等为治疗和康复支出的合理费用，以及因误工减少的收入。造成残疾的，还应当赔偿残疾生活辅助具费和残疾赔偿金。造成死亡的，还应当赔偿丧葬费和死亡赔偿金。"该条区分了侵害他人人身造成一般人身伤害和残疾、死亡三种情况，而分别确立了不同的赔偿标准。

1. 人身伤害的一般赔偿标准。人身伤害主要是指侵害他人身体权和健康权，但是，没有导致残疾或死亡的结果。在此情况下，根据《侵权责任法》第 16 条，应当赔偿医疗费、护理费、交通费等为治疗和康复支出的合理费用，以及因误工减少的收入。这些费用具有如下特点：一是必须是为治疗和康复支出的费用。所谓为治疗和康复支出的费用，就是指费用的支出与侵权行为之间存在因果关系。二是必须是合理的费用。所谓合理的费用，是指按照受害人的具体情况，而应当支出的费用。合理与否要从社会一般人的角度来衡量，并综合考虑受害人的各种具体情况。① 是否合理往往要根据医疗机构的意见来确定。另外，为了强化对受害人的保护，侵权人认为费用的支出不合理，应当负举证责任。具体来说，包括如下几项：

第一，医疗费。医疗费是指受害人遭受人身伤害之后，因为接受检查、治疗与康复所应当支付的必要费用。医疗费包括挂号费、医药费、检查费、治疗费、手术费、住院费以及其他必要的费用，这些费用都是与侵害人格权具有因果关系的，应当作为直接损失予以赔偿。② 《人身损害赔偿司法解释》第 19 条规定："医

---

① 参见王利明主编：《人身损害赔偿疑难问题：最高人民法院人身损害赔偿司法解释之评论与展望》，551～552 页，北京，中国社会科学出版社，2004。
② 参见程啸：《侵权行为法总论》，462 页，北京，中国人民大学出版社，2008。

疗费根据医疗机构出具的医药费、住院费等收款凭证，结合病历和诊断证明等相关证据确定。赔偿义务人对治疗的必要性和合理性有异议的，应当承担相应的举证责任。医疗费的赔偿数额，按照一审法庭辩论终结前实际发生的数额确定。"这就意味着，在受害人证明了医疗费支出以后，赔偿义务人应当对治疗的不必要和不合理承担举证责任。如果赔偿义务人不能提出反证，就认定该医疗费支出是合理的、必要的。至于器官功能恢复训练所必要的康复费、适当的整容费以及其他后续治疗费，虽然属于医疗费的范畴，但在起诉之时尚没有发生，所以赔偿权利人可以待实际发生后另行起诉。

第二，护理费。护理费是指受害人因遭受人身伤害，由他人进行护理而支出的费用。与医疗费相比，虽然护理费相对较少，但也是与人格权侵害具有因果关系的费用。护理费的情况比较复杂，包括住院期间的护理费、康复期间的护理费等。只要因人身伤害导致受害人需要护理的费用，都应当赔偿。护理费的支出不仅包括专业人员的护理费，而且包括近亲属等其他人的护理费。① 因此，《人身损害赔偿司法解释》第21条第1款规定："护理费根据护理人员的收入状况和护理人数、护理期限确定。"但无论护理的形式如何，护理费用应当是实际发生的合理费用，该费用应当依据司法解释的规定确定。②

第三，交通费。交通费是指受害人遭受人身伤害之后，本人为治疗支出的交通费，以及必要的陪护人员为了受害人的治疗而支出的交通费。因此，交通费包括两部分：一是受害人因治疗活动而支出的交通费。例如，本人前往就诊或转院等而发生的车旅费。二是必要的陪护人员的交通费。此处所说的必要陪护人员可能是受害人的近亲属，也可能是其他人。但受害人的近亲属往来探望的费用不宜

---

① 参见程啸：《侵权行为法总论》，463页，北京，中国人民大学出版社，2008。

② 《人身损害赔偿司法解释》第21条第2～4款规定："护理人员有收入的，参照误工费的规定计算；护理人员没有收入或者雇佣护工的，参照当地护工从事同等级别护理的劳务报酬标准计算。护理人员原则上为一人，但医疗机构或者鉴定机构有明确意见的，可以参照确定护理人员人数。护理期限应计算至受害人恢复生活自理能力时止。受害人因残疾不能恢复生活自理能力的，可以根据其年龄、健康状况等因素确定合理的护理期限，但最长不超过二十年。受害人定残后的护理，应当根据其护理依赖程度并结合配制残疾辅助器具的情况确定护理级别。"

归入赔偿的范围。交通费的支出应当是合理的、必需的。① 对于,《人身损害赔偿司法解释》第 22 条规定:"交通费应当以正式票据为凭;有关凭据应当与就医地点、时间、人数、次数相符合。"

第四,为治疗和康复支出的其他合理费用。此处所说的合理费用主要包括:营养费、住院伙食补助费、住宿费等。营养费,是指受害人遭受损害之后,为了康复的需要而补充营养所支出的费用。伙食补助费,是指受害人在住院治疗期间,补助伙食所需要的费用。住宿费是指受害人的近亲属陪护和往来探望时因住宿而支付的费用。这些费用都必须是为了受害人的治疗和康复所支出的合理费用:一是必须是实际发生的损失。如果尚未发生的,不能赔偿。二是必须与治疗活动有关。例如,交通费应当是因治疗而支出的,而不是因个人其他事务而支出的。三是必须是合理的费用。例如,住宿费应当是合理水平的住宿费用,而不应当是过分的高消费。四是必须由原告举证证明费用的支出。

第五,误工损失。《侵权责任法》第 16 条所说的"因误工减少的收入"也称为误工费。误工费就是指受害人从遭受损害到完全康复期间,因无法从事正常的工作和劳动而导致收入损失的赔偿。误工损失仅限于受害人自己的误工损失。误工损失常常具有个体差异性,因为受害人所从事职业、收入水平等都存在较大差异,因而误工损失可能各不相同。尤其是有些受害人可能并没有固定收入或工作,确定其误工损失比较困难,此时应根据《人身损害赔偿司法解释》的规定确定。

2. 人身伤害导致残疾的赔偿标准。在人身伤害致残的情况下,前述一般赔偿标准仍然适用。此外,侵权人还要赔偿残疾生活辅助具费和残疾赔偿金。人身伤害是否导致残疾,必须通过相关部门的鉴定。对此,我国相关部门制定了各自的标准,以确定是否残疾和残疾的等级。②

---

① 参见程啸:《残疾赔偿金和死亡赔偿金》,载王利明主编:《人身损害赔偿疑难问题:最高人民法院人身损害赔偿司法解释之评论与展望》,599 页,北京,中国社会科学出版社,2004。

② 参见国家质量监督检验检疫总局《道路交通事故受伤人员伤残评定》、国家技术监督局《职工工伤与职业病致残程度鉴定》、中国残疾人联合会《中国残疾人实用评定标准》等。

　　第一，残疾生活辅助具费。在人身伤害致残的情况下，受害人可能需要配备残疾辅助器具。残疾辅助器具费是指受害人因残疾造成身体机能的全部或部分丧失，而需要配备有关残疾辅助器具所支付的费用。这一费用是因侵害行为而增加的，因此也应当赔偿。[①]《人身损害赔偿司法解释》第26条规定："残疾辅助器具费按照普通适用器具的合理费用标准计算。"这就是说，残疾辅助器具费应当按照普通适用的器具来确定，受害人不能随意购置特殊器具并要求相应的赔偿。购置器具的费用也必须合理，但伤情有特殊需要的，可以参照辅助器具配制机构的意见确定相应的合理费用标准。另外，在有些情况下，辅助器具可能需要更换，并可能需要长期配置。依据司法解释的规定，辅助器具的更换周期和赔偿期限应当参照配制机构的意见确定。

　　第二，残疾赔偿金。所谓残疾赔偿金，是指受害人因身体或健康遭受侵害后，因全部或部分丧失劳动能力所应当获得的赔偿。关于残疾赔偿金的性质，有两种不同的观点：一是收入丧失说。此种观点认为，残疾赔偿金是对受害人收入丧失的赔偿。收入丧失在计算损害赔偿数额的时候，是以受害人遭受伤害之前的收入与遭受伤害之后的收入之间的差额作为损害额，因此又被学者称为"差额说"[②]。二是劳动能力丧失说。此种观点认为，残疾赔偿金并非收入丧失的赔偿，而是劳动能力丧失的赔偿。例如，在德国法中，判例和学说认为，人的劳动能力具有商业价值，因此计算收入损害时，同样应当按照具体情况计算。长期残疾以及心理损害导致的劳动能力丧失，具有非财产性，并应根据《德国民法典》第253条第2款得到赔偿。确定长期残疾的赔偿数额时，法院也应当考虑受害人的年龄，一般而言，受害人越年轻，行为人的赔偿数额越高。[③] 依据《人身损害赔偿司法解释》第25条第1款的规定，根据受害人丧失劳动能力程度或者伤残等

---

　　① 参见程啸：《人身伤亡有关费用的赔偿标准》，载王利明主编：《人身损害赔偿疑难问题：最高人民法院人身损害赔偿司法解释之评论与展望》，608页，北京，中国社会科学出版社，2004。

　　② 程啸：《人身伤亡有关费用的赔偿标准》，载王利明主编：《人身损害赔偿疑难问题：最高人民法院人身损害赔偿司法解释之评论与展望》，608页，北京，中国社会科学出版社，2004。

　　③ Gerhard Wagner, Neu Perspektiven im Schadensersatzrecht-Kommerzialisierung, Strafschadensersatz, Kollektivschaden, Verlag C. H. Beck, München 2006, S. 132, 133.

级，应当赔偿残疾赔偿金。因此，残疾赔偿金在性质上是对劳动能力丧失的赔偿，而不是收入丧失的赔偿。笔者认为，以"劳动能力丧失"来界定残疾赔偿金是合理的，因为收入丧失说会导致实质上的不平等，各个受害人的收入水平是不同的，而且它还要求受害人必须有实际的收入损失，未成年人、待业人员等可能都不存在收入损失，因此不能获得赔偿，这显然不合理。[1]

　　考虑到劳动能力丧失的赔偿标准应当尽可能具有可操作性，同时也是为了避免各地实际判决中的不一致。《人身损害赔偿司法解释》第 25 条第 1 款规定："残疾赔偿金根据受害人丧失劳动能力程度或者伤残等级，按照受诉法院所在地上一年度城镇居民人均可支配收入或者农村居民人均纯收入标准，自定残之日起按二十年计算。但六十周岁以上的，年龄每增加一岁减少一年；七十五周岁以上的，按五年计算。"具体来说，残疾赔偿金的计算应当考虑如下因素：一是受害人丧失劳动能力程度或者伤残等级。按照丧失劳动能力的严重程度和伤残等级的高低，确定不同的赔偿额。二是受诉法院所在地上一年度城镇居民人均可支配收入或者农村居民人均纯收入标准。所谓城镇居民人均可支配收入，是指城镇居民可以用来自由支配的收入，即家庭总收入扣除各种税费后的收入。所谓农村居民人均纯收入，是指农村居民当年从各个来源获得的总收入扣除各种税费的剩余部分。[2]而城镇居民人均可支配收入、农村居民人均纯收入，应当按照政府统计部门公布的数据确定。三是受害人的年龄。通常来说，残疾赔偿金的赔偿年限是定残之日起的 20 年。但在计算时，也考虑受害人的年龄，因为年龄越大，其余命就递减，因此，残疾赔偿金的赔偿年限也应当减少。[3]四是残疾赔偿金的适当调整。残疾赔偿金的确定是为了救济残疾造成的收入丧失，而根据实际情况，其收入丧失没有受到严重影响的，就需要进行适当调整。按照《人身损害赔偿司法解释》第 25 条第 2 款的规定，残疾赔偿金的赔偿也可以根据实际情况进行适当调

---

　　[1]　参见黄松有：《在最高人民法院公布〈关于审理人身损害赔偿案件适用法律若干问题的解释〉新闻发布会上的讲话》。

　　[2][3]　参见程啸：《残疾赔偿金和死亡赔偿金》，载王利明主编：《人身损害赔偿疑难问题：最高人民法院人身损害赔偿司法解释之评论与展望》，562 页，北京，中国社会科学出版社，2004。

整，包括两种情况：（1）受害人因伤致残但实际收入没有减少；（2）伤残等级较轻但造成职业妨害严重影响其劳动就业的。在前一种情况下，应当适当减少残疾赔偿金；而在后一种情况下，应当适当增加残疾赔偿金。

3. 人身伤害导致死亡的赔偿标准。在人身伤害导致死亡的情况下，《侵权责任法》第16条规定，"造成死亡的，还应当赔偿丧葬费和死亡赔偿金。"如何理解该条的含义？笔者认为，首先，在造成死亡的情况下，也要赔偿一般项目，包括医疗费、护理费、交通费等合理费用，以及因误工减少的收入。因为从文义解释来看，《侵权责任法》第16条中的"还应当"的含义，就是除了包括前项之外，还包括"赔偿丧葬费和死亡赔偿金"。其次，在造成死亡的情况下，还要赔偿丧葬费和死亡赔偿金。具体来说：一是丧葬费。此处所说的"丧葬费"是因安葬死者所支出的费用。《人身损害赔偿司法解释》第17条第3款明确规定，侵害人要赔偿丧葬费。而按照《人身损害赔偿司法解释》第27条："丧葬费按照受诉法院所在地上一年度职工月平均工资标准，以六个月总额计算。"例如，原告在某市法院起诉，该市上一年度职工月平均工资是2 000元人民币，按6个月计算，应为12 000元。二是死亡赔偿金。我国法律规定了在侵害生命权的情况下应当赔偿死亡赔偿金，这是财产损害赔偿的项目之一。

关于扶养费的赔偿，在既有的法律和司法解释中，都有相应的规定。扶养费是指受害人在生前为其所抚养的人而应当支付的生活费用。《民法通则》第119条规定，侵害公民身体"造成死亡的，并应当支付丧葬费、死者生前扶养的人必要的生活费等费用"。此处所说的死者生前扶养的人必要的生活费等费用，就是指被扶养人的生活费。被扶养人是指受害人依法应当承担扶养义务的未成年人或者丧失劳动能力又无其他生活来源的成年近亲属。[①] 死者生前扶养的人会因生命权遭受侵害的行为而遭受损害，即生活来源的缺乏。因此，侵害人也应当赔偿被扶养人生活费。

---

① 参见程啸：《残疾赔偿金和死亡赔偿金》，载王利明主编：《人身损害赔偿疑难问题：最高人民法院人身损害赔偿司法解释之评论与展望》，562页，北京，中国社会科学出版社，2004。

　　《人身损害赔偿司法解释》第 17 条将赔偿项目扩大到被扶养人生活费，但《侵权责任法》并没有对此作出规定。对于被扶养人生活费是否应当包括在其中，有两种不同的解释：一是排除说。此种观点认为，《侵权责任法》具体列举了赔偿的项目，凡是没有规定的项目，都视为已经被排除，不应再予以赔偿。有学者认为，《侵权责任法》的规定改变了自《民法通则》以来死亡赔偿金与被扶养人生活费都要赔偿的做法。① 二是包含说。此种观点认为，《侵权责任法》所列举的赔偿项目只是典型的项目，凡是实践中因治疗和康复所支出的所有费用都应当纳入其中。② 也有学者认为，残疾赔偿金是对受害人劳动能力丧失的赔偿，它类似于收入丧失的赔偿，而扶养费原本应当从收入中支出，因此，赔偿了残疾赔偿金就不必再赔偿扶养费。笔者赞成第二种观点，理由主要在于：

　　第一，从文义解释来看，《侵权责任法》第 16 条规定，"侵害他人造成人身损害的，应当赔偿医疗费、护理费、交通费等为治疗和康复支出的合理费用"，此处规定的"等"字表明，法律采取的是开放式列举。因而，凡是为治疗和康复支出的合理费用，都要纳入其中，其范围不应当限于上述列举的几种。

　　第二，从体系解释来看，人身伤害的一般赔偿项目也可以适用于侵害他人导致残疾的情形，因此，在受害人残疾时也要赔偿人身伤害的一般赔偿项目。

　　第三，从目的解释来看，人身伤亡赔偿的目的就是对受害人提供全面的救济，扶养费如果不予赔偿，将可能导致依靠受害人扶养的人突然生活无着落，并引发社会问题。

　　需要指出的是，残疾赔偿金之中包括扶养费的观点也有值得商榷之处。一方面，残疾赔偿金本身就是比较模糊的概念，究竟是根据何种标准确定的残疾赔偿金仍然存在争议。另一方面，在司法实践中，残疾赔偿金长期以来都是与扶养费单独计算，如果将扶养费包含在残疾赔偿金之中，可能导致受害人所获得的赔偿减少，这与强化受害人保护的立法目的也不完全符合。

---

① 参见姜强：《侵权责任法的立法目的与立法技术》，载《人民司法（应用）》，2010（3）。

② 参见全国人大常委会法制工作委员会民法室编：《中华人民共和国侵权责任法条文说明、立法理由及相关规定》，59 页，北京，北京大学出版社，2010。

四、死亡赔偿金的性质和赔偿标准

（一）死亡赔偿金的性质

死亡赔偿金在性质上如何界定，即其究竟属于财产损害赔偿，还是精神损害赔偿？最高人民法院《精神损害赔偿司法解释》第9条规定："精神损害抚慰金包括以下方式：（一）致人残疾的，为残疾赔偿金；（二）致人死亡的，为死亡赔偿金；（三）其他损害情形的精神抚慰金。"可见，该解释将死亡赔偿金视为精神损害赔偿。而《人身损害赔偿司法解释》则区分了精神损害赔偿和死亡赔偿，将死亡赔偿金定性为一种财产性质的损害赔偿。在我国，《消费者权益保护法》《国家赔偿法》等法律中也提出了死亡赔偿金的概念，《道路交通事故处理办法》中称为"死亡补偿费"；《产品质量法》中称为"抚恤金"，但在这些法律法规中并没有明确规定死亡赔偿金到底是精神损害赔偿还是财产损失。一些学者认为死亡赔偿金在性质上是侵害生命权的慰抚金赔偿。另一些学者认为，死亡赔偿金并非是对死者的赔偿，而只能是对与受害死者有关的一些人即亲属的精神或财产损害的赔偿。[1] 死亡赔偿金在性质上属于财产损害的赔偿。[2]

笔者认为，从我国《侵权责任法》的相关规定来看，死亡赔偿金是一种财产损害赔偿。主要理由在于：第一，死亡赔偿金规定在《侵权责任法》第16条，精神损害赔偿规定于第22条，两者出现在不同的位置，实际上表明立法者将其区分开来，第22条更是明确地将精神损害赔偿的权利人界定为被侵权人。第二，死亡赔偿金规定于《侵权责任法》第16条，而该条规定的各种赔偿，不论是医疗费、护理费、交通费等合理费用，误工减少的收入，还是残疾赔偿金、死亡赔偿金，实际上都是财产损失。第三，根据《侵权责任法》第17条的规定，"因同一侵权行为造成多人死亡的，可以以相同数额确定死亡赔偿金"。该条中所说的死亡赔偿金也是财产损害赔偿，而不包括精神损害赔偿，因为精神损害赔偿具有

---

[1] 参见冯恺：《生命损害赔偿请求权理论再思考》，载《政法论丛》，2004（2）。
[2] 参见张新宝：《侵权死亡赔偿研究》，载《法学研究》，2008（4）。

个性化的特点，难以采用统一的标准来确定。即便是在同一侵权行为造成多人死亡的情况下，也难以以相同的数额确定精神损害赔偿数额。

既然认定死亡赔偿金是财产损害赔偿，其赔偿的对象如何，也存在不同的观点：一是扶养丧失说。该说认为，由于受害人死亡导致其生前依法定扶养义务供给生活费的被扶养人因此丧失了生活的来源，这种损害应当由赔偿义务人加以赔偿。按照扶养丧失说，赔偿义务人赔偿的范围就是被扶养人在受害人生前从其收入中获得的或者有权获得的自己的扶养费的份额。"向死者的亲属支付财产损害赔偿，一方面有助于他们开始新的生活，另一方面符合现在欧洲的通例。"① 目前，采取此说的包括德国、英国、美国大多数州、俄罗斯等国家和地区。② 二是继承丧失说。该说认为，受害人倘若没有遭受侵害，在未来将不断地获得收入，而这些收入本来是可以作为受害人的财产为其法定继承人所继承的，因加害人的侵害行为导致受害人死亡，从而使得这些未来可以获得的收入完全丧失。因此，依据继承丧失说，赔偿义务人应当赔偿的是因受害人死亡而丧失的未来可得利益。美国少数州、日本以及我国采取此说。③ 需要指出的是，两大法系大多数国家都在试图通过立法确定侵害生命权以后的赔偿标准，以限制法官的自由裁量。④ 笔者认为，较之于继承丧失说，扶养丧失说更为合理。因为继承丧失说可能因直接受害人的差异极大，赔偿义务人往往难以预测其行为后果，会不当地限制其行为自由。例如，行为人撞死了亿万富翁，可能导致其倾家荡产，但如果受害人是流浪汉，则行为人的赔偿义务又较轻，这对受害人家属而言也不公平。因此，将死亡赔偿金视为对扶养丧失的赔偿是合理的。从《人身损害赔偿司法解释》的规定来看，采用的是折中的标准。其第 17 条第 3 款既规定了被扶养人的

---

① Gerhard Wagner, Neu Perspektiven im Schadensersatzrecht-Kommerzialisierung, Strafschadensersatz, Kollektivschaden, Verlag C. H. Beck, München 2006, S. 133.

② 参见程啸：《残疾赔偿金和死亡赔偿金》，载王利明主编：《人身损害赔偿疑难问题：最高人民法院人身损害赔偿司法解释之评论与展望》，567 页，北京，中国社会科学出版社，2004。

③ 参见程啸：《残疾赔偿金和死亡赔偿金》，载王利明主编：《人身损害赔偿疑难问题：最高人民法院人身损害赔偿司法解释之评论与展望》，568 页，北京，中国社会科学出版社，2004。

④ See W. V. Horton Rogers (ed), *Damages for Non-Pecuniary Loss in a Comparative Perspective*, Rijksuniversiteit Groningen, 2001, p. 13.

生活费赔偿，又规定了死亡赔偿金。从该解释来看，死亡赔偿金可以理解为是继承丧失的赔偿，只不过其赔偿的并非死者可能的收入，而是按照统一标准确定的继承丧失的赔偿。

（二）死亡赔偿金的标准

关于死亡赔偿金是否应当有统一标准，一直存在争议。[①] 最高人民法院的司法解释已经对此作出了明确规定。《人身损害赔偿司法解释》第 29 条规定："死亡赔偿金按照受诉法院所在地上一年度城镇居民人均可支配收入或者农村居民人均纯收入标准，按二十年计算。但六十周岁以上的，年龄每增加一岁减少一年；七十五周岁以上的，按五年计算。"按照该规定，死亡赔偿金的计算应当根据如下规则确定：

第一，死亡赔偿金按照受诉法院所在地上一年度城镇居民人均可支配收入或者农村居民人均纯收入标准计算。这里所说的上一年度，是指一审法庭辩论终结时的上一统计年度。所谓城镇居民人均可支配收入，是指城镇居民可以用来自由支配的收入，即家庭总收入扣除各种税费后的收入。所谓农村居民人均纯收入，是指农村居民当年从各个来源获得的总收入扣除各种税费的剩余部分。[②] 而城镇居民人均可支配收入、农村居民人均纯收入，应当按照政府统计部门公布的数据确定。

第二，死亡赔偿金原则上按 20 年计算，但在计算时，也应当考虑受害人余命的长短问题。如果受害人是 60 周岁以上的，年龄每增加 1 岁减少 1 年；如果受害人是 75 周岁以上的，按 5 年计算。

第三，赔偿权利人举证证明其住所地或者经常居住地城镇居民人均可支配收入或者农村居民人均纯收入高于受诉法院所在地标准的，死亡赔偿金可以按照其住所地或者经常居住地的相关标准计算。这就是说，前述受诉法院的收入水平可能低于受害人住所地或者经常居住地的相关标准计算的收入水平，为了更充分地

---

① 参见傅蔚冈：《"同命不同价"中的法与理——关于死亡赔偿金制度的反思》，载《法学》，2006（9）；张新宝、明俊：《空难概括死亡赔偿金性质及相关问题》，载《法学研究》，2005（1）。

② 参见程啸：《残疾赔偿金和死亡赔偿金》，载王利明主编：《人身损害赔偿疑难问题：最高人民法院人身损害赔偿司法解释之评论与展望》，562 页，北京，中国社会科学出版社，2004。

保护受害人，允许受害人举证证明其收入高于受诉法院所在地的标准，从而按照其住所地或者经常居住地的相关标准计算。

《人身损害赔偿司法解释》区分城乡户籍，并确定了不同的死亡赔偿金标准，此种做法在实践中引发了较大的争议，甚至引发了"同命不同价"的讨论。笔者以为，"同命不同价"这个提法本身是不确切的。因为自然人死亡之后，死亡赔偿金的对象不可能是死者的生命，一方面，生命本身是无价的；另一方面，生命不能转让，无法用价格来体现出价值。一个人死后，财产可以由其近亲属来继承，但是生命权不能转让给近亲属，也不能够由死者的近亲属主张对死者生命权的赔偿。对于生命权的赔偿，其范围是因死亡所引发的死者近亲属遭受的各种损失，这主要包括两方面：一是财产损失，包含医药费、丧葬费这些费用支出，死者生前的收入和扶养家庭成员的开支，死亡赔偿金就包括在内。二是精神损害。它是指因某人的死亡导致其近亲属极度悲痛，由此将引发精神损害赔偿。

笔者认为，最高人民法院上述司法解释存在明显的不足：一方面，虽然我国确实存在城乡二元体制，但法律上应当逐步通过良好的制度设计来消解二元体制，而不是通过确定死亡赔偿金的标准来强化这一体制。在自然人死亡之后，要从对受害人全面保护出发，努力促进城乡二元结构向合理的方向发展，而不宜通过在死亡赔偿金计算时区分城乡居民的办法来拉大这种差距。另一方面，上述司法解释不仅区分了城乡不同的户籍，而且确立了不利于农村居民的赔偿标准。该司法解释提出了两个赔偿标准，一个是"城镇居民可支配收入"，一个是"农村居民纯收入"。相对来说，纯收入已经减去了各种费用，相对较少；而可支配收入，是没有扣除支出的，相对较高。因此，两者的标准不同，导致可支配收入会高于纯收入。这一标准显然对农村居民不利，尽管便利法官操作，但从社会效果的角度考量并不一定妥当。当然，应当看到，中国的城乡差异、地区差异较大，情况复杂，不同地区、不同年龄、不同职业等在收入、支出等方面都存在差异。完全采用统一的赔偿标准，也可能不利于法官根据个案确定妥当的赔偿数额，也与侵权责任法上的完全赔偿原则不完全吻合。从比较法上看，对于非财产损害的赔偿采取了个案考量的个别化判断方式，同样在死亡赔偿金方面也给了法官较大

的自由裁量权。[①] 从我国司法实践来看，法律规定的任何统一标准都可能无法顾及差异性，并可能引发新的争议。正是基于这一原因，《侵权责任法》放弃了对赔偿标准的统一规定。[②]

（三）同一案件适用同一赔偿标准的原则

《侵权责任法》第 17 条规定："因同一侵权行为造成多人死亡的，可以以相同数额确定死亡赔偿金。"该条确立了同一案件适用同一赔偿标准的原则，具体来说，包括如下内容：第一，它必须适用于同一案件，即同一侵权行为而导致损害结果。同一侵权行为可以是因过错而实施的侵权行为，也可以是没有过错，法律规定应当承担责任的侵权行为。从实践来看，同一案件主要是指适用严格责任的案件，如机动车事故责任案件、产品责任案件、工作物致害责任案件等。第二，它必须是因同一侵权行为造成多人死亡。例如，在同一交通事故中，导致多人死亡，或者因同一矿难而导致多人死亡。在通常情况下，同一侵权行为导致多人死亡，都是大规模侵权，因侵权行为引发众多受害人的损害。正是因为人数众多，采用同一标准赔偿，既减轻了受害人的举证负担，又避免受害人之间相互攀比，无法实现案结事了，因而有利于提高诉讼效率。第三，可以以相同数额确定死亡赔偿金。此处所说的"可以"并不是必须或应当，因为虽然这种方式有其优点，但实践中案情复杂，如果一概坚持同一标准，也可能带来新的问题。

在此需要探讨的是，《侵权责任法》第 17 条使用了"可以"的提法，表明这种规定并非一种强制性规范，但是否可以认为这是一种任意性规范呢？笔者认为，也不宜简单地将该条规定理解为任意性规范。主要原因在于：第一，该条规定体现了一种价值取向，要求在这些事故中尽可能地采取统一赔偿标准，减少争议和纠纷，但是，在适用这种统一标准时，法官负有提供合理理由的说明义务。在特殊情况下，受害人如年龄、经济状况等个人因素差距过大时，可以采取特别

---

① See W. V. Horton Rogers, *Damages for Non-Pecuniary Loss in a Comparative Perspective*, Rijksuniversiteit Groningen, 2001, p. 247.

② 参见全国人大常委会法制工作委员会民法室编：《中华人民共和国侵权责任法条文说明、立法理由及相关规定》，63 页，北京，北京大学出版社，2010。

处理，对个别受害人的赔偿可以高于其他受害人。如果将该条作为任意性规定，法官就可以不必适用该规则，上述规定将形同虚设。第二，采同一标准只能是就高不就低，因为采纳过低标准或中等标准，可能会对受害人不利，只有采用高标准，才对所有的受害人都有利，但如此可能导致责任人承担了过重的责任。因此，该条规定"可以"，实际上意味着，要授权法官根据具体案情，综合考虑各种因素决定是否采纳该标准。法官在考量的过程中，也要考虑原告的态度。如果大多数原告都主张采用统一标准赔偿，法官可以采用此种标准；如果大多数原告都不赞成采用统一标准，法官也可以不适用该条规定。[1] 第三，根据《侵权责任法》第17条的规定，以相同数额确定死亡赔偿金，意味着在符合第17条的情况下，有可能排斥最高人民法院颁布的《人身损害赔偿司法解释》第29条的规定。尽管我们不赞成所谓区分城乡居民确定赔偿标准就构成违宪的看法，但是，在同一案件中，如果因为交通事故、矿难等原因导致多人死亡，而针对城乡居民区别对待，甚至赔偿的标准相差数倍，这确实不符合宪法上确定的人人平等原则。据此可以认为，《侵权责任法》第17条的规定是上述司法解释适用的例外。因此，在出现上述情况以后，法官应当考虑适用《侵权责任法》第17条的规定，通过在同一案件中适用统一标准，从而避免出现所谓"同命不同价"的争议。尤其是，该规定是我国长期实践经验的总结。在我国有关交通事故保险中其实并没有区分城乡居民。我国司法实践在矿难事件中有时也采取这种统一标准的赔偿办法。实践证明这种措施是非常行之有效的。[2] 正是从这个意义上说，《侵权责任法》第17条并非任意性而是强制性规定。

　　需要指出的是，在采用统一标准确定死亡赔偿金之后，受害人是否可以继续适用《侵权责任法》第16条的规定，赔偿医疗费等费用以及丧葬费？笔者认为，第17条的规定只是对死亡赔偿金的规定，并不影响其他赔偿项目。理由在于：

---

　　[1]　参见全国人大常委会法制工作委员会民法室编：《中华人民共和国侵权责任法条文说明、立法理由及相关规定》，67页，北京，北京大学出版社，2010。

　　[2]　在上海2010年11月15日发生的特大火灾事故赔偿中，上海市政府依据《侵权责任法》第17条的规定，对每个遇难者按同等标准进行了赔偿。参见"上海火灾遇难者每人获赔96万"，载《新京报》，2010-11-24。

第一，从文义解释来看，第 17 条中所使用的表述是"死亡赔偿金"而不是死亡赔偿，因此，其仅仅是对死亡赔偿金的规定，而不涉及其他赔偿项目。第二，第 17 条和第 16 条应当结合起来进行解释，第 17 条中的死亡赔偿金与第 16 条中的死亡赔偿金是同一概念，不能做不同的解释。第三，就不同受害人来说，其医疗费、护理费等的支出差异较大，如果将其包括在第 17 条之中进行一揽子赔偿，可能会导致对个别受害人的不公平。例如，在同一交通事故中，有的受害人没有立即死亡，而支出了大量的医疗费、护理费等，如果对此完全不予赔偿，对这些受害人是不公平的。

五、人身伤害导致死亡时的赔偿请求权主体

人身伤害导致死亡时的赔偿请求权主体，是指因侵权行为导致他人死亡，享有赔偿请求权的民事主体。在侵害生命权的情况下，死者近亲属享有请求给付死亡赔偿金的权利。《侵权责任法》第 18 条第 1 款规定："被侵权人死亡的，其近亲属有权请求侵权人承担侵权责任。"据此，一方面，在因侵权行为致受害人死亡时，虽然可能导致第三人（如企业的其他合伙人、与死者有生意往来的商人等）遭受损失，但并非所有的第三人都可要求赔偿，只有死者近亲属才有权要求侵权人赔偿。另一方面，《侵权责任法》确定了在受害人死亡的情况下，死者近亲属有权请求侵权人承担侵权责任。近亲属包括配偶、父母、子女、兄弟姐妹、祖父母、外祖父母、孙子女、外孙子女。[①]

一般认为，在侵害生命权的情况下，死者的近亲属有权要求加害人承担侵权责任，但是，为什么受害人的近亲属能够主张赔偿，对此存在不同的观点。一是民事权利能力转化说。该说认为，公民死亡同时也意味着其民事权利能力的终止，二者是同时发生的。但民事权利能力由存在到不存在，有一个转化的过程，在这个转化的过程中，产生损害赔偿请求权。[②] 二是继承说。该说认为，生命权

---

① 参见《民法通则意见》第 12 条。
② 参见杨立新：《人身权法论》，25 页，北京，人民法院出版社，2006。

作为独立的权利，一旦遭受侵害，直接受害人享有的损害赔偿请求权就通过继承的方式转让给继承人，从而使继承人取得了损害赔偿请求权。① 三是间隙取得权利说。此种观点认为，在生命权人遭受侵害与其死亡之间存在一定的时间间隔，正是在这样一个间隔期内发生了继承，由其继承人取得了死者的损害赔偿请求权。四是扶养请求权说。此种观点认为，作为权利主体的被害人已死亡，则已非权利主体，因而损害赔偿请求权无由发生，也就无所谓继承之问题，此时遗族仅能以其自身之扶养请求权被侵害为理由，径向加害人请求赔偿。五是双重直接受害人说。该说认为，在侵害生命权的法律关系中，存在双重的直接受害人，死者是侵害生命权行为的直接受害人，其近亲属是侵害生命权行为的间接受害人，以及侵害生命造成财产损失的直接受害人，这两重直接受害人享有一个共同的损害赔偿请求权。② 笔者认为，在生命权遭受侵害的情况下，存在双重直接受害人，但死者近亲属主要是根据继承取得赔偿请求权。

关于死者近亲属作为请求权主体的范围和顺序，有如下问题值得探讨。

第一，关于"近亲属"的概念，不同法律部门的解释并不相同。1988 年最高人民法院制定的《民法通则意见》第 12 条规定："民法通则中规定的近亲属，包括配偶、父母、子女、兄弟姐妹、祖父母、外祖父母、孙子女，外孙子女。"《刑事诉讼法》第 106 条规定："本法下列用语的含意是……（六）'近亲属'是指夫、妻、父、母、子、女、同胞兄弟姊妹。"从体系解释上来看，《民法通则》因为涉及继承、死者人格利益保护以及死亡赔偿金的请求权主体等问题，为了保护死者利益以及死者的被扶养人等利益，所以其近亲属的范围较为广泛。而《刑事诉讼法》主要是从保障刑事司法程序、保护当事人的权利出发，对近亲属的范围作出了规定。相比之下，《民法通则》中的近亲属范围要比《刑事诉讼法》中近亲属的范围更为广泛。因为民法更加注重保护民事主体的权利和合法利益，因而应当对自然人的近亲属作较为宽泛的界定，如此才能对民事主体形成更加周密的保护。因此，在确定死亡赔偿金的请求权主体时，应当以《民法通则意见》

---

① 参见胡长清：《中国民法债编总论》，129、130 页，上海，商务印书馆，1934。

② 参见于敏：《日本侵权行为法中的抚慰金制度研究》，载《外国法译评》，1998（2）。

第 12 条规定的近亲属范围为标准。

第二，关于死亡赔偿金的请求权人究竟应当是死者近亲属，还是死者的继承人？二者在范围上是不同的。有人认为应由近亲属享有赔偿请求权①，也有人认为应由其继承人享有请求权。以继承丧失说为基础，死亡赔偿金就是继承丧失的赔偿，因此，在生命权受到侵害的情况下，死亡赔偿金的请求权人应当是死者的继承人。笔者认为，死亡赔偿金的请求权人的范围应当是死者近亲属。因为在通常情况下，死者的近亲属范围要大于其继承人的，继承人要区分两个不同的顺位，实践中往往是第一顺位的继承人取得请求死亡赔偿金的权利，其范围小于近亲属，但若仅限于继承人，过于狭窄。

第三，关于近亲属的顺序问题。对《民法通则》所列举的近亲属的范围是否存在排序的问题，存在争议。在审判实践中大多认为近亲属也是有先后次序的，即配偶、父母、子女、兄弟姐妹、祖父母、外祖父母、孙子女、外孙子女。《精神损害赔偿司法解释》规定配偶、父母、子女为第一顺位，其他的为第二顺位。② 笔者认为确定一定的顺位有一定的道理，有了顺位的规定，则近亲属之间对于死亡赔偿金的主张出现纠纷时可以起到解决纷争的作用。即便是在确定某一亲等的人享有死亡赔偿金请求权之后，其他亲等的近亲属能不能要求将死亡赔偿金在近亲属内部予以分配，有学者对此持肯定态度，并且认为由于亲等不同，那么精神损害的后果也不同，因此各亲等之间可以按照一定比例来分配。③ 此种观点有其道理，值得赞同。

第四，就死亡赔偿金而言，如果死者没有近亲属，或者找不到近亲属，是否可以由政府机关代为请求。对此，有几种不同的观点：一种观点认为，因为《继承法》规定，没有法定继承人时，遗产归集体或国家所有。死亡赔偿金可以视为遗产，由国家或集体来继承。另一种观点认为，允许民政机构代为请求，可以将

---

① 参见冯恺：《生命损害赔偿请求权理论再思考》，载《政法论丛》，2004（2）。

② 参见奚晓明主编：《〈中华人民共和国侵权责任法〉条文理解与适用》，146 页，北京，人民法院出版社，2010。

③ 参见鲁晓明：《论纯粹精神损害赔偿》，载《法学家》，2010（1）。

该赔偿金暂时保管，等待其近亲属被查找到以后，交给其近亲属。① 在司法实践中，已经出现了相关案例。② 笔者认为，就死亡赔偿金的请求而言，民政局无权作为原告起诉，请求赔偿。《人身损害赔偿司法解释》第 1 条第 2 款规定："本条所称'赔偿权利人'，是指因侵权行为或者其他致害原因直接遭受人身损害的受害人、依法由受害人承担扶养义务的被扶养人以及死亡受害人的近亲属。"可见，赔偿权利人限于死者近亲属。另外，在侵害他人生命权的情况下，民政局没有遭受损害，也没有垫付医疗费、丧葬费，因此，其作为权利人请求缺乏依据。至于民政局代为保管死亡赔偿金，理由并不充分。因为死者可能根本就没有继承人，民政局获得的赔偿就缺乏法律依据。如果死者有继承人，只要是在诉讼时效的范围内，应当由其继承人提起诉讼。况且，民政局代为进行诉讼，并代为保管死亡赔偿金，也缺乏相应的权利基础。

此外，死亡赔偿金的请求权能否转让，对此各国立法规定不完全一样。笔者认为，此种损害赔偿请求权只有在数额得以确定的情况下，才能进行转让。否则，若债权本身是否存在以及数额都无法确定，就不能转让。因此，只有在受害人获得了确定的胜诉判决或双方就损害赔偿达成协议时，该请求权才能转让。

六、第三人作为赔偿请求权人

《侵权责任法》第 18 条第 2 款规定："被侵权人死亡的，支付被侵权人医疗费、丧葬费等合理费用的人有权请求侵权人赔偿费用，但侵权人已支付该费用的除外。"该条规定主要是为了解决在第三人支付费用的情况下，通过赋予第三人损害赔偿请求权的方法，便利其向侵权人求偿。在理论上，第三人求偿的依据如

---

① 参见《司机撞死流浪汉遭遇理赔难 苦求两年当被告终被民政局起诉》，载《法制日报》，2010-03-11。
② 例如，2004 年和 2005 年，江苏省高淳县境内发生两起车祸，死者均为无名流浪汉。2006 年 4 月，高淳县民政局以社会救助部门及流浪汉监护人的身份，将肇事司机和相关保险公司告上法庭，并索赔 30 余万元。这是全国首例"民政局替死亡流浪汉打官司"案。2007 年 3 月，南京市中级人民法院认定民政局不符合原告主体资格，驳回其诉求。参见李飞坤等主编：《参阅案例研究·民事卷》，294 页，北京，中国法制出版社，2009。

何，存在不同的解释，有无因管理说、不当得利说和侵权行为说等不同的观点。此种方式是法律直接规定的方式，因此可以理解为法定的赔偿请求权，以避免第三人的请求遇到障碍。

该条规定的适用应当符合如下条件：第一，必须是死者近亲属以外的第三人支付了相关费用。例如，受害人被汽车撞伤，某路人将其送往医院抢救，并预付了一部分医疗费。在第三人支付了相关费用的情况下，第三人也应当享有赔偿请求权。根据上述规定，原则上，第三人可以请求侵权人赔偿该费用，但是，第三人必须是死者近亲属以外的人，如果是死者近亲属，就应当适用第18条第1款的规定作为请求权人。第二，必须因侵权行为导致受害人死亡。如果受害人没有死亡，支付了相关费用的第三人，只能基于无因管理、不当得利等制度请求赔偿，而不能依据第18条第2款请求赔偿。第三，必须是侵权人没有支付该费用。此处所说的"侵权人已支付该费用"，是指侵权人已经将相关费用支付给了死者近亲属。① 如果侵权人已经将该费用支付给了死者近亲属，第三人就应当向死者的近亲属提出请求，其请求的依据往往是无因管理或不当得利。

问题在于，《侵权责任法》第18条第2款的规定是否仅适用于受害人死亡的情况，如果被侵权人残疾，侵权人之外的第三人垫付了残疾人的紧急治疗费用等，其是否有权直接请求行为人赔付？笔者认为，在造成一般的人身伤害或者残疾的情况下，第三人垫付了相关费用，应当允许其向侵权人请求赔偿。从法律依据上来说，一是可以对《侵权责任法》第18条第2款进行当然解释。这就是说，按照举重以明轻的规则，既然在受害人死亡时可以如此适用，在受害人遭受一般的人身伤害或残疾时，第三人也应当享有直接请求侵权人赔偿的权利。二是基于无因管理请求赔偿。在此情况下，第三人的行为如果符合无因管理的构成要件，其也可以向侵权人请求赔偿。②

---

① 参见全国人大常委会法制工作委员会民法室编：《中华人民共和国侵权责任法条文说明、立法理由及相关规定》，68页，北京，北京大学出版社，2010。

② 参见奚晓明主编：《〈中华人民共和国侵权责任法〉条文理解与适用》，147页，北京，人民法院出版社，2010。

七、赔偿费用的支付方式

所谓赔偿费用的支付方式，是指侵权人是采用一次性支付，还是分期支付或其他方式。《侵权责任法》第 25 条规定："损害发生后，当事人可以协商赔偿费用的支付方式。协商不一致的，赔偿费用应当一次性支付；一次性支付确有困难的，可以分期支付，但应当提供相应的担保。"该条确立了赔偿费用的支付方式，通过规定支付方式，实际上允许当事人就赔偿费用的支付进行协商，这是私法自治原则在侵权责任法领域的适用。尤其是，其确立了协商不一致时，应当采用一次性支付的方式，这不仅有利于解决实践中的争议，而且强化了对受害人的保护。

从适用范围上来说，定期金的适用范围是有限的，其应当适用于人身损害的情形。按照《人身损害赔偿司法解释》第 33 条的规定，定期金的适用范围限于残疾赔偿金、被扶养人生活费、残疾辅助器具费的情况。这就是说，对于一般的财产损害赔偿和精神损害赔偿来说，其不适用定期金。其原因在于，残疾赔偿金、被扶养人生活费、残疾辅助器具费是未来才能确定的损害，而其他损害在判决时就已经是确定的损害。对于未来才能确定的损害，通过定期金的方式，有利于准确确定损害的范围，如果采取一次性赔偿的方式，就需要在判决时估计损害的范围，而这可能与实际发生的损害并不一致。

具体来说，该规定包含如下几个方面的内容：

（一）协商确定费用支付方式

在损害发生以后，当事人首先应当通过协商来确定赔偿费用的支付方式。这就是说，按照私法自治的原则，有关损害赔偿费用的支付方式也可以由当事人自行决定。当事人可以协商确定支付的时间和方式。协商的办法有利于解决纷争，并且可以减少法院的执行成本，提高诉讼的效率。

（二）协商不一致的，赔偿费用应当一次性支付

从比较法上来看，关于损害赔偿费用的支付方式，历来存在两种模式。一是一次性支付模式。所谓一次性支付，是指受害人遭受的各种损害，在诉讼中确定，一

次性支付给受害人。二是分期支付方式。所谓分期支付方式，就是采用定期金的方式，即在一定期限内，定期（如每年、每月、每季等）向受害人支付一定数额的赔偿费。各国法律和司法实务在采纳这两种方式时存在不同的模式，主要有如下几种：

第一，绝对一次性支付模式，即完全采用一次性支付方式。一次性支付的优点在于，可以永久性解决纠纷，并且便利法院强制执行，因此，英国法院认为，一次性支付可以做到"一了百了"（once and for all），因此通常采用此种方式。① 除英国外，美国、丹麦等国家也采用此种方式。

第二，以一次性支付为原则，以定期金支付为例外。此种方式是在采纳一次性支付的同时，并不排斥定期金支付。在特殊情况下，也采取定期金支付。我国台湾地区"民法"第193条采纳了此种模式。

第三，以定期金支付为原则，以一次性支付为例外。例如，《德国民法典》第843条第1款规定："因伤害他人的身体或健康致被害人丧失或减少其劳动能力，或增加其生活需要者，加害人对被害人应支付定期金以赔偿其损害。"此种方式的优点在于，能够准确地算定受害人应当获得的赔偿，而且，可以避免通货膨胀等因素导致受害人无法获得完全赔偿。

第四，支付方式完全由法官自由裁量。法律上并不规定采纳何种方式，具体由法官根据个案来决定。② 例如，《荷兰民法典》第105条规定，法官可以命令债务人一次性支付或分期支付赔偿金，并附随或不附随担保义务。

我国《侵权责任法》实际上采纳了第二种模式。根据《侵权责任法》第25条的规定，如果当事人之间不能协商一致，应当采用一次性支付的方式。之所以选择采用一次性支付的方式，主要原因在于：第一，便利法官确定赔偿数额，从而有利于减少纠纷。一次性算定了赔偿数额，可以终局性解决纠纷，避免当事人在每次分期支付时提出异议，引起纷争。第二，减少法院的执行和监督成本。分期支付时，每一次支付都要监督执行，这会给法官带来极大的困难，导致诉讼成本增加。第三，一次性支付也是我国立法和司法实践经验的总结。例如，《医疗

①② 参见程啸：《侵权行为法总论》，480~482页，北京，中国人民大学出版社，2008。

事故处理条例》第52条明确规定，对于医疗事故赔偿费用实行一次性结算，最高人民法院有关司法解释也曾采取了一次性支付的方式。从实践来看，这种做法也被证明是合理的。

当然，一次性支付虽然有其合理性，但也存在明显的缺陷，因为一次性算定还需要进行利息的扣除等复杂的操作，这对于法官来说比较困难。而且，未来的赔偿也往往难以完全确定，例如，受害人伤情的变化、通货膨胀率的高低等。因此，我国《侵权责任法》并没有绝对排斥分期支付方式，而允许在一次性支付确有困难的情况下，采取分期支付方式。

（三）分期支付与提供担保

根据《侵权责任法》第25条，如果一次性支付确有困难，可以分期支付，但应当提供相应的担保。这就是说，第一，它不适用于当事人协商确定分期支付的情形，在当事人协商确定分期支付时，是否提供担保由当事人确定，法律不必干预。因此，前述规定仅适用于法院裁定分期支付的情形。

第二，在不能实行一次性支付的情况下，才能采用分期支付。所谓"一次性支付确有困难"，主要是指侵权人因经济上的原因等因素，而不能实行一次性支付。例如，作为责任人的自然人经济困难，无力进行一次性支付，或者支付以后会影响到其正常的生活或经营；再如，被监护人作为赔偿权利人，其所获得的赔偿，可能因监护人滥用权利而被挥霍或挪用。在此情况下，可以采用分期支付的方式，但分期支付必须由法院确定。

第三，分期支付时，应当提供担保。因为分期支付是法院裁定的，而不是当事人约定的，所以，为了保护受害人，也为了限制法官的自由裁量权，法律要求此时必须提供相应的担保。所谓担保，是由侵权人或第三人提供的保障赔偿费用能够得到支付的各种担保方式，包括保证、抵押、质押等。只要能够有效地担保赔偿费用的支付，都可以采用。《侵权责任法》之所以规定在分期支付时要设定担保，主要原因在于，分期支付时间较长，且法院的监督、执行比较困难，为了有效地保证受害人的赔偿费用能够得到实现，必须要设立担保，这对于保护受害人的利益是十分必要的。

第三节　精神损害赔偿

一、精神损害赔偿概述

（一）精神损害的概念

精神损害赔偿是侵权法中的一种责任方式，也是主要针对人格权侵害的救济方式，确切而言，它是针对侵害人格权的精神损害的救济方式。精神损害是指自然人在遭受外界刺激所产生的一种不良情绪，它是心理学、病理学和医学的研究对象。在法律上，精神损害是自然人人格权遭受侵害的一种损害后果。关于精神损害的概念，理论上存在广义和狭义两种学说。（1）广义说。该学说认为，精神损害包括精神痛苦与精神利益的损失。精神痛苦主要指自然人因人格权受到侵害而遭受的生理、心理上的痛苦，导致公民的精神活动出现障碍，或使人产生愤怒、绝望、恐惧、焦虑、不安等不良情绪。精神利益的损失是指公民和法人的人身利益（包括人格利益和身份利益）遭受侵害，如名誉受到毁损、肖像权受到侵害等，有学者将此种损害称为"一般的精神损害"①。还有学者认为，精神损害不限于精神痛苦，因此法人的人格权受到损害时，也会产生精神损害赔偿。②（2）狭义说。该学说认为，精神损害就是指自然人因其人格权受到侵害而遭受的生理上、心理上的痛苦及其他不良情绪，即精神痛苦。大多数学者采纳此种观点。③

比较上述两种学说，笔者认为，采用狭义说更为妥当。因为精神损害是一个特定的概念，它与精神损害赔偿有着密切的联系。精神损害赔偿作为一种对人格权的补救方式，只是对受害人的人格权遭受侵害以后的精神痛苦所进行的补偿。人格权受侵害以后将分别产生精神痛苦和财产损害。而精神损害赔偿只是就精神

---

① 沈晓明：《完善我国现行精神损害赔偿制度的若干构想》，载《法律适用》，2004（5）。
② 参见杨立新：《侵权责任法》，148页，北京，法律出版社，2010。
③ 参见张新宝：《侵权责任法原理》，524页，北京，中国人民大学出版社，2005。

痛苦的部分补偿，不包括人格权遭受侵害的事实本身，即所谓的"精神利益"的丧失。尤其需要指出的是，法人精神利益损害的提法值得商榷，因为精神损害是一个与身体伤害相对应的生理性概念，是一个能够被人体感知的生理疼痛和精神痛苦，主要是指自然人因为权利被侵害而遭受的精神伤害；而法人本质上是由自然人组建的社会组织体，"法人不知痛苦"其本身不可能有精神上的感受。在法人的人格利益受到侵害的情况下，其所导致的损失，主要是财产上的损失，而赔偿这些损失后，亦不应再主张精神损害赔偿。

精神损害不能等同于人格利益的损害，有学者认为，应当采用人格损害赔偿的概念来替代精神损害赔偿。[1] 笔者认为，不能以人格损害赔偿的概念来替代精神损害赔偿的概念。因为精神损害这一概念直接地反映了受害人损害的本质特征，即指因侵害人格利益而造成的精神痛苦和肉体痛苦，但它不等于被侵害人格利益本身。在欧洲，关于精神损害是否必然伴随身体伤害、健康损害，一直存在争议。但主流的观点认为，精神损害主要是因为侵害人格权所引发的精神痛苦，其与受害人身体伤害、健康损害之间没有必然关联，受害人即使没有遭受身体伤害、健康损害，但如果行为人侵害他人人格权，使受害人遭受严重精神痛苦的，其也应当承担精神损害赔偿责任。[2] 此种观点值得借鉴。此外，精神损害这一概念术语已经约定俗成，也符合我国法律用语习惯，没有大众理解上的困难，所以不必轻易更换概念。

（二）精神损害赔偿的概念和特征

《侵权责任法》第 22 条规定："侵害他人人身权益，造成他人严重精神损害的，被侵权人可以请求精神损害赔偿。"据此，所谓精神损害赔偿，是指自然人因人身权益受到不法侵害而导致严重精神痛苦，受害人因此可以就其精神痛苦要求金钱上的赔偿，以对受害人予以抚慰并制裁不法行为人。精神损害赔偿是由于精神损害无法通过恢复原状等救济方式使受害人回复到原有的精神状态，因而，

---

[1]　参见杨立新：《论人格损害赔偿》，载《河北法学》，1987（6）

[2]　参见［德］冯·巴尔主编：《欧洲私法的原则、定义与示范规则》，王文胜等译，240～241 页，北京，法律出版社，2014。

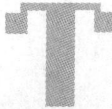

法律只能要求以金钱赔偿方式对此种精神损害作出抚慰，间接弥补受害人的精神损害。精神损害赔偿的主要特点在于：

第一，精神损害赔偿是针对自然人遭受的精神痛苦、肉体痛苦等进行补救的方式。一方面，精神损害赔偿是针对自然人的损害而提供的救济措施，法人和其他组织不能提起精神损害赔偿；精神痛苦，就是对公民遭受侵权后所产生的各种不良情绪的概括。另一方面，精神损害赔偿是对精神痛苦、肉体痛苦等精神损害的赔偿。精神损害是范围非常宽泛的概念，其包括因人身权益遭受侵害而导致的各种心理障碍、不安、极度苦恼等。法律上很难准确界定该损害的程度，但是，精神损害赔偿包括对所有这些痛苦和情绪的抚慰赔偿。[1]

需要指出，精神损害和精神利益的丧失是有区别的。人格权遭受侵害都是精神利益的丧失，但是，未必一定会导致精神痛苦和肉体痛苦等精神损害，将二者混淆有所不妥。人格利益的损害是就客体而言的，精神痛苦是就结果而言的，人格利益的损害并不意味必然产生精神痛苦。诚然，人格权本身是一种人格利益，但对人格权的保护本身已经体现了对精神利益的维护，没有必要将人格权的侵害单独作为一种精神利益通过精神损害赔偿加以保护，否则将会使受害人获得精神利益损失及精神痛苦的双重赔偿，对受害人提供双重救济，加重了侵害人的赔偿责任。尤其是"精神利益"的损害本身是一个不确定的概念。某种人格权遭受侵害，只是一种法律上的表象，它之所以能引起损害赔偿的后果，是因为实际的侵权损害事实所引发的，但仅仅只有权利受侵害未必会发生损害赔偿的责任。

第二，精神损害赔偿是针对自然人因人身权益受损所引发的精神痛苦的补救。精神损害赔偿的保护范围限于人身权益，财产权的损害原则上不适用精神损害赔偿。在自然人的人身权益受到损害以后，进而引发了精神痛苦，才有必要适用精神损害赔偿。诚然，精神上的痛苦除了可能因人身伤害引起之外，还可能因财产损害等其他原因引起，如因为一方严重违约而使非违约方产生精神痛苦；再如，一方毁损他人重要财物也可能导致受害人产生精神痛苦，但是，在这些情况

---

[1] See W. V. Horton Rogers, *Damages for Non-Pecuniary Loss in a Comparative Perspective*, Rijksuniversiteit Groningen, 2001, p. 260.

下，受害人依据现行法律规定都无法获得精神损害赔偿，只能要求赔偿财产损失。可见，精神损害与精神利益的损失是完全不同的两个概念。精神损害主要适用于人身权益受到侵害的情况下所产生的精神痛苦的补救。

第三，精神损害赔偿是以侵权为基础而请求的损害赔偿。精神损害赔偿是否可以基于违约而请求，比较法有不同的做法。绝大多数国家将精神损害赔偿限于侵权领域，但是，有些国家允许在例外情况下，基于违约也可以请求赔偿。例如，法国法和奥地利法认为，即便是违约也可以请求精神损害赔偿。① 依据我国《侵权责任法》第 22 条的规定，只有在因侵权造成他人严重精神损害时才能请求赔偿，因此，精神损害赔偿只是在侵权责任中发生，合同责任中不能适用。

第四，精神损害赔偿的主要目的是对受害人的抚慰和对加害人的制裁，其功能具有多重性。一方面，精神损害赔偿旨在对受害人所遭受的精神痛苦通过赔偿而予以安慰。尽管"赔偿"一语有所不当，但赔偿概念的包容性更为广泛。正是因精神损害赔偿具有补偿性，所以在刑事附带民事赔偿中，也应当可以适用精神损害赔偿。另一方面，精神损害赔偿也会对不法行为人实施制裁。正是因为此种赔偿具有制裁功能，故而精神损害赔偿应考虑行为人的过错程度。②

精神损害赔偿与慰抚金的概念并不完全相同。慰抚金（日文原文为"慰谢料"或"慰谢科"，"慰谢"日文的词义为抚慰、安慰）即为对精神损害之赔偿。许多学者认为，所谓慰抚金就是精神损害赔偿，两者之间没有本质差别。③ 我国最高人民法院《精神损害赔偿司法解释》第 9 条规定："精神损害抚慰金包括以下方式：（一）致人残疾的，为残疾赔偿金；（二）致人死亡的，为死亡赔偿金；（三）其他损害情形的精神抚慰金。"由此可见，该解释不仅将精神损害赔偿称为抚慰金，而且将死亡赔偿金和残疾赔偿金都作为抚慰金。笔者认为，采用"慰抚

---

① 参见［德］U. 马格努斯：《侵权法的统一：损害与损害赔偿》，281 页，北京，法律出版社，2009。

② Mauro Bussani, Anthony J. Sebok, *Comparative Tort Law: Global Perspectives*, Edward Elgar Publishing, 2015, p. 325.

③ 参见曾世雄：《损害赔偿法原理》，293 页，北京，中国政法大学出版社，2001。

金"的概念并不妥当。慰抚金概念的合理之处在于，精神损害赔偿的功能在于对受害人精神痛苦的慰抚，而非损害赔偿，财产是无法对精神损害进行赔偿的。但是，慰抚金概念体现了精神损害赔偿的慰抚功能，而制裁、教育等功能却没有得到体现。因此，这两个概念仍存在区别。笔者认为，还是采用"精神损害赔偿"的概念更为合适。

二、精神损害赔偿与相关概念的区别

（一）精神损害赔偿与财产损害赔偿

精神损害赔偿与财产损害赔偿之间存在十分密切的联系，因为在侵害自然人生命权、身体权和健康权的情况下，受害人同时遭受了两种损害，法官在作出精神损害赔偿判决时，还应当考虑财产损害赔偿的数额。如果财产损害赔偿已经足以弥补受害人的损害，则可以适当减轻精神损害赔偿。在法国法中，对这两种损害都以损害（dommage）的概念统称之。而德国法则对两者作出了一定的区别。[①] 我国《侵权责任法》也区分了这两种损害赔偿。精神损害赔偿与财产损害赔偿的区别主要表现在：

第一，赔偿的前提不同。财产损害赔偿的前提是，因侵害受害人的财产权益或人身权益而导致其财产损害。而精神损害赔偿的前提是侵害受害人的人身权益导致其精神损害。依据我国《侵权责任法》第22条，只有在人身权益遭受侵害，受害人遭受严重精神损害的情况下，其才能主张精神损害赔偿。这就是说，并非所有的精神损害都应当予以救济，通常只有在损害较为严重或者无法期待一个合理的人能够予以忍受时，法律才会规定给予受害人一定的补偿。[②]

第二，赔偿目的不同。财产损害赔偿的目的比较单一，主要是使受害人的财产状况得到恢复，填补其损失。而自然人遭受精神损害之后，很难通过赔偿的方式使其遭受的损害得到恢复，只能使受害人遭受的精神损害得到抚慰和减缓。因

---

① 参见曾世雄：《非财产上之损害赔偿》，4页，台北，元照出版公司，2005。
② 参见谢哲胜等：《中国民法典立法研究》，70页，北京，北京大学出版社，2006。

此，精神损害赔偿的目的不限于赔偿，还包括制裁侵权人的功能。在特殊情况下，还具有调整的功能。

第三，赔偿权利人的范围不同。在财产损害赔偿中，赔偿权利人一般限于直接受害人，而且可以是自然人，也可以是法人或其他组织。而在精神损害赔偿中，赔偿权利人只能是自然人，而不能是法人或其他组织。至于胎儿是否具有精神损害赔偿请求权，在学理上仍然存在争论。[①] 另外，精神损害的赔偿权利人也可以扩展到直接受害人以外的人，尤其是在自然人死亡之后，其近亲属也可以请求精神损害赔偿。

第四，计算方法不同。财产损害是可以以金钱衡量的损害，其计算方法是客观的计算方法。例如，《侵权责任法》第19条规定："侵害他人财产的，财产损失按照损失发生时的市场价格或者其他方式计算。"这是以市场价格作为计算方法。而精神损害本身是一种无形的损害，很难用市场价格加以计算，通常采用主观的计算方法。法官应当根据受害人精神痛苦的性质、程度、后果，加害人的主观动机、行为、事后的态度，事发地点的经济发展状况，双方的经济条件等多种因素综合确定赔偿数额。也有学者认为在认定时应考虑地区经济发展水平、侵权人主观过错与侵权场合等具体情节，而排除考虑侵权人的经济能力、刑事责任承担以及从侵权行为中获利情况等因素。[②]

第五，是否存在法定的赔偿限制不同。在财产损害赔偿中，法律上往往不会对其赔偿作出限制，原则上实行完全赔偿原则。而在精神损害赔偿中，法律往往对其赔偿作出限制，这既是为了避免"人格"的商化，也是为了避免法官自由裁量权的滥用。例如，《德国民法典》第253条规定："对于财产损害以外的损害，只限于法律有规定的情形，始得请求以金钱赔偿。"但现在德国法院通过判例产生一般人格权，扩大了精神损害赔偿的适用范围，这一经验值得我们借鉴。还要看到，精神损害赔偿的限制还表现在法官在确定精神损害赔偿的数额方面具有一定的限制，以防止法官滥用自由裁量权，保障法律的确定性。

---

① 参见劲坤：《试论精神赔偿权利的扩展》，载《广西商业高等专科学校学报》，2004（1）。
② 参见张新宝：《侵权责任法立法研究》，417页，北京，中国人民大学出版社，2009。

第六，过错对损害赔偿的影响不同。财产损害赔偿原则上适用完全赔偿原则，无论侵权人是故意还是过失，不应当影响损害赔偿的数额。而在比较法上，许多国家规定，精神损害赔偿要考虑过错。根据奥地利法，精神损害赔偿通常只有在行为人具有故意或重大过失的情况下才能适用。[1] 有些国家法律规定，行为人的重大过失会增加非财产损害赔偿的额度，而没有过错会减轻被告的损害赔偿责任。[2] 我国《侵权责任法》第 22 条规定了严重精神损害的概念，其中就包括了对过错因素的考量。

（二）精神损害赔偿和非财产损害赔偿

非财产损害（Pecuniary harm and non pecuniary harm），是与财产损害（pecunianry harm、corporeal damage、dommage materiel）相对应的概念。[3] 1969 年，欧洲议会的一个报告指出："'非财产损害'这一术语应该被用于指称这些损害，即严格地说，并不能以金钱衡量的损害。在不同国家的法律中，这一术语的精确意义和范围存在细微的区别。"[4] 所谓非财产损害，是指赔偿权利人所遭受的财产损害以外的损害。[5] 在我国民法理论界，关于精神损害和非财产损害的关系，历来存在不同的看法。有人认为两者是并用的，非财产损害也被称为精神损害。也有人认为两者是有区别的。还有学者认为，"精神损害"的提法并不确切，相比之下，"非财产损害"的提法更为科学。我国台湾地区学者曾世雄教授指出，非财产损害原指生理或心理上所感受的痛苦，且依法律的规定可以获得赔偿的痛苦。[6]

---

① 参见《奥地利民法典》第 1324 条。

② See W. V. Horton Rogers, *Damages for Non-Pecuniary Loss in a Comparative Perspective*, Rijksuniversiteit Groningen, 2001, p. 247.

③ 有时候也称为 immaterial damage、immaterieller Schaden、damage moral、dannonon-patrimoniale、dañomoral or agraviomoral，参见 Hans Stoll, *International Encyclopedia of Comparative Law*, Vol. 4, Torts, Chapter 8, Consequences of Liability: Remedies, J. C. B. Mohr（Paul Siebeck, Tübingen），1972, p. 18；杨立新：《性暴力犯罪受害人可否请求精神损害赔偿问题》，见 www/civillaw. com. cn。

④ Council of Europe, *Redress for Non-Material Damage*, p. 124.

⑤ 参见曾隆兴：《现代损害赔偿法论》，72 页，台北，自版，1996。

⑥ 参见曾世雄：《非财产上之损害赔偿》，6 页，台北，元照出版公司，2005。

应当承认，非财产损害也是国际上广泛采用的概念。由于非财产损害是严格地与财产损害相对应的，因而很多大陆法国家和地区都采纳了非财产损害的概念。尽管精神损害与非财产损害非常相似，但两者并不是同一个概念，其区别主要表现在：

第一，非财产损害是精神损害的上位概念，其范围要大于精神损害的范围，包括了精神损害以外的其他无法以金钱衡量的损害。[①] 非财产损害的概念在内容上更为宽泛，其不仅包括受害人的精神痛苦，而且包括人格利益丧失的损害本身，非财产损害是因为侵害人身权益所遭受的各种非财产的损害以及精神损害。而精神损害主要是指精神痛苦、肉体痛苦以及其他不良情绪。例如，死亡赔偿金、残疾赔偿金等赔偿的对象就是非财产损害，而非精神损害。尤其是在一些国家，非财产损害采取法定化和标准化的方式，而精神损害通常难以采取此种方式。[②]

受害人遭受了这些非财产损害后，只有通过损害赔偿的方式，才能实现对受害人进行抚慰的目的，同时，使加害人赔偿受害人的非财产损害，也体现了对其不法行为的制裁。[③] 因此，非财产损害的概念要明显大于精神损害的概念。例如，在英国，非财产损害包括三方面：一是身体损害；二是侵害身体而使受害人遭受的生理疾病；三是受害人遭受的精神损害。[④] 其中，精神痛苦只是非财产损害的一种。

第二，多元化救济机制的运用不同。在精神损害赔偿的情况下，受害人一般不能请求获得社会保障、社会救助等。而在非财产损害赔偿的情况下，受害人还可以依法获得多元化的救济机制，请求保险机构赔偿、社会救助。

---

① See Mauro Bussani, Anthony J. Sebok, *Comparative Tort Law：Global Perspectives*, Edward Elgar Publishing, 2015, p. 325.

② See W. V. Horton Rogers (ed), *Damages for Non-Pecuniary Loss in a Comparative Perspective*, Rijksuniversiteit Groningen, 2001, p. 90.

③ See Mauro Bussani, Anthony J. Sebok, *Comparative Tort Law：Global Perspectives*, Edward Elgar Publishing, 2015, p. 325.

④ See W. V. Horton Rogers (ed), *Damages for Non-Pecuniary Loss in a Comparative Perspective*, Rijksuniversiteit Groningen, 2001, p. 57.

第三，非财产损害赔偿还包括了除财产损害赔偿以外的各类损害赔偿，如因侵害人身利益的赔偿、侵害知识产权所产生的非财产损害赔偿等。可见，非财产损害赔偿的适用范围十分宽泛，但是我们所说的精神损害赔偿是仅适用于人格权遭受侵害的救济方式。因此，非财产损害赔偿包括了精神损害赔偿，但精神损害赔偿则不一定是非财产损害赔偿。例如，法人可以主张非财产损害赔偿，但不能要求精神损害赔偿。

尽管非财产损害的概念具有一定的合理性，但笔者主张还是应采纳精神损害赔偿概念，而不应采纳非财产损害赔偿的概念。这除了因为非财产损害的概念过于宽泛以外，还在于非财产损害的概念比较笼统，难免将人格权受侵害的法律事实本身也作为非财产损害对待。在法律上，应当将人格利益损失的后果与受害人的精神痛苦区分开来，分别计算。非财产损害的概念没有突出精神损害的特殊性，其分类标准仍然是财产，并没有直接强调对一种精神利益的补救。因此，笔者认为，就人格权侵害的救济而言，精神损害赔偿的概念较非财产损害赔偿的概念更为确切，而且已经为我国立法和司法实践所接受。综上考虑，笔者主张，应当使用精神损害赔偿的概念。

三、精神损害赔偿请求权

所谓精神损害赔偿请求权，是指受害人在其人格权或其他人身权利遭受侵害以后，就其精神损害所享有的请求赔偿的权利。精神损害赔偿请求权在性质上仍然属于一种债的关系。但此种请求权在性质上不同于一般的债。它既是一种债的关系，又体现为一种责任。精神损害赔偿请求权与财产损害赔偿请求权相比较，具有如下几个特点：

第一，属于侵权请求权的范畴。根据《侵权责任法》第22条的规定，精神损害赔偿请求权实际上是以侵权为基础的，因此，它仍然属于侵权损害赔偿的范畴。原则上，违约行为并不能产生精神损害赔偿请求权。由于精神损害赔偿请求权主要适用于侵害人格权的情况，所以也可以将其归入人格权请求权的范畴。

　　第二，具有一定的专属性。其理由在于：一方面，精神损害是对人身权益遭受侵害的补救，由于人身权益具有专属性，由其受侵害而延伸出的精神损害赔偿请求权自然亦具有专属性。另一方面，基于精神痛苦的主观性，其损害赔偿请求权的行使也应具有专属性。精神损害赔偿的功能主要在于克服、抚慰，而能否发挥这些功能也有赖于受害人是否重视金钱的补偿和救济功能。[1] 精神损害赔偿请求权的专属性主要表现在其不得转让、继承，也不得代位行使和抵消。在破产资产中，精神损害赔偿金不能列入破产财产。[2]《人身损害赔偿司法解释》第 18 条第 2 款规定："精神损害抚慰金的请求权，不得让与或者继承。但赔偿义务人已经以书面方式承诺给予金钱赔偿，或者赔偿权利人已经向人民法院起诉的除外。"可见，我国司法解释认为，精神损害赔偿请求权在一定条件下可以转让或继承：一是赔偿人以书面形式表示承诺的。尽管其原则上不能转让，但因其本质依然是一种债的关系，所以，在一定程度上可以适用"私法自治原则"。二是起诉。精神损害赔偿请求权之所以在起诉后可以转让或继承，主要原因在于：一方面，当事人起诉其实是行使损害赔偿请求权，属于一种财产性质的权利，而财产权一般是可以转让或继承的。另一方面，起诉以后，赔偿数额不能确定的，可以由法院通过裁判加以确定。因此，在起诉之后的转让不会发生纠纷。

　　第三，权利成立的法定性。大多数国家法律规定，精神损害赔偿都需要法定化，也就是说，必须要有法律的明确规定，而且对于赔偿的类型也必须由法律规定。例如，《意大利民法典》第 2059 条、《德国民法典》第 253 条、《瑞士债务法》第 28 条、《希腊民法典》第 299 条，以及一些斯堪的那维亚国家都明确规定了适用精神损害赔偿的具体情形。当然，也有一些国家，如日本并没有完全将精神损害赔偿限定在法定的范围内。[3] 笔者认为，在侵害何种权利的情况下适用精神损害赔偿应当有法律依据，不能将精神损害赔偿请求权漫无边际地适用于任何

---

　　[1]　参见王利明主编：《人身损害赔偿疑难问题：最高人民法院人身损害赔偿司法解释之评论与展望》，650 页，北京，中国社会科学出版社，2004。

　　[2]　参见曾世雄：《非财产上之损害赔偿》，123 页，台北，元照出版公司，2005。

　　[3]　参见于敏：《日本侵权行为法中的抚慰金制度研究》，载《外国法译评》，1998（2）。

损害情形中。

第四，权利主体的有限性。请求权的主体原则上限于直接受害人，例外情况下也可以是间接受害人。除了侵害生命权以外，精神损害赔偿的请求权主体都是直接受害人。而在因侵权致人死亡的情况下，请求权主体是死者的近亲属，因为死者已经不具有民事权利能力，因而无法请求。

除了直接受害人以外，学说上和比较法上还有一种对第三人的精神损害赔偿，比较典型的是"震惊损害"（nervous shock），也称为休克损害，是指与受害人具有密切关系的第三人，在事故发生后，亲眼目睹了受害人遭受损害的惨状而遭受的震惊损害。这一概念主要来源于英美法，在英美法判例中，对于第三人的震惊损害是否赔偿，存在不同做法：一是所谓接触法则，也称为"碰触法则（impace rule）"，即认为第三人所受的精神损害伴随着身体的伤害，可以说是身体伤害的接触而造成的，因此有因果关系。二是所谓危险区域（Zone of Danger）说，即认为如果原告身处危险发生的区域内，该危险范围是被告所造成的，即使没有发生身体上的直接伤害，但因为第三人精神上遭受损害，也可以请求赔偿。三是合理预见说（reasonable forseeable），即按照一个合理人的标准可以预见到原告会因此产生精神损害，也可以请求精神损害赔偿。① 在我国，法律对于震惊损害至今缺乏明确的规定。笔者认为，在震惊损害的情况下，受害人承担了超乎寻常的精神痛苦，为了实现对受害人的全面救济，有必要加以规定，但是，震惊损害的赔偿应有严格的限制。间接受害人的救济，应当限制在妥当的范围之内，以免给侵权人带来过重的负担。② 在这里，关键要考虑是否存在因果关系，这种因果关系表现在直接受害人的死亡或重大伤害与间接受害人所遭受的精神损害之间，按照一般的社会观念，这种精神损害是否能被合理预见。

在承认独立的第三人请求权的情况下，应当对此种请求权给予必要的限制。因为与直接受害人存在密切联系的人很多，目睹受害人遭受损害的人也可能很多，如果允许这些人都可以主张精神损害赔偿，那么极易导致精神损害赔偿过度

---

①②　参见潘维大：《第三人精神上损害之研究》，载《烟台大学学报（哲社版）》，2004（1）。

宽泛、引发滥讼现象。从比较法上来看，对震惊损害的限制，大致表现在如下几个方面：一是必须是间接受害人遭受生理上可以认可的疾病，如果仅仅只是遭受了精神痛苦和担忧是不够的。二是间接受害人必须要在事故发生现场，亲眼目睹了事故的发生。[①] 比如说，因为虚假陈述遭到警察调查而产生震惊，不能认为是一种合理的、正常的反应。[②] 三是必须间接受害人和直接受害人之间存在密切关系，通常是父母、子女、配偶关系以及未婚夫妻、终身伴侣。[③] 所谓密切关系，必须依个案来确定，判断请求权人和被害人之间是否具有密切的关系。[④]

笔者认为，借鉴国外的经验，对第三人请求精神损害赔偿，应当有严格的限制。对间接受害人遭受的精神损害予以补偿，间接受害人基于其与直接受害人存在的某种感情上的联系和依赖，没有目睹，同样会产生精神损害，因而也应当允许其独立提出请求。如果不是近亲属，而是其他人，即便其亲眼目睹侵害过程而发生精神痛苦，该损害也是难以被行为人合理预见的，因而不应当赔偿。

四、精神损害赔偿的适用范围

根据《侵权责任法》第 22 条的规定，精神损害赔偿主要适用于侵害人格权益的情形。具体来说，包括如下几类：

（一）人格权

精神损害赔偿作为损害赔偿的类型之一，是伴随着人格权的发展而产生的，其目的在于对人格权受到侵害提供救济，因此其主要是人格权的保护方法。精神损害赔偿受到严格的限制，通常限制在人格权受到侵害的领域。《精神损害赔偿司法解释》第 1 条规定："自然人因下列人格权利遭受非法侵害，向人民法院起诉请求赔偿精神损害的，人民法院应当依法予以受理：（一）生命权、健康权、

---

① See Alcock v. Chief Constable of South Yorkshire, (1992) 1 AC, 310, HL.

② Kreis G Cottbus (1994) NJW-Rechtsprechungs-Report (NJW-RR), 804.

③ LG Tübingen (1968) NJW, 1197; LG Frankfurt (1969) NJW, 2286.

④ 参见潘维大：《第三人精神上损害之研究》，载《烟台大学学报（哲社版）》，2004（1）。

身体权；（二）姓名权、肖像权、名誉权、荣誉权；（三）人格尊严权、人身自由权。违反社会公共利益、社会公德侵害他人隐私或者其他人格利益，受害人以侵权为由向人民法院起诉请求赔偿精神损害的，人民法院应当依法予以受理。"该规定就将精神损害赔偿主要限于人格权遭受损害的情形。原因在于：一方面，在人格权受到侵害的情况下，人格利益无法恢复，客观上需要通过精神损害赔偿加以救济；另一方面，精神利益主要包含在人格权中。侵害财产原则上不会产生精神利益的损害，自然也没有精神损害赔偿适用的前提。如果扩大精神损害赔偿范围，则会破坏等价交换和公平原则，而且必然会导致滥诉。

（二）人格权以外的其他人格利益

精神损害赔偿不仅可以适用于对人格权的侵害，也可以适用于对人格法益的侵害。尽管《侵权责任法》第 2 条没有对各项人格利益加以具体规定，但是《侵权责任法》第 22 条使用人身权益的提法显然包括了其他人格利益在内。因此，有必要对合法的人格利益加以法律保护，允许法官对人格利益的侵害适用精神损害赔偿。《精神损害赔偿司法解释》第 1 条第 2 款规定："违反社会公共利益、社会公德侵害他人隐私或者其他人格利益，受害人以侵权为由向人民法院起诉请求赔偿精神损害的，人民法院应当依法予以受理。"可见，我国司法实践中承认了侵害人格利益可以产生精神损害赔偿请求权。根据这一规定，在其他人格利益遭受侵害的情况下，与人格权的侵害不同，在法律上存在更多的限制。这种限制表现在：一方面，对人格利益的侵害，行为人主观上应当具有故意。而对人格权的侵害，并不以故意为要件，从而实现对人格权的充分保护。另一方面，该行为客观上应当违反社会公共利益、社会公德。通过这些限制，就能够避免过度扩张对人格利益的保护，从而维护人们的行为自由。而侵害人格权并不要求这一要件，因为人格权是法定的、典型的，社会一般人都应当知晓并尊重他人的人格权。其他人格利益并非法律明确规定的，而是法官事后判断的，对其他人格利益的侵害，必须在法律上作出限制。

适用精神损害赔偿的其他合法利益，主要是指下列情况：一是具体人格权无法容纳的人格利益。将这些人格利益作为人格法益加以保护并适用精神损害赔

偿。例如，行为人侮辱他人人格，但并未向第三人披露，该行为造成他人精神损害的。二是死者的人格利益。死者的人格利益虽非具体的权利，但在侵害这种利益之后也会发生精神损害赔偿。三是胎儿的人格利益。胎儿出生后是活体的，可以就其在母体中遭受的损害请求赔偿，包括精神损害赔偿。

（三）身份权益

侵害身份权是否可以产生精神损害赔偿，值得研究。由于身份权以精神利益为内容，因而，受害人在身份权遭受侵害以后，极少产生财产性的损害，故大多不适用财产损害赔偿。但受害人有可能遭受精神损害，因此有必要通过精神损害赔偿的办法对受害人进行救济。[1] 正因如此，依据《侵权责任法》第 22 条，侵害身份权也可适用精神损害赔偿。

侵害身份权的精神损害赔偿主要有如下几种情况：

1. 侵害亲属关系。基于亲属关系所产生的人身利益受法律保护，如果此人身利益遭受损害时，受害人可以要求精神损害赔偿。《精神损害赔偿司法解释》第 2 条规定，"非法使被监护人脱离监护，导致亲子关系或者近亲属间的亲属关系遭受严重损害，监护人向人民法院起诉请求赔偿精神损害的，人民法院应当依法予以受理"。例如，强迫、引诱未成年人脱离家庭，强行将小孩从监护人处带走等。从严格意义上说，监护权属于一种法律地位，但是其中也体现了一定的身份利益。非法使被监护人脱离监护，不仅损害了未成年人的利益，而且可能导致监护人精神遭受痛苦，因此，应当使监护人获得精神损害赔偿。

2. 侵害配偶权。一般认为，配偶权是指基于婚姻关系，当事人互负有贞操、互守诚信及维持圆满之权利与义务。[2] 在实践中，因侵害配偶权而引发的精神损害赔偿主要是指夫妻一方违反忠贞义务导致离婚的，无过错的另一方要求给予精神损害赔偿。对此种精神损害赔偿的合理性，学术界一直存在争论。许多学者认为，在夫妻关系存续期间的财产都是共有财产，即便一方有过错，由其对另一方进行赔偿是没有意义的。《婚姻法》第 46 条规定："有下列情形之一，导致离婚

---

[1] 参见曾世雄：《损害赔偿法原理》，357 页，北京，中国政法大学出版社，2001。
[2] 参见王泽鉴：《民法学说与判例研究》，第 1 册，175 页，北京，中国政法大学出版社，2003。

的，无过错方有权请求损害赔偿。"笔者认为，该损害可以理解为包括精神损害赔偿，因为明知他人有配偶与之同居或重婚的，将会给受害人造成极大的精神痛苦，也应当允许受害人提出精神损害赔偿。夫妻在婚姻关系存续期间内，一方侵害另一方的配偶权，另一方可以请求赔偿；但如果夫妻财产没有分割或者没有个人财产，则这种赔偿实质上并没有太大意义。最高人民法院《关于适用〈中华人民共和国婚姻法〉若干问题的解释（一）》第 29 条第 3 款规定："在婚姻关系存续期间，当事人不起诉离婚而单独依据该条规定提起损害赔偿请求的，人民法院不予受理。"该规定也体现了这一点。当然，随着社会的发展，未来夫妻约定财产分别归各自所有的情形将会越来越多，则彼时精神损害赔偿制度就具有相当重要的意义。

3. 其他侵害身份权的行为。例如，在某个案件中，夫妻在婚姻关系存续期间内所生子女并非男方的子女，在夫妻离婚以后，应当允许无过错男方要求对方承担精神损害赔偿。

需要指出的是，侵害身份权的行为也需要类型化。也就是说，应将各种侵权行为具体列举出来。"身份权之众多内容中，并非任何一种内容受侵害时，其非财产上之损害，均可获得赔偿，认定上仍应以法律明文规定者为限。"[①]

需要指出的是，我国《侵权责任法》第 22 条将精神损害赔偿的适用范围限于人身权益，从文义解释和反面解释来看，财产权益的损害不适用精神损害赔偿。《精神损害赔偿司法解释》第 4 条规定："具有人格象征意义的特定纪念物品，因侵权行为而永久性灭失或者毁损，物品所有人以侵权为由，向人民法院起诉请求赔偿精神损害的，人民法院应当依法予以受理。"该条承认，在特殊情况下具有人格象征意义的特定纪念物品受到侵害时，权利人可以主张精神损害赔偿，但是《侵权责任法》没有采纳此种规定，原因在于：一方面，财产权益遭受侵害时适用财产损害赔偿即可救济受害人，财产权益损害也适用精神损害赔偿可能会导致精神损害赔偿适用范围过宽，从而影响交易关系，并给交易当事人造成

----

① 曾世雄：《损害赔偿法原理》，358 页，北京，中国政法大学出版社，2001。

不可预测的负担；另一方面，财产权益损害适用精神损害赔偿也可能会导致诉讼泛滥，法官自由裁量权过大。所谓具有人格象征意义本身很难确定判断的标准。

五、精神损害赔偿构成要件

根据《侵权责任法》第 22 条的规定，精神损害赔偿的构成要件包括如下三点。

（一）侵害他人人身权益

首先，精神损害赔偿仅适用于侵权案件，不适用违约责任。我国《侵权责任法》将其规定在侵权责任中，表明精神损害赔偿请求权的基础，原则上限于侵权责任。[①]《精神损害赔偿司法解释》第 1 条明确提出，只有在受害人以侵权为由向人民法院起诉请求赔偿精神损害的，法院才可以受理，因此，精神损害赔偿限于侵权的范畴，而排斥了在违约情况下的适用。当然，在例外情况下，如果合同的履行与人格利益的实现具有密切的联系，尤其是当订约即是为了实现某种人格利益时，此时由于一方违约而导致另一方精神损害，是否可以适用精神损害赔偿，还有待于探讨。

其次，精神损害赔偿仅适用于人身权益受损害的情况，不适用于财产权益受侵害的情况。即便财产权益受损害的受害人遭受了精神痛苦，原则上也不得适用精神损害赔偿。而要证明精神损害存在的事实，受害人必须证明三个方面的因素：一是其人格权或身份权遭受了侵害。二是确因人格权侵害而遭受了精神损害。侵害人身权益未必会造成精神损害后果，只有侵害人身权益的同时还造成精神损害后果时，精神损害赔偿才有适用余地。如受害人被侵权之后立刻死亡，本身是没有精神痛苦的。三是这种精神损害是属于法律上能够补救的。精神损害的存在应由受害人举证证明。

（二）须有严重精神损害后果

依据我国《侵权责任法》第 22 条，必须是在造成严重精神损害时才能赔偿。

---

① See W. V. Horton Rogers （ed），*Damages for Non-Pecuniary Loss in a Comparative Perspective*，Rijksuniversiteit Groningen，2001，p. 56.

如果仅仅只是轻微的损害，则不应当获得补救。这就是说，精神损害的后果不是轻微的损害后果，而应当是严重的侵害后果。造成严重精神损害是获得精神损害赔偿的法定必要条件。如果受害人只是遭受了偶尔的精神痛苦或者心理情绪上的不愉悦，则不属于要予以赔偿的精神损害。[①]

如何判断严重的精神损害，学界看法不一。笔者认为，可以借鉴最高人民法院关于精神损害赔偿的司法解释来加以判断，《精神损害赔偿司法解释》第 8 条规定："因侵权致人精神损害，但未造成严重后果，受害人请求赔偿精神损害的，一般不予支持，人民法院可以根据情形判令侵权人停止侵害、恢复名誉、消除影响、赔礼道歉。"因此，所谓严重是指后果的严重性，即所造成的痛苦超出社会一般人的容忍限度。[②] 或者说，是指社会一般人在权利遭受侵害的情况下，都难以忍受和承受的精神痛苦和肉体痛苦。此种痛苦往往也会对受害人的正常生产、生活造成负面影响。因此，对于"严重后果"应当依具体情况判断。例如，因侵权造成他人身体残疾、面容受损等，可以认为受害人遭受严重精神损害。又如，在互联网上诽谤他人，使受害人遭受一般人难以忍受的精神痛苦。笔者认为，主要应考虑受害人的受害程度，包括受害人在人格权益遭受侵害后，其心理与生理上的反应是否达到了影响其正常的生活、工作以及影响其正常交往的程度，等等。

（三）侵害行为与损害后果之间具有因果关系

所谓因果关系是指按照社会一般人的合理判断，认为行为人实施的侵害人格权的行为与受害人遭受的损害后果之间具有相当的因果联系，或者受害人所遭受的损害后果是行为人能够预见的，则行为人应当承担精神损害赔偿责任。

法官在判断因果关系时可以采取相当因果关系说，确定行为和精神损害之间是否有相当因果关系。例如，某人亲眼目睹他人遭受殴打，产生巨大的恐惧，精

---

① 参见扈纪华、石宏：《侵权责任法立法情况介绍》，载《人民司法（应用）》，2010（3）。

② 参见张礼洪：《意大利法中非财产性人身损害赔偿制度及其启示》，载全国人大常委会法工委民法室和中国人民大学法学院主编：《2009 年中日侵权责任法研讨会会议资料》，43 页。

神受到刺激。如果根据社会一般人的经验，认为目睹者与受害人之间具有父子、配偶等亲缘关系，则可以认为其在目睹受害人遭受损害之后会造成精神上的痛苦。

依据加害人主观过错的不同，可以采取不同的因果关系判断理论。在加害人故意甚至恶意侵害他人权益的情况，可以采取直接因果关系理论来确定加害行为与精神损害之间的联系，换言之，由于加害人故意或者恶意行为造成的一切精神损害均应给予赔偿。但是在加害人仅为过失时，应当采取合理预见理论来确定因果关系的存在，即要确定对此种侵权行为所造成的精神损害后果，一般人是否可以预见。[①]

关于精神损害赔偿，是否考虑过错？从《侵权责任法》第 22 条规定来看，其并没有涉及过错的问题。从体系解释的角度来看，《侵权责任法》将精神损害赔偿在总则中作出规定，表明其既可以适用于一般的过错侵权，也可以适用于各类特殊侵权，只要因行为人的行为侵害了他人的人身权益并造成了精神损害，法律没有特别限制的，则受害人就可以请求精神损害赔偿。但这并不意味着过错在精神损害赔偿的确定中毫无意义。一般而言，如果行为人因重大过失或者故意而造成他人精神损害，则受害人更容易获得精神损害赔偿。另外，从《精神损害赔偿司法解释》的规定来看，其已经确认了过错作为确定损害赔偿数额的因素，这一规定已经为我国司法实践所接受。所以在确定精神损害赔偿的数额时，行为人的过错程度也是法院需要考虑的一个重要因素。

六、精神损害赔偿数额的计算

对于精神损害赔偿如何限制以及如何计算，各国判例和学说对此存在几种不同的做法：一是限额赔偿说。此种观点认为，对于精神损害赔偿应当确立最高与最低的额度，从而既限制赔偿的数额，又能充分发挥精神损害赔偿制度的功能。

[①]　See Nicholas J Mullany & Peter R Handford, *Tort Liability for Psychiatric Damage*, The Law Book Company Limited, Sweet & Maxwell, 1993, p. 202.

例如，依据《埃塞俄比亚民法典》的规定，对无形损害的金钱赔偿不得超过1 000 元（相当于 450 美元）。哥伦比亚规定不得超过 2 000 比索（相当于 120 美元）。[1] 二是酌定赔偿说。此说认为精神损害赔偿无法确定一个具体的标准，更不可能规定上限或下限，只能规定一些参考的因素，由法官依据个案的具体情况自由裁量。如《瑞士债务法》第 47 条规定："对于致死或伤害，法院得斟酌特殊情事，许给被害人和死者之遗属，以相当金额之赔偿。"大多数国家都是采取此种观点。三是定额赔偿说。此种观点认为，应当将精神损害赔偿进行类型化，然后对不同性质的精神损害规定不同数额的精神损害赔偿金。例如，可以身体受伤部位、客观上严重程度、被害人受伤前之社会地位、生活方式等作为计算赔偿金额的标准，从而避免酌定精神损害赔偿时的随意性。[2] 此种理论对法院的判例也产生了一定的影响。

笔者认为，上述几种理论都具有一定的合理性，但也有不可避免的缺陷。定额赔偿说的不合理性在于，精神损害赔偿具有较强的主观色彩与个体差异性，而定额赔偿就极大地抹杀了这种个体的差异性，其造成的不良后果是对无须给予赔偿的人给予了较高的赔偿，相反对于那些遭受了巨大精神痛苦的人又没有给予足够的赔偿。[3] 因此，定额赔偿说无法充分发挥调节的功能。

限额赔偿说具有一定的合理性，这主要表现在通过确定上限与下限可以防止法官自由裁量权的滥用，但是，该说强制性地设定上限与下限也具有相当的缺陷。主要原因在于：第一，无论上限还是下限都旨在确定赔偿数额的标准，但是赔偿数额的标准会随着经济的发展、人民生活水平等因素的改变而变化，现在规定的标准很可能在数年之后会变得非常低，如果该标准将要被不断地修改，又可能导致法律丧失稳定性与可预期性。第二，精神损害赔偿的性质也决定了上限与下限是无法确定的，在这一点上限额赔偿说存在与定额赔偿说相同的缺陷。

酌定赔偿说赋予了法官较大的自由裁量权，较之于前述两说有助于实现精神

---

① 参见《埃塞俄比亚民法典》第 2116 条第 3 款；1936 年《哥伦比亚民法典》第 95 条。
② 参见陈忠五：《法国侵权责任法上损害之概念》，载《台大法学论丛》，(34-4)。
③ 参见曾世雄：《损害赔偿法原理》，409 页以下，北京，中国政法大学出版社，2001。

损害赔偿的功能。但是，此说的缺陷在于，其给予法官的自由裁量权过大，导致确定精神损害赔偿的数额时没有一个明确的、可操作的标准。在我国当前法官整体素质尚不高、精神损害赔偿的实践历史尚短的情况下，如果采取酌定说，同样的案件在不同地区的法院，甚至在同一地区不同法院之间，精神损害赔偿的数额都会存在很大的差异。因此，我国不能照搬国外的酌定赔偿说。

综上所述，笔者认为，在精神损害赔偿数额的计算方面应当进行必要的限制，但是这种限制不是僵化地划定上限下限或确定一个具体的数额，而应通过明确法官在确定精神损害赔偿数额时必须考虑的各种具体因素来加以限制。依据最高人民法院《精神损害赔偿司法解释》第 10 条的规定，关于精神损害赔偿需要综合考虑如下因素来确定：

第一，过错程度。由于精神损害赔偿具有制裁的功能，因而应当根据过错归责原则，根据加害人的过错程度来决定赔偿数额。过错的严重程度也会影响到损害的严重程度。[①] 对于侵权人的过错程度首先应当区分故意和过失，并可以进一步区分恶意、一般的故意、重大过失、一般过失和轻微过失。

通常，考虑过错程度的结果就是，行为人的过错程度越重，其承担的损害赔偿数额就越高。如果是恶意侵权，其赔偿数额显然要高于过失侵权。例如，行为人明知受害人难以忍受某种诽谤言说，甚至因为感情脆弱而对这些诽谤言词产生过度的反应，而出于不良动机四处散布此种诽谤言词，表明行为人具有恶意，因此，应当承担较重的精神损害赔偿责任。

第二，侵害的手段、场合、行为方式等具体情节。侵权人的侵害手段、场合、行为方式等具体情节和侵权行为所造成的后果等因素，应对确定精神损害赔偿的数额产生影响。例如，侵权人在网上发布诽谤他人的言论，与侵权人向第三人传播诽谤他人的言论相比，其具体情节是不同的。

第三，侵权行为所造成的后果。对于后果的判断，可以从多个方面来考虑：一是要考虑行为人实施的侵害他人人格权的行为所造成的社会影响和不良后果。

---

① 参见《荷兰民法典》第 619 条；《葡萄牙民法典》第 496 条。

二是受害人自身遭受的痛苦程度。例如，受害人精神极度痛苦、绝望、沮丧等。在考虑损害后果时，不能仅仅考虑受害人的精神痛苦。

关于侵害行为的后果，对于一些精神病人、未成年人等无法感知精神痛苦者，如何确定其赔偿数额？笔者认为，在此情况下，应当根据客观标准来确定其精神损害。如果某种侵权行为对社会一般人会产生严重后果，即使受害人本人无法感知其精神痛苦，也应当按照社会一般人在此情况下所可能遭受的损害来确定精神损害赔偿数额。

第四，侵权人承担责任的经济能力。在精神损害赔偿中，是否要考虑侵权人承担责任的经济能力问题，在学理上存在不同的观点。赞成者认为，如果不考虑侵权人的经济状况，精神损害赔偿金难以确定并实际发挥其功能。如果对于经济条件好的侵权人，使其承担过低的精神损害赔偿额，则可能达不到制裁其违法行为的效果，相反，对经济条件不好的侵权人，使其承担过高的精神损害赔偿额，则使其负担过重。反对者认为，将侵权人的经济承担能力作为确定精神损害赔偿数额的依据，造成的直接结果是，实施同样侵权行为的人，有钱的就多赔，无钱的就少赔；受到有钱的行为人侵害，就可以多获赔偿，受到没有钱的行为人侵害，就要少得赔偿或得不到赔偿。这种做法直接违反法律面前人人平等原则。[1]笔者认为，在确定行为人要支付的数额时，应当考虑行为人的支付能力。考虑支付能力来确定赔偿数额，能够发挥精神损害赔偿对行为人的制裁和遏制作用。因为对那些腰缠万贯的行为人，赔偿数额过低，对其根本起不到任何制裁作用，如果适当提高赔偿额，也可能对其产生一定的惩戒作用。

第五，当地的平均生活水平。在国外，精神损害赔偿通常不受到被告财产状况的影响，法官在确定精神损害赔偿数额时极少考虑当事人的财产状况。[2]毕竟精神损害赔偿与公平责任不同，它不具有社会法的色彩，不能根据当事人的财产

---

①　参见唐德华主编：《最高人民法院〈关于确定民事侵权精神损害赔偿责任若干问题的解释〉的理解与适用》，72页，北京，人民法院出版社，2009。

②　See W. V. Horton Rogers（ed），*Damages for Non-Pecuniary Loss in a Comparative Perspective*，Rijksuniversiteit Groningen，2001，p. 99.

状况来确定赔偿数额。但是，在我国，司法实践仍要考虑侵权人承担责任的财产状况。由于城乡差别、地区差别较大，各地的收入和生活水平等有区别，这些都影响到加害人的赔偿能力问题。因而，最高人民法院的有关司法解释要求在确定精神损害赔偿数额时适当考虑当地的平均生活水平，此种规定也具有一定的合理性。①

---

① 最高人民法院法〔1999〕231 号文件下发全国法院贯彻执行的《全国民事案件审判质量工作座谈会纪要》也指出：各地在判令侵权人赔偿精神损害赔偿金的数额和标准时，要从国家经济社会和文化发展形势以及当时当地的实际情况出发，赔偿数额不宜过高，但允许经济发展状况不同的地区因地制宜确定不同的赔偿参数，以求做到对侵权人的行为予以制裁。

主要参考书目

一、中文文献

全国人大常委会法制工作委员会民法室编. 侵权责任法立法背景与观点全集. 北京：法律出版社，2010

程燎原，王人博. 权利及其救济. 济南：山东人民出版社，1998

崔建远. 合同责任研究. 长春：吉林大学出版社，1992

樊启荣编著. 责任保险与索赔理赔. 北京：人民法院出版社，2002

房绍坤等. 民商法原理（三）. 北京：中国人民大学出版社，1999

郭明瑞等. 民事责任论. 北京：中国社会科学出版社，1991

郭卫华等. 中国精神损害赔偿制度研究. 武汉：武汉大学出版社，2003

黄松有主编. 最高人民法院人身损害赔偿司法解释的理解与适用. 北京：人民法院出版社，2004

程啸. 侵权行为法总论. 北京：中国人民大学出版社，2008

李飞坤等主编. 参阅案例研究·民事卷. 北京：中国法制出版社，2009

李国光. 最高人民法院《关于民事诉讼证据的若干规定》的理解与适用. 北京：中国法制出版社，2002

李仁玉. 比较侵权法. 北京：北京大学出版社，1996

李响．美国侵权法原理及案例研究．北京：中国政法大学出版社，2004

李志敏．中国古代民法史．北京：法律出版社，1988

梁慧星．裁判的方法．北京：法律出版社，2003

梁慧星．民法学说判例与立法研究．北京：中国政法大学出版社，1993

梁慧星．中国民法典草案建议稿．北京：法律出版社，2003

刘静．产品责任法．北京：中国政法大学出版社，2000

刘士国．现代侵权损害赔偿研究．北京：法律出版社，1998

刘文琦．产品责任法律制度比较研究．北京：法律出版社，1997

龙卫球．民法总论．北京：中国法制出版社，2001

马俊驹，余延满．民法原论．3 版．北京：法律出版社，2007

彭俊良编著．民事责任论——制度构建与理论前瞻．太原：希望出版社，2004

全国人大常委会法制工作委员会民法室编．中华人民共和国侵权责任法条文说明、立法理由及相关规定．北京：北京大学出版社，2010

唐德华．《医疗事故处理条例》的理解与适用．北京：中国社会科学出版社，2002

佟柔主编．中国民法．北京：法律出版社，1990

王家福主编．民法债权．北京：法律出版社，1991

王利明主编．民法典·侵权责任法研究．北京：人民法院出版社，2003

王利明主编．人身损害赔偿疑难问题：最高人民法院人身损害赔偿司法解释之评论与展望．北京：中国社会科学出版社，2004

王胜明主编．《中华人民共和国侵权责任法》解读．北京：中国法制出版社，2010

王卫国．过错责任原则：第三次勃兴．杭州：浙江人民出版社，1987

王轶．民法原理与民法学方法．北京：法律出版社，2009

温世扬，廖焕国．侵权法中的一般安全注意义务．见：王利明主编．民法典·侵权责任法研究．北京：人民法院出版社，2003

奚晓明主编．《中华人民共和国侵权责任法》条文理解与适用．北京：人民

法院出版社，2010

奚晓明主编．最高人民法院关于道路交通损害赔偿司法解释理解与适用．北京：人民法院出版社，2012

何志．侵权责任判解研究与适用．北京：人民法院出版社，2009

徐明．人格损害赔偿论．上海：上海社会科学出版社，1996

杨立新．《中华人民共和国侵权责任法》条文释解与司法适用．北京：人民法院出版社，2010

杨立新．侵权法论．北京：人民法院出版社，2005

杨立新．人身权法论．北京：人民法院出版社，2006

杨立新主编．类型侵权行为法研究．北京：人民法院出版社，2006

杨立新主编．侵权法热点问题法律适用．北京：人民法院出版社，2000

杨立新主编．侵权行为法案例教程．北京：知识产权出版社，2003

于飞．权利与利益区分保护的侵权法体系之研究．北京：法律出版社，2012

于敏．日本侵权行为法．2版．北京：法律出版社，2006

张晋藩．中国法律传统与近代转型．2版．北京：法律出版社，2005

张民安．法国现代侵权责任制度研究．北京：中国政法大学出版社，2004

张民安．过错侵权责任制度研究．北京：中国政法大学出版社，2002

张明楷．刑法学．北京：法律出版社，2003

张铁薇．共同侵权制度研究．北京：法律出版社，2007

张新宝．侵权责任法原理．北京：中国人民大学出版社，2005

张新宝．侵权责任构成要件研究．北京：法律出版社，2007

张新宝．隐私权的法律保护．北京：群众出版社，2004

张新宝．中国侵权行为法．2版．北京：中国社会科学出版社，1998

周友军，麻锦亮．国家赔偿法教程．北京：中国人民大学出版社，2008

周友军．侵权责任法专题讲座．北京：人民法院出版社，2011

高圣平．中华人民共和国侵权责任法立法争点、立法例及经典案例．北京：北京大学出版社，2010

何志，侯国跃．侵权责任纠纷裁判依据新释新解．北京：人民法院出版社，2014

黄立．民法债编总论．北京：中国政法大学出版社，2002

黄茂荣．法学方法与现代民法．5 版．北京：法律出版社，2007

林诚二．民法债编总论——体系化解说．北京：中国人民大学出版社，2003

史尚宽．债法总论．北京：中国政法大学出版社，2000

孙森焱．民法债编总论．上册．北京：法律出版社，2007

陈聪富．因果关系与损害赔偿．北京：北京大学出版社，2006

王泽鉴．法律思维与民法实例．北京：中国政法大学出版社，2001

王泽鉴．侵权行为法．第 1 册．北京：中国政法大学出版社，2001

王泽鉴．民法债编总论：基本理论·债之发生．台北，自版，1976

詹森林．民事法理与判决研究（一）．北京：中国政法大学出版社，2002

曾隆兴．现代损害赔偿法论．台北：自版，1996

曾隆兴．详解损害赔偿法．北京：中国政法大学出版社，2004

曾世雄．损害赔偿法原理．北京：中国政法大学出版社，2001

洪逊欣．中国民法总则．台北：自版，1992

潘维大．中美侵权行为法中不实表示民事侵权责任比较研究．台北：瑞兴图书公司，1995

邱聪智．民法研究（一）．增订版．北京：中国人民大学出版社，2002

邱聪智．民法债编通则．台北：自版，1997

邱聪智．民法研究（一）．增订版．台北：五南图书出版公司，2000

孙森焱．民法债编总论．上．台北：自版，1979

王伯琦．近代法律思潮与中国固有文化．台北：法务通讯社，1985

王伯琦．民法债编总论．台北："国立"编译馆，1997

杨佳元．侵权行为损害赔偿责任研究．台北：元照出版公司，2007

郑玉波主编．民法债编论文选辑．上．台北：五南图书出版公司，1984

郑玉波．民法债编总论．2 版．陈荣隆修订．北京：中国政法大学出版社，2004

郑玉波，刁荣华主编．现代民法基本问题．台北：汉林出版社，1981

二、译著

[奥] H. 考茨欧主编．侵权法的统一：违法性．张家勇译．北京：法律出版社，2009

[德] U. 马格努斯．侵权法的统一：损害与损害赔偿．北京：法律出版社，2009

[德] 布吕格迈耶尔，朱岩．中国侵权责任法学者建议稿及其立法理由．北京：北京大学出版社，2009

[德] 恩斯特·卡西尔．人论．上海：上海译文出版社，1985

[德] 冯·巴尔．欧洲比较侵权行为法．上．张新宝译．北京：法律出版社，2001

[德] 冯·巴尔．欧洲比较侵权行为法．下．焦美华译．北京：法律出版社，2001

[德] 卡尔·拉伦茨．德国民法通论．上．王晓晔，邵建东等译．北京：法律出版社，2003

[德] 罗伯特·霍恩等．德国民商法导论．楚建译．北京：中国大百科全书出版社，1997

[德] 马克西米利安·福克斯．侵权行为法．5 版．齐晓琨译．北京：法律出版社，2006

[德] 迪特尔·梅迪库斯．德国债法总论．杜景林，卢谌译．北京：法律出版社，2004

[德] 迪特尔·梅迪库斯．德国债法分论．杜景林，卢谌译．北京：法律出版社，2007

[德] 迪特尔·施瓦布．民法导论．郑冲译．北京：法律出版社，2006

[德] 魏德士．法理学．吴越等译．北京：法律出版社，2005

[荷] 施皮尔．侵权法的统一：因果关系．易继明等译．北京：法律出版社，2009

［古罗马］查士丁尼．法学阶梯．北京：中国政法大学出版社，1999

［古罗马］查士丁尼．法学总论．北京：商务印书馆，1989

［美］R．M．昂格尔．现代社会中的法律．吴玉章，周汉华译．南京：译林出版社，2001

［美］艾伦·沃森．民法法系的演变及形成．李静冰，姚新华译．北京：中国法制出版社，2005

［美］伯纳德·施瓦茨．美国法律史．王军等译．北京：中国政法大学出版社，1990

［美］罗伯特·考特，托马斯·尤伦．法和经济学．张军等译．上海：上海三联书店，1991

［美］迈克尔·D·贝勒斯．法律的原则．北京：中国大百科全书出版社，1996

［美］詹姆斯·戈德雷．私法的基础：财产、侵权、合同和不当得利．张家勇译．北京：法律出版社，2007

［日］星野英一．民法的另一种学习方法．冷罗生等译．北京：法律出版社，2008

［日］野村好弘．日本公害法概论．康树华译．中国环境管理．经济与法学学会，1982

［日］於保不二雄．日本民法债权总论．庄胜荣校订．台北：五南图书出版公司，1997

［日］圆谷峻．判例形成的日本新侵权行为法．赵莉译．北京：法律出版社，2008

［苏］马特维也夫．苏维埃民法中的过错．北京：法律出版社，1958

［苏］约菲．损害赔偿的债．北京：法律出版社，1956

［意］毛罗·布萨尼等主编．欧洲法中的纯粹经济损失．张小义等译．北京：法律出版社，2005

［英］彼得·斯坦，约翰·香德．西方社会的法律价值．王献平译．北京：中国人民公安大学出版社，1989

〔英〕哈特．惩罚与责任．王勇等译．北京：华夏出版社，1989

〔英〕S. F. C. 密尔松．普通法的历史基础．北京：中国大百科全书出版社，1999

〔英〕哈特，托尼·奥诺尔．法律中的因果关系．2 版．张绍谦，孙战国译．北京：中国政法大学出版社，2005

John G. Fleming. 民事侵权法概论．何美欢译．香港：香港中文大学出版社，1992

欧洲侵权法小组编著．欧洲侵权法原则：文本与评注．于敏，谢鸿飞译．北京：法律出版社，2009

三、外文文献

（一）英文

Mauro Bussani, Anthony J. Sebok. Comparative Tort Law: Global Perspectives. Edward Elgar Publishing, 2015

B. A. Koch, H. Koziol (Eds.). Unification of Tort Law: Strict Liability. Kluwer Law International 2002

B. A. Helple, M. H. Matthew. Tort Cases and Materials. Butterworths, 1991

B. S. Markesinis & Hannes Urberath. The German Law of Torts: A Comparative Treatise. 4th. ed. , Oxford: Clarendon Press, 2002

B. S. Markesinis. Comparative Introduction to the German Law of Torts. Clarendon Press Oxford, 1994

Peter Cane, Atiyah's Accidents. Compensation and the Law. 7th ed. , Cambridge: Cambridge University Press, 2006

Efstatheios K. Banakas. Civil Liability for Pure Economic Loss, Kluwer Law International Ltd. , 1996

Gert Brüggemeier. Aurelia Colombi Ciacchi, Patrick O'Callaghan, Personality Rights in European Tort Law. Cambridge University Press, 2010

Epstein, Gregorg & Kleven. Cases and Materials on Torts. Little, Brown

and Company，1984

European Group on Tort Law. Principles of European Tort Law：Text and Commentary. Springer，2005

Gerhard Wagner. Comparative Law，in Reinhard Zimmermann/Mathias Reimann（eds.），Oxford University Press，2007

H. Stoll. International Encyclopedia of Comparative Law，Torts，Consequences of Liability：Remedies. J. C. B. Mohr（Paul Siebeck，Tübingen），1974

Israel Gilead，Michael Green and Bernard Koch（eds）. Proportional Liability：Analytical and Comparative Perspectives. Berlin：De Gruyter，2013

John G. Fleming. An Introduction to the Law of Torts. Clarendon Press，1986

John C. P. Goldberg. Anthony J. Sebok，Benjamin C. Zipursky，Tort Law：Responsibilities and Redress. 2 nd edition，Aspen Publishers，2008

Matti Kurkela. Comparative Report on Force Majeure in Western Europe. The Union of the Finish-lawyers Publishing Company Ltd. ，1982

Nicholas J. Mullany & Peter R. Handford. Tort Liability for Psychiatric Damage. The Law Book Company Limited，Sweet & Maxwell，1993

Oliver Wendell Holmes. The Common Law. Boston：Little，Brown and Company，1881

P. Widmer（Ed. ）. Unification of Tort Law：Fault. Kluwer Law International，2005

Patrick Nerhot，Dordrecht etc. Law，Interpretation and Reality，Essays in Epistemology，Hermeneutics and Jurisprudence. Kluwer Academic Publishers，1990

Pierre Catala and John Antony Weir. Delict and Torts：A Study in Parallel. Tulane Law Review，June，1963

Christian von Bar. Principles，Definitions and Model Rules of European Private

Law, Draft Common Frame of Reference. Sellier European Law Publishers, 2009

Reinhard Zimmermann. The Law of Obligations. Clarendon Press, 1996

Richard A. Nagareda. Mass Torts in a World of Settlement. The University of Chicago Press, 2007

Robbey Bernstein. Economic Loss. Sweet & Maxwell Limited, 2nd ed., 1998

Robert L. Rabin. Perspectives on Tort Law. Little, Brown and Company, Boston New York Toronto London, 1995

Tony Weir. International Encyclopedia of Comparative Law, Vol. 4, Torts, Chapter 12, Complex Liabilities. J. C. B., Mohr (Paul Siebeck, Tübingen), 1975

Ulrich Magnus, M. Martin-Casals (eds.). Unification of Tort Law: Contributory Negligence. Kluwer Law International, 2004

W. V. Horton Rogers (ed). Damages for Non Pecuniary Loss in a Comparative Perspective. Rijksuniversiteit Groningen, 2001

Wade and Schward on Torts. 9th ed., The Foundation Press, Inc., Westbury, New York, 1994

Wade, Schwartz, Kelly, Partlett. Torts. Fundation Press, 1994

Winfield and Jolowicz. The Law of Torts. London, 1971

Harvey McGregor. McGregor on Damages. 16th. ed., London: Sweet & Maxwell, 1997

A. M. Honorè. International Encyclopedia of Comparative Law, Vol. 4, Torts, Chapter 7, Causation Remoteness of Damage. J. C. B. Mohr (Paul Siebeck, Tübingen), 1975

J. Limpens. International Encyclopedia of Comparative Law, Torts, Liability for One's Own Act. J. C. B. Mohr (Paul Siebeck, Tübingen), 1974

Christian von Bar. Principles of European Law—Non-Contractual Liability

Arising out of Damage Caused to Another. European Law Publishers & Bruylant，2009

Miquel Martín-Casals. edit，The Development of Liability in Relation to Technological Change. Cambridge University Press，2014

David Ibbetson. A Historical Introduction to the Law of Obligations. OUP Oxford，1999

Gert Brüggemeier. Modernizing Civil Liability Law in Europe，China，Brazil and Russia：Texts and Commentaries. Cambridge University Press，2014.

（二）德文

Bodewig. Problem Alternativer Kausalitaet bei Massenschaeden，AcP 185 （1985）

Enneccerus and Lehmann. Recht der Schuldverhaeltnisse，Aufl. 15. Tübingen，1958

Esser. Grundlagen und Entwicklung der Gefaehrdungshaftung，Aufl. 2. 1969

Karl Larenz. Zur Abgrenzung des Vermoegensschadens vom idellen Schaden，VersR 1963

Palandt. Buergerliches Gesetzbuch. Aufl. 55，1996，Verlag C. H. Beck

Traeger. Der Kausalbegriff im Straf-und Zivilrecht，Marburg，1913

Gerhard Wagner. Neu Perspektiven im Schadensersatzrecht—Kommerziali-sierung，Strafschadensersatz，Kollektivschaden. Verlag C. H. Beck，München，2006

Brox/Walker. Besonderes Schuldrecht. C. H. Beck，München，2008，Aufl. 33

Hein Koetz/Gerhard Wagner. Deliktsrecht. Aufl. 9，2001

（三）法文

Geneviève Viney，Patrice Jourdain. Traité de droit civil，Les effets de responsabilité. 2e éd. ，LGDJ，2001

Geneviève Viney. Introduction à la responsabilité. 3rd ed. （Paris，LGDJ，

2008)

G. Maitre. La responsabilité civile à l'épreuve de l'analyse économique du droit, LGDJ, col-lection Droit et Economie, 2005, Préface par H. Muir-Watt

Jacques Flour, Jean-Luc Aubert, Eric Savaux. Droit civil, Les obligations, 2 Le fait juridique, 10e éd. , Armand Collin, 2003

Henri and Léon Mazeaud and André Tunc. Traité theorique et pratique de la responsabilité civile (vol. I, 6th ed. , 1965)

Muriel Fabre-Magnan. Droit des obligations, 2 Responsabilité civile et quasi-contrats, PUF, Thémis, 2007

Philippe Malaurie, Lauren Aynès, Philippe Stoffel Munck. Les obligations, Defrénois, 2004

Yvonne Lambert-Faivre. L'éthique de la responsabilité, in RTD civ. , 1998

第一版后记

　　本书是我主持的 2010 年"国家哲学社会科学成果文库"（批准号 10KFX003）的最终成果，也是在原有《侵权行为法研究》（上卷）的基础上，结合《侵权责任法》进行大幅修改、补充而成。鉴于本书基于新颁布的《侵权责任法》在原来著作基础上作了大幅修改，因此，本书就不再以修订版的形式出版。在本书撰写过程中，中国人民大学法学院王轶教授、朱岩副教授、石佳友副教授、北京航空航天大学法学院周友军副教授、中国人民大学法学院熊丙万博士、北京大学法学院许德风副教授、清华大学法学院程啸副教授、北京理工大学法学院孟强讲师等，给予大力帮助，在此深表感谢。因为时间仓促、水平有限，书中错误、不足之处在所难免，还请广大读者批评指正。

第二版后记

《侵权行为法研究》上下卷出版后，因近几年相关司法解释的出台，侵权责任法理论也在不断发展，有必要对该书进行修订。在本次修订过程中，北京航空航天大学法学院周友军副教授、清华大学法学院程啸副教授、中国人民大学法学院刘明博士、中央民族大学法学院王叶刚博士都对本书的修订提供了有益建议，在此一并感谢。